"十三五"国家重点图书出版规划项目

秦史与秦文化研究丛书

王子今 主编

秦史与秦文化研究论著索引

田静 编

西北大学出版社
·西安·

图书在版编目(CIP)数据

秦史与秦文化研究论著索引 / 田静编.--西安：
西北大学出版社,2021.4
（秦史与秦文化研究丛书 / 王子今主编）
ISBN 978-7-5604-4732-2

Ⅰ.①秦… Ⅱ.①田… Ⅲ.①中国历史—秦代—研究—书目索引 ②文化史—研究—中国—秦代—书目索引 Ⅳ.①Z89:K233.07②Z89:K233.03

中国版本图书馆CIP数据核字(2021)第068195号

秦史与秦文化研究论著索引
QINSHIYUQINWENHUAYANJIULUNZHUSUOYIN　　田　静　编

责任编辑	马若楠　李奕辰
装帧设计	谢　晶
出版发行	西北大学出版社
地　　址	西安市太白北路229号　　邮　编　710069
网　　址	http://nwupress.nwu.edu.cn　　E-mail　xdpress@nwu.edu.cn
电　　话	029-88303593　88302590
经　　销	全国新华书店
印　　装	西安华新彩印有限责任公司
开　　本	710毫米×1020毫米　1/16
印　　张	48.5
字　　数	821千字
版　　次	2021年4月第1版　2021年4月第1次印刷
书　　号	ISBN 978-7-5604-4732-2
定　　价	292.00元

如有印装质量问题,请与本社联系调换,电话029-88302966。

"秦史与秦文化研究丛书"
QINSHI YU QINWENHUA YANJIU CONGSHU

—— 编辑出版委员会 ——

顾　问　柳斌杰　朱绍侯　方光华

主　任　徐　晔

副主任　卜宪群　马　来

委　员　卜宪群　马　来　王子今　王彦辉　田明纲
　　　　邬文玲　孙家洲　李禹阶　李振宏　张德芳
　　　　张　萍　陈松长　何惠昂　杨建辉　高大伦
　　　　高彦平　晋　文　贾二强　徐　晔　徐兴无
　　　　梁亚莉　彭　卫　焦南峰　赖绍聪

主　编　王子今

总 序

公元前221年，秦王嬴政完成了统一大业，建立了中国历史上第一个高度集权的"大一统"帝国。秦王朝执政短暂，公元前207年被民众武装暴动推翻。秦短促而亡，其失败，在后世长久的历史记忆中更多地被赋予政治教训的意义。然而人们回顾秦史，往往都会追溯到秦人从立国走向强盛的历程，也会对秦文化的品质和特色有所思考。

秦人有早期以畜牧业作为主体经济形式的历史。《史记》卷五《秦本纪》说秦人先祖柏翳"调驯鸟兽，鸟兽多驯服"①，《汉书》卷一九上《百官公卿表上》则作"�朕虞，育草木鸟兽"②，《汉书》卷二八下《地理志下》说"柏益……为舜朕虞，养育草木鸟兽"③，经营对象包括"草木"。所谓"育草木""养育草木"，暗示农业和林业在秦早期经济形式中也曾经具有相当重要的地位。秦人经济开发的成就，是秦史进程中不宜忽视的文化因素。其影响，不仅作用于物质层面，也作用于精神层面。秦人在周人称为"西垂"的地方崛起，最初在今甘肃东部、陕西西部活动，利用畜牧业经营能力方面的优势，成为周天子和东方各个文化传统比较悠久的古国不能忽视的政治力量。秦作为政治实体，在两周之际得到正式承认。

关中西部的开发，有周人的历史功绩。周王朝的统治重心东迁洛阳后，秦人在这一地区获得显著的经济成就。秦人起先在汧渭之间地方建设了畜牧业基地，又联络草原部族，团结西戎力量，"西垂以其故和睦"，得到周王室的肯定，秦于是立国。正如《史记》卷五《秦本纪》所说："邑之秦，使复续嬴氏祀，号曰秦嬴。"④秦国力逐渐强盛，后来向东发展，在雍（今陕西凤翔）定都，成为西方诸侯

---

① ［汉］司马迁：《史记》，中华书局，1959年，第173页。
② 颜师古注引应劭曰："蠢，伯益也。"《汉书》，中华书局，1962年，第721、724页。
③ ［汉］班固：《汉书》，中华书局，1962年，第1641页。
④ 《史记》卷五《秦本纪》，第177页。

国家,与东方列国发生外交和战争关系。雍城是生态条件十分适合农耕发展的富庶地区,与周人早期经营农耕、创造农业奇迹的所谓"周原膴膴"①的中心地域东西相邻。因此许多学者将其归入广义"周原"的范围之内。秦国的经济进步,有利用"周余民"较成熟农耕经验的因素。秦穆公时代"益国十二,开地千里,遂霸西戎","广地益国,东服强晋,西霸戎夷",②是以关中西部地区作为根据地实现的政治成功。

秦的政治中心,随着秦史的发展,呈现由西而东逐步转移的轨迹。比较明确的秦史记录,即从《史记》卷五《秦本纪》所谓"初有史以纪事"的秦文公时代起始。③ 秦人活动的中心,经历了这样的转徙过程:西垂—汧渭之会—平阳—雍—咸阳。《中国文物地图集·陕西分册》中的《陕西省春秋战国遗存图》显示,春秋战国时期西安、咸阳附近地方的渭河北岸开始出现重要遗址。④ 而史书明确记载,商鞅推行变法,将秦都由雍迁到了咸阳。《史记》卷五《秦本纪》:"(秦孝公)十二年,作为咸阳,筑冀阙,秦徙都之。"⑤《史记》卷六《秦始皇本纪》:"孝公享国二十四年……其十三年,始都咸阳。"⑥《史记》卷六八《商君列传》:"于是以鞅为大良造……居三年,作为筑冀阙宫庭于咸阳,秦自雍徙都之。"⑦这些文献记录都明确显示,秦孝公十二年(前350)开始营造咸阳城和咸阳宫,于秦孝公十三年(前349)从雍城迁都到咸阳。定都咸阳,既是秦史上具有重大意义的事件,实现了秦国兴起的历史过程中的显著转折,也是秦政治史上的辉煌亮点。

如果我们从生态地理学和经济地理学的角度分析这一事件,也可以获得新的

---

① 《诗·大雅·绵》,[清]阮元校刻:《十三经注疏》,中华书局据原世界书局缩印本1980年10月影印版,第510页。

② 《史记》卷五《秦本纪》,第194、195页。《史记》卷八七《李斯列传》作"并国二十,遂霸西戎"。第2542页。《后汉书》卷八七《西羌传》:"秦穆公得戎人由余,遂罢西戎,开地千里。"中华书局,1965年,第2873页。

③ 《史记》,第179页。

④ 张在明主编:《中国文物地图集·陕西分册》,西安地图出版社,1998年,上册第61页。

⑤ 《史记》,第203页。

⑥ 《史记》,第288页。

⑦ 《史记》,第2232页。

有意义的发现。秦都由西垂东迁至咸阳的过程,是与秦"东略之世"①国力不断壮大的历史同步的。迁都咸阳的决策,有将都城从农耕区之边缘转移到农耕区之中心的用意。秦自雍城迁都咸阳,实现了重要的历史转折。一些学者将"迁都咸阳"看作商鞅变法的内容之一。翦伯赞主编《中国史纲要》在"秦商鞅变法"题下写道:"公元前356年,商鞅下变法令","公元前350年,秦从雍(今陕西凤翔)迁都咸阳,商鞅又下第二次变法令"。②杨宽《战国史》(增订本)在"秦国卫鞅的变法"一节"卫鞅第二次变法"题下,将"迁都咸阳,修建宫殿"作为变法主要内容之一,又写道:"咸阳位于秦国的中心地点,靠近渭河,附近物产丰富,交通便利。"③林剑鸣《秦史稿》在"商鞅变法的实施"一节,也有"迁都咸阳"的内容。其中写道:"咸阳(在咸阳市窑店东)北依高原,南临渭河,适在秦岭怀抱,既便利往来,又便于取南山之产物,若浮渭而下,可直入黄河;在终南山与渭河之间就是通往函谷关的大道。"④这应当是十分准确地反映历史真实的判断。《史记》卷六八《商君列传》记载,商鞅颁布的新法,有扩大农耕的规划,奖励农耕的法令,保护农耕的措施。⑤于是使得秦国在秦孝公—商鞅时代实现了新的农业跃进。而指导这一历史变化的策划中心和指挥中心,就在咸阳。咸阳附近也自此成为关中经济的重心地域。《史记》卷二八《封禅书》说"霸、产、长水、沣、涝、泾、渭皆非大川,以近咸阳,尽得比山川祠"⑥,说明"近咸阳"地方水资源得到合理利用。关中于是"号称陆海,为九州膏腴"⑦,被看作"天府之国"⑧,因其丰饶,千百年居于经济优胜地位。

　　回顾春秋战国时期列强竞胜的历史,历史影响比较显著的国家,多位于文明程度处于后起地位的中原外围地区,它们的迅速崛起,对于具有悠久的文明传统

---

① 王国维:《秦都邑考》,《王国维遗书》,上海古籍书店,1983年,《观堂集林》卷一二第9页。
② 翦伯赞主编:《中国史纲要》,人民出版社,1979年,第75页。
③ 杨宽:《战国史》(增订本),上海人民出版社,1998年,第206页。
④ 林剑鸣:《秦史稿》,上海人民出版社,1981年,第189页。
⑤ 商鞅"变法之令":"民有二男以上不分异者,倍其赋。""僇力本业,耕织致粟帛多者复其身。事末利及怠而贫者,举以为收孥。"《史记》,第2230页。
⑥ 《史记》,第1374页。
⑦ 《汉书》卷二八下《地理志下》,第1642页。
⑧ 《史记》卷五五《留侯世家》,第2044页。

的"中国",即黄河中游地区,形成了强烈的冲击。这一历史文化现象,就是《荀子·王霸》中所说的:"虽在僻陋之国,威动天下,五伯是也。""故齐桓、晋文、楚庄、吴阖闾、越句践,是皆僻陋之国也,威动天下,强殆中国。"①就是说,"五霸"虽然都崛起在文明进程原本相对落后的"僻陋"地方,却能够以新兴的文化强势影响天下,震动中原。"五霸"所指,说法不一,如果按照《白虎通·号·三皇五帝三王五伯》中的说法:"或曰:五霸,谓齐桓公、晋文公、秦穆公、楚庄王、吴王阖闾也。"也就是除去《荀子》所说"越句践",加上了"秦穆公",对于秦的"威""强",予以肯定。又说:"《尚书》曰'邦之荣怀,亦尚一人之庆',知秦穆之霸也。"②秦国力发展态势之急进,对东方诸国有激励和带动的意义。

在战国晚期,七雄之中,以齐、楚、赵、秦为最强。到了公元前3世纪的后期,则秦国的军威,已经势不可当。在秦孝公与商鞅变法之后,秦惠文王兼并巴蜀,宣太后与秦昭襄王战胜义渠,实现对上郡、北地的控制,使秦的疆域大大扩张,时人除"唯秦雄天下"③之说外,又称"秦地半天下"④。秦国上层执政集团可以跨多纬度空间控制,实现了对游牧区、农牧并作区、粟作区、麦作区以及稻作区兼行管理的条件。这是后来对统一王朝不同生态区和经济区实施全面行政管理的前期演习。当时的东方六国,没有一个国家具备从事这种政治实践的条件。

除了与秦孝公合作推行变法的商鞅之外,秦史进程中有重要影响的人物还有韩非和吕不韦。《韩非子》作为法家思想的集大成者,规范了秦政的导向。吕不韦主持编写的《吕氏春秋》为即将成立的秦王朝描画了政治蓝图。多种渊源不同的政治理念得到吸收,其中包括儒学的民本思想。

秦的统一,是中国史的大事件,也是东方史乃至世界史的大事件。对于中华民族的形成,对于后来以汉文化为主体的中华文化的发展,对于统一政治格局的定型,秦的创制有非常重要的意义。秦王朝推行郡县制,实现中央对地方的直接控制。皇帝制度和官僚制度的出现,也是推进政治史进程的重要发明。秦始皇时代实现了高度的集权。皇室、将相、后宫、富族,都无从侵犯或动摇皇帝的权

---

① [清]王先谦撰,沈啸寰、王星贤点校:《荀子集解》,中华书局,1988年,第205页。
② [清]陈立撰,吴则虞点校:《白虎通疏证》,中华书局,1994年,第62、64页。
③ 《史记》卷八三《鲁仲连邹阳列传》,第2459页。
④ 《史记》卷七〇《张仪列传》,第2289页。

威。执掌管理天下最高权力的,唯有皇帝。"夫其卓绝在上,不与士民等夷者,独天子一人耳。"①与秦始皇"二世三世至于万世,传之无穷"②的乐观设想不同,秦的统治未能长久,但是,秦王朝的若干重要制度,特别是皇帝独尊的制度,却成为此后两千多年的政治史的范式。如毛泽东诗句所谓"百代犹行秦政法"③。秦政风格延续长久,对后世中国有长久的规范作用,也对东方世界的政治格局形成了影响。

秦王朝在全新的历史条件下带有试验性质的经济管理形式,是值得重视的。秦时由中央政府主持的长城工程、驰道工程、灵渠工程、阿房宫工程、丽山工程等规模宏大的土木工程的规划和组织,表现出经济管理水平的空前提高,也显示了相当高的行政效率。秦王朝多具有创新意义的经济制度,在施行时各有得失。秦王朝经济管理的军事化体制,以极端苛急的政策倾向为特征,而不合理的以关中奴役关东的区域经济方针等方面的弊病,也为后世提供了深刻的历史教训。秦王朝多以军人为吏,必然使各级行政机构都容易形成极权专制的特点,使行政管理和经济管理都具有军事化的形制,又使统一后不久即应结束的军事管制阶段在实际上无限延长,终于酿成暴政。

秦王朝的专制统治表现出高度集权的特色,其思想文化方面的政策也具有与此相应的风格。秦王朝虽然统治时间不长,但是所推行的文化政策却在若干方面对后世有规定性的意义。"书同文"原本是孔子提出的文化理想。孔子嫡孙子思作《中庸》,引述了孔子的话:"今天下车同轨,书同文,行同伦。"④"书同文",成为文化统一的一种象征。但是在孔子的时代,按照儒家的说法,有其位者无其德,有其德者无其位,"书同文"实际上只是一种空想。战国时期,分裂形势更为显著,书不同文也是体现当时文化背景的重要标志之一。正如东汉学者许慎在《说文解字·叙》中所说,"诸侯力政,不统于王",于是礼乐典籍受到破坏,天下分为七国,"言语异声,文字异形"⑤。秦灭六国,实现统一之后,丞相李

---

① 章太炎:《秦政记》,《太炎文录初编》卷一,《章太炎全集》第4卷,上海人民出版社,1985年,第71页。
② 《史记》卷六《秦始皇本纪》,第236页。
③ 《建国以来毛泽东文稿》第13册,中央文献出版社,1998年,第361页。
④ [清]阮元校刻:《十三经注疏》,第1634页。
⑤ [汉]许慎撰,[清]段玉裁注:《说文解字注》,上海古籍出版社据经韵楼藏版1981年10月影印版,第757页。

斯就上奏建议以"秦文"为基点,欲令天下文字"同之",凡是与"秦文"不一致的,通通予以废除,以完成文字的统一。历史上的这一重要文化过程,司马迁在《史记》卷六《秦始皇本纪》的记载中写作"书同文字"与"同书文字",①在《史记》卷一五《六国年表》与《史记》卷八七《李斯列传》中分别写作"同天下书""同文书"。② 秦王朝的"书同文"虽然没有取得全面的成功,但是当时能够提出这样的文化进步的规划,并且开始了这样的文化进步的实践,应当说,已经是一个值得肯定的伟大的创举。秦王朝推行文化统一的政策,并不限于文字的统一。在秦始皇出巡各地的刻石文字中,可以看到要求各地民俗实现同化的内容。比如琅邪刻石说到"匡饬异俗",之罘刻石说到"黔首改化,远迩同度",表示各地的民俗都要改造,以求整齐统一;而强求民俗统一的形式,是法律的规范,就是所谓"普施明法,经纬天下,永为仪则"。③ 应当看到,秦王朝要实行的全面的"天下""同度",是以秦地形成的政治规范、法律制度、文化样式和民俗风格为基本模板的。

秦王朝在思想文化方面谋求统一,是通过强硬性的专制手段推行有关政策实现的。所谓焚书坑儒,就是企图全面摈斥东方文化,以秦文化为主体实行强制性的文化统一。对于所谓"难施用"④"不中用"⑤的"无用"之学⑥的否定,甚至不惜采用极端残酷的手段。

秦王朝以关中地方作为政治中心,也作为文化基地。关中地方得到了很好

---

① 《史记》,第 239、245 页。

② 《史记》,第 757、2547 页。

③ 《史记》,第 245、250、249 页。

④ 《史记》卷二八《封禅书》:"始皇闻此议各乖异,难施用,由此绌儒生。"第 1366 页。

⑤ 《史记》卷六《秦始皇本纪》:"(秦始皇)大怒曰:'吾前收天下书不中用者尽去之。'"第 258 页。

⑥ 《资治通鉴》卷七《秦纪二》"始皇帝三十四年":"魏人陈馀谓孔鲋曰:'秦将灭先王之籍,而子为书籍之主,其危哉!'子鱼曰:'吾为无用之学,知吾者惟友。秦非吾友,吾何危哉!吾将藏之以待其求;求至,无患矣。'"胡三省注:"孔鲋,孔子八世孙,字子鱼。"[宋]司马光编著,[元]胡三省音注,"标点资治通鉴小组"校点:《资治通鉴》,中华书局,1956 年,第 244 页。承孙闻博副教授提示,据傅亚庶《孔丛子校释》,《孔丛子》有的版本记录孔鲋说到"有用之学"。叶氏藏本、蔡宗尧本、汉承弼校跋本、章钰校跋本并有"吾不为有用之学,知吾者唯友。秦非吾友,吾何危哉?"语。中华书局,2011 年,第 410、414 页。参看王子今:《秦文化的实用之风》,《光明日报》2013 年 7 月 15 日 15 版"国学"。

的发展条件。秦亡,刘邦入咸阳,称"仓粟多"①,项羽确定行政中心时有人建议"关中阻山河四塞,地肥饶,可都以霸",都说明了秦时关中经济条件的优越。项羽虽然没有采纳都关中的建议,但是在分封十八诸侯时,首先考虑了对现今陕西地方的控制。"立沛公为汉王,王巴、蜀、汉中,都南郑",又"三分关中","立章邯为雍王,王咸阳以西,都废丘","立司马欣为塞王,王咸阳以东至河,都栎阳;立董翳为翟王,王上郡,都高奴"。② 因"三分关中"的战略设想,于是史有"三秦"之说。近年"废丘"的考古发现,有益于说明这段历史。所谓"秦之故地"③,是受到特殊重视的行政空间。

汉代匈奴人和西域人仍然称中原人为"秦人"④,汉简资料也可见"秦骑"⑤称谓,说明秦文化对中土以外广大区域的影响形成了深刻的历史记忆。远方"秦人"称谓,是秦的历史光荣的文化纪念。

李学勤《东周与秦代文明》一书中将东周时代的中国划分为7个文化圈,就是中原文化圈、北方文化圈、齐鲁文化圈、楚文化圈、吴越文化圈、巴蜀滇文化圈、秦文化圈。关于其中的"秦文化圈",论者写道:"关中的秦国雄长于广大的西北地区,称之为秦文化圈可能是适宜的。秦人在西周建都的故地兴起,形成了有独特风格的文化。虽与中原有所交往,而本身的特点仍甚明显。"关于战国晚期至于秦汉时期的文化趋势,论者指出:"楚文化的扩展,是东周时代的一件大事","随之而来的,是秦文化的传布。秦的兼并列国,建立统一的新王朝,使秦文化成为后来辉煌的汉代文化的基础"。⑥ 从空间和时间的视角进行考察,可以注意

---

① 《史记》卷八《高祖本纪》,第362页。
② 《史记》卷七《项羽本纪》,第315、316页。
③ 《史记》卷九九《刘敬叔孙通列传》:"陛下入关而都之,山东虽乱,秦之故地可全而有也。""今陛下入关而都,案秦之故地,此亦搤天下之亢而拊其背也。"第2716页。
④ 《史记》卷一二三《大宛列传》,第3177页;《汉书》卷九四上《匈奴传上》,第3782页;《汉书》卷九六下《西域传下》,第3913页。东汉西域人使用"秦人"称谓,见《龟兹左将军刘平国作关城诵》,参看王子今:《〈龟兹左将军刘平国作关城诵〉考论——兼说"张骞凿空"》,《欧亚学刊》新7辑,商务印书馆,2018年。
⑤ 如肩水金关简"☐所将胡骑秦骑名籍☐"(73EJT1:158),甘肃简牍保护研究中心、甘肃省文物考古研究所、甘肃省博物馆、中国文化遗产研究院古文献研究室、中国社会科学院简帛研究中心编:《肩水金关汉简》(壹),中西书局,2011年,下册第11页。
⑥ 李学勤:《东周与秦代文明》,上海人民出版社,2007年,第10—11页。

到秦文化超地域的特征和跨时代的意义。秦文化自然有区域文化的含义,早期的秦文化又有部族文化的性质。秦文化也是体现法家思想深刻影响的一种政治文化形态,可以理解为秦王朝统治时期的主体文化和主导文化。秦文化也可以作为一种积极奋进的、迅速崛起的、节奏急烈的文化风格的象征符号。总结秦文化的有积极意义的成分,应当注意这样几个特点:创新理念、进取精神、开放胸怀、实用意识、技术追求。秦文化的这些具有积极因素的特点,可以以"英雄主义"和"科学精神"简要概括。对于秦统一的原因,有必要进行全面的客观的总结。秦人接受来自西北方向文化影响的情形,研究者也应当予以关注。

秦文化既有复杂的内涵,又有神奇的魅力。秦文化表现出由弱而强、由落后而先进的历史转变过程中积极进取、推崇创新、重视实效的文化基因。

对于秦文化的历史表现,仅仅用超地域予以总结也许还是不够的。"从世界史的角度"估价秦文化的影响,是秦史研究者的责任。秦的统一"是中国文化史上的重要转折点",继此之后,汉代创造了辉煌的文明,其影响,"范围绝不限于亚洲东部,我们只有从世界史的高度才能估价它的意义和价值"。① 汉代文明成就,正是因秦文化而奠基的。

在对于秦文化的讨论中,不可避免地会导入这样一个问题:为什么在战国七雄的历史竞争中最终秦国取胜,为什么是秦国而不是其他国家完成了"统一"这一历史进程?

秦统一的形势,翦伯赞说,"如暴风雷雨,闪击中原",证明"任何主观的企图,都不足以倒转历史的车轮"。② 秦的"统一",有的学者更愿意用"兼并"的说法。这一历史进程,后人称之为"六王毕,四海一"③,"六王失国四海归"④。其实,秦始皇实现的统一,并不仅仅限于黄河流域和长江流域原战国七雄统治的地域,亦包括对岭南的征服。战争的结局,是《史记》卷六《秦始皇本纪》和卷一一

---

① 李学勤:《东周与秦代文明》,第294页。
② 翦伯赞:《秦汉史》,北京大学出版社,1983年,第8页。
③ [唐]杜牧:《阿房宫赋》,《文苑英华》卷四七,[宋]李昉等编:《文苑英华》,中华书局,1966年,第212页。
④ [宋]莫济《次梁安老王十朋咏秦碑韵》:"六王失国四海归,秦皇东刻南巡碑。"[明]董斯张辑:《吴兴艺文补》卷五〇,明崇祯六年刻本,第1103页。

三《南越列传》所记载的桂林、南海、象郡的设立。① 按照贾谊《过秦论》的表述,即"南取百越之地,以为桂林、象郡,百越之君俛首系颈,委命下吏"②。考古学者基于岭南秦式墓葬发现,如广州淘金坑秦墓、华侨新村秦墓,广西灌阳、兴安、平乐秦墓等的判断,以为"说明了秦人足迹所至和文化所及,反映了秦文化在更大区域内和中原以及其他文化的融合","两广秦墓当是和秦始皇统一岭南,'以谪徙民五十万戍五岭,与越杂处'的历史背景有关"③。岭南文化与中原文化的融合,正是自"秦时已并天下,略定杨越"④起始。而蒙恬经营北边,又"却匈奴七百余里"⑤。南海和北河方向的进取,使得秦帝国的国土规模远远超越了秦本土与"六王"故地的总和。⑥

对于秦所以能够实现统一的原因,历来多有学者讨论。有人认为,秦改革彻底,社会制度先进,是主要原因。曾经负责《睡虎地秦墓竹简》定稿、主持张家山汉简整理并进行秦律和汉律对比研究的李学勤指出:"睡虎地竹简秦律的发现和研究,展示了相当典型的奴隶制关系的景象","有的著作认为秦的社会制度比六国先进,笔者不能同意这一看法,从秦人相当普遍地保留野蛮的奴隶制关系来看,事实毋宁说是相反"。⑦

秦政以法家思想为指导。法家虽然经历汉初的"拨乱反正"⑧受到清算,又经汉武帝时代"罢黜百家,表章《六经》"⑨"推明孔氏,抑黜百家"⑩,受到正统意

---

① 王子今:《论秦始皇南海置郡》,《陕西师范大学学报》(哲学社会科学版)2017年第1期。
② 《史记》卷六《秦始皇本纪》,第280页。
③ 叶小燕:《秦墓初探》,《考古》1982年第1期。
④ 《史记》卷一一三《南越列传》,第2967页。
⑤ 《史记》卷六《秦始皇本纪》,第280页;《史记》卷四八《陈涉世家》,第1963页。
⑥ 参看王子今:《秦统一局面的再认识》,《辽宁大学学报》(哲学社会科学版)2013年第1期。
⑦ 李学勤:《东周与秦代文明》,第290—291页。
⑧ 《汉书》卷六《武帝纪》,第212页;《汉书》卷二二《礼乐志》,第1030、1035页。《史记》卷八《高祖本纪》:"拨乱世反之正。"第392页。《史记》卷六〇《三王世家》:"高皇帝拨乱世反诸正。"第2109页。
⑨ 《汉书》卷六《武帝纪》,第212页。
⑩ 《汉书》卷五六《董仲舒传》,第2525页。

识形态压抑,但是由所谓"汉家自有制度,本以霸王道杂之,奈何纯任德教,用周政乎"①可知,仍然有长久的历史影响和文化惯性。这说明中国政治史的回顾,有必要思考秦政的作用。

在总结秦统一原因时,应当重视《过秦论》"续六世之余烈,振长策而御宇内"的说法。② 然而秦的统一,不仅仅是帝王的事业,也与秦国农民和士兵的历史表现有关。是各地万千士兵与民众的奋发努力促成了统一。秦国统治的地域,当时是最先进的农业区。直到秦王朝灭亡之后,人们依然肯定"秦富十倍天下"的地位。③ 因农耕业成熟而形成的富足,也构成秦统一的物质实力。

有学者指出,应当重视秦与西北方向的文化联系,重视秦人从中亚地方接受的文化影响。这是正确的意见。但是以为郡县制的实行可能来自西方影响的看法还有待于认真的论证。战国时期,不仅秦国,不少国家都实行了郡县制。有学者指出:"郡县制在春秋时已有萌芽,特别是'县',其原始形态可以追溯到西周。到战国时期,郡县制在各国都在推行。"④秦人接受来自西北的文化影响,应当是没有疑义的。周穆王西行,据说到达西王母之国,为他驾车的就是秦人先祖造父。秦早期养马业的成功,也应当借鉴了草原游牧族的技术。青铜器中被确定为秦器者,据说有的器形"和常见的中国青铜器有别,有学者以之与中亚的一些器物相比"。学界其实较早已经注意到这种器物,以为"是否模仿中亚的风格,很值得探讨"。⑤ 我们曾经注意过秦风俗中与西方相近的内容,秦穆公三十二年(前628),发军袭郑,这是秦人首创所谓"径数国千里而袭人"的长距离远征历史记录的例证。晋国发兵在殽阻截秦军,"击之,大破秦军,无一人得脱者,虏秦三将以归"。⑥ 四年之后,秦人复仇,《左传·文公三年》记载:"秦伯伐晋,济河焚舟,取王官及郊。晋人不出,遂自茅津渡,封殽尸而还。"⑦《史记》卷五《秦本

---

① 《汉书》卷九《元帝纪》,第277页。
② 《史记》卷六《秦始皇本纪》,第280页。
③ 《史记》卷八《高祖本纪》,第364页。
④ 李学勤:《东周与秦代文明》,第289—290页。
⑤ 李学勤:《东周与秦代文明》,第146页。
⑥ 《史记》卷五《秦本纪》,第190—192页。
⑦ 《春秋左传集解》,上海人民出版社,1977年,第434页。

纪》:"缪公乃自茅津渡河,封殽中尸,为发丧,哭之三日。"①《史记》卷三九《晋世家》:"秦缪公大兴兵伐我,度河,取王官,封殽尸而去。"②封,有人解释为"封识之"③,就是筑起高大的土堆以为标识。我们读记述公元14年至公元15年间史事的《塔西佗〈编年史〉》第1卷,可以看到日耳曼尼库斯·凯撒率领的罗马军队进军到埃姆斯河和里普河之间十分类似的情形:"据说伐鲁斯和他的军团士兵的尸体还留在那里没有掩埋","罗马军队在六年之后,来到这个灾难场所掩埋了这三个军团的士兵的遗骨","在修建坟山的时候,凯撒放置第一份草土,用以表示对死者的衷心尊敬并与大家一同致以哀悼之忱"。④罗马军队统帅日耳曼尼库斯·凯撒的做法,和秦穆公所谓"封殽尸"何其相像!罗马军人们所"修建"的"坟山",是不是和秦穆公为"封识之"而修建的"封"属于性质相类的建筑形式呢?相关的文化现象还有待于深入考论。但是关注秦文化与其他文化系统之间的联系可能确实是有意义的。

秦代徐福东渡,择定适宜的生存空间定居⑤,或许是东洋航线初步开通的历史迹象。斯里兰卡出土半两钱⑥,似乎可以看作南洋航线早期开通的文物证明。理解并说明秦文化的世界影响,也是丝绸之路史研究应当关注的主题。

"秦史与秦文化研究丛书"系"十三五"国家重点图书出版规划项目,共14种,由陕西省人民政府参事室主持编撰,西北大学出版社具体组织实施。包括以下学术专著:《秦政治文化研究》(雷依群)、《初并天下——秦君主集权研究》(孙闻博)、《帝国的形成与崩溃——秦疆域变迁史稿》(梁万斌)、《秦思想与政治研究》(臧知非)、《秦法律文化新探》(闫晓君)、《秦祭祀研究》(史党社)、《秦礼仪研究》(马志亮)、《秦战争史》(赵国华、叶秋菊)、《秦农业史新编》(樊志民、

---

① 《史记》,第193页。
② 《史记》,第1670页。
③ 《史记》卷五《秦本纪》裴骃《集解》引贾逵曰,第193页。
④ [罗马]塔西佗著,王以铸等译:《塔西佗〈编年史〉》,商务印书馆,1981年,上册,第1卷,第51—52页。
⑤ 《史记》卷一一八《淮南衡山列传》:"徐福得平原广泽,止王不来。"第3086页。
⑥ 查迪玛(A. Chandima):《斯里兰卡藏中国古代文物研究——兼谈古代中斯贸易关系》,山东大学博士学位论文,导师:于海广教授,2011年4月;[斯里兰卡]查迪玛·博嘎哈瓦塔、柯莎莉·卡库兰达拉:《斯里兰卡藏中国古代钱币概况》,《百色学院学报》2016年第6期。

李伊波)、《秦都邑宫苑研究》(徐卫民、刘幼臻)、《秦文字研究》(周晓陆、罗志英、李巍、何薇)、《秦官吏法研究》(周海锋)、《秦交通史》(王子今)、《秦史与秦文化研究论著索引》(田静)。

  本丛书的编写队伍,集合了秦史研究的学术力量,其中有较资深的学者,也有很年轻的学人。丛书选题设计,注意全方位的研究和多视角的考察。参与此丛书的学者提倡跨学科的研究,重视历史学、考古学、民族学与文化人类学等不同学术方向研究方法的交叉采用,努力坚持实证原则,发挥传世文献与出土文献及新出考古资料相结合的优长,实践"二重证据法""多重证据法",力求就秦史研究和秦文化研究实现学术推进。秦史是中国文明史进程的重要阶段,秦文化是历史时期文化融汇的主流之一,也成为中华民族文化的重要构成内容。对于秦史与秦文化,考察、研究、理解和说明,是历史学者的责任。不同视角的观察,不同路径的探究,不同专题的研讨,不同层次的解说,都是必要的。这里不妨借用秦汉史研究前辈学者翦伯赞《秦汉史》中"究明"一语简要表白我们研究工作的学术追求:"究明"即"显出光明"。①

王子今
2021 年 1 月 18 日

---

① 翦伯赞:《秦汉史》,第 2 页。

前　言

本书定名为《秦史与秦文化研究论著索引》，是"秦史与秦文化研究丛书"之一。

秦史与秦文化研究对于研究中国历史的全貌和规律具有重要作用。陕西、甘肃、湖南、湖北等地与秦文化有关的考古调查、勘探发掘和研究工作持续开展，出土文献及其研究成果陆续刊发，不断拓展秦史与秦文化研究的领域。

自 20 世纪 70 年代以来，秦史与秦文化的考古发现、墓葬遗址和出土文献等新材料层出不穷，睡虎地秦简、放马滩秦简、秦始皇陵与兵马俑、里耶秦简等陆续面世，考古报告和研究成果不断发布。秦长城、秦直道考古调查与研究深入开展，秦都咸阳与秦都雍城的考古工作持续进行、考古报告先后出版，为秦史与秦文化研究提供了珍贵资料。

近十年来，与秦史和秦文化有关的学术研讨会、秦俑与秦文化专题展览越来越多，学术会议文集、展览图录、研究专著等多层面反映了秦国发展的历史，揭示了秦崛起与统一的价值和意义，相关成果丰富了秦史与秦文化研究。

1993 年 12 月，我参与秦始皇兵马俑博物馆策划的"秦俑秦文化丛书"，并承担《秦史研究论著目录》一书的编辑工作，该书于 1999 年 5 月在陕西人民教育出版社出版。20 年过去了，有关秦史与秦文化的考古发现、出土文献与研究成果逐年增加，加之每年都有硕士、博士学位论文涉及秦史与秦文化研究，有必要择要收录。

基于此，我编辑了《秦史与秦文化研究论著索引》，以全面展示百年来秦史与秦文化研究成果。

田　静
2020 年 12 月

目 录

总　序 …………………………………………………… 1
前　言 …………………………………………………… 1
凡　例 …………………………………………………… 1

上编　著作

一　秦汉史通论 …………………………………………… 3
二　政制与法律 …………………………………………… 7
三　经济、科技 …………………………………………… 10
四　社会、阶级、风俗 …………………………………… 12
五　阶级斗争和农民战争 ………………………………… 14
六　军事 …………………………………………………… 14
七　民族、宗教 …………………………………………… 15
八　历史地理 ……………………………………………… 16
九　诸子 …………………………………………………… 18
十　文化、思想、学术 …………………………………… 23
十一　人物 ………………………………………………… 27
十二　辑（集）刊、论文集 ……………………………… 34
　　（一）辑刊 …………………………………………… 34
　　　　1. 秦汉史论丛 …………………………………… 34
　　　　2. 秦文化论丛 …………………………………… 35
　　　　3. 周秦汉唐文化研究 …………………………… 36
　　　　4. 秦汉研究 ……………………………………… 36
　　　　5. 秦始皇帝陵博物院 …………………………… 37
　　（二）文集 …………………………………………… 38

1. 学术文集 …………………………………… 38
　　　2. 会议文集 …………………………………… 41
十三　考古与文物 …………………………………… 42
　　（一）考古、文物研究 ………………………………… 42
　　（二）发掘报告 ……………………………………… 45
　　（三）遗址、墓葬研究 ……………………………… 46
　　（四）简牍、帛书 …………………………………… 48
　　　1. 综合研究 …………………………………… 48
　　　2. 辑刊 ………………………………………… 52
　　　3. 论文集 ……………………………………… 56
　　（五）玺印、封泥、刻石、文字 ……………………… 56
　　（六）历史图谱、文物（展览）图录 ………………… 60
　　（七）秦始皇陵及兵马俑 …………………………… 61
　　　1. 专题研究 …………………………………… 61
　　　2. 发掘报告 …………………………………… 62
　　　3. 文物保护与修复 …………………………… 63
　　　4. 论文集 ……………………………………… 63
　　　5. 文物图谱、展览图录 ……………………… 64
　　　6. 其他 ………………………………………… 66
十四　工具书、科普书 ………………………………… 68
　　（一）目录、辞典 …………………………………… 68
　　（二）其他 …………………………………………… 69

下编　论文

一　秦汉史概论 …………………………………………… 75
二　政制与法律 …………………………………………… 79
　　（一）官制、制度 …………………………………… 79
　　（二）政治事件与外交 …………………………… 103
　　（三）统治思想 …………………………………… 129
　　（四）刑法与法律 ………………………………… 135

三　经济和财政 …………………………………………… 147
　　(一)经济概述 ……………………………………… 147
　　(二)农业 …………………………………………… 152
　　　　1. 土地制度与农业政策 ……………………… 152
　　　　2. 水利、河渠 ………………………………… 165
　　　　3. 林业、渔业、畜牧业 ……………………… 170
　　(三)工商业、手工业 ……………………………… 173
　　(四)赋税、徭役 …………………………………… 180
　　(五)交通及交通工具 ……………………………… 186
　　　　1. 道路和交通 ………………………………… 186
　　　　2. 交通工具 …………………………………… 191

四　社会 ………………………………………………… 192
　　(一)社会性质和阶级阶层 ………………………… 192
　　(二)社会风俗和社会问题 ………………………… 204

五　军事 ………………………………………………… 219

六　民族 ………………………………………………… 227

七　地理 ………………………………………………… 240
　　(一)地方政区和行政区划 ………………………… 240
　　(二)户籍、人口 …………………………………… 259
　　(三)其他 …………………………………………… 262

八　诸子、学术 ………………………………………… 268

九　语言、文学 ………………………………………… 276
　　(一)语言、文字 …………………………………… 276
　　　　1. 语言、文字概述 …………………………… 276
　　　　2. 铜器、漆器铭文 …………………………… 280
　　　　3. 陶文、瓦书 ………………………………… 284
　　　　4. 石刻文字 …………………………………… 287
　　(二)文学与文学批评 ……………………………… 293

十　文化、艺术 ………………………………………… 298
　　(一)文化概述 ……………………………………… 298

（二）诗歌、音乐、舞蹈、体育、教育 …………… 313
　　（三）美术 …………………………………………… 317
十一　楚汉战争和农民起义 …………………………… 319
十二　中外关系 ………………………………………… 326
十三　科学技术 ………………………………………… 328
　　（一）天文、历法 …………………………………… 328
　　（二）医学 …………………………………………… 330
　　（三）其他 …………………………………………… 333
十四　宗教 ……………………………………………… 335
十五　人物研究 ………………………………………… 342
　　（一）合传 …………………………………………… 342
　　（二）秦始皇 ………………………………………… 345
　　（三）商鞅与《商君书》 …………………………… 354
　　（四）韩非与《韩非子》 …………………………… 367
　　（五）吕不韦与《吕氏春秋》 ……………………… 387
　　（六）李斯 …………………………………………… 397
　　（七）徐福 …………………………………………… 402
　　（八）项羽 …………………………………………… 410
　　（九）其他人物 ……………………………………… 419
十六　历史文献、史学史 ……………………………… 432
十七　综述、动态、书讯 ……………………………… 443
　　（一）综述 …………………………………………… 443
　　（二）会议简讯、学术动态 ………………………… 454
　　（三）书评、书序与书讯 …………………………… 460
　　（四）目录 …………………………………………… 484
　　（五）重要文章 ……………………………………… 486
十八　考古与文物 ……………………………………… 487
　　（一）考古概述 ……………………………………… 487
　　（二）遗址调查与研究 ……………………………… 491
　　　　1. 简报 ………………………………………… 491

  2. 论文 …………………………………………… 495
(三) 墓葬 ………………………………………………… 527
  1. 简报 …………………………………………… 527
  2. 论文 …………………………………………… 535
(四) 器物 ………………………………………………… 550
  1. 器物概说 ……………………………………… 550
  2. 铜器 …………………………………………… 553
  3. 铁器 …………………………………………… 564
  4. 陶器 …………………………………………… 565
  5. 漆木器 ………………………………………… 567
  6. 砖石、瓦当 …………………………………… 569
  7. 玺印、封泥 …………………………………… 575
  8. 度量衡、货币 ………………………………… 581
  9. 丝织品 ………………………………………… 592
  10. 玉器 ………………………………………… 592
  11. 金银器 ……………………………………… 594
(五) 简牍 ………………………………………………… 595
  1. 简牍概述 ……………………………………… 595
  2. 政制、吏治 …………………………………… 603
  3. 经济 …………………………………………… 609
  4. 社会 …………………………………………… 614
  5. 军事 …………………………………………… 619
  6. 民族 …………………………………………… 620
  7. 地理、交通与行政区划 ……………………… 620
  8. 刑罚与法律 …………………………………… 622
  9. 文化、语言、文字、文学 …………………… 634
  10. 思想、宗教 ………………………………… 638
  11. 天文、历法、时制、数学、医学 ………… 641
  12. 各篇释文、译注、研究 …………………… 644

十九　秦始皇陵及兵马俑 ……………………………… 660
　　(一)发掘报告、简报 …………………………… 660
　　(二)文物、遗址 ………………………………… 664
　　　　1. 秦始皇陵 ………………………………… 664
　　　　2. 秦兵马俑 ………………………………… 686
　　　　3. 秦铜车马 ………………………………… 710
　　(三)访谈、动态 ………………………………… 716
　　　　1. 学术访谈 ………………………………… 716
　　　　2. 重要文章 ………………………………… 717

二十　博士、硕士论文 …………………………………… 728
　　(一)博士论文 …………………………………… 728
　　　　1. 秦史、秦汉史 …………………………… 728
　　　　2. 遗址、墓葬、文物 ……………………… 730
　　　　3. 简牍、文字 ……………………………… 731
　　(二)硕士论文 …………………………………… 733
　　　　1. 秦史、秦汉史 …………………………… 733
　　　　2. 遗址、墓葬 ……………………………… 739
　　　　3. 文物 ……………………………………… 741
　　　　4. 简牍、文字 ……………………………… 742
　　　　5. 人物 ……………………………………… 748
　　　　6. 秦始皇陵及秦陵文物 …………………… 748
　　　　7. 其他 ……………………………………… 750

后　记 ……………………………………………………… 753

凡 例

一、本编《秦史与秦文化研究论著索引》包括著作和论文索引两部分。所收文献发表时间为1919年至2019年,以公开出版的书目和公开发表的论文为主,兼收部分内部刊物资料。

二、本书除收录中国历史学方面有关秦史、秦文化的论著资料外,还酌情收录相关学科的文献,如中国文化史、中国艺术史、中国军事史、中国科学技术史、中国民族史、中外关系史、历史地理学等。选弃的标准,主要视该文献的内容与秦史关系的远近或引用秦史资料的多寡而定。

三、著作索引部分,收录秦史与秦文化有关论著700余种。顺序为书名、编著者、出版单位和出版年。根据需要,还选录有代表的通俗书籍、科普书籍和文物图录等资料,以便检索。

四、论文索引部分,收录有关秦史与秦文化的文献资料12000余条,顺序为文章名、作者名、发表期刊和时间。

五、本目录所收论著资料的编排,在各种分类项下,尽可能按内容以类相从。

六、各种论著资料的编著者,原题机关团体名称又列有执笔人的,执笔人姓名前加单位名称。凡有多位编著者或执笔人者,均按原发表时的顺序录入。译著和译文,先列原著者,后列译者。研究生论文,先列著者姓名,后列指导教师姓名,最后录论文提交年代。

七、本书主要根据秦始皇帝陵博物院院藏书刊,并参考中国版本图书馆编《全国总书目》《全国新书目》、上海图书馆编《全国主要报刊资料索引》和本书作者所藏书目编成。

上编
著 作

一 秦汉史通论

秦史通徵　章钦著　天行草堂主人遗稿丛刊本　1935 年
先秦史　吕思勉著　上海开明书店　1941 年
秦汉史纂　瞿兑之著　中国联合出版公司　1944 年
先秦史　黎东方著　重庆商务印书馆　1944 年；上海商务印书馆　1946 年
中国历史通论:春秋战国篇　黎东方著　重庆商务印书馆　1944 年
秦史纲要　马元材著　重庆大道出版社　1945 年
中国史纲(第二卷):秦汉史　翦伯赞著　重庆大呼出版公司　1946 年
秦汉史　劳贞一著　中国文化服务社　1946 年
中国史纲(第二卷):秦汉史　翦伯赞著　上海大孚出版公司　1947 年
秦汉史　吕思勉著　开明书店　1947 年
秦汉史　李源澄著　商务印书馆　1947 年
中国史(第三册):秦汉史　陈恭禄著　商务印书馆　1947 年
秦史概论　黄灼耀著　广东省立文理学院历史系　1947 年
秦汉史　劳榦著　台北中华文化出版事业委员会　1952 年
秦汉史(修订版)　劳榦著　台北中华文化出版事业委员会　1955 年
秦汉史略　何兹全著　上海人民出版社　1955 年
西周与东周　李亚农著　上海人民出版社　1956 年
秦汉史纲要　杨翼骧编著　新知识出版社　1956 年
秦汉史纲要　杨翼骧编著　上海人民出版社　1957 年
秦汉史　钱穆著　香港新华印刷股份公司　1957 年
秦汉史　钱穆著　东大图书股份有限公司　1957 年
战国秦汉史通俗讲话　马襄编　通俗读物出版社　1958 年
先秦史　东北师范大学中国古代史教学小组编　东北师范大学教务处教材科　1958 年
秦楚演义　陈穉常著　上海文化出版社　1958 年
中国通史参考资料(古代部分第二册)封建社会(一)战国到东汉末　何兹

全主编　中华书局　1962 年
　　秦汉史　田余庆著　中共中央高级党校　1962 年
　　秦汉史　钱穆著　香港九龙著者　1966 年
　　秦汉史　台湾开明书店编译部　台湾开明书店　1969 年
　　秦汉史　姚秀彦著　三民书局　1974 年；1987 年
　　秦汉史　吕思勉著　台湾开明书店　1975 年
　　秦汉史纂　瞿兑之著　鼎文书局　1979 年
　　秦汉史　邹纪万著　长桥出版社　1979 年
　　战国史（第 2 版）　杨宽著　上海人民出版社　1980 年
　　秦史稿　林剑鸣著　上海人民出版社　1981 年
　　秦国发展史　林剑鸣著　陕西人民出版社　1981 年
　　秦国故事　吕苏生编著　河北人民出版社　1981 年
　　秦集史　马非百著　中华书局　1982 年
　　中国史纲要（上册）　翦伯赞主编　人民出版社　1983 年
　　秦汉史　翦伯赞著　北京大学出版社　1983 年
　　先秦史　吕思勉著　上海古籍出版社　1983 年
　　秦汉史　吕思勉著　上海古籍出版社　1983 年
　　中国通史讲稿（上）原始社会——南北朝　张传玺著　北京大学出版社　1983 年
　　先秦史　王明阁编著　黑龙江人民出版社　1983 年
　　白话秦汉史（秦汉帝国的兴衰）　［日］西嶋定生著，黄耀能译　文史哲出版社　1983 年
　　先秦史　詹子庆编著　辽宁人民出版社　1984 年
　　秦汉魏晋南北朝史　高尚志、冯君实编著　辽宁人民出版社　1984 年
　　中国古代史纲（上）：原始社会——南北朝　张传玺著　北京大学出版社　1985 年
　　秦史编年　王云度编著　陕西人民出版社　1986 年
　　秦史述评　何汉著　黄山书社　1986 年
　　秦汉史　林剑鸣著　上海人民出版社　1989 年
　　秦汉史　钱穆著　东大图书股份有限公司　1992 年

剑桥中国秦汉史:公元前221年至公元220年　[英]崔瑞德、[英]鲁惟一编,杨品泉等译　中国社会科学出版社　1992年

中华文明史(第三卷)·秦汉　唐赞功总撰　河北教育出版社　1992年

山东通史:秦汉卷　安作璋主编　山东人民出版社　1993年

秦汉史　田昌五、安作璋著　人民出版社　1993年

远古三代秦西汉史　马开梁著　云南大学出版社　1993年

中国小通史:秦汉　罗世烈著　中国青年出版社　1994年

中国通史(第四卷)中古时代·秦汉时期　白寿彝主编　上海人民出版社　1995年

剑桥中国史(第一册:秦汉史)　韩復智主译　南天书局　1996年

秦汉史　韩復智、叶达雄、邵台新等编著　台北空中大学　1996年

陕西通史·秦汉卷　黄留珠、周天游著　陕西师范大学出版社　1997年

秦帝国史　王云度、张文立主编　陕西人民教育出版社　1997年

白话秦汉史　[日]西嶋定生著,黄耀能译　三民书局社　1998年

秦汉简史　林剑鸣、赵宏著　福建人民出版社　2000年

秦史　王蘧常撰　上海古籍出版社　2000年

秦汉士史　于迎春著　北京大学出版社　2000年

中国历史·秦汉魏晋南北朝卷　张岂之主编,王子今、方光华本卷主编　高等教育出版社　2001年

细说秦汉　黎东方、王子今著　上海人民出版社　2002年

战国史　杨宽著　上海人民出版社　2003年

秦汉史　林剑鸣著　上海人民出版社　2003年

秦早期发展史　徐日辉著　中国科学文化出版社　2003年

早期秦史　祝中熹著　敦煌文艺出版社　2003年

秦汉史　钱穆著　生活·读书·新知三联书店　2004年

中国通史教程(第一卷)先秦两汉时期　姜义华主编,刘泽华本卷主编　复旦大学出版社　2005年

先秦史十讲　杨宽著　复旦大学出版社　2006年

秦汉史(修订本)　田昌五、安作璋主编　人民出版社　2008年

吕思勉讲秦汉帝国　吕思勉著　长征出版社　2008年

吕思勉讲帝国前史　吕思勉著　长征出版社　2008 年
中国文化通史:秦汉卷　郑师渠总主编,许殿才分册主编　北京师范大学出版社　2009 年
秦史稿　林剑鸣著　中国人民大学出版社　2009 年
金戈铁马并天下:秦人五百余载的崛兴史　徐卫民著　西北大学出版社　2009 年
秦汉史:帝国的成立　王子今著　三民书局　2009 年
秦汉史　吕思勉著　商务印书馆　2010 年
秦汉史编年　王云度撰　凤凰出版社　2011 年
秦汉史学研究　许殿才著　北京师范大学出版社　2012 年
秦汉史十五讲　翦伯赞著　张传玺整理　中华书局　2012 年
中国断代史·秦汉卷　吕思勉著　江西教育出版社　2013 年
吕思勉秦汉史　吕思勉著　吉林人民出版社　2013 年
日出西山:秦人历史新探　史党社著　陕西人民出版社　2013 年
群雄逐鹿:秦汉之际二十年　冯立鳌著　中国文史出版社　2013
秦汉史　吕思勉著　北京联合出版公司　2014 年
始皇帝的遗产:秦汉帝国　[日]鹤间和幸著,马彪译　广西师范大学出版社　2014 年
战国秦汉考古　苏秉琦著　上海古籍出版社　2014 年
秦汉史十讲　安作璋主编　中华书局　2014 年
秦汉史　吕思勉著　江苏人民出版社　2014 年
中国古代物质文化史·秦汉　韩国河等著　开明出版社　2014 年
秦人崛起:中华一统的奠基之路　辛怡华著　陕西人民出版社　2014 年
秦汉史　马孟龙著　上海人民出版社　2015 年
秦汉史　钱穆著　九州出版社　2015 年
秦早期历史研究　雍际春著　中国社会科学出版社　2017 年
秦汉简史　劳榦　著　中华书局　2018 年
秦汉史　李源澄著　巴蜀书社　2019 年

二　政制与法律

秦汉郡考　王国维著　上虞罗氏雪堂丛刻本　1915 年

秦代初平南越考　鄂卢梭著，冯承钧译　上海商务印书馆　1934 年

秦汉政治制度　陶希圣、沈巨尘著　商务印书馆　1936 年

秦末农民战争史略　刘开扬著　商务印书馆　1959 年

中国地方行政制度史（上编）秦汉地方行政制度史　严耕望著　台北历史语言研究所　1961 年

秦汉农民战争史　漆侠等著　生活·读书·新知三联书店　1962 年

东洋历史 3：秦汉帝国　[日]比野丈夫编　人物往来社　1966 年

秦汉法制史的研究　[日]大庭脩著　创文社　1982 年

秦汉官制史稿（上册）　安作璋、熊铁基著　齐鲁书社　1984 年

秦汉封国食邑赐爵制　柳春藩著　辽宁人民出版社　1984 年

秦律通论　栗劲著　山东人民出版社　1985 年

秦汉官制史稿（下册）　安作璋　熊铁基著　齐鲁书社　1985 年

秦汉仕进制度　黄留珠著　西北大学出版社　1985 年

秦汉法制史论考　[日]堀毅著　法律出版社　1988 年

秦公司兴亡史：以经营观点剖析帝国七百年盛衰　陈文德　远流出版事业股份有限公司　1989 年

战国变法运动　黄中业著　吉林大学出版社　1990 年

军功爵制研究　朱绍侯著　上海人民出版社　1990 年

秦汉法制史研究　[日]大庭脩著，林剑鸣等译　上海人民出版社　1991 年

秦国法制建设　黄中业著　辽沈书社　1991 年

秦汉法律史　孔庆明著　陕西人民出版社　1992 年

秦刑罚概述　王关成、郭淑珍编著　陕西人民教育出版社　1993 年

秦汉官吏法研究　安作璋、陈乃华著　齐鲁书社　1993 年

中国秦汉政治史　佟建寅、舒小峰著　人民出版社　1994 年

秦政治思想述略　徐卫民、贺润坤著　陕西人民教育出版社　1995 年

秦汉政治制度　王育民著　西北大学出版社　1996年
中国封建王朝兴亡史(秦汉卷)　周远廉主编　广西人民出版社　1996年
战国制度通考　缪文远著　巴蜀书社　1998年
秦汉中华民族凝聚力研究　彭年著　广东人民出版社　1999年
中国法制通史第二卷:战国秦汉　徐世虹主编　法律出版社　1999年
秦汉法律与社会　于振波著　湖南人民出版社　2000年
秦汉魏晋南北朝监察史纲　李小树著　社会科学文献出版社　2000年
秦汉制度史论　李玉福著　山东大学出版社　2002年
秦汉官僚制度　卜宪群著　社会科学文献出版社　2002年
秦律新探　曹旅宁著　中国社会科学出版社　2002年
品位与职位:秦汉魏晋南北朝官阶制度研究　阎步克著　中华书局　2002年
中国政治通史(3):走向大一统的秦汉政治　齐涛主编,王子今著　泰山出版社　2003年
秦朝兴亡的文化探讨　王绍东著　内蒙古大学出版社　2004年
秦制研究　张金光著　上海古籍出版社　2004年
儒法整合:秦汉政治文化论　韩星著　中国社会科学出版社　2005年
周秦政治文化与政治伦理　王世荣著　三秦出版社　2005年
秦汉之际的政治思想与皇权主义　雷戈著　上海古籍出版社　2006年
秦汉刑罚制度研究　[日]富谷至著,柴生芳、朱恒晔译　广西师范大学出版社　2006年
复活的历史:秦帝国的崩溃　李开元著　中华书局　2007年
秦汉统一战略研究　黄朴民著　中国人民大学出版社　2007年
中国地方行政制度史:秦汉地方行政制度　严耕望撰　上海古籍出版社　2007年
秦汉以来基层行政研究　万昌华、赵兴彬著　齐鲁书社　2008年
大秦帝国的野蛮成长　祝和军著　浙江大学出版社　2009年
秦国责任伦理研究　王兴尚著　人民出版社　2011年
秦汉律令法系研究初编　张忠炜著　社会科学文献出版社　2012年
秦汉法律研究　闫晓君著　法律出版社　2012年

秦汉刑事证据制度研究　张琮军著　中国政法大学出版社　2013年
秦汉魏晋法制探微　曹旅宁著　人民出版社　2013年
帝国的兴衰：秦汉兴亡备忘录　刘德增著　中华书局　2013年
帝国之殇——秦朝兴亡纵横谈　李峰著　河南大学出版社　2014年
国家形态·思想·制度：先秦秦汉法律史的若干问题研究　朱腾、王沛、［日］水间大辅著　厦门大学出版社　2014年
秦汉魏晋南北朝奏议文史　仇海平著　中国社会科学出版社　2014年
秦汉编户民问题研究：以与吏民、爵制、皇权关系为重点　刘敏著　中华书局　2014年
楚亡：从项羽到韩信　李开元著　生活·读书·新知三联书店　2015年
秦崩：从秦始皇到刘邦　李开元著　生活·读书·新知三联书店　2015年
中国行政区划通史·秦汉卷　周振鹤主编，周振鹤、李晓杰、张莉著　复旦大学出版社　2015年
秦汉家、户法律研究：以家户法律构造为视角　张文江著　人民日报出版社　2015年
礼与中国古代社会·秦汉魏晋南北朝卷　吴丽娱主编　中国社会科学出版社　2016年
秦汉两晋南朝政治与社会　赵昆生、唐春生著　重庆出版社　2016年
秦汉户籍管理与赋役制度研究　王彦辉著　中华书局　2016年
秦汉军制演变史稿　孙闻博著　中国社会科学出版社　2016年
秦汉奴婢的法律地位　文霞著　社会科学文献出版社　2016年
秦汉帝国：中国古代帝国之兴亡　［日］西嶋定生著，顾姗姗译　社会科学文献出版社　2017年
皇权下县：秦汉以来基层管理制度研究　张德美著　清华大学出版社　2017年
秦汉行政体制研究　张锐著　社会科学文献出版社　2017年
战国秦汉行政、兵制与边防　臧知非著　苏州大学出版社　2017年
秦汉社会控制思想史　李禹阶主编　中国社会科学出版社　2017年
秦汉价值观变迁史论稿　李祥俊著　中国社会科学出版社　2017年
军功爵制研究（增订本）　朱绍侯著　商务印书馆　2017年

文化的视野:秦统一问题的再研究　陆青松著　三秦出版社　2017年

秦汉法制史研究　[日]大庭脩著,徐世虹等译　中西书局　2017年

秦代官制考论　陈松长等著　中西书局　2018年

东洋的古代:从都市国家到秦汉帝国　[日]宫崎市定著,[日]砺波护编,马云超、张学锋、石洋译　中信出版社　2018年

秦汉帝国南缘的面相:以考古视角的审视　刘瑞著　中国社会科学出版社　2019年

秦汉社会观念与政治秩序论稿　崔建华著　社会科学文献出版社　2019年

中国文明的历史[三]:秦汉帝国　[日]日比野丈夫编著,吴少华译　四川人民出版社　2019年

三　经济、科技

先秦经济思想史　甘乃光著　商务印书馆　1926年

先秦经济史　[日]田崎仁义著,周咸堂译　商务印书馆　1942年

吕氏春秋《上农》等四篇校译　夏纬瑛校释　农业出版社　1956年

先秦两汉经济史稿　李剑农著　生活·读书·新知三联书店　1957年;中华书局　1963年

中国经济思想史　胡寄窗著　上海人民出版社　1962年、1963年、1981年

中国会计史稿(上册)　郭道扬编著　中国财政经济出版社　1982年

中国经济史资料·秦汉三国编　傅筑夫、王毓瑚著　中国社会科学出版社　1982年

中国封建社会经济史(第二卷)　傅筑夫著　人民出版社　1982年

秦汉赋役制度考略　钱剑夫著　湖北人民出版社　1984年

秦汉土地制度与阶级关系　朱绍侯著　中州古籍出版社　1985年

中国经济思想史资料选辑(先秦部分)　巫宝三主编　中国社会科学出版社　1985年

《商君书》论农政四篇注释　马宗申注释　农业出版社、陕西科学技术出版

社　1985年

井田制考索　吴慧著　农业出版社　1985年

秦汉魏晋南北朝土地制度研究　高敏著　中州古籍出版社　1986年

秦汉赋役制度研究　黄今言著　江西教育出版社　1988年

秦汉经济政策与经济思想史稿——兼评自然经济论　谢天佑著　华东师范大学出版社　1989年

秦汉经济思想史　上海社会科学院经济研究所经济思想史研究室著　中华书局　1989年

秦汉经济问题探讨　逄振镐著　华龄出版社　1990年

秦汉货币史论　张南著　广西人民出版社　1991年

秦汉魏晋经济制度研究　柳春藩著　黑龙江人民出版社　1993年

中国秦汉经济史　冷鹏飞著　人民出版社　1994年

秦国粮食经济研究　蔡万进著　内蒙古人民出版社　1996年

秦汉钱币研究　蒋若是著　中华书局　1997年

秦农业历史研究　樊志民著　三秦出版社　1997年

秦汉江南经济述略　黄今言主编　江西人民出版社　1999年

中国经济通史·秦汉经济卷　林甘泉主编　经济日报出版社　1999年

秦汉经济史论考　黄今言著　中国社会科学出版社　2000年

战国秦汉时期商人和商业资本研究　张弘著　齐鲁书社　2003年

秦汉商品经济研究　黄今言著　人民出版社　2005年

秦汉时期生态环境研究　王子今著　北京大学出版社　2007年

秦汉时期区域农业开发研究　朱宏斌著　中国农业出版社　2010年

碰撞与交融：战国秦汉时期的农耕文化与游牧文化　王绍东著　内蒙古大学出版社　2011年

重构秦汉医学图像　廖育群著　上海交通大学出版社　2012年

战国秦社会经济形态新探　张金光著　商务印书馆　2013年

中国财政通史（第二卷）秦汉财政史　叶振鹏主编，杨际平著　湖南人民出版社　2013年

土地、赋役与秦汉农民命运　臧知非著　苏州大学出版社　2014年

秦汉马政研究　陈宁著　中国社会科学出版社　2015年

秦汉土地赋役制度研究　臧知非著　中央编译出版社　2017年

先秦两汉农业与乡村聚落的考古学研究　刘兴林著　文物出版社　2017年

四　社会、阶级、风俗

秦汉的方士与儒生　顾颉刚著　群联出版社　1935年

秦汉的方士与儒生（修正第一版）　顾颉刚著　群联出版社　1955年

秦汉的方士与儒生　顾颉刚著　上海人民出版社　1957年

中国古代奴婢制度史（由殷代至两晋南北朝）　刘伟民著　龙门书店有限公司　1975年

秦汉的方士与儒生　顾颉刚著　上海古籍出版社　1978年

秦汉社会文明　林剑鸣、余华青、周天游、黄留珠著　西北大学出版社　1985年

周秦社会结构研究　田昌五、臧知非著　西北大学出版社　1996年

秦汉风俗　韩养民、张来斌著　陕西人民出版社　1987年

士人与社会（秦汉魏晋南北朝卷）　刘泽华主编，孙立群、马亮宽、刘泽华著　天津人民出版社　1992年

秦汉礼制研究　陈戍国著　湖南教育出版社　1993年

中国社会通史·秦汉魏晋南北朝卷　曹文柱主编　山西教育出版社　1996年

秦汉的方士与儒生（附：中国辨伪史略）　顾颉刚撰，王煦华导读　上海古籍出版社　1998年

春秋战国门客文化与秦汉致用文艺观　李珺平著　中国社会科学出版社　2001年

中国风俗通史·秦汉卷　彭卫、杨振红著　上海文艺出版社　2002年

秦汉生活掠影　王凯旋编著　沈阳出版社　2002年

秦汉豪族社会研究　马彪著　中国书店　2002年

东周秦汉社会转型研究　杨师群著　上海古籍出版社　2003年

秦汉时期的女性观　崔锐著　三秦出版社　2005年

秦汉的方士与儒生　顾颉刚撰　上海古籍出版社　2005年

秦汉社会史论考　王子今著　商务印书馆　2006年

秦汉社会保障研究：以灾害救助为中心的考察　王文涛著　中华书局　2007年

"隶臣妾"身份再研究　李力著　中国法制出版社　2007年

周秦汉魏吴地社会发展研究　臧知非、沈华、高婷婷著　群言出版社　2007年

秦汉社会生活四十讲　王凯旋著　九州出版社　2008年

天下一家：皇帝、官僚与社会　邢义田著　中华书局　2011年

秦汉的方士与儒生　顾颉刚著　北京出版社　2012年

秦汉社会意识研究　王子今著　商务印书馆　2012年

秦汉之际礼治与礼学研究　胥仕元著　人民出版社　2013年

中华民族道德生活史·秦汉卷　唐凯麟主编，高恒天著　东方出版中心　2014年

先秦秦汉时期岭南社会与文化考索：以考古学为视角　赵善德著　暨南大学出版社　2014年

移风易俗与秦汉社会　贺科伟著　中国社会科学出版社　2014年

秦汉魏晋时期的合肥史研究　《合肥通史》编纂委员会办公室编　黄山书社　2014年

秦汉隐逸问题研究　蒋波著　湘潭大学出版社　2014年

泛北部湾地区秦汉时代的古族社会文明　谢崇安著　科学出版社　2014年

秦汉家庭法研究：以出土简牍为中心　贾丽英著　中国社会科学出版社　2015年

秦汉社会流动研究：以官员为中心　薛志清著　中国社会科学出版社　2016年

中国审美意识通史（秦汉卷）　朱志荣主编，王怀义著　人民出版社　2017年

华夷之间：秦汉时期族群的身份与认同　朱圣明著　厦门大学出版社

2017 年

秦汉儿童的世界　王子今著　中华书局　2018 年

战国秦汉时期南夷社会考古学研究　叶成勇著　文物出版社　2019 年

秦汉魏晋南北朝人口性比例研究　高凯著　中国社会科学出版社　2019 年

五　阶级斗争和农民战争

历代农民起义论丛（上册）秦—南北朝　周康燮主编　存萃学社编集　大东图书公司　1978 年

中国古代农民革命史（第一册）　田昌五著　上海人民出版社　1979 年

秦汉农民战争史料汇编　安作璋著　中华书局　1982 年

中国农民战争史（一）秦汉卷　孙祚民主编，孟祥才著　湖北人民出版社　1989 年

中国农民战争史：秦汉卷　朱大昀主编　人民出版社　1990 年

中国农民起义史话　张仁忠著　中共中央党校出版社　1991 年

揭竿而起：中国历代农民起义　周力著　辽海出版社　1998 年

六　军事

楚汉的战争　裘翌勋编　上海民众书店　1942 年

春秋时期的步兵　蓝永蔚著　中华书局　1979 年

先秦军事研究　军事科学院战略部、后勤学院学术部历史室编　金盾出版社　1990 年

秦汉军事制度史　熊铁基著　广西人民出版社　1990 年

先秦军事制度研究　陈恩林著　吉林文史出版社　1991 年

历代兵制（及其他一种）　［宋］陈传良、［清］金德纯撰　中华书局　1991 年

秦汉军制史论　黄今言著　江西人民出版社　1993年

中国秦汉军事史　颜吾芟著　人民出版社　1994年

中国古代军戎服饰　刘永华著　上海古籍出版社　1995年

秦汉韬略　罗运环著　长江文艺出版社　1998

中国军事通史(第三卷)　战国军事史　吴如嵩、黄朴民、任力等著　军事科学出版社　1998年

中国军事通史(第四卷)　秦代军事史　霍印章著　军事科学出版社　1998年

铁甲征衣:军服文化漫谈　张秦洞著　解放军出版社　1998年

秦军事史　郭淑珍、王关成著　陕西人民教育出版社　2000年

秦战争述略　张卫星著　三秦出版社　2000年

秦甲胄研究　张卫星、马宇著　陕西人民出版社　2003年

治国安邦:法制、行政与军事　邢义田著　中华书局　2011年

七　民族、宗教

周秦少数民族研究　蒙文通著　龙门联合书局　1958年

历代各族传记会编(第一编)　中央民族学院研究部主编　中华书局　1959年

匈奴史论文选集(1919—1979)　林幹编　中华书局　1983年

氐与羌　马长寿著　上海人民出版社　1984年

匈奴历史年表　林幹著　中华书局　1984年

羌族源流探索　任乃强著　重庆出版社　1984年

百越民族史论丛　百越民族史研究会编　广西人民出版社　1985年

匈奴通史　林幹著　人民出版社　1986年

百越史研究　朱俊明主编　贵州人民出版社　1987年

古南越国史　余天炽、覃圣敏、蓝日勇等著　广西人民出版社　1988年

先秦民族史　田继周著　四川民族出版社　1988年

东北古史资料丛编(一)——先秦两汉三国卷　东郭士、高雅风、马甫生等

编　辽沈书社　1989 年

氏族史　杨铭著　吉林教育出版社　1991 年

汉民族发展史　徐杰舜著　四川民族出版社　1992 年

秦、赵源流史　何光岳著　江西教育出版社　1994

先秦民族史　田继周著　四川民族出版社　1996 年

秦汉民族史　田继周著　四川民族出版社　1996 年

嬴姓溯源——兼论嬴秦祖根在东方　柳明瑞著　中国文史出版社　2003 年

秦汉边疆与民族问题　王子今著　中国人民大学出版社　2010

秦汉国家祭祀史稿　田天著　生活·读书·新知三联书店　2015 年

秦与北方民族历史文化论集　史党社著　科学出版社　2018 年

八　历史地理

中国长城沿革考　王国良编　商务印书馆　1935 年

历代长城考　寿鹏飞撰　排印本　1941 年

长城　吴相湘编著　正中书局　1957 年

秦皇长城考初稿　黄麟书著　珠海书院　1959 年

李冰和都江堰　北京市第二师范学校语文组、政史地组编著　中华书局　1959 年

秦汉时代黄河中下游气候研究　文焕然著　商务印书馆　1959 年

长城史话　罗哲文编著　中华书局　1963 年

都江堰水利述要　卢汉章编　文海出版社　1970 年

秦皇长城考　黄麟书著　造阳文学社　1972 年

中国长城建置考　张维华著　中华书局　1979 年

长城　郁进编　文物出版社　1980 年

万里长城　罗哲文编著　文物出版社　1980 年

长城史话　罗哲文著　中华书局　1980 年

中国长城遗迹调查报告集　文物编辑委员会编　文物出版社　1981 年

华阳国志校注　［晋］常璩撰　刘琳校注　巴蜀书社　1984 年

战国秦长城考察与研究　彭曦著　西北大学出版社　1990 年

秦汉交通史稿　王子今著　中共中央党校出版社　1994 年

秦汉东北史　王绵厚著　辽宁人民出版社　1994 年

秦皇驰道　朱增泉著　解放军出版社　1996

秦汉时代的中国西南　罗二虎著　天地出版社　2000 年

秦汉历史地理研究　徐卫民著　三秦出版社　2005 年

秦汉史与岭南文化论稿　张荣芳著　中华书局　2005 年

秦汉历史地理与文化分区研究：以《史记》《汉书》《方言》为中心　雷虹霁著　中央民族大学出版社　2007 年

临洮战国秦长城山丹汉、明长城调查报告　甘肃省文物局、甘肃省文物考古研究所编著　甘肃人民出版社　2007 年

秦代政区地理　后晓荣著　社会科学文献出版社　2009

周秦时期关中城市体系研究　潘明娟著　人民出版社　2009 年

秦汉政区与边界地理研究　辛德勇著　中华书局　2009 年

秦汉人的居住环境与文化　黄宛峰著　光明日报出版社　2009 年

古都西安·秦都咸阳　李令福编著　西安出版社　2010 年

战国秦汉时期云贵高原考古学文化研究　杨勇著　科学出版社　2011 年

长城的崛起　董耀会著　北京大学出版社　2012 年

秦汉交通史稿（增订版）　王子今著　中国人民大学出版社　2012 年

中国历代长城发现与研究　段清波、徐卫民编著　科学出版社　2014 年

战国至秦汉时期河套地区古代城址研究　王晓琨著　社会科学文献出版社　2014 年

内蒙古自治区长城资源调查报告·东南部战国秦汉长城卷　内蒙古自治区文化厅（文物局）、内蒙古自治区文物考古研究所编著　文物出版社　2014 年

清儒地理考据研究（第二册）秦汉卷　段伟著　齐鲁书社　2015 年

秦汉交通史新识　王子今著　中国社会科学出版社　2015 年

东方海王：秦汉时期齐人的海洋开发　王子今著　中国社会科学出版社　2015 年

飞軨广路：中国古代交通史论集　曾磊、徐畅、孙闻博等编　中国社会科学

出版社　2015 年
秦汉交通考古　王子今著　中国社会科学出版社　2015 年
江南城镇通史(先秦秦汉卷)　陈国灿主编,黄爱梅著　上海人民出版社　2017 年
出土文献与楚秦汉历史地理研究　郑威著　科学出版社　2017 年
长城史话　罗哲文著　北京人民出版社　2019 年
秦汉历史地理考辨(上、下)　周运中著　花木兰文化出版社　2019 年

九　诸子

商君书之研究(五卷)　支伟成著　泰东图书局　1927 年
周秦诸子书目　胡韫玉本　安吴胡氏朴学斋丛刊本　1923 年
韩非子　唐敬杲选注　上海商务印书馆　1926 年
吕氏春秋　庄适选注　上海商务印书馆　1927 年
先秦法家概论　李之臣　北京朝阳大学　1928 年
法家政治哲学　陈烈著　华通书局　1929 年
周秦诸子考　刘汝霖著　文化书社　1929 年
周秦诸子概论　高维昌著　上海商务印书馆　1930 年
读吕氏春秋记　马叙伦著　上海商务印书馆　1931 年
韩非子选译　沈玉成、郭咏志译注　上海古籍出版社　1931 年
商君书校释　陈启天著　商务印书馆　1935 年
吕氏春秋集释　许维遹集释　国立清华大学　1935 年
韩非子斠补　刘师培著　宁武有南桂馨刘申叔先生遗书　1936 年
韩非子考证　容肇祖著　商务印书馆　1936 年
韩非子研究　王世琯著　商务印书馆　1936 年
秦汉哲学史　姚舜钦著　商务印书馆　1936 年
韩非及其政治学　陈启天著　独立出版社　1940 年
韩非子校释　陈启天编　中华书局　1940 年
韩非子的政治哲学　洪嘉仁著　正中出版社　1944 年

韩非子参考书辑要　陈启天编　中华书局　1945年

吕氏春秋政治思想论　黄大受著　东方文化社　1947年

商君书解诂定本　朱师辙著　国立中山大学出版组　1948年

韩非法治论　曹谦著　中华书局　1948年

吕氏春秋集释　许维遹集释　文学古籍刊行社　1955年

吕氏春秋上农等四篇校释　夏纬瑛校释　中华书局　1956年

商君书解诂定本　朱师辙著　古籍出版社　1956年

韩非子集释(增订本)　陈奇猷校注　中华书局　1958年

韩非子的逻辑　周钟灵著　人民出版社　1958年

韩非子浅解(上、下)　梁启雄著　中华书局　1960年

韩非子集释补　陈奇猷校注　中华书局　1961年

韩非子选　王焕镳选注　中华书局　1965年

韩非子研究　赵海金编著　正中书局　1967年

增订韩非子校释　陈启天著　台湾商务印书馆股份有限公司　1969年

吕氏春秋的政治理论　贺凌虚著　台湾商务印书馆股份有限公司　1970年

韩非子析论　谢云飞著　大林书店　1973年

韩非子选　王焕镳选注　上海人民出版社　1974年

韩非子集释(上、下册)　陈奇猷校注　上海人民出版社　1974年

法家人物著作评介:韩非　吉林人民出版社编　吉林人民出版社　1974年

吕氏春秋高注补正一卷　华正书局　1974年

法家的杰出代表——韩非　钟哲著　北京人民出版社　1974年

商鞅　荀况　韩非论述选注　孙维槐、俞百青、李文波等著　上海人民出版社　1974年

商鞅、荀况、韩非论述浅注　湖南人民出版社编　湖南人民出版社　1974年

秦王朝时期儒法两条路线斗争　西南师范学院历史系编　西南师范学院历史系　1974年

商君书注译　高亨注译　中华书局　1974年

商君书选注　山东大学《商君书》注释组　山东人民出版社　1974年

《商君书》选注　安徽大学中文系《商君书》注译小组组　安徽人民出版社　1974年

秦汉以后法家资料选辑（内部参考）　四川省图书馆编　四川省图书馆　1974年

韩非子思想体系　张素贞著　黎明文化事业股份有限公司　1974年

商君书解诂定本　朱师辙著　华正书局　1975年

读韩非《五蠹》篇　北京市汽车修理公司五厂工人理论小组　人民出版社　1975年

秦汉时期的儒法斗争　广西人民出版社编　广西人民出版社　1975年

读《商君书》　北京铁路分局工人理论小组　人民出版社　1975年

商君书选注（讨论稿）　大连石油七厂、《商君书》注释组等编　大连石油七厂　1975年

《商君书》选注　《法家著作选读》编辑组编　北京人民出版社1975年11月

商君书新注　《商君书新注》编辑组　陕西人民出版社　1975年

秦汉之际的儒法斗争　上海人民出版社编　上海人民出版社　1975年

周秦汉魏诸子知见书目（第一卷）　严灵峰编著　正中书局　1975年

韩非子选注　中国人民解放军五五二一九部队政治部、山东大学中文系《韩非子选注》注释组　山东人民出版社　1976年

韩非子选评　北京二七机车车辆工厂、北京卢沟桥农场、首都钢铁公司、四五一四部队、北京大学中文系《韩非子选评》小组　中华书局　1976年

商君书评注　北京电子管厂、北京广播学院《商君书》评注小组　中华书局　1975年

尉缭子今注今译　刘仲平注译　台湾商务印书馆股份有限公司　1975年

商君书解诂定本慎子　朱师辙著　世界书局　1975年

商君书新注　山东大学《商君书》注释组　山东人民出版社　1976年

韩非子选注　上海市《韩非子选注》注释组　上海人民出版社　1976年

韩非子研究　赵海金编著　中正书局　1977年

韩非子的哲学　王邦雄　东大图书股份有限公司　1977年

尉缭子注释　八六九五五部队理论组、上海师范学院古籍整理研究室注

上海古籍出版社　1978年

韩非子通论　姚蒸民著　东大图书股份有限公司　1978年

韩非子评论　熊十力著　台湾学生书局　1978年

韩非子研议　吴秀英著　文史哲出版社　1979年

法、术、势——韩非子的强者理论　谭继山译　星光出版社　1979年

韩非子析论　谢云飞著　东大图书股份有限公司　1980年

《韩非子》札记　周勋初著　江苏人民出版社　1980年

韩非子浅释　秋圃编著　台北国家出版社　1980年

韩非浅解　梁启雄著　中华书局　1980

吕氏春秋选注　王范之　中华书局　1981年

商君书解诂定本　朱师辙著　世界书局　1981年

尉缭子兵法　尉缭子原著,联亚出版社兵法研究组著,姜亦青将军校订　联亚出版社　1981年

韩非子索引　周钟灵、施孝适、许惟贤编　中华书局　1982年

商子译注　山东大学《商子译注》编写组　齐鲁书社　1982年

尉缭子校注　钟兆华　中州书画社　1982年

韩非子校注　《韩非子》校注组　江苏人民出版社　1982年

韩非子今注今译(全二册)　邵增桦注译　台湾商务印书馆股份有限公司　1982年

吕氏春秋校释　陈奇猷校释　学林出版社1984年

吕氏春秋集释(全二册)　许维遹集释　中国书店　1985年

《商君书》论农政四篇注释　马宗申注释　农业出版社、陕西科学技术出版社　1985年

吕氏春秋译注(下)　张双棣、张万彬、殷国光、陈涛译注　吉林文史出版社　1986年

商君书锥指　蒋礼鸿撰　中华书局　1986年

韩非思想的历史研究　张纯、王晓波著　中华书局　1986年

吕氏春秋通检　论衡通检　中法汉学研究所编　上海古籍出版社　1986年

吕氏春秋译注(上)　张双棣、张万彬、殷国光、陈涛译注　吉林文史出版社　1987年

商鞅及其学派　郑良树著　台湾学生书局　1987年
《吕氏春秋》与《淮南子》思想研究　牟钟鉴著　齐鲁书社　1987年
尉缭子浅说　徐勇著　解放军出版社　1989年
吕氏春秋　吕不韦著，高诱注　上海古籍出版社　1989年
吕氏春秋·淮南子　杨坚点校　岳麓书社　1989年
商鞅及其学派　郑良树著　上海古籍出版社　1989年
商君书 尸子　商鞅、尸佼著，汪继培辑　上海古籍出版社　1989年
韩非子导读　陈奇猷、张觉著　巴蜀书社　1990年
商君书·韩非子　商鞅、韩非著　岳麓书社　1990年
韩非思想新探　孙实明著　湖北人民出版社　1990年
韩非子箴言录　叶青、肖武编　北京广播学院出版社　1992年
尉缭子译注　李解民译注　河北人民出版社　1992年
白话吕氏春秋　徐子宏、金忠林译，文钊校注　岳麓书社　1993年
《韩非子》精华译评　张觉编著　中国旅游出版社　1993年
白话商君书·韩非子　张觉、李传书译　岳麓书社　1994年
韩非子语录　江雄编译　上海古籍出版社　1994年
吕氏春秋通论　李家骧著　岳麓书社　1995年
吕氏春秋　[汉]高诱注，[清]毕沅校正，余翔标点　上海古籍出版社　1996年
韩非评传　施觉怀著　南京大学出版社　2001
商君书语　丁毅华著　长江文艺出版社　2003年
韩非御法　阮忠著　长江文艺出版社　2003年
《吕氏春秋》译注　张玉春等译注　黑龙江人民出版社　2002年
《吕氏春秋》与《淮南子》思想研究　牟钟鉴著　人民出版社　2013年
商君书之研究　支伟成著　岳麓书社　2011年
焚书坑儒的真相：秦朝儒学　李勇强著　中州古籍出版社　2014年
日本先秦两汉诸子研究文献汇编（第一辑）　石立善、周斌编　上海社会科学院出版社　2017年
秦汉荀学研究　强中华著　人民出版社　2017年

十　文化、思想、学术

周秦哲学史　陆懋德著　京华印书局　1923 年

先秦文化史　孟世杰著　文化学社　1929 年

全上古三代秦汉三国六朝文作者韵编　闵孙奭编　江都闵氏刻本　1931 年

全上古三代秦汉三国六朝文作者引得　哈佛燕京学社引得编纂处编　哈佛燕京学社　1932 年

先秦天道观之进展　郭鼎堂著　商务印书馆　1936 年

秦汉美术史　朱杰勤著　商务印书馆　1936 年

秦汉哲学史　姚舜钦著　商务印书馆　1936 年

周秦两汉文学批评史　罗根泽著　重庆商务印书馆　1944 年

十批判书　郭沫若著　重庆益群书社　1945 年

上古秦汉文学史　柳存仁著　商务印书馆　1948 年

秦会要订补　［清］孙楷撰　中华书局　1955 年

秦会要订补（修订本）　［清］孙楷撰　徐复订补　中华书局　1959 年

中国古代音乐史稿（上册）　杨荫浏著　音乐出版社　1964 年

周秦名字解诂汇释补编　周法高著　台湾中华丛书编审委员会　1964 年

先秦两汉之阴阳五行学说　李汉三著　维新书局　1968 年

史记新证　陈直著　天津人民出版社　1979 年

秦汉思想研究　黄锦鋐著　学海出版社股份有限公司　1979 年

王辅黄图校证　陈直著　陕西人民出版社　1980 年

秦汉音乐史料　吉联抗辑译　上海文艺出版社　1981 年

周秦道论发微　张舜徽著　中华书局　1982 年

秦汉新道家略论稿　熊铁基著　上海人民出版社　1984 年

中国舞蹈史（秦、汉、魏、晋、南北朝部分）　彭松著　文化艺术出版社　1984 年

史汉论稿　徐朔方著　江苏古籍出版社　1984 年

中国哲学发展史（秦汉）　任继愈主编　人民出版社　1985 年

秦汉教育论著选　熊承涤编　人民教育出版社　1986年

先秦音乐美学思想论稿　蒋孔阳著　人民文学出版社　1986年

秦汉文化史　韩养民著　陕西人民教育出版社　1986年

秦汉风俗　韩养民、张来斌著　陕西人民出版社　1987年

中国历代文学名篇欣赏·秦汉文学　宁夏人民广播电台编　贵州人民出版社　1988年

秦汉文献研究　吴树平著　齐鲁书社　1988年

中国历代思想家传记汇诠（先秦—两汉分册）　王蘧常主编　复旦大学出版社　1989年

先秦两汉文学批评史　王运熙、顾易生主编，顾易生、蒋凡著　上海古籍出版社　1990年

秦汉魏晋南北朝教育制度　杨永影著　台北商务印书馆1990年；上海书店1990年

中国古代体育史　国家体委体育文史工作委员会、中国体育史学会编　北京体育学院出版社　1990年

中国古代丧葬习俗　周苏平著　陕西人民出版社　1991年

秦汉礼乐教化论　苏志宏著　四川人民出版社　1991年

秦汉方言　丁启阵著　东方出版社　1991年

秦汉神异　马清福主编　鲁洪生主撰　辽宁大学出版社　1991年

秦前文字之语　[清]陈介祺著，陈继揆整理　齐鲁书社　1991年

中国古代游艺史：乐舞百戏与社会生活之研究　李健民著　东大图书公司　1993年

三秦文化　黄新亚著　辽宁教育出版社　1993

秦汉文化和华夏传统　祝瑞开主编　学林出版社　1993年

中国秦汉思想史　张国华著　人民出版社　1994年

中国秦汉教育史　肖川著　人民出版社　1994年

中国秦汉文学史　吴炜华著　人民出版社　1994年

中国秦汉艺术史　岳庆平、尚峥著　人民出版社　1994年

咏秦诗　张文立选注　陕西人民教育出版社　1994年

秦建筑文化　徐卫民、呼林贵编著　陕西人民教育出版社　1994年

秦成语典故　朱思红、朱君孝著　陕西人民教育出版社　1995年

三辅黄图校注　何清谷校注　三秦出版社　1995年

先秦两汉文学论著集目正编（中国文学论著集目正编之二）　韩復智编，台湾编译馆主编　五南图书出版公司　1996年

中国儒学史·秦汉卷　李景明著　广东教育出版社　1998年

秦汉文化志　熊铁基撰　上海人民出版社　1998年

周秦文化研究　《周秦文化研究》编委会编　陕西人民出版社　1998年

秦汉学术社会转型时期的思想探索　马勇著　陕西人民教育出版社　1998年

秦宫廷文化　田静著　陕西人民教育出版社　1998年

秦汉区域文化研究　王子今著　四川人民出版社　1998年

秦汉思想史　周桂钿著　河北人民出版社　2000年

先秦两汉医学用语研究　张显成著　巴蜀书社　2000年

秦汉绘画史　顾森著　人民美术出版社　2000年

嬴秦故园:天水秦文化寻踪　雍际春著　甘肃人民出版社　2000年

秦汉新道家　熊铁基著　上海人民出版社　2001年

秦文化　王学理、梁云著　文物出版社　2001年

秦汉文化　王仁波主编　学林出版社、上海科技教育出版社　2001年

秦汉历史哲学思想研究　庞天佑著　中国社会科学出版社　2002年

齐鲁思想文化史:从地域文化到主流文化　孟祥才、胡新生著　山东大学出版社　2002年

秦汉历史文化论稿　黄留珠著　三秦出版社　2002年

周秦汉晋方言研究史　华学诚著　复旦大学出版社　2003年

秦系文字研究:从汉字史的角度考察　陈昭容著　台北历史语言研究所　2003年

先秦两汉赵文化研究　孙继民、郝良真等著　方志出版社　2003年

燕秦文化研究——陈平学术文集　陈平著　北京燕山出版社　2003年

秦学术史探赜　张文立著　陕西人民出版社　2003年

壮阔雄浑:秦汉雕塑艺术　黄晓峰编著　文物出版社　2004年

关陇文化与嬴秦文明　陈平著　凤凰出版社　2004年

秦汉易学思想研究　张涛著　中华书局　2005年

儒家理想与秦汉政权　胡克森著　湖南人民出版社　2005年

秦汉思想文化研究　熊铁基、赵国华主编　希望出版社　2005年

插图本中国古代思想史·先秦卷　周自强著　广西人民出版社　2006年

插图本中国古代思想史·秦汉卷　孙家洲著　广西人民出版社　2006年

秦汉审美文化宏观研究　周均平著　人民出版社　2007年

秦汉魏晋南北朝史学史稿　李小树主编　中国人民大学出版社　2007年

周秦伦理文化概论　王磊主编　陕西师范大学出版社　2007年

先秦秦汉史史料学　王晖、贾俊侠著　中国社会科学出版社　2007年

秦文化解读　杨曙明著　三秦出版社　2008年

周秦汉唐历史文化十八讲　田旭东著　陕西人民出版社　2008年

周秦文化研究论集　张天恩著　科学出版社　2008

恢宏与古朴：秦汉魏晋南北朝的物质文明　陈苏镇编著　北京大学出版社　2009年

祈望和谐：周秦两汉王朝祭礼的演进及其规律　杨英著　商务印书馆　2009年

全上古三代秦汉三国六朝文（全六册）　[清]严可均辑　上海古籍出版社　2009年

中国舞蹈通史·秦汉卷　刘青弋主编　彭松著　上海音乐出版社　2010年

秦汉历史文化研究　徐卫民著　中国社会科学出版社　2010年

中华帝制的精神源头——秦思想的发展历程　田延峰著　人民出版社　2011年

战国秦汉时期的学派问题研究　李锐著　北京师范大学出版社　2011年

《史记》商周史事新证图补（一）：殷、周、秦《本纪》新证图补　陈家宁著　天津人民出版社　2011年

秦汉至五代官私藏书研究　陈德弟著　天津古籍出版社　2012年

秦文学探述　张宁、张敏、张文立著　陕西人民教育出版社　2012年

秦史求知录（全二册）　祝中熹著　上海古籍出版社　2012年

出土文字资料所见先秦秦汉祖先神崇拜的演变　何飞燕著　科学出版社　2013年

中国教育通史·秦汉卷　俞启定主编,王炳照著　北京师范大学出版社
2013年

秦汉序体文学研究　崔瑞萍著　中国社会科学出版社　2014年

秦汉岭南的对外文化交流　周永卫、邓珍、万智欣等著　暨南大学出版社
2014年

秦汉区域文化新论　杨东晨著　三秦出版社　2014年

秦汉经学学术编年(上、下)　李梅、郑杰文等著　凤凰出版社　2015年

秦汉思想研究(1—7卷)　周桂钿著　福建教育出版社　2015年

《孔丛子》与秦汉子书学术传统　孙少华著　中国社会科学出版社
2015年

古代文明与秦汉社会研究　乔凤岐、穆慧贤主编　社会科学文献出版社
2015年

先秦秦汉思想史研究　[日]谷中信一著,孙佩霞译　上海古籍出版社
2015年

儒学、数术与政治:灾异的政治文化史　陈侃理著　北京大学出版社
2015年

战国秦汉交通格局与区域行政　王子今著　中国社会科学出版社　2015年

秦文化之考古学研究　陈洪著　科学出版社　2016年

东周与秦代文明　李学勤著　上海人民出版社　2016年

秦汉魏晋南北朝经籍考　童岭编　中西书局　2017年

先秦两汉艺术观念史(上、下)　刘成纪著　人民出版社　2017年

秦汉考古与秦汉文明研究　白云翔著　文物出版社　2019年

十一　人物

秦始皇　陈醉云编　上海中华书局　1935年

商鞅评传　陈启天著　商务印书馆　1935年

秦始皇帝传(上、下)　马元材编著　商务印书馆　1941年

秦始皇　陈醉云编　重庆中华书局　1943年

秦始皇帝　顾颉刚编著　胜利出版社　1944 年

秦始皇帝　何炳松著　商务印书馆　1944 年

陈胜和吴广　陈荔著　四联出版社　1954 年

商鞅变法　杨宽著　上海人民出版社　1955 年

秦并六国平话——秦始皇传　上海古典文学出版社　1955 年

秦始皇　杨宽著　上海人民出版社　1956 年

陈胜吴广起义　习之编著　上海人民出版社　1957 年

陈胜、吴广　北京市第三十三中学编著　中华书局　1959 年

秦始皇　周玤杰编著　中华书局　1959 年

李冰和都江堰　北京市第二师范学校语文、政史地组编著　中华书局 1959 年

扁鹊 华陀 孙思邈　张晓晨编著　中华书局　1960 年

韩非　任继愈著　中华书局　1962 年

秦始皇帝　[日]镰田重雄著　河出书房新社　1962 年

项羽　宋云彬译注　中华书局　1962 年

项羽和刘邦　闫应清、王业猷编著　中华书局　1964 年

商鞅·李斯　孙明若译注　中华书局　1964 年

韩非　任继愈著　上海人民出版社　1964 年

徐福与日本　卫挺生著　台湾商务印书馆股份有限公司　1970 年

秦始皇　洪世涤著　上海人民出版社　1972 年

陈胜　吴广　洪世涤著　上海人民出版社　1972 年

陈胜吴广起义　辽宁大学历史系中国古代史教研室编　辽宁人民出版社 1973 年

重视上层建筑领域的革命——论秦始皇在历史上的进步作用　北京人民出版社编　北京人民出版社 1973 年

秦始皇在历史上的进步作用　安徽人民出版社编　安徽人民出版社 1973 年

秦始皇在历史上的进步作用　湖南人民出版社编　湖南人民出版社 1973 年

秦始皇在历史上的进步作用　四川人民出版社编　四川人民出版社

1973年

秦始皇在历史上的进步作用(批判孔子文集之三)　河南人民出版社编　河南人民出版社　1973年

评秦始皇　陕西人民出版社编　陕西人民出版社　1973年

秦始皇是坚决打击奴隶主复辟的政治家(批判孔子文集之六)　河南人民出版社编　河南人民出版社　1974年

秦始皇评传　何清谷著　陕西人民出版社　1974年

法家的杰出代表——韩非　钟哲　北京人民出版社　1974

论韩非　辽宁人民出版社编　辽宁人民出版社　1974年

秦始皇　北京大学历史系中国史专业七二级工农兵学员编著　人民出版社　1974年

论秦始皇　山西人民出版社编　山西人民出版社　1974年

正确评价秦始皇　山西人民出版社编　山西人民出版　1974年

秦始皇在历史上的进步作用　辽宁人民出版社编　辽宁人民出版社　1974年

新兴地主阶级杰出的政治家秦始皇　伍军　辽宁人民出版社　1974年

秦始皇在历史上的进步作用　黑龙江人民出版社编辑　黑龙江人民出版社　1974年

评秦始皇　杭州大学历史系编　浙江人民出版社　1974年

秦始皇　安徽人民出版社编　安徽人民出版社　1974年

王船山《论秦始皇废分封设郡县》评注　北京师范学院中文系　北京人民出版社　1974年

论商鞅　山东人民出版社编　山东人民出版社　1974年

商鞅　安徽人民出版社编　安徽人民出版社　1974年

论商鞅　人民出版社编　人民出版社　1974年

法家人物著作评介：韩非　吉林人民出版社编　吉林人民出版社　1974年

论韩非　辽宁人民出版社编　辽宁人民出版社　1974年

春秋战国时期的法家——商鞅、荀况、韩非介绍　北京大学哲学系七〇级工农兵学员编著　北京人民出版社　1974年

韩非——先秦法家思想的集大成者　湖北人民出版社编　湖北人民出版社

1974 年

西门豹·李斯·刘邦　广东人民出版社编　广东人民出版社　1974 年

论秦始皇在历史上的进步作用　云南人民出版社编　云南人民出版社　1974 年

秦始皇在历史上的进步作用　贵州人民出版社编　贵州人民出版社　1974 年

秦始皇在历史上的进步作用　宁夏人民出版社编　宁夏人民出版社　1974 年

论秦始皇的历史作用　上海人民出版社编　上海人民出版社　1974 年

秦始皇在历史上的进步作用　江苏人民出版社编　江苏人民出版社　1974 年

秦始皇在历史上的进步作用　山东人民出版社编　山东人民出版社　1974 年

秦始皇在历史上的进步作用　江西人民出版社编　江西人民出版社　1974 年

论商鞅的历史功绩　湖北人民出版社编　湖北人民出版社　1974 年

商鞅和《商君书》　山西人民出版社编　山西人民出版社　1974 年

论商鞅　辽宁人民出版社编　辽宁人民出版社　1974 年

关于秦始皇:《封建论》《秦始皇》《秦献记》《秦政记》译注　天津市历史研究所编　天津人民出版社　1974 年

商鞅变法　施祖　中华书局　1974 年

论秦始皇　[唐]柳宗元等著　上海人民出版社　1974 年

秦始皇　吉林师范大学分校《秦始皇》编写组　吉林人民出版社　1975 年

复辟奴隶制的阴谋家吕不韦　河北师范大学大批判组编著　河北人民出版社　1975 年

秦始皇的故事　吴骏著　上海人民出版社　1975 年

秦始皇的故事　广西师范学院历史系《秦始皇的故事》编写组　广西人民出版社　1975 年

强者的统御术——韩非子　孙振声编著　星光出版社　1975 年

李斯　北京汽车制造厂工人理论组　中华书局　1975 年

大泽风雷——陈胜吴广起义　宿县《大泽风雷》编写组　安徽人民出版社　1976 年

秦始皇的故事　南京市第二十九中学《秦始皇的故事》编写组编　江苏人民出版社　1976 年

秦始皇　中国人民解放军三五二一八部队理论组、昆明师范学院史地系编著　云南人民出版社　1976 年

秦始皇资料选编　李梓编　中华书局　1976 年

开国英雄传·秦前汉编　孟铨、潘朝阳著　庄严出版社　1978 年

秦始皇　李唐著　河洛图书出版社　1978 年

韩非的法学与文学　徐汉昌著　维新书局　1979 年

韩非政治思想研议　吴秀英著　文史哲出版社　1979 年

楚卿千古为悲歌——项羽的一生　王明珂著　高雄市德宝出版社　1979 年

李斯　冯惠民著　中华书局　1981 年

商鞅　冯惠民著　中华书局　1981 年

李斯子　张中义、王宗堂、王宽行辑注　中州书画社　1981 年

项羽　安平秋著　中华书局　1981

韩非　任继愈著　中华书局　1982 年

韩非　高宏亮著　中华书局　1982 年

白起、王翦、蒙恬　李海森译注　中华书局　1983 年

中国古代六大经济改革家　吴慧著　上海人民出版社　1984 年

徐福研究　彭双松著　富蕙图书出版社　1984 年

秦始皇帝传　马非百编著　江苏古籍出版社　1985 年

史记人物故事　仓阴卿、张企荣编著　浙江教育出版社　1985 年

韩非　周勋初著　江苏古籍出版社　1985 年

秦始皇帝　吴梓林、郭兴文著　西北大学出版社　1986 年

秦始皇　王丕震著　春风文艺出版社　1987 年

中国古代改革家　《中国史研究》编辑部编　中国社会科学出版社　1987 年

商鞅的法律思想　杨鹤皋著　群众出版社　1987 年

秦汉人物　沈星棣、冯凤珠著　上海人民出版社　1988 年

史记人物画廊　黄绳著　广东人民出版社　1988 年

项羽　[日]村树暎著，杨友庭、廖泉文译　三秦出版社　1989 年

秦始皇　[日]吉川忠夫著，纪太平、韩升译　三秦出版社　1989 年

徐福东渡之谜　杨斌著　吉林文史出版社　1989 年

秦始皇大传　郭志坤著　生活·读书·新知三联书店上海分店　1989 年

韩非法政思想批判——兼论近代法政思想之演变　黄瑞云编著　新立印刷厂　1989 年

韩非子政治思想新探　卢瑞钟著　三民书局　1989 年

刘邦项羽争雄记　李桂海著　文汇出版社　1990 年

徐福东渡之谜新探　于锦鸿著　江苏人民出版社　1990 年

徐福与邪马台国　彭双松著　富蕙图书出版社　1990 年

徐福故里揭秘　张良群著　新世界出版社　1990 年

秦始皇帝　郑会欣编著　中华书局　1991 年

千古一帝——秦始皇历史之谜　李福泉著　湖南出版社　1991 年

韩非子释评　朱守亮著　五南图书出版有限公司　1992 年

秦皇父子：始皇帝与秦二世　赵山虎、陆升武、张天杰、周培芳编著　陕西旅游出版社　1992 年

秦始皇的创造艺术　杨端志、周晓瑜著　人民中国出版社　1993 年

秦史人物论　张文立主编　陕西人民教育出版社　1993 年

徐福研究十年　王建成主编　南京大学出版社　1993 年

一代大帝秦始皇　吴淑君编著　武汉大学出版社　1994 年

秦始皇帝　[日]籾山明著　白帝社　1994 年

秦始皇大传(1—5)　李约著　实学社出版股份公司　1995 年

千古一帝秦始皇历史之谜（风云历史人物）　李福泉著　风云时代出版股份有限公司　1995 年

吕不韦传　林剑鸣著　人民出版社　1995 年

秦始皇帝评传　周晓瑜著　山东人民出版社　1995 年

人与神——20 世纪人们眼中的秦始皇　徐了然编　中国国际广播出版社　1995 年

秦始皇（上、中、下卷）　王中文著　中国华侨出版社 1995 年

秦始皇传 〔元〕无名氏编 华夏出版社 1995年
秦始皇帝评传 张文立著 陕西人民教育出版社 1996年
李斯 常敬竹著 解放军出版社 1996年
宫闱腥风——秦二世 刘敏、倪金荣著 四川人民出版社 1996年
秦始皇——嬴政 荣真著 学苑出版社 1997年
从秦始皇到汉武帝 张汉东著 陕西旅游出版社 1997年
千古一帝——秦始皇嬴政 谢景芳著 哈尔滨出版社 1997年
秦始皇评传——伟大的暴君 陈静著 广西教育出版社 1997年
秦始皇演义 金式著 湖南人民出版社 1997年
赵高 陈州著 蓝天出版社 1998年6月
秦始皇 耿宝珍著 晨光出版社 1998年
商鞅 林猹著 中国电影出版社 1998年
商鞅传 丁毅华著 重庆出版社 1999年
李斯传 杨建宏著 重庆出版社 1999年
吕不韦传 臧知非著 重庆出版社 1999年
乱世英雄吕不韦(上、下) 李健著 时代文艺出版社 2000年
秦始皇帝评传 张文立著 台北里仁书局 2000年
吕不韦 韩耀旗著 国际文化出版公司 2001年
秦始皇 刘乐土著 北京图书馆出版社 2001年
秦始皇嬴政 卢鹰著 陕西人民出版社 2001年
秦始皇 冉云飞评著 巴蜀书社 2001年
秦始皇(上、下册) 伍心铭著 中国戏剧出版社 2001年
千古一帝——秦始皇 孟校丹编著 延边人民出版社 2002年
秦皇韬略 戴克编著 昆仑出版社 2003年
秦始皇画传 穆俦撰,杨宏富绘 上海古籍出版社 2003年
秦始皇传 翟文明主编 中国文史出版社、光明日报出版社 2004年
秦始皇 唐浩明著 人民文学出版社 2004年
秦始皇传 张分田著 人民出版社 2003年
秦始皇(上、下) 张天民著 中国国际广播出版社 2003年
解读吕不韦(一、二、三) 博文解译 内蒙古人民出版社 2004年

秦始皇　张文立、张敏著　西安出版社　2005年
秦始皇帝大传　安作璋、孟祥才著　中华书局　2005年
秦王扫六合　徐卫民著　三秦出版社　2006年
话说秦代帝王　李翰文编著　黄山书社　2007年
秦始皇　王清智编著　中国社会科学出版社　2007年
秦始皇帝和他周围的人　张文立著　科学出版社　2009年
秦代人物论　戚文著　东方出版中心　2011年
秦汉越地人物传　余全介著　浙江大学出版社　2011年
秦谜：重新发现秦始皇　李开元著　北京联合出版公司　2015年
文化视角下的秦始皇　王绍东著　内蒙古大学出版社　2015年
嬴政年谱　芦建华、张宁著　三秦出版社　2016年
邂逅秦始皇　中信出版·大方编　中信出版社　2019年

十二　辑（集）刊、论文集

（一）辑刊

1. 秦汉史论丛

秦汉史论丛（第一辑）　中国秦汉史研究会编　陕西人民出版社　1981年
秦汉史论丛（第二辑）　中国秦汉史研究会编　陕西人民出版社　1983年
秦汉史论丛（第三辑）　中国秦汉史研究会编　陕西人民出版社　1986年
秦汉史论丛　四川师范大学历史系编　巴蜀书社　1986年
秦汉史论丛（第四辑）　中国秦汉史研究会编　西北大学出版社　1989年
秦汉史论丛（第五辑）　中国秦汉史研究会编　法律出版社　1992年
秦汉史论丛（第六辑）　中国秦汉史研究会编　江西教育出版社　1994年
秦汉史论丛（第七辑）　中国秦汉史研究会编　中国社会科学出版社　1998年
秦汉史论丛（第八辑）　中国秦汉史研究会编　云南大学出版社　2001年
秦汉史论丛（第九辑）　中国秦汉史研究会编　三秦出版社　2004年

秦汉史论丛(第十辑)　中国秦汉史研究会编　内蒙古大学出版社　2009年

秦汉史论丛(第十一辑)　中国秦汉史研究会编　吉林文史出版社　2009年

秦汉史论丛(第十二辑)　中国秦汉史研究会编　河南大学出版社　2011年

秦汉史论丛(第十三辑)　中国秦汉史研究会编　郑州大学出版社　2014年

秦汉史论丛(第十四辑)(上、下册)　中国秦汉史研究会编　四川人民出版社　2017年

2. 秦文化论丛

秦文化论丛(第一集)　秦始皇兵马俑博物馆研究室编,袁仲一主编　西北大学出版社　1993年

秦文化论丛(第二辑)　秦始皇兵马俑博物馆《论丛》编委会编,袁仲一主编　西北大学出版社　1993年

秦文化论丛(第三辑)　秦始皇兵马俑博物馆《论丛》编委会编,袁仲一主编　西北大学出版社　1994年

秦文化论丛(第四辑)　秦始皇兵马俑博物馆《论丛》编委会编,袁仲一主编　西北大学出版社　1996年

秦文化论丛(第五辑)　秦始皇兵马俑博物馆《论丛》编委会编,袁仲一主编　西北大学出版社　1997年

秦文化论丛(第六辑)　秦始皇兵马俑博物馆《论丛》编委会编,袁仲一主编　西北大学出版社　1998年

秦文化论丛(第七辑)　秦始皇兵马俑博物馆《论丛》编委会编,袁仲一主编　西北大学出版社　1999年

秦文化论丛(第八辑)　秦始皇兵马俑博物馆《论丛》编委会编,袁仲一主编　陕西人民出版社　2001年

秦文化论丛(第九辑)　秦始皇兵马俑博物馆《论丛》编委会编,袁仲一主编　三秦出版社　2002年

秦文化论丛(第十辑)　秦始皇兵马俑博物馆《论丛》编委会编,吴永琪主编

三秦出版社　2003 年

秦文化论丛（第十一辑）　秦始皇兵马俑博物馆《论丛》编委会编，吴永琪主编　三秦出版社　2004 年

秦文化论丛选辑　秦始皇兵马俑博物馆《论丛》编委会编，吴永琪主编　三秦出版社　2004 年

秦文化论丛（第十二辑）（上、下册）　秦始皇兵马俑博物馆《论丛》编委会编，吴永琪主编　三秦出版社　2005 年

秦文化论丛（第十三辑）　秦始皇兵马俑博物馆《论丛》编委会编，吴永琪主编　三秦出版社　2006 年

秦文化论丛（第十四辑）　秦始皇兵马俑博物馆《论丛》编委会编，吴永琪主编　三秦出版社　2007 年

秦文化论丛（第十五辑）　秦始皇兵马俑博物馆《论丛》编委会编，吴永琪主编　三秦出版社　2008 年

3. 周秦汉唐文化研究

周秦汉唐文化研究（第一辑）　黄留珠、魏全瑞主编　三秦出版社　2002 年

周秦汉唐文化研究（第二辑）　黄留珠、魏全瑞主编　三秦出版社　2003 年

周秦汉唐文化研究（第三辑）　黄留珠、魏全瑞主编　三秦出版社　2004 年

周秦汉唐文化研究（第四辑）　黄留珠、魏全瑞主编　三秦出版社　2006 年

周秦汉唐文化研究（第五辑）　黄留珠、魏全瑞主编　三秦出版社　2007 年

周秦汉唐文化研究（第六辑）　黄留珠、陈峰主编　三秦出版社　2008 年

周秦汉唐文化研究（第七辑）　黄留珠、陈峰主编　三秦出版社　2009 年

周秦汉唐文化研究（第八辑）　黄留珠、陈峰主编　三秦出版社　2012 年

周秦汉唐文化研究（第九辑）　陈峰主编　三秦出版社　2016 年

周秦汉唐文化研究（第十辑）　陈峰主编　三秦出版社　2018 年

4. 秦汉研究

秦汉研究（第一辑）　中国秦汉史研究会、咸阳师范学院编，雷依群、徐卫民主编　三秦出版社　2007 年

秦汉研究（第二辑）　中国秦汉史研究会、咸阳师范学院编，雷依群、徐卫民主编　三秦出版社　2007 年

秦汉研究（第三辑）　中国秦汉史研究会、咸阳师范学院编，雷依群、徐卫民

主编　陕西人民出版社　2009 年

秦汉研究(第四辑)　中国秦汉史研究会、咸阳师范学院编,梁安和、徐卫民主编　陕西人民出版社　2010 年

秦汉研究(第五辑)　中国秦汉史研究会、咸阳师范学院编,梁安和、徐卫民主编　陕西人民出版社　2011 年

秦汉研究(第六辑)　中国秦汉史研究会、咸阳师范学院编,梁安和、徐卫民主编　陕西人民出版社　2012 年

秦汉研究(第七辑)　中国秦汉史研究会、咸阳师范学院编,梁安和、徐卫民主编　陕西人民出版社　2013 年

秦汉研究(第八辑)　中国秦汉史研究会、咸阳师范学院编,梁安和、徐卫民主编　陕西人民出版社　2014 年

秦汉研究(第九辑)　中国秦汉史研究会、咸阳师范学院编,梁安和、徐卫民主编　陕西人民出版社　2015 年

秦汉研究(第十辑)　中国秦汉史研究会、咸阳师范学院编,梁安和、徐卫民主编　陕西人民出版社　2016 年

秦汉研究(第十一辑)　中国秦汉史研究会、咸阳师范学院编,梁安和、徐卫民主编　陕西人民出版社　2017 年

秦汉研究(第十二辑)　中国秦汉史研究会、咸阳师范学院编,梁安和、徐卫民主编　西北大学出版社　2018 年

秦汉研究(第十三辑)　中国秦汉史研究会、咸阳师范学院编,梁安和、徐卫民主编　西北大学出版社　2019 年

5. 秦始皇帝陵博物院

秦始皇帝陵博物院 2011 年(总壹辑)　秦始皇帝陵博物院编,吴永琪主编　三秦出版社　2011 年

秦始皇帝陵博物院 2012 年(总贰辑)　秦始皇帝陵博物院编,曹玮主编　三秦出版社　2012 年

秦始皇帝陵博物院 2013 年(总叁辑)　秦始皇帝陵博物院编,曹玮主编　三秦出版社　2013 年

秦始皇帝陵博物院 2014 年(总肆辑)　秦始皇帝陵博物院编,曹玮主编　陕西人民出版社　2014 年

秦始皇帝陵博物院2015年(总伍辑)　秦始皇帝陵博物院编,侯宁彬主编　陕西师范大学出版总社有限公司　2015年

秦始皇帝陵博物院2016年(总陆辑)　秦始皇帝陵博物院编,侯宁彬主编　陕西师范大学出版总社有限公司　2016年

秦始皇帝陵博物院2017年(总柒辑)　秦始皇帝陵博物院编,侯宁彬主编　三秦出版社　2017年

秦始皇帝陵博物院2018年(总捌辑)　秦始皇帝陵博物院编,侯宁彬主编　西北大学出版社　2018年

(二) 文集

1.学术文集

古史新探　杨宽著　中华书局　1965年

先秦及两汉历史论文集　李则芬著　台湾商务印书馆　1981年

秦汉史论集　高敏著　中州书画社　1982年

秦汉史研究译文集(第一辑)　中国秦汉史研究会　1983年

建国以来史学理论问题讨论举要　《历史研究》编辑部　齐鲁书社　1983年

中国古代史论丛(第七辑)　《中国古代史论丛》编委会　福建人民出版社　1983年

中国古代地主阶级研究论集　南开大学历史系中国古代史教研室编　南开大学出版社　1984年

秦汉问题研究　张传玺著　北京大学出版社　1985年

从徐福到黄遵宪　中国中日关系史研究会编,杨正光主编　时事出版社　1985年

先秦两汉史论丛　韩连琪著　齐鲁书社　1986年

秦汉史论稿　邢义田著　东大图书股份有限公司　1987年

先秦史新探　唐嘉弘著　河南大学出版社　1988年

先秦史论集——徐中舒教授九十诞辰纪念论文集　唐嘉弘主编　中州古籍出版社　1989年

徐福研究　山东省徐福研究会、龙口市徐福研究会编　青岛海洋大学出版

社　1991年

徐福研究论文集　中国连云港徐福研究会编　中国科学技术出版社　1991年

徐州师范学院学报·秦汉断代史专题研究　王云度等著　《徐州师范学院学报》1991年增刊

陈直先生纪念文集　西北大学秦汉史研究室主编　西北大学出版社　1992年

秦汉论集　咸阳博物馆编　陕西人民出版社　1992年

徐福研究（二）　山东省徐福研究会、龙口市徐福研究会编　青岛海洋大学出版社　1993年

秦汉魏晋史探微　田余庆著　中华书局　1993年

史念海先生八十寿辰学术论文集　上官鸿南、朱士光主编　陕西师范大学出版社　1996年

周秦汉唐研究（第1册）　西北大学周秦汉唐研究中心编，黄留珠主编　三秦出版社　1998年

马植杰秦汉三国史论文选　马植杰著　湖北人民出版社　2001年

先秦秦汉史论　孟祥才著　山东大学出版社　2001年

嬴秦与莱芜——秦皇第一故里和莱芜历史沿革考证　山东省莱芜市历史研究组编　2001年

纪念林剑鸣教授史学论文集　王子今、白建钢、彭卫编　中国社会科学出版社　2002年

丁毅华史学论文自选集　丁毅华著　湖北人民出版社　2002年

赵国华史学论文初编　赵国华著　湖北人民出版社　2002年

揖芬集：张政烺先生九十华诞纪念文集　张政烺先生九十华诞纪念文集编委会编　社会科学文献出版社　2002年

追寻中华古代文明的踪迹——李学勤先生学术活动五十年纪念文集　文集编委会主编　复旦大学出版社　2002年

秦汉史论丛　廖伯源撰　五南图书出版公司　2003年

广润集　杨玉坤著　陕西人民出版社　2003年

燕秦文化研究：陈平学术文集　陈平著　北京燕山出版社　2003年

秦汉魏晋史探微(重订本)　田余庆著　中华书局　2004 年

秦汉魏晋南北朝史论考　高敏著　中国社会科学出版社　2004 年

秦史探索　何清谷　兰台出版社　2004 年

周秦文明论丛(第一辑)　宝鸡青铜器博物馆编　陕西人民出版社　2006 年

早期秦文化研究　徐卫民、雍际春主编　三秦出版社　2006 年

殷周秦汉史学的基本问题　[日]佐竹靖彦主编　中华书局　2008 年

周秦汉唐文明研究论集　上海博物馆编　上海古籍出版社　2008 年

周秦文明论丛(第二辑)　宝鸡市青铜器博物馆编　三秦出版社　2009 年

秦汉史考订文集　朱桂昌著　云南大学出版社　2009 年

秦汉史十二讲　张忠炜编著　中国国际广播出版社　2009 年

秦汉史论——何清谷教授八十华诞庆祝文集　徐卫民、刘景纯主编　三秦出版社　2009 年

熊铁基八十华诞纪念文集　赵国华、刘固盛主编　华中师范大学出版社　2012 年

徐苹芳先生纪念文集(上、下)　《徐苹芳先生纪念文集》编辑委员会编　上海古籍出版社　2012 年

陈直著作三种　黄留珠、陈峰主编　三秦出版社　2012 年

古史新论:庆祝杨育坤教授 90 华诞文集　徐卫民主编　世界图书出版西安有限公司　2012 年

田余庆先生九十华诞颂寿论文集　北京大学中国古代史研究中心编　中华书局　2014 年

秦汉史研究文集　安作璋著　人民出版社　2015 年

朱绍侯九十华诞纪念文集　李振宏主编　河南大学出版社　2015 年

朱绍侯文集(续集)　朱绍侯著　河南大学出版社　2015 年

于豪亮学术论集　于豪亮著　上海古籍出版社　2015 年

秦汉史文存　黄今言著　江西人民出版社　2016 年

秦早期文明追迹　陶兴华著　甘肃教育出版社　2016 年

出土文献与中国古代文明:李学勤先生八十寿诞纪念论文集　教育部人文社会科学重点研究基地、清华大学出土文献与中国古代文明研究中心、清华大学出土文献研究与保护中心编　中西书局　2016 年

秦统一的进程与意义　王子今主编　中国社会科学出版社　2017年

天水放马滩木板地图研究论集　雍际春　牢鹏旭编　中国社会科学出版社　2019年

秦史：崛起与统一　王子今主编　西北大学出版社　2019年

考古剩语　徐苹芳著　上海古籍出版社　2019年

2. 会议文集

周秦汉唐考古与文化国际学术会议论文集　陈岳主编　《西北大学学报》编辑部　1988年

全国首届徐福学术讨论会论文集　中国航海学会、徐州师范学院主编　中国矿业大学出版社　1988年

徐福国际学术讨论会论文集　杨正光主编　海洋出版社　1992年

西北大学史学丛刊（第四辑）周秦汉唐文明国际学术讨论会文集　黄留珠主编　三秦出版社　2001年

秦汉文化比较研究：秦汉兵马俑比较暨两汉文化研究论文集　秦始皇兵马俑博物馆编，吴永琪、杨绪敏、邱永生主编　三秦出版社　2002年

秦都咸阳与秦文化研究　雷依群、徐卫民主编　陕西人民教育出版社　2003年

周秦社会与文化研究：纪念中国先秦史学会成立二十周年学术研讨会论文集　《周秦社会与文化研究》编委会编　陕西师范大学出版社　2003年

2012·中国"秦汉时期的九原"学术论坛专家论文集　中国秦汉史研究会、中共包头市九原区委员会、包头市九原区人民政府编　内蒙古人民出版社　2012年

第二届周秦伦理文化与现代道德价值国际学术研讨会论文集　王兴尚主编　陕西人民出版社　2012年

嬴秦始源：首届中国（莱芜）嬴历史文化学术研讨会论文集　宋镇豪主编　中国社会科学出版社　2013年

嬴秦西垂文化——甘肃秦文化研究会首届学术研讨会论文集　雍际春、田佐、南玄子主编　甘肃人民出版社　2013年

秦汉土墩墓考古发现与研究：秦汉土墩墓国际学术研讨会论文集　中国社会科学院考古研究所、浙江省文物考古研究所编著　文物出版社　2013年

秦时期冶金考古国际学术研讨会论文集　曹玮、[德]任天洛主编　科学出版社　2014年

早期丝绸之路暨早期秦文化国际学术研讨会论文集　甘肃省文物考古研究所、北京大学考古文博学院、中国国家博物馆综合考古部等编　文物出版社　2014年

秦汉历史文化的前沿视野：第二届中国秦汉史高层论坛文集　王健主编　知识产权出版社　2014

秦文化探研——甘肃秦文化研究会第二次学术研讨会论文集　雍际春、赵文博、田佐等主编　甘肃人民出版社　2015年

郑国渠研究论文集　王双怀、耿涛编　陕西科学技术出版社　2016年

考古学视角下的秦汉家庭与日常生活学术研讨会论文集　刘尊志主编　科学出版社　2019年

十三　考古与文物

（一）考古、文物研究

秦权量诏版　震亚图书局编辑所编　震亚图书局　1918年

先秦货币史　王名元著　国立中山大学出版社组　1947年

从考古学看中日文化的关系　[日]原田淑人著，姚鉴译　高等教育出版社　1958年

周秦名字解诂汇释补编　周法高著　台北中华书局编审委员会　1964年

秦汉瓦当　陕西省博物馆编　文物出版社　1964年

考古学与科技史　夏鼐著　科学出版社　1979年

文物考古工作三十年（1949—1979）　文物编辑委员会编　文物出版社　1979年

中国古兵器论丛　杨泓著　文物出版社　1980年

商周秦汉青铜器辨伪录　罗福颐著　香港中文大学、中国文化研究所　1981年

秦汉石刻的篆书　崇善、周志高编著　人民美术出版社　1982年
先秦货币文编　商承祚、王贵忱、谭棣华编　书目文献出版社　1983年
中国古代乐器　吴钊编　文物出版社　1983年
新中国的考古发现和研究（1950—1980）　中国社会科学院考古研究所编著　文物出版社　1984年
东周与秦代文明　李学勤著　文物出版社　1984年
史迹与文物　谢敏聪著　大立出版社　1985年
先秦两汉考古学论集　俞伟超著　文物出版社　1985年
秦汉瓦当　西安市文物管理委员会编　陕西人民美术出版社　1985年
中国古兵器论丛（增订本）　杨泓著　文物出版社　1985年
中国古代陵寝制度史研究　杨宽著　上海古籍出版社　1985年
云梦睡虎地出土秦汉漆器图录　左德承编绘　湖北美术出版社　1986年
秦汉货币史稿　钱剑夫著　湖北人民出版社　1986年
陕西考古重大发现（1949—1984）　陕西考古学会编　陕西人民出版社　1986年
中国大百科全书·考古学　中国大百科全书总编辑委员会《考古学》编辑委员会、中国大百科全书出版社编辑部编　中国大百科全书出版社　1986年
中国考古学研究——夏鼐先生考古五十年纪念论文集　《中国考古学研究》编委会编　文物出版社　1986年
新编秦汉瓦当图录　陕西省考古研究所秦汉研究室编　三秦出版社　1986年
中国古代生产工具图集（第三册）秦汉时代　徐文生著　西北大学出版社　1986年
中国古代瓦当艺术　杨力民编著　上海人民美术出版社　1986年
西北大学藏瓦选集　刘士莪著　西北大学出版社　1987年
中国考古学研究论集——纪念夏鼐先生考古五十周年　《中国考古学研究论集》编委会编　三秦出版社　1987年
秦汉瓦当　河南省博物馆编　中原文物编辑部　1987年特刊
瓦当汇编　钱君匋、张星逸、许明农编　上海人民美术出版社　1988年
周秦汉瓦当　徐锡台、楼宇栋、魏效祖编　文物出版社　1988年

战国秦汉考古　查瑞珍编著　南京大学出版社　1990年

半两货币图说　关汉亨编著　上海书店出版社　1995年

中国考古学论文集　张光直著　联经出版事业公司　1995年

考古文物研究——纪念西北大学考古专业成立四十周年文集（1956—1996）　西北大学文博学院编　三秦出版社　1996年

秦汉瓦当　傅嘉仪编著　陕西旅游出版社　1999年

秦汉珍遗——眉县秦汉瓦当图录　刘怀君、王力军著　三秦出版社　2002年

秦文化：从封国到帝国的考古学观察　滕铭予著　学苑出版社　2003

半两钱研究与发现　王雪农、刘建民著　中华书局　2005年

战国秦汉漆器研究　洪石著　文物出版社　2006年

王学理秦汉考古文选　王学理著　三秦出版社　2008年

恢宏与古朴——秦汉魏晋南北朝的物质文明　陈苏镇编著　北京大学出版社　2009年

经世与玄思——秦汉魏晋南北朝的精神文明　章启群编著　北京大学出版社　2009年

文物秦汉史：彩色图文本　中国国家博物馆编　中华书局　2009年

陈介祺藏拓秦诏量铭文　文物出版社编　文物出版社　2009年

半两钱制度研究　石俊志著　中国金融出版社　2009年

五铢图考（上、下）　杜维善著　上海书画出版社　2009年

中国考古学·秦汉卷　刘庆柱、白云翔主编，中国社会科学院考古研究所编著　中国社会科学出版社　2010年

秦考古学文献叙录　张卫星、陈治国、王煊编　三秦出版社　2010年

禹王城瓦当：东周秦汉时期晋西南瓦当研究　张童心、黄永久编著　上海古籍出版社　2010年

秦早期青铜器科技考古学研究　贾腊江著　科学出版社　2011年

秦三晋纪年兵器研究　苏辉著　上海古籍出版社　2013年

秦汉器物文化拾英　曾维华主编　上海人民出版社　2014年

西戎遗珍：马家塬战国墓地出土文物　甘肃省文物考古研究所编著　文物出版社　2014年

悠悠集：考古文物中的战国秦汉史地　后晓荣著　中国书籍出版社　2015 年

秦汉名物丛考　王子今著　东方出版社　2015 年

秦漆器研究　朱学文著　三秦出版社　2016 年

（二）发掘报告

陕县东周秦汉墓　中国社会科学院考古研究所编著　科学出版社　1994 年

塔儿坡秦墓　咸阳市文物考古研究所编著　三秦出版社　1998 年

陇县店子秦墓　陕西省考古研究所编著　三秦出版社　1998 年

秦都咸阳考古报告　陕西省考古研究所编著　科学出版社　2004 年

秦西垂陵区　礼县博物馆、礼县秦西垂文化研究会编著　文物出版社　2004 年

西安南郊秦墓　西安市文物保护考古所编著　陕西人民出版社　2004 年

高陵张卜秦汉唐墓　陕西省考古研究所编著　三秦出版社　2004 年

襄阳王坡东周秦汉墓　湖北省文物考古研究所　襄樊市考古队、襄阳区文物管理所编著　科学出版社　2005 年

任家咀秦墓　咸阳市文物考古研究所编著　科学出版社　2005 年

西安北郊秦墓　陕西省考古研究所编著　三秦出版社　2006 年

华县东阳　陕西省考古研究所、秦始皇兵马俑博物馆编著　科学出版社　2006 年

雍城秦公一号大墓　宝鸡先秦陵园博物馆编　作家出版社　2007 年

老河口九里山秦汉墓　襄樊市文物考古研究所、武安铁路复线九里山考古队编著　文物出版社　2009 年

姜女石：秦行宫遗址发掘报告（上、下）　辽宁省文物考古研究所编著　文物出版社　2010 年

南阳一中战国秦汉墓　南阳市文物考古研究所编著　文物出版社　2012 年

潜山林新战国秦汉墓　叶润清主编，安徽省文物考古研究所编著　文物出版社　2013 年

秦雍城豆腐村战国制陶作坊遗址　陕西省考古研究院、宝鸡市考古研究所、凤翔县博物馆编著　科学出版社　2013 年

清水刘坪　甘肃省文物考古研究所、清水县博物馆编著　文物出版社　2014 年

凤翔孙家南头:周秦墓葬与西汉仓储建筑遗址发掘报告　陕西省考古研究院、宝鸡市考古研究所、凤翔县博物馆编著　科学出版社　2015年

秦墓遗珍:宝鸡益门二号春秋墓　宝鸡市考古研究所编著　科学出版社　2016年

临潼新丰:战国秦汉墓葬考古发掘报告(全3册)　陕西省考古研究院编著　科学出版社　2016年

屯留后河:战国至西汉墓葬考古发掘报告　山西省考古研究所、长治市文物旅游局、屯留县文化局编著　上海古籍出版社　2017年

炉捶之间:先秦两汉时期热锻薄壁青铜器研究　李洋著　上海古籍出版社　2017年

华县东阳遗址考古报告(2014)　陕西省考古研究院编著　科学出版社　2018年

咸阳东郊秦墓　陕西省考古研究院编著　科学出版社　2018年

寨头河:陕西黄陵战国戎人墓地考古发掘报告　陕西省考古研究院、延安市文物研究所、黄陵县旅游文物局编著　上海古籍出版社　2018年

秦汉上林苑:2004~2012年考古报告(上、下册)　中国社会科学院考古研究所、西安市文物保护考古研究院编著　文物出版社　2018年

登封双庙战国秦汉墓地　河南省文物考古研究院、武汉大学历史学院考古系编著　科学出版社　2019年

(三)遗址、墓葬研究

郑国渠　西北大学历史系考古专业《郑国渠》编写组、陕西省文物管理委员会、陕西省人民引泾管理局　陕西人民出版社　1976年

秦都咸阳　王学理　陕西人民出版社　1985年

灵渠工程史述略　郑连弟　水利电力出版社　1986年

秦都城研究　徐卫民著　陕西人民教育出版社　2000年

古代都城与帝陵考古学研究　刘庆柱著　科学出版社　2000年

秦公帝王陵　徐卫民著　中国青年出版社　2002年

帝都秦城的苦旅:咸阳城市变迁崛起今古纪实　沙石著　中国文联出版社　2002年

中国(香港)长城历史文化研讨会论文集　丁新豹、董耀会编　长城(香港)文化出版公司　2002 年

大秦统一——秦郑国渠　张骅编著　三秦出版社　2003 年

大秦统一——秦发祥地雍城　王长虎、景宏伟、刘亮著　三秦出版社　2003 年

秦西垂陵区　礼县博物馆、礼县秦西垂文化研究会编著　文物出版社　2004 年

大秦统一——秦始皇与秦都咸阳　杨焕亭、雷国胜著　三秦出版社　2005 年

秦西垂文化论集　礼县秦西垂文化研究会、礼县博物馆编　文物出版社　2005 年

西垂文化研究　陈泽著　五洲文明出版社　2005 年

探秘秦直道　徐伊丽著　陕西师范大学出版社　2008 年

古都西安·秦都咸阳　李令福编著　西安出版社　2010 年

秦西垂史地考述　马建营著　敦煌文艺出版社　2010 年

三峡地区秦汉墓研究　蒋晓春著　巴蜀书社　2010 年

东周秦汉时期车马埋葬研究　赵海洲著　科学出版社　2011 年

秦汉都城与自然环境关系研究　徐卫民著　科学出版社　2011 年

秦汉都城研究　徐卫民著　三秦出版社　2012 年

秦汉城邑考古学研究　徐龙国著　中国社会科学出版社　2013 年

秦物质文化通览(上、下册)　王学理主编　科学出版社　2015

秦直道考察行记　徐君峰　陕西师范大学出版社总社有限公司　2018 年

秦直道道路走向与文化影响　徐君峰著　陕西师范大学出版总社有限公司　2018 年

秦直道与汉匈战争　宋超、孙家洲著　陕西师范大学出版总社有限公司　2018 年

直道与长城:秦的两大军事工程　徐卫民、喻鹏涛著　陕西师范大学出版总社有限公司　2018 年

秦直道线路与沿线遗存　马啸、雷兴鹤、吴宏岐等著　陕西师范大学出版总社有限公司　2018 年

秦直道研究论集　孙闻博编　陕西师范大学出版总社有限公司　2018年

古城印记:战国秦汉古城文明集录　黄骅市博物馆编著　科学出版社　2018年

秦始皇直道考察与研究　王子今著　陕西师范大学出版总社有限公司　2018年

岭壑无语:秦直道考古纪实　张在明、王有为、陈兰等著　陕西师范大学出版总社有限公司　2018年

(四) 简牍、帛书

1. 综合研究

帛书竹简　严一萍编　艺文印书馆　1975年

简牍论集　马先醒著　简牍学社　1977年

睡虎地秦墓竹简(线装本七册)　《睡虎地秦墓竹简》整理小组编著　文物出版社　1977年

睡虎地秦墓竹简(平装本)　睡虎地秦墓竹简整理小组编　文物出版社　1978年

云梦秦简初探　高敏著　河南人民出版社　1979年

云梦秦简巧探(增订本)　高敏著　河南人民出版社　1981年

云梦秦简研究　中华书局编辑部编　中华书局　1981年

云梦睡虎地秦墓　《云梦睡虎地秦墓》编写组　文物出版社　1981年

云梦秦简《日书》研究　饶宗颐、曾宪通著　香港中文大学出版社　1982年

简牍概述　林剑鸣编译　陕西人民出版社　1984年;台北谷风出版社　1987年

简帛书法　黎泉著　上海书画出版社　1985年

中华五千年文物集刊:简牍篇二　吴昌廉主编　中华五千年文物集刊编辑委员会　1986年

中华五千年文物集刊:简牍篇三　吴昌廉主编　中华五千年文物集刊编辑委员会　1986年

中国简牍学综论　郑有国编著　华东师范大学出版社　1989年

简牍研究入门　高敏著　广西人民出版社　1989年

云梦竹简〔Ⅰ〕秦记、南郡守腾文书、语书　张政烺、日知编　吉林文史出版社　1990年

秦铜器铭文编年集释　王辉编著　三秦出版社　1990年

睡虎地秦墓竹简　睡虎地秦墓竹简整理小组编　文物出版社　1990年

简牍制度概述　薛英群著　兰州古籍书店　1990年

云梦竹简〔Ⅱ〕秦律十八种　张政烺、日知编　吉林文史出版社　1990年

睡虎地秦简刑律研究　傅荣珂著　商鼎文化出版社　1992年

《云梦秦简》中思想与制度钩摭　余宗发著　文津出版社　1992年

睡虎地秦简研究　徐富昌著　文史哲出版社　1993年

睡虎地秦简文字编　陈振裕、刘信芳编著　湖北人民出版社　1993年

睡虎地秦简文字编　张守中撰集　文物出版社　1994年

睡虎地秦简论考　吴福助著　文津出版社　1994年

睡虎地秦简日书研究　刘乐贤著　文律出版社　1994年

秦汉简牍帛书音韵研究　李玉著　当代中国出版社　1994年

简帛佚籍与学术史　李学勤著　台北时报文化出版企业有限公司　1995年

龙岗秦墓竹简　梁柱　刘信芳著　科学出版社　1997年

本世纪以来出土简帛概述　骈宇骞、段书安编著　万卷楼图书有限公司　1999年

简牍文书学　李均明、刘军著　广西教育出版社　1999年

睡虎地秦简初探　高敏著　万卷楼图书有限公司　2000年

《睡虎地秦墓竹简》语法研究　魏德胜著　首都师范大学出版社　2000年

秦简日书集释　吴小强著　岳麓书社　2000年

简帛思想文献论集　王博著　台湾古籍出版有限公司　2001年

关沮秦汉墓简牍　湖北省荆州市周梁玉桥遗址博物馆编　中华书局　2001年

秦简文字系统之研究　郝茂著　新疆大学出版社　2001年

天水放马滩木板地图研究　雍际春著　甘肃人民出版社　2002年

简帛典籍异文研究　吴辛丑著　中山大学出版社　2002年

简帛语言文字研究（第一辑）　张显成主编　巴蜀书社　2002年

简帛文献与古代法文化　崔永东著　湖北教育出版社　2002年

简帛数术文献探论　刘乐贤著　湖北教育出版社　2002年

《睡虎地秦墓竹简》词汇研究　魏德胜著　华夏出版社　2002 年

睡虎地秦简《日书》甲种疏证　王子今著　湖北教育出版社　2002 年

二十世纪简帛学研究　沈颂金著　学苑出版社　2003 年

秦汉简帛语言研究　吉仕梅著　巴蜀书社　2004 年

里耶发掘报告　湖南省文物考古所编　岳麓书社　2007 年

里耶秦简校诂　王焕林著　中国文联出版社　2007 年

秦至汉初简帛文字研究　黄文杰著　商务印书馆　2008 年

秦汉简牍文书分类辑解　李均明著　文物出版社　2009 年

天水放马滩秦简　甘肃省文物考古研究所编　中华书局　2009 年

出土简牍与秦汉社会　杨振红著　广西师范大学出版社　2009 年

新出简帛与古文字古文献研究　赵平安著　商务印书馆　2009 年

秦汉简牍探研　汪桂海著　文津出版社　2009 年

新出简帛的学术探索　李锐著　北京师范大学出版社　2010 年

简帛数术与历史地理论集　晏昌贵著　商务印书馆　2010 年

战国秦汉简帛丛考　刘乐贤著　文物出版社　2010 年

睡虎地秦简所见秦代国家与社会　［日］工藤元男著，［日］广濑薰雄、曹峰译　上海古籍出版社　2010 年

岳麓书院藏秦简（壹）　朱汉民、陈松长主编　上海辞书出版社　2010 年

战国秦汉简帛文献所见巫术研究　吕亚虎著　科学出版社　2010 年

简帛文明与古代思想世界　王中江著　北京大学出版社　2011 年

写在简帛上的文明：长江流域的简牍和帛书　廖名春、张岩、张德良著　浙江大学出版社　2011 年

简牍法制论稿　李均明著　广西师范大学出版社　2011 年

简牍学教程　李宝通、黄兆宏主编　甘肃人民出版社　2011 年

国际简牍学会会刊（第六号）　国际简牍学会会刊编委会　兰台出版社　2011 年

台湾简牍研究六十年　郑有国著　福建人民出版社　2011 年

岳麓书院藏秦简（贰）（全二册）　朱汉民、陈松长主编　上海辞书出版社　2011 年

清华大学藏战国竹简（贰）（全二册）　清华大学出土文献研究与保护中心

编，李学勤主编　中西书局　2011 年

清华大学藏战国竹简（叁）（全二册）　清华大学出土文献研究与保护中心编，李学勤主编　中西书局　2011 年

当代中国简帛学研究（1949—2009）　李均明、刘国忠、刘光胜等著　中国社会科学出版社　2011 年

里耶秦简牍校释（第一卷）　陈伟主编，何有祖、鲁家亮、凡国栋撰著　武汉大学出版社　2012 年

简牍与古代史研究　吴荣曾、汪桂海主编　北京大学出版社　2012 年

简牍与秦汉社会　于振波著　湖南大学出版社　2012 年

战国秦汉简帛古书通假字汇纂　白于蓝编著　福建人民出版社　2012 年

秦汉简牍精选　丛俊主编　上海书画出版社　2012 年

简帛数术文献探论（增订本）　刘乐贤著　中国人民大学出版社　2012 年

秦汉简帛讹字研究　刘玉环著　中国书籍出版社　2012

天水放马滩秦简集释　孙占宇著　甘肃文化出版社　2013 年

秦汉简牍研究存稿　杨剑虹著　厦门大学出版社　2013 年

简帛文献词语历时演变专题研究　赵岩著　中国社会科学出版社　2013 年

岳麓书院藏秦简（叁）　朱汉民、陈松长主编　上海辞书出版社　2013 年

湖南出土简牍选编（一、二）　宋少华、张春龙、郑曙斌等编著　岳麓书社　2013 年

北京大学藏秦代简牍书迹选粹　北京大学出土文献研究所编　人民美术出版社　2013

简帛文献考释论丛　董珊著　上海古籍出版社　2014 年

岳麓书院藏秦简的整理与研究　陈松长等著　中西书局　2014 年

里耶秦简博物馆藏秦简　里耶秦简博物馆、出土文献与中国古代文明研究协同创新中心中国人民大学中心编著　中西书局　2016 年

岳麓书院藏秦简《数》研究　萧灿著　中国社会科学出版社　2015 年

简牍与秦汉民法研究　蒋波著　中国社会科学出版社　2015 年

出土简牍与秦汉社会（续编）　杨振红著　广西师范大学出版社　2015 年

岳麓书院藏秦简（肆）　陈松长主编　上海辞书出版社　2015 年

出土文献研究（第 14 辑）："秦简牍研究国际学术研讨会"特辑　中国文化

遗产研究院编　中西书局　2015 年

里耶秦简博物馆藏秦简　里耶秦简博物馆、出土文献与中国古代文明研究协同创新中心中国人民大学中心编著　中西书局　2016 年

岳麓秦简复原研究　[德]陶安著　上海古籍出版社　2016 年

秦简牍合集:释文注释修订本(壹—肆辑)　陈伟主编　武汉大学出版社　2016 年

秦汉简牍具名与书手研究　王晓光著　荣宝斋出版社　2016 年

竹简学:中国古代思想的探究　[日]汤浅邦弘著,白雨田译　东方出版中心　2017 年

简帛文学研究　蔡先金著　学习出版社　2017 年

秦汉简帛文献与《说文解字》新证　黄潇潇著　中国农业大学出版社　2017 年

岳麓书院藏秦简(壹—叁)文字编　陈松长、李洪财、刘欣欣等编　上海辞书出版社　2017 年

秦简牍整理与研究　陈伟等著　经济科学出版社　2017 年

简帛量词研究　张显成、李建平著　中华书局　2017 年

同文与族本:新出简帛与古书形成研究　李锐著　中西书局　2017 年

秦汉简牍法律用语研究　赵久湘著　人民出版社　2017 年

秦简牍校读及所见制度考察　陈伟著　武汉大学出版社　2017 年

简牍帛书格式研究　程鹏万著　上海古籍出版社　2017 年

新出简帛与古文字古文献研究续集　赵平安著　商务印书馆　2018 年

先秦秦汉出土文献与《诗经》文本的校勘和解读　蒋文著　中西书局　2019 年

里耶秦简经济文书分类整理研究　于洪涛著　知识产权出版社　2019 年

今尘集:秦汉时代的简牍、画像与文化流播　邢义田著　中西书局　2019 年

2. 辑刊

(1)简帛研究

简帛研究(第一辑)　李学勤主编　法律出版社　1993 年

简帛研究(第二辑)　中国社会科学院简帛研究中心编,李学勤主编　法律出版社　1996 年

简帛研究(第三辑)　中国社会科学院简帛研究中心编,李学勤主编　广西

教育出版社　1998 年

简帛研究二〇〇一(上、下册)　中国社会科学院简帛研究中心编,李学勤、谢桂华主编　广西师范大学出版社　2001 年

简帛研究二〇〇二、二〇〇三　中国社会科学院简帛研究中心编,李学勤、谢桂华主编　广西师范大学出版社　2005 年

简帛研究二〇〇四　中国社会科学院简帛研究中心、中国社科院历史所秦汉魏晋南北朝室编,卜宪群、杨振红主编　广西师范大学出版社　2006 年

简帛研究二〇〇五　中国社会科学院简帛研究中心、中国社科院历史所秦汉魏晋南北朝室编,卜宪群、杨振红主编　广西师范大学出版社　2008 年

简帛研究二〇〇六　中国社会科学院简帛研究中心、中国社科院历史所秦汉魏晋南北朝室编,卜宪群、杨振红主编　广西师范大学出版社　2008 年

简帛研究二〇〇七　中国社会科学院简帛研究中心、中国社科院历史所秦汉魏晋南北朝室编,卜宪群、杨振红主编　广西师范大学出版社　2010 年

简帛研究二〇〇八　中国社会科学院简帛研究中心、中国社科院历史所秦汉魏晋南北朝室编,卜宪群、杨振红主编　广西师范大学出版社　2010 年

简帛研究二〇〇九　中国社会科学院简帛研究中心、中国社科院历史所秦汉魏晋南北朝室编,卜宪群、杨振红主编　广西师范大学出版社　2011 年

简帛研究二〇一〇　中国社会科学院简帛研究中心、中国社科院历史所秦汉魏晋南北朝室编,卜宪群、杨振红主编　广西师范大学出版社　2012 年

简帛研究二〇一一　中国社会科学院简帛研究中心、中国社科院历史所秦汉魏晋南北朝室编,卜宪群、杨振红主编　广西师范大学出版社　2013 年

简帛研究二〇一二　中国社会科学院简帛研究中心、中国社科院历史所秦汉魏晋南北朝室编,卜宪群、杨振红主编　广西师范大学出版社　2013 年

简帛研究二〇一三　中国社会科学院简帛研究中心、中国社科院历史所秦汉魏晋南北朝室编,卜宪群、杨振红主编　广西师范大学出版社　2014 年

简帛研究二〇一四　中国社会科学院简帛研究中心、中国社科院历史所战国秦汉室编,杨振红、邬文玲主编　广西师范大学出版社　2014 年

简帛研究二〇一五(春夏卷)　中国社会科学院简帛研究中心、中国社科院历史所战国秦汉室编,杨振红、邬文玲主编　广西师范大学出版社　2015 年

简帛研究二〇一五(秋冬卷)　中国社会科学院简帛研究中心、中国社科院

历史所战国秦汉室、出土文献与中国古代文明研究协同创新中心编,杨振红、邬文玲主编　广西师范大学出版社　2015年

简帛研究二〇一六（春夏卷）　中国社会科学院简帛研究中心、中国社科院历史所战国秦汉室、出土文献与中国古代文明研究协同创新中心编,杨振红、邬文玲主编　广西师范大学出版社　2016年

简帛研究二〇一六（秋冬卷）　中国社会科学院简帛研究中心、中国社科院历史所战国秦汉室、出土文献与中国古代文明研究协同创新中心编,杨振红、邬文玲主编　广西师范大学出版社　2017年

简帛研究二〇一七（春夏卷）　中国社会科学院简帛研究中心、中国社科院历史所战国秦汉室、出土文献与中国古代文明研究协同创新中心编,邬文玲主编　广西师范大学出版社　2017年

简帛研究二〇一七（秋冬卷）　中国社会科学院简帛研究中心、中国社科院历史所战国秦汉室、出土文献与中国古代文明研究协同创新中心编,邬文玲主编　广西师范大学出版社　2018年

简帛研究二〇一八（春夏卷）　中国社会科学院简帛研究中心、中国社科院历史所战国秦汉室、出土文献与中国古代文明研究协同创新中心编,邬文玲、戴卫红主编　广西师范大学出版社　2018年

简帛研究二〇一八（秋冬卷）　中国社会科学院简帛研究中心、中国社科院历史所战国秦汉室、出土文献与中国古代文明研究协同创新中心编,邬文玲、戴卫红主编　广西师范大学出版社　2019年

简帛研究二〇一九（春夏卷）　中国社会科学院简帛研究中心、中国社会科学院古代史研究所秦汉史研究室、出土文献与中国古代文明研究协同创新中心编,邬文玲、戴卫红主编　广西师范大学出版社　2019年

（2）简牍学研究

简牍学研究（第一辑）　西北师范大学历史系、甘肃省文物考古研究所编　甘肃人民出版社　1996年

简牍学研究（第二辑）　西北师范大学文学院历史系、甘肃省文物考古研究所编　甘肃人民出版社　1998年

简牍学研究（第三辑）　西北师范大学文学院历史系、甘肃省文物考古研究所编　甘肃人民出版社　2002年

简牍学研究(第四辑)　西北师范大学文学院历史系、甘肃省文物考古研究所编　甘肃人民出版社　2004年

简牍学研究(第五辑)　西北师范大学历史文化学院、甘肃简牍博物馆编　甘肃人民出版社　2014年

简牍学研究(第六辑)　西北师范大学历史文化学院、甘肃简牍博物馆、河西学院河西史地与文化研究中心等编　甘肃人民出版社　2015年

简牍学研究(第七辑)　西北师范大学历史文化学院、甘肃简牍博物馆、河西学院河西史地与文化研究中心等编　甘肃人民出版社　2018年

(3)简帛

简帛(第一辑)　武汉大学简帛研究中心主办　上海古籍出版社　2006年

简帛(第二辑)　武汉大学简帛研究中心主办　上海古籍出版社　2007年

简帛(第三辑)　武汉大学简帛研究中心主办　上海古籍出版社　2008年

简帛(第四辑)　武汉大学简帛研究中心主办　上海古籍出版社　2009年

简帛(第五辑)　武汉大学简帛研究中心主办　上海古籍出版社　2010年

简帛(第六辑)　武汉大学简帛研究中心主办　上海古籍出版社　2011年

简帛(第七辑)　武汉大学简帛研究中心主办　上海古籍出版社　2012年

简帛(第八辑)　武汉大学简帛研究中心主办　上海古籍出版社　2013年

简帛(第九辑)　武汉大学简帛研究中心主办　上海古籍出版社　2014年

简帛(第十辑)　武汉大学简帛研究中心主办　上海古籍出版社　2015年

简帛(第十一辑)　武汉大学简帛研究中心主办　上海古籍出版社　2015年

简帛(第十二辑)　武汉大学简帛研究中心主办　上海古籍出版社　2016年

简帛(第十三辑)　武汉大学简帛研究中心主办　上海古籍出版社　2016年

简帛(第十四辑)　武汉大学简帛研究中心主办　上海古籍出版社　2017年

简帛(第十五辑)　武汉大学简帛研究中心主办　上海古籍出版社　2017年

简帛(第十六辑)　武汉大学简帛研究中心主办　上海古籍出版社　2018年

简帛(第十七辑)　武汉大学简帛研究中心主办　上海古籍出版社　2018年

简帛(第十八辑)　武汉大学简帛研究中心主办　上海古籍出版社　2019年

简帛(第十九辑)　武汉大学简帛研究中心主办　上海古籍出版社　2019年

(4)简牍研究译丛

简牍研究译丛(第一辑)　中国社会科学院历史研究所战国秦汉史研究室

编　中国社会科学出版社　1983 年

简牍研究译丛(第二辑)　中国社会科学院历史研究所战国秦汉史研究室编　中国社会科学出版社　1987 年

3. 论文集

竹简帛书论文集　郑良树编著　中华书局　1982 年

秦汉简牍论文集　甘肃文物考古研究所编　甘肃人民出版社　1989 年

秦汉魏晋出土文献:散见简牍合辑　李均明、何双全编　文物出版社　1990 年

简帛研究译丛(第一辑)　中国社会科学院简帛研究中心编　谢桂华主编　湖南出版社　1996 年

简帛研究译丛(第二辑)　中国社会科学院简帛研究中心编　谢桂华主编　湖南人民出版社　1998 年

简帛研究汇刊(第一辑)第一届简帛学术讨论会论文集　陈文豪主编　台湾中国文化大学史学系、简帛学文教基金会筹备处　2003 年

里耶古城·秦简与秦文化研究:中国里耶古城·秦简与秦文化国际学术研讨会论文集　中国社会科学院考古研究所、中国社会科学院历史研究所、湖南省文物考古研究所编,白云翔、卜宪群、袁家荣主编　科学出版社　2009 年

出土文献与传世典籍的诠释:纪念谭朴森先生逝世两周年国际学术研讨会论文集　复旦大学出土文献与古文字研究中心编　上海古籍出版社　2010 年

胡平生简牍文物论稿　胡平生著　中西书局　2012 年

简帛文献与古代史:第二届出土文献青年学者国际论坛论文集　复旦大学历史学系、复旦大学出土文献与古文字研究中心编　中西书局　2015 年

出土文献综合研究集刊(第五辑)　西南大学出土文献综合研究中心、西南大学汉语言文献研究所主办　巴蜀书社　2017 年

浙东文化与秦晋文化比较研究　南志刚等著　浙江大学出版社　2017 年

长沙简帛研究国际学术研讨会论文集　长沙简牍博物馆编　中西书局　2017 年

里耶秦简牍校释(第二卷)　陈伟主编　武汉大学出版社　2018 年

(五)玺印、封泥、刻石、文字

石鼓文释存(附补注)　[清]张燕昌　刘世珩翻刻本　1902 年

缩摹泰山石经峪刻字　[清]杨守敬辑　杨氏钩刻本　1907年
遁庵秦汉古铜印章　吴隐　西泠印社钤印本　1908年
泰山石刻记　[清]孙星衍编　古学江刊第二辑本　1912年
秦汉瓦当文字　罗振玉　上虞罗氏永慕园丛书　1914年
秦金石刻辞　罗振玉　上虞罗氏永慕园丛书　1914年
石鼓文考　[明]李中馥著　常赞春重刻木　1915年
石鼓文考释　罗振玉著　自影印本　1916年
周秦两汉名人印考　[清]吴大澂编　上虞罗氏石印本　1919年
秦书八体原委　华学涑　天津博物院　1921年
秦书集存(十四卷补遗二卷)　华学涑撰　天津博物院　1922年
秦公鼓　罗振玉拓　上虞罗氏拓并摹写本　1923年
古陶轩秦汉印存　商承祚等辑　钤印本　1924年
吴愙斋中丞写定石鼓文　[清]吴大澂著　北京京华书局石印本　1925年
石鼓读七种　吴东发撰　慎初堂陈氏石印本　1926年
秦汉金文录　容庚著　北平前国立中央研究院石印本　1931年
石鼓文考证　吴广霈著　瑞安陈氏刻本　1932年
石鼓文汇考　由云龙辑　石印本　1933年
二代秦汉金文著录表(八卷附补遗)　王国维著,罗福颐校补　墨缘堂　1933年
石鼓文音训考证　[清]冯承辉著　石印小本　1935年
校补石鼓文音训　[清]周庠著　石印小本　1935年
石鼓文疏记　马叙伦著　商务印书馆　1935年
石鼓释文　张运开审释　商务印书馆　1935年
覃挈斋石鼓十种考释　赵椿年辑　武进赵氏北平刊本　1936年
周秦刻石释音　[元]吾衍撰　上海商务印书馆　1936年
石鼓文研究(二册)　郭沫若著　商务印书馆　1939年
秦汉玉印图录　倪玉书编　影印本　1942年
石鼓文音释　徐昂撰　南通翰墨林书局　1947年
石鼓文研究　郭沫若著　上海商务印书馆　石印本　1951年
石鼓文研究　郭沫若著　人民出版社　1955年

石鼓通考　那志良撰　台北中华丛书委员会　1958 年

秦玺考　曹树铭著　香港万有图书公司　1966 年

先秦石鼓存诗考　张光远著　台湾中华大典编印会　1966 年

先秦泉币文字辨疑　张光裕著　台湾大学文学院　1970 年

秦始皇金石刻辞注　《秦始皇金石刻辞注》注释组　上海人民出版社　1975 年

秦铭刻文字选　本社编　上海书画出版社　1976 年

吕氏春秋虚词用法诠释　谢德三著　文史哲出版社　1977 年

古玺文编　故宫博物院编，罗福颐主编　文物出版社　1981 年

古玺印概论　罗福颐编　文物出版社　1981 年

秦汉石刻的篆书　崇善、周志高编著　人民美术出版社　1982 年

石鼓文研究　诅楚文考释　郭沫若著　科学出版社　1982 年

古文字论集（一、二）　《考古与文物》编辑部编　《考古与文物》编辑部　1983 年

秦刻十碣考释　罗君惕著　齐鲁书社　1983 年

山东秦汉碑刻　山东省文物总店编　齐鲁书社　1984 年

秦石鼓文　《历代碑帖法书选》编辑组　文物出版社　1984 年

周秦刻石释音　吾衍撰　中华书局　1985 年

秦汉魏晋篆隶字形表　汉语大字典字形组编　四川辞书出版社　1985 年

石鼓文音释　杨慎撰　中华书局　1985 年

石鼓斠释　邓散木著　中华书局　1985 年

秦代陶文　袁仲一编著　三秦出版社　1987 年

秦汉鸟虫篆印选　韩天衡编订　上海书店　1987 年

中国古文字学通论　高明著　文物出版社　1987 年

秦汉南北朝官印征存　故宫博物院研究室玺印组编，罗福颐主编　文物出版社　1987 年

石鼓与秦汉の碑刻　文字文化研究所编　东京文字文化研究所　1989 年

秦汉魏晋南北朝官印研究　王人聪、叶其峰著　香港中文大学文物馆　1990 年

秦会稽刻石　上海书店　1990 年

秦兵马俑印谱　秦始皇兵马俑博物馆编　三秦出版社　1990 年
秦汉碑述　袁维春撰　北京工艺美术出版社　1990 年
中国书法全集(9)秦汉金文陶文卷·秦汉编　刘正成、王镛主编　荣宝斋　1992 年
陈仓石鼓　李仲操、胡智生编　宝鸡市博物馆　1992 年
秦文字类编　袁仲一、刘钰著　陕西人民教育出版社　1993 年
秦始皇刻石考　吴福助著　文史哲出版社　1994 年
石鼓新响　李铁华著　三秦出版社　1994 年
秦·泰山刻石:篆书　项未来、张举著　首都师大出版社　1996 年
秦文字集证　王辉、程学华撰　艺文印书馆　1999 年
秦文字通假集释　袁仲一、刘钰著　陕西人民教育出版社　1999 年
秦代印风　许雄志主编　重庆出版社　1999 年
秦出土文献编年　王辉著　新文丰出版公司　2000 年
秦封泥集　周晓陆、路东之编著　三秦出版社　2000 年
秦印文字汇编　许雄志编　河南美术出版社　2001 年
石鼓文新解　赵经都著　紫禁城出版社　2002 年
石鼓文:篆草　文林堂编　福建美术出版社　2002 年
新出土秦代封泥印集　傅嘉义编著　西泠印社　2002 年
世界最著名传国玺鉴证录　钟易佑(钟世杰)编著　钟世杰(顾问管理)有限公司　2002 年
秦封泥汇考　傅嘉仪编著　上海书店出版社　2007
秦汉刻石选译　李楷著　文物出版社　2009 年
简帛书法研究　中国书法院主编　荣宝斋出版社　2009 年
秦汉石刻题跋辑录(全二册)　容媛辑录,胡海帆整理　上海古籍出版社　2009 年
新见秦汉魏唐铭刻精选　许雄志、崔学顺编著　河南美术出版社　2010 年
秦简牍书研究　孙鹤著　北京大学出版社　2009 年
秦陶文新编(上、下)　袁仲一、刘钰编著　文物出版社　2009 年
青泥遗珍:战国秦汉封泥文字国际学术研讨会论文集　西泠印社、中国印学博物馆编　西泠印社出版社　2010 年

秦代印风　许雄志主编　重庆出版社　2011年

中国古印谱集成:周秦两汉名人印考　[清]吴大澂辑　上海图书馆编　山东美术出版社　2011年

秦汉简帛讹字研究　刘玉环著　中国书籍出版社　2013年

秦玺印封泥职官地理研究　王伟著　中国社会科学出版社　2014年

秦始皇石刻:早期中国的文本与仪式　[美]柯马丁著,刘倩译,杨治宜、梅丽校　上海古籍出版社　2015年

秦文字编(全四册)　王辉主编,杨宗兵、彭文、蒋文孝编著　中华书局　2015年

秦文字通论　王辉、陈昭容、王伟著　中华书局　2016年

秦汉简帛异体字研究　张显成、王玉蛟著　人民出版社　2016年

放马滩简式占古佚书研究　程少轩著　中西书局　2018年

(六)历史图谱、文物(展览)图录

简明中国历史图册(第三册)封建社会·战国　中国历史博物馆编　天津人民美术出版社　1979年

简明中国历史图册(第四册)封建社会·秦汉　中国历史博物馆编　天津人民美术出版社　1979年

中国历史地图集　第一册:原始社会、夏、商、西周、春秋、战国时期　谭其骧主编　中国地图出版社　1982年

中国历史地图集　第二册:秦、西汉、东汉时期　谭其骧主编　中国地图出版社　1982年

中国美术全集·雕塑编(2)秦汉雕塑　中国美术全集编辑委员会编,傅天仇主编　人民美术出版社　1985年

中国古明器陶俑图录　郑振铎编　上海古籍出版社　1986年

陕西陶俑精华　陕西省文物事业管理局编　陕西人民美术出版社　1987年

中国古代史参考图录:秦汉时期　中国历史博物馆编　上海教育出版社　1990年

中国古代地图集:战国—元　曹婉如、郑锡煌、黄胜璋等著　文物出版社　1990年

秦汉雄风:雄风振采的历史画卷　《秦汉雄风》编辑委员会编,周天游主编　浙江人民美术出版社　1999年

陕西出土秦金银器　吴永琪主编　陕西人民教育出版社　2004年

周秦汉唐文明特集:综合卷(上、下)　陕西省文物局、上海博物馆编　上海书画出版社　2004年

周秦汉唐文明【展览图录】　陕西省文物局、上海博物馆编　上海书画出版社　2004年

神韵与辉煌——陕西历史博物馆国宝鉴赏·陶俑卷　冀东山主编,晏新志分卷主编　三秦出版社　2006年

秦汉—罗马文明展　中国国家文物局　意大利文化遗产与艺术活动部编著　文物出版社　2009年

渭水之滨·秦陇一脉——先秦文化巡礼　秦始皇帝陵博物院编　陕西人民教育出版社　2010年

秦墓遗珍:宝鸡益门二号春秋墓　宝鸡市考古研究所编著　科学出版社　2016年

嬴秦溯源:秦文化特展　蔡庆良、张志光主编　台北故宫博物院　2016年

破译秦朝:里耶秦简中的帝国真相　秦始皇帝陵博物院编,侯宁彬主编　西安地图出版社　2016年

帝国之路·雍城崛起——秦国历史文化展　秦始皇帝陵博物院编,侯宁彬主编　陕西师范大学出版社　2019年

平天下:秦的统一　秦始皇帝陵博物院编,侯宁彬主编　西北大学出版社　2019年

与天久长:周秦汉唐文化与艺术　清华大学艺术博物馆、陕西历史博物馆编,谈晟广主编　上海书画出版社　2019年

(七)秦始皇陵及兵马俑

1.专题研究

秦陵兵马俑　王学理　中华书局　1981年

秦始皇陵与兵马俑　无戈　陕西人民出版社　1982年

秦始皇陵兵马俑　陕西始皇陵秦俑抗考古发掘队、秦始皇兵马俑博物馆编

文物出版社 1983年

秦俑纵横谈 张占民 西北大学出版社 1990年

秦陵铜车马与车马文化 张仲立著 陕西人民教育出版社 1994年

秦始皇陵研究 王学理著 上海人民出版社 1994年

秦俑学 张文立著 陕西人民教育出版社 1999年

秦始皇陵的考古发现与研究 袁仲一著 陕西人民出版社 2002年

轻车锐骑带甲兵:秦始皇陵兵马俑发现与研究 王学理著 百花文艺出版社 2002年

秦俑:帝国的卫士 段清波著 百家出版社 2003年

秦兵马俑坑 袁仲一著 文物出版社 2003年

秦兵马俑 袁仲一著 生活·读书·新知三联书店 2004年

始皇帝陵和兵马俑 [日]鹤间和幸著 讲谈社 2004年

秦始皇陵地宫地球物理探测成果与技术 刘士毅主编 地质出版社 2005年

秦皇骊山园——神秘的地下王宫 张占民著 陕西旅游出版社 2005年

跨越世纪的问号:图说秦始皇陵 何利群著 重庆出版社 2006年

秦陵地宫猜想 郭志坤著 上海锦绣文章出版社 2007年

秦都与秦陵 王学理著 三秦出版社 2008年

秦始皇帝陵园考古研究 段清波著 北京大学出版社 2011年

秦兵马俑探秘 袁仲一著 浙江文艺出版社 2011年

解读秦俑:考古亲历者的视角 王学理著 学苑出版社 2011年

秦兵马俑的考古发现与研究 袁仲一著 文物出版社 2014年

礼仪与秩序:秦始皇帝陵研究 张卫星著 科学出版社 2016年

秦始皇帝陵史话 王学理著 社会科学文献出版社 2017

秦陵——尘封的帝国 段清波著 中国民主法制出版社 2018年

2. 发掘报告

秦始皇陵兵马俑坑一号坑发掘报告(1974—1984)(上、下册) 陕西省考古研究所 始皇陵秦俑坑考古发掘队编著 文物出版社 1988年

秦陵徭役刑徒墓 陕西省考古研究所、临潼县文物工作队编 陕西旅游出版社 1992年

秦始皇陵铜车马发掘报告　秦始皇兵马俑博物馆、陕西省考古研究所编著　文物出版社　1998年

秦始皇帝陵园考古报告(1999)　陕西省考古研究所、秦始皇兵马俑博物馆编著　科学出版社　2000年

秦始皇帝陵园考古报告(2000)　陕西省考古研究所、秦始皇兵马俑博物馆编著　文物出版社　2006年

秦始皇帝陵园考古报告(2001—2003)　陕西省考古研究院、秦始皇兵马俑博物馆编著　文物出版社　2007年

秦始皇陵兵马俑二号坑发掘报告(第一分册)　秦始皇兵马俑博物馆编著　科学出版社　2009年

秦始皇帝陵园考古报告(2009—2010)　秦始皇帝陵博物院编著　科学出版社　2012年

秦始皇帝陵出土一号青铜马车　秦始皇帝陵博物院编，曹玮主编　文物出版社　2012年

秦始皇帝陵出土二号青铜马车　秦始皇帝陵博物院编，曹玮主编　文物出版社　2015年

秦始皇帝陵一号兵马俑陪葬坑发掘报告(2009—2011年)　秦始皇帝陵博物院编著　文物出版社　2018年

3. 文物保护与修复

秦始皇陵兵马俑文物保护研究　张志军著　陕西人民教育出版社　1998年

秦始皇陵铜车马修复报告　秦始皇兵马俑博物馆编著　文物出版社　1998年

秦始皇陵地宫地球物理探测成果与技术　刘士毅主编　地质出版社　2005年

秦始皇帝陵园出土彩绘青铜水禽制作工艺及相关问题研究　邵安定著　科学出版社　2019年

4. 论文集

秦陵二号铜车马　陕西省秦俑考古队、秦始皇兵马俑博物馆编　《考古与文物》编辑部　1983年

从古铜车马到现代科学技术——陕西省科学技术史学会论文集　黄麟雏、高之栋、姚远主编　西安交通大学出版社　1986年

秦始皇陵兵马俑博物馆论文选　袁仲一、张文立、吴永琪等主编　西北大学出版社　1989年

秦俑研究文集　袁仲一、张占民主编　陕西人民美术出版社　1990年

秦俑艺术研究　徐人伯著　西安地图出版社　1993年

秦俑专题研究　王学理著　三秦出版社　1994年

秦俑艺术论集　田静主编　陕西人民教育出版社　1995年

秦俑学研究　秦始皇兵马俑博物馆编　陕西人民教育出版社　1996年

秦俑秦文化研究——秦俑学第五届学术讨论会论文集　秦始皇兵马俑博物馆编　陕西人民出版社　2000年

秦文化论丛（第十二辑）（上、下）　秦始皇兵马俑博物馆《论丛》编委会编　三秦出版社　2005年

回顾与创新——秦始皇兵马俑博物馆开馆三十周年纪念文集　秦始皇兵马俑博物馆编，吴永琪主编　三秦出版社　2009年

秦俑博物馆开馆三十周年秦俑学第七届年会国际学术研讨会论文集　秦始皇兵马俑博物馆编　三秦出版社　2010年

秦俑及彩绘文物保护与研究学术研讨会论文集　秦始皇帝陵博物院、慕尼黑工业大学、陶质彩绘文物保护国家文物局重点科研基地编　科学出版社　2017年

5.文物图谱、展览图录

秦俑　秦始皇兵马俑博物馆编　陕西人民美术出版社　1980年

秦俑（汉英文对照）　陕西省外办　中国旅游出版社编　陕西人民美术出版社、中国旅游出版社　1982年

秦始皇兵马俑　秦始皇兵马俑博物馆编　文物出版社　1983年

铜车马　陕西省外事办公室宣传处、秦始皇兵马俑博物馆编　陕西人民美术出版社　1983年

秦始皇陵兵马俑　陕西始皇陵秦俑抗考古发掘队、秦始皇兵马俑博物馆编　文物出版社　1983年

中国历代雕塑·秦始皇陵俑塑群　秦始皇兵马俑博物馆、秦俑坑考古队、陕西人民美术出版社合编　陕西人民美术出版社　1983年

秦始皇陵兵马俑　傅天仇编著　海峰出版社　1988年

秦始皇陵兵马俑　袁仲一编著　文物出版社　1993年

秦始皇陵兵马俑(中英对照)　袁仲一编著　香港文化教育出版社　1993年

秦兵马俑陈列展览　刘富生编著　陕西人民美术出版社　1993

中国考古文物之美7:秦皇陵地下军团·陕西临潼兵马俑　文物出版社、光复书局企业股份有限公司编　文物出版社、光复书局企业股份有限公司　1994年

世界第八奇迹陈列展览　刘复生编著　文物出版社　1994年

秦始皇陵地下军团:兵马俑　袁仲一编著　文物出版社　1994年

秦始皇兵马俑(英、日文版)　吴晓丛主编,郭佑民摄影　中国民族摄影艺术出版社　1994年

秦兵马俑　张文立撰,任新昌书　陕西旅游出版社　1994年

秦始皇陵园出土文物展　秦始皇兵马俑博物馆、陕西省考古研究所编　陕西旅游出版社　1995年

秦始皇兵马俑博物馆简介　张文立、孟剑明、徐卫民撰　西北大学出版社　1996年

世界遗产在中国:秦兵马俑　张文立编著　旅游教育出版社　1997年

秦陵兵马俑　张仲立主编　人民中国出版社　1998年

秦始皇兵马俑博物馆　秦始皇兵马俑博物馆编,袁仲一主编　文物出版社　1999年

秦始皇帝的地下兵团:世界第八奇迹　吴晓丛、郭佑民主编　中国旅游出版社　2000年

秦陵文物精华　张占民、程学华主编　陕西人民美术出版社　2000年

奇迹:秦始皇陵·兵马俑　秦始皇陵兵马俑考古队编　陕西人民出版社　2002年

帝国的辉煌　北京旭日文化交流服务中心编　科学出版社　2002年

文物巡展的实践与探索:"秦始皇兵马俑全国巡回展"实录　秦始皇兵马俑博物馆编著　科学出版社　2009年

秦始皇帝陵　秦始皇兵马俑博物馆编,吴永琪主编　文物出版社　2009年

一统天下:秦始皇帝的永恒国度　香港历史博物馆编　香港历史博物馆　2012年

考古工作者手札:2009—2012秦始皇帝陵考古纪实　秦始皇帝陵博物院编　西北大学出版社　2013年

真彩秦俑　秦始皇帝陵博物院编　曹玮主编　文物出版社　2014年

烈烈秦风:中国秦始皇兵马俑文物展　陕西省文物局、秦始皇帝陵博物院编　西北大学出版社　2017年

秦始皇帝陵(修订版)　秦始皇帝陵博物院编,侯宁彬主编　文物出版社　2019年

6.其他

秦俑　李碧华著　皇冠文学出版社　1989年

秦俑纵横谈　张占民著　西北大学出版社　1990年

秦俑纵横谈(增订本)　张占民著　陕西旅游出版社　1991年

秦陵之谜新探　张占民著　陕西人民美术出版社　1992年

秦皇陵园纵横谈　张占民著　陕西旅游出版社　1992年

秦始皇陵和秦陵兵马俑　徐卫民、田静著　陕西旅游出版社　1992年

秦陵传说轶事　王宝玲、黄晓明编著　陕西人民教育出版社　1993年

世界第八奇迹　岳南著　解放军文艺出版社　1993年

秦始皇陵·兵马俑·铜车马　徐卫民、田静编著　陕西人民教育出版社　1994年

震撼世界的造型瑰宝——秦俑　冯声麒著　北京师范大学出版社　1995年

秦始皇陵兵马俑　王其祎著　上海古籍出版社　1995年

秦始皇陵兵马俑　张涛编著　台湾艺术家出版社　1996年

世界第八大奇迹:秦陵兵马俑　徐卫民著　西安出版社　1996年

秦始皇陵兵马俑博物馆导览　张文立　文物出版社　1996年

秦风永驻:秦始皇·始皇陵·兵马俑　古方著　四川教育出版社　1996年

复活的军团:秦始皇陵兵马俑发现之谜　岳南著　新世界出版社　1997年

世界第八大奇迹:秦始皇兵马俑博物馆　雷玉平等编著　中国大百科全书出版社　1998年

秦俑　李碧华著　人民文学出版社　1999

检阅秦俑　张涛编著　陕西旅游出版社　2000年

重现的文明——秦俑　罗雪娟编译　阅世界出版有限公司　2001年

地下军阵:秦兵马俑坑考古大发现　徐卫民著　浙江文艺出版社　2002 年
秦军出巡:兵马俑外展纪实　田静著　三秦出版社　2002 年
秦始皇帝陵与兵马俑　孙伟刚编著　三秦出版社　2003 年
大秦统一:秦始皇帝陵　张敏、张文立编著　三秦出版社　2003 年
大秦统一:秦铜车马　田静著　三秦出版社　2003 年
游访秦始皇帝陵与兵马俑·梦回大秦帝国　徐卫民著　上海古籍出版社　2004 年
凝视秦兵马俑　张涛著　陕西旅游出版社　2004 年 5 月
秦始皇陵及兵马俑　吴永琪主编　三秦出版社　2004 年
帝国军团——秦军秘史　金铁木著　中华书局　2004 年
秦俑密码:一位西方作家最具想象力的惊人发现　[英]摩利斯·科特罗著,陈忠纯、仝卫敏、秦颂编译　北京大学出版社　2007 年
考古中国:秦始皇兵马俑发现记　岳南著　海南出版社　2007 年
秦俑真相——一个跨世纪的考古奇案　陈景元著　时代国际出版有限公司　2008 年
秦始皇陵与兵马俑　田静编著　上海世界图书出版公司　2008 年
秦始皇的秘密　李开元著　中华书局　2009 年
兵马俑真相　陈景元著　华文出版社　2009 年
秦兵马俑　袁仲一、田静著　三秦出版社　2009 年
秦陵陶俑叙春秋　张宁著　西北大学出版社　2010 年
秦始皇陵出土青铜器　何宏著　西北大学出版社　2010 年
复活的军团:秦始皇陵兵马俑发现记(修订版)　岳南著　商务印书馆　2012 年
秦俑梦:讲述发生在这里的故事　曹玮主编　陕西人民出版社　2014 年
说说秦俑那些事——秦始皇陵兵马俑一号坑第三次发掘记事　许卫红著　三秦出版社　2015 年
秦始皇帝陵博物院导览　侯宁彬主编　天津人民美术出版社　2017
气势恢宏的地下兵团:秦始皇帝陵博物院(丝路物语)　李炳武主编,田静编著　西安出版社　2018 年

十四　工具书、科普书

(一) 目录、辞典

秦汉思想研究文献目录　[日]坂田祥伸著　台北木铎出版社　1981 年

战国秦汉史论著索引(1900—1980)　张传玺、胡志宏、陈柯云、刘华祝编　北京大学出版社　1983 年

秦汉史　中国大百科全书总编辑委员会《中国历史》编辑委员会秦汉史编写组、中国大百科全书出版社编辑部编　中国大百科全书出版社　1986 年

中国历史大事编年(第一卷:远古—东汉)　朱学西、张绍勋、张习孔编著　北京出版社　1987 年

中国历史大辞典·秦汉史卷　中国历史大辞典·秦汉史卷编纂委员会编　上海辞书出版社　1990 年

秦汉史研究概要　周天游编著　天津教育出版社　1990 年

秦简文字编　张世超、张玉春撰集　日本中文出版社　1990 年

简牍帛书字典　陈建贡、徐敏编　上海书画出版社　1991 年

战国秦汉史论著索引续编(论文 1981—1990,专著 1900—1990)　张传玺主编　北京大学出版社　1992 年

秦始皇帝陵兵马俑辞典　秦始皇兵马俑博物馆编,袁仲一主编　文汇出版社　1994 年

中国钱币大辞典·秦汉编　《中国钱币大辞典》编纂委员会编　中华书局　1998 年

秦史研究论著目录　田静编　陕西人民教育出版社　1999 年

中华秦文化辞典　《中华秦文化辞典》编委会编　西北大学出版社　2000 年

中国钱币学辞典(上、下册)　唐石父著　北京出版社　2000 年

战国秦汉史论著索引三编(1991—2000)　张传玺主编　北京大学出版社　2002 年

秦汉文化史大辞典　林剑鸣、吴永琪主编　汉语大辞典出版社　2002年
秦简逐字索引　张显成主编　四川大学出版社　2010年
秦简词汇初探　朱湘蓉著　中国社会科学出版社　2012年
简牍秦律分类辑析（上、下卷）　孙铭编著　西北大学出版社　2014年
秦陵秦俑研究动态总目录（1986—2015）　秦始皇帝陵博物院《动态》编辑室编　2016年12月
秦汉魏晋简帛论文目录（1955—2014）：集刊、论文集之部　沈刚编　中西书局　2017年

（二）其他

秦王朝建立前后复辟与反复辟斗争故事　季岩编　吉林人民出版社　1974年
秦王朝为什么"二世而亡"　山西人民出版社编　山西人民出版社　1974年
章太炎《秦政记》《秦献记》注译　北京师范大学中文系章太炎著作译注小组　北京人民出版社　1974年
论秦汉之际的阶级斗争　贵州人民出版社编　贵州人民出版社　1974年
用马克思主义研究秦王朝二世而亡的历史经验　云南人民出版社编　云南人民出版社　1974年
秦朝兴亡评述　南宁市铸造厂工人理论组　广西人民出版社　1976年
秦汉史（内部参考）　开明书店编辑部　开明书店　1977年
秦并六国史话　李唐著　台北市河洛图书出版社　1978年
楚汉相争史话　李唐著　台北市河洛图书出版社　1978年
中国古代史常识（先秦部分）　中国青年出版社　1978
中国古代史常识（秦汉魏晋南北朝部分）　中国青年出版社　1979年
秦国故事　吕苏生著　河北人民出版社　1981年
秦汉历史故事　吕登来、王唤强等编　上海教育出版社　1982年
春秋战国史话　钱宗范、徐硕如、朱淑瑶著　北京出版社　1981年
战国史话　彭邦炯、谢齐著　中国青年出版社　1982年
秦汉史话　罗世烈著　中国青年出版社　1985年

秦汉魏晋十六国北朝时期蓟城资料　曹子西、于德源编　紫禁城出版社　1986年

史记故事百篇　李靖之选编　新华出版社　1986年

中国古代史问答一百题(先秦—南北朝部分)　扬真、冷华民、单同心著　河南教育出版社　1986年

秦汉宫廷故事　韩养民、张来斌著　陕西旅游出版社　1987年

秦汉宫廷秘史　苏生、纪智著　河北人民出版社　1987年

秦公司兴亡史:以经营观点剖析帝国七百年盛衰　陈文德著　远流出版事业股份有限公司　1989年

长安史话(上古周秦分册)　张铭洽主编　陕西旅游出版社　1991年

秦人秘史　杨东晨、杨建国著　陕西人民教育出版社　1991年

先秦宫廷秘史　郭良玉著　上海人民出版社　1994年

中国封建王朝兴亡史(秦汉卷)　周远廉主编　王连升、刘敏、孙立群著　广西人民出版社　1996年

大秦帝国　莫秀瑞著　上海人民出版社　1997年

秦国演义　李西堂著　三秦出版社　2000年

秦公司兴亡史:以经营观点剖析帝国七百年盛衰　陈文德著　岳麓书社　2000年

中国改革通史·秦汉卷:大一统初期的变奏曲　漆侠主编,王汉昌本卷主编　河北教育出版社　2000年

中国文化通史:秦汉卷　许殿才主编　中共中央党校出版社　2000年

长安史话:上古周秦两汉卷　张铭洽主编　陕西旅游出版社　2001年

秦汉文物故事　黎石生、丁晓雷著　湖南少年儿童出版社　2001年

秦始皇——第一个统一中国的皇帝　龙树朗著　水星文化事业出版社　2001年

权霸——秦始皇集权御臣一统天下的方略　全盛渊编著　中国华侨出版社　2001年

商鞅成败说　赖长洪著　金城出版社　2001年

秦陵兵马俑　何宏著　陕西旅游出版社　2001年

大秦帝国(第一部)黑色裂变(上、下卷)　孙皓晖著　河南文艺出版社

2001 年

 坟墓下的"王国":始皇陵探秘　张占民著　西北大学出版社　2002 年

 秦陵秦俑百谜　张涛编　西安地图出版社　2002 年

 中国通史故事:秦汉卷　秦宏声主编　远方出版社　2004 年

 秦风:天水秦文化掠影　师凤轩著　甘肃人民出版社　2004 年

 画说秦史——秦始皇　彭文文,赵震图　陕西旅游出版社　2004 年

 秦汉的故事(公元前 221 年—公元 220 年)　朱鹰编　北京燕山出版社 2005 年

 秦始皇统一中国的掌控权谋　森林、郭智永解译　中国华侨出版社　2006 年

 柏杨品秦隋　柏杨著　中信出版社　2007 年

 中国历史大讲堂　战国史话　谢齐、彭邦炯著　中国国际广播出版社 2007 年

 大秦王朝(千秋兴亡——中国历代王朝兴衰录)　葛剑雄主编,杨志刚著 长春出版社　2007 年

 秦代古玩鉴定　姚江波著　浙江大学出版社　2007 年

 白寿彝讲历史:先秦秦汉卷　白至德编著　中国工人出版社　2008 年

 我要统一——秦始皇　康桥、陶飞著　上海远东出版社　2009 年

 问吧 10:有关秦汉的 101 个趣味问题　牛敬飞、段志强、项峰撰　中华书局 2009 年

 战国史话　谢齐、彭邦炯著　中国国际广播出版社　2009 年

 大秦帝国的野蛮成长　祝和军著　浙江大学出版社　2009 年

 中国大一统:秦皇汉武的奋斗　李勇强著　中华书局　2010 年

 了不起的秦国　宁宁著　中国华侨出版社　2011 年

 古罗马和秦汉中国:风马牛不相及乎　[法]马克、邓文宽、[法]吕敏主编,《法国汉学》丛书编辑委员会编　中华书局　2011 年

 陇南秦文化民俗资料　邱正保、张全新、田佐主编　甘肃人民出版社 2011 年

 秦汉野史　齐丹青主编,安睿编著　海潮出版社　2012 年

 话说秦汉那些事儿　赵耀华编著　中国纺织出版社　2012 年

 秦末汉初那些事儿　姜正成编著　中国社会出版社　2012 年

给历史算一笔经济账·秦汉卷　冯鼎著　武汉大学出版社　2012 年
大秦帝国文明探秘　王根权著　人民日报出版社　2012 年
品读中华历史——历史这样说:秦汉　司马袁茵主编　河南人民出版社　2013 年
历史这样说·细说秦汉　何蓉主编　安徽人民出版社　2013 年
秦汉交替的时代　李默主编　广东旅游出版社　2013 年
秦史　林静主编　河南人民出版社　2013 年
雄霸天下:秦始皇有话对你说　姜若木编著　中国书籍出版社　2013 年
秦汉魏晋南北朝书信赏析　朱进国著　阳光出版社　2013 年
春秋战国及秦汉之食客文化　杨宁宁著　中国社会科学出版社　2013 年
夜郎寻踪——战国秦汉时期的贵州　张合荣著　贵州人民出版社　2013 年
古诗行旅:先秦汉魏晋南北朝卷　马世一编著　语文出版社　2014 年
我的第一本中国通史:秦汉史　李默主编　广东旅游出版社　2014 年
英雄时代:强盛的秦汉帝国　马兆锋编著　北京工业大学出版社　2014 年
秦汉三国故事　韩震主编　吉林出版集团有限责任公司　2014 年
中国历代反腐实录:秦汉三国篇　王歆著　中国方正出版社　2014 年
中国那些事儿:秦汉　《线装经典》编委会编　晨光出版社　2014 年
记录奇迹　张天柱编著　陕西人民出版社　2017 年

下编

论 文

一 秦汉史概论

秦汉之际社会政制的转移 曾謇 天津益世报食货周刊 1937年第6期

进入专制主义封建制的秦汉时代 吕振羽 解放日报 1943年10月1、2、4日

秦始皇的统一和汉武帝的对外斗争对中国社会有什么影响？它对中华民族的形成有什么作用？ 宋云彬 新建设 第4卷第3期 1951年6月

说"七国混战和秦的统一" 楚白 历史教学 1954年第10期

秦论 劳思光 民主潮 第4卷第19期 1954年12月

略论秦汉以来专制主义的中央集权制度 巩绍英 历史教学 1965年第1、2期

论秦汉的分封制 杨宽 中华文史丛论（第13辑） 中华书局 1980年1月

论秦汉时期在中国历史上的地位 林剑鸣 人文杂志 1982年第5期；史学情报 1983年第2期

从秦汉大帝国的解体到隋唐大帝国的出现 鲁尧贤 安庆师范学院学报 1984年第1期

试论古代秦国的重要建树 何汉 历史教学 1987年第7期

论秦汉统一多民族国家的形成、巩固和发展 王宗维 西北大学学报 1989年第1期

秦史分期与发展阶段刍议 王云度 文博 1990年第5期

就秦汉奴隶制度谈古史分期问题 田昌五 文史哲 1991年第6期

从经济基础看秦汉是半奴隶半封建社会 刘明 吴中学刊 1996年第2期

国家意识与秦的统一和速亡 程远 人文杂志 1996年第4期

陕西在秦汉时期历史中的地位 史念海 河山集·七集 陕西师范大学出版社 1999年1月

文明·中国古文明·周秦汉唐文明 黄留珠 文博 2000年第3期；周秦

汉唐文明国际学术讨论会文集　三秦出版社　2001 年 6 月

从炎黄文化到秦文化——简论中国传统文化整合历程　张文立　炎黄文化论　三秦出版社　2001 年 6 月

周秦汉唐文明中心的周期性摆动现象初探　丁毅华　周秦汉唐文明国际学术讨论会文集　三秦出版社　2001 年 6 月

论秦汉时期中国社会主流意识的演变　刘鸿翔　湖湘论坛　2002 年第 1 期

论秦汉至明清时期的西部政策　李绍强　齐鲁学刊　2002 年第 2 期

秦汉之际国家意识形态的三次更迭　李英华　社会科学论坛　2002 年第 2 期

秦汉社会性质的再思考　薛国中　武汉大学学报　2002 年第 3 期

圣王·正统·神仙——论秦汉时期黄帝传说的政治文化内涵　田延峰　宝鸡文理学院学报　2002 年第 1 期

自然环境·地缘政治·新技术与秦统一中国：一个以马克思主义生产力观点为基础的新的考察角度　王志润　新东方　2002 年第 4 期

中国古代从封国到帝国的考古学观察：以秦文化研究为中心　滕铭予　中国文物报　2002 年第 12 期

从考古学看中国古代从封国到帝国的转变　滕铭予　吉林大学社会科学学报　2003 年第 5 期

秦制汉承论——秦汉政治形态比较　张文立　秦汉文化比较研究——秦汉兵马俑比较暨两汉文化研究论文集　三秦出版社　2002 年 4 月

从早期国家结构的基本形式看秦汉大一统政治的社会基础　周书灿　河北师范大学学报　2002 年第 6 期

秦汉时期炎黄崇拜的神人转换　邓乐群　北京大学学报　2002 年第 6 期

再看秦亡汉兴　卜宪群　光明日报　2002 年 11 月 26 日

"夷夏观"与"文明圈"——秦汉民族文化问题片论　黄朴民　浙江社会科学　2003 年第 1 期

秦在汉代以孝治国方略中的特殊作用　张仲立　中国传统文化与新世纪国际学术研讨会论文集　三秦出版社　2004 年

论秦汉文化的时代精神　黄朴民　河北学刊　2004 年第 2 期

秦汉之际的"功德论"分析——一种政治评价体系的研究　雷戈　人文杂志　2004年第2期

"大一统"与秦汉历史地位再评价　黄朴民　光明日报　2004年6月1日

秦汉时期的"天下之中"　王子今　光明日报　2004年9月21日;根在河洛——第四届河洛文化国际研讨会论文集　大象出版社　2004年10月

关于秦汉史研究的若干问题　安作璋　文史知识　2005年第5期

秦汉时期传播控制模式分析——政治控制与思想文化传播自由关系初探　龙小农、莫似圆　宜春学院学报　2005年第1期

秦汉的统一与罗马的征服　易宁　求是学刊　2006年第6期

秦至清社会形态再认识笔谈　冯天瑜、陈启云、张国刚、郑大华、余来明整理　湖北社会科学　2007年第1期

秦汉社会的"宜子孙"意识　王子今　秦汉研究(第一辑)　三秦出版社　2007年1月

"大一统"原则规范下的秦汉政治与文化　黄朴民　学海　2008年第5期

秦、楚文化对战国至秦汉统一格局影响之比较研究　胡克森　武汉大学学报　2008年第5期

战国秦汉史总论　[日]古贺登　殷周秦汉史学的基本问题　中华书局　2008年9月

"秦汉隋唐现象"原因解析　常智敏　历史教学问题　2009年第1期

全球史视野下的秦汉考古学体系重构　蔡万进　史学理论研究　2011年第1期;人大复印资料·先秦秦汉史　2011年第3期

秦汉统一多民族国家的建立对中国各民族形成与发展的意义　段红云　思想战线　2011年第2期

秦汉三王论纲　张文立　秦始皇帝陵博物院(总壹辑)　三秦出版社　2011年6月

秦以后的中国是有中国特色的封建社会　吴承明　史学月刊　2008年第3期

文明的邂逅:秦汉与罗马帝国之比较研究　马克、吕敏　古罗马和秦汉中国:风马牛不相及乎　中华书局　2011年8月

秦汉文明浅析　郝建平　河南科技大学学报　2012年第4期

历史文化认同意识在秦汉统一多民族国家建设中的作用　许殿才　中国社会科学院研究生院学报　2012 年第 6 期

农耕世界与游牧世界的"先进与落后""防御与进攻"之辨——以战国秦汉时期为视角　王绍东　内蒙古社会科学（汉文版）　2013 年第 1 期

中国古代王朝崛起的战略精义——以秦汉两晋时期为中心　黄朴民　人民论坛·学术前沿　2013 年第 9 期

有层次的"天下"与有差别的"政区"——兼论秦汉天下格局视域下的人群划分与认同建构　朱圣明　中国边疆史地研究　2014 年第 1 期；人大复印资料·先秦秦汉史　2014 年第 4 期

秦汉帝国扩张的制约因素及突破口　胡鸿　中国社会科学　2014 年第 11 期

论秦汉国—家秩序之形成原因　徐栋梁　湖北社会科学　2014 年第 11 期

从秦汉"单"的性质看国家与社会权力结构的失衡　王彦辉　中国史研究　2015 年第 1 期

"外患"与"内忧"——秦至宋朝应对边防与社会危机理念及方式的变迁　陈峰　中国史研究　2015 年第 1 期

政治情境中的"华夷之辨"：秦汉以后"华夷之辨"的历史语境与意义生成　张星久　武汉大学学报　2015 年第 5 期

秦早期文明概论　独小川　秦文化探研——甘肃秦文化研究会第二次学术研讨会论文集　甘肃人民出版社　2015 年 11 月

秦统一合理化宣传策略的形成及改进——以初并天下诏为中心的探讨　崔建华　人文杂志　2015 年第 11 期；秦统一的进程与意义　中国社会科学出版社　2017 年 11 月

秦代中央与地方关系的重新审视——以出土政务文书为中心　吴方基　史林　2016 年第 1 期；人大复印资料·先秦秦汉史　2016 年第 3 期

秦汉中国与罗马帝国比较研究综论　张朝阳　唐都学刊　2017 年第 5 期

秦汉时期的历史特征与历史地位　王子今　石家庄学院学报　2018 年第 4 期

论秦汉帝国与"中国"的关系　周天游　秦史：崛起与统一　西北大学出版社　2019 年 2 月

二　政制与法律

(一) 官制、制度

秦代官制考　作民　清华周刊　第 38 卷第 12 期　1932 年

皇帝制度之成立　雷海宗　清华学报　第 9 卷第 4 期　1934 年 10 月

秦汉的皇帝　沈巨尘　文化建设　第 1 卷第 8 期　1935 年 5 月

秦汉魏晋的少府官署　徐式圭　学艺　第 14 卷第 5 期　1935 年 6 月

秦汉的尚书台　沈巨尘　文化建设　第 2 卷第 1 期　1935 年 10 月

三公制度新论　谢之勃　国专月刊　第 3 卷第 4 期　1936 年 5 月

先秦两汉乡官考　谢之勃　国专月刊　第 3 卷第 5 期　1936 年 6 月

秦汉的乡官制度　曾謇　北平华北日报史学周刊　第 94 期　1936 年 7 月 16 日

秦及汉初博士考　谢之勃　国专月刊　第 2 卷第 1 期　1935 年 9 月

秦始皇之统一及其政治之设施　李庆泽　磐石杂志　第 5 卷第 2 期　1937 年 2 月

秦客卿考　丹秋　大公报史地周刊　第 137 期　1937 年 5 月 21 日；文化建设　第 39 卷第 8 期　1937 年 6 月

秦汉的地方制度　桑毓英　天津益世报食货周刊　第 26、27 期　1937 年 6 月 18、20 日

秦汉政治制度　胡岩　改造　1940 年第 7 期

秦之丞相制度及其人物(秦史研究未定稿之一)　马非百　力行　第 4 卷第 6 期　1941 年 12 月

秦汉的中央官制　萨孟武　新认识　第 6 卷第 1 期　1942 年 9 月

秦博士掌通古今说　施之勉　责善半月刊　第 2 卷第 22 期　1942 年 10 月

秦丞相表　严耕望　责善半月刊　第 2 卷第 23 期　1942 年 11 月

秦代之政制研究　严耕望　社会科学季刊(中央大学)　第 1 卷第 1 期　1943 年

秦汉统一帝国及其政权　张金鉴　新认识　第 8 卷第 1 期　1943 年 9 月

秦的官僚政治及其文官制度　萨孟武　新政治　第 7 卷第 1 期　1943 年 10 月

由文字上所见之秦制　郝颖明　中山文化季刊　第 1 卷第 3 期　1943 年 10 月

周秦两汉的地方自治制度　张觉之　东方杂志　第 39 卷第 19 期　1943 年 12 月

秦博士职掌考　施之勉　东方杂志　第 40 卷第 3 期　1944 年 2 月

秦官多同六国考　施之勉　东方杂志　第 40 卷第 12 期　1944 年 6 月

秦的地方制度　萨师炯　东方杂志　第 41 卷第 14 期　1945 年 7 月

就秦汉地方政制论县政改革后之县长　王培灼　地方自治（上海）　第 1 卷第 11 期　1947 年 1 月

略论先秦两汉之监察制度　郭昌鹤　贵州民意　第 4 卷第 1、2 期　1947 年 12 月

秦三十六郡有内史考　施之勉　大陆杂志　第 2 卷第 11 期　1951 年 6 月

秦汉郡吏制度考　严耕望　历史语言研究所集刊　1951 年 6 月

秦汉的统一政略（上、下）　莫寒竹　民主宪政　第 4 卷第 5、6 期　1952 年 11 月

法家思想与秦汉时代的丞相　曾繁康　社会科学论丛　第 7 期　1956 年 8 月

秦汉九卿考　劳榦　大陆杂志　第 15 卷第 1 期　1957 年 12 月

秦博士制度与廷议　齐觉生　大陆杂志　第 15 卷第 12 期　1957 年 12 月

商鞅变法与西方秦国以及秦汉统一帝国封建制度的成长　叶玉华　历史教学　1957 年第 12 期

秦官考（《秦会要订补职官篇》补正）　金少英　西北师院学报　1958 年第 1 期

秦丞相制度之研究　周道济　大陆杂志　第 22 卷第 8 期　1961 年 4 月

战国秦汉间博士制度考论　齐觉生　政治大学学报　1961 年第 4 期

秦汉的市政官吏　宋哲　建设　第 10 卷第 7 期　1961 年 12 月

"皇帝"称号的由来和"秦始皇"的正式称号　于省吾　吉林大学学报

1962 年第 2 期

秦汉丞相制度的理论与实际　曾繁康　张金鉴先生六秩华诞论文集　1962 年 11 月

博士制度和秦汉政治　周予同、汤志钧　新建设　1963 年第 1 期

秦代九卿制度考（上、下）　蔡兴安　大陆杂志　第 26 卷第 4、5 期　1963 年 2、3 月

与严归田教授论秦汉君吏制度书　劳榦　大陆杂志　第 28 卷第 1 期　1964 年 2 月

秦代郡县守令制度考　蔡兴安　大陆杂志　第 31 卷第 12 期　1965 年 12 月

论秦汉时期的丞相制度　曾繁康　铭传学报　1967 年第 3 期

秦汉的县令制度　齐觉生　大学生　第 37 期　1968 年 3 月

秦汉创建的皇帝制度——帝制　蔺喜德　文史学报　1971 年第 1 期

秦汉三公制的浅释　蔺喜德　中兴史学　第 1 期　1972 年 11 月

论郡县制度　冉光荣　四川大学学报　1975 年第 1 期

秦和汉初的地主阶级政权与封建所有制　宋钢等　历史研究　1975 年第 3 期

秦的赐爵制度试探　高敏　郑州大学学报　1977 年第 3 期

军功爵制试探　朱绍侯　开封师院学报　1978 年第 1 期

试论秦王朝郡县与分封之争　栾保群　天津师院学报　1978 年第 3 期

郡县制的由来　阎铸　北京师院学报　1978 年第 3、4 期

"有秩"非"啬夫"辨——读云梦秦简札记兼与郑实同志商榷　高敏　文物 1979 年第 3 期

秦军功爵制简论　朱绍侯　河南师大学报　1979 年第 6 期

军功爵制在秦人政治生活中的地位　朱绍侯　河南师大学报　1980 年第 6 期

秦太尉小考　韩养民　西北大学学报　1980 年第 2 期

云梦秦简所见职官述略　于豪亮　文史（第八辑）　中华书局　1980 年 3 月；于豪亮学术文存　中华书局　1985 年 1 月

秦代封建专制主义有积极作用吗？　李福泉　湖南师院学报　1980 年第

4 期

秦官吏制度管窥　马作武　北京政法学院学报　1981 年第 2 期

试论秦汉御史制度　苏俊良　北京师院学报　1981 年第 2 期

秦汉职官制度的形成与影响　臧云浦　徐州师院学报　1981 年第 2 期

秦汉的民爵、囚徒和谪发　龚鹏九　邵阳师专教与学　1981 年第 3 期

"寺工"小考　无戈　人文杂志　1981 年第 3 期

秦汉制度渊源初论　郭人民　河南师大学报　1981 年第 4 期

秦汉地方制度之研究　张治安　台湾政治大学学报　第 4 卷第 3 期　1981 年 5 月

从云梦秦简看秦的赐爵制度　高敏　云梦秦简研究（增订本）　中华书局 1981 年 7 月

秦仕进制度考述　黄留珠　中国史研究　1982 年第 1 期

"隐宫"与"隐官"　传汉　辽宁大学学报　1982 年第 2 期

秦置相邦丞相制度渊源考　韩养民　人文杂志　1982 年第 2 期

中国古代秦和周政权体制的比较　施连方　自学　1982 年第 2 期

战国秦汉的监察和视察地方制度　杨宽　社会科学战线　1982 年第 2 期

秦代法吏体系考略　刘海年　学习与探索　1982 年第 2 期

有关秦和汉初丞相二三事　李光霁　天津社会科学　1982 年第 3 期

秦国乡、里、亭新考　罗开玉　考古与文物　1982 年第 5 期；人大复印资料·中国古代史　1982 年第 12 期

秦汉丞相制度　安作璋、熊铁基　山东大学学报　1982 年第 5 期

秦代的俸禄和口粮　丁一　今昔谈　1982 年第 5 期

秦的赐爵制度试探　高敏　秦汉史论集　中州书画社　1982 年 8 月

秦汉的博士官　张汉东　文史知识　1982 年第 9 期

战国秦汉时期爵制和编户民称谓的演变　杨一民　学术月刊　1982 年第 9 期

秦代中央官制简论　林剑鸣　西北大学学报　1983 年第 1 期

秦汉时代的丞相和御史——居延汉简解读笔记　林剑鸣　兰州大学学报 1983 年第 3 期

秦国相职初探　臧知非　江海学刊　1983 年第 5 期

武王二年始置丞相说不误　吴镇烽　人文杂志　1983 年第 5 期
略论秦汉专制皇权的神化　苏俊良　历史教学问题　1983 年第 5 期
秦国相职初探　臧知非　江海学刊　1983 年第 5 期
秦代官爵制度变化的奥秘　林剑鸣　光明日报　1983 年第 5 期
秦汉博士官的设置及其演变　张汉东　史学集刊　1984 年第 1 期
秦置相邦丞相考异　聂新民、刘云辉　人文杂志　1984 年第 2 期；中国历史学年鉴　人民出版社　1985 年 12 月
秦代郡县制及其历史地位　冯庆余、卞直甫　松辽学刊　1987 年第 1 期
秦朝官制尊左卑右考　姚国旺　北京师院学报　1987 年第 2 期
秦汉时期宰辅制度变化蠡测　郑宝风　中国青年政治学院学报　1987 年第 2 期
秦汉监察制度初探　吴卫生　政治学研究资料　1987 年第 4 期
论秦汉道制　罗开玉　民族研究　1987 年第 5 期
从出土秦简再探秦内史与大内、少内和少府的关系与职掌　彭邦炯　考古与文物　1987 年第 5 期
秦代对官吏实施法制管理　路遥　中国法制报　1987 年 10 月 9 日
秦汉时代的大内和少内　［日］山田胜芳　集刊东洋学第 57 号　1987 年
秦汉魏晋官制尚左尚右的问题：兼与姚国旺同志商榷　张焯　中国史研究　1988 年第 2 期
"秦无分封制"质疑　胡澍　西北大学学报　1988 年第 3 期
秦汉时期对中央集权与地方分权关系的探索　王云度　徐州师院学报　1988 年第 3 期
秦汉中央秘书机构的确立与演变　赵奇　成都大学学报　1988 年第 4 期
法家理论指导下形成的封建国家：试析周秦国家形式的演变　尹振环　贵州文史丛刊　1988 年第 4 期
秦汉守官制度考述　武普照　山东师大学报　1988 年第 4 期
战国秦汉魏晋南北朝时期的相国与丞相　袁祖亮　郑州大学学报　1988 年第 6 期
秦汉乡官考　［日］堀毅　秦汉法制史论考　法律出版社　1988 年 8 月
秦汉政治制度考察　李祖德　中国历史学年鉴 1988　人民出版社　1988

年 12 月

秦汉政治集团解剖　李祖德　中国历史学年鉴 1988　人民出版社　1988 年 12 月

关于秦汉分封制的历史反思　朱弘　中国史研究　1989 年第 1 期

中国皇帝专制权威合法性的思想系统　吕振业　人文杂志　1989 年第 1 期

尚左、尚右与楚、秦、宋官的尊卑　何浩　中国史研究　1989 年第 2 期

略论秦汉中央三级保卫制　朱绍侯　南都学坛　1989 年第 4 期

关于秦汉官制的几个问题　王雪梅、卫文选　山西师大学报　1989 年第 4 期

战国秦汉新爵制的社会基础及其历史作用　祝中熹　青海社会科学　1989 年第 4 期

秦汉监军制度简论　史建群　郑州大学学报　1991 年第 3 期

秦汉时期的中央集权与地方分权　王云度　秦汉史论丛（第四辑）　西北大学出版社　1989 年 6 月

秦汉官制尚左尚右考辨　晁中辰　中国史研究　1990 年第 1 期

关于秦"国尉"与西汉"太尉"的几个问题　庄春波　青海社会科学　1990 年第 1 期

庶长考　胡大贵　四川师范大学学报　1990 年第 4 期

"隐宫""隐官"辨析　严宾　人文杂志　1990 年第 3 期

秦的民族与文化及中国封建专制主义的形成　梁韦弦　人文杂志　1990 年第 4 期

试论先秦及秦汉的监察制度　葛生华　兰州学刊　1990 年第 4 期

秦汉官制研究　卫宁　中国历史学年鉴 1989　人民出版社　1990 年 7 月

秦汉地方行政管理　卫宁　中国历史学年鉴 1989　人民出版社　1990 年 7 月

从秦国历史发展的特殊性谈秦代专制主义中央集权产生的必然性　屈建军　咸阳师专学报　1991 年第 1 期

秦汉时期中央与地方关系新论　王连升　历史教学　1991 年第 1 期

论战国秦汉时代的廉政制度　余华青　西北大学学报　1991 年第 1 期

试论秦汉时期的监察制度　任树民　西藏民族学院学报　1991 年第 3 期
章邯刑奴之军与秦爵刍议　陈前进　重庆师院学报　1992 年第 1 期
试论扬廉惩贪的秦汉监察制度　崔莉　辽宁大学学报　1992 年第 1 期
历史与企业家对话——秦汉管理实践对当代的启示　黄留珠　西北大学学报　1992 年第 2 期
秦汉中枢权力的演变　高景明　宝鸡师范学院学报　1992 年第 2 期
秦无三公九卿制考辨　李福泉　求索　1992 年第 3 期
秦汉文书管理制度　刘太祥　南都学坛　1992 年第 3 期
秦"工师"考　李光军　文博　1992 年第 3 期
论秦汉的吏役制　王新邦　贵州大学学报　1993 年第 2 期
论秦汉行政体制在世界历史上的贡献　〔意〕伯罗·柯拉迪尼　秦汉文化与华夏传统　学林出版社　1993 年 9 月
秦汉廷议制度试析　高焕祥　聊城师院学报　1994 年第 3 期
秦汉时期的官吏使用法规　仝晰钢　学术界 1994 年第 5 期
秦汉三公制度渊源论　卜宪群　安徽史学　1994 年第 6 期
浅析秦的俸禄制　李中林　内蒙古师大学报　1995 年第 1 期
秦制、楚制与汉制　卜宪群　中国史研究　1995 年第 1 期
秦汉官吏制度研究　葛生华　兰州学刊　1995 年第 2 期
简述嬴秦的上计与考课制度　江洪、张永春　绥化师专学报　1995 年第 2 期
秦朝官制并非尊左卑右　侯雯　首都师大学报　1995 年第 5 期
试论秦汉之际的分封制　程远　中州学刊　1995 年第 6 期
秦汉乡官里吏考　仝晰纲　山东师范大学学报　1995 年第 6 期；人大复印资料·先秦秦汉史　1996 年第 2 期
试论战国秦国官制的特点　江连山　先秦史与巴蜀文化论集　历史教学社 1995 年 10 月
秦内史　〔日〕工藤元男　日本中青年学者论中国史（上古秦汉卷）　上海古籍出版社　1995 年 12 月
试论秦政治制度的形成及其特点　关荣华　西南民族学院学报　1996 年第 1 期；人大复印资料·先秦秦汉史　1996 年第 4 期

太尉非秦官考辨　汤其领　中国史研究　1996 年第 1 期

吏与秦汉官僚行政管理　卜宪群　中国史研究　1996 年第 2 期

秦汉时期官吏沐浴告宁制度考释　时晓红　东岳论丛　1996 年第 9 期

秦代楚地吏治松懈刍议　鲁马　淮海文汇　1996 年第 11 期

秦帝国的历史地位及其影响　张文立　陕西历史博物馆馆刊(第 3 辑)　西北大学出版社　1996 年 6 月;秦文化论丛(第五辑)　西北大学出版社　1997 年 6 月

秦汉时期独相制论纲　张剑新　吉林大学学报　1997 年第 2 期

秦汉俸禄制度探论　杨有礼　华中师大学报　1997 年第 2 期

秦相的设置及其相关问题　尚志儒　文博　1997 年第 2 期

陈胜与秦官爵秩　于敬民　管子学刊　1997 年第 3 期

宫省制度与秦汉政治　孙福喜　西北大学学报　1997 年第 3 期

秦汉公文文书与官僚行政管理　卜宪群　历史研究　1997 年第 4 期

三公九卿制度论　高兵　齐鲁学刊　1997 年第 5 期

秦乡官制度及乡、亭、里关系　张金光　历史研究　1997 年第 6 期

浅析秦的廷议制　袁红蕾　秦文化论丛(第五辑)　西北大学出版社　1997 年 6 月

秦汉掖庭六百石以下属(官)吏考　孙福喜　内蒙古师大学报　1998 年第 1 期

试论秦之"吏师"制度　张良才　齐鲁学刊　1998 年第 1 期

秦汉时期的将作大匠　刘瑞　中国史研究　1998 年第 4 期

再论秦帝国的廷议制——兼与袁红蕾同志商榷　秦丕栋　秦文化论丛(第七辑)　西北大学出版社　1998 年 6 月

论秦王朝政治制度的超前性　贺润坤　陕西广播电视大学学报　1999 年第 1 期

80 年代以来秦汉吏治研究综述　葛晓舒　中国史研究动态　1999 年第 3 期

周代职官制度与秦汉官僚制度的形成　卜宪群　南都学坛　2000 年第 1 期

战国秦汉时期西南铁农具的传播与分布　周万利　西南师范大学学报

2000 年第 1 期

秦汉二十等赐爵制与官僚制　卜宪群　文史知识　2000 年第 1 期

秦汉官僚的类型及其演变　卜宪群　聊城大学学报　2000 年第 1 期

从稍食到月俸——战国秦汉禄秩等级制新探　阎步克　学术界　2000 年第 2 期

秦汉县政府机构设置与行政职能　袁刚　南都学坛　2000 年第 2 期

略谈秦的"以法治吏"　黑广菊　聊城师范学院学报　2000 年第 2 期

自豪与困惑:秦朝统治者矛盾的政治心理:附论初创时期的中央集权制　张雪荣、黄永明　培训与研究(湖北教育学院学报)　2000 年第 3 期

秦客卿制述论　袁礼华　南昌大学学报　2000 年第 4 期

从秦统一谈选贤任能问题　丁善科　洛阳师范学院学报　2000 年第 4 期

秦行政制度的特点　汪玉川　中国行政管理　2000 年第 4 期

秦汉生态职官考述　陈业新　文献　2000 年第 4 期

秦汉后宫属吏考　李春艳、李怡　人文杂志　2000 年第 4 期

秦简中吏治思想的考察　方利平　淮北煤师院学报　2000 年第 4 期

郡县制起源理论的历史考察　万昌华　齐鲁学刊　2000 年第 5 期

秦汉后宫制度述论　朱子彦　学术月刊　2000 年第 6 期

秦汉隋唐现象论略　许兆昌　社会科学战线　2000 年第 6 期

宗祖文化背景与大一统理念实践的早期轨迹——兼论周秦汉在华夏一统统治中的地位和作用　张仲立　秦俑秦文化研究——秦俑学第五届学术讨论会论文集　陕西人民出版社　2000 年 8 月

周秦职官异同论　王辉　秦俑秦文化研究——秦俑学第五届学术讨论会论文集　陕西人民出版社　2000 年 8 月

秦人事功精神脞谈　王健　秦俑秦文化研究——秦俑学第五届学术讨论会论文集　陕西人民出版社　2000 年 8 月

秦统一六国中相的作用述论　郭睿姬　秦俑秦文化研究——秦俑学第五届学术讨论会论文集　陕西人民出版　2000 年 8 月

秦汉国家行政中枢的演变　卜宪群　文史知识　2000 年第 10 期

试论秦汉三国反贪倡廉之举措　逯万军　廊坊师范学院学报　2001 年第 2 期

论东周秦汉时代的乡官　王彦辉、徐杰令　史学集刊　2001年第3期

论秦汉相权之变迁　李新城　华东师范大学学报　2001年第4期

秦汉官僚的类型及其演变　卜宪群　秦汉史论丛(第八辑)　云南大学出版社　2001年9月

秦汉二十等爵制和刑罚的减免　[日]富谷至著,胡平生、陈青译　简帛研究　广西师范大学出版社　2001年9月

秦汉官吏秩禄制度　袁刚　中国公务员　2001年第11期

战国后期秦的职官与选官制度　黄留珠　纪念林剑鸣教授史学论文集　中国社会科学出版社　2002年1月

秦汉监察制度的形成　王春知　安徽教育学院学报　2002年第1期

从"大共同体"本位看秦制的遗害　陈博　西北大学学报　2002年第2期

"驳而霸"探微——荀子眼中的秦国政治评析　臧知非　苏州大学学报　2002年第2期

试议秦的"物勒工名"制度　梁安和　咸阳师范学院学报　2002年第3期

略论秦汉王朝的保密制度　余华青　中国史研究　2002年第3期

承袭与变异:秦汉封爵的原则和作用　刘敏　南开学报　2002年第3期

论秦汉博士的职责和考选方式的演变　裘士京　华东师范大学学报　2002年第4期

秦汉简牍与军功爵制研究　朱绍侯　秦汉文化比较研究——秦汉兵马俑比较暨两汉文化研究论文集　三秦出版社　2002年4月;光明日报　2002年5月31日

军功爵制与秦社会　徐卫民　秦汉文化比较研究——秦汉兵马俑比较暨两汉文化研究论文集　三秦出版社　2002年4月

论郡县制度的嬗变与实质　万昌华　齐鲁学刊　2002年第5期

近20年来秦汉分封制与郡县制讨论综述　罗先文　湘潭师范学院学报　2002年第5期

秦汉九卿源流及其性质问题　卜宪群　南都学坛　2002年第6期

秦汉官吏为什么用"若干石"为等级？　阎步克　文史知识　2002年第10期

论秦汉时期"君臣"称谓的社会内涵　白芳　河北师范大学学报　2003年

第 2 期

论秦汉时期"公"谥称谓的社会内涵　白芳　锦州师范学院学报　2003 年第 2 期

秦汉时期对地方官吏经济政绩的考核　张弘、李文青　东岳论丛　2003 年第 2 期

试论秦汉时期的监察制度　曹金祥　聊城大学学报　2003 年第 2 期

秦及汉初政权对地方政治制度的探索及其意义　许富宏、杨青　唐都学刊　2003 年第 3 期

论秦汉时期黄帝传说的政治文化内涵　田延峰　西安电子科技大学学报 2003 年第 2 期

简牍所见秦汉文吏的若干问题　黄留珠　简帛研究汇刊（第一辑）　2003 年 5 月

从《为吏之道》和秦刻石铭文看秦政中的伦理因素——"伦理与秦政"系列研究之一　王健　秦都咸阳与秦文化研究　陕西人民教育出版社　2003 年 11 月

博士制度与秦朝政治转折　夏增民　秦都咸阳与秦文化研究　陕西人民教育出版社　2003 年 11 月

从后妃制度谈秦文化　王云度　秦都咸阳与秦文化研究　陕西人民教育出版社　2003 年 11 月

秦朝"以吏为师"及其相关问题考辨　杨东晨、杨建国　秦都咸阳与秦文化研究　陕西人民教育出版社　2003 年 11 月

秦朝最高统治者称号问题试探　李俊方　辽宁师范大学学报　2004 年第 3 期

秦汉"长吏"考　邹水杰　中国史研究　2004 年第 3 期

论秦朝君主专制思想对公文的影响　官盱玲　秘书　2004 年第 3 期

秦汉时期西南少数民族职官制度的形成与发展　李根、张晓松　中共云南省委党校学报　2004 年第 3 期

从出土秦律看县"令史"一职　刘向明　齐鲁学刊　2004 年第 3 期

秦汉郡县制对我国政治制度文明建设的启示　王泽伟、范楚平　理论探索 2004 年第 4 期

秦汉新体制的弊端与汉前期儒家的构思　邵金凯　学习与探索　2004年第4期

浅析战国秦汉儒家的人性管理思想　柯士雨、张石　伊犁教育学院学报　2004年第4期

秦汉民爵获得途径述略　杨眉　伊犁教育学院学报　2004年第4期

试论秦汉行政巡视制度　刘太祥　郑州大学学报　2004年第5期

秦汉时期反贪的启示　孟祥才、范学辉、宋艳萍　炎黄春秋　2004年第6期

论异国人才对秦崛起及统一的贡献　孙赫　北华大学学报　2004年第6期

为吏之道——后战国时代官僚意识的思想史分析　雷戈　首都师范大学学报　2005年第1期

关于儒生——文吏研究的说明　阎步克　社会科学论坛　2005年第2期

秦汉假官、守官问题考辨　王刚、史林　2005年第2期

秦汉的礼制与法制初探　刘志平、谭宝刚　沙洋师范高等专科学校学报　2005年第3期

吏与秦汉基层社会　赵光怀　临沂师范学院学报　2005年第4期

从"刑德二柄"到"霸王道杂之"——秦汉统治思想的嬗变　张仁玺、邹颖　临沂师范学院学报　2005年第4期

秦汉赘婿谪戍制度刍议　方心棣　安徽教育学院学报　2005年第4期

郡县制与咸阳　张鸿杰　咸阳师范学院学报　2005年第5期

秦汉之际治政方略的变革与调适辨析——从历史观和道德观的双重透视中考察　李军靖　郑州大学学报　2005年第5期

秦汉政治文明建设　刘太祥　南都学坛　2005年第5期

秦汉里制与基层社会结构　臧知非　东岳论丛　2005年第6期

秦汉时期幕府制度的形成　方建春　宁夏社会科学　2005年第6期

睡虎地秦简与张家山汉简反映的秦汉亲亲相隐制度　张松　南都学坛　2005年第6期

秦汉邮书管理制度初探　高荣　人文杂志　2002年第2期

廷议程序与君臣程序——后战国时代的一种思想史分析　雷戈　福建论坛

2005 年第 10 期

秦朝社会控制失效的理论分析　赵昆生　重庆社会科学　2005 年第 10 期

秦汉之际乡里吏员杂考——以里耶秦简为中心的探讨　卜宪群　南都学坛　2006 年第 1 期

秦汉时期的地域官脉及其成因——从"关西出将,关东出相"谈起　李传军　青岛大学师范学院学报　2006 年第 1 期

"东南天子气"之演生与江南区域政治格局的形成　张灿辉　株洲工学院学报　2006 年第 1 期

试说秦始皇打算用禅让方式传王位　杨皑　文史杂志　2006 年第 1 期

秦代的告诉制度　程政举　殷都学刊　2006 年第 1 期

怀王之约与汉承秦制　王勇　史学集刊　2006 年第 2 期

秦汉县丞尉设置考　邹水杰　南都学坛　2006 年第 2 期

论秦汉时期的宰相　甄鹏　理论学刊　2006 年第 3 期

从功利主义价值取向看军功爵制对秦人社会生活的影响　董平均　人文杂志　2006 年第 3 期

秦代的公文记录　高荣　鲁东大学学报　2006 年第 3 期

战国时期秦国统一策略的演变　王保国　淮阴师范学院学报　2006 年第 4 期

秦王朝的政策取向与认同危机　王勇　社会科学辑刊　2006 年第 4 期

关于秦汉里与里吏的几个问题　王爱清　社会科学辑刊　2006 年第 4 期

"县官"与秦汉皇帝财政　刘德增、李珩　文史哲　2006 年第 5 期

秦汉社会势力及其官僚化问题——以商人为中心的探讨　卜宪群　江苏行政学院学报　2006 年第 5 期

从出土简牍看秦汉"隐官"的主要来源　刘向明　嘉应学院学报　2006 年第 5 期

小议秦汉惩治官吏的立法　王凯旋　史学月刊　2006 年第 6 期

秦汉"刀笔吏"考　张俊　怀化学院学报　2006 年第 9 期

秦汉官制中"御史大夫掌副丞相"问题再剖析　吴旺宗　理论月刊　2006 年第 9 期

略论秦汉时期的禁锢　吕红梅　求索　2006 年第 9 期

秦汉时期君臣关系性格的演化　邱立波　社会科学　2006年第11期

秦简所见官吏的岗位责任制度　赵理平　温州大学学报　2007年第1期

秦汉之际楚政权封君赐爵制度初探　方原　浙江海洋学院学报　2007年第1期

秦汉时期郡县属吏辟除问题研究　孙鸿燕　秦汉研究（第一辑）　三秦出版社　2007年1月

论战国秦汉时期上计的性质及上计文书的特点　吉家友　湖北师范学院学报　2007年第2期

秦汉大鸿胪官职考略　高叶华　河南理工大学学报　2007年第2期

秦汉时期的司法职务犯罪　田振洪　池州师专学报　2007年第2期

简牍所见秦汉县属吏设置及演变　邹水杰　中国史研究　2007年第3期

里耶简牍所见秦代县廷官吏设置　邹水杰　咸阳师范学院学报　2007年第3期

论统一后秦吏治败坏的原因及与秦朝速亡之关系　王绍东　咸阳师范学院学报　2007年第3期

试论法家思想对秦代及后代文书档案立法的影响——以睡虎地秦简为中心　何庄　档案学通讯　2007年第4期

从出土文献再释秦汉守官　陈治国、农茜　陕西师范大学学报　2007年第2期

从秦政和王莽"新政"看统治模式转型的重要性　陈忠锋　社会科学　2007年第5期

简析春秋时期秦国官制的特点　江连山　咸阳师范学院学报　2007年第5期

秦汉时期的"石"　于凌　通化师范学院学报　2007年第5期

从简帛看秦汉乡里的文书问题　卜宪群　文史哲　2007年第6期；人大复印资料·先秦秦汉史　2008年第2期

近年来秦汉属国制度研究概述　胡小鹏、安梅梅　中国史研究动态　2007年第10期

秦汉社会势力及其官僚化问题研究之三——以游士宾客为中心的探讨　卜宪群　秦汉研究（第二辑）　三秦出版社　2007年11月

简牍材料所见二十等爵与秦汉刑罚的减免　董平均　秦汉研究(第二辑)　三秦出版社　2007年11月

20多年来秦汉中央监察制度研究综述　王建庭　西安欧亚学院学报　2008年第1期

秦汉国尉太尉考辨　陈治国、韩凤　咸阳师范学院学报　2008年第3期

秦汉治官得失论纲　谭平　成都大学学报　2008年第5期

秦汉官僚体系中的公卿大夫士爵位系统及其意义——中国古代官僚政治社会构造研究之一　杨振红　文史哲　2008年第5期；人大复印资料·先秦秦汉史　2009年第1期

秦汉"乡举里选"考辨　卜宪群　社会科学战线　2008年第5期

秦邦尉、太尉相关问题探讨　陈治国、张立莹　秦文化论丛(第十五辑)　三秦出版社　2008年10月

秦汉丞相与相邦关系考辨　陈治国　咸阳师范学院学报　2009年第1期

论秦汉时期"足下"称谓的社会内涵　白芳　渤海大学学报　2009年第1期

秦相邦与丞相之关系及相关问题辨析　陈治国　咸阳师范学院学报　2009年第1期

秦汉时期官吏政绩考核制度考述　杨运姣、罗超群　云南行政学院学报　2009年第2期

秦国——秦朝统治中的礼治因素　胥仕元　学习与探索　2009年第3期

秦汉文吏的知识结构与术数信仰新证　王健　秦汉史论丛(第十一辑)　吉林文史出版社　2009年4月

秦汉"乡举里选"考辨　卜宪群　秦汉史论丛(第十一辑)　吉林文史出版社　2009年4月

试论"一"政治思维对秦帝制初创之影响　刘明辉　四川师范大学学报　2009年第5期

战国秦国历代国君逐步实现专制的政治实践　江连山　咸阳师范学院学报　2009年第5期

春秋时期秦国与东方各国卿大夫阶层之比较　唐明亮　廊坊师范学院学报　2009年第5期

关于秦汉"啬夫"两个问题的探讨　朱翠翠　石河子大学学报　2009 年第 6 期

秦汉时期的"太上皇"　王子今　李禹阶　河北学刊　2009 年第 6 期

从简牍看秦代乡里的吏员设置与行政功能　卜宪群　里耶古城·秦简与秦文化研究:中国里耶古城·秦简与秦文化国际学术研讨会论文集　科学出版社　2009 年 10 月

从湘西里耶秦简看秦官文书制度　汪桂海　里耶古城·秦简与秦文化研究:中国里耶古城·秦简与秦文化国际学术研讨会论文集　科学出版社　2009 年 10 月

里耶秦简与秦帝国的情报传达　[日]藤田胜久　里耶古城·秦简与秦文化研究:中国里耶古城·秦简与秦文化国际学术研讨会论文集　科学出版社　2009 年 10 月

《秦汉时期的"赐民爵"及"小爵"》读后——兼论汉代爵制与妇女的关系　朱绍侯　史学月刊　2009 年第 11 期;人大复印资料·先秦秦汉史　2010 年第 2 期

秦汉时期的"赐民爵"及"小爵"　刘敏　史学月刊　2009 年第 11 期;人大复印资料·先秦秦汉史　2010 年第 2 期

秦汉太尉职能的演变　惠飞燕　黑龙江史志　2009 年第 20 期

岳麓书院藏秦简《为吏治官及黔首》略说　陈松长　出土文献研究(第九辑)　中华书局　2010 年 1 月

秦汉帝王顾问官制度　刘太祥　南都学坛　2010 年第 1 期;人大复印资料·先秦秦汉史　2010 年第 3 期

秦汉爵制问题研究综述　杨眉　中国史研究动态　2010 年第 1 期

爵本位下的资源配置体系:秦汉帝国初期的土地制度　吕利　兰州学刊　2010 年第 2 期

再论秦汉以来我国乡村基层行政的专制性　王昌华　泰山学院学报　2010 年第 2 期

田啬夫、田典考释:对秦及汉初设置两套基层管理机构的一点思考　王彦辉　东北师大学报　2010 年第 2 期

秦庶长考　刘芮方　古代文明　2010 年第 3 期

秦汉长吏再考——与邹水杰先生商榷　张欣　中国史研究　2010 年第 3 期;人大复印资料·先秦秦汉史　2011 年第 1 期

秦汉逮捕制度考　刘庆　河北学刊　2010 年第 3 期;人大复印资料·先秦秦汉史　2010 年第 6 期

从新出简牍再探秦汉的大内与少内　陈治国、张立莹　江汉考古　2010 年第 3 期

"走马"为秦爵小考　王勇、唐俐　湖南大学学报　2010 年第 4 期

秦汉三国乡吏与乡政府研究述评　孙闻博　秦汉研究(第四辑)　三秦出版社　2010 年 8 月

官僚科层制与秦汉帝国的政治传播　潘祥辉　社会科学论坛　2010 年第 21 期

秦国太尉　柳君君　重庆科技学院学报　2010 年第 24 期

秦汉"有秩"考探　蒋树森　合肥学院学报　2011 年第 2 期

现代视角下的秦汉监察制度　陈宇　西南民族大学学报　2011 年第 3 期

试析秦汉时期的"明习律令者"　于凌　社会科学战线　2011 年第 3 期

秦汉国家统治机构中的"司空"　宋杰　历史研究　2011 年第 4 期;人大复印资料·先秦秦汉史　2011 年第 6 期

秦汉令史考　刘晓满　南都学坛　2011 年第 4 期;人大复印资料·先秦秦汉史　2012 年第 1 期

关于秦以降皇权官僚政治与贵族政治的复合建构　李治安　史学月刊　2011 年第 3 期

秦汉官僚体制下的基层文吏研究　吕静　北京行政学院学报　2011 年第 6 期

试论秦"二世而斩"的人才制度因素　王效峰　中南民族大学学报　2011 年第 6 期

秦始皇之"德"研究:兼谈秦朝博士设立的根本原因　梁俊　昆明冶金高等专科学校学报　2011 年第 6 期

以"王"僭"帝"的秦汉秘史(上、下)　张远山　书屋　2011 年第 7、9 期

秦汉基层秩序建构中的权力和权威:以统治介体为视角的剖析　王爱清　兰州学刊　2011 年第 8 期

从秦简《为吏之道》看秦国的吏治特色　朱振辉　史学月刊　2011 年第 9 期

论秦汉"魁"及相关称谓　王子今、吕宗力　秦汉研究（第五辑）　三秦出版社　2011 年 9 月

近百年来秦汉地方行政制度研究综述　刘晓满　中国史研究动态　2012 年第 1 期

秦汉行政中的效率规定与问责　刘晓满、卜宪群　安徽史学　2012 年第 2 期

战国秦汉葆宫制度考实　李欣　周秦汉唐文化研究（第八辑）　三秦出版社　2012 年 2 月

秦汉地方治理的不同体制及官吏任用的地域性　谢绍鹢　周秦汉唐文化研究（第八辑）　三秦出版社　2012 年 2 月

浅析秦朝思想教化机制的形成及其特点——兼论秦朝覆亡的原因　郧在廷　北京印刷学院学报　2012 年第 3 期

秦汉诏书与皇位传承　叶秋菊　熊铁基八十华诞纪念文集　华中师范大学出版社　2012 年 4 月

北大藏秦简《从政之经》述要　朱凤瀚　文物　2012 年第 6 期

秦汉时期的"请间言事"　孙闻博　晋阳学刊　2012 年第 6 期

秦汉帝陵管理制度试探　高凤　秦汉研究（第六辑）　陕西人民出版社　2012 年 8 月

秦汉将军长史考述　申超、贾俊侠　秦汉研究（第六辑）　陕西人民出版社　2012 年 8 月

秦汉"布衣将相"释义　褚寒社　绵阳师范学院学报　2012 年第 9 期

鉴秦之得失　兴汉之宏业：论《淮南子》对秦王朝的政治批判与反思　高旭　海南师范大学学报　2012 年第 9 期

秦汉时期承担覆狱的机关与官吏　［日］水间大辅　简帛（第七辑）　上海古籍出版社　2012 年 10 月

秦汉服色制度的历史轨迹　曾磊　人文论丛 2012 年卷　中国社会科学出版社　2012 年 11 月

秦汉基层小吏的选用及其功能变迁：以里吏为中心　王爱清　绵阳师范学

院学报　2012 年第 12 期

试说战国至秦代的县级职官名称"守"　陆德富　中国国家博物馆馆刊 2013 年第 1 期

秦汉时期匈奴的管理体制特点及启示　孙方一　青海民族大学学报　2013 年第 1 期

秦汉时期的"官员日记"　郭涛　文史知识　2013 年第 2 期

秦汉时期君臣关系中的"壅蔽"　薛小林　社会科学　2013 年第 2 期；人大复印资料·先秦秦汉史　2013 年第 3 期

秦汉日常秩序中的社会与行政关系初探——关于"自言"一词的解读　卜宪群、刘杨　文史哲　2013 年第 4 期；人大复印资料·先秦秦汉史　2013 年第 5 期

秦汉时期的乡里控制与邑、聚变迁　王彦辉　史学月刊　2013 年第 5 期

秦汉基层等级身份秩序的确立与变迁：以赐民爵为中心　王爱清、兰州学刊 2013 年第 10 期

秦汉时期的"尉""尉律"与"置吏""除吏"——兼论"吏"的属性　杨振红、简帛（第八辑）　上海古籍出版社　2013 年 10 月

秦汉时期御史大夫的职掌地位和作用初探　李小泓　丝绸之路　2013 年第 18 期

秦令佐考　赵岩　鲁东大学学报　2014 年第 1 期

秦汉御史大夫职能考辨　何军海　丝绸之路　2014 年第 2 期

秦汉太尉、将军演变新考——以玺印资料为中心　孙闻博　浙江学刊 2014 年第 3 期

秦汉的行政惩罚机制　刘太祥　南都学坛　2014 年第 3 期；人大复印资料·先秦秦汉史　2014 年第 5 期

秦汉内官职能辨正　王伟、白利利　西安财经学院学报　2014 年第 5 期

稗官与诸曹——秦汉基层机构的部门设置　郭洪伯　简帛研究 2013　广西师范大学出版社　2014 年 7 月

隐逸与时势："四皓"故事的政治文化学分析　臧知非　秦汉研究（第八辑）陕西人民出版社　2014 年 9 月

天高皇帝近：面向民众开放的皇权秩序建构——秦汉皇帝和民众之间复杂

关系的互动和呈现　雷戈　人文杂志　2014 年第 12 期

战国秦汉时期的王权和非农　［日］柿沼阳平　秦汉历史文化的前沿视野：第二届中国秦汉史高层论坛文集　知识产权出版社　2015 年 1 月

秦汉间的政治转折与相权问题探微　王刚　人文杂志　2015 年第 2 期

秦及汉初的司寇与徒隶　孙闻博　中国史研究　2015 年第 3 期；人大复印资料·先秦秦汉史　2015 年第 6 期

论秦汉时期的正卒与材官骑士　王彦辉　历史研究　2015 年第 4 期

秦代地方行政文书运作形态之考察——以里耶秦简为中心　赵炳清　史学月刊　2015 年第 4 期

由"记王言"而"代王言"：战国秦汉人臣草诏制度的演生　代国玺　文史哲　2015 年第 6 期

以文致太平——略论秦汉之际的政治走向和文化选择　刘鿍娇　文史杂志　2015 年第 6 期

秦汉魏晋时期的吏治与官德　王渭清　西部学刊　2015 年第 6 期

爵、官转移与文武分职：秦国相、将的出现　孙闻博　国学研究（第 35 卷）北京大学出版社　2015 年 6 月；秦统一的进程与意义　中国社会科学出版社　2017 年 11 月

秦汉时期的祝官　董涛　史学月刊　2015 年第 7 期

论秦末汉初时期的"大丈夫"观念与功业分封思想　宋娜　贵州社会科学　2015 年第 8 期

秦汉"太仆"考略　陈宁　飞軨广路：中国古代交通史论集　中国社会科学出版社　2015 年 10 月

秦县的列曹与诸官——从《洪范五行传》一则佚文说起　孙闻博　简帛（第十一辑）　上海古籍出版社　2015 年 11 月；里耶秦简博物馆藏秦简"研究编"　中西书局　2016 年 6 月

略论秦代迁陵县吏员设置　单印飞　简帛（第十一辑）　上海古籍出版社　2015 年 11 月

秦汉官吏称"主"与行政责任　刘晓满　史学月刊　2015 年第 12 期

二十等爵确立与秦汉爵制分层的发展　孙闻博　中国人民大学学报　2016 年第 1 期；人大复印资料·先秦秦汉史　2016 年第 3 期

"皇帝"名号与汉魏时期"皇帝"含义的重构——观念史视野下的"皇帝""太上皇"与"太上皇帝"　吴天宇　史学月刊　2016 年第 1 期

论秦国君师的杂家通识教育思想的发展　束江涛　秦陵秦俑研究动态　2016 年第 1 期

秦简中的"吏仆"与"吏养"　沈刚　人文杂志　2016 年第 1 期

秦汉令制定考论　李俊强　文史博览　2016 年第 1 期

秦汉"内史—诸郡"武官演变考——以军国体制向日常行政体制的转变为背景　孙闻博　文史（第一辑）　中华书局　2016 年 2 月

秦始皇议定"帝号"与执法合法性宣传　王子今　人文杂志　2016 年第 2 期

秦朝"敬祖"观念与政权合法性建构　李琰　首都师范大学学报　2016 年第 3 期

秦至清皇权专制社会说的法制史论证　李振宏　古代文明　2016 年第 3 期

从政治体制角度看秦至清社会的皇权专制属性　李振宏　中国史研究　2016 年第 3 期

秦始皇"议帝号"诏评议　曾磊　西安财经学院学报　2016 年第 4 期；秦统一的进程与意义　中国社会科学出版社　2017 年 11 月

关于秦汉内史的几个问题　赵志强　出土文献（第八辑）　中西书局　2016 年 4 月

简牍所见秦代县廷令史与诸曹关系考　邹水杰　简帛研究二〇一六（春夏卷）　广西师范大学出版社　2016 年 6 月

秦县的列曹与诸官（增订稿）　孙闻博　里耶秦简博物馆藏秦简　中西书局　2016 年 6 月

秦汉时期"君"称谓考论　曲晓霜　秦汉研究（第十辑）　陕西人民出版社　2016 年 8 月

吴越边疆与皇帝权威——秦始皇三十七年东巡会稽史事钩沉　李磊　学术月刊　2016 年第 10 期；人大复印资料·先秦秦汉史　2017 年第 1 期

秦汉神秘意识中的红色象征　曾磊　史学月刊　2017 年第 1 期；历史与社会（文摘）　2017 年第 2 期

秦汉时代政治话语中"宗庙"地位之变迁及原因　田家溧　南都学坛　2017 年第 1 期

从文字资料略谈秦早期政治　史党社　陕西师范大学学报　2017 年第 1 期

秦统一进程中的分封制　崔建华　陕西师范大学学报　2017 年第 1 期

史与秦汉时期的决狱制度　朱红林　社会科学辑刊　2017 年第 1 期

县域"方位名乡"体制与秦汉帝国扩张　姚立伟　咸阳师范学院学报 2017 年第 1 期

简牍所见秦汉行政奖励制度　刘太祥　南都学坛　2017 年第 1 期;人大复印资料·先秦秦汉史　2017 年第 3 期

秦守官、假官制度综考——以秦汉简牍资料为中心　王伟　简帛研究二〇一六(秋冬卷)　广西师范大学出版社　2017 年 1 月

秦对新征服地的特殊统治政策——以"新地吏"的选用为例　朱锦程　湖南师范大学社会科学学报　2017 年第 2 期

秦国乡官里吏民籍管理职能探究　张信通　河北师范学院学报　2017 年第 2 期

阴阳刑德与秦汉秩序认知的形成　曹胜高　古代文明　2017 年第 2 期

略论里耶秦简中令史的职掌与升迁　汤志彪　史学集刊　2017 年第 2 期

秦简所见里的拆并、吏员设置及相关问题——以《岳麓书院藏秦简(肆)》为中心　符奎　安徽史学　2017 年第 2 期

秦国里吏考　张信通　天水师范学院学报　2017 年第 3 期

"新地吏"与"为吏之道"——以出土秦简为中心的考察　张梦晗　中国史研究　2017 年第 3 期

秦代地方日常行政的权责关系——以县令丞行政权责为中心的考察　吴方基　求索　2017 年第 4 期

对几种"亡命"说的分析与评议　朱绍侯　中原文化研究　2017 年第 4 期

秦简"有秩"新证　邹水杰　中国史研究　2017 年第 3 期;人大复印资料·先秦秦汉史　2017 年第 6 期

里耶秦简《迁陵吏志》考释——以"吏志""吏员"与"员"外群体为中心　孙闻博　国学学刊　2017 年第 3 期;出土文献与物质文化　中华书局(香港)有限公司　2017 年 12 月;中国古文书学研究初编　上海古籍出版社　2019 年 4 月

"覆狱故失"新考　陈迪　社会科学　2017 年第 3 期

简牍所见秦代地方职官选任　沈刚　历史研究　2017 年第 4 期

出土文献所见秦"新黔首"爵位问题　于振波、朱锦程　湖南社会科学 2017 年第 6 期

睡虎地秦简《语书》中有关"恶吏"的一段简文疏释　范常喜　中国文字学报（第七辑）　商务印书馆　2017 年 7 月

简牍所见秦官吏的待遇　朱锦程　秦汉研究（第十一辑）　陕西人民出版社　2017 年 9 月

秦的吏治传统与"以吏为师"国策下秦吏双重人格探析　吴小强　秦始皇帝陵博物院（总柒辑）　三秦出版社　2017 年 10 月

秦汉间的政治转折与相权问题探微　王刚　秦汉史论丛（第十四辑）　四川人民出版社　2017 年 9 月

关于在秦汉史研究中引入"国家与社会"分析框架的思考　李振宏　秦汉史论丛（第十四辑）　四川人民出版社　2017 年 9 月

从"威义"到"威仪"——西周、春秋与汉代"威仪"观念的发展进程　桓占伟　秦汉史论丛（第十四辑）　四川人民出版社　2017 年 9 月

秦县掾吏之任用：迁陵吏曹的探讨　黎明钊　秦汉史论丛（第十四辑）　四川人民出版社　2017 年 9 月

秦代行政文书中的司空机构　邹水杰　秦汉史论丛（第十四辑）　四川人民出版社　2017 年 9 月

秦汉功劳制及其文书再探　戴卫红　出土文献研究（第十六辑）　中西书局　2017 年 9 月

《岳麓秦简（肆）》所见秦汉制度的演变　朱锦程　长沙简帛研究国际学术研讨会论文集　中西书局　2017 年 10 月

秦汉行政文书中的"谩"字及相关问题　刘乐贤　简帛（第十五辑）　上海古籍出版社　2017 年 11 月

爵、官转移与文武分职：秦国相、将的出现　孙闻博　秦统一的进程与意义　中国社会科学出版社　2017 年 11 月

秦汉校长考辨　于振波　中国史研究　2018 年第 1 期

秦代县级属吏的迁转路径——以里耶秦简为中心　单印飞　鲁东大学学报 2018 年第 1 期

里耶秦简中的积户与见户——兼论秦代基层官吏的量化考核　晋文　中国经济史研究　2018年第1期

秦代"良吏"的标准与人才选拔——读睡虎地秦简《语书》札记　吕方　鲁东大学学报　2018年第2期

秦至西汉属国的职官制度与安置模式　黎明钊、唐俊峰　中国史研究　2018年第3期

秦及汉初二十等爵与"士下"准爵层的剖分　贾丽英　中国史研究　2018年第4期

秦代迁陵县行政信息传递效率初探　唐俊峰、刘信芳　简帛（第十六辑）　上海古籍出版社　2018年5月

王国秩序与帝国战略：秦"出其人"问题的历史考察　熊永　史学月刊　2018年第7期

秦县令、丞、尉问题发微　沈刚　出土文献研究（第十七辑）　中西书局　2018年12月

秦汉"禁锢"问题补论　王博凯　出土文献（第十四辑）　中西书局　2019年4月

庶人：秦汉社会爵制身份与徒隶身份的衔接　贾丽英　山西大学学报　2019年第6期

月令禁忌视域下战国秦汉时期的政治运行机理管窥　王光华、李秀茹　重庆科技学院学报　2019年第6期

秦汉简所见司寇　贾丽英　简帛研究二〇一九（春夏卷）　广西师范大学出版社　2019年6月

也论秦及汉初简牍所载的"隶"　孙玉荣　简帛研究二〇一九（春夏卷）　广西师范大学出版社　2019年6月

秦帝国的中央集权与郡县制　孙闻博　邂逅秦始皇　中信出版社　2019年7月

秦汉二十等爵之"官爵"问题研究　刘敏　秦汉研究（第十三辑）　西北大学出版社　2019年9月

秦代县廷狱史的职能与特殊性　〔韩〕金钟希　简帛（第十九辑）　上海古籍出版社　2019年11月

（二）政治事件与外交

商鞅变法的探讨　倪德修　珞珈（创刊号）　1933 年 11 月

秦汉统一政略之史的研究　莫寒竹　汗血月刊　第 5 卷第 6 期　1935 年 9 月

论焚书坑儒　杨树人　安雅月刊　第 1 卷第 10 期　1935 年 12 月

鲁仲连义不帝秦　苏子涵　大公报史地周刊　第 6、7 期　1936 年 1 月 3 日

焚书坑儒动机之探索　杨汝泉　国闻周报　第 13 卷第 36 期　1936 年 9 月

嬴秦焚书影响考略　杨汝泉　图书馆学季刊　第 10 卷第 4 期　1936 年 12 月

秦帝国灭亡之原因　陈石孚　政治季刊　第 4 卷第 1 期　1940 年 7 月

商鞅的变法　曾繁康　政治季刊　第 4 卷第 2 期　1940 年 10 月

秦始皇焚书问题及其影响　陈靖海　春秋　第 2 卷第 6 期　1941 年 11 月

论秦客卿执政之背景（附表）　严耕望　责善半月刊　第 2 卷第 20 期　1942 年 1 月

秦代政术考　阎恬厂　国学丛刊　第 14、15 期　1944 年 7 月、1945 年 5 月

论管仲商鞅的政治改革　钱正声　政治生活　第 1 卷第 3 期　1944 年 8 月

秦汉时代的地方政治　钱正声　政治生活　第 1 卷第 4 期　1944 年 9 月

秦之迁人说　施之勉　东方杂志　第 43 卷第 1 期　1947 年 1 月

秦灭巴蜀考（附庄蹻略地辨）　黄少荃　狂飚月刊　第 1 卷第 1 期　1947 年 5 月

从战国到秦帝国　劳贞一　文讯　第 7 卷第 1 期　1947 年 6 月

秦国对楚之外交政策　刘熊祥　师声　第 1 期　1947 年 6 月

商鞅变法考　齐思和　燕京学报　第 33 期　1947 年 12 月

商鞅变法的内容及其历史意义　郭人民　新史学通讯　1953 年第 3 期

谈"七国混战和秦的统一"　楚白　历史教学　1954 年第 10 期

秦始皇统一六国为什么说是新兴地主阶级的胜利？统一后废封建、置郡县、统一文字,对当时有何作用？对后世有何影响？　尹湘豪　新史学通讯　1955 年第 5 期

论商鞅变法　杨宽　历史教学　1955 年第 9 期

"商鞅变法"促进奴隶使用制度发展说——兼与叶玉华先生商榷　罗祖基　历史研究　1956年第9期

试论商鞅变法的性质　冉昭德　历史研究　1957年第6期

秦统一六国的历史条件　丘陶常　兰州大学学报　1958年第1期

论秦始皇"焚书坑儒"　蒋逸雪　扬州师院学报　1959年第2期

论秦始皇焚书坑儒　贵阳师院历史系　贵州史学　1959年第5期

秦晋之好　彭友杰　中华日报　1961年3月2日

商鞅相秦　赵英敏　革命思想　1961年第7期

商鞅变法　胡炳权、宝志强　历史教学　1961年第9期

表里山河的内陆国——晋与秦　张其昀　中国一周　第597期　1961年10月

秦代的统一与灭亡　傅启学　张金鉴先生六秩华诞论文集　1962年1月；复兴岗学报　第3期　1963年7月

秦始皇与文书档案工作　宗史　光明日报　1962年4月17日

秦始皇为什么收天下兵器铸为金人　何汉文　光明日报　1962年6月20日

秦统一六国的军事战略　李震　三军联合月刊　第11卷第7期　1962年9月

论晋语黄帝传说与秦晋联姻的故事　杨希枚　大陆杂志　第26卷第6期　1963年3月

战国时秦已赐民爵　施之勉　大陆杂志　第25卷第7期　1962年10月

读抄"游秦始皇坑儒谷"志感　高伯绳　醒狮　第4卷第3期　1966年3月

商鞅变法研究　蒋君章　民主评论　第16卷第15—17期　1965年9月

由嬴秦速亡以见摧残礼教暴政必亡　周林根　海洋学院学报　1968年第3期

秦晋韩之战外交技巧的研讨　刘光炎　铭传　1968年第6期

嬴秦焚书与汉得书考略　薛顺雄　东海学报　1972年第13期

秦始皇"书同文"的历史功绩　潘家懿　山西师院学报　1973年第1期

"焚书坑儒"是秦始皇反复辟的斗争　李志慧　西北大学学报　1973年第

1 期

　　秦始皇统一中国的历史作用——从考古学上看文字、度量衡和货币的统一　王世民　考古　1973 年第 6 期

　　如何正确认识秦始皇的"焚书坑儒"　吴泰　光明日报　1973 年 10 月 30 日

　　秦始皇"书同文字"的进步作用　伟明　光明日报　1973 年 11 月 10 日

　　秦王朝建立过程中复辟与反复辟的斗争——兼论儒法论争的社会基础　罗思鼎　红旗　1973 年第 11 期；人民日报　1973 年 11 月 14 日

　　秦统一六国起决定作用的是什么？　李时　辽宁大学学报　1974 年第 2 期

　　从社会基本矛盾看商鞅变法　荆激　吉林师大学报　1974 年第 2 期

　　商鞅变法是怎样取得胜利的？　王政祥　郑州大学学报　1974 年第 2 期

　　秦王朝为什么速亡　高敏　郑州大学学报　1974 年第 2 期

　　秦统一战斗与巴蜀的社会大变革　魏启朋、张筑生　四川大学学报　1974 年第 2 期

　　秦对巴蜀的开发是法家路线的胜利　历史系大批判组　四川大学学报　1974 年第 2 期

　　从临沂一号汉墓出土的竹简看秦始皇"焚书"的革命措施　宗彦群　文物　1974 年第 3 期

　　秦二世而亡的史实说明了什么？　海抒　吉林大学学报　1974 年第 3 期

　　商鞅变法的历史经验　周维杰　吉林师大学报　1974 年第 3 期

　　论商鞅变法　施钧、金戈　北京大学学报　1974 年第 3 期

　　论秦王朝灭亡的经验教训　杨光汉　云南大学学报　1974 年第 4 期

　　焚坑为仁暴之争而非儒法之争　胡一贯　国魂　第 342 期　1974 年 5 月

　　从秦和东方六国墓葬的不同看商鞅变法的彻底性　王晓田、高青山、贾振国　考古　1974 年第 5 期

　　从银雀山竹简看秦始皇焚书　卫今　红旗　1974 年第 7 期

　　上层建筑要为经济基础服务——谈秦汉之际巩固封建制度的斗争　张静虚　四川师院学报　1975 年第 2 期

　　再论商鞅变法的历史经验　安作璋　山东师院学报　1976 年第 2 期

秦始皇反复辟功绩的历史见证——读最近出土的云梦秦简　蒙默　四川大学学报　1976年第2期

秦始皇时期反复辟斗争的历史见证——谈湖北云梦出土的南郡守腾文书　钟志诚　华中师院学报　1976年第2期

翻案复辟从来不得人心——历代儒法两家在商鞅变法问题上的论争　洪善思　山东师院学报　1976年第3期

从云梦秦简看秦代的反复辟斗争　龚发　北京大学学报　1976年第4期

秦国法家路线的凯歌——读云梦出土秦简札记　田昌五　文物　1976年第6期

《秦律》是新兴地主阶级反复辟的锐利武器　吴树平　文物　1976年第6期

秦律与秦朝的法家路线——读云梦出土的秦简　林甘泉　文物　1976年第7期

秦的统一与其覆亡　劳榦　历史语言研究所集刊　1977年3月

从所谓"赵高亡秦论"看"四人帮"影射史学的卑劣伎俩　邓孔昭　厦门大学学报　1977年第4期

论秦王朝灭亡的原因——兼批罗思鼎"赵高亡秦"论　郑金祥　厦门大学学报　1977年第4期

影射史学的一个黑标本——批《从云梦秦简看秦代的反复辟斗争》　黄盛璋　天津师院学报　1977年第6期

驳唐晓文的"赵高亡秦论"　力农　光明日报　1977年7月7日

试论商鞅变法成功的原因　林剑鸣　西北大学学报　1978年第2期

斥"四人帮"在秦代史上的反动谬论　詹越　考古　1978年第3期

论"焚书坑儒"　赵福成等　牡丹江师院学报　1978年第1期

秦国封建制社会变革问题初探　余天炽　华南师院学报　1979年第1期

秦始皇焚书坑儒值得颂扬吗？　李桂海　学习与探索　1979年第5期

统一规模的创建——《秦代史》引论　张其昀　华学月刊　1979年第9期

残暴的二世与秦之灭亡　张其昀　华学月刊　1979年第10期

秦帝国的政治　张其昀　华学月刊　第96期　1979年12月

焚书考　钟肇鹏　中国历史文献集刊　1980年第1集

法家思想与秦王朝的兴亡　李文初　暨南大学学报　1980年第1期

"焚书坑儒"是巩固统一的措施吗？　赵映林、李景景　中学历史教学参考　1980年第1期

秦始皇的"车同轨，书同文"新评（上、下）　谭世保　中山大学学报　1980年第1期、第4期

论"焚书坑儒"　孙培青　教育研究　1980年第2期

秦国"四贵"及其覆亡　刘荣庆　人文杂志　1980年第2期

论秦王朝的迅速崩溃　于琨奇　扬州师院学报　1980年第2期

"焚书坑儒"简析　魏文清　北方论丛　1980年第3期

秦始皇焚书新析　吴炜华　光明日报　1980年6月24日

秦二世而亡的经济原因——斥"四人帮"在秦汉史上的一个谬论　萧国亮　社会科学　1980年第6期

范雎"请归相印"质疑　张志哲　光明日报　1980年8月19日

商鞅变法的再检讨补正　[日]太田幸男　历史学研究第483号　1980年

"天下之民不乐为秦民"——试探秦始皇"更名民曰黔首"的历史渊源　苏诚鉴　安徽师大学报　1981年第3期

如何评价秦王朝在蜀郡的三次镇压　陈今　四川师院学报　1981年第3期

"焚书坑儒"小议　张烈　文史知识　1981年第4期

关于评价秦始皇"焚书"问题的两点质疑　杜绍顺　中学历史教学　1981年第4期

秦的兴亡与法家之治　王晓波　大陆杂志　第63卷第3期　1981年9月

秦王朝的建立及其历史形势——《中国史纲》第二卷第一编第一章　翦伯赞　历史论丛（二）　齐鲁书社　1981年1月

从湖北发现的秦墓谈秦楚关系　陈振裕　楚文化新探　湖北人民出版社　1981年8月

秦统一中国的原因的再探索　徐扬杰　武汉大学学报　1982年第1期

封建专制主义与秦朝的兴亡　罗世烈　四川大学学报　1982年第1期

论商鞅变法　李清和　中国史研究　1982年第3期

商鞅变法异议　徐夕明　江汉论坛　1982年第5期

关于商鞅变法的一个问题　罗晋雄　历史教学问题　1982 年第 6 期

秦始皇与封建专制主义　丘陶常　中学历史教学　1982 年第 6 期

秦始皇称谓的演变过程　李月虹　学术论坛　1982 年第 6 期

秦并六国之政治作战　滕肇全　复兴岗学报　第 27 期　1982 年第 6 期

嫪毐、吕不韦集团辨析　王云度　中国史研究　1983 年第 2 期

论商鞅变法　李清和　中国史研究　1983 年第 3 期

商鞅变法始年质疑　王育成　争鸣　1983 年第 4 期

对商鞅变法的一点认识　登邑　益阳师专学报　1983 年第 4 期

秦"逐客"缘由及李斯谏逐客之年代　廖开飞　南京大学学报　1983 年第 4 期

略论秦汉专制皇权的神化　苏俊良　历史教学问题　1983 年第 5 期

对秦始皇"收天下兵铸金人十二"的探索　孙红昺　光明日报　1983 年 7 月 13 日

秦王朝的建立与覆亡　肖璠　故宫文物月刊　第 1 卷第 6 期　1983 年 9 月

"十里一乡"和"十里一亭"——秦汉乡、里、亭关系的决断　熊铁基　江汉论坛　1983 年第 11 期

从睡虎地秦简看秦统一的原因　安作璋　历史论丛（三）　齐鲁书社 1983 年 12 月

关于评价秦始皇"焚书"问题的两点质疑　杜绍顺　中学历史教学　1981 年第 4 期；华南师大历史系论文集　1984 年 1 月

秦国变法成功原因三议　宋昌斌　青年论坛　1984 年第 1 期

关于秦封建化的几个问题　胡炳权　河北大学学报　1984 年第 2 期

"秦用他国人"小议　程宇　广东社会科学　1984 年第 2 期

魏徙大梁与秦陷安邑　王学理　文博　1984 年第 3 期

刘邦、赵高勾结琐谈　冷鹏飞　北京大学学报　1984 年第 3 期

商鞅变法促进了奴隶制的发展　卞直甫、冯庆余　东北师大学报　1984 年第 4 期

略论秦皇汉祖的统一业绩　郭子亮　运城师专学报　1984 年第 4 期

昌平君及其反秦的几个问题　何浩　武汉师范学院学报　1984 年第 4 期

浅谈秦国发展中的重要因素：兼评人才的历史作用　夏子贤　人文杂志

1984 年第 4 期

  秦亡探源　魏文清　北方论丛　1984 年第 5 期

  秦始皇并未烧尽诸侯史记　黄伟　光明日报　1984 年 6 月 6 日

  略谈秦朝历史上的改革　田居俭　文史知识　1984 年第 10 期

  秦帝国的兴亡与韩非的法治理论　阎笑非　佳木斯大学社会科学学报
1985 年第 1 期

  秦统一中国的原因的三种意见　史介　山东师大学报　1985 年第 2 期

  秦始皇的统一与改革计首授爵政策　高孔修　四川师院学报　1985 年第
2 期

  秦楚变法成败原因刍议　魏昌　荆州师专学报　1985 年第 4 期

  秦霸西戎　韶光　中国民族　1985 年第 6 期

  北伐匈奴是秦亡的重要原因　李福泉　学术月刊　1985 年第 9 期

  秦书未灭阿房宫　秦京牛　读书　1985 年第 11 期

  历史的经验和现行的政策：兼评《论秦的兴亡及其知识分子政策》　林剑鸣
社会科学评论　1986 年第 1 期

  秦统一原因新解　何凡　汉中师院学报　1986 年第 1 期

  秦焚诗书不始于始皇　李福顺　社会科学战线　1986 年第 1 期

  秦始皇沙丘疑案　朱星　中国社会科学院研究生院学报　1986 年第 1 期

  秦王朝关东政策的失败与秦的覆亡　王子今　史林　1986 年第 2 期

  秦灭六国顺序辨　石微　吉林大学社会科学学报　1986 年第 2 期

  秦的统一符合人民的意愿吗？　余志超　孝感师专学报　1986 年第 2 期

  浅谈商鞅变法之成因　窦连荣　宁夏大学学报　1986 年第 3 期

  深入研究秦史　探索兴亡根由　何汉　理论月刊　1986 年第 5 期

  对"焚书坑儒"历史作用的重新认识　尹振珏　贵州社会科学　1986 年第
10 期

  焚书坑儒原因再议　晁福林　天津社会科学　1987 年第 1 期

  以秦陵论秦亡的反思　郭兴文　文博　1987 年第 1 期

  "楚虽三户，亡秦必楚"正误　易重廉　求索　1987 年第 1 期

  秦人的崛起与纳贤　杨东晨　文博　1987 年第 1 期

  论秦楚人才的得失与国家的兴衰　韩隆福　常德师专学报　1987 年第

1 期

论人才在秦国发展中的作用　刘安泰　松辽学刊　1987 年第 2 期

论秦国用人　王有德　新疆师范大学学报　1987 年第 3 期

论秦统一的群众基础　颂旻　学术研究　1987 年第 3 期

略论秦汉时期两大地主集团的斗争　史建群　郑州大学学报　1987 年第 4 期

区域控制与历史发展：论秦汉时期的政治中心、文化重心及其相互关系　卢云　福建论坛　1987 年第 4 期

论秦统一的原因　邹启铸　常德师专学报　1987 年第 4 期

从政策得失看秦代兴亡　林炳文　中学历史　1987 年第 5 期

对秦国灭亡的再认识　何凡　汉中师院学报　1988 年第 2 期

秦亡原因新探　郭兴文　文博　1988 年第 2 期

秦人的价值观和中国的统一　林剑鸣　人文杂志　1988 年第 2 期

文化、非理性与秦的灭亡　郑训佐　山东社会科学　1988 年第 2 期

论秦始皇"焚书"未"坑儒"　张世龙　中国人民大学学报　1988 年第 3 期

秦晋关系疏乎　王文才　人文杂志　1988 年第 4 期

人才用弃与秦兴亡　江道源　福建论坛　1988 年第 4 期

法家理论指导下形成的封建国家——试析周秦国家形式的演变　尹振环　贵州文史丛刊　1988 年第 4 期

试论秦晋之好　孙卫国　山西师大学报　1988 年第 4 期

秦国史钩沉　韩伟　文物天地　1988 年第 5 期

关于商鞅变法的几个问题　许垣　齐鲁学刊　1988 年第 5 期

秦人的开拓精神和秦国的开放改革　林剑鸣　陕西日报　1988 年 5 月 1 日

论秦统一中国的战略　徐敏　中国社会科学院研究生院学报　1989 年第 3 期

焚书坑儒辨析　余宗超　史志文萃　1989 年第 2、3 期

燕亡于秦管见　杨东晨　咸阳师专学报　1989 年第 3、4 期

"焚书坑儒"与秦代经学　李景明　齐鲁学刊　1989 年第 4 期

一个错误的逻辑推理——就翦伯赞先生关于秦始皇统一中国的论述中的一

段话提出质疑　敖林珠　宜春师专学报　1989 年第 4 期

"焚书坑儒"问题再议　韩玉德　秦汉史论丛（第四辑）　西北大学出版社 1989 年 6 月

秦始皇"焚书坑儒"辨析　张世龙　文史知识　1989 年第 6 期

近年来商鞅变法研究述评　张东刚　中国史研究动态　1989 年第 11 期

"商君死，秦法未败"的原因与启示　竺培升　湖北师范学院学报　1990 年第 1 期

谈秦始皇"南取百越之地"　龚鹏九　广西民族研究　1990 年第 2 期

谈商鞅变法的历史功绩：兼与黄肃同志商榷　王宇飞　洛阳师专学报 1990 年第 4 期

论秦的宗法制：兼谈胡亥篡位与秦朝灭亡的根本原因　贺润坤　文博 1990 年第 5 期

"焚书坑儒"辨析　张子侠　淮北煤师院学报　1991 年第 2 期

秦的人才政策刍议　薛瑞泽　洛阳师范学院学报　1991 年第 3 期

论秦始皇即位初年统治阶级内部的斗争——兼评吕不韦　夏吉余、魏梦太　聊城师范学院学报　1991 年第 3 期

试论魏秦之争与魏的灭亡　杨东晨　咸阳师专学报　1991 年第 3 期

秦王逐客缘由辨　李厚培　贵阳师专学报　1991 年第 3 期

论秦、西汉宦官势力的形成和发展　李禹阶、陈前进　学术界　1991 年第 3 期

浅析秦统一中国的军事原因　屈建军　咸阳师专学报　1991 年第 4 期

关于秦始皇统一中国的年代问题　严宾　文史哲　1991 年第 5 期

商鞅变法前秦国落后说质疑　黄肃　洛阳师专学报　1992 年第 1 期

从"约法三章"看秦与六国的心理隔阂　臧知非　山东社会科学　1992 年第 2 期

秦国外戚干政的历史条件　李禹阶　重庆师院学报　1992 年第 3 期

秦国灭齐的思考　王志民　管子学刊　1992 年第 3 期

论秦始皇统一中国的年代问题——兼与严宾先生商榷　张金光　文史哲 1992 年第 6 期

论战国时期的秦国外交　金元山、王勇　沈阳师范大学学报　1993 年第

1 期

"焚书坑儒"与"独尊儒术"原因的双向考察　孙福喜　宁夏大学学报 1993 年第 1 期

试论秦一统格局对中国历史的消极影响　黎俊峰　青海师范大学学报 1993 年第 2 期

荆轲刺秦王试论　吴从松　贵州文史丛刊　1993 年第 2 期

法家思想与秦亡关系新探　李国明、霍存福　当代法学　1993 年第 3 期

吴起与商鞅变法的历史启示　朝容、吉昌　荆州师专学报　1993 年第 4 期

秦汉理论　张力　四川师院学报　1993 年第 4 期

关于秦"尊吏道"的评价　杨普罗　甘肃社会科学　1993 年第 6 期

秦并巴蜀在秦统一中的战略地位　刘淑梅　北方论丛　1993 年第 6 期

略论秦汉的相权　张凯声　文史知识　1993 年第 9 期

秦汉政治家的爱国思想与强国经略　王子今　光明日报　1993 年 6 月 7 日

秦惠文王行年问题与先秦冠礼年龄的演变　王晖　秦文化论丛（第二辑）西北大学出版社　1993 年 12 月

法家政治与秦的兴衰——兼论战争环境是法家政治的适合土壤　张仲立　秦文化论丛（第二辑）　西北大学出版社　1993 年 12 月

试论秦汉时期的改革　王汉昌　河北大学学报　1994 年第 1 期

"焚书坑儒"的悲剧剖析　晋文　淮海文汇　1994 年第 1 期

秦代皇权与中央集权的历史命运　齐万良　秦陵秦俑研究动态　1994 年第 1 期

从秦始皇治国方略看秦王朝的兴亡　唐群　秦陵秦俑研究动态　1994 年第 1 期

论商鞅变法　洪家义　南京大学学报　1994 年第 1 期

试论秦国人才结构的特点　李喆　宁夏教育学院银川师专学报　1994 年第 1 期

秦朝人事行政论要　张创新　长白学刊　1994 年第 2 期

论秦汉碣石宫的兴建及其对巩固帝国统一的历史作用　金家广　河北大学学报　1994 年第 2 期

商鞅为何"刑弃灰于道者"　张子侠　淮北煤师专学报　1994年第2期

商鞅变法的基本思路探讨　贺嘉、晁农平　唐都学刊　1994年第2期

略论秦王朝的覆灭　夏子贤　安庆师院学报　1994年第2期

论五德终始说在秦的作用和影响　赵潇　齐鲁学刊　1994年第2期

秦朝灭亡原因管见　张鸣　安徽史学　1994年第3期

秦亡与汉初的黄老政治　田静　人文杂志　1994年第3期

法家政治与秦的兴亡　杨沛明　安徽史学　1994年第4期

商鞅变法史事考　晁福林　人文杂志　1994年第4期

商鞅变法及其相关问题　斯维至　陕西师范大学历史系学术论文集　陕西人民教育出版社　1994年6月

商鞅变法与中国封建社会的长期延续　杨善群　学术月刊　1994年第12期

秦政——百代之模式　刘泽华　秦文化论丛(第三辑)　西北大学出版社　1994年12月

秦行郡县利弊论　李鼎铉　秦文化论丛(第三辑)　西北大学出版社　1994年12月

论周天子三贺秦　党焕英　秦文化论丛(第三辑)　西北大学出版社　1994年12月

秦二世元年东巡史事考略　王子今　秦文化论丛(第三辑)　西北大学出版社　1994年12月

秦统一中国的邦交策略　徐卫民　秦文化论丛(第三辑)　西北大学出版社　1994年12月

秦朝究竟亡于何时　叶永新　人文杂志　1995年第1期

论秦代之治贪惩腐　温晓莉　西南民族学院学报　1995年第1期

秦汉五德终始初探　汤其领　史学月刊　1995年第1期

秦汉平南越考　王汀生　广州师院学报　1995年第1期

秦隋短命是必然性和偶然性的重合　韩隆福　益阳师专学报　1995年第2期

惊人相似的历史局面——兼论秦、隋速亡及汉唐长久兴盛的原因　高凯　南都学坛　1995年第2期

试论秦始皇的焚书坑儒　李舟　太原师专学报　1995年第3期

从秦统一六国看宗法制的作用　唐群　秦陵秦俑研究动态　1995年第4期

对秦亡后诸侯裂土分封的再认识　陈玉屏　天府新论　1995年第5期

关于"愚民""焚书"及"坑儒"（读史札记）　曾敏之　东方文化　1995年第5期

试论商鞅变法对秦宗法观念的影响　刘芳　先秦史与巴蜀文化论集　历史教学社　1995年10月

秦楚争霸和中国统一　[日]鹤间和幸　日中文化交流（七）　1995年12月

秦始皇帝陵建设的时代　[日]鹤间和幸　东洋史研究（53—4）　1995年12月

秦帝国的吏观念　[日]汤浅邦弘　日本中国学会报（47）　1995年

围绕秦之内史的诸问题　[日]重近启树　国家和民众　1995年

司马迁的时代和始皇帝　[日]鹤间和幸　东洋学报　77卷第1—2期　1995年

有关汉代秦王朝史观的变迁　[日]鹤间和幸　茨城大学教养部纪要　第29期　1995年

秦始皇铸造十二金人的原因　王双怀　秦陵秦俑研究动态　1996年第3期

"乌生头，马生角"虚妄辨　贺润坤　秦陵秦俑研究动态　1996年第3期

国家意识与秦的统一和速亡　程远　人文杂志　1996年第4期

焚书坑儒别论　雷生友　武陵学刊　1996年第5期

秦亡汉兴之因再探　吴刚、刘小洪　学术月刊　1996年第8期

试论"三户亡秦"的历史应验　鲁马　淮海文汇　1996年第8期

秦未灭周辨——秦始皇实未完全统一中国说　张颖、陈速　人文杂志　1996年增刊

秦汉之际的受命改制说与儒学独尊　陈桐生　齐鲁学刊　1997年第1期

试论地理环境与秦霸业　申翔　西北史地　1997年第1期

楚人事秦与秦朝统一　蔡靖泉　江汉论坛　1997年第1期

秦汉地方政府郡、县、乡三级管理体制　袁刚　地方政府管理　1997年第

3 期

从制度创新看商鞅变法　田霖霞　甘肃社会科学　1997 年第 3 期

春秋战国秦变强大诸原因探析　康德文、潘秀珍　广东民族学院学报 1997 年第 3 期

变革：秦胜六国的根本原因　李明智　中国行政管理　1997 年第 3 期

病态统治者——秦亡的另一因素　郝光陆　秦陵秦俑研究动态　1997 年第 4 期

秦亡王子婴辨疑　郭守信　社会科学辑刊　1997 年第 4 期

六国卑秦与秦的统一：秦民族心理与秦发展的思考　徐俊祥　扬州大学学报　1997 年第 5 期

郡国并行制是不可跨越的历史阶段　王关成　秦文化论丛（第五辑）　西北大学出版社　1997 年 6 月

新体制下的旧操作——试论秦亡之历史原因　李淑萍　秦文化论丛（第五辑）　西北大学出版社　1997 年 6 月

秦隋速亡原因探析　徐卫民　秦文化论丛（第五辑）　西北大学出版社 1997 年 6 月

战国时秦国中央官制的转变与王权的加强　李金学　陕西历史博物馆馆刊（第四辑）　西北大学出版社　1997 年 10 月

秦栎阳变法与咸阳变法的比较研究　樊志民　人文杂志　1997 年增刊

秦王逐客的导火线　吴天明　人文杂志　1997 年增刊

秦王逐客新解　吴天明　山东师大学报　1997 年增刊

巴蜀文化的地域差异及秦的郡县控制　[韩]金秉骏著，段渝校译　中华文化论坛　1998 年第 1 期

秦朝政治与谶纬　王仲修、万昌华　泰安师专学报　1998 年第 1 期

法家思想与秦的速亡　刘仲一　求是学刊　1998 年第 3 期

秦取野王与秦灭三晋　程峰　益阳师专学报　1998 年第 4 期

秦土地改革运动论　李元　求是学刊　1998 年第 4 期

再考秦始皇统一中国的年代问题　严宾　河北学刊　1998 年第 5 期

秦始皇造铸"金人十二"之谜　王子今　陕西历史博物馆馆刊（第 5 辑）　西北大学出版社　1998 年 6 月

文化矛盾与秦的灭亡　任建库　秦文化论丛（第六辑）　西北大学出版社　1998 年 7 月

汉初关于秦亡的治乱探索思潮及其历史作用　张仲立　秦文化论丛（第六辑）　西北大学出版社　1998 年 7 月

邹衍与秦政　李铨　秦文化论丛（第六辑）　西北大学出版社　1998 年 7 月；庆北史学第 21 辑——金烨博士停年史学论丛　庆北史学会　1998 年 8 月

始皇帝和秦王朝的兴亡——《史记·秦始皇本纪》的历史观　[日]藤田胜久著，黄雪美译　秦文化论丛（第六辑）　西北大学出版社　1998 年 7 月

试论春秋时期秦国的外交策略　郭淑珍　秦陵秦俑研究动态　1998 年第 4 期；秦文化论丛（第七辑）　西北大学出版社　1999 年 6 月

邹衍与秦政　张文立　庆北史学第 21 辑——金烨博士停年纪念史学论丛　庆北史学会　1998 年 8 月

秦汉公文文书与国家行政管理　卜宪群　文史知识　1998 年第 8 期

秦朝禁儒运动及其社会后果　梁宗华　管子学刊　1999 年第 2 期

论秦汉移民政策　庞慧　韩山师范学院学报　2000 年第 1 期

可以避免而不去避免的历史错误——关于秦始皇及秦亡问题的再思考　刘敏　秦俑秦文化研究——秦俑学第五届学术讨论会论文集　陕西人民出版社　2000 年 8 月

秦人的崛起与统一六国　济深　中国文物世界　2000 年第 9 期

秦汉之际的裂土分封思想　魏明枢　嘉应大学学报　2001 年第 1 期

战国时期齐秦变革之比较　张杰、许江善　管子学刊　2001 年第 2 期

"焚书坑儒"与"独尊儒术"　张玉书、杨晓青　管子学刊　2001 年第 3 期

秦朝法治失败原因的理性思考　史广全　求实学刊　2001 年第 3 期

略论秦汉道制的演变　杨建　中国历史地理论丛　2001 年第 4 期

先秦秦汉时期的天、君、民关系述论　张仁玺　山东师大学报　2001 年第 5 期

秦国君远行史迹考述　王子今　秦文化论丛（第八辑）　陕西人民出版社　2001 年 8 月

秦帝国军政形势演变概论　王关成　秦文化论丛（第八辑）　陕西人民出版社　2001 年 8 月

论宣太后与魏冉的专权　刘景纯　秦文化论丛(第八辑)　陕西人民出版社　2001年8月

赵武灵王胡服骑射及其对秦的影响　何清谷　秦文化论丛(第八辑)　陕西人民出版社　2001年8月

秦始皇执着求仙的原因探析　王绍东　秦文化论丛(第八辑)　陕西人民出版社　2001年8月

中国西部与秦的统一　张文立　秦文化论丛(第八辑)　陕西人民出版社　2001年8月

秦国富强卒并诸侯之地理环境条件探析　朱士光　秦文化论丛(第八辑)　陕西人民出版社　2001年8月

试论秦汉中央政权对西南地区的控制　丁毅华　秦汉史论丛(第八辑)　云南大学出版社　2001年9月

论秦汉中央政权对西南夷的经营　刘敏　秦汉史论丛(第八辑)　云南大学出版社　2001年9月

"王者无外"和"夷夏之防"——秦汉时期边疆思想论略　龚留柱　秦汉史论丛(第八辑)　云南大学出版社　2001年9月

秦国何以能统一华夏　姚立民　历史月刊　2001年第10期

"使黔首自实田"是秦末农民战争爆发的主要原因　杨兆荣　秦汉史论丛(第八辑)　云南大学出版社　2001年9月

秦始皇与汉武帝的人才观和用人政策异同论　贺润坤　纪念林剑鸣教授史学论文集　中国社会科学出版社　2002年1月

事功精神：秦兴亡史的文化阐释　王健　江海学刊　2002年第2期

秦始皇"尊奖并兼之人"辨析　崔向东　锦州师范学院学报　2002年第2期

秦亡新论　胡鸣焕　咸阳师范学院学报　2002年第3期

秦人西部开发的历史反思　汪受宽　西北第二民族学院学报　2002年第3期

秦始皇的"真人"追求探析　孙生　西北民族学院学报　2002年第3期

对秦汉"强干弱枝"政策的再思考　庄辉明　历史教学问题　2002年第4期

秦代的"隐官""隐宫"考　刘瑞　秦文化论丛(第九辑)　西北大学出版社　2002年7月

德、礼、法的嬗变与渗透——秦国政治思想杂论　刘文瑞　秦文化论丛(第九辑)　西北大学出版社　2002年7月

"秦德"考鉴　王子今　秦文化论丛(第九辑)　西北大学出版社　2002年7月

秦始皇尊奖乌氏倮和巴寡妇清动因探析　崔向东　秦文化论丛(第九辑)　西北大学出版社　2002年7月

秦国成功的人才战略　汪受宽　光明日报　2002年7月23日

秦汉政治史观的演变历程　宋艳萍、莫永红　史学月刊　2002年第8期

论秦人的价值取向与秦国的人才强国战略　贾霄锋、解梅　辽宁教育学院学报　2003年第1期

秦统一六国原因的再探讨　孙斌来　人文杂志　2003年第1期

中原客卿与秦王朝的统一　许禾钢　中州今古　2003年第1期

秦亡观阐微：对商鞅变法的再探讨　陈涛　太原理工大学学报　2003年第2期

秦的覆亡与文景之治　甄喆实　求是学刊　2003年第3期

谈焚书坑儒发生的原因——兼论周、淳之争的缘起　朱国伟　菏泽师范专科学校学报　2003年第3期

秦朝"盗"考论　张功　甘肃高师学报　2003年第4期

秦亡于二世的历史文化原因因素考察　王绍东、孙志敏　内蒙古大学学报　2003年第5期

秦帝国灭亡的历史反思　刘占成　秦文化论丛(第十辑)　三秦出版社　2003年7月

论秦始皇巩固统一的措施及其历史影响　魏明枢　广州大学学报　2003年第8期

从政治文化和社会结构的观点论秦的速亡　赵沛　秦都咸阳与秦文化研究　陕西人民教育出版社　2003年11月

秦文化与西部时代　梁中效　西南师范大学学报　2002年第5期；秦都咸阳与秦文化研究　陕西人民教育出版社　2003年11月

先秦人的"中国观"与秦统一　何志虎　秦都咸阳与秦文化研究　陕西人民教育出版社　2003年11月

重法轻德与秦王朝短命而亡　田东奎　秦都咸阳与秦文化研究　陕西人民教育出版社　2003年11月

从《吕氏春秋·察今》看秦人的变革意识和创新实践　牛芸、高忠玉　秦都咸阳与秦文化研究　陕西人民教育出版社　2003年11月

试论战国后期的秦赵关系——兼评赵国灭亡的根本原因　侯廷生、郝良真　周秦文化与社会研究　陕西师范大学出版社　2003年12月

"沙丘之谋"相关问题考辨　孙文礼　沙洋师范高等专科学校学报　2003年专辑

论秦自商鞅变法后的逃亡现象　施伟青　中国社会经济史研究　2004年第2期；中国古代史论丛　岳麓书社　2004年8月

制度性腐败：秦帝国忽亡的原因分析　曹英　江苏社会科学　2004年第2期

秦人政治文化的特色　王世荣　西北大学学报　2004年第2期

月令与秦汉政治再探讨——兼论月令源流　杨振红　历史研究　2004年第3期

战国秦汉时期舍人试探　沈刚　南都学坛　2004年第5期

秦国灭齐的文化思考　王志民　社会科学家　2004年第5期

秦皇朝覆亡新论：兼谈文化交流的一些理论问题　胡克森　北京行政学院学报　2004年第5期

关于秦朝"逆取顺守"之假说　王绍东　内蒙古大学学报　2004年第6期

法家思想与秦王朝灭亡关系新论　徐卫民　西北大学学报　2005年第4期

秦汉的"书记"　[韩]金烨　秦汉史论丛（第九辑）　三秦出版社　2004年7月

秦始皇并未焚烧科技书籍　李迪　寻根　2005年第1期

齐鲁文化与秦朝政治　孟祥才　秦汉思想文化研究：中国秦汉思想文化国际学术研讨会论文集　希望出版社　2005年7月

法家思想与秦朝灭亡关系新论　徐卫民　秦汉思想文化研究：中国秦汉思

想文化国际学术研讨会论文集　希望出版社　2005年7月

从秦人"好利"再论秦王朝短命的原因　房占红　河南师范大学学报2006年第1期

权力规范学术的思想史实践——从"焚书令"看意识形态对知识形态的区分与控制　雷戈　南京师大学报　2006年第2期

《史记·六国年表》秦王纪年九问　关守义、罗见今　周秦汉唐文化研究（第四辑）　三秦出版社　2006年3月

论秦朝灭亡标志　章日春　船山学刊　2006年第4期

秦"沙丘之变"探析　李云豪　人民政协报　2006年6月5日

秦始皇"书同文字"新探　臧知非　陕西历史博物馆馆刊（第13辑）　三秦出版社　2006年6月

《商君书·徕民》与商鞅变法的一项重要措施　孙斌来　陕西历史博物馆馆刊（第13辑）　三秦出版社　2006年6月

秦始皇遗诏真伪辨析　张占民　周秦文明论丛（一）　陕西人民出版社2006年8月

秦隋速亡原因的逻辑分析　李玉梅　宜宾学院学报　2006年第10期

秦火未殃及兵书谈　田旭东　西部考古（第一辑）　三秦出版社　2006年10月

秦朝速亡的教训及其启示　井琪　理论学刊　2006年第11期

秦工室考述　陈治国、张卫星　咸阳师范学院学报　2007年第1期

意识形态视角下的秦朝灭亡　李锋敏　河西学院学报　2007年第1期

试论秦迅速崛起的原因　吴波　黑龙江教育学院学报　2007年第1期

秦朝行政制度文化的创新及其历史地位　黄栋法　西安财经学院学报2007年第2期

秦始皇移民政策的政治功能　杨洪贵　宝鸡文理学院学报　2007年第2期

秦朝首创的君主专制制度　黄栋法　华夏文化　2007年第3期

秦朝中央集权制度迅速瓦解之原因探析　李岭梅　河南司法警官职业学院学报　2007年第3期

重利观念与秦统一　刘高远　焦作大学学报　2007年第3期

秦统一六国的地理因素分析　李香莲　山西煤炭管理干部学院学报　2007年第4期

试论统一进程中秦的第二条路线　吕劲松　秦陵秦俑研究动态　2007年第4期

对统一后秦王朝速亡原因的再分析　宋立恒　内蒙古民族大学学报　2007年第5期

秦国连横外交的衍变及其作用　苗润莲　咸阳师范学院学报　2007年第5期

关于"焚书坑儒"研究的几个问题　李殿元　文史杂志　2007年第6期

秦朝文化的特征与秦的速亡　耿华玲　华章　2007年第7期

秦亡年月辨疑　党超、张红杰　秦文化论丛（第十四辑）　三秦出版社2007年10月

秦汉统一战略的思维方式与地理因素　黄朴民　北方论丛　2008年第1期

从秦朝的"二世而亡"看秦制和秦政的得失　高专诚　山西社会主义学院学报　2008年第1期

关于吕氏兴衰的几点思考　杜维霞、巴杰　沧桑　2008年第1期

科技与社会互动视角下的商鞅变法　杨慧芳　中共山西省委党校学报　2008年第2期

秦汉时期"吏民"的一体性和等级特点　刘敏　中国史研究　2008年第3期

论统一后秦高压政策下士人阶层的不同抉择　王绍东　西安财经学院学报　2008年第3期

秦"以吏为师、以法为教"的渊源与流变　臧知非　江苏行政学院学报　2008年第4期

由秦朝崩溃之谜说开去　李开元、雷天　博览群书　2008年第4期

秦亡的内部原因剖析　王义全、徐益　贵州文史丛刊　2008年第4期

忽视道德教化：秦王朝灭亡原因的文化视角　孟祥才　西安财经学院学报　2008年第5期

"大一统"原则规范下的秦汉政治与文化　黄朴民　学海　2008年第5期

秦国、秦朝实行郡县制的原因探析　黄栋法、罗昱立　西安财经学院学报 2008 年第 6 期

也谈"焚书坑儒"　欧阳祯人　求索　2008 年第 10 期

秦统一战争中的第五纵队　芦建华、张宁　秦文化论丛（第十五辑）　三秦出版社　2008 年 10 月

谣谚、"楚辞"与"亡秦必楚"　胡克森　邵阳学院学报　2009 年第 1 期

对秦朝速亡原因的再分析　崔文萍　内蒙古农业大学学报　2009 年第 6 期

浅谈秦始皇焚书　张鹏程　重庆科技学院学报　2009 年第 8 期

论秦始皇文化专制政策对占卜文化发展的促进作用　欧阳傲雪、王晖　秦汉研究（第三辑）　陕西人民出版社　2009 年 8 月

秦末反秦斗争的区域文化背景及冲突　于佳彬　秦汉研究（第三辑）　陕西人民出版社　2009 年 8 月

论"亡秦之鉴"对中国古代政治的影响　王绍东　秦汉研究（第三辑）　陕西人民出版社　2009 年 8 月

秦统一原因的技术层面考察　王子今　社会科学战线　2009 年第 9 期

秦始皇嬴政的统一事业　王子今　秦汉史论——何清谷教授八十华诞庆祝文集　三秦出版社　2009 年 10 月

秦王朝灭亡原因的再探究　蒋福军　牡丹江大学学报　2009 年第 11 期

秦汉的"土崩"与"瓦解"：从社会危机到农民战争　龚留柱　国学学刊 2010 年第 1 期

从秦始皇的为政观看秦帝国的速亡　李瑞红　潍坊学院学报　2010 年第 1 期

"宿卫京城 于史无证"证谬：兼记秦二世皇帝钦定的一次救世善举　张虎安　唐都学刊　2010 年第 1 期

秦始皇"焚书坑儒"和儒生保卫文化的斗争　臧嵘　邯郸学院学报　2010 年第 2 期

秦汉兴衰：文化选择的决定作用　刘跃进　百色学院学报　2010 年第 4 期

从秦统一后的政策导向看秦的速亡　史建刚　沧桑　2010 年第 8 期

简帛与秦汉地方行政制度史研究　卜宪群　国学学刊　2010 年第 4 期；人

大复印资料·先秦秦汉史　2011年第3期

秦昭王灭义渠与秦统一的关系　王冉　中国民族报　2010年4月23日

儒法冲突与帝王心术:秦公子扶苏悲剧浅析　王效峰　咸阳师范学院学报 2010年第5期

焚书坑儒的真伪虚实——半桩伪造的历史　李开元　史学集刊　2010年第6期;人大复印资料·先秦秦汉史　2011年第1期

秦代"孝治天下"的政治尝试　邓乐群、吴凡明　湘潭大学学报　2010年第6期

大一统专制权力之象征体系的完成:从秦皇到汉武　李宪堂　文史哲 2010年第6期

统一郡县制与社会矛盾的集中——秦朝速亡的制度史分析　高海云　秦汉研究(第四辑)　三秦出版社　2010年8月

秦始皇创水德制度与阴阳五行学说　杨岗　秦俑博物馆开馆三十周年秦俑学第七届年会国际学术研讨会论文集　三秦出版社　2010年8月

秦始皇巡狩与封建政治文化析论　何平立、沈瑞英　秦俑博物馆开馆三十周年秦俑学第七届年会国际学术研讨会论文集　三秦出版社　2010年8月

秦统一与灭亡的政治文化原因思考　王勇、叶晔　秦俑博物馆开馆三十周年秦俑学第七届年会国际学术研讨会论文集　三秦出版社　2010年8月

试论春秋战国时期秦国统治集团主要的政治阶层　王煊　秦俑博物馆开馆三十周年秦俑学第七届年会国际学术研讨会论文集　三秦出版社　2010年8月

从考古发现谈战国时期秦楚关系　高崇文　秦俑博物馆开馆三十周年秦俑学第七届年会国际学术研讨会论文集　三秦出版社　2010年8月

秦早期对关中东部经营试析　张天恩　秦俑博物馆开馆三十周年秦俑学第七届年会国际学术研讨会论文集　三秦出版社　2010年8月

秦灭齐国的经济制度因素探讨　齐廉允　中共济南市委党校学报　2011年第3期

秦末战争性质异说:兼论楚、汉分封问题　夏增民　咸阳师范学院学报 2011年第3期

轰然倒塌:秦朝覆亡真相　彭勇　决策与信息　2011年第6期

论学术在秦统一中的作用　陆青松　社会科学论坛　2011 年第 7 期

浅论秦朝灭亡的原因　李双雄　赤峰学院学报　2011 年第 10 期

秦文化对秦朝兴亡的影响　邬昊洋、陈晓鸣　三峡大学学报　2011 年 6 月第 33 卷增刊

谈谈怀疑秦始皇"坑儒"记载不真实的理由　马执斌　邯郸学院学报　2012 年第 1 期

"坑儒"一事真伪辨——与李开元先生商榷　代国玺　史学集刊　2012 年第 1 期；人大复印资料·先秦秦汉史　2012 年第 3 期

秦朝灭亡的原因新论——基于心理视角的考察　于海兰　湛江师范学院学报　2012 年第 2 期

略论秦朝灭亡的原因　于海兰　福建省社会主义学院学报　2012 年第 2 期

秦代政治与儒家伦理探微：以秦刻石铭文为中心　王健　安徽史学　2012 年第 3 期

浅析秦朝思想教化机制的形成及其特点——兼论秦朝覆亡的原因　郧在廷　北京印刷学院学报　2012 年第 3 期

战国中期秦、齐两国称帝及其迅速废除帝号的原因　吉家友　信阳师范学院学报　2012 年第 3 期

三方博弈下的秦汉共同体及皇帝的利益代言　王瑰　西安文理学院学报　2012 年第 4 期

秦国"以法治国"成败及对后世的影响　张宏亮　内蒙古电大学刊　2012 年第 4 期

战国及秦：国家索取制度的形成与定型化　张金光　西安财经学院学报　2012 年第 5 期

秦统一局面的再认识　王子今　辽宁大学学报　2013 年第 1 期

论秦始皇之"大"　王炜杰　哈尔滨学院学报　2013 年第 1 期

关于秦朝北击匈奴的若干问题辨析　王绍东　西安财经学院学报　2013 年第 1 期

秦始皇权力万能思想与秦朝政治　王绍东　咸阳师范学院学报　2013 年第 1 期

秦功利主义伦理观念的确立与实践　田延峰　咸阳师范学院学报　2013年第1期

从历史"合力论"的角度再论秦末农民战争与汉王朝的建立　邓欢　淮北师范大学学报　2013年第1期

秦汉时期刺客叙事的变迁——由《史记·刺客列传》到"汉武梁祠画像"中的"要离刺庆忌"　李纪祥　文史哲　2013年第1期；人大复印资料·先秦秦汉史　2013年第2期

秦亡汉兴的历史原因　龙芊良　唐山学院学报　2013年第2期

泗水郡的反秦起义与夷夏东西之争：兼论徐淮文化所受到的复杂影响　王青　湖湘论坛　2013年第3期

间谍战在秦统一中的应用及效果　吉家友　信阳师范学院学报　2013年第3期

秦朝的隐逸现象及隐士政策　蒋波　河北学刊　2013年第4期

论秦的"错法成俗"与社会变革　田延峰　西安财经学院学报　2013年第4期

秦亡于法家说质疑　乔松林　史学月刊　2013年第6期

秦并六国前的地缘战略转变　任建库　秦始皇帝陵博物院（总叁辑）　三秦出版社　2013年8月

"大一统"之梦——秦汉政治文化的时代精神　黄朴民　文史知识　2013年第9期

秦汉社会如何评价北击匈奴的战争　王绍东　秦汉研究（第七辑）　陕西人民出版社　2013年10月

解读里耶秦简——秦代地方行政制度　[加]叶山、胡川安　简帛（第八辑）　上海古籍出版社　2013年10月

秦始皇东巡与秦王朝国家认同的建构　彭丰文　东岳论丛　2014年第9期

试论秦人功利主义的渊源——华夏边缘的成长环境对秦人价值观的影响　刘中和、曾丽荣　秦汉研究（第八辑）　陕西人民出版社　2014年9月

秦赵博弈与战国后期的历史发展　林献忠　邯郸学院学报　2015年第1期

三次刺杀行为对秦始皇地域政策失误的影响　孙家洲　河北学刊　2013

年第 4 期

秦国为何能后来居上　高水丽、唐小春　秦汉历史文化的前沿视野：第二届中国秦汉史高层论坛文集　知识产权出版社　2015 年 1 月

秦穆公称霸与秦文化的区域互动　吴保传、刘哲　西安财经学院学报　2015 年第 2 期

秦兼并战争中的"出其人"政策：上古移民史的特例　王子今　文史哲　2015 年第 4 期

"民心"决定论的困境：以秦亡汉兴为例　刘巍　北京理工大学学报　2015 年第 4 期

逐鹿或天命：汉人眼中的秦亡汉兴　侯旭东　中国社会科学　2015 年第 4 期；人大复印资料·先秦秦汉史　2015 年第 5 期

论秦始皇的自我历史定位及其影响　王绍东　西安财经学院学报　2015 年第 6 期

秦朝"书同文字"浅议——兼论秦始皇东巡刻石在汉字汉语发展史上的地位和作用　柳明瑞　秦文化探研——甘肃秦文化研究会第二次学术研讨会论文集　甘肃人民出版社　2015 年 11 月

韩非使秦与秦、韩外交关系的终结　马世年　秦文化探研——甘肃秦文化研究会第二次学术研讨会论文集　甘肃人民出版社　2015 年 11 月

试析秦人西垂建国的历史动因　马建营　秦文化探研——甘肃秦文化研究会第二次学术研讨会论文集　甘肃人民出版社　2015 年 11 月

秦早期邦交思想研究　安奇贤　秦文化探研——甘肃秦文化研究会第二次学术研讨会论文集　甘肃人民出版社　2015 年 11 月

秦人的大交通意识奠定了国家大统一基础　魏建军　秦文化探研——甘肃秦文化研究会第二次学术研讨会论文集　甘肃人民出版社　2015 年 11 月

外来人才对秦帝国兴亡的作用　李晓巧　文史天地　2017 年第 1 期

王迹之兴起于闾巷：城市平民的兴起与秦末战争　何一民、冯剑　史学月刊　2017 年第 2 期

略论秦统一中国的物质文化基础——以长江流域为视角　张昌平、孙卓　李下蹊华——庆祝李伯谦先生八十华诞论文集　科学出版社　2017 年 2 月

韩学极盛与秦二世而亡　宋洪兵　求是学刊　2017 年第 4 期

论秦王政"之河南""之邯郸""游至郢陈"　王子今　咸阳师范学院学报　2017 年第 5 期

"反间":秦统一进程中的成功策略　孙家洲　咸阳师范学院学报　2017 年第 5 期

秦始皇"天下一统"的历史新识　王子今　光明日报　2017 年 7 月 17 日

"重金收买"与"离间计"在秦统一过程中的作用　孙家洲　光明日报　2017 年 7 月 17 日

东郡之置与秦灭六国——以权力结构与郡制推行为中心　孙闻博　史学月刊　2017 年第 9 期;秦史:崛起与统一　西北大学出版社　2019 年 2 月

"长平之坑"与"新安之坑"　王子今　秦始皇帝陵博物院(总柒辑)　三秦出版社　2017 年 10 月

外诈内信:秦国东进过程中的政治道德　宋超　秦始皇帝陵博物院(总柒辑)　三秦出版社　2017 年 10 月

从《赵正书》看秦始皇最后一次出巡之目的　田旭东　秦始皇帝陵博物院(总柒辑)　三秦出版社　2017 年 10 月

秦灭巴蜀再探　赵宠亮　秦统一的进程与意义　中国社会科学出版社　2017 年 11 月

蕲年宫之变与秦帝国历史转折机会的丧失　李迎春　秦统一的进程与意义　中国社会科学出版社　2017 年 11 月

东北亚走廊与"秦灭燕"　王海　秦统一的进程与意义　中国社会科学出版社　2017 年 11 月

秦统一过程中的"间使"往来与用间机制探微　李斯、李笔戎　秦统一的进程与意义　中国社会科学出版社　2017 年 11 月

秦统一合理化宣传策略的形成及改进——以初并天下诏为中心的探讨　崔建华　秦统一的进程与意义　中国社会科学出版社　2017 年 11 月

秦始皇"议帝号"诏评议　曾磊　秦统一的进程与意义　中国社会科学出版社　2017 年 11 月

秦始皇"久者不赦"剩义说　汪华龙　秦统一的进程与意义　中国社会科学出版社　2017 年 11 月

略论秦代移民与中原文化的扩展　董家宁　秦统一的进程与意义　中国社

会科学出版社　2017 年 11 月

再论秦并天下——认知人类学视野下的统一观念建构　黄旭　秦统一的进程与意义　中国社会科学出版社　2017 年 11 月

从岳麓简"秦更名令"看秦统一对人名的影响　孙兆华　秦统一的进程与意义　中国社会科学出版社　2017 年 11 月

秦二世直道行迹与望夷宫"祠泾"故事　王子今　史学集刊　2018 年第 1 期；秦史：崛起与统一　西北大学出版社　2019 年 2 月

从"要服"到华夏：秦人统一前后夷夏身份的转变与整合　袁宝龙　中国社会科学院研究生院学报　2018 年第 2 期

"并天下"：秦统一的历史定位与政治表述——以上古大一统帝王世系为背景　孙闻博　史学月刊　2018 年第 9 期

从秦文化的特殊性分析秦统一的必然性　徐卫民　秦始皇帝陵博物院（总捌辑）　西北大学出版社　2018 年 9 月；秦史：崛起与统一　西北大学出版社　2019 年 2 月

"焚书坑儒"之我见　陈生玺　碑林论丛（二十三辑）　三秦出版社　2018 年 12 月

秦朝"政治记忆"的重塑与政权合法性建设：以秦始皇诏令刻石为线索　张功　华中国学　2019 年第 1 期

秦惠文王对外战争述论　叶秋菊　秦史：崛起与统一　西北大学出版社　2019 年 2 月

"离间计"在秦统一过程中的作用及其源流简析　孙家洲　秦史：崛起与统一　西北大学出版社　2019 年 2 月

论秦统一战争中对齐外交战略　卢鹰　秦史：崛起与统一　西北大学出版社　2019 年 2 月

秦二世"坏宗庙"试解　邱文杰　唐都学刊　2019 年第 4 期

秦亡——法家思想不可承受之责的探析　姜登峰　中国政法大学学报　2019 年第 4 期

《史记·秦始皇本纪》所记成蟜叛乱考释　景凯东　唐都学刊　2019 年第 4 期

秦亡——法家思想不可承受之责的探析　姜登峰　中国政法大学学报

2019年第4期

(三)统治思想

"秦汉之际"的政治和思想　周辅成　光明日报　1954年8月25日

略论秦汉统治思想的两次重大转变　臧云浦　徐州师范学院学报　1982年第4期

秦尚水德说质疑　呼林贵　考古与文物　1983年第2期

秦汉思想简议　李泽厚　中国社会科学　1984年第2期

秦汉之际地主阶级对统治思想的探索　张洪波　安庆师院学报　1985年第2期

秦尚水德无可置疑　林剑鸣　考古与文物　1985年第2期

秦王朝:一个没有理论的时代——对法家思想与秦代实践关系的反思　邵勤　华东师范大学学报　1985年第6期

水德与秦制　刘宝才　西北大学学报　1986年第1期

试论战国、秦、汉时期立法指导思想的演变　张家洲　杭州师院学报　1986年第1期

秦汉时期的统治思想和思想统治　熊铁基　华中师范大学学报　1987年第2期

秦王朝统治思想的结构和衍变　刘修明　学术月刊　1988年第1期

秦代政治思想简论　王克奇　东岳论丛　1989年第2期

秦始皇与吕不韦政治思想异同新论　张广汇　北方论丛　1990年第2期

秦代的统治思想　[日]堀毅　秦陵秦俑研究动态　1991年第4期

秦汉政治生活中的神秘主义　林剑鸣　历史研究　1991年第4期

论秦汉政治思想的演变　白光华　淮北煤师院学报　1992年第4期

秦汉统治思想的演变与中华民族精神的初步形成　王云度　徐州师院学报　1992年第4期

秦汉理论　张力　四川大学学报　1993年第4期

秦汉政治家的爱国思想与强国经略　王子今　光明日报　1993年6月7日

秦政治思想概论　贺润坤　秦文化论丛(第三辑)　西北大学出版社

1994 年 12 月

从东巡看秦始皇对统治思想的探索　黄宛峰　南都学坛　1995 年第 4 期

论《易传》政治思想的生命力：兼论秦始皇焚书不及《周易》之谜　刘先枚　湖北大学学报　1996 年第 2 期

三纲五常与秦王朝的道德教化　高兵　湖南师范大学社会科学学报　1997 年第 1 期

秦前后期统治思想的变化及其原因　高兵　北方论丛　1997 年第 4 期

试论秦政治文化中的反贪思想及实践　赵沛　秦文化论丛（第七辑）　西北大学出版社　1999 年 6 月

功利主义对秦统一六国的作用　蔡礼彬　天中学刊　2001 年第 1 期

试论秦对东方文化的认同　薛瑞泽　商丘师范学院学报　2001 年第 1 期

秦代书同文的意义及其影响　陈昭容　历史文物月刊　2001 年第 1 期

由"忠仁思士"印略说秦国的社会思想　王志友　陇右文博　2001 年第 2 期

战国时期齐秦变革之比较　张杰、许江善　管子学刊　2001 年第 2 期

秦汉间的儒法合流及其影响　刘宝村　孔子研究　2001 年第 3 期

略论战国秦汉时期的思想整合问题　李学功、张科　史学月刊　2001 年第 3 期

阴阳五行与秦汉政治史观　宋艳萍　史学史研究　2001 年第 3 期

大一统：适乎历史之潮流合乎民族之需要——秦汉中华民族凝聚力的现代启示　彭年　中华文化论坛　2001 年第 3 期

齐与晋秦法家思想之差异　王仲修　齐鲁学刊　2001 年第 6 期

法家事功思想初探——以《商君书》《韩非子》为中心　王健　史学月刊　2001 年第 6 期

试论秦始皇的法外擅权　谭前学　陕西历史博物馆馆刊（第八辑）　三秦出版社　2001 年 6 月；纪念林剑鸣教授史学论文集　中国社会科学出版社　2002 年 1 月

关于秦始皇帝权力威势的思考　张仲立　秦文化论丛（第八辑）　陕西人民出版社　2001 年 8 月

谈秦汉之际的文化整合　张铭洽　秦汉史论丛（第八辑）　云南大学出版

社　2001 年 9 月

秦汉时期的思想文化统一及其评价　钟华　宝鸡文理学院学报　2001 年增刊

试探秦始皇东巡的原因与动机　张华松　东岳论坛　2002 年第 1 期

秦汉神学政治与阴阳五行的文化意义　张强　秦文化论丛（第九辑）　西北大学出版社　2002 年 7 月

从人文精神角度观秦代社会主流文化的得失　吴小强　陕西历史博物馆馆刊（第十辑）　三秦出版社　2003 年 10 月

秦王朝思想路线得失简论　杨生民　秦都咸阳与秦文化研究——秦文化学术研讨会论文集　陕西人民教育出版社　2003 年 11 月

秦政治文化探析　丁毅华　秦都咸阳与秦文化研究——秦文化学术研讨会论文集　陕西人民教育出版社　2003 年 11 月

"驳而霸"探微——荀子眼中的秦国政治探析　臧知非　秦都咸阳与秦文化研究——秦文化学术研讨会论文集　陕西人民教育出版社　2003 年 11 月

秦帝国的道德要求之探析　田延峰　西北大学学报　2004 年第 1 期

秦始皇伐赭湘山发微　张华松　东岳论丛　2004 年第 2 期

"姬别霸王"的历史记忆与"虞美人"的象征歧义　王子今　博览群书 2004 年第 3 期

"法治"的理想与悲剧：商鞅治国思想略论　李永伟　民主与科学　2004 年第 4 期

试论秦对巴蜀分治的原因及影响　张剑涛　重庆三峡学院学报　2004 年第 6 期

秦始皇"焚书坑儒"新论——论秦王朝文化政策的矛盾冲突与演变　李禹阶　重庆师范大学学报　2004 年第 6 期

论周秦"治道"及历史影响　闫晓君　秦文化论丛（第十一辑）　三秦出版社　2004 年 6 月

秦"以吏为师　以法为教"新议　王爱清　秦文化论丛（第十一辑）　三秦出版社　2004 年 6 月

秦代养客之风新论　沈刚　秦文化论丛（第十一辑）　三秦出版社　2004 年 6 月

秦始皇赐公子扶苏书考　孙文礼　秦文化论丛(第十一辑)　三秦出版社　2004年6月

从秦皇到汉武历史急剧震荡的深层含义——论中国皇帝制的生态　管东贵　秦汉史论丛(第九辑)　三秦出版社　2004年7月

秦德述论　田延峰　周秦汉唐文化研究(第三辑)　三秦出版社　2004年11月

在华阴平舒道玉璧的背后：重新认识秦朝政治史　蒋菲菲　文史知识　2004年第12期

秦代"巫现象"杂谈——兼谈秦代的"日者"　张铭洽　陕西历史博物馆馆刊(第11辑)　三秦出版社　2004年12月

秦朝禁儒运动质疑　王中华　云南社会科学　2005年第4期

论秦文化对东方六国文化的两次整合　孟祥才　烟台大学学报　2005年第4期

五德终始学说中的水德与秦汉政治　王绍东、张玉祥　中国社会科学院研究生院学报　2005年第4期

论秦王朝人才强国谋略实施与否的历史启迪　张秋炯　龙岩学院学报　2005年第5期

秦郊祀的演进及对后世的影响　李梅　山东教育学院学报　2005年第5期

论秦畤祭天　李梅　唐都学刊　2005年第6期

秦统治指导思想研究　赵昆生　重庆师范大学学报　2005年第6期

法制社会的建构——论商鞅的社会理想　隋淑芬　贵州社会科学　2005年第6期

从沙丘遗诏看秦始皇的社会建设思想　卜宪群　光明日报　2006年1月24日

刍议秦代人权思想的表现及其特征　叶新源、钟家莲　玉溪师范学院学报　2005年第7期

试论商鞅变法对秦礼制演变的影响　陆青松　安徽广播电视大学学报　2007年第1期

逼士入农——对"焚书坑儒"的另一解读及现代之思　杨天保　百色学院

学报　2007 年第 1 期

"法家独尊"何以可能——试析韩非为确立大一统帝国统治思想所做的理论努力　许家鹏　社会科学家　2007 年第 1 期

神仙观念的由来、变迁和在秦汉的传播　赵雷　青海社会科学　2007 年第 1 期

社会舆论与秦汉政治　赵凯　古代文明　2007 年第 2 期

秦汉时代东夷之道德生活　高恒天　东疆学刊　2007 年第 2 期

秦汉郡县制、罗马行省制与古代中西文明的特点　易宁　求是学刊　2007 年第 3 期

禁忌与战国秦汉社会　王光华　求索　2007 年第 3 期

易学与秦汉思想的发展　张涛、蒿凤　青岛大学师范学院学报　2007 年第 3 期

论秦朝"以法治国"的尝试　梁宁森　濮阳职业技术学院学报　2007 年第 4 期

论中国秦汉时期的政治统治　王学文　山东省农业管理干部学院学报　2007 年第 4 期

战国至汉初神仙观念的演变　赵雷　西北民族大学学报　2007 年第 4 期

秦汉中央集权制的"公天下"因素　张传玺　文史知识　2007 年第 6 期

儒家思想和法家思想对秦前后期统治的影响　吴波　边疆经济与文化　2007 年第 7 期

论法家思想对秦国发展的影响　杨春晔　边疆经济与文化　2007 年第 10 期

从陈胜称王与以扶苏、项燕相倡率的关系看秦汉之际封建与大一统之争　肖应召　秦文化论丛（第十四辑）　三秦出版社　2007 年 10 月

秦"大梓牛神"传说及其巫文化气质　阳清　秦文化论丛（第十四辑）　三秦出版社　2007 年 10 月

秦"严刑峻法论"辩　李超　秦汉研究（第二辑）　三秦出版社　2007 年 11 月

关于法家学说与秦代法制关系探讨　郑颖慧　河北法学　2007 年第 11 期

对秦"收兵""禁武弱民"之说的质疑和辨正　柳方祥　体育科学　2007 年

第 11 期

论秦国统一过程中的间谍战　郑玲童　秦汉研究（第二辑）　三秦出版社 2007 年 11 月

"焚书坑儒"是非说　董强　百科知识　2007 年第 12 期

移风易俗对秦文化变革的影响　杨瑾　西安财经学院学报　2008 年第 1 期

秦汉统治思想的演变轨迹　王尔春　边疆经济与文化　2008 年第 7 期

秦皇汉武之间的"儒"：兼论"焚书坑儒"与"罢黜百家，独尊儒术"　何昊　宝鸡文理院学报　2009 年第 1 期

秦汉时期"大一统"国家理念的形成及统一战争的实践　薛海玲、奚纪荣　军事历史研究　2009 年第 3 期

"霸王道杂之"：秦汉政治文化模式考论　韩星　哲学研究　2009 年第 3 期

秦汉杂家道法思想述论——以《吕氏春秋》和《淮南子》为考察文本　王志林　法学杂志　2009 年第 2 期

从"焚书坑儒"到"独尊儒术"——"周秦之变"背景下秦皇汉武统一意识形态的尝试　代云　南都学坛　2010 年第 5 期

认同与互动：秦灭巴蜀后巴蜀文化变迁的两层面相　杨民　四川文理学院学报　2011 年第 1 期

秦立国思想的演变及影响　崔兰海　淮南师范学院学报　2011 年第 1 期

国家意识形态的缺失与秦亡的宿命　李国娟　道德与文明　2011 年第 3 期

论秦朝统一思想与思想统一的二律背反　孙炜　河南广播电视大学学报 2011 年第 3 期

法家文化与秦朝的兴亡　刘庆东、葛明岩　晋阳学刊　2011 年第 4 期

秦政治文化的语境分析　李桂民　聊城大学学报　2011 年第 4 期

秦帝国政治模式分析　张荣明、刘成栋　天津师范大学学报　2011 年第 4 期

从《廉颇蔺相如列传》看秦赵大战前的外交角力与士气攻防战　林聪舜　信阳师范学院学报　2011 年第 6 期

秦汉历日的内容及功用　刘乐贤　古罗马和秦汉中国——风马牛不相及乎

中华书局　2011年8月

简论尚武精神对秦人社会的影响　李宇、陈洪　山西大学学报　2011年增刊

秦汉时期舆论治理策略探析　贺佐成　兰台世界　2013年第4期

考古材料所见早期秦文化的军事性　王志友　兰州学刊　2014年第5期

"悉召天下文学方术士"至"焚书坑儒"——析秦帝国政权与士人关系的演变　刘力　武汉大学学报　2015年第3期

秦帝国统治思想的狭隘性与局限性　李禹阶、赵昆生　华南师范大学学报　2015年第3期

"车同轨，书同文，行同伦"的文化意义　高凯、赵鹏璞　光明日报　2017年10月23日

秦的统一是文字、疆域和华夏族三个层面的统一　洪春嵘　秦统一的进程与意义　中国社会科学出版社　2017年11月

《仙真人诗》考——兼说秦帝国的思想控制　董涛　秦统一的进程与意义　中国社会科学出版社　2017年11月

"移风易俗，天下向道"：贾谊对商君变法后秦俗的批判　钟良灿　秦统一的进程与意义　中国社会科学出版社　2017年11月

"匡饬异俗"：秦始皇天下同风的奢求　党超　秦统一的进程与意义　中国社会科学出版社　2017年11月

秦"数以六为纪"渊源考　安子毓　中国史研究　2018年第4期

秦对"西戎"的两种控制方式及其历史意义　史党社　欧亚学刊（第7辑）商务印书馆　2018年11月

（四）刑法与法律

周秦以前之秦律考略　司徒黼　民钟季刊　第二卷第3期　1936年

周秦时代礼法刑三观念之变迁　傅尚文　政治经济学报　1944年第2期

秦汉肉刑考　张斗衡　学术丛刊　第1卷第1期　1947年6月

秦汉刑徒的考古资料　张政烺　北京大学学报　1958年第3期

秦汉连坐制度试探　陈自方　北方论丛　1979年第2期

关于秦律中的"居"——《睡虎地秦墓竹简》注释质疑　张铭新　考古

1981 年第 1 期

略论秦的法官法吏制　黄留珠　西北大学学报　1981 年第 1 期

秦汉的民爵、囚徒和谪发　龚鹏九　邵阳师专教与学　1981 年第 3 期

秦代的邮驿法令　许庆发　集邮　1981 年第 7 期

秦王朝关于少数民族的法律及其历史作用　于豪亮　云梦秦简研究　中华书局　1981 年 7 月

秦汉五刑之刑期　张寿仁　简牍学报　第 10 期　1981 年 7 月

秦代赎刑考略　黄真真　简牍学报　第 10 期　1981 年 7 月

"坐"与"连坐"　马先醒　简牍学报　第 10 期　1981 年 7 月

秦朝的法律制度　张晋藩等编著　中国法制史(第一卷第二编)　中国人民大学出版社　1981 年

秦朝的法律制度　萧永清主编　《中国法制史简编》(第二章第一节)　山西人民出版社　1981 年

秦代法律制度初探　林剑鸣　法律史论丛(第一辑)　中国社会科学出版社　1981 年

"车裂"考　谭世保　学术论坛　1982 年第 4 期

秦刑弃灰原因？　黔容　社会科学辑刊　1982 年第 5 期

秦五刑的禀给石数　张寿仁　中国历史学会史学集刊(第 14 期)　1982 年 5 月

秦朝的法律制度　法学教材编辑部《中国法制史》编写组　《中国法制史》第五章　群众出版社　1982 年

秦季法律思想初探　陈抗生　法学评论　1983 年第 1 期

论商鞅改法为律　程天权　复旦学报　1983 年第 1 期

秦汉时代刑徒从军问题初探　荀德麟　苏州大学学报　1983 年第 3 期

骊山刑徒辨析　胡留元、冯卓慧　人文杂志　1983 年第 4 期

秦汉贼律考　[日]堀毅　庆应义塾创立 125 年纪念论文集　1983 年 10 月;秦汉法制史论考　法律出版社　1988 年 10 月

浅谈秦代经济立法　陈汉生　法史研究文集　1983 年

秦朝的法律制度　游绍尹、吴传太　中国政治法律制度简史　湖北人民出版社　1983 年

秦朝的律令学——兼论曹魏律博士的出现　邢义田　历史语言研究所集刊　1983 年 11 月

秦汉的劳役刑　［日］富谷至　东方学报　1983 年 11 月；中国史研究动态 1984 年第 3 期

近代出土的秦律　李甲孚　中国法制史　1983 年；联经出版事业公司　1988 年

关于秦代的经济立法　陈汉生　政治与法律　1984 年第 2 期

秦律赀罚甲盾与统一战争　石子政　中国史研究　1984 年第 2 期

秦汉地方警察机构——亭　高恒　国际政治学院学报　1984 年第 2 期；中国警察制度简论　群众出版社　1985 年 11 月；秦汉法制论考　厦门大学出版社　1994 年 8 月

秦律的经济关系规范考论　水寿　西北政法学院学报　1984 年第 2、3 期

"谪戍制"考析　臧知非　徐州师范学院学报　1984 年第 3 期

试论秦的刑徒是无期刑——兼论汉初有期徒刑的改革　栗劲、霍存福　中国政法大学学报　1984 年第 3 期

秦代的治安机构及有关治安的法律　刘海年　国际政治学院学报　1984 年第 3 期

秦律和罪刑法定主义　栗劲　法学研究　1984 年第 3 期

法繁网密　一脉相承——秦汉立法概况　倪正茂　法学杂志　1984 年第 3 期

从古代罪人收奴刑的变迁看"隶臣妾""城旦舂"的身份　徐鸿修　文史哲 1984 年第 5 期

秦国官吏法律责任述评　程维荣　历史教学　1984 年第 10 期

秦律盗罪考论　陈涛　法史研究文集(上)　西北政法学院　1984 年

秦律的理念　［日］汤浅邦弘　中国研究集刊(6)　1984 年

秦汉刑政考　［日］堀毅　法制史研究 33 号　1984 年

秦律中的奖惩责任制　朱绍侯、孙英民　河南大学学报　增刊·古史研究论集　1984 年

秦刑律的渊源及其演进　商庆夫　历史论丛第 5 辑　齐鲁书社　1985 年 1 月

关于秦刑徒的几个问题　张金光　中华文史论丛　1985 年第 1 期

重刑主义与秦律　朱建华　贵州师范大学学报　1985年第3期

秦经济法律制度初探　徐进　政治丛刊　1985年第3期

秦的诉讼制度(上)　刘海年　中国法学　1985年第1期

秦刑徒刑期辨正　李力　史学月刊　1985年第3期

浅析秦代的刑事检验制度　郭延威　西北政法学院学报　1985年第4期

秦汉族刑考　陈乃华　山东师大学报　1985年第4期

试论秦朝法官责任制　张中秋　法学杂志　1985年第4期

商鞅"改法为律"质疑　江必新　法学杂志　1985年第5期

关于中国岁刑的起源——兼谈秦刑徒的刑期和隶臣妾的身份(上、下)　刘海年　法学研究　1985年第5、6期

再谈"隶臣妾"与秦代的刑罚制度——兼复《亦谈"隶臣妾"与秦代的刑罚制度》　钱大群　法学研究　1985年第6期

关于秦刑徒的几个问题　张金光　中华文史论丛(总第33辑)　上海古籍出版社　1985年2月

秦汉地方治安管理的制度、职官与措施　高恒　中国警察制度简论　群众出版社　1985年;秦汉法制论考　厦门大学出版社　1994年8月

秦汉律中髡、耐、完刑辨析　王森　法学研究　1986年第1期

试论《秦律》在秦统一前后不同作用的原因　姚双年　法学杂志　1986年第1期

从秦律打击对象看其实质　邱晞　武汉教育学院学报　1986年第1期

对墨刑的一点新认识　何家弘　法学杂志　1986年第2期

秦汉族刑、收孥、相坐诸法渊源考释　彭年　四川师范大学学报　1986年第2期

"完刑"即"髡刑"术　杨广伟　复旦学报　1986年第2期

论秦朝法律制度的特点　刘林希等　政治学习　1986年第2期

秦代经济立法原则及其意义　高敏　学术研究　1986年第2期

浅谈秦的经济立法及其特点　万方　河北大学学报　1986年第2期

"弃灰罪"考释　李锡厚　中国人民警官大学学报　1986年第3期

中国秦代的统治法制　于越　统计研究　1986年第3期

从安土重迁论秦汉时代的徙民与迁徙刑——附录:论汉代迁徙刑的运用与

不复肉刑　邢义田　台北历史语言研究所集刊第 57 本　1986 年

试述秦汉至隋法律形式"格"的递变　钱元凯　上海社会科学院学术季刊 1987 年第 2 期

秦代经济立法略论　常俊山　安徽大学学报　1987 年第 2 期

以君主意志为法权的秦法　林剑鸣　学术月刊　1987 年第 2 期

秦汉法律思想的演进与法律制度的继承　姜德鑫　政法学习　1987 年第 3 期

文物中的法律史料及其研究　刘海年　中国社会科学　1987 年第 5 期

云梦出土竹书秦律的研究　［日］大庭脩著，孙言诚译　简牍译丛（第二辑）1987 年 5 月

关于秦汉刑事连坐的若干问题　陈乃华　山东师大学报　1987 年第 6 期

秦代对官吏实施法律管理　路遥　中国法制报　1987 年 10 月 9 日

秦什伍连坐制度初探　吴益中　北京师院学报　1988 年第 2 期

秦律"三环"论　钱大群　南京大学学报　1988 年第 2 期

秦律研究　李祖德　中国历史学年鉴 1987　人民出版社　1988 年 3 月

略论秦朝法制在当时历史发展中的两重性　王忻亚　贵州民族学院学报 1988 年第 4 期

论秦汉的参夷法　王克奇、张汉东　山东师大学报　1988 年第 6 期

封建正统法律思想改造秦汉律过程初探　王占通　政法丛刊　1988 年第 6 期

秦汉刑名考　［日］堀毅　秦汉法制史论考　法律出版社　1988 年 8 月

秦汉宽刑考　［日］堀毅　秦汉法制史论考　法律出版社　1988 年 8 月

秦汉盗律考　［日］堀毅　秦汉法制史论考　法律出版社　1988 年 8 月

秦汉贼律考　［日］堀毅　秦汉法制史论考　法律出版社　1988 年 8 月

秦汉法律探讨　李祖德　中国历史学年鉴 1988　人民出版社　1988 年 12 月

秦"为私斗者各以轻重被刑"之管见　裘士京　安徽史学　1989 年第 1 期

秦律中的奖励与行政处罚　徐进　吉林大学社会科学学报　1989 年第 3 期

秦简中的盗罪　李训祥　史原　第 17 期　台湾大学历史学研究所编

1989年5月

"夷三族"探源　陈乃华　山东师大学报　1989年第6期

律令法系的演变与秦汉法典　［日］大庭脩著，马小红译　中外法学　1990年第1期

秦律"刑徒"有刑期说辨正　林文庆　简牍学报　第13期　1990年3月

秦律文献提要　吴福助　东海大学中文学报　第9期　1990年7月

秦汉法律研究　卫宁　中国历史学年鉴1989　人民出版社　1990年7月

关于秦代谪戍制的几个问题　胡大贵　西南师范大学学报　1991年第1期

秦代肉刑耐刑可作主刑辩　王占通　吉林大学社会科学学报　1991年第3期

试论《秦律》对盗窃罪及与其有关刑事犯罪的定性与处罚　王忠全、张睿　河南大学学报　1992年第1期

秦代肉刑考析　陈守亭　中兴大学《法商学报》第27期　1992年12月

试论秦统一后法律制度的变化　谭前学　秦文化论丛（第二辑）　西北大学出版社　1993年11月

秦汉时期的官吏任用法规　仝晰纲　学术界　1994年第5期

秦代工商法律研究　张中秋　江苏社会科学　1994年第5期

秦军法述论　郭淑珍　秦文化论丛（第三辑）　西北大学出版社　1994年12月

秦代思想言论罪考述　谭前学　秦文化论丛（第三辑）　西北大学出版社　1994年12月

秦汉刑罚史的研究现状——以刑期的争论为中心　［日］籾山明　中国国学（五）　1995年

秦汉弃市非斩刑辨　张建国　北京大学学报　1996年第5期

秦律名考　吴青　文博　1996年第6期

秦汉二十等爵制与刑的减免　［日］富谷至　前近代中国的刑罚　京都大学人文学科研究所发行　明文舍印刷株式会社　1996年

试论秦统一前后的法制建设方针　谭前学　陕西历史博物馆馆刊（第四辑）　西北大学出版社　1997年10月

秦汉刑罚制度考述　王震亚　简牍学研究(第二辑)　甘肃人民出版社 1998 年 3 月

秦的赀刑　梁自玉　秦文化论丛(第六辑)　西北大学出版社　1998 年 7 月

秦律"渎职罪"初探　李力　法律史论丛(第 5 辑)　中国华侨出版社 1998 年 12 月

谈秦代思想言论罪的特点　张铭洽　秦俑秦文化研究——秦俑学第五届学术讨论会论文集　陕西人民出版社　2000 年 8 月

秦汉刑徒的考古资料　张政烺　历史教学　2001 年第 1 期

秦刑法思想初探——秦汉刑法思想研究之一　黄留珠、[日]富谷至　西北大学学报　2001 年第 4 期

秦汉时期的刑事侦查　阎晓军　寻根　2001 年第 1 期

秦汉时代的赎刑　[日]角谷常子著,陈青、胡平生译　简帛研究二〇〇一　广西师范大学出版社　2001 年 9 月

秦汉罚金考　[日]藤田高夫著,杨振红译　简帛研究二〇〇一　广西师范大学出版社　2001 年 9 月

秦法制史研究中存在的几个问题　谭前学　四川师范学院学报　2002 年第 4 期

从秦简看秦亡的法律意识因素　马占军　简牍学研究(第三辑)　甘肃人民出版社　2002 年 4 月

秦律宫刑非淫刑辨　曹旅宁　史学月刊　2002 年第 6 期

论秦王朝的法律思想　贺润坤　秦文化论丛(第十辑)　三秦出版社 2003 年 7 月

论秦王朝的法律思想及其对封建正统法律思想形成的影响　贺润坤、王新建　秦都咸阳与秦文化研究　陕西人民教育出版社　2003 年 11 月

秦汉民间匿奸问题初探　邹忠　天水师范学院学报　2004 年第 1 期

论秦徭役制中的几个法定概念　张金光　山东大学学报　2004 年第 3 期

秦汉诽谤、妖言罪同异辨析　潘良炽　中华文化论坛　2004 年第 4 期

论秦汉法律的适用时效　孟志成　南都学坛　2004 年第 5 期

也谈秦汉法律中的"三环"问题　每文　陕西历史博物馆馆刊(第 11 辑)

三秦出版社　2004 年 12 月

秦汉徒刑散论　韩树峰　历史研究　2005 年第 3 期

秦汉法典体系的演变　孟彦弘　历史研究　2005 年第 3 期

秦汉的礼制与法制初探　刘志平、谭宝刚　沙洋师范高等专科学校学报 2005 年第 3 期

秦汉时期家族犯罪研究述评　贾丽英、鲍晓文　石家庄学院学报　2005 年第 4 期

秦汉法律的性别特征　翟麦玲、张荣芳　南都学坛　2005 年第 4 期

试论秦汉时期的监察制度　余琦　南方文物　2005 年第 4 期

秦汉商法法律构成与发展演变　谢华　湖南城市学院学报　2005 年第 5 期

秦汉时期"悍罪"论说　贾丽英　石家庄学院学报　2006 年第 1 期

简论秦汉奴婢的法律地位　文霞　学术论坛　2006 年第 2 期

赀刑变迁与秦汉政治转折　臧知非　文史哲　2006 年第 4 期

秦汉贫民法律地位的变迁及其原因　于振波　南都学坛　2006 年第 6 期

古巴比伦法典与秦汉法典比较：私有奴隶制和国家公有奴隶制　吴宇虹　东北师大学报　2006 年第 6 期

秦汉时期的司法职务犯罪　田振洪　兰州学刊　2006 年第 9 期

先秦秦汉时期监狱制度叙论　张兆凯　文史博览　2006 年第 11 期

秦汉磔刑考　曹旅宁　湖南大学学报　2007 年第 1 期

秦汉时期的侵权行为民事法律责任论析　田振洪　延安大学学报　2007 年第 1 期

再论秦汉律中的"三环"问题　刘洋　社会科学　2007 年第 5 期

从秦汉奴婢奸罪窥探其法律地位　文霞　首都师范大学学报　2007 年第 2 期

秦汉商法实质浅析　谢华　湖南城市学院学报　2007 年第 2 期

耐刑、徒刑关系考　韩树峰　史学月刊　2007 年第 2 期

秦汉时期的法制教育刍议　高宗留　池州学院学报　2007 年第 6 期

秦汉的财产刑——罚金与赎刑研究　高叶青、田小娟　秦文化论丛（第十四辑）　三秦出版社　2007 年 10 月

从出土文献看秦汉女性刑法　薛瑞泽　文博　2008年第1期

匈奴刑法新解——兼论秦汉时期匈奴法律的立法目的与特点　于凌、李焕青、刘举　黑龙江民族丛刊　2008年第1期

秦汉不孝罪考论　贾丽英　石家庄学院学报　2008年第1期；人大复印资料·先秦秦汉史　2008年第3期

秦汉地方行政监察体制述论　范香立　鸡西大学学报　2008年第1期

从出土文献看秦汉时期刑事司法协助的请求　宋国华　河南公安高等专科学校学报　2008年第2期

秦汉时期族刑论考　贾丽英　首都师范大学学报　2008年第2期

秦汉时期的"自讼"　王俊梅　鲁东大学学报　2008年第3期

试论秦汉赎刑　孙孝勤　沧桑　2008年第3期

秦汉性犯罪述论　张功　天水行政学院学报　2008年第5期

秦汉"律令学"释义　于凌　社会科学战线　2008年第5期

秦汉时期的捕律　闫晓君　华东政法大学学报　2009年第2期

秦汉时期的和奸罪——以简牍资料为中心的考察　顾丽华、刘举　古代文明　2009年第2期

从出土文献看秦汉女性刑法　薛瑞泽　秦汉史论丛（第十一辑）　吉林文史出版社　2009年4月

秦汉律中的不孝罪诉讼与含义　［韩］尹在硕　秦汉史论丛（第十一辑）　吉林文史出版社　2009年4月

新资料和先秦及秦汉判例制度考论　程政举　华东政法大学学报　2009年第6期

从秦汉司法判例看中国早期传统司法程序制度的意义　赵晓耕、曲词　理论月刊　2009年第6期

秦汉罪犯押解制度　宋杰　南都学坛　2009年第6期

论秦汉奸罪　贾丽英　秦汉史论丛（第十辑）　内蒙古大学出版社　2009年8月

论秦汉时期家族犯罪的特点　杨文英　法制与社会　2009年第2第8期

秦汉时期军队中的连坐制度初探　徐啸林　法制与社会　2009年第3第2期

秦汉奴婢盗窃罪释例　文霞　咸阳师范学院学报　2010 年第 1 期

析秦汉奴婢的财产权　贾丽英　徐州师范大学学报　2010 年第 3 期

百年回顾:出土法律文献与秦汉令研究　徐世虹　上海师范大学学报　2011 年第 5 期

论秦代的"迁"刑　崔向东　广西民族大学学报　2011 年第 5 期

秦汉律令关系试探　张忠炜　文史哲　2011 年第 6 期;人大复印资料·先秦秦汉史　2012 年第 2 期

先秦和秦汉的集体审判制度考论　程政举　法学　2011 年第 9 期

关于秦与汉初"入钱缿中"律的几个问题　陈伟　考古　2012 年第 8 期

20 世纪 80 年代以来秦汉诉讼制度研究综述　宋丽娟　濮阳职业技术学院学报　2012 年第 5 期

中国内地秦汉家族法研究百年综述　薛洪波　中国史研究动态　2012 年第 5 期

论秦代法律中的自然资源保护　李玲玲　黄河科技大学学报　2012 年第 6 期

秦汉时期民众的法律意识　邬文玲　南都学坛　2012 年第 6 期

秦代刑事证据在诉讼程序中的运用　张琮军　证据科学　2013 年第 1 期

从户的相关立法谈秦汉政府对人口的控制　王彦辉、薛洪波　东北师大学报　2013 年第 1 期

秦汉律与唐律"谋杀"比较研究　刘晓林　甘肃社会科学　2013 年第 2 期

"伏剑"与"欧刀"——东周秦汉"隐戮"行刑方式的演变　宋杰　中国史研究　2013 年第 2 期

秦汉经济立法指导思想释读　谢华　衡阳师范学院学报　2013 年第 2 期

秦汉律简"同居"考论　贾丽英　石家庄学院学报　2013 年第 2 期;秦汉历史文化的前沿视野:第二届中国秦汉史高层论坛文集　知识产权出版社　2015 年 1 月

秦汉财产损害赔偿制度考　田振洪　福建师范大学学报　2013 年第 3 期

试论秦汉商人走私犯罪　张楠　三门峡职业技术学院学报　2013 年第 3 期

秦代农业法律制度研究　张卉芳　农业考古　2013 年第 3 期

秦代"迁"刑考辨　王战阔　安阳师范学院学报　2013 年第 3 期

秦汉时期诽谤罪论考　吕红梅、刘卫庄　石河子大学学报　2013 年第 5 期

刍议秦汉时期的廉政制度建设　赵溢　湖南商学院学报　2013 年第 5 期

战国秦汉时期的盗铸钱和盗铸组织　［日］柿沼阳平　中国社会科学院历史研究所学刊（八）　商务印书馆　2013 年 11 月

秦代"闾左"考辨　张信通　贵州师范学院学报　2013 年第 11 期

秦汉经济立法范围考察　谢华　湘潮　2013 年第 12 期

秦汉时期的"状"类司法文书　苏俊林　简帛（第九辑）　上海古籍出版社 2014 年 10 月

秦汉"军兴"、《兴律》考辨　孙闻博　南都学坛　2015 年第 2 期

秦汉律所见"质钱"考辨　李力　法学研究　2015 年第 2 期

秦代刑罚对奴隶制五刑的继承与发展　陈建、胡长海　兰台世界　2015 年第 3 期

也论秦汉司法中的"状"文书　刘庆　国学学刊　2015 年第 4 期

尚德与务法：秦汉时期"德法之辩"命题的基本特质及其启示　张启江　平顶山学院学报　2015 年第 4 期

秦汉时期司法的残酷性　郭俊然　安徽广播电视大学学报　2015 年第 4 期

秦汉时期规范刑讯的法律条文　刘鸣　秦汉研究（第九辑）　陕西人民出版社　2015 年 8 月

秦汉法律思想实践演变浅议　郭洁　秦汉研究（第九辑）　陕西人民出版社
2015 年 8 月

秦与汉初刑事诉讼程序中的判决："论""当""报"　万荣　简帛（第十一辑）　上海古籍出版社　2015 年 11 月

秦代刑事诉讼程式新探——以岳麓秦简所见司法案例为中心的分析　肖洪泳　出土文献研究（第 14 辑）　中西书局　2015 年 12 月

秦汉法制研究简述(1995—2015)　徐艺书　商界论坛　2015 年第 51 期

"秦法未败"探析　马卫东　史学集刊　2016 年第 3 期

秦汉告、劾制度辨析　刘庆　中国史研究　2016 年第 4 期；人大复印资

料·先秦秦汉史　2017年第2期

"弃灰法"新考:基于马政的拓展分析　朱金才、李金玉　山西大同大学学报　2016年第4期

秦汉时期的审判制度——张家山汉简《奏谳书》所见　[日]宫宅洁　日本学者中国法制史论著选·先秦秦汉卷　中华书局　2016年4月

秦律的"夏"与"臣邦"　[日]渡边英幸　日本学者中国法制史论著选·先秦秦汉卷　中华书局　2016年4月

论秦与汉初时刑罪中的"完"与"刑尽"　陈中龙　简帛(第十二辑)　上海古籍出版社　2016年5月

《史记》"闾左"发覆　孟彦弘　文史哲　2016年第6期

从劳力需求看秦代赦免制度　杨琳、于振波　简帛研究二〇一六(春夏卷)　广西师范大学出版社　2016年6月

从商鞅依法治秦说起　齐鹏　人民日报(海外版)　2016年8月26日

秦律令之流布及随葬律令性质问题　周海锋　出土文献与法律史研究(第五辑)　法律出版社　2016年11月

浅议秦汉官吏法的几个特点　王彦辉、于凌　史学月刊　2006年第12期

秦汉法制史研究的两桩公案——关于《汉旧仪》《汉书·刑法志》所载刑制文本解读的学术史考察　李力　中国古代法律文献研究(第十辑)　社会科学文献出版社　2016年12月

秦汉的乞鞠与覆狱　南玉泉　上海师范大学学报　2017年第1期

"覆狱故失"新考　陈迪　社会科学　2017年第3期

秦汉刑徒兵制与谪戍制考辨　孙志敏　古代文明　2017年第4期

秦汉告、劾制度辨析　刘庆　中国史研究　2016年第4期　秦汉史论丛(第十四辑)　四川人民出版社　2017年9月

秦汉刑事诉讼中的讯新探　欧扬　长沙简帛研究国际学术研讨会论文集　中西书局　2017年10月

秦"失期,法皆斩"新证　苏俊林、朱锦程　简帛研究二〇一七(秋冬卷)　广西师范大学出版社　2018年1月

秦汉时代司法文书的虚与实　张忠炜　中国史研究　2018年第2期

秦汉时期的异地诉讼　王安宇　中国史研究　2019年第3期

秦汉法律中的罪数形态及处罚原则　李婧嵘　古代文明　2019年第3期

秦郡"执法"考:兼论秦郡制的发展　王四维　社会科学　2019年第11期

三　经济和财政

(一)经济概述

秦代经济研究　吕振羽　文史　第1卷第3期　1934年8月

秦代经济史资料　马非百　食货　第2卷第10期,第3卷第1、2、3、8、9期　1935年10月—1936年4月

秦代经济制度之革命——《秦始皇帝传》补记　马元材　河南政治月刊　第6卷第12期　1936年12月

秦汉时代的经济实况　江汉　力行　第1卷第6期　1940年6月

商鞅变法在中国经济史上的双重意义　刘大音　财政评论　第16卷第1期　1947年1月

我国封建经济何以产生于秦代　曾仲谋　工商经济　第2卷第6期　1948年11月

论秦与匈奴的统一及其经济关系　徐中舒　成都工商导报　1951年第6、12、17期

由《史记·货殖列传》谈到战国至秦汉的社会经济　罗球庆　新亚校刊　第4期　1954年2月

从秦汉史料中看屯田采矿铸铁三种制度　陈直　历史研究　1955年第6期

秦始皇六大统一政策的考古资料　陈直　历史教学　1963年第8期;文史考古论丛　天津古籍出版社　1988年10月

从商鞅变法看政治和经济的关系　何北言　人民日报　1975年2月2日

秦始皇时期的社会经济　曹永年、孟广耀　历史研究　1976年第3期

从秦代经济看暴政灭亡　杨树森　中国宪政　第12卷第3期　1977年3月

秦末农民战争后的社会和汉初生产力的发展　孙达人　陕西师大学报 1978 年第 2 期

先秦至两汉时期的云南经济　李昆声　思想战线　1979 年第 3 期

秦兴起的经济要因　[日]谷口满　加贺博士退休纪念·中国文史哲学论集　讲谈社　1979 年

秦帝国之经济　张其昀　文艺复兴　第 10 第 9 期　1980 年 1 月

秦汉的专制主义与抑商政策　罗镇岳　山西大学学报　1980 年第 2 期

商鞅变法与小农经济　张殿吉　河北省历史学会一九八〇年年会论文选

战国至秦山东地方封建经济的发展和社会矛盾　安作璋　山东师院学报 1980 年第 4 期

春秋时期的秦国社会经济　韩钊　西北大学学报　1981 年第 1 期

战国秦汉时期辽宁地区的政治和经济　邱富生　辽宁师院学报　1981 年第 2 期

小农经济是秦帝国建立的基础　邓福秋　北京财贸学院学报　1981 年第 2 期

从"少府"职掌看秦汉封建统治者的经济特权　杨宽　秦汉史论丛(第一辑)　陕西人民出版社　1981 年 9 月

秦代的会计　郭道扬　中国会计史稿　中国财政经济出版社　1982 年

秦汉五大经济思想　吴澄华　黄石师院学报　1982 年第 3 期

秦汉时期青海河湟地区生产情况试探　陈宗祥　青海社会科学　1982 年第 4 期

秦在巴蜀的经济管理制度试析——说青川秦牍、成亭漆器印文和蜀戈铭文　罗开玉　四川师院学报　1982 年第 4 期

论秦汉时期的仓　禚振西、杜葆仁　考古与文物　1982 年第 6 期

浅谈秦代经济管理中对官吏的几种规定——读《睡虎地秦墓竹简》的一点看法　宫长为　东北师大学报　1982 年第 6 期

从竹简《秦律》看秦代的经济立法　潘世宪　内蒙古大学学报　1983 年第 1 期

秦汉魏晋封建依附关系发展的历程　田余庆　中国史研究　1983 年第 3 期

秦汉时代的市政　林剑鸣　历史教学问题　1983年第5期

论秦汉封建专制主义的经济基础　林甘泉　秦汉史论丛(第二辑)　陕西人民出版社　1983年8月

论秦汉时期三种盐铁政策的递变　张传玺　秦汉史论丛(第二辑)　陕西人民出版社　1983年8月

关于秦代的经济立法　陈汉生　政治与法律　1984年第2期

秦汉"禁民二业"政策浅析　朱绍侯　信阳师范学院学报　1984年第2期

秦律的经济关系规范考论(续)　水寿　西北政法学院学报　1984年第3期

秦汉时期对陕北的开发　卢桂兰　文博　1984年第3期

重农抑商思想在我国源远流长　吴一山　湖南日报　1984年3月19日

秦代的财政机构　张朔　湖北财经学院学报　1984年第3期

论秦汉至初唐间的中央财政管理机构　王三北　西北师大学报　1984年第4期

论秦汉时期鄂尔多斯地区的经济开发　陈育宁　内蒙古师大学报　1984年第4期

论秦简中有关经济法规的基本原则　栗劲　西北政法学院学报　1985年第3期

秦汉"市"的繁荣和管理制度的完善(上、下)　彭年　国内外经济管理　1985年第32、33、34期

秦代的粮食管理——读《睡虎地秦墓竹简》札记　宫长为　东北师大学报　1986年第2期

秦代经济立法原则及其意义　高敏　学术研究　1986年第2期

秦专制主义中央集权制的经济基础　柳春藩　秦汉史论丛(第三辑)　西北大学出版社　1986年7月；秦汉魏晋经济制度研究　黑龙江人民出版社　1993年10月

论秦汉时期河套地区的开发及其意义　臧知非　西北史地　1987年第3期

试论秦统一后社会经济的发展　王云度　中国史研究　1987年第3期

秦汉时代"锺""斛""石"新考　王忠全　中国史研究　1988年第1期

李悝、商鞅变法对自耕农经济的作用　樊国华　农业考古　1989 年第 2 期

论秦汉时期黄河河套流域的经济开发　陈育宁、景永宁　宁夏社会科学　1989 年第 5 期

秦政府经济管理职能考察　陈长琦　史林　1990 年第 3 期

秦汉时期锺、石、斛异同辨　周国林　华中师范大学学报　1991 年第 3 期

浅析秦的盐制　罗庆康　益阳师专学报　1991 年第 4 期

秦汉时期的"西南夷"经济　王子今　贵州社会科学　1992 年第 1 期

1991 年中国经济史研究述评：先秦、秦汉　兰欧、叶茂　中国经济史研究　1992 年第 2 期

秦汉时期社会消费的一般特点及其分析　周金华　求索　1992 年第 4 期

秦汉经济学说之历史影响和文化价值　李淑萍、孟剑明　秦汉史论丛（第五辑）　法律出版社　1992 年 8 月

梭伦与商鞅经济改革的比较研究　晏绍祥　社会科学战线　1993 年第 4 期

秦市场发展述论　刘景纯　唐都学刊　1994 年第 3 期

试论秦汉气候变迁对江南经济文化发展的意义　王子今　学术月刊　1994 年 9 月

试论秦汉三国时期的岭南地区的园艺业生产技术　王川　中山大学学报　1995 年第 2 期

试论初秦末期社会经济的稳定发展　樊志民　文博　1995 年第 4 期

从云梦秦简看秦的国有制经济　杨师群　史学月刊　1995 年第 4 期

秦代的社会经济　张传玺　秦汉问题研究（增订本）　北京大学出版社　1995 年 10 月

秦代审计制度的复原　［日］籾山明　日本中青年学者论中国史（上古秦汉卷）　上海古籍出版社　1995 年 12 月

秦汉市场的设置与管理　高维刚　四川教育学院学报　1996 年第 4 期

论秦朝的会计管理制度　周传丽　河南大学学报　1996 年第 4 期

秦汉的自然经济与商品经济　林甘泉　秦汉史论丛（第七辑）　中国社会科学出版社　1998 年 6 月

秦国粮食运输政策探略　蔡万进　郑州大学学报　2001 年第 1 期

秦早期经济考略　徐日辉　秦文化论丛（第十一辑）　三秦出版社　2004年6月

从考古资料看战国秦汉时期的陕北地区及经济开发　杜林渊　延安大学学报　2005年第2期

从收支项目看秦汉二元财政的源流　史卫　南都学坛　2005年第2期

试说秦汉社会消费观念由"尚俭"向"崇奢"的演变　温乐平　中国社会经济史研究　2005年第2期

从"平价"一词的词义看秦汉时期的平价制度——对《从张家山汉简看西汉初期的平价制度》的几点辨正　安忠义　敦煌学辑刊　2005年第2期

浅析秦汉经济政策对国家进步的影响　陈磊　西华大学学报　2005年第S1期

"县官"与秦汉皇帝财政　刘德增、李珩　文史哲　2006年第5期

秦王政时期秦国的经济形势　张琳、贾小军　早期秦文化研究　三秦出版社　2006年8月

略论秦汉财政状况的发展演变　朱卫华　江西金融职工大学学报　2006年第S1期

简论秦汉会计发展的主要特征　朱卫华　贵阳学院学报　2007年第1期

秦汉会计文书制度若干问题探讨　朱德贵　哈尔滨商业大学学报　2007年第1期

秦代金钱兑换率蠡测　盛治刚　东岳论丛　2008年第1期

秦汉时期粮价波动与国家调控措施　温乐平　湖北师范学院学报　2008年第2期

秦汉时期北人南迁及其经济效应分析　赵常兴、安鲁　北方论丛　2008年第3期

从简帛看秦汉乡里组织的经济职能问题　卜宪群　史学月刊　2008年第3期

小农经济是战国秦汉商品经济繁盛的主要基础　袁林　兰州大学学报　2008年第4期

秦官社经济体制模式典型举例　张金光　西安财经学院学报　2008年第5期

试论战国后期秦对巴蜀的统一及社会经济改革　张军　西北农林科技大学学报　2008年第5期

2009年先秦秦汉经济史研究述评　王万盈　中国经济史研究　2010年第4期

2010年先秦、秦汉史经济史研究述评　王万盈、何维娜　中国经济史研究　2011年第2期

秦汉基层自发型经济自治　张信通　中国社会经济史研究　2015年第2期

(二)农业

1. 土地制度与农业政策

秦汉时代的农业　马元材　河南政治月刊　第2卷第10期　1932年10月

商君农战政策之研究　祜荪　南方杂志　第2卷第5期　1933年8月

秦以前的中国田制史　吴其昌　武大社会科学季刊　第5卷第3、4期　1935年7月—1936年8月

秦汉经济史资料三——农业　马非百　食货　第3卷第1期　1935年12月

秦汉社会之土地制度与农业生产　许宏杰　食货　第3卷第7期　1936年3月

商鞅的农战政策研究　江民桢　国闻周报　第14卷第20期　1937年5月

秦汉隋间之田制　谷霁光　政治经济学报　第5卷第3期　1937年4月

秦汉以上之农业制度　张腾霄　新东方(上海)　第1卷第2、3期　1940年3、4月

战国秦汉间之农村生产　谷霁光　人文科学学报　第2卷第1期　1943年6月

战国秦汉间重农轻商之理论与实际(附后记)　谷霁光　中国社会经济史集刊　第7卷第1期　1944年6月

秦废井田开阡陌置辕田辨　周春光　史地周刊　1947年第2期

秦汉魏晋南北朝土地制度沿革概略　李栋材　中央日报　1947年10月1日

战国秦汉的土地制度及其对策　　劳榦　　大陆杂志　第 2 卷第 5 期　1951 年 3 月

秦始皇重农抑商　还是重商轻农　　萨有师　　兰州大学学生科学论文集刊　1958 年 5 月

学习夏纬英先生《吕氏春秋·上农》等四篇校释笔记　　王毓瑚、杨直民　　农业遗产研究集刊（第 2 册）　中华书局　1958 年 10 月

《吕氏春秋》的性质及其在农学史上的价值　　万国鼎　　农业研究集刊　1959 年第 2 期

秦汉时期租佃关系的发生与发展　　驷铁　　历史研究　1959 年第 12 期

秦汉间个体小农的形成和发展——并论陈涉起义的阶级关系　　贺昌群　　历史研究　1959 年第 12 期

秦汉时代的土地制度与生产关系　　朱绍侯　　开封师院学报　1960 年第 5 期

《吕氏春秋》中所谈的农业生产经验　　朱仲玉　　人民日报　1961 年 1 月 21 日

汉以前封建地主土地所有制的发生和确立　　张传玺　　北京大学学报　1961 年第 2 期

秦汉间封建土地所有制的形式与农民地主的关系　　贺昌群　　历史研究　1961 年第 3 期

秦国的重农策略　　爱农　　安徽日报　1961 年 8 月 13 日

《吕氏春秋》中的农学　　万国鼎　　中国农报　1962 年第 1 期

商鞅的农战思想　　张弦　　复兴岗学报　1963 年第 3 期

秦汉时代的农业地区　　史念海　　河山集·一集（中国史地论稿）　三联书店　1963 年 9 月

商鞅变法研究之二——重农主义与法治主义　　蒋君章　　民主评论　第 16 卷第 6 期　1965 年 10 月

"开阡陌"一解　　[日]守屋美都雄　　中国古代的家族和国家　东洋史研究会编　1968 年

"使黔首自实田"解　　任再衡　　黑龙江大学学报　1975 年第 1 期

秦始皇的农战政策与郑国渠的修凿　　李健超　　西北大学学报　1975 年第

1 期

论商鞅关于发展农业的进步思想　西北农学院农经系理论小组　中国农业科学　1975 年第 1 期

统一事业的重要保证——谈韩非的"耕战"思想　夏振明　南京大学学报 1975 年第 2 期

商鞅的重农思想和农业政策　何宇同　中山大学学报　1975 年第 2 期

确立封建土地所有制的重大措施——谈秦"使黔首自实田"令　张志哲　文汇报　1975 年 6 月 28 日

释"僇力本业,耕织致粟帛多者复其身"　杨际平　历史研究　1977 年第 1 期

先秦至两汉时期云南的农业　李昆声　思想战线　1979 年第 3 期

井田制的破坏和农民的分化——兼论商鞅变法的性质及其作用　郑昌淦　历史研究　1979 年第 5 期

从云梦秦简看秦的土地制度　高敏　云梦秦简初探　河南人民出版社 1979 年 1 月

秦的土地制度与齐民支配——根据云梦出土秦简再检讨商鞅变法　〔韩〕李成珪　金海宗博士华甲纪念史学论丛　一潮阁　1979 年

商鞅变法与小农经济　张殿吉　河北师院学报　1980 年第 2 期

试论秦的土地国有制　宗敏　求是学刊　1980 年第 4 期

关于秦汉人的食量计量问题　黄展岳　考古与文物　1980 年第 4 期

"使黔首自实田"试析　李永田　群众论丛　1981 年第 2 期

睡虎地秦简中有关农业经济法规的探讨　刘海年　中国古史论集　吉林大学编　1981 年 3 月

试论宁夏秦渠的成渠年代——兼谈秦代宁夏平原农业生产　汪一鸣　宁夏大学学报　1981 年第 4 期

云梦秦简所涉及土地所有制形式问题初探　唐赞功　云梦秦简研究　中华书局　1981 年 7 月

秦代的封建土地所有制　熊铁基、王瑞明　云梦秦简研究　中华书局 1981 年 7 月

从睡虎地秦墓竹简看秦代的农业经济　安作璋　秦汉史论丛(第一辑)

陕西人民出版社　1981年9月

秦汉时期的重农思想蠡测　高敏　秦汉史论丛（第一辑）　陕西人民出版社　1981年9月

秦汉时代的奴隶、依附农民和其他劳动者——秦汉土地制度和阶级关系　朱绍侯　秦汉史论丛（第一辑）　陕西人民出版社　1981年9月

"名田"浅论　朱绍侯　中国古代史论丛（第1辑）　福建人民出版社　1981年

"开阡陌"辨正　李解民　文史（第十一辑）　中华书局　1981年3月

秦代的俸禄与口粮　丁一　今昔谈　1982年第5期

论秦汉时期的仓　禚振西、杜葆仁　考古与文物　1982年第6期

秦汉时期的重农思想蠡测　高敏　秦汉史论集　中州书画社　1982年8月

商鞅"允许买卖土地"说疑　杨善群　陕西师范大学学报　1983年第1期

商鞅"开阡陌封疆"并不意味着土地所有制的改变　唐明礼　南都学坛　1983年第2期

从睡虎地秦墓竹简看秦的土地制度　潘策　历史教学与研究　1983年第2期

试论秦自商鞅变法后的土地制度　张金光　中国史研究　1983年第2期

秦田律考释　田宜超、刘钊　考古　1983年第6期

商鞅变法所建立的土地制度　朱绍侯　教学通讯　1983年第10期

秦国的贮粮设施浅议　韩伟　陕西省考古学会第一届年会论文集　考古与文物丛刊第三号　1983年11月

商鞅废井田说辨析　王云度　连云港教育学院学报　1984年第1期

"阡陌"新诠　彭卫　人文杂志　1984年第2期

秦汉土地制度与农民起义的几个问题　逄振镐　东岳论丛　1984年第2期

秦汉"禁民二业"政策浅析　朱绍侯　信阳师院学报　1984年第2期

论牛耕在秦汉封建社会中的作用　张春辉　中国农史　1984年第3期

关于秦代土地所有制的几个问题　杜绍顺　华南师范大学学报　1984年第3期

秦国授田制的几点辨析　罗镇岳　求索　1985 年第 1 期

从云梦秦简看秦国的农业生产　陈振裕　农业考古　1985 年第 1 期

从战国秦汉地主经济的发展看封建经济结构的形成　崔春华、廖德清　辽宁大学学报　1985 年第 2 期

关于秦汉土地制度的几种看法　史介　山东师大学报　1985 年第 2 期

从秦简看战国时期秦国保护"人力"的措施　施伟绍　中国社会经济史研究　1985 年第 3 期

我国秦汉时期小农经济初探　张炳武　沈阳师范学院学报　1985 年第 4 期

秦汉时代的广东农业　黄增庆　广西民院学报　1985 年第 4 期

"废井田　开阡陌"刍议　祝中熹　青海社会科学　1985 年第 6 期

论秦川秦牍中的"为田"制度　张金光　文史哲　1985 年第 6 期

从封建制到郡县制的土地权属问题　杜正胜　食货月刊复刊　第 14 卷第 9、10 期　1985 年

商鞅"开阡陌"辨　陈昌远　农业考古　1986 年第 1 期

秦代的粮食仓储管理　郁长荣　粮食经济研究　1986 年第 1 期

晋"作爰田"析——兼及秦"制辕田"　李民立　复旦学报　1986 年第 1 期

"开阡陌"辨析　徐喜辰　吉林大学社会科学学报　1986 年第 2 期

秦代实行过"使黔首自实田"的土地政策吗　李福泉　天津社会科学　1986 年第 2 期

秦代的粮仓管理——读《睡虎地秦墓竹简》札记　宫长为　东北师大学报　1986 年第 2 期

试论秦汉土地制度的基本特点　逄振镐　中国史研究　1986 年第 3 期

也说秦自商鞅变法后的土地制度——与张金光同志商榷　施伟青　中国社会经济史研究　1986 年第 4 期；中国古代史论丛　岳麓书社　2004 年 8 月

秦简律文中的"受田"　高尚志　秦汉史论丛（第三辑）　陕西人民出版社　1986 年 7 月

秦国重农政策简论　陈绍棣　秦汉史论丛（第三辑）　陕西人民出版社　1986 年 7 月

嬴秦牛耕新证　吴福助　简牍学报　1986 年第 12 期

要研究社会生产力发展的历史(浅谈牛耕对秦王朝建立所起的作用)　清华大学学报　1987年第1期

从赐田制度的变化看秦汉间土地制度的演变　江淳　广西师范大学学报1987年第2期

"使黔首自实田"新解　袁林　天津师大学报　1987年第5期

陕西发现的秦农具　呼林贵　农业考古　1988年第1期

秦汉时期的岭南农业　冼剑民　中国农史　1988年第3期

从《日书》看秦国的谷物种植　贺润坤　文博　1988年第3期

秦汉土地制度　李祖德　中国历史学年鉴1987　人民出版社　1988年3月

秦汉粮仓管理　李祖德　中国历史学年鉴1987　人民出版社　1988年3月

战国秦汉的地租制度　余也非　重庆师院学报　1988年第3、4期

秦代农业生产浅论　黄季力　华南师范大学学报　1988年第4期

商鞅辕田制研究　严宾　河北学刊　1988年第6期

秦汉土地制度探讨　李祖德　中国历史学年鉴1988　人民出版社　1988年12月

秦商鞅变法后田制问题商榷　杨作龙　中国史研究　1989年第1期

先秦农业生产保护法初探　程宝林　求是学刊　1989年第2期

秦仓政研究　卢鹰　人文杂志　1989年第2期

秦国汉初亩制再探　周国林　农业考古　1989年第2期

中国秦汉时代农业发展之研究　卢化西　农业考古　1989年第2期

敖仓在秦汉时代的兴衰　宋杰　北京师范学院学报　1989年第3期

"阡陌"与"顷畔"释文辨析　魏天安　河南大学学报　1989年第4期

从云梦秦简看战国粮食经济　李孝林　粮食经济研究　1989年第5期

秦汉的名田、假田与土地所有制　尹协理　历史教学　1989年第10期

秦汉粮食亩产量考辨　于琨奇　中国农史　1990年第1期

秦代的粮仓管理制度　李孔怀　上海师范大学学报　1990年第1期

秦汉时期南方的农业生产新探索　杨剑虹　武汉大学学报　1990年第2期

井田制与商鞅的开阡陌　冯庆余　青海师范大学学报　1990 年第 2 期

关于秦时农业的几个问题　朱和平　史学月刊　1990 年第 3 期

秦代国家的谷仓制度　[日]大栉敦弘　海南史学　1990 年第 28 期

论秦自商鞅变法后的普遍土地国有制——对《秦商鞅变法后田制问题商榷》的商榷　张金光　山东大学学报　1990 年第 4 期

秦汉至南朝时期南方农业经济的开发　吴刚　上海社会科学院学术季刊 1991 年第 1 期

试论先秦及秦汉时期兰州农业经济发展　葛生华　西北史地　1991 年第 1 期

重农抑商与秦制——试论重农抑商思想在封建制度确立时期的地位与作用 若谷　农村经济研究　1991 年第 2 期

秦汉时期的农业　高敏　武陵学刊　1991 年第 3 期

为秦汉重本抑末辨　刘孝诚　中国财经大学学报　1991 年第 3 期

秦朝上农与除末政策述论　刘克宗、李莉　江海学刊　1991 年第 4 期

商鞅授田制研究　严宾　复旦学报　1991 年第 5 期

秦国井田制衰亡简论　严宾　江海学刊　1991 年第 6 期

秦代农业生产刍议　潘策　西北师大学报　1992 年第 1 期

陕西东周与秦代农业考古概述　杨亚长　农业考古　1992 年第 1 期

关于秦代农业生产发展的条件与标志问题　孟明汉　河南师范大学学报 1992 年第 3 期

秦《为田律》农田规划制度再释　袁林　历史研究　1992 年第 4 期

关于运用秦简材料研究土地制度的若干问题　施伟青　厦门大学学报 1992 年第 4 期;中国古代史论丛　岳麓书社　2004 年 8 月

秦农业经济立法探析　萧正洪　陕西师大学报　1992 年第 4 期

秦汉时期的湖北农业　晏昌贵　湖北大学学报　1993 年第 1 期

秦汉时代四川的农业开发　郭声波、陈铁军　西南师范大学学报　1993 年第 4 期

从出土文字资料看秦和西汉时代官有农田的经营　裘锡圭　中国考古学与历史学之整合研究国际研讨会论文集　台北历史语言研究所　1994 年 1 月

秦国的重农政策及其实践中的矛盾　谢建社　争鸣　1994 年第 1 期

粮价暴涨对秦帝国的影响　尹振环　台北历史月刊　第74期　1994年3月

战国秦汉时期的小农经济　洪煜　史学月刊　1994年第5期

秦至蜀汉巴蜀地区的农林牧渔副业　罗开玉　四川文物　1994年第5期

秦人的重农思想　刘芳　宝鸡文理学院学报　1995年第4期

试论秦汉奴隶劳动与农业生产的关系　吴荣曾　先秦西汉史研究　中华书局　1995年6月

战国秦汉三国时期的国有土地问题　张传玺　秦汉问题研究（增订本）　北京大学出版社　1995年10月

《吕氏春秋》与秦国农学哲理化趋势研究　樊志民　中国农史　1996年第2期

从云梦秦简看秦国粮仓的建筑与设置　蔡万进　中州学刊　1996年第2期

对战国秦汉小农耕织结合程度的估计　李根蟠　中国社会经济史研究　1996年第4期；秦文化论丛（第五辑）　西北大学出版社　1997年6月

略论秦汉时期河北农业的发展　吕苏生　文物春秋　1997年第1期

试论春秋战国时期秦国的赈灾　蔡万进　中州学刊　1997年第3期

论秦与大地湾农业文化的关系　徐日辉　农业考古　1998年第1期

秦始皇陵园考古发现中的农业信息　张颖岚　农业考古　1998年第1期

从少府制的形成看周秦间土地私有观的发展　沈振辉　复旦学报　1998年第6期

考古资料所见秦生产工具的类型及相关问题　王志友　秦文化论丛（第六辑）　西北大学出版社　1998年7月

班固对先秦至西汉重农思想的总结　丁毅华　文献　1999年第2期

秦大型工程与秦生产工具发展之关系　王志友　秦文化论丛（第七辑）　西北大学出版社　1999年6月

秦国"是县人之"粮仓社会功用述论　蔡万进　秦文化论丛（第七辑）　西北大学出版社　1999年6月

战国秦汉时期西南铁农具的传播与分布　周万利　西南师范大学学报　2000年第1期

封建传统抑商思想的滥觞:商鞅韩非的抑商思想　刘甲朋　东北财经大学学报　2000 年第 1 期

秦汉时期的中西农业科技文化交流　朱宏斌、杨岗　秦俑博物馆开馆三十周年秦俑学第七届年会国际学术研讨会论文集　三秦出版社　2010 年 8 月

秦的统一与秦国的农业政策　雷依群　咸阳师范学院学报　2000 年第 1 期;秦俑秦文化研究——秦俑学第五届学术讨论会论文集　陕西人民出版社　2000 年 8 月

先秦至北朝河洛地区的漕运与仓储　薛瑞泽　洛阳工学院学报　2000 年第 3 期

汉唐间河洛地区的农业开发　薛瑞泽　华北水利水电学院学报　2000 年第 3 期

秦汉时期的农业和农村经济管理措施　刘太祥　史学月刊　2000 年第 5 期

试谈秦国农业发展的原因　朱学文　秦俑秦文化研究——秦俑学第五届学术讨论会论文集　陕西人民出版社　2000 年 8 月

秦汉皇族对农业自然资源的耗费——以衣食住行为例　王福昌　农业考古　2001 年第 1 期

东汉魏晋南北朝时期的交州农业　游明谦、孙建党　许昌师专学报　2001 年第 1 期

试论战国秦汉铁农具的推广程度　杨际平　中国社会经济史研究　2001 年第 2 期

秦汉农业:精耕细作抑或粗放耕作　杨际平　历史研究　2001 年第 4 期

四川青川秦律与稻作农业　罗二虎　四川大学学报　2001 年第 4 期

试论秦国的辕田制　祝中熹　丝绸之路 2001 年学术专辑;秦史求知录　上海古籍出版社　2012 年 11 月

浅析秦汉农业科技文化交流的内在基础与动力　朱宏斌　农业考古　2002 年第 1 期

周秦两汉时期农业灾害致灾原因初探　卜凤贤　农业考古　2002 年第 1 期

战国秦汉时期农业领域商品经济的发展　冷鹏飞　湖南师范大学社会科学

学报　2002 年第 1 期

秦汉时期西南夷地区的农业开发　王勇　中国农史　2002 年第 3 期

周秦两汉时期农业灾害时空分布研究　卜风贤　地理科学　2002 年第 4 期

秦王朝的移民戍边与宁夏平原的农业初步开发　张维慎　秦文化论丛（第九辑）　西北大学出版社　2002 年 7 月

试析秦、西汉中央王朝经略式的北方农业开发　阿其图　内蒙古师范大学学报　2003 年第 5 期

秦农业地域拓展与农业生产结构的演替　朱宏斌、朱学文　秦文化论丛（第十辑）　三秦出版社　2003 年 7 月

关于秦汉农业的若干问题　王双怀　西北大学学报　2005 年第 1 期

论先秦秦汉土地所有制变革的动力问题　李恒全　江海学刊　2005 年第 4 期

秦国田制浅说　王勇　秦文化论丛（第十二辑）　三秦出版社　2005 年 7 月

秦汉时期农业科技文化交流的类型与模式　朱宏斌　西北农林科技大学学报　2006 年第 3 期

黄河流域的竹林分布与秦汉气候史的认识　王子今　河南科技大学学报 2006 年第 3 期

秦汉"重农抑商"的历史原因及其影响　谢瑞东　农业考古　2006 年第 6 期

周秦农业文化的对接与变异　樊志民　早期秦文化研究　三秦出版社 2006 年 8 月

秦汉魏晋时期陕南地区农业开发研究　吴宾　华中农业大学学报　2007 年第 3 期

秦汉农业开发与生态环境问题研究综述　刘俊霞、王宁军　安徽农业科学 2007 年第 3 期

秦汉时期工农业产品比价和差价分析　温乐平　农业考古　2007 年第 4 期

秦汉时期西北地区农业灾害成因初探　卜风贤、朱磊　安徽农业科学

2007 年第 5 期

游牧文化和农耕文化联手打造辉煌——秦统一论纲（二）　艾荫范　辽宁工程技术大学学报　2007 年第 5 期

近五十年来秦汉土地制度研究综述　闫桂梅　中国史研究动态　2007 年第 7 期

试析秦汉时期的农业教育形式　王浩　农业教育研究　2008 年第 2 期

秦国农民对国家承担的义务　祝中熹　陇右文博　2008 年第 2 期；秦史求知录　上海古籍出版社　2012 年 11 月

秦汉地方农官建置考述　王勇　中国农史　2008 年第 3 期

从睡虎地秦简看秦代粮仓虫害、鼠害的防治　刘向明　农业考古　2008 年第 3 期

从出土简牍看秦朝应对农作物虫害的举措　刘向明　农业考古　2008 年第 4 期

秦汉农村集市及郡县市场　高维刚　西南民族大学学报　2008 年第 8 期

从睡虎地秦简看秦国刍藁税制度的特点　贾鸿　重庆工学院学报　2008 年第 8 期

秦汉与当代关中地区主要粮食作物单产的比较研究　王关成　周秦汉唐文明研究论集　上海古籍出版社　2008 年 8 月

秦汉重农政策的再审视　樊志民、刘武英　秦文化论丛（第十五辑）　三秦出版社　2008 年 10 月

先秦以至秦汉时期中国古代粮食安全思想探析　吴宾　秦文化论丛（第十五辑）　三秦出版社　2008 年 10 月

关于秦汉时期区域农业开发中人与自然关系的几点思考　朱宏斌　秦文化论丛（第十五辑）　三秦出版社　2008 年 10 月

《吕氏春秋》"上农四篇"来源考　许富宏　中国农史　2009 年第 1 期

从秦简看战国晚期秦国农业生产的技术选择　王勇　湖南大学学报　2009 年第 2 期

从利益集团理论谈战国秦汉间的土地制度变革　陈新岗、李一鸣　社会科学论坛　2009 年第 2 期

秦汉区域农业开发的基本模式研究　朱宏斌、荀仁军　西北农林科技大学

学报　2009 年第 3 期

周秦间土地制度变迁的动力机制和主要过程:一个基于利益集团理论视角的分析　陈新岗　齐鲁学刊　2009 年第 5 期

秦在军事方面对水资源的利用　徐蕊　文博　2009 年第 5 期

秦汉三国时期巴蜀的水利管理　罗开玉　成都大学学报　2009 年第 6 期

秦与楚齐魏国水资源利用比较研究　朱思红　回顾与创新·创新篇——秦始皇兵马俑博物馆开馆三十周年纪念文集　三秦出版社　2009 年 8 月

两千年前战国秦代古城现身渭河河床初步判断:当是秦孝公所筑咸阳城　雷依群　秦汉研究(第三辑)　陕西人民出版社　2009 年 8 月

秦汉时期河西走廊农牧经济结构变迁述略　安旭强　宜宾学院学报　2009 年第 10 期

秦汉农人流动对都市生存空间的压抑　王子今　学术月刊　2010 年第 8 期

秦汉时期农业文化与游牧文化聚落的比较研究　张凤　考古　2011 年第 1 期

秦汉时期岭南地区的农业开发与经营　杨岗、王亚庆　咸阳师范学院学报 2011 年第 3 期

秦汉军队粮食、盐、副食及草料供给问题研究　上官绪智　南都学坛　2011 年第 4 期

秦汉时期农业教育研究　孙宏恩　安徽农业科学　2011 年第 36 期

秦人治蜀时期蜀地水利与农业的发展　彭邦本　西华大学学报　2012 年第 1 期

论秦汉关中农业开发与生态环境　方原、唐穆君　咸阳师范学院学报 2012 年第 1 期;秦汉研究(第六辑)　陕西人民出版社　2012 年 8 月

秦汉时期关中平原农耕土壤的利用与改良　杜娟　自然科技史研究　2012 年第 1 期

秦及西汉时期淮北农业发展的地域过程　张文华　淮北师范大学学报 2012 年第 1 期

秦汉土地测算与数学抽象化:基于出土文献的研究　肖灿　湖南大学学报 2012 年第 5 期

秦国农业改革探析　高士荣　西安财经学院学报　2012 年第 5 期

农业开发与水环境营建——论秦汉河套平原引黄灌溉区农业发展　王飞　生产力研究　2012 年第 8 期

秦汉区域农业开发的思想文化基础　朱宏斌　河南社会科学　2013 年第 2 期

战国秦汉农业雇佣关系的特征及原因探究　谭光万、樊志民　陕西师范大学学报　2013 年第 4 期

先秦至秦汉水旱灾害略论　尧水根　农业考古　2013 年第 4 期

秦汉时期南方的农业生产新探索　杨剑虹　武汉大学学报　1990 年第 2 期　厦门大学出版社；秦汉简牍研存稿　2013 年 4 月

论秦汉时期黄河流域的"竹林"多为"经济作物"——兼评王子今、陈业新两位先生的争论　苗瑞雪　咸阳师范学院学报　2013 年第 5 期

论秦汉"劝课农桑"的形式　金爱秀　南都学坛　2013 年第 6 期

秦汉时期环境变迁对农耕技术发展的影响　赵晨　秦汉研究（第八辑）陕西人民出版社　2014 年 9 月

里耶秦简所见秦代公田及相关问题　魏永康　中国农史　2015 年第 2 期

"名田"与"授田"辨正——秦和西汉前期土地制度性质析疑　臧知非、霍耀宗　史学集刊　2015 年第 6 期

"大一统"视域下的秦汉帝国西北农业开发　徐卫民　中央民族大学学报 2016 年第 3 期

先秦两汉农业发展过程中的作物选择　刘兴林　农业考古　2016 年第 3 期

先秦两汉农作物分布组合的考古学研究　刘兴林　考古学报　2016 年第 4 期

试论中国北方龙山时代至两汉的小麦栽培　李成　考古与文物　2016 年第 5 期

秦汉时期仓储发展探析　申艳辉　天水师范学院学报　2016 年第 5 期

中国粮食储备制度的历史沿革（二）——秦汉时期　刘坚　中国粮食经济 2016 年第 7 期

里耶秦简所见秦迁陵县粮食收支初探　赵岩　史学月刊　2016 年第 8 期

简牍所见秦和汉初田亩制度的几个问题——以阡陌封埒的演变为核心　臧知非　人文杂志　2016 年第 12 期

里耶秦简所见秦迁陵一带的农作物　李兰芳　中国农史　2017 年第 2 期；秦史：崛起与统一　西北大学出版社　2019 年 2 月

秦汉以来我国中央与地方的财政关系——财政分权的历史渊源回溯　管汉晖　经济科学　2017 年第 4 期

"四民分业"或"重农抑商"：秦汉大一统政体社会经济治理的制度化路径及其历史影响——以经济学有关交换经济的生产性认识为视角　李欣　秦统一的进程与意义　中国社会科学出版社　2017 年 11 月

秦代商、韩国家经济干预思想与中国古代社会　李禹阶　秦统一的进程与意义　中国社会科学出版社　2017 年 11 月

秦农业图景的考古学观察　叶晔　秦始皇帝陵博物院（总捌辑）　西北大学出版社　2018 年 9 月

秦汉时期农业生产中的虫灾害及治理研究　王飞　陇东学院学报　2019 年第 1 期

秦县级公田的劳动力供给与垦种运作　刘鹏　北京社会科学　2019 年第 12 期

2. 水利、河渠

秦汉的水利灌溉与屯田垦田　曾謇　食货　第 5 卷第 5 期　1937 年 3 月

秦汉时期的水利事业和经济键区　陈国贤　和平日报　1947 年 5 月 31 日

李冰父子和都江堰　君愚　人民日报　1951 年 2 月 22 日

两千年前我国伟大的水利专家——李冰　广西日报　1953 年 6 月 28 日

关于"灵渠"——钱伟长《我国历史上的科学发明》一书中有关"灵渠"部分的商榷　唐兆民　光明日报　1954 年 6 月 10 日

古代的伟大水利工程都江堰　青岛科学院科普组　青岛日报　1954 年 9 月 25 日

都江堰两千二百年　为屏　中国青年报　1957 年 2 月 13 日

广西兴安县灵渠陡隄调查　黄增长　文物参考资料　1958 年第 12 期

中国古代的水利家——李冰　杨向奎　文史哲　1961 年第 3 期

关中最早的水利建设——郑国渠　戴应新　陕西日报　1963 年 3 月 19 日

灵渠是劳动人民智慧和力量的结晶　史兴文　广西日报　1973 年 1 月 9 日

灵渠,劳动人民创造历史的见证　陈立红　广西大学学报　1974 年第 1 期

从郑国渠的兴建看法家的经济政策　吴焕成　山西师院学报　1974 年第 2 期

秦代法家路线促进了水利事业的发展　土木系大批判组　广西大学学报　1974 年第 2 期

灵渠的开凿及其在历史上的作用　钟建星　光明日报　1974 年 2 月 6 日

从灵渠的开凿看秦始皇的历史功绩　洪声　文物　1974 年第 10 期

秦始皇领导建设了郑国渠　清华大学水利系　光明日报　1974 年 7 月 21 日

废除井田制推动了都江堰水利工程的建设　清华大学水利系　光明日报　1974 年 7 月 21 日

秦郑国渠渠首遗址调查记　秦中行　文物　1974 年第 7 期

都江堰出土东汉李冰石像　四川省灌县文教局　文物　1974 年第 7 期

东汉李冰石像与都江堰"水则"　王文才　文物　1974 年第 7 期

法家路线对秦国三大水利工程的促进作用　清华大学水利系理论小组　光明日报　1974 年 10 月 18 日

都江堰是秦国推行法家路线的胜利成果　马延华　重庆日报　1974 年 11 月 8 日

淡写都江堰　林藜　四川文献　1974 年第 143 期

重视兴修水利是法家路线进步性的表现　解放军某部战士理论学习小组　辽宁日报　1975 年 1 月 5 日

秦始皇的农战政策和郑国渠的修建　李健超　西北大学学报　1975 年第 1 期

水利事业的发展取决于一条正确路线——从战国到西汉期间看法家路线对水利事业的影响　土木系水利水电专业理论小组　浙江大学学报　1975 年第 1 期

秦王朝在水利事业上的辉煌成就　裴震　文汇报　1975 年 1 月 13 日

秦皇汉武和关中农田水利　马正林　地理知识　1975 年第 2 期

秦始皇与郑国渠　阎崇年　科学实验　1975年第10期

从都江堰看劳动人民的治水、治沙经验(上、下)　成都工学院水工、农水、水文专业理论学习组　力学　1976年第4期

秦汉时期的水利法和地方农业经营　[日]鹤间和幸　历史学研究专刊 1980年

都江堰名称的演变　唐光沛　地名知识　1981年第1期

古都江堰渠首枢纽布置的研究　熊达成　成都科技大学学报　1981年第2期

广西古运河灵渠　周红兴　文物天地　1981年第4期

试论宁夏秦渠的成渠年代——兼谈秦代宁夏平原农业生产　汪一鸣　宁夏大学学报　1981年第4期

史禄与灵渠　李炳东、俞德华　广西大学学报　1982年第2期

湘漓分流话灵渠　王育生　长江日报　1982年2月21日

都江堰古史新论　喻权域　社会科学研究　1982年第3期

战国最早的水利建设——灌县都江堰　陈仲明　水利通讯　第28卷第11期　1982年3月

都江堰知次　万子霖　铭传学报　第19期　1982年3月

历史的借鉴——试论都江堰何以经久不衰　肖帆、易文光　中国水利 1982年第3期

从河床演变看都江堰渠首河段的控制　蔡金德　四川水利　1982年第3期

李冰和他的治水之法　傅振伦　学林漫录(五)　1982年4月

李冰凿离堆的位置和宝瓶口形成的年代新探　张勋燎　中国史研究　1982年第4期

关于兴建都江堰的几个历史问题　田尚、邓自欣　史学月刊　1982年第5期

都江堰确为李冰所建——与喻权域同志商榷　王纯五、罗树凡　社会科学研究　1982年第6期

鳖灵凿宝瓶口 李冰修都江堰　金永堂　社会科学研究　1982年第6期

都江堰兴建史学术讨论会简介　邓自欣、田尚　中国史研究动态　1984年

第 1 期

  开凿灵渠利万家　梁廷望　民族团结　1984 年第 2 期

  古灵渠　梁廷望　南宁师院学报　1984 年第 3 期

  都江堰在李冰之前三百年已有基础　欧阳亚筠　新华文摘　1985 年第 1 期

  初论战国、秦汉两次水利建设高潮——兼说都江堰工程史　彭曦　农业考古　1986 年第 1 期

  秦汉时期关中的水利事业　辛夷　史学月刊　1986 年第 1 期

  关中东部秦汉唐时期四大水利工程遗迹考辨　王重九　陕西文史研究丛刊　1986 年第 1 期

  灵渠——秦始皇的建树　黄意鑫　文物报　1986 年 10 月 3 日

  论灵渠的灌溉作用　蒋廷瑜　农业考古　1987 年第 1 期

  陕西发现秦代郑国渠拦河坝和水库遗址　王兆麟　农业考古　1987 年第 2 期

  古代都江堰情况探原　徐中舒　四川文物　1984 年第 1 期　巴蜀考古论文集　文物出版社　1987 年 8 月

  郑国渠渠首引水方式的争论与考证　叶遇春、张骅　文博　1989 年第 1 期

  郑国渠的作用历史演变与现存文物　叶遇春、张骅　文博　1990 年第 3 期

  郑国渠是否有世界上最高的第一座土石大坝　李林　水利史志专刊　1990 年第 4 期

  战国、秦代的都市水利　[日]藤田胜久　中国水利史研究 20 号　1990 年

  从云梦秦简《日书》看秦国的农业水利等有关状况　贺润坤　江汉考古　1992 年第 4 期

  《吕氏春秋·上农》等四篇和水利灌溉　[日]佐藤武敏　日本学者研究中国史论著选译(第十卷:科技)　中华书局　1992 年 7 月

  秦王政任用郑国修渠　木子　中国文物报　1993 年 7 月 18 日

  郑国与郑国渠　孟剑明　秦史人物论　陕西人民教育出版社　1993 年 11 月

  试论巴蜀水利农业及其对秦的影响　彭文　秦文化论丛(第三辑)　西北大学出版社　1994 年 12 月

略论灵渠在水利工程和地学史上的地位　陈国生　文史知识　1995 年第 6 期

秦始皇与水利　张骅　秦陵秦俑研究动态　1996 年第 4 期

略论秦郑国渠汉白渠龙首渠的工程科学技术　郑洪春　考古与文物　1996 年第 3 期

对郑国渠淤灌"四万余顷"的新认识　昌森　中国历史地理论丛　1997 年第 4 期

论秦郑国渠的引水方式　李令福　中国历史地理论丛　2001 年第 2 期

都江堰水利工程的历史演变和科学辩证法　罗启惠、谈有余　四川教育学院学报　2001 年第 5 期

郑国渠的布线及其变迁考　孙达人　周秦汉唐文化研究（第一辑）　三秦出版社　2002 年 10 月

中国生态史学的进步及其意义——以秦汉生态史研究为中心的考察　王子今　历史研究　2003 年第 1 期

秦汉时期关中的湖泊　王子今　周秦汉唐文化研究（第二辑）　三秦出版社　2003 年 11 月

郑国渠与都江堰——战国秦的扇形地开发　[日]大川裕子　周秦文化与社会研究　陕西师范大学出版社　2003 年 12 月

郑国渠的设计思想浅谈　孙亚春　咸阳师范学院学报　2006 年第 1 期

陕西泾阳县秦郑国渠首拦河坝工程遗址调查　秦建明、杨政、赵荣　考古 2006 年第 4 期

都江堰再认识　朱思红　秦陵秦俑研究动态　2007 年第 2 期

从秦水利工程看秦文化的特点及影响　张铭洽　西安财经学院学报　2007 年第 5 期

灵渠：现存世界上最完整的古代水利工程　彭鹏程　中国文化遗产　2008 年第 5 期

郑国渠：疲秦之计成强秦之策　刀叨　中国减灾　2008 年第 8 期

二十世纪八十年代以来中国水利史研究综述　晏雪平　农业考古　2009 年第 1 期

浅议灵渠的开凿在秦汉时期的历史意义　雷少园、罗采阳　传承　2009 年

第 3 期

秦汉三国时期巴蜀的水利管理　罗开玉　成都大学学报　2009 年第 6 期

秦汉漕运的军事功能研究——以秦汉时期的漕仓为中心　张晓东　社会科学　2009 年第 9 期

从《史记·河渠书》看战国秦汉水利工程及其效用　赵艺蓬　西安文理学院学报　2010 年第 2 期

郑国渠修建背景之我见　金迪　秦汉研究（第四辑）　三秦出版社　2010 年 8 月

秦"郑国渠"命名的意义　王子今、郭诗梦　西安财经学院学报　2011 年第 3 期

灵渠——世界古代水利建筑明珠，浮舟越岭的灵巧之渠　蒋官员、陈兴华、刘建新　中国文物报　2012 年 6 月 29 日

都江堰的科学价值　朱思红　秦始皇帝陵博物院（总贰辑）　三秦出版社　2012 年 7 月

"世界古代水利建筑明珠"——灵渠　蓝颖春　地球　2014 年第 7 期

郑国渠与白渠关系浅析　赵艺蓬、陈钢　秦汉研究（第八辑）　陕西人民出版社　2014 年 9 月

农田水利与秦汉时期对劣等地的改造利用　王勇　广西民族大学学报　2015 年第 2 期

郑国渠引泾方式与流经　王学理　郑国渠研究论文集　陕西科学技术出版社　2016 年 7 月

浅谈秦汉时期陕西的水利建设　张维慎　秦汉研究（第十辑）　陕西人民出版社　2016 年 8 月

秦及汉初黄河沿线地带郡县与河津管理体系　［韩］琴载元　简帛（第十六辑）　上海古籍出版社　2018 年 5 月

天府广场东北侧出土石犀与李冰治水的历史事件——兼谈成都平原秦汉时期的水利建设与城市发展　魏敏　文物天地　2018 年第 6 期

3. 林业、渔业、畜牧业

秦汉时期的畜牧业　余华青、张廷皓　中国史研究　1982 年第 4 期

秦汉时期的关中竹林　王子今　农业考古　1983 年第 2 期

秦汉时期的渔业　余华青　人文杂志　1982年第5期
略论秦汉时期的园圃业　余华青　历史研究　1983年第3期
秦汉林业初探　余华青　西北大学学报　1983年第4期
秦代马政考略　郭兴文　陕西省考古学会第一届年会论文集　考古与文物丛刊第三号　1983年11月
论秦的厩苑制度——从秦陵马厩坑的刻辞谈起　袁仲一　古文字论集　考古与文物丛刊第二号　1983年11月
秦汉边郡牧师苑的兴衰及其影响　余华青　人文杂志　1984年第1期
论秦代养马技术　郭兴文　农业考古　1985年第1、第2期
秦的养牛业　呼林贵　农业考古　1986年第2期
文物所见秦代关中的树木　彭卫　农业考古　1987年第1期
秦汉时期军马的牧养和征集　龚留柱　史学月刊　1987年第6期
简论秦代厩苑制度中的若干问题　刘云辉　文博　1987年第6期
论秦汉时期畜牧业的特征和局限　高敏　郑州大学学报　1989年第2期
云梦秦简所反映的秦国渔猎活动　贺润坤　文博　1989年第3期
从云梦秦简《日书》看秦国的六畜饲养业　贺润坤　文博　1989年第6期
先秦至两汉马政述略　米寿祺　社会科学　1990年第2期
秦汉植树造林考述　倪根金　中国农史　1990年第4期
秦代的苑囿　徐卫民　文博　1990年第5期
秦汉"种树"考析　倪根金　农业考古　1992年第1期
秦汉时期的马政　周凯军　军事经济研究　1993年第8期
秦至蜀汉巴蜀地区的农林牧渔副业　罗开玉　四川文物　1994年第5期
秦汉园林特点琐议　徐卫民　秦汉史论丛（第六辑）　江西教育出版社1994年12月
试论秦汉三国时期岭南地区的园艺业生产技术　王川　中山大学学报1995年第2期
关于秦国畜牧业生产问题的探讨　石延博　河北师院学报　1995年第2期
秦苑囿杂考　亿里　中国历史地理论丛　1996年第1期
论秦汉时期的养马技术　禹平　史学集刊　1999年第2期

秦人与生态环境　蒋文孝　秦文化论丛（第七辑）　西北大学出版社　1999年6月

从出土文物看秦汉养马业及其相关问题　朱君孝　农业考古　2001年第3期

战国秦汉时期中国西南地区犀的分布　王子今　面向新世纪的中国历史地理学——2000年国际中国历史地理学术讨论会论文集　齐鲁书社　2001年10月

从云梦秦简看秦国牛的用途　袁延胜　文博　2002年第5期

秦朝林政初探　余明　四川理工学院学报　2005年第1期

从国有养马业看秦制源于《周礼》　陈宁　邢台学院学报　2005年第3期

关中主要粮食作物单产的古今比较研究　王关成　秦文化论丛（第十二辑）　三秦出版社　2005年7月

论秦汉养牛业的发展及相关问题　温乐平　秦汉研究（第一辑）　三秦出版社　2007年1月；中国经济史研究　2007年第3期

论秦汉时期牛的类型与产地分布　温乐平　湖北师范学院学报　2007年第2期

对等主体间农业科技文化的互动交流——浅谈秦汉时期中印农业科技文化的交流　聂敏、杨乙丹　西北农林科技大学学报　2007年第2期

先秦秦汉时期的伐木时间问题　刘希庆　北京城市学院学报　2007年第2期

论秦汉养牛业的发展及相关问题　温乐平　中国社会经济史研究　2007年第3期

秦汉园林的主要特征及其影响　黄宛峰　杭州师范学院学报　2007年第3期

浅议秦汉时期的关中水利与农业发展　魏新民　安徽农业科学　2007年第5期

普遍授田制的终结与私有地权的形成——张家山汉简与秦简的比较研究之一　张金光　历史研究　2007年第5期；人大复印资料·先秦秦汉史　2008年第1期

秦牧苑考　陈芳　文博　2008年第5期

简牍所见秦马政　陈宁　兰州学刊　2008 年第 11 期

渔采狩猎与秦汉北方民众生计——兼论以农立国传统的形成与农民的普遍化　侯旭东　历史研究　2010 年第 5 期;人大复印资料·先秦秦汉史　2011 年第 1 期

秦汉时期山东的蚕桑丝织业　姜颖　管子学刊　2013 年第 2 期

从秦简看秦国军马需求的保障问题　张鹤泉　咸阳师范学院学报　2013 年第 3 期

秦汉渔采狩猎与农耕经济的关系　王勇　中国社会经济史研究　2013 年第 4 期

由"律""令"到"时令":秦汉林业立法及森林保护体系变迁　李欣　北京林业大学学报　2015 年第 4 期

秦汉农耕社会的薪炭消耗与材木利用——以环境问题为中心的考察　李欣　古今农业　2016 年第 1 期

秦汉贡橘制度考　李超　农业考古　2016 年第 6 期

论秦汉时牛的数量与用途　郭俊然　五邑大学学报　2017 年第 1 期

秦汉养狗官制考　李超　农业考古　2017 年第 1 期

秦汉时期上林苑管理述论　郭建新、朱宏斌　农业考古　2017 年第 1 期

秦汉农业精耕细作问题述评　韩强强　农业考古　2017 年第 1 期

里耶秦简所见秦代农作物考略　谢坤　农业考古　2017 年第 3 期

从出土实物看秦国铁农具的生产制造及管理　陈洪　农业考古　2017 年第 4 期

《九章算术》所反映的秦汉农业生产与社会经济　闫文字、朱宏斌　秦始皇帝陵博物院(总柒辑)　三秦出版社　2017 年 10 月

秦汉简所见牲畜资料补说三例　高一致　出土文献(第十四辑)　中西书局　2019 年 4 月

(三)工商业、手工业

秦汉物价的蠡测　褚道庵　北平华北日报史学周刊　18 期　1925 年 1 月 17 日

秦汉时代之手工业　马元材　河南政治月刊　第 2 卷第 11 期　1932 年

11 月

秦汉时代的商业　马元材　河南政治月刊　第 2 卷第 12 期　1932 年 12 月

秦汉金银产地考　褚道庵　华北日报·史学周刊　第 40 期　1935 年 6 月 20 日

秦汉经济史资料（一）——手工业　马元材　食货　第 2 卷第 8 期　1935 年 9 月

秦汉经济史资料（二）——商业　马元材　食货　第 2 卷第 10 期　1935 年 10 月

周秦汉的商业经济及商人地位　石隐　经济论衡　第 2 卷第 3 期　1944 年 3 月

商业中心的春秋战国社会　姜蕴刚　文史杂志　第 5 卷第 5、6 期　1945 年 6 月

论秦代商业资产阶级的胜利及其后期停滞的原因　陈景光　大夏周报　第 23 卷第 11 期　1947 年 5 月

秦汉的商业资本与封建社会　赵凌　中央日报　1948 年 7 月 5 日

由《史记·货殖列传》谈到战国与秦汉的经济社会　罗球庆　新亚校刊　第 4 期　1954 年 2 月

说秦汉到明末官手工业和封建制度的关系　白寿彝、王毓铨　历史研究 1954 年第 5 期；学步集　三联书店　1962 年 1 月

战国秦汉时代的手工业与商业　童书业　文史哲　1958 年第 2 期

秦汉商业经济的发达与政治统制商业传统的造成　刘景辉　台大青年 1961 年第 5 期

先秦两汉时期的冶铁技术与儒法斗争　北京钢铁学院理论学习小组　考古 1974 年第 6 期

从秦简看秦国商品货币关系发展状况　吴荣曾　文物　1978 年第 5 期；中华书局　1995 年 1 月

秦汉的专制主义与抑商政策　罗镇岳　山西大学学报　1980 年第 2 期

秦的官府手工业　吴荣曾　云梦秦简研究　中华书局　1981 年 7 月

"事末利及怠而贫者举以为收孥"试析——兼谈秦的"抑末"政策　臧知非　徐州师范学院学报　1983 年第 3 期

战国秦汉的重农抑商政策及其历史检讨　余天炽　华南师范大学学报 1984 年第 1 期

秦汉"禁民二业"政策浅析　朱绍侯　信阳师范学报　1984 年第 2 期

秦汉末业税问题的探讨　黄今言　江西师范大学学报　1985 年第 1 期

从商鞅变法到西汉前期抑商政策的转变　晋文　光明日报　1985 年 2 月 13 日

重农限商与重农抑商——对商鞅和汉武帝的重农抑商政策的剖析　汤勤福 上饶师专学报　1985 年第 3 期

浅析秦汉时期的抑商政策　林黎明　北方论丛　1985 年第 4 期

秦汉铁范铸造工艺探讨　李京华　史学月刊　1985 年第 5 期

从兵器铭刻看战国时代秦之冶铸手工业　王慎行　人文杂志　1985 年第 5 期

秦汉时期山东制铜业的发展　逢振镐　东岳论丛　1985 年第 6 期

战国秦汉的重农抑商政策及其检讨　李祖德　中国历史学年鉴 1985　人民出版社　1985 年 12 月

秦代手工业初探　闫国文　毕节师专学报　1986 年第 1、2 期

论战国秦汉时期的"重农抑商"政策　钱宗范　广西师范大学学报　1986 年第 3 期

论秦代工商业的历史性进步　罗开玉　四川师范大学学报　1986 年第 3 期

战国秦汉时期抑工商思想变化初探　宋超　秦汉史论丛（第三辑）　西北大学出版社　1986 年 7 月

论秦汉的"迁豪""徙民"政策　孟祥才　秦汉史论丛（第三辑）　西北大学出版社　1986 年 7 月

秦汉物价考　[日]堀毅　中央学院大学综合科学研究所纪要四卷一号 1986 年 1 月；秦汉法制史论考　法律出版社　1988 年 8 月

秦汉的产品检验和物价管理　钱剑夫　中国史研究　1987 年第 2 期

略谈秦汉时代成都地区的对外贸易　童恩正　巴蜀考古论文集　文物出版社　1987 年 8 月

先秦及汉朝的米谷常价　李恩琪　价格月刊　1987 年第 12 期

秦汉时期江南的手工业生产　杨剑虹　江西师范大学学报　1988年第3期

秦汉工商业的发展变化　中国历史学年鉴1987　人民出版社　1988年3月

秦官营手工业管理制度初探　孙忠家　沈阳师范大学学报　1988年第4期

先秦两汉及唐宋的商业经营管理思想　姚家华　财经研究　1988年第11期

秦汉手工业　李祖德　中国历史学年鉴1988　人民出版社　1988年12月

秦汉手工业研究　卫宁　中国历史学年鉴1989　人民出版社　1990年7月

战国秦汉铁业数量的比较　彭曦　考古与文物　1993年第3期

略论商鞅的抑商政策　祝秉权　贵州文史丛刊　1993年第3期

论战国秦汉的商业潮　赖华明　四川师范大学学报　1994年第1期

关于秦代抑商政策的若干问题　晋文　中国经济史研究　1994年第3期

秦汉工商管理思想析论　文兆哲、刘承禄　中国工商管理研究　1994年第2期;秦汉史论丛(第六辑)　江西教育出版社　1994年12月

春秋时期秦国的手工业　刘景纯　秦文化论丛(第三辑)　西北大学出版社　1994年12月

秦的官府手工业　吴荣曾　先秦西汉史研究　中华书局　1995年1月

试论《秦律》中的手工业管理——读《睡虎地秦简》札记　宫长为　学术月刊　1995年第9期

论秦汉时期三种盐铁政策的递变　张传玺　秦汉问题研究(增订本)　北京大学出版社　1995年10月

战国秦汉工商业家多兼营农业小考——读《史记·货殖列传》札记　耕播　中国经济史研究　1996年第2期

试论战国秦汉时期官僚经商　张弘　聊城大学学报　1997年第4期

战国秦汉时期商业资本流向略论　张弘　山东师大学报　1997年第6期

也谈秦代的工商业政策　晋文　江苏社会科学　1997年第6期

略论秦汉时期河北手工业的发展　吕苏生　文物春秋　1998年第1期

战国秦汉时期商人的经营之道　张弘　烟台大学学报　1998年第1期

略论秦汉时期的交通与贩运商业　张弘　社会科学家　1998年第2期

略谈战国秦汉时期的高利贷资本　张弘　齐鲁学刊　1998年第2期

论秦国财政改革与抑商禁末政策　赵云旗　三秦论坛　1998年第3期

关于秦商业的几个问题　赵曼妮　周秦汉唐研究论集　三秦出版社　1998年5月

试论秦汉纺织业中的商品生产　陈昌文、肖倩　南都学坛　1998年第5期

论周秦之际工商格局的巨大变革　黄俶成　扬州大学学报　2000年第1期

秦汉渔采狩猎与农耕经济的关系　张仁玺　山东师大学报　2000年第4期

从秦封泥的发现看秦手工业的发展　任隆　秦俑秦文化研究——秦俑学第五届学术讨论会论文集　陕西人民出版社　2000年8月

战国秦汉时期商人及商业资本与城市经济的关系　张弘　理论学刊　2001年第1期

战国秦汉时期商业资本的发展与积聚研究　张弘　江汉大学学报　2001年第1期

从出土文物看秦代养马业及其相关问题　朱君孝　农业考古　2001年第3期

战国秦汉时代的交换经济和自然经济,自由民小农和依附性佃农　何兹全　史学理论研究　2001年第3期

从云梦秦简看秦国的商业政策　丁华　江汉考古　2001年第3期

试论秦汉时期社会消费时尚　周金华　郴州师范高等专科学校学报　2001年第4期

战国秦汉时期私商类型叙论　张弘　山东师大学报　2001年第5期

从秦代商人及子孙的谪戍岭南看商业经济意识的南播与影响　高凯　秦汉史论丛(第八辑)　云南大学出版社　2001年9月

论秦自商鞅变法后的商品经济　施伟青　中国社会经济史研究　2002年第1期;中国古代史论丛　岳麓书社　2004年8月

秦朝统一与经济结构的变动——兼谈秦代私营工商业　高婷婷　秦陵秦俑

研究动态　2003 年第 1 期

论秦汉商品市场发育水平的几个问题　黄今言　中国经济史研究　2003 年第 3 期

从"封俾誉清"论秦始皇为何重视大商人　房占红　渤海大学学报　2004 年第 1 期

秦汉工商业者犯罪研究　李佳艳　首都师范大学学报　2004 年第 S1 期

秦始皇筑怀清台的另一种解读　周晏　涪陵师范学院学报　2005 年第 3 期

秦汉六朝江南经济略论　官士刚　聊城大学学报　2005 年第 4 期

论广西秦汉时期的交通和商贸经济　梁旭达　广西考古文集（第二辑）——纪念广西考古七十周年专集　科学出版社　2006 年 1 月

秦汉时期生活消费的特点及其影响　温乐平　中国经济史研究　2006 年第 2 期

浅析秦代灵活的商业政策　刘素娜　五邑大学学报　2006 年第 3 期

论西南汉魏摇钱树的格套与商品化及其背景——兼谈巴蜀秦汉经商崇富传统　何志国　西华大学学报　2007 年第 1 期

游牧文化和农耕文化联手打造辉煌——秦统一论纲（一）　艾荫范　辽宁工程技术大学学报　2007 年第 3 期

《吕氏春秋》与《商君书》重农思想比较研究　李亚光　长春师范学院学报　2007 年第 6 期

秦汉时期家产继承方式探析　张振兴　宜宾学院学报　2007 年第 10 期

略论先秦、秦汉时期经济对巫的影响　李娟　秦汉研究（第二辑）　三秦出版社　2007 年 11 月

周秦商品经济初潮中官款生息规制的发端与首道轮回　张建辉　秦汉研究（第二辑）　三秦出版社　2007 年 11 月

论秦汉时期商品经济发展与南方自然资源开发之关系　王福昌　中国社会经济史研究　2009 年第 3 期

两周秦汉与古希腊罗马的工商业比较　杨师群　江西社会科学　2009 年第 4 期

战国秦汉时期河东地区商业状况初探　赵李娜　理论界　2009 年第 5 期

秦汉时期的人工墨——文房四宝起源研究之五　高蒙河　中国文物报 2010年4月2日

秦汉时期市场的多层级性　朱德贵　安庆师范学报　2000年第6期

战国秦汉时期商人和商业资本对农村经济的作用　张弘　济南大学学报 2000年第6期

关于秦代采矿及冶炼铸造技术的探讨　李文秀、玛丽娜　秦俑秦文化研究——秦俑学第五届学术讨论会论文集　陕西人民出版社　2000年8月

秦冶铁业浅探　孔利宁　秦俑秦文化研究——秦俑学第五届学术讨论会论文集　陕西人民出版社　2000年8月

秦汉时期的女工商业主　王子今　中国文化研究　2004年第3期

秦人的机械发明　王子今　国学学刊　2009年第1期

秦代手工业生产者的身份与地位　蔡锋　山西师大学报　2010年第2期

试析秦汉时期求仙方式的改变与丹砂的开采利用　申茂盛　秦俑博物馆开馆三十周年秦俑学第七届年会国际学术研讨会论文集　三秦出版社　2010年8月

秦冶金制造及相关社会考古学研究进展报告　王亮、李秀珍、夏寅　中国文物报　2011年4月29日

秦青铜、冶铁技术发展情况概述　袁仲一　秦始皇帝陵博物院（总壹辑）三秦出版社　2011年6月

制度安排与身份认同：秦汉舆服消费研究　温乐平　熊铁基八十华诞纪念文集　江西师范大学学报　2012年第6期；华中师范大学出版社　2012年4月

近二十年来秦汉商业经济研究述评　郝建平　阴山学刊　2012年第3期

秦汉社会的木炭生产和消费　李欣　史学集刊　2012年第5期

巴寡妇怀清的矿业与秦始皇陵水银之需　王学理　唐都学刊　2012年第5期

中国古代炼铜冶铁制陶燃料初探：以先秦秦汉时期的煤炭为例　薛毅　湖北理工学院学报　2012年第6期

秦汉时期商品经济的发展　方行　河北大学学报　2012年第6期

秦汉包装考　朱和平、邓昶　中原文物　2015年第1期

先秦秦汉的铜业铜政与铜商文化　王瑰　曲靖师范学院学报　2015年第

1期

兴盛与衰退——先秦、秦汉时期华夏工商文化的历史命运　张学君　文史杂志　2015年第4期

先秦两汉河东盐业资源的开发　崔建华　盐业史研究　2015年第4期

先秦两汉时期黄河流域的麻葛纺织　薛瑞泽　秦汉研究(第九辑)　陕西人民出版社　2015年8月

秦"抑商"辨疑:从商君时代到始皇帝时代　王子今　中国史研究　2016年第3期

秦"抑商""重商"辨——兼说始皇帝时代乌氏倮、巴寡妇清"名显天下"　王子今　秦始皇帝陵博物院(总陆辑)　陕西师范大学出版社　2016年10月;秦统一的进程与意义　中国社会科学出版社　2017年11月

秦代重农政策的实施与荒废　晋文　秦始皇帝陵博物院(总柒辑)　三秦出版社　2017年10月

秦汉简牍所见"巴县盐"新解及相关问题考述　庄小霞　四川文物　2019年第6期

(四)赋税、徭役

秦汉时代的租税制度　马元材　河南政治月刊　第2卷第7期　1932年7月

商鞅变法与两汉田赋制度　刘道元　食货　第1卷第3期　1935年1月

秦汉时代的租税制度　马元材　食货　第3卷第9期　1936年6月

秦汉以前的公社、田制和赋税　秋涛　历史教学问题　1957年第4期

秦汉赋税析微(一、二、三、四)　杨静贤　中国经济　第174、175、176、177期　1965年3、4、5、6月

秦代赋税徭役制度初探　熊铁基　华中师院学报　1978年第1期

秦代徭役剥削并不很重吗——批"四人帮"法家爱人民谬论　高敏　光明日报　1978年1月26日

关于秦时服役者的年龄问题探讨——读云梦秦简札记　高敏　郑州大学学报　1978年第2期;云梦秦简初探　河南人民出版社　1979年1月

斥所谓秦始皇"缓刑罚薄赋敛"的谬论　刘致中　开封师院学报　1978年

第 5 期

劳动人民是戍边徭役的主要承担者　高敏　云梦秦简初探　河南人民出版社　1979 年 1 月

秦代租赋徭役制度研究　黄今言　江西师院学报　1979 年第 3 期

论秦汉之田租　赵启样　土地改革　第 29 卷第 11 期　1979 年 11 月

汉代的公田和假税——附说秦的"受田"和"租""赋"　祝瑞开　西北大学学报　1980 年第 2 期

秦律中的徭戍问题——读云梦秦简札记　高恒　考古　1980 年第 6 期

秦汉的民爵、囚徒的调发　龚鹏九　教与学　1981 年第 3 期

商鞅变法中的赋税改革　李瑞兰　南开学报　1981 年第 6 期

云梦出土秦简与秦、汉初之征兵适龄　[韩]金烨著，刘顺达、周业温译　简牍学报　第 10 期　1981 年 7 月

秦代租赋徭役制度初探　黄今言　秦汉史论丛（第一辑）　陕西人民出版社　1981 年 9 月

试论秦汉"正卒"徭役　钱剑夫　中国史研究　1982 年第 3 期

秦汉赋税制度考释　高敏　秦汉史论集　中州书画社　1982 年 8 月

秦汉史杂考——谪戍制非始于秦始皇而始于商鞅说　高敏　秦汉史论集　中州书画社　1982 年 8 月

秦国傅籍制度考辨——读云梦秦简札记　罗开玉　中国历史文献集刊（第三集）　岳麓书社　1982 年 10 月

"初为赋"新探——兼与林剑鸣等先生商榷　晋文　徐州师院学报　1983 年第 1 期

"头会箕敛"与"八月算人"　苏诚鉴　中国史研究　1983 年第 1 期

秦自商鞅变法后的租赋徭役制度　张金光　文史哲　1983 年第 1 期

试论商鞅的税制改革　田泽滨　东北师大学报　1983 年第 5 期

略谈修建秦始皇陵的徭役负担　杭德洲　陕西省考古学会第一届年会论文集　考古与文物丛刊第三号　1983 年 11 月

"太半之赋"辨析　刘文汇　徐州师范学院学报　1985 年第 1 期

秦汉末业税问题的探讨　黄今言　江西师范大学学报　1985 年第 1 期

秦汉兵役及汉代更赋制度考辨　杨作龙　洛阳师专学报　1985 年第 2 期

秦汉赋役制度辨析　高敏　郑州大学学报　1985 年第 3、4 期

秦汉的谪戍和过更　王云　辽宁师范大学学报　1985 年第 6 期

秦汉少数民族地区的赋税和贡输问题　黄今言　中华文史论丛　1986 年第 1 期

关于秦汉徭役的若干问题：与钱剑夫同志商榷　施伟青　中国史研究 1986 年第 2 期；中国古代史论丛　岳麓书社　2004 年 8 月

秦朝傅籍标准蠡测　陈明光　中国社会经济史研究　1987 年第 1 期

秦汉的徭役制度　高敏　中国经济史研究　1987 年第 2 期

秦代的口赋、徭役兵役制度试探　杨剑虹　考古与文物　1987 年第 2 期

秦汉的外徭与居役　叶茂　中国经济研究　1987 年第 2 期

秦汉的徭役和兵役　孙言诚　中国史研究　1987 年第 3 期

试论秦代徭戍制度　胡大贵、冯一下　四川师范大学学报　1987 年第 6 期

《谪戍制考释》一文质疑　屈建军　青海师范大学学报　1988 年第 2 期

秦汉徭役制度　李祖德　中国历史学年鉴 1987　人民出版社　1988 年 3 月

试论秦汉谪戍的几个问题　卢星　江西师范大学学报　1988 年第 4 期

秦汉的戍卒　孙言诚　文史哲　1988 年第 5 期

关于秦国税制的几个问题　高文舍、赵光远　当代经济科学　1988 年第 6 期

秦汉徭役考　[日]堀毅　秦汉法制史论考　法律出版社　1988 年 8 月

秦代算赋辨析　晋文　山东师大学报　1988 年增刊

秦汉军制与徭役　李祖德　中国历史学年鉴 1988　人民出版社　1988 年 12 月

周秦西汉的刍稿及其税考　杨作龙　农业考古　1989 年第 1 期

关于秦汉徭役制度的几个问题　[日]重近启树　秦汉史论丛（第四辑）　西北大学出版社　1989 年 4 月

秦汉"户赋""军赋"考　于琨奇　中国史研究　1989 年第 4 期

"民有二男以上不分异者倍其赋"意义辨　曾宪礼　中山大学学报　1990 年第 4 期

秦汉赋役研究　卫宁　中国历史学年鉴 1989　人民出版社　1990 年 7 月

关于秦代谪戍制的几个问题　胡大贵　西南师范大学学报　1991 年第 1 期

秦汉税役制研究·关税　[日]山田胜芳　平成二年度科学研究报告书　1991 年

关于"泰半之赋"的若干问题——与刘文汇同志商榷　施伟青　中国社会经济史研究　1991 年第 2 期;中国古代史论丛　岳麓书社　2004 年 8 月

《关于"太半之赋"的若干问题》的问题——答施伟青同志　刘文汇　徐州师范学院学报　1993 年第 3 期

秦国簷籍制度探略　蔡万进　中州学刊　1993 年第 4 期

秦汉复除制述论　张仁玺　山东师大学报　1993 年第 4 期

秦国兵役徭役制度试探　屈建军　咸阳师专学报　1994 年第 2 期

秦隋两代赋役制度比较　敖汀　辽宁师范大学学报　1994 年第 6 期

秦律中的徭、戍问题——读云梦秦简札记　高恒　秦汉法制论考　厦门大学出版社　1994 年 8 月

秦汉赋税立法之比较　张洪林、李东方　中州学刊　1995 年第 1 期

秦人傅籍标准试探　马怡　中国史研究　1995 年第 4 期;人大复印资料·先秦秦汉史　1996 年第 1 期

论秦代赋税结构及其沿革　黄天华　广东社会科学　2000 年第 6 期

秦"傅"年之我见——秦可能按身高"傅籍"　刘汉　中西法律传统(第二卷)　中国政法大学出版社　2002 年 8 月

西周至秦汉关税收入增长原因分析　夏金梅、张波　延安大学学报　2005 年第 5 期

秦国—秦汉社会的户口管理和相关税收　林岩　文史杂志　2005 年第 6 期

秦国军费开支、筹措与管理问题研究　上官绪智　南都学坛　2005 年第 6 期

论秦徭役制中的几个法定概念　张金光　山东大学学报　2006 年第 3 期

从杂税透视秦汉历史　韩帅　山东省农业管理干部学院学报　2006 年第 3 期

秦汉刍稾税征收方式再探　李恒全、季鹏　财贸研究　2007 年第 2 期

徭、戍为秦汉正卒基本义务说:更卒之役不是"徭"　杨振红　中华文史论丛　2010 年第 1 期

说秦汉徭役制度中的"更"——汉牍《南郡卒编更簿》小记　张金光　鲁东大学学报　2011 年第 2 期

秦汉乡里赋税制度和赋税征收　张信通　中国经济史研究　2012 年第 1 期

从出土简牍看秦汉时期的刍稿税　杨振红　简牍与古代史研究　北京大学出版社　2012 年 1 月

秦简所见田租的征收　于振波　湖南大学学报　2012 年第 5 期

从出土简牍看秦汉时期的户税征收　李恒全　甘肃社会科学　2012 年第 6 期

秦及汉初算数书所见田租问题探讨　王文龙　咸阳师范学院学报　2013 年第 1 期

秦至汉初"户赋"详考——以秦汉简牍为中心　朱圣明　中国经济史研究　2014 年第 1 期

从秦汉简牍看秦汉赋税制度　秦其文、姚茂香　理论观察　2014 年第 1 期

战国西汉"提封田"补正　臧知非　秦汉历史文化的前沿视野:第二届中国秦汉史高层论坛文集　知识产权出版社　2015 年 1 月

秦汉帝国"新地"与徭、戍的推行:兼论秦汉时期的内外观念与内外政策特征　孙闻博　古代文明　2015 年第 2 期;秦汉史论丛(第十四辑)　四川人民出版社　2017 年 9 月

再论秦及汉初的"田"与"田部"　李勉　中国农史　2015 年第 3 期

秦汉时期徭戍制度研究述评　陈大志、王彦辉　中国史研究动态　2015 年第 3 期

说"税田":秦汉田税征收方式的历史考察　臧知非　历史研究　2015 年第 3 期

社会冲突的制度史考察:以秦汉土地赋役为例　臧知非　史学月刊　2015 年第 12 期

秦及汉初"徭"的内涵与组织管理——兼论"月为更卒"的性质　孙闻博　中国经济史研究　2015 年第 5 期

秦汉徭戍制度补论——兼与杨振红、广濑熏雄商榷　王彦辉　史学月刊　2015年第10期

再谈秦至汉初的"户赋"征收——从其与"名田宅"制度的关系入手　朱圣明　中国经济史研究　2016年第3期；秦汉史论丛（第十四辑）　四川人民出版社　2017年9月

秦代"户赋"新证　陈松长　湖南大学学报　2016年第4期

税田与取程：秦代田租征收方式蠡测　王勇　简帛研究二〇一六（秋冬卷）　广西师范大学出版社　2017年1月

新出简牍所见秦与汉初的田租制度及相关问题　慕容浩　社会科学研究　2017年第2期

"算赋"生成与汉代徭役货币化　臧知非　历史研究　2017年第4期

简牍所见秦及汉初"户赋"问题再探讨　朱德贵　深圳大学学报　2017年第4期

岳麓秦简所见田税问题探讨　朱德贵　税务研究　2017年第5期

秦及西汉前期的垦田统计与田租征收——以垦田租簿为中心的考察　高智敏　简帛研究二〇一七（春夏卷）　广西师范大学出版社　2017年6月

再谈秦至汉初的"户赋"征收——从其与"名田宅"制度的关系入手　朱圣明　秦汉史论丛（第十四辑）　四川人民出版社　2017年9月

说"税田"：秦汉田税征收方式的历史考察　臧知非　秦汉史论丛（第十四辑）　四川人民出版社　2017年9月

从文物图像看赵过"耦犁"的推广及其影响　张维慎　秦始皇帝陵博物院（总柒辑）　三秦出版社　2017年10月

岳麓秦简所见《戍律》初探　朱德贵　社会科学　2017年第10期

秦"訾税"平议　凌文超　简帛研究二〇一八（秋冬卷）　广西师范大学出版社　2019年1月

秦代傅籍标准新考——兼论自占年与年龄计算　凌文超　文史　2019年第3期

秦汉时期的户人与家长　钟良灿　文史　2019年第3期

试析秦代"更戍"制度　杨先云　湖南考古辑刊（第14集）　科学出版社　2019年11月

(五)交通及交通工具

1. 道路和交通

秦栈道考"特别是褒斜道"　黑泽信吾　史潮　第6卷第1期　1936年

秦栈道的研究——特别是以汉三国时代前褒斜道为中心　黑泽信吾　史潮　第6卷第2期　1936年

秦治驰道杂论　钱树棠　责善半月刊　第2卷第24期　1942年11月

秦汉帝国之经济及交通地理　王毓瑚　文史杂志　第2卷第9、10期　1943年10月

秦汉时代国内之交通路线　史念海　文史杂志　第3卷第1、2期　1944年1月

秦汉时代沿海航线及港口　包遵彭　幼狮月刊　第3卷第5期　1955年5月

秦汉时代的入蜀路线(上、下)　[日]久村因　东洋学报　第38卷第2、3期　1955年9月、12月

秦汉三国时代的海上交通　章巽　地理知识　1955年第12期

秦帝国的主要交通线　章巽　学术月刊　1957年第2期

栈道考　冯汉镛　人文杂志　1957年第3期

驰道　陈登原　国学旧闻第一分册　1958年7月

秦之"道"　[日]久村因　中国古代史研究　1962年11月

在古秦楚要道上　柳滨　陕西日报　1962年11月13日

秦始皇修筑驰道的政治意义　张振新　光明日报　1974年2月6日

秦始皇修驰道与秦王朝的陆路交通　周源和、魏嵩山　地理知识　1974年第4期

秦始皇的驰道和法家路线　曹尔琴　西北大学学报　1975年第1期

秦通南越"新道"考　余天炽　华南师院学报　1980年第2期

论秦汉时期东越和南越的水路交通及其军事意义　郁越祖　史冀　第1、2期　1980年1月、5月

关于秦始皇几次出巡路线的探讨　王京阳　人文杂志　1980年第3期

秦"道"考　骈宇骞　文史(第九辑)　中华书局　1980年9月

秦汉三国时期的褒斜道　秦朔　中学历史教学参考　1982年第4期

秦开五尺道 汉通西南夷　李金池　民族团结　1982 年第 5 期

秦汉通南越要道考略　吕名中　中南民族学院学报　1983 年第 3 期

秦汉时期北方与岭南交通的发展变化　邢丙彦　上海师范大学学报　1984 年第 3 期；探索　1985 年第 1 期

秦汉"复通"考　王子今、马振智　文博　1984 年第 3 期

秦汉时期岭南和岭北的交通举要　余天炽　历史教学问题　1984 年第 3 期

秦时岭南内陆交通路线探索　黄灼耀　华南师范大学学报　1984 年第 3 期

秦汉时期山西水运试探　石凌虚　晋阳学刊　1984 年第 5 期

秦代关中地区驰道、直道、阁道、复道、甬道　王开　西安晚报　1984 年 8 月 3 日

秦蜀栈道——故道、连云道和褒斜道概述　任周芳　宝鸡师院学报　1986 年第 4 期

秦始皇开辟岭南通道路　邓健今　公路交通编史研究　1986 年第 4 期

万里长城与道路交通　鲁人勇　公路交通编史研究　1986 年第 4 期

论秦汉道制　罗开玉　民族研究　1987 年第 5 期

蜀道在战国秦汉时期的地位和作用　张仁镜　汉中师院学报　1988 年第 1 期

秦汉时代的并海道　王子今　中国历史地理论丛　1988 年第 2 期

关中秦十宫觅踪　何清谷　陕西师大学报　1988 年第 2 期

"伐驰道树殖兰池"解　王子今　中国史研究　1988 年第 3 期

秦汉时期的私营运输业　王子今　中国史研究　1989 年第 1 期

从考古发现看早期的褒斜道　唐金裕　成都大学学报　1989 年第 1 期

秦梁山宫考略　何清谷　咸阳师专学报　1989 年第 3、4 期

秦汉黄河津渡考　王子今　中国历史地理论丛　1989 年第 3 期

秦国交通的发展与秦的统一　王子今　史林　1989 年第 4 期

秦汉的陆路运输　王子今　平准学刊　1989 年第 4 期

秦汉时期的内河航运　王子今　历史研究　1990 年第 2 期

秦人经营的陇山通路　王子今　文博　1990 年第 5 期

秦汉统一交通网络的形成及布局特点　程霖　宁夏教育学院、银川师专学报　1991年第2期

秦汉时期的山西交通　李广洁　晋阳学刊　1991年第2期

秦汉时的驿传制度考略　黄才庚　吉林档案　1991年第2期

秦始皇信宫考　聂新民　秦陵秦俑研究动态　1991年第2期

秦汉农田道路与农田运输　王子今　中国农史　1991年第3期

秦汉时期的近海航运　王子今　福建论坛　1991年第5期

秦"五尺道"新考　傅于尧　云南师范大学学报　1992年第1期

秦汉时期的东洋与南洋航运　王子今　海交史研究　1992年第1期

论秦汉交通网形成的历史作用　程霖　宁夏大学学报　1992年第2期

论秦"五尺道"之本义为地名——兼与《质疑》作者磋商　傅于尧　云南师范大学学报　1992年第3期

秦"五尺道"研究——兼对《秦"五尺道"新考》商榷　文光洋　云南师范大学学报　1992年第3期

秦始皇建的信宫和极庙　何清谷　秦陵秦俑研究动态　1992年第4期

秦汉"甬道"考　王子今　文博　1993年第2期

略论秦汉时代的运河和漕运　潘京京　云南师范大学学报　1993年第2期

关中秦宫位置考察　何清谷　秦文化论丛(第二辑)　西北大学出版社　1993年12月

关中以外秦离宫别馆述论　徐卫民　秦文化论丛(第二辑)　西北大学出版社　1993年12月

论秦蜀栈道的几个问题　唐寰澄　文博　1994年第2期

周秦时期河洛地区的交通形势　王子今　文史知识　1994年第3期

古代交通与秦汉文明　王子今　光明日报　1995年1月9日

略谈先秦时期关中与汉中之交往及其道路问题　田静、史党社　文博　1995年第2期

秦修栈道的战略意义　郝光陆　文博　1995年第2期

陇山秦汉寻踪(二):秦御道与汉回中道　王学礼　社科纵横　1996年第3期

秦汉都市交通考论　王子今　文史　1997年第1期

秦横桥探　秦汉　秦陵秦俑研究动态　1998年第3期

战国时秦的领域形成和交通路线（摘要）　［日］藤田胜久著，李淑萍译　秦陵秦俑研究动态　1998年第1期

秦汉王朝开发岭南述论　段塔丽　陕西师范大学学报　2000年第2期

试论秦汉时期运河的开凿及其影响　崔吉学　聊城师范学院学报　2000年第4期

考古资料所见先秦时期秦人交通陕甘的几条路线　史党社、田静　秦汉史论丛（第九辑）　三秦出版社　2004年7月；周秦文明论丛（一）　陕西人民出版社　2006年8月

秦汉时期陆路交通的管理问题　马晓峰　社会科学家　2005年第3期

"秦三十六郡"和西汉增置郡国考证　何介钧　黄盛璋先生八秩华诞纪念文集　中国教育文化出版社　2005年6月

秦汉时期陆路交通的建设问题　马晓峰　青岛大学师范学院学报　2006年第3期

走出蛮荒——交通与秦汉时期的岭南越族社会浅析　何海龙　贵州民族研究　2006年第4期

古代关陇通道与秦人东进关中路线考略　张天恩　秦文化论丛（第十三辑）　三秦出版社　2006年10月

战国秦汉时期环东中国海地区的陆路交通　陈隆文　史学月刊　2008年第8期

秦汉时期南岭交通的开发与南北交流　王元林　中国历史地理论丛　2008年第4期

中国西南早期对外交通——先秦两汉的南方丝绸之路　段渝　历史研究　2009年第1期；人大复印资料·先秦秦汉史　2009年第3期

秦汉地理形势的变化对上党郡战略价值的影响　杨丽　兰台世界　2009年第11期

中国古代交通系统的特征——以秦汉文物资料为中心　王子今　社会科学　2009年第7期

世界上最早的宏大的立体交通系统——秦汉立体道路考　车宝仁　唐都学

刊 2011年第1期

秦汉驿制诸问题考述 高荣 鲁东大学学报 2011年第1期

秦、西汉时期关中通往陇西郡交通线路考析 刘军刚 丝绸之路 2011年第16期

秦汉魏晋南北朝时期的祁山道 苏海洋 西北工业大学学报 2012年第2期

秦汉时期江南地区的陆路交通 肖华忠、李青 安徽大学学报 2012年第2期

秦汉区域地理学的"大关中"概念 王子今 日常秩序中的汉唐政治与社会 社会科学文献出版社 2012年8月

秦汉"北边"交通格局与九原的地位 王子今 梓里集：西北大学考古专业七七级毕业三十周年纪念文集 西北大学出版社 2012年9月

说"反枳"：睡虎地秦简《日书》交通"俗禁"研究 王子今 简帛（第七辑） 上海古籍出版社 2012年10月

秦汉时期雁门郡的交通及其军事战略价值 杨丽 内蒙古社会科学 2013年第4期

先秦秦汉时期蜀地南北交通线研究综述 邹一清 中国史研究动态 2013年第4期

秦汉"五岭"交通与"南边"行政 王子今 中国史研究 2014年第3期

秦与商於古道 田静 陕西社会科学 2014年第3期；秦陵秦俑研究动态 2014年第3期

"秦邑"与"汧渭之会"考 杨曙明 中国文物报 2014年3月28日

秦汉时期长安至陇山段丝绸之路考察研究 田亚岐、杨曙明、刘阳阳 早期丝绸之路暨早期秦文化国际学术研讨会论文集 文物出版社 2014年11月

通过考古勾勒出汉前丝路轨迹 王巍 中外文化交流 2014年第12期

聚落与交通视阈下的秦汉亭制变迁 王彦辉 历史研究 2017年第1期

论战国秦汉时期代地的历史文化地位——以交通史为视角的考察 赵文慧、王海 地方文化研究 2018年第3期

秦汉复道建筑技术初探 权弼成 秦汉研究（第十二辑） 西北大学出版社 2018年6月

战国秦汉"賨民"的文化表现与巴山交通　王子今　周秦汉唐文化研究(第十辑)　三秦出版社　2018 年 6 月

2. 交通工具

秦汉马政杂考　朱瑞伦　西北研究　第 5 卷第 9、10 期　1942 年 10 月

秦汉时代的船舶　上海交大"造船史话"组　文物　1977 年第 4 期

浅谈秦汉时代的造船业和造船技术　汶江　海洋战线　1978 年第 3 期

春秋战国的舟船　左尚权　郑州大学学报　1983 年第 2 期

秦始皇陵二号铜车马对车制研究的新启示　孙机　文物　1983 年第 7 期

秦汉车制杂议　武伯纶　西北大学学报　1984 年第 1 期

秦汉时期山西水运试探　石凌虚　晋阳学刊　1984 年第 5 期

"广州秦汉造船工场遗址"的真伪　戴开元　舰船知识　1984 年第 6 期

略述秦汉时期的舟车制造业　余华青　青海社会科学　1985 年第 1 期

秦汉邮传制度考略　高敏　郑州大学学报　1985 年第 3 期

我国古代的车和船　施友　历史知识　1987 年第 4 期

秦汉时期的中国兵船　唐志拔　舰船知识　1988 年第 1 期

秦汉车马驾御赐马制度管见　周作明　广西师范大学学报　1988 年第 2 期

秦汉时期陕西水运的发展　陶航平　中国运河　1988 年第 10 期

秦汉时期的私营运输业　王子今　中国史研究　1989 年第 1 期

秦汉的陆路运输　王子今　平准学刊　1989 年第 4 期

先秦时代马之应用　万九河　天津师范大学学报　1990 年第 1 期

漕运与中国的封建集权统治　陈峰　西北大学学报　1990 年第 2 期

秦汉时的驿传制度考略　黄才庚　吉林档案　1991 年第 2 期

秦汉农田道路与农田运输　王子今　中国农史　1991 年第 3 期

秦汉时代关中的桥梁　王子今　长安史话·两汉分册　陕西旅游出版社　1992 年 4 月

秦汉时期的船舶制造业　王子今　上海社科院学术季刊　1993 年第 1 期

略论秦汉时代的运河和漕运　潘京京　云南师大学报　1993 年第 2 期

从广州秦船台遗址看秦汉时岭南船文化　骆滕　岭南文史　1995 年第 1 期

关于秦汉时期淮河冬季封冻问题　王子今　中国历史地理论丛　1995 年第 4 期

关于秦代车制的几个问题　申茂盛　回顾与创新·创新篇——秦始皇兵马俑博物馆开馆三十周年纪念文集　三秦出版社　2009 年 8 月

秦汉时期渤海航运与辽东浮海移民　王子今　史学集刊　2010 年第 2 期

秦汉楼船考　孙占民、程林　昆明学院学报　2010 年第 2 期

先秦秦汉水军战船概述　张玉林　武汉船舶职业技术学院学报　2010 年第 4 期

秦汉时期的河流意识　薛瑞泽　秦汉历史文化的前沿视野：第二届中国秦汉史高层论坛文集　知识产权出版社　2015 年 1 月

秦代船及船官的考察——以里耶秦简为视窗　杨延霞、王君　飞軨广路：中国古代交通史论集　中国社会科学出版社　2015 年 10 月

略论秦汉黄河流域漕运的形成　申艳辉　四川职业技术学院学报　2016 年第 5 期

四　社会

（一）社会性质和阶级阶层

周秦之士风　叶时修　中华教育界　第 16 卷第 7 期　1927 年 1 月

自商至汉初社会组织之探讨　牛夕　清华周刊　第 35 卷第 2、4 期　1931 年

秦汉时代奴隶制度概观　马元材　河南政治月刊　第 2 卷第 3 期　1932 年 3 月

秦汉之豪族　傅衣凌　现代史学　第 1 卷第 1 期　1933 年 1 月

秦汉农民生活与农民暴动　武仙卿　中国经济　第 2 卷第 10 期　1934 年 10 月

战国秦汉的财阀　木武　清华周刊　第 41 卷第 7 期　1934 年

论秦的家族组织与商君的变法　曾謇　华北日报史学周刊　第 42 期

1935 年 7 月 4 日

　　秦之社会　蒙文通　史学季刊　第 1 卷第 1 期　1940 年 3 月

　　贾生《过秦论》所举六国之士考证　王士一　大学季刊　第 1 卷第 2 期　1940 年 7 月

　　秦博士掌通古今说　施之勉　责善半月刊　第 2 卷第 22 期　1942 年 12 月

　　秦博士职掌考　施之勉　东方杂志　第 40 卷第 3 期　1944 年 2 月

　　秦丞相考（附表）　张震泽　说文月刊　第 5 卷第 1、2 期　1944 年 11 月

　　秦国之第五纵队　马非百　新中国　第 3 卷　1945 年 7 月

　　战国秦汉间方士以儒学为文饰说　陈槃　大公报（上海）文史周刊　第 10 期　1946 年 12 月 18 日

　　秦汉时代"卿"的考证　家邦　大风　第 1 期　1947 年 1 月

　　秦汉时期的政治经济与社会阶级　曾资生　中央日报　1947 年 7 月 16 日

　　秦汉时期的社会及其流品　曾资生　中央日报　1947 年 8 月 13 日

　　秦汉市政官吏考　许兴凯　中央周刊　第 9 卷第 33 期　1947 年 8 月

　　战国秦汉间方士论证　陈槃　历史语言研究所集刊　第 17 卷　1948 年 4 月

　　秦代商人的地位　黄灼耀　新中华（复刊）　第 6 卷第 22 期　1948 年 11 月

　　秦三十六郡内史考　施之勉　大陆杂志　第 2 卷第 11 期　1951 年 6 月

　　驳斥梁漱溟关于中国封建社会"自秦汉以后"即已"解体"的谬论　陈大可、何炳然　光明日报　1955 年 11 月 10 日

　　秦汉刑徒杂考之一　张政烺　历史学习　1956 年第 5 期

　　"商鞅变法"促进奴隶使用制度发展说——兼与叶玉华先生商榷　罗祖基　历史研究　1956 年第 9 期

　　论秦以前的赐姓制度（上、下）　黄彰健　大陆杂志　第 14 卷第 11、12 期　1957 年 6 月

　　略论战国秦汉社会的性质　童书业　新建设　1957 年第 8 期

　　"商鞅变法"与西方秦国以及秦汉统一帝国封建制的成长　叶玉华　历史教学　1957 年第 12 期

　　秦汉刑徒的考古资料　张政烺　北京大学学报　1958 年第 3 期

　　秦汉间个体小农的形成和发展——并论陈涉起义的阶级关系　贺昌群　历

史研究 1959 年第 12 期

秦汉社会矛盾与阶级结构的分析 束世澂 华东师大学报 1960 年第 1 期

二十等爵与封建制度——战国秦汉社会阶级构成初探之一 漆侠 历史教学 1961 年第 11、12 期

秦汉的市政官员 宋哲 建设 第 10 卷第 7 期 1961 年 12 月

殷周秦汉的奴婢制度 刘伟民 联合书院学报 1963 年第 2 期

有关中国殷周社会性格问题看法的补充——周秦汉政治社会结构之研究 徐复观 明报 第 9 卷第 6 期 1974 年 6 月

论秦始皇对"黔首"的政策 吴俊 解放日报 1974 年 10 月 27 日

论"黔首" 石仓 红旗 1974 年第 10 期

周秦汉间之社会史问题 任卓宣 大陆杂志 第 48 卷第 6 期 1974 年；国瑰 第 356 期 1975 年

论秦末的社会矛盾 冯华 辽宁大学学报 1975 年第 1 期

秦末反复辟斗争中的地主阶级和农民阶级 王魁仁等 理论学习 1975 年第 1、2 期

秦汉时代的士和侠的式微 孙铁刚 台湾大学历史系学报 1975 年第 2 期

秦和汉初的地主阶级政权与封建所有制 守纲、李石叔 历史研究 1975 年第 3 期

评《论"黔首"》 刘斯奋 历史研究 1977 年第 1 期

从云梦秦简看秦代社会的主要矛盾 唐赞功 历史研究 1977 年第 5 期

论秦律的阶级本质——读云梦秦律札记 吴荣曾 历史研究 1977 年第 5 期

从云梦秦简看秦代的主要矛盾 郑宾 武汉大学学报 1977 年第 6 期

秦律中"隶臣妾"问题的探讨——兼批四人帮的法家"爱人民"的谬论 高恒 文物 1977 年第 7 期

秦代社会的阶级和阶级关系——读云梦秦简札记之一 吴树平 文物 1977 年第 7 期

论战国秦汉时期工商业者的地位和作用 崔春华 辽宁大学学报 1978

年第 1 期

论战国时期"授田"制下的"公民"　刘泽华　南开学报　1978 年第 2 期

关于秦汉的"苍头"问题　李新达　文史哲　1978 年第 2 期

秦汉"士伍"的身份与阶级地位　刘海年　文物　1978 年第 2 期

啬夫考——读云梦秦简札记　郑实　文物　1978 年第 2 期

"闾左"辨疑　卢南乔　历史研究　1978 年第 11 期

论秦律中的"啬夫"官　高敏　社会科学战线　1979 年第 1 期；云梦秦简初探　河南人民出版社　1979 年 1 月

关于秦律中的"隶臣妾"问题质疑　高敏　云梦秦简初探　河南人民出版社　1979 年 1 月

从出土秦简看秦的奴隶制残余　高敏　云梦秦简初探　河南人民出版社　1979 年 1 月

从近年湖北出土的秦汉简牍看地主阶级残余奴隶制的政策　舒之梅　江汉历史学丛刊　1979 年第 1 期

从云梦秦简看秦律的阶级本质　刘海年、张晋藩　学术研究　1979 年第 1 期

秦汉"徒"为奴隶说质疑　陈玉璟　安徽师大学报　1979 年第 2 期

"闾左"试探　田人隆　中国史研究　1979 年第 2 期

秦汉社会的研究　侯外庐　中国封建社会史论　人民出版社　1979 年

秦代的社会　张其昀　华学月刊　第 97 期　1980 年 1 月

"更名民曰黔首"的历史考察　张传玺　北京大学学报　1980 年第 1 期

秦汉啬夫考　钱剑夫　中国史研究　1980 年第 1 期

秦国封建社会各阶级分析——读《睡虎秦地墓竹简》札记　林剑鸣　西北大学学报　1980 年第 2 期

"隶臣妾"辩　林剑鸣　中国史研究　1980 年第 2 期

"啬夫"辨正——读云梦秦简札记　高恒　法学研究　1980 年第 3 期

云梦秦简——奴隶社会的新证　宋敏　东北师大学报　1980 年第 4 期

"闾左"辨疑　王好立　中国史研究　1980 年第 4 期

由新出简牍所见秦汉社会　许倬云　历史语言研究所集刊　1980 年

云梦秦简官私奴隶问题试探　唐赞功　中华文史论丛　1981 年第 3 期

监门考　吴荣曾　中华文史论丛　1981年第3期

从出土文物看春秋战国间的社会变革　林甘泉　文物　1981年第5期

云梦秦简所反映的秦代社会阶级状况　吴树平　云梦秦简研究　中华书局 1981年7月

秦简中的奴隶　于豪亮　云梦秦简研究　中华书局　1981年7月

秦简中的私人奴婢问题　高恒　云梦秦简研究　中华书局　1981年7月

啬夫初探　裘锡圭　云梦秦简研究　中华书局　1981年7月

"有秩"非"啬夫"辨　高敏　云梦秦简初探（增订本）　河南人民出版社 1981年7月

秦汉时代的奴隶、依附农民和其他劳动者——秦汉土地制度和阶级关系研究　朱绍侯　秦汉史论丛（第一辑）　陕西人民出版　1981年9月

秦国奴隶制社会形态的特点　林剑鸣　秦汉史论丛（第一辑）　陕西人民出版社　1981年9月；中国古史论集　中华书局　1981年1月

《吕氏春秋·上农篇》蠡测——秦汉时代的社会编成　[日]渡边信一郎　京都府立大学学术报告（33号）　1981年

秦"隶臣妾"为官奴隶说——兼论我国历史上"岁刑"制的起源　苏诚鉴　江淮论坛　1982年第1期

"隶臣妾"是秦的官奴婢　宫长为、宋敏　中国史研究　1982年第1期

《秦律》中"隶臣妾"性质再探　陈玉璟　阜阳师范学院学报　1982年第2期

"隐宫"与"隐官"　传汉　辽宁大学学报　1982年第2期

秦汉的上计和上计吏　葛剑雄　中华文史论丛　1982年第2期

秦汉时代的奴隶、依附农民和其他劳动者——秦汉土地制度和阶级关系研究　朱绍侯　史学情报　1982年第2期

秦律婚姻家庭关系探索　程天权　政治与法律　1982年第3期

战国秦汉工商业者身份的变化与统治者的经济政策　杨一民　江西师院学报　1982年第3期

司马迁笔下的商人　阿芳　河北学刊　1982年第3期

战国秦汉时期爵制和编户民称谓的演变　杨一民　学术月刊　1982年第9期

秦汉社会中的农民问题　田昌五　中国农民战争史论丛（四）　河南人民出版社　1982年1月

试论秦汉时期的生产奴隶　蔡葵　西北大学学报　1983年第1期

"隶臣妾"简论　杨剑虹　考古与文物　1983年第2期

说"闾左"　郎业成　宁夏大学学报　1983年第3期

"门"与"监口"　杨禾丁　中华文史论丛　上海古籍出版社　1983年3月

秦汉时代的丞相和御史——居延汉简笔记解读　林剑鸣　兰州大学学报　1983年第3期

秦汉魏晋封建依附关系发展的历程　田余庆　中国史研究　1983年第3期

骊山徒刑辨析　胡留元、冯卓慧　人文杂志　1983年第4期

"隶臣妾"并非奴隶　林剑鸣　历史论丛（三）　齐鲁书社　1983年1月

秦汉地主与魏晋南北朝地主的不同　何兹全　北京师范大学学报　1984年第2期

秦汉士伍异同论　秦进才　中华文史论丛　1984年第2期

"隶臣妾"是带有奴隶残余属性的刑徒　王占通、栗劲　吉林大学社会科学学报　1984年第2期

亦说"隶臣妾"与秦代的刑罪制度　李力　法学研究　1984年第3期

试论秦汉至两宋的乡村雇佣劳动　张涤威、王曾瑜　中国史研究　1984年第3期

浅谈秦汉时的博士与方士　赵树贵　江西社会科学　1984年第4期

略谈秦地主阶级的形成发展和特征　张一中　湖南师院学报　1984年第4期

从古代罪人收奴刑的变迁看"隶臣妾""城旦舂"的身份　徐鸿修　文史哲　1984年第5期

论秦的兴亡及其知识分子政策　王涤武　新华文摘　1985年第1期；求索　1984年第5期

记为筑始皇陵而葬的赣榆刑徒　李洪甫　历史知识　1984年第5期

秦简"隶臣妾"确为奴隶说——兼与林剑鸣先生商榷　高敏、刘汉东　学术月刊　1984年第9期

秦汉游侠的形成与演变　刘修明、乔宗传　中国史研究　1985 年第 1 期

秦汉魏晋南北朝隋唐之宗族组织　郑明宝　探索　1985 年第 1 期

"闾左"为"里佐"说　王子今　西北大学学报　1985 年第 1 期

关于秦刑徒的几个问题　张金光　中华文史论丛　1985 年第 1 期

战国时代列国民风与生计：兼论秦统一天下之背景　严耕望　食货月刊第 14 卷第 9、10 期　1985 年 2 月

略论秦汉时期的豪族地主　梁向明　固原师专学报　1985 年第 2 期

秦汉封建地主阶级构成的演变　安作璋、逄振镐　山东师大学报　1985 年第 2 期

睡虎地秦简《日书》与楚、秦社会　李学勤　江汉考古　1985 年第 4 期

略论秦代隶臣妾的身份问题　张传汉　辽宁大学学报　1985 年第 4 期

秦代家庭形态初探　李向平　广西师范大学学报　1985 年第 4 期

秦汉"中民之家"浅释　彭年　光明日报　1985 年 5 月 1 日

再谈隶臣妾与秦代的刑罚制度——兼复《亦谈"隶臣妾"与秦代的刑罪制度》　钱大群　法学研究　1985 年第 6 期

三辨"隶臣妾"——兼谈历史研究中的方法论问题　林剑鸣　史学月刊 1985 年第 9 期

民和"黔首"——兼评秦始皇"更名民曰黔首"　李解民　文史（第二十三辑）　中华书局　1985 年

从爵制论商鞅变法所形成的社会　杜正胜　台北历史研究所集刊 56 本 3 分册　1985 年；中国史研究动态　1987 年第 8 期

秦政、汉政与文吏、儒生　阎步克　历史知识　1986 年第 3 期

游士宾客在秦汉的兴衰演变　姜建设　史学月刊　1986 年第 5 期；朱绍侯九十华诞纪念文集　河南大学出版社　2015 年 10 月

秦汉经营地主研究　彭年　秦汉史论丛　巴蜀书社　1986 年 1 月

论秦汉魏晋南北朝乐府民歌中的女性形象（上、下）　黄景魁　辽宁广播电视大学学报　1987 年第 1、4 期

秦汉奴价考辨　于琨奇　中国经济史研究　1987 年第 1 期

秦汉的属邦和属国　孙言诚　史学月刊　1987 年第 2 期

云梦秦简中"隶臣妾"的身份和战国时期秦国的社会性质　杨升南　郑州

大学学报　1987 年第 2 期

论人才在秦国发展中的作用　刘安泰　松辽学刊　1987 年第 2 期

儒士与秦的速亡　周新芳　济宁师专学报　1987 年第 2 期

秦汉归化人及其对日本文明的贡献　王载源　安庆师院学报　1987 年第 2 期

秦国的妇女政策及其作用　韩隆福　中学历史教学　1987 年第 3 期

秦"博士弟子"考辨　周继仁　中国史研究　1987 年第 3 期

论秦的社会与秦文化　斯维至　中外历史　1987 年第 3 期

略论秦汉时期两大地主集团的斗争　史建群　郑州大学学报　1987 年第 4 期

"骊山徒"的成员结构和社会属性　苏诚鉴　安徽史学　1987 年第 4 期

"隶臣妾分官奴隶和刑徒两部分"说值得商榷　王占通、栗劲　法学研究 1987 年第 5 期

封建专制重压下的秦代知识分子　孙立群　天津日报　1987 年 10 月 28 日

"中民之家"和两极分化:秦汉社会解剖之一　苏诚鉴　安庆师院学报 1988 年第 1 期

三岔道上的秦汉社会　苏诚鉴　贵州文史丛刊　1988 年第 2 期

关于秦的父权、家长权、夫权与妇女地位　张金光　山东大学学报　1988 年第 3 期

秦汉妇女对文明的奉献　魏文清　黑河学刊　1988 年第 3 期

秦代的奴隶问题　陈连庆　东北师大学报　1988 年第 5 期

秦汉时代滨海地区的方士文化　卢云　复旦学报　1988 年第 6 期

商鞅变法后秦的家庭制度　张金光　历史研究　1988 年第 6 期

秦汉"隶臣妾"与奴婢问题讨论　李祖德　中国历史学年鉴 1988　人民出版社　1988 年 12 月

司马迁对秦末起义的社会心理剖析　徐兴海　陕西师大学报　1988 年增刊

秦国残余母系刍论　向丽　四川教育学院学报　1997 年第 4 期

试论秦汉时期的"笮人"　陈宗祥　西南师范大学学报　1989 年第 2 期

秦王朝统一后的社会各阶级　林剑鸣　社会科学战线　1989 年第 2 期

秦汉时代六国后裔的转化　秦进才　晋阳学刊　1989年第2期

从出土秦律看秦的婚姻家庭制度　翟宛华　社会科学　1989年第5期

战国秦汉的支配阶层　[韩]金烨　东洋史学研究　第30期　1989年5月

"云梦秦简"和"社会史"——战国末期社会史研究的一个方法　[日]太田幸男　秦汉史论丛(第四辑)　西北大学出版社　1989年6月

秦汉历史变迁中的知识分子及其作用　刘修明、卞湘川　学术月刊　1989年第7期

秦始皇姓氏刍议——兼及先秦秦汉时期姓氏问题　张连生　扬州师院学报　1990年第1期

论秦自商鞅变法后的农村公社残余问题　张金光　文史哲　1990年第1期

"隐宫""隐官"辨析　严宾　人文杂志　1990年第3期

秦汉魏晋南朝时期地主封建制的发展　陈长琦　史学月刊　1990年第5期

从秦简看秦俑的社会内涵　吴小强　文博　1990年第5期

秦简所见秦代军功地主的特点　刘汉东　学术研究　1990年第6期

云梦秦简上记载的家和近邻　[日]堀敏一　骏台史学　第78期　1990年

统一进程中的历史回响——秦末中国社会新析　宋曲霞　淮北煤师院学报　1997年第3期

从云梦秦简看战国秦代人口再生产类型　吴小强　西北大学学报　1991年第2期

秦汉时期的尚书和尚书台　梁向明　固原师专学报　1991年第3期

论秦、西汉宦官势力的形成与发展　李禹阶、陈前进　学术界　1991年第3期

"闾左"钩沉　庄春波　社会科学辑刊　1991年第4期

说秦汉的"少年"与"恶少年"　王子今　中国史研究　1991年第4期

秦士伍的身份及其阶级属性辨析　周厚强　求索　1991年第4期

秦"都官"考　刘森　人文杂志　1991年第5期

秦简"士伍"的身份及特征　郑有国　福建论坛　1991年第6期

秦末社会矛盾再探讨——兼评秦楚之际农民运动的地方差异性　徐连达

许昌学院学报　1992 年第 1 期

析"更名民曰黔首"　袁林　兰州大学学报　1992 年第 2 期

秦汉乡里的社会职能　仝晰纲　山东师大学报　1992 年第 3 期

论秦简所载魏律"叚门逆旅"　杨禾丁　四川大学学报　1993 年第 1 期

秦汉时代家内人际关系的变迁　马新　山东大学学报　1993 年第 3 期

秦简"小隶臣妾"的身份与来源　李力　法学研究　1993 年第 3 期

秦汉时期的个体家庭和体会　张炳武　沈阳师院学报　1993 年第 4 期

秦统一后的六国贵族　田静　秦文化论丛（第二辑）　西北大学出版社 1993 年 11 月;历史教学　1994 年第 3 期

秦汉"抑末"政策形成的心理文化因素　李德弟　宜春师专学报　1994 年第 1 期

秦建筑与秦社会之历史分析　徐卫民　陕西师大学报　1994 年第 2 期

秦汉的员吏及员吏制度　李广平　中国机构与编制　1994 年第 2 期

论战国秦汉君相关系的构想及其变化　苏俊良　历史教学问题　1995 年第 1 期

秦汉御史大夫的职能　王勇华　首都师范大学学报　1995 年第 1 期

战国秦汉的"赵女"与"邯郸倡"及其在政治上的表现　方诗铭　史林 1995 年第 1 期

周人、秦人、汉人和汉族　周伟洲　中国史研究　1995 年第 2 期

睡虎地秦简《日书》所见"室"的结构与战国末期秦的家族类型　尹在硕 中国史研究　1995 年第 3 期

云梦秦简《日书》所反映的秦国社会阶层　贺润坤　江汉考古　1995 年第 5 期

秦代谪戍、赘婿、闾左新考　蒋非非　北京大学学报　1995 年第 5 期

秦代的儒生及其动向考说——再论秦始皇不废儒学　奚椿年　江海学刊 1996 年第 1 期

儒生与秦政　黄宛峰　学术月刊　1996 年第 1 期

齐文化与秦汉社会　宣兆琦　齐鲁学刊　1996 年第 1 期

秦统一后的六国遗族　仝晰纲　社会科学家　1996 年第 3 期

秦汉时期的乡里豪民　仝晰纲　社会科学辑刊　1996 年第 3 期

秦汉郡国农官考实　仝晞纲　史林　1996 年第 4 期

闾左臆解　辛德勇　中国史研究　1996 年第 4 期

秦国"徕民"辩正　屈建军　秦陵秦俑研究动态　1996 年第 4 期

论秦汉时期河北的历史地位　吕苏生　河北学刊　1996 年第 5 期

秦老人问题浅议　薛瑞泽　陕西历史博物馆馆刊（第三辑）　西北大学出版社　1996 年 6 月

云梦睡虎地秦简所见县、道啬夫和大啬夫　［日］工藤元男著，刘晓路译　简帛研究译丛（第一辑）　湖南出版社　1996 年 6 月

秦统一后的农民阶层　田静　秦文化论丛（第四辑）　西北大学出版社 1996 年 8 月

秦代的赘婿考释　臧守虎　山东师大学报　1996 年增刊

秦汉太子六百石以下属官考　孙福喜　阴山学刊　1997 年第 1 期

东周秦汉私营工商阶层述论　杨师群　社会科学战线　1997 年第 2 期

秦代"隐宫""隐官""宫某"考辨　周晓瑜　文献　1998 年第 4 期

秦代"隐宫"制度探微　周晓瑜　山东大学学报　1998 年第 4 期

秦汉时期的"五口之家"述略　张仁玺　齐鲁学刊　1998 年第 6 期

秦代的博士与方士　张华松　孔子研究　1999 年第 1 期

秦汉时期的"文法吏"　于振波　中国社会科学院研究生院学报　1999 年第 2 期

秦代的博士与博士制度　田静　秦文化论丛（第七辑）　西北大学出版社 1999 年 6 月

秦汉的诸生与政治　梁锡锋　洛阳师范学院学报　2000 年第 6 期

试论秦的社会与宗室　赵沛　山东大学学报　2000 年第 6 期

秦汉刑徒的考古资料　张政烺　历史教学　2001 年第 1 期

楚、秦的"士"与社会发展　蔡靖泉　华中师范大学学报　2003 年第 4 期

《史记》中"隐宫徒刑"应为"隐官、徒刑"及"隐官"原义辨　蒋非非　出土文献研究（第六辑）　上海古籍出版社　2004 年 6 月

从出土简牍看秦汉"隐官"的主要来源　刘向明　嘉应学院学报　2006 年第 5 期

简牍与秦汉社会史研究三题——秦汉时期的"户绝"与社会控制　王彦辉

学习与探索 2008年第6期

从考古资料看秦人社会的等级结构 陈洪、秦仙梅 秦陵秦俑研究动态 2009年第2期

先秦两汉商人分层之变迁及其政策分析 严清华、方小玉 武汉大学学报 2009年第3期

论"编户齐民"的形成及其内涵演化——兼论秦汉时期"编户齐民"与"吏民"的关系 刘敏 天津社会科学 2009年第3期

秦及汉初家庭结构研究 宁江英 西安财经学院学报 2009年第4期

秦汉的"婴女" 王子今 中华女子学院学报 2009年第6期

秦汉三国时期的奴隶：以成都为例 罗开玉 成都大学学报 2009年第6期

秦汉时期的齐鲁博士 李功明 曲阜师范大学学报 2009年第6期

也谈秦代"隐官" 李超 秦汉研究（第三辑） 陕西人民出版社 2009年8月

浅谈秦之商贾 孙蓉 回顾与创新·创新篇——秦始皇兵马俑博物馆开馆三十周年纪念文集 三秦出版社 2009年8月

秦汉妇女的继产承户 尹在硕 史学月刊 2009年第12期

秦汉国家对丁老幼人群的优养政策 赵宠亮 石家庄学院学报 2010年第1期

战国秦汉时期巫觋社会地位下降之原因探析 贾艳红 山东师范大学学报 2010年第1期

秦汉时期方术、方士与政治文化之关系 王静、梁勇 河北大学学报 2010年第1期

先秦秦汉的年龄分层与年龄称谓 赵宠亮 湖南科技学院学报 2010年第2期

说秦汉"婴儿"称谓 王子今 南都学坛 2010年第2期

释"隐官" 黄展岳 湖南省博物馆馆刊（第七辑） 岳麓书社 2011年9月

再辨秦汉年龄分层中的"使"与"未使"——兼论松柏出土53号木牍"使大男"之含义 徐畅 简帛研究二〇〇九 广西师范大学出版社 2011年12月

秦汉简中的"公卒"和"庶人"　曹旅　唐都学刊　2013年第4期

谈"竖子"称谓在战国至汉初政治生活中的应用——兼谈阮籍"时无英雄，使竖子成名"中"竖子"之意指　张维慎　秦始皇帝陵博物院（总肆辑）　陕西人民出版社　2014年9月

秦末社会各阶层利益诉求与楚汉战争胜负研究　白效咏　浙江学刊　2015年第1期

秦汉时期的奴婢放免方式及原因分析　高士荣　兰州学刊　2017年第9期

秦汉三国时期西南地区的奴隶　罗开玉　秦汉史论丛（第十四辑）　四川人民出版社　2017年9月

浅析秦族族源与秦人群体构成　陶兴华　秦始皇帝陵博物院（总柒辑）　三秦出版社　2017年10月

简牍所见秦代的行成群体　刘鹏　简帛研究二〇一七（秋冬卷）　广西师范大学出版社　2018年1月

秦汉时期的户人与家长　钟良灿　文史　2019年第3期

秦汉时代的庶人再考——对特定身份说的批评　[日]鹰取佑司　简帛（第十八辑）　上海古籍出版社　2019年5月

秦汉时期两类"小""大"身份说　凌文超　社会科学战线　2019年第12期

（二）社会风俗和社会问题

秦汉时代的民族精神　史念海　文史杂志　第4卷第1、2期　1944年7月

秦汉时代关西人民的尚武精神　史念海　东方杂志　第41卷第22期　1945年11月

谈秦人饮食　彭卫　西北大学学报　1980年第4期

秦汉风俗议　申言　中国史研究　1985年第1期

秦汉找"周鼎"之风　珊毕　中国史研究　1985年第4期

秦皇汉武求仙之谜　刘九生　中学历史教学参考　1986年第3期

秦汉至南北朝时期的服饰　中国社科院历史研究所服饰室　人民画报　1986年第9期

试析秦汉社会民族精神与道德的变化特点　刘付靖　广东民族学院学报

1987 年第 2 期

秦汉民间谣谚略说　王子今　文史杂志　1987 年第 4 期

秦汉之际社会思潮简论　李宗桂　浙江学报　1987 年第 6 期

秦人的开拓精神和秦国的开放改革　林剑鸣　陕西日报　1988 年 5 月 1 日

秦汉社会思潮论述　李祖德　中国历史学年鉴 1988　人民出版社　1988 年 12 月

东周秦国人殉、人牲与社会风貌　陈绍棣　中原文物　1989 年第 2 期

试论秦人婚姻家庭生育观念　吴小强　中国史研究　1989 年第 3 期

秦汉时代精神风貌述论　彭卫　天津社会科学　1989 年第 4 期

试论秦国的礼俗及其对统一六国的影响　蔡锋　青海师范大学学报　1989 年第 4 期

先秦两汉的习射风气　武普照、王忠君　山东师大学报　1989 年第 6 期

秦人生育意愿初探　吴小强　江汉论坛　1989 年第 11 期

略论秦代的环境保护　李丙寅　史学月刊　1990 年第 1 期

多元结构的秦人心态　张文立　文博　1990 年第 5 期

秦汉"同居"考辨　彭年　社会科学研究　1990 年第 6 期

秦汉婚姻家庭制度　卫宁　中国历史学年鉴 1989　人民出版社　1990 年 7 月

论秦民间斗殴之风与秦律禁止斗殴的历史作用　贺润坤　秦陵秦俑研究动态　1991 年第 2 期

春秋战国礼俗的差异性及其对社会变革的影响——兼论秦俗是影响秦国变法彻底的原因之一　蔡锋　甘肃理论学刊　1991 年第 3 期

试论先秦到魏晋妇女风貌的变迁　万红　许昌学院学报　1991 年第 3 期

重评人民群众对秦统一的态度　夏南、屈建军　益阳师专学报　1991 年第 4 期

秦汉"同居"与同居法渊源考释　彭年　广东教育学院学报　1991 年第 4 期

从《诗经》中的战争诗看秦人的尚武风气　田静　宝鸡师院学报　1992 年第 3 期

秦汉统治思想的演变与中华民族精神的初步形成　王云度　徐州师院学报 1992 年第 4 期

秦汉时期社会消费的一般特点及其分析　周金华　求索　1992 年第 4 期

秦汉社会生活器具文化概说　陈绍棣　东南文化　1992 年第 5 期

秦人葬俗探源　韩养民　文史知识　1992 年第 6 期

秦墓屈肢葬管窥　戴春阳　考古　1992 年第 8 期

秦汉社会的婚姻结构　石釜　延安大学学报　1993 年第 3 期

战国世风与七国存亡　李纯蛟　西华师范大学学报　1993 年第 4 期

秦汉时期宁夏地区的精神文化　窦连荣　宁夏教育学院银川师专学报 1993 年第 5 期

战国秦汉赘婿俗驳议　祝中熹　秦陵秦俑研究动态　1993 年第 4 期

秦人的务实精神　刘芳　文博　1993 年第 6 期

论秦始皇礼俗改革　李福泉　湖南师范大学学报　1993 年第 6 期

秦汉统治思想的演变与中华民族精神的初步形成　王云度　秦汉文化与华夏传统　学林出版社　1993 年 9 月

从《日书》看秦人的生与死　吴小强　简牍学报　第 15 期　1993 年 12 月

秦人的尚武精神与秦统一　郭淑珍　秦文化论丛（第二辑）　西北大学出版社　1993 年 12 月

儒法并用 移风易俗——论秦始皇的礼俗改革　李福泉　秦文化论丛（第二辑）　西北大学出版社　1993 年 12 月；秦汉史论丛（第六辑）　江西教育出版社 1994 年 12 月

论河洛古俗对东周秦汉社会风貌的影响　孙家洲　中州学刊　1994 年第 3 期

先秦两汉食俗四题　杨学军　首都师范大学学报　1994 年第 3 期

秦与西夏社会风尚比较　吴小强　秦陵秦俑研究动态　1994 年第 3 期

从瓦当文字看秦汉习俗及演变——读陈直《摹庐丛著七种·秦汉瓦当概述》札记　谭前学　陕西历史博物馆馆刊（第一辑）　三秦出版社　1994 年 6 月

秦汉气候变迁与江南经济文化的进步　王子今　秦汉史论丛（第六辑） 江西教育出版社　1994 年 12 月

秦汉时期赵地社会文化的特色　王子今　河北学刊　1995 年第 1 期

秦汉时期气候变迁的历史学考察　王子今　历史研究　1995 年第 2 期

忠节的历史考察:秦汉至五代时期　魏良弢　南京大学学报　1995 年第 2 期

秦汉时期中国文化格局的形成　赵吉惠　陕西师范大学学报　1995 年第 3 期

秦汉时代的新年习俗　李立纲　云南社会科学　1995 年第 4 期

秦汉虎患考　王子今　华学(第一期)　中山大学出版社　1995 年 8 月

战国秦汉世风的区域性特征　史建群　中国史研究　1996 年第 2 期

论秦汉时期的信仰——伦理危机　姜生　徐州师范大学学报　1996 年第 2 期

秦及汉初妇女再婚浅说　尚振宇　张家口师专学报　1996 年第 2 期

秦汉环境保护初探　倪根金　中国史研究　1996 年第 2 期

秦汉女性家庭地位管窥　管红　湖南师范大学学报　1996 年第 3 期

秦汉人的乡土意识　王子今　中共中央党校学报　1997 年第 1 期

秦简《日书》与秦汉社会的生命意识　吴小强　广州师院学报　1997 年第 1 期

论广西先秦西汉时期墓葬反映的几种特殊风俗　廖国一、卢伟、杨勇　社会科学家　1997 年第 3 期

秦宫廷娱乐考述　田静　秦文化论丛(第五辑)　西北大学出版社　1997 年 6 月

秦人齐人尚武精神　彭文、党焕英　秦文化论丛(第五辑)　西北大学出版社　1997 年 6 月

从秦末农民起义看社会的冲突与变迁　房芸芳　探索与争鸣　1997 年第 8 期

东周秦汉时期的惧刑心理及其对丧葬习俗的影响　萧安富　中华文化论坛　1998 年第 4 期

秦宫廷乐舞考论　田静　陕西历史博物馆馆刊(第五辑)　西北大学出版社　1998 年 6 月

秦汉时期长江中下游地区的环境保护　王福昌　社会科学　1999 年第 2 期

关于先秦汉初袍服的定名问题　刘彬徽　江汉考古　2000 年第 1 期

秦汉治道的形成及其社会心理依据　徐俊祥　盐城师范学院学报　2000 年第 1 期

试论秦汉风俗的时代特征　万建中　民俗研究　2000 年第 2 期

秦朝治道与礼乐文化　谢子平　学术论坛　2000 年第 2 期

秦汉时期两大对立阶级的社会消费状况之比较　周金华　湘潭大学学报 2000 年第 4 期

秦汉时期北方游牧民族发式述论　赵斌　黑龙江民族丛刊　2000 年第 4 期

秦汉时期服饰礼仪的变化和发展　李秀珍　秦俑秦文化研究——秦俑学第五届学术讨论会论文集　陕西人民出版社　2000 年 8 月

秦婚姻的政治文化意义　薛瑞泽　秦俑秦文化研究——秦俑学第五届学术讨论会论文集　陕西人民出版社　2000 年 8 月

《秦风》与秦社会　张宁　秦俑秦文化研究——秦俑学第五届学术讨论会论文集　陕西人民出版社　2000 年 8 月

秦汉时期儿童生活试探　彭卫　陕西历史博物馆馆刊（第七辑）　三秦出版社　2000 年 10 月

秦汉时期巴楚地区生态与民俗　陈业新　江汉论坛　2000 年第 11 期

秦汉时期西北的开发史鉴　陈业新　光明日报　2000 年 12 月 8 日

秦汉时期生态思想探析　陈业新　中国史研究　2001 年第 1 期

秦汉时期北方生态与民俗文化　陈业新　社会科学辑刊　2001 年第 1 期

秦宫廷文化　田静　历史月刊　2001 年第 1 期

秦汉中国北方游牧民族服装形制及特点初探　赵斌　人文杂志　2001 年第 2 期

转型与契合——解读秦汉风俗　彭卫、杨振红　史学理论研究　2001 年第 3 期

秦汉至隋宜昌地区社会建置及开发　龚兴华　三峡大学学报　2001 年第 4 期

论秦汉时期内蒙古的民族与文化　杨东晨、杨建国　阴山学刊　2001 年第 4 期

秦汉中国北方游牧民族服装初探　赵斌　西北民族研究　2001年第4期

略论齐鲁文化在秦汉时期的发展与传播　马亮宽　孔子研究　2001年第5期

秦汉游侠精神实质与复仇习俗心态成因　王立　西南民族学院学报　2001年第6期

秦汉时期福建的民族与文化　杨东晨、杨建国　福州师专学报　2001年第6期

论秦汉时期宁夏地区的民族与文化　杨东晨、杨建国　宁夏大学学报2001年第6期

秦至汉魏民众岁时观念初探　萧放　北京师范大学学报　2001年第6期

秦汉时期边郡社会物质生活初探　陈绍棣　秦汉史论丛（第八辑）　云南大学出版社　2001年9月

论秦汉社会风尚的地区差别及其原因　董平均　天中学刊　2002年第1期

秦汉风俗与贵族女权　葛志毅　光明日报　2002年9月10日

论秦汉之际的崇势利之风　郭炳洁　史学月刊　2002年第12期

战国时期楚秦两国风俗之比较　顾久幸　华中师范大学学报　2003年第4期

湘水女神与巴山寡妇——对《史记》中与秦始皇有关的两位女性的史料解读　王绍东　秦文化论丛（第十辑）　三秦出版社　2003年7月

试论秦的宗法制与宗法观念　张海云　秦文化论丛（第十辑）　三秦出版社　2003年7月

秦汉时期饮食生活的基本模式　彭卫　陕西历史博物馆馆刊（第十辑）　三秦出版社　2003年10月

秦汉时期的女性观　崔锐　周秦汉唐文化研究（第二辑）　三秦出版社2003年11月

秦汉文化的时代精神　黄朴民　秦都咸阳与秦文化研究　陕西人民教育出版社　2003年11月

秦的忠孝观念考察　刘华祝　秦都咸阳与秦文化研究——秦文化学术研讨会论文集　陕西人民教育出版社　2003年11月

战国至汉初儒家对古典礼乐的传承考述　杨英　古史文存续编(上卷)　中国社会科学出版社　2014年5月

板凳、座次与合餐——秦汉坐席、座次与分餐纠正　刘德增　民俗研究　2014年第6期

说"白黑"——秦汉颜色观念文化分析一例　曾磊　秦汉研究(第八辑)　陕西人民出版社　2014年9月

从出土秦汉简牍看秦代稟衣的范围　刘向明　嘉应学院学报　2005年第4期

从秦汉家庭论及家庭结构的动态变化　李根蟠　中国史研究　2006年第1期

战国秦汉时期的里社与私社　杨华　天津师范大学学报　2006年第1期

战国秦汉之际的小农与国家　于凯　社会科学战线　2006年第1期

为荆轲送别的白衣冠不是丧服　王书辉　历史月刊　2006年第1期

"礼"与秦人丧葬习俗　冯莉　文博　2006年第3期

秦汉时西南地区外来移民的迁徙特点及在边疆开发中的作用　古永继　云南民族大学学报　2006年第3期

秦汉时代之南越道德生活　高恒天、汤剑波　广西民族研究　2006年第3期

试论先秦两汉丧葬礼俗的演变　高崇文　考古学报　2006年第4期

论先秦到两汉宗族形态的变迁　赵沛　学习与探索　2006年第4期

秦汉时代之西南夷道德生活　高恒天、汤剑波　贵州民族研究　2006年第4期

秦汉时代之羌族道德生活　高恒天、汤剑波　青海民族研究　2006年第4期

谈秦朝妇女地位的提高　白冬　黑龙江教育学院学报　2006年第6期

司马迁与秦人"从死"葬俗　张仲立　西部考古(第一辑)　三秦出版社　2006年10月

秦汉儿童健康问题　王子今　石家庄学院学报　2007年第2期

秦汉时期的养生思想研究　刘小华、刘亚云、粟芩苓　河西学院学报　2007年第5期

秦汉神秘主义信仰体系中的"童男女"　王子今　周秦汉唐文化研究(第五辑)　三秦出版社　2007年6月

浅析秦汉时期的姓氏发展　王英卫　安徽文学　2007年第6期

秦汉时期减灾政策与救荒制度　卜风贤、冯利兵　中国减灾　2007年第7期

秦汉"生子不举"现象和弃婴故事　王子今　史学月刊　2007年第8期

略论秦朝妇女的经济地位　桑秋杰、陈健　长春师范学院学报　2008年第1期

秦汉匈奴服装形制探析　张睿丽、赵斌　石家庄学院学报　2008年第2期

先秦秦汉丧葬习俗中的数术行为　宋艳萍　管子学刊　2008年第2期

考古所见先秦两汉的床及其礼俗初探　杜小钰　东南文化　2008年第2期

秦汉人的富贵追求　王子今　浙江社会科学　2008年第3期

秦汉时期公主婚姻初探　高一萍、方原　哈尔滨学院学报　2008年第3期

略论秦汉子书中的养生与治疗思想　赵鸿君、刘庆宇　中医药文化　2008年第3期

秦汉"小女子"称谓再议　王子今　文物　2008年第5期

秦汉时期"万岁"的社会内涵　白芳　史学月刊　2008年第8期；中国古都研究(二十三)　三秦出版社　2008年8月

秦汉时期室内设计的基本特征　翟睿　艺术教育　2008年第10期

秦武公"初以人从死"的考古学观察　王志友、刘春华　秦文化论丛(第十五辑)　三秦出版社　2008年10月

"伏祠"杂考　任建库　秦文化论丛(第十五辑)　三秦出版社　2008年10月

秦国的母系氏族残余和婚俗与其政治变革的关系　王淳　兰州学刊　2008年第11期

浅议秦始皇整肃婚姻制度　侯永国　文教资料　2008年第30期

秦汉时期燕赵文化的整合与传播　梁勇、王俊梅　河北工业大学学报　2009年第1期

甘肃西山遗址早期秦人的饮食与口腔健康　尉苗等　人类学学报　2009

年第 1 期

从秦简《日书》分析秦人重出游的原因　闫喜琴　陇东学院学报　2009 年第 1 期

秦汉时期内蒙古地区的文化类型　王绍东　实践　2009 年第 2 期

秦汉时期鲜卑族的道德生活及影响　高恒天、赵金国　陕西理工学院学报 2009 年第 2 期

秦汉时期的服饰文化　毛新华、董祖权　安顺学院学报　2009 年第 3 期

战国末期至西汉初年的妇女婚姻家庭生活——以睡虎地秦简和张家山汉简为主要研究对象　黄爱梅　史林　2009 年第 4 期

从"闻匈奴中乐"看秦汉时期游牧文化的人文精神　王绍东　史林　2009 年第 4 期

秦汉时期汉中民众的经济观念及其形成原因　徐志斌　陕西理工学院学报 2009 年第 4 期

秦汉时期的黔中文化　颜建华、石恪、杨建猛　贵州民族研究　2009 年第 5 期

早期嬴秦人生活方式的探索　陈更宇　文史哲　2009 年第 5 期；人大复印资料·先秦秦汉史　2010 年第 1 期

秦汉"仙话"与汉代画像中的升仙题材　黄剑华　长江文明（三）　光明日报出版社　2009 年 6 月

秦汉茶饮文化初探　傅荣珂　秦汉史论丛（第十辑）　内蒙古大学出版社 2009 年 8 月

秦汉时期服饰研究述评　薛芳芳　安徽文学　2009 年第 9 期

战国及秦汉时期的分房政策　李开周　环境经济　2009 年第 10 期

从里耶古城论秦汉物质文化的统一性与地域性　白云翔　里耶古城·秦简与秦文化研究：中国里耶古城·秦简与秦文化国际学术研讨会论文集　科学出版社　2009 年 10 月

儒道文化冲击下的秦汉时期女性观　崔锐、孙鹏勇　理论导刊　2009 年第 11 期

秦汉匈奴服饰研究　赵斌、张睿丽　西部考古（第四辑）　三秦出版社 2009 年 12 月

信仰与意志:秦汉以前的"自杀"——以《史记》为中心的考察　孙乐、梁工谦　贵州社会科学　2010 年第 3 期

秦汉时期女性对男性的封建依附　崔锐　陕西教育学院学报　2010 年第 3 期

秦汉时期方术、方士与政治文化之关系　王静、梁勇　河北大学学报　2010 年第 3 期

秦汉时期的"夜作"　徐畅　历史研究　2010 年第 4 期

浅议秦汉帝王巡游的影响　王秀琴　沧桑　2010 年第 4 期

春秋战国至秦汉时期的体育思想演变　陈碧述　成都体育学院学报　2010 年第 5 期

秦汉"酒徒"散论　王子今　西北大学学报　2010 年第 6 期

秦汉时期南越国的精神文化探微　王健　徐州师范大学学报　2010 年第 6 期

秦汉风俗与"祀典"及其民间信仰演变:以宁夏固原历史经历与民间信仰变迁为例　薛正昌　兰州大学学报　2010 年第 6 期

秦汉时期中原人士移居越南析论　徐芳亚　前沿　2010 年第 6 期

秦汉时期婚姻道德生活刍论　王渭清　宝鸡文理学院学报　2010 年第 6 期

冲突与制衡:秦汉民间力量与乡里政权的关系　温乐平、艾刚　江汉论坛　2010 年第 8 期

秦汉关东贵族迁徙关中之特点与影响　贾俊侠　秦汉研究(第四辑)　三秦出版社　2010 年 8 月

秦汉戍卒赴边问题初探　赵宠亮　秦汉研究(第四辑)　三秦出版社　2010 年 8 月;飞軨广路:中国古代交通史论集　中国社会科学出版社　2015 年 10 月

秦汉饮食略考　冯丽丽　宜春学院学报　2010 年第 11 期

中国秦汉时期服饰文化的分层研究　何宗文　作家　2010 年第 16 期

时移世易下的应势之变:论秦汉之际纵横家的变异　山珊　南都学坛　2011 年第 1 期

论游牧文化对秦文化的影响与秦对游牧文化的整合　王绍东　北方民族大

学学报　2011 年第 2 期

秦汉的三社神信仰及其地域文化认同功能探析　李秋香　上海交通大学学报　2011 年第 2 期

战国秦汉时期蛇信仰与政权之关系　白春霞　广播电视大学学报　2011 年第 2 期

简牍日书社会生活史研究述评　孙占宇、张艳玲　甘肃高师学报　2011 年第 1 期

秦汉民间信仰文化控制功能研究的回顾与展望　李秋香　信阳师范学院学报　2011 年第 1 期

秦汉时期南越国的精神文化探微　王健　徐州师范大学学报　2010 年第 6 期

秦代服饰礼仪考　王婷　西安文理学院学报　2011 年第 3 期

五行生胜与秦汉政治　杨权　玉林师范学院学报　2011 年第 4 期

秦汉时期农民百姓阶层常服研究　魏蓉　农业考古　2011 年第 4 期

天下观念与华夷边界：从先秦到秦汉的认识转变　尹建东　云南民族大学学报　2011 年第 4 期

秦汉六朝的生日记忆与生日称庆　侯旭东　中华文史论丛　2011 年第 4 期

"中国社会科学院中国古代史论坛：出土简帛与地方社会"会议综述　戴卫红　中国史研究动态　2011 年第 5 期

先秦与秦汉时期的休假　李红雨　北方民族大学学报　2011 年第 6 期

从礼制到节庆——先秦两汉时期社祭的变迁　孔宾　山东社会科学　2011 年第 7 期

从《诗经·秦风》看秦人的尚武精神　张连举　西安财经学院学报　2012 年第 1 期

"夫为寄豭，杀之无罪"新探　宋磊　廊坊师范学院学报　2012 年第 2 期

秦王夫人——以社会生存状态为主的观察　丁岩　秦陵秦俑研究动态　2012 年第 2 期

论秦文化的尚武精神　蔡智忠、马明达、聂晶、毛海燕　天水师范学院学报　2012 年第 3 期

"日常秩序中的秦汉社会与政治"国际学术研讨会综述　山珊　中国人民大学学报　2012 年第 5 期

从成语印论秦代人们祈福与修身的思想　陈光田　渤海大学学报　2012 年第 6 期

周秦伦理文化及其现代价值的深层反思——第二届周秦伦理文化与现代道德价值国际学术研讨会综述　王兴尚　第二届周秦伦理文化与现代道德价值国际学术研讨会论文集　陕西人民出版社　2012 年 12 月

周秦伦理文化中耻教思想的基本内容和历史价值　赵士辉　第二届周秦伦理文化与现代道德价值国际学术研讨会论文集　陕西人民出版社　2012 年 12 月

略论周秦家庭伦理观念的嬗变　王晓玲　第二届周秦伦理文化与现代道德价值国际学术研讨会论文集　陕西人民出版社　2012 年 12 月

周秦丧祭礼仪的伦理意蕴:人类学的视角　孙春晨　第二届周秦伦理文化与现代道德价值国际学术研讨会论文集　陕西人民出版社　2012 年 12 月

论秦国从德性伦理到责任伦理的转型——兼论秦人与齐鲁人伦理价值取向的区别　王兴尚　第二届周秦伦理文化与现代道德价值国际学术研讨会论文集　陕西人民出版社　2012 年 12 月

秦伦理观念的变迁　田延峰　第二届周秦伦理文化与现代道德价值国际学术研讨会论文集　陕西人民出版社　2012 年 12 月

简论秦代家庭道德的特点　王渭清　第二届周秦伦理文化与现代道德价值国际学术研讨会论文集　陕西人民出版社　2012 年 12 月

说"市井"——兼谈东周秦汉的城市空间结构与社会秩序　臧知非　河北学刊　2013 年第 1 期

春秋战国及秦汉妇女发式与发饰的初探　杨建生　管子学刊　2013 年第 1 期

秦汉社会主流价值观的转变及其借鉴意义　陈辉　江淮论坛　2013 年第 3 期

"九月除道,十月成梁"考——兼论秦汉月令之统一性　焦天然　四川文物　2013 年第 1 期

先秦两汉宫廷傩礼世俗化演变探析　刘振华　东北师大学报　2013 年第

1 期

秦汉詈骂现象探析　郭俊然　温州大学学报　2013 年第 2 期

秦汉紫色观念的演进　曾磊　史学月刊　2013 年第 2 期

文化控制功能视野下的秦汉民间巫术　李秋香　天中学刊　2013 年第 2 期

"日常秩序中的秦汉社会与政治"国际学术研讨会综述　柴英　史学月刊　2013 年第 2 期

秦汉南阳文化风气之演变　刘德杰　南都学坛　2013 年第 3 期

试论先秦秦汉时期的媵妾制度　杨维军　沧桑　2013 年第 3 期

秦汉时期的食人现象述论　郭俊然　乌鲁木齐职业大学学报　2013 年第 3 期

流变与传承:秦汉时期"伏日"考论　魏永康　古代文明　2013 年第 4 期

秦汉人的神秘肤色观　曾磊　珞珈史苑(2012 年卷)　武汉大学出版社　2013 年 4 月

论秦汉时期西王母信仰民俗的构建——兼论异地文化认同　李秋香　世界宗教研究　2013 年第 5 期

先秦至秦汉时期焚香之风与香具——兼谈五凤熏炉的命名　向祎　中原文物　2013 年第 6 期

秦汉时期的人殉现象述论　郭俊然　宿州教育学院学报　2013 年第 6 期

浅析秦汉城旦舂的社会生活　孙永幸　华北水利水电学院学报　2013 年第 6 期

秦汉的女子参战与亲属随军　孙闻博　礼法与信仰——中国古代女性研究论考　香港商务印书馆　2013 年 6 月;中国中古史集刊(第三辑)　商务印书馆　2017 年 4 月

秦汉时期的海洋开发与早期海洋学　王子今　社会科学战线　2013 年第 7 期

先秦两汉舜故事南方版本发展与潇水流域的政治进程——兼论零陵九疑舜陵舜庙的实体化　于薇　学术研究　2013 年第 7 期

试论秦汉社会的海神信仰与海洋意识　卜祥伟、熊铁基　兰州学刊　2013 年第 9 期

略说秦"力士"——兼及秦文化的"尚力"风格　王子今　秦汉研究（第七辑）　陕西人民出版社　2013 年 10 月

论秦汉上党地区的风俗　薛瑞泽　秦汉研究（第七辑）　陕西人民出版社 2013 年 10 月

秦汉时期的丧葬风水与墓葬选址　高凤　秦汉研究（第七辑）　陕西人民出版社　2013 年 10 月

战国秦汉文化消费的特点探析　温乐平　福建论坛　2013 年第 11 期

论秦汉时期方士的政治影响　马潘潘　湖南科技学院学报　2013 年第 11 期

西部开发和文化认同：战国秦汉时期西南民族地区体育文化交往　秦立凯、黎小龙　中华文化论坛　2013 年第 11 期

秦汉时期饮食经营策略　杨延霞　理论界　2013 年第 12 期

秦汉社会对早慧现象的认知　崔建华　社会科学战线　2014 年第 11 期

狗与先秦中国人的日常生活——从战国秦墓最近出土的狗肉汤谈起　吕宗力　早期丝绸之路暨早期秦文化国际学术研讨会论文集　文物出版社　2014 年 11 月

从君主婚姻看先秦两汉上层社会对贵族女性的价值评判　高畅　咸阳师范学院学报　2015 年第 1 期

秦汉焚尸非火葬刍议　马格霞、王睿颖　西安财经学院学报　2015 年第 1 期

秦汉魏晋编户民社会身份的变迁——从"士大夫"到"吏民"　凌文超　文史哲　2015 年第 2 期

秦汉时期匈奴南迁影响因素分析　李艳秋　赤峰学院学报　2015 年第 2 期

近四十年秦汉时期休闲生活研究述评　宁江英　中国史研究动态　2015 年第 3 期

四皓归隐商山的原因及影响　徐卫民　咸阳师范学院学报　2015 年第 3 期

秦汉人身高考察　彭卫　文史哲　2015 年第 6 期

秦汉之后大射礼的发展与嬗变　蔡艺　湖南工业大学学报　2015 年第

6 期

　　游士宾客在秦汉的兴衰演变　姜建设　朱绍侯九十华诞纪念文集　河南大学出版社　2015 年 10 月

　　秦的礼乐文化与"德"的观念　田延峰　秦文化探研——甘肃秦文化研究会第二次学术研讨会论文集　甘肃人民出版社　2015 年 11 月

　　秦始皇二十七年西巡考议　王子今　秦文化探研——甘肃秦文化研究会第二次学术研讨会论文集　甘肃人民出版社　2015 年 11 月

　　试论秦始皇的东方情结　尹承乾　秦文化探研——甘肃秦文化研究会第二次学术研讨会论文集　甘肃人民出版社　2015 年 11 月

　　秦汉"治安"三策　龚留柱　史学月刊　2015 年第 12 期

　　海昏侯墓出土文物与秦汉"胡风"　史党社　秦陵秦俑研究动态　2016 年第 3 期

　　中国秦汉时期宫殿建筑中"自然元素"的利用　李冀宁　中国古都研究（第 30 辑）　陕西师范大学出版社　2016 年 6 月

　　战国秦汉招赘婚探析　雷铭　秦汉研究（第十辑）　陕西人民出版社　2016 年 8 月

　　秦汉庶人阶层"有无姓氏"问题略论　骆春榕　文化学刊　2016 年第 10 期

　　论秦汉时期的"老"　韩树峰　简帛（第十三辑）　上海古籍出版社　2016 年 11 月

　　从妖祥到贵贱：先秦秦汉相人观念演变探析　林业腾　哈尔滨学院学报　2017 年第 2 期

　　从"同居"论战国秦代家庭结构　薛洪波　吉林师范大学学报　2017 年第 4 期

　　试论先秦两汉丧葬礼俗的演变　高崇文　古礼足征：礼制文化的考古学研究　上海古籍出版社　2017 年 4 月

　　释"便椁""便房"与"便殿"　高崇文　古礼足征：礼制文化的考古学研究　上海古籍出版社　2017 年 4 月

　　周秦文化与社会主义核心价值观　高强　宝鸡文理学院学报　2017 年第 5 期

　　20 世纪以来的秦汉日常生活研究　闫爱民　中国史研究动态　2017 年第

5 期

秦汉"厕所"小议　朱晨露　秦汉研究（第十一辑）　陕西人民出版社　2017 年 9 月

浅析战国时期的六博棋具　金银　秦汉研究（第十一辑）　陕西人民出版社　2017 年 9 月

秦汉服饰考论　薛瑞泽　秦汉史论丛（第十四辑）　四川人民出版社　2017 年 9 月

秦汉竹简的酒文化考证　吴小强　秦汉史论丛（第十四辑）　四川人民出版社　2017 年 9 月

从考古资料看秦汉时期的北斗信仰　朱磊　文物、文献与文化——历史考古青年论集（第一辑）　上海古籍出版社　2017 年 10 月

秦汉社会礼仪中的用色考察——以丧礼和降礼为例　曾磊　形象史学 2018 下半年（总第十二辑）　社会科学文献出版社　2019 年 5 月

五　军事

中国战术史举例：白起军功之研究　杜沧白　时代中国　第 6 卷第 4—6 期　1942 年 10—12 月

论秦汉军费　刘不同　军事与政治　第 5 卷第 1、2 期　1943 年 8 月

秦代之国防建置及疆土之开拓　徐德麟　文化先锋　第 6 卷第 8 期　1946 年 11 月

《孙子兵法》与马陵、长平等战役之比较研究　正气　第 1 卷第 3 期　1946 年 12 月

秦汉时期战史　劳榦　中国战史论集（台湾）　第 1 期　1954 年 8 月

古长平战场资料研究　张颔　山西师院学报　1959 年第 2 期

战国时代的战争方法　劳榦　台北历史研究所集刊第 37 册上　1967 年

论商鞅的"以战去战"　高晓青等　吉林师大学报　1975 年第 1 期

从秦俑坑兵马俑群看秦始皇推行的法家军事路线　历史系考古专业工农兵学员　西北大学学报　1976 年第 2 期

从《商君书》谈一谈商鞅的军事思想　李为　开封师院学报　1976年第2期

银雀山简本《尉缭子》释文（附校注）　银雀山汉墓竹简整理小组　文物1977年第2期

《尉缭子》初探　何法周　文物　1977年第2期

银雀山简本《尉缭子》释文（附校注）　银雀山汉墓竹简整理小组　文物1977年第3期

关于《尉缭子》某些问题的商榷　钟兆华　文物　1978年第5期

《尉缭子》及其思想初探　刘路　文史哲　1979年第2期

《尉缭子》时代考　袁宙宗　中华文化复兴月刊　第13卷第1期　1980年1月

关于《尉缭子》的著录和成书　张烈　文史（第八辑）　中华书局　1980年3月

《尉缭子》考补证　何法周　河南师大学报　1980年第3期

试论秦代军事制度　熊铁基　秦汉史论丛（第一辑）　陕西人民出版社1981年9月

秦代军制及军事教育　李震　中华文化复兴月刊　第15卷第1期　1982年1月

项羽与巨鹿之战　赵长安　中学历史教学参考　1982年第1期

长平大战遗迹　张崇发　旅游　1982年第2期

秦统一岭南投放了多少兵力？　何维鼎　华南师院学报　1982年第2期

试论秦汉的"正卒"徭役　钱剑夫　中国史研究　1982年第3期

论秦瓯战争　周宗贤　学术论坛　1982年第4期

秦汉郡守兼掌军事略说　施丁　文史（第十三辑）　中华书局　1982年3月

长平之战的时间考辨　张景贤　历史教学　1982年第9期

浅谈《尉缭子》的军事思想　于勇波　西南师范大学学报　1983年第3期

关于长平之战的时间　杨宽　历史教学　1983年第3期

秦汉时代刑徒从军问题初探　荀德麟　苏州大学学报　1983年第3期

秦汉帝国的军事组织　[日]米田贤次郎著，余太山译　简牍译丛（第一辑）中国社会科学院历史所战国秦汉室编　1983年4月

《尉缭子》考辨　龚留柱　河南师大学报　1983年第4期

秦代军制及军事教育之研究　李震　军事杂志　第51卷第8、9期　1983年5、6月

长平之战时间再辨　张景贤　历史教学　1983年第11期

再谈长平之战的时间　杨宽　历史教学　1983年第11期

《尉缭子》军事哲学思想初探　黄小榕　中山大学研究生学刊　1984年第1期;争鸣　1985年第1期

秦律赀罚甲盾与统一战争　石子政　中国史研究　1984年第2期

秦军的兵种　刘云辉　解放军报　1984年2月12日

秦汉曹魏初期兵士社会地位的变迁　陈玉屏　西南民族学院学报　1984年第4期

略论秦汉时期军队的发展——秦俑与杨家湾汉俑军阵的比较　田旭东　文博　1985年第2期

秦汉兵役及汉代更赋制度考辨　杨作龙　洛阳师专学报　1985年第2期

试论秦兵器铸造管理制度　张占民　文博　1985年第6期

秦朝的征兵制　赵保生、韩伟　华北民兵　1986年第1期

《尉缭子》的成书、著录及其相关问题　徐勇　中国哲学史研究　1986年第1期

秦楚之战在统一战争中的历史作用　黄正凡　中学历史　1986年第1期

《尉缭子》与互著法:三论《尉缭子》　何法周　史学月刊　1986年第2期

关于秦统一岭南的战争问题　文锡进　中山大学学报　1986年第2期

秦汉与兵关系的历史发展及其在军事史上的意义　周作明　玉林师专学报　1987年第1期

春秋"殽之战"战地考实　蒋若是　史学月刊　1987年第1期

秦汉兵徭服役期限问题商兑　黄今言　江西师范大学学报　1987年第2期

长平之战赵国失败原因辨析　武铁城、郭孟良　山西师大学报　1987年第3期

秦汉的徭役和兵役　孙言诚　中国史研究　1987年第3期

从"杀"字看《尉缭子》的治军思想　徐勇　天津社会科学　1987年第5期

战国、秦代的军事编成　［日］藤田胜久　东洋史研究　第46卷第2期1987年

秦汉"正卒"辨析　臧知非　中国史研究　1988年第1期

读《尉缭子·制谈篇》札记　徐勇　郑州大学学报　1988年第2期

《尉缭子》的兵形势特色　吴如嵩　军事历史研究　1988年第2期

读《尉缭子·战威篇》　徐勇　史学集刊　1988年第3期

从《兵法》篇看尉缭子谈兵　徐勇　河北师院学报　1988年第4期

试论秦汉谪戍的几个问题　卢星　江西师大学报　1988年第4期

《尉缭子·天官篇》的军事哲学　徐勇　社会科学辑刊　1988年第5期

秦汉的戍卒　孙言诚　文史哲　1988年第5期

从《兵谈》篇看尉缭子"谈兵"　徐勇　松辽学刊　1989年第2期

试论《尉缭子》的理论价值及其历史地位　徐勇　天津师范大学学报　1989年第3期

论秦统一中国的战略　徐敏　中国社会科学院研究生院学报　1989年第3期

秦赵长平之战与邯郸保卫战的历史教益　石泉　赵国历史文化论丛　河北人民出版社　1989年4月

纵横战争与长平、邯郸两役的成败　李民、王健、胡海燕　赵国历史文化论丛　河北人民出版社　1989年4月

秦赵长平之战赵国兵力质疑　邵服民　赵国历史文化论丛　河北人民出版社　1989年4月

七国争雄中秦的战略问题　顾孟武　学术月刊　1989年第6期

关于秦汉骑兵的几个问题　龚留柱　史学月刊　1990年第2期

论秦拔楚郢之战　翼凡　荆州师专学报　1990年第2期

"长平之战活埋赵卒四十万"质疑　舒咏梧　文史杂志　1990年第3期

秦汉兵制研究　卫宁　中国历史学年鉴1989　人民出版社　1990年7月

秦汉武冠初探　李秀珍　文博　1990年第5期

白起坑赵卒四十万质疑　宋裕　晋阳学刊　1990年第6期

论秦在统一战争时期的军事优势　蔡锋　青海师范大学学报　1991年第2期

《尉缭子》军事学之我见　刘先廷　军事历史研究　1991 年第 2 期

秦汉武库制度　庄春波　史学月刊　1991 年第 6 期

秦城建筑中的备守功能浅析　呼林贵、黄河舟　庆祝武伯纶先生九十华诞论文集　三秦出版社　1991 年 6 月

秦汉兵役研究　臧知非　秦汉断代史研究　徐州师院学报　1991 年增刊

简论秦汉军制的特点及其影响　黄今言　江西师范大学学报　1992 年第 1 期；秦汉史文存　江西人民出版社　2016 年 3 月

秦代步兵浅析　彭文　文博　1992 年第 5 期

长平之战垒壁与秦俑坑军事建筑　张仲立　文博　1993 年第 1 期

秦代军人手形手势分析　王望生　考古与文物　1993 年第 2 期

秦汉时期的武器生产及其管理制度　黄今言　江西师范大学学报　1993 年第 3 期

《尉缭子》的军事伦理思想　王联斌　军事历史研究　1993 年第 3 期

试论战国军功官僚集团　杨师群　中国史研究　1993 年第 4 期

《尉缭子》与秦始皇陵兵马俑的研究　林剑鸣　秦文化论丛（第二辑）　西北大学出版社　1993 年 12 月

秦人的尚武精神与秦统一　郭淑珍　秦文化论丛（第二辑）　西北大学出版社　1993 年 12 月

秦代的骑兵　彭文　军事历史　1994 年第 5 期

秦国早期的逐渐强盛和对戎狄的战争　田亚岐　秦文化论丛（第三辑）　西北大学出版社　1994 年 12 月

秦军法述论　郭淑珍　秦文化论丛（第三辑）　西北大学出版社　1994 年 12 月

秦兵器制度及其发展、变迁新考　黄盛璋　秦文化论丛（第三辑）　西北大学出版社　1994 年 12 月

巴蜀在秦国国防发展战略中的地位和价值　吴如嵩　先秦史与巴蜀文化论集　历史教学社　1995 年 10 月

尉缭与《尉缭子》述评　徐卫民　秦文化论丛（第四辑）　西北大学出版社　1996 年 6 月

由咸阳骑马俑谈到战国秦骑兵　孙德润　考古与文物　1996 年第 5 期

五国攻秦与修鱼之战考　晁福林　安徽史学　1997 年第 1 期

秦代军法内容略述　梁民愫　玉林师专学报　1997 年第 1 期

《尉缭子》逸文蠡测　徐勇　历史研究　1997 年第 2 期

募兵的产生及秦汉时期募兵的初步发展　耿敬　军事历史研究　1997 年第 3 期

战国秦汉时期的女军　王子今、孙中家　社会学研究　1997 年第 6 期

长平之战古战场巡礼　靳生禾等　地理知识　1997 年第 7 期

试论秦汉时期的禁卫兵制　詹素平　吉安师专学报　1998 年第 1 期

秦汉边防兵的兵员构成和领导体制　余从荣　社会科学　1998 年第 5 期

《墨子》城守诸篇研究述评　史党社　秦文化论丛（第七辑）　西北大学出版社　1999 年 6 月

材士材官考论　张仲立　秦文化论丛（第七辑）　西北大学出版社　1999 年 6 月

从出土秦兵马俑看战国时期战争之规模　刘占成　秦文化论丛（第七辑）　西北大学出版社　1999 年 6 月

秦代士兵的衣饰、戎服及相关问题　李秀珍　秦文化论丛（第七辑）　西北大学出版社　1999 年 6 月

长平之战的历史记录与历史评价　王子今　秦文化论丛（第七辑）　西北大学出版社　1999 年 6 月

秦始皇统一战争的实态　[日]鹤间和幸　秦文化论丛（第七辑）　西北大学出版社　1999 年 6 月

再谈陈下之战　施丁　中国社会科学院研究生院学报　2000 年第 6 期

试论秦骑兵的渊源、发展及其特点　张涛　秦俑秦文化研究——秦俑学第五届学术讨论会论文集　陕西人民出版社　2000 年 8 月

秦汉兵学的建树及其文化特征　黄朴民　济南大学学报　2001 年第 5 期

从汉画像石看秦汉时期骑兵的武器装备　申茂盛、王淑杰　秦文化论丛（第八辑）　陕西人民出版社　2001 年 8 月

楚汉战争的政治范式　王文元　华夏文化　2001 年第 2 期

秦汉骑兵起源的探索　张涛　历史文物月刊　2001 年第 2 期

谈谈章邯军与王离军　施丁　史学月刊　2001 年第 3 期

秦汉军事测绘　王树连　军事历史研究　2001年第4期

咸阳塔儿坡战国秦墓出土骑马俑族属考辨　赵斌　考古与文物　2002年第4期

关于深入研究秦汉军事制度的几点建议　熊铁基　秦汉文化比较研究——秦汉兵马俑比较暨两汉文化研究论文集　三秦出版社　2002年4月

秦与西汉甲的初步比较　张卫星　秦汉文化比较研究——秦汉兵马俑比较暨两汉文化研究论文集　三秦出版社　2002年4月

先秦至汉初胄的初步比较　张卫星、袁红蕾　秦汉文化比较研究——秦汉兵马俑比较暨两汉文化研究论文集　三秦出版社　2002年4月

秦汉时期骑兵的发展　王关成　秦汉文化比较研究——秦汉兵马俑比较暨两汉文化研究论文集　三秦出版社　2002年4月

秦汉时期军事通讯小考　田旭东　考古与文物　2002年第5期

论秦汉时代的谪发兵制和刑徒兵制　李玉福　政法论丛　2002年第6期

关于武帝之前骑兵的思考　许卫红　秦文化论丛（第九辑）　西北大学出版社　2002年7月

《史记·秦本纪》崤之战史实考辨　贾俊侠　司马迁与史记论集（第五辑）　陕西人民出版社　2002年11月

秦楚丹阳大战与淅川吉阳楚墓　胡永庆　中原文物　2003年第5期

先秦及秦代攻防武器发展概论　郭淑珍　秦文化论丛（第十辑）　三秦出版社　2003年7月

秦人的尚武精神　刘芳、任晓峰　周秦文化与社会研究　陕西师范大学出版社　2003年12月

论秦代的倡武与禁武　张震　新乡师范高等专科学校学报　2004年第3期

谈谈章邯手下秦军的构成　舒大清　湖北社会科学　2004年第4期

再论秦代士兵的服装供给问题　王关成　秦文化论丛（第十一辑）　三秦出版社　2004年6月

秦早期军事力量考略　徐日辉　学术月刊　2005年第1期

《吕氏春秋》和《淮南子》的军事思想比较　龚留柱　秦汉思想文化研究　希望出版社　2005年7月

秦人尚武精神的思考　刘珺　秦文化论丛(第十二辑)　三秦出版社 2005年7月

长平之战赵降卒被秦坑杀数新探　张箭　齐鲁学刊　2006年第4期

秦汉统一战争中的典型战略预案评析　黄朴民　南都学坛　2008年第4期

里耶秦简所见戍卒索隐　王焕林　简帛研究二〇〇五　广西师范大学出版社　2008年9月

围绕秦汉兵制的若干问题　[日]佐竹靖彦　殷周秦汉史学的基本问题　中华书局　2008年9月

秦国军事制度初探　刘占成、蒋文孝　秦文化论丛(第十五辑)　三秦出版社　2008年10月

试论促进秦人治军的诸多因素　朱学文　秦文化论丛(第十五辑)　三秦出版社　2008年10月

秦汉时期统一战争的战略指挥述论　黄朴民　东岳论丛　2009年第1期

秦代武库初探　徐龙国　考古与文物　2009年第3期

秦王朝遣"五十万"军戍五岭考辨　黄瑾瑜　岭南文史　2009年第3期

秦"小子军"考议　王子今　人文杂志　2009年第5期

秦人尚武精神探源　李宇　秦汉研究(第三辑)　三秦出版社　2009年8月

秦朝对广西三派驻军的性质分析　吴俊　学习月刊　2010年第1期

虎狼之国——秦国　刘德增　文史知识　2010年第3期

秦代弓弩的射程　刘占成、张立莹、杨欢　文博　2012年第2期

秦时军装考　白建钢　梓里集：西北大学考古专业七七级毕业三十周年纪念文集　西北大学出版社　2012年9月

秦汉中央宿卫武官演变考论——以宿卫体系确立与中郎将、校尉的发展为中心　孙闻博　国学学刊　2015年第4期

秦据汉水与南郡之置——以军事交通与早期郡制为视角的考察　孙闻博　飞軨广路：中国古代交通史论集　中国社会科学出版社　2015年10月

秦汉戍卒赴边问题初探　赵宠亮　飞軨广路：中国古代交通史论集　中国社会科学出版社　2015年10月

秦戎文化杂交混生的活态例证　黄英　秦文化探研——甘肃秦文化研究会第二次学术研讨会论文集　甘肃人民出版社　2015年11月

秦国战役史与远征军的构成　［日］宫宅洁　简帛（第十一辑）　上海古籍出版社　2015年11月

秦汉"连弩"考　王子今　军事历史研究　2016年第1期

有关秦赵长平之战的几个问题　张广志　邯郸学院学报　2016年第2期

秦汉边地胡骑的使用——基于新获史料与传世文献的再考察　孙闻博　简牍学研究（第六辑）　甘肃人民出版社　2016年6月

《尉缭子》：秦始皇统一中国战争的治军宝典　孙嘉春　秦始皇帝陵博物院（总陆辑）　陕西师范大学出版社　2016年10月

文化战的策略与启示——以垓下之战"四面楚歌"为例　孙晓梅　武警学院学报　2016年第11期

秦晋崤之战相关问题再研究　王淑芳、李充　档案　2016年第11期

六　民族

《秦代初平南越考》之商榷　吕思勉　国学论衡　第4期上　1934年11月

周秦时代中国经营东北考略　冯家升　禹贡　第2卷第11期　1935年2月

秦汉民族制度考　常景宗　北平晨报艺圃　1935年6月24、25日

秦汉两代汉民的向外发展　广惠　文化批判　1935年9月

论秦举巴蜀之年代　钟凤年　禹贡　第4卷第3期　1935年10月

秦代初平南越考　岑仲勉　史学专刊　第1卷第3期　1936年3月

秦为戎族考　蒙文通　禹贡　第6卷第7期　1936年12月

燕秦西汉与东北　王伊同　禹贡　第7卷第5期　1937年5月

秦以前华族与边裔民族关系的借鉴　吴其昌　边政公论　第1期　1941年8月

秦汉时代的四川　顾颉刚　学思　第1卷第8期　1942年4月

秦汉时代夜郎国考　朱偰　东方杂志　第40卷第15期　1944年8月

嬴秦为东方氏族考　黄文弼　史学杂志　第 1 期　1945 年 12 月

秦族考　陈秀云　文理学报　第 1 卷第 2 期　1946 年 12 月

秦灭巴蜀考（附庄蹻略地辩）　黄少荃　狂飚月刊　第 1 卷第 1 期　1947 年 5 月

秦代以前的青海　白曙天　西北通讯　第 2 卷第 3 期　1948 年 2 月

秦汉时代的青海　白曙天　西北通讯　第 2 卷第 4 期　1948 年 2 月

论先秦的"戎狄"及其与华夏的关系　王玉哲　南开学报　1955 年第 10 期

谈谈中国历史博物馆展览中陈列的秦汉时期少数民族的历史文物　翦伯赞　民族团结　1959 年第 12 期；历史问题论丛　人民出版社　1962 年 2 月

秦汉六朝时期越南的开发　吕士明　东海学报　第 5 卷第 1 期　1963 年 6 月

商周秦汉时期甘肃境内的氐羌月氏和乌孙　曹怀玉　西北师大学报　1965 年第 2、3 期

秦与西域的关系　[日]后藤京子　东洋学术研究　第 5 卷第 5 期　1966 年 8 月

考古学上所见汉代以前的西北　张光直　台北历史研究所集刊　第 42 卷　1970 年

考古学上所见汉代以前的北疆草原地带　张光直　台北历史研究所集刊　第 42 卷　1971 年

秦汉时期中国对南方的经营　萧璠　史原　1973 年第 4 期

巴蜀归秦考　马培棠　四川文献　第 14 第 8 期　1974 年 12 月

秦定蜀（读史会注考证札记）　施之勉　大陆杂志　第 49 卷第 6 期　1974 年 12 月

云南是秦始皇建立的多民族统一国家的组成部分　史云群　思想战线　1975 年第 1 期

汉承秦制与西南边疆民族地区的开发　朱惠荣　思想战线　1975 年第 2 期

秦统一巴蜀后在蜀的反复辟斗争　李定凯　成都日报　1975 年 4 月 15 日

秦始皇统一岭南地区的历史作用　梁国光等　考古　1975 年第 4 期

秦始皇统一岭南的进步作用　顾维金　中山大学学报　1975 年第 5 期

秦汉三国民族思想之研究　胡至法　政治作战学校政治研究所刊 1975 年

秦人早期历史探索　林剑鸣　西北大学学报　1978 年第 1 期

《天问》中有关秦民族的历史传说　林庚　文史（第七辑）　1979 年 12 月

从秦汉至隋唐间蒙古高原上几个少数民族盛衰更替概述（上、下）　余言　中学历史教学　1979 年第 1—2 期

秦人早期历史的两个问题　熊铁基　社会科学战线　1980 年第 2 期

北伐匈奴 南征南越（秦汉史）　张其昀　文艺复兴　第 111 期　1980 年 4 月

夜郎史迹初探　徐中舒、唐嘉弘　贵州社会科学　1980 年第 7 期

从"云梦秦简"探讨巴蜀史上的三个问题　陶元甘　成都大学学报　1981 年第 2 期

秦汉时期的月氏、乌孙和匈奴及河西四郡的设置　潘策　西北师大学报 1981 年第 3 期

嬴秦人起源东方和西迁情况初探　何汉文　求索　1981 年第 4 期

"支那"的称谓源于"秦"还是"楚"　林剑鸣　人文杂志　1981 年第 6 期

秦王朝关于少数民族的法律及其历史作用　于豪亮　云梦秦简研究　中华书局　1981 年 7 月

略说战国至汉初的西南部族社会　方国瑜　研究集刊　1982 年 1 月

嬴秦族图腾是鸟不是马　龚维英　求索　1982 年第 3 期

先秦两汉时期北方各族人民对内蒙古历史发展的贡献　正方　内蒙古社会科学　1982 年第 3 期

秦人族源刍议　高福洪　内蒙古师院学报　1982 年第 3 期

秦在巴蜀地区的民族政策试析——从云梦秦简中得到的启示　罗开玉　民族研究　1982 年第 4 期

周公东征与嬴姓西迁　林剑鸣　文史知识　1982 年第 11 期

关于夷族的西迁和秦嬴的起源地、族属问题　段连勤　先秦史论文集——人文杂志丛刊　1982 年 11 月

试论秦之渊源　刘庆柱　人文杂志　1982 年增刊

从云梦秦简看秦的民族政策　吴永章　江汉考古　1983 年第 2 期

秦人、秦胡蠡测　初师宾　考古　1983年第3期

秦瓯战争的始年问题　吕名中　学术论坛　1983年第5期

秦对境内少数民族政策之探讨　张寿仁　中国历史学会史学集刊　第15辑　1983年5月

秦汉时代的巴蜀　[日]狩野直祯　历史知识　1983年第6期

秦始皇经略岭南地区述议　郭在忠　民族研究　1983年第6期

古夜郎与秦汉对西南的开发　熊宗仁　夜郎考讨论文集之三　贵州人民出版社　1983年6月

秦是夷人的一支　马神武　人文杂志　1984年第1期

论戎族　杨建新　西北史地　1984年第1期

试论秦汉时期岭南越族与汉族的关系　周宗贤　中央民院学报　1984年第2期

先秦所谓姓及其相关问题　杨希枚　中国史研究　1984年第3期

从秦汉时期的民族政策看我国土司制度的渊源　吴永章　中南民族学院学报　1984年第3期

嬴姓诸国的源流与分布论　何光岳　信阳师院学报　1984年第3期

试论秦汉之际岭南经济文化与中原的关系　梁肇池　玉林师专学报　1984年第3、4期

关于蒙恬伐匈奴暴师于外及秦民与越人杂处的时间问题　田久川　辽宁师大学报　1984年第6期

秦开夜郎蠡测　南方　贵州文史丛刊　1985年第1期

南越国"和辑百越"民族政策初探　余天炽　华南师大学报　1985年第2期

秦汉之际河西地区的民族及其分布　王宗维　兰州大学学报　1985年第3期

秦汉三国湔氐道、湔县考——兼论川西北的开发序例及其氐人诸题　罗开玉　四川师院学报　1985年第3期

秦之兴替与戎狄和胡的关系　舒振邦　内蒙古师大学报　1985年第4期

战国后期至秦朝四川地区民族融合的基本趋势　冯一下　西南民族学院学报　1985年第4期

秦汉与匈奴关系概述　文敏　电大文科园地1985年第8期

秦汉前的岭南百越主要关系的分布及其族称　陆明天　百越民族史论丛　广西人民出版社　1985年5月

秦统一百越战争始年诸说考订　余天炽　百越民族史论丛　广西人民出版社　1985年5月

秦汉西瓯骆越(瓯骆)之研究　韩振华　百越民族史论丛　广西人民出版社　1985年5月

秦人远祖是东夷嬴姓少昊族　杨东晨　陕西师大学报　1986年第1期

试论秦对岭南的统一与开发　何清谷　人文杂志　1986年第1期

论秦汉时期岭南越人与汉族的文化交流与民族融合　梁旭达　贵州民族研究　1986年第1期

秦汉时期匈奴与西羌的关系　王宗维　西北大学学报　1986年第2期

秦霸西戎地域考——秦国势力在黄土高原的扩展过程　聂新民　西北史地1986年第2期；秦文化论丛(第一集)　西北大学出版社　1993年5月

试论我国古代史上的秦族　何汉　历史教学　1986年第2期

消除心理隔阂，重建统一局面——秦末农民战争历史作用新探　陈生民　学术月刊　1986年第3期

秦汉多民族国家的形成和汉族人们共同体的发展　田继周　云南社会科学1986年第4期

关于秦人族属文化渊源管见　韩伟　考古与文物　1986年第4期

秦对西戎、巴蜀的兼并　杨家友　历史教学　1986年第7期

秦汉的属邦和邦国　孙言诚　史学月刊　1987年第2期

关于秦始皇北伐匈奴的几个问题　李福泉　求索　1987年第5期

秦末岭南地区"和辑百越"政策述论　王昭武　思想战线　1987年第6期

秦人发祥地刍议　严宾　河北学刊　1987年第6期

近年来国内关于秦汉与匈奴关系史研究简介　刘洪波　光明日报　1987年10月14日

西戎八国考述　王宗维　西北历史研究　三秦出版社　1987年10月

谈秦始皇"南取百越之地"　龚鹏九　零陵师专学报　1988年第1期；广西民族研究　1990年第2期

东夷简论　杨东晨　中南民院学报　1988 年第 1 期

秦人出于少昊氏族　马禅武　人文杂志　1988 年第 1 期

秦赵同源新证　林剑鸣　河北学刊　1988 年第 3 期

秦人起源范县说　李江浙　民族研究 1988 年第 4 期

论秦、汉统一多民族国家的形成、巩固和发展　王宗维　西北大学学报 1989 年第 1 期

试论秦汉时期的"笮人"　陈宗祥　西南师大学报　1989 年第 2 期

秦汉岭南经济述评　冼剑民　学术研究　1989 年第 3 期

东夷嬴族的西迁和秦国的建立　杨东晨　汉中师院学报　1989 年第 4 期

赵、秦、商族源初探　孟世凯　赵国历史文化论丛　河北人民出版社　1989 年 4 月

秦人起源于何方　谭渊　陕西日报　1989 年 7 月 1 日

早期嬴秦西迁史迹的考察　尚志儒　中国史研究　1990 年第 1 期

秦汉时期的骆越经济　王时阶、徐继连　广西师大学报　1990 年第 2 期

秦汉时期的岭南经济　吕名中　中南民院学报　1990 年第 2 期

秦楚关系述评　杨东晨　庆阳师专学报　1990 年第 2 期

秦汉时期骆越社会经济概况试述　黄汝洲　贵州师范大学学报　1990 年第 3 期

秦人传说时代的探讨　何清谷　文博　1990 年第 5 期

先秦至唐朝时期的中华民族——中华民族的多元一统格局的历史形成和发展演变初论　龙中　云南社会科学　1990 年第 6 期

论我国民族迁徙与融合的概况及其历史作用　杨东晨　中南民院学报 1990 年第 7 期

秦汉时期的民族问题　卫宁　中国历史学年鉴 1989　人民出版社　1990 年 7 月

论先秦时期中国民族政策的基本特征　钱宗范　学术月刊　1990 年第 11 期

秦人的族源及迁徙路线　王玉哲　历史研究　1991 年第 3 期

关于秦始皇统一中国的年代问题　严宾　文史哲　1991 年第 5 期

嬴秦族西迁考　何清谷　考古与文物　1991 年第 5 期；秦文化论丛（第二

辑) 西北大学出版社 1993年12月

试论西周金文中的"秦嬴"问题 尚志儒 庆祝武伯纶先生九十华诞论文集 三秦出版社 1991年6月

秦汉开发西北之政策 张赛美 社会科学报 1991年9月5日

简论西方嬴秦国的由来 杨东晨、杨建国 秦陵秦俑研究动态 1992年第1期

秦汉民族政策特点初论 徐杰舜 贵州民族研究 1992年第2期

秦汉至隋唐时期苗族社会经济探索 任新福 中南民院学报 1992年第2期

论西北地区民族的迁徙及其贡献 杨东晨 西北史地 1992年第3期

夏代秦人的发展及西迁 杨东晨 学术月刊 1992年第12期

论西戎的变迁和民族融合 杨东晨 西北史地 1993年第2期

论犬戎的族属与变迁 杨东晨 固原师专学报 1993年第3期

秦汉时期的苗族先民社会 贺国鉴 贵州文史丛刊 1993年第3期

略论秦汉时期广东的初步开发 高惠冰 华南师大学报 1993年第3期

商代嬴姓秦人与同族别支在西方的活动 杨东晨 庆阳师专学报 1993年第3期

关于女修吞玄鸟卵生大业的讨论 刘宝才 秦陵秦俑研究动态 1993年第3期;秦文化论丛(第二辑) 西北大学出版社 1993年12月

秦汉时期百越民族群体的分化与融合述论 王文光 云南教育学院学报 1993年第6期

周代东夷嬴姓的西迁和嬴姓国的业迹 杨东晨 文博 1993年第6期

论游牧传统在秦人发展中的作用 雷利军 咸阳师专学报 1994年第2期

先秦及秦汉时期海南省的民族和经济 杨东晨 海南大学学报 1994年第2期

论秦汉时期鄂湘赣的民族和经济 杨东晨 益阳师专学报 1994年第3期

论先秦至秦汉时期岭南的民族及其经济 杨东晨 深圳大学学报 1994年第4期

秦汉时期岭南越人与外界的交往　于兰　暨南学报　1994年第4期

秦人发祥地上的伏羲之谜　范三畏　西北师大学报　1994年第4期

关于秦人族源和秦文化渊源的几点认识　汪勃、尹夏清　秦文化论丛(第三辑)　西北大学出版社　1994年12月

嬴秦西迁问题初探　郭向东　秦文化论丛(第三辑)　西北大学出版社　1994年12月

秦国早期的逐渐强盛和对戎狄的战争　田亚岐　秦文化论丛(第三辑)　西北大学出版社　1994年12月

秦汉长城的建筑与汉民族的形成　陈江　东南文化1995年第1期

从秦人、汉人、唐人到汉族族称的确定　徐杰舜　广西民院学报　1995年第2期

探索秦国发祥地　李学勤　中国文物报1995年2月19日

秦汉及其以前我国西北民族活动的特点　王宗维　西域研究　1995年第3期

秦汉各民族教育　罗若群　湖北教育学院学报　1995年第1期

论民族迁徙与秦东陵骊山陵的关系及相关问题　杨东晨　陕西历史博物馆馆刊(第2辑)　三秦出版社　1995年6月

秦的起源与文化　[日]饭岛武次著,晏新志译　陕西历史博物馆馆刊(第2辑)　三秦出版社　1995年6月

秦文化渊源与秦人起源探索　牛世山　考古　1996年第3期

秦汉民反与宗教神学　暨爱民　吉首大学学报　1996年第3期

先秦、秦汉时期北方的民族识别　王文光　思想战线　1996年第4期

秦与匈奴的关系　郭向东　秦文化论丛(第四辑)　西北大学出版社　1996年6月

先秦至汉西域诸族国与中原的关系　杨东晨　民族史论集　香港国际文化出版社　1996年10月

论秦汉统一政策对岭南社会经济发展的促进　杨东晨　民族史论集　香港国际文化出版社　1996年10月

西方嬴姓诸国再探讨　杨东晨　民族史论集　香港国际文化出版社　1996年10月

论隋以前北狄及其裔族与华夏的关系　杨东晨　民族史论集　香港国际文化出版社　1996年10月

秦人与西周王朝的关系　祝中熹　陇右文博　1997年第1期

秦汉时期南越国历史及岭南文化研究一瞥　赵明、余直　历史教学1996年第12期

论秦汉时期西南区域开发的差异与格局　黎小龙、徐难予　西南师大学报1997年第3期

秦汉开发北疆的历史意义　肖瑞玲　光明日报　1997年3月18日

秦汉时期中原文化对南岭的冲击　刘汉东　光明日报　1997年4月1日

试论秦国的"属邦"和"臣邦"　陈力　民族研究　1997年第4期

秦汉时期羌族的迁徙及社会状况　尚新丽　南都学坛　1997年第5期

论秦汉中央政权经营岭南的战略措施　余华青　秦文化论丛(第五辑)　西北大学出版社　1997年6月

秦汉对粤战争与岭南开发　黄留珠　秦文化论丛(第五辑)　西北大学出版社　1997年6月

秦平南越诸问题辨析　李龙章　秦文化论丛(第五辑)　西北大学出版社　1997年6月

秦平岭南述考　土健　秦文化论丛(第五辑)　西北大学出版社　1997年6月

义渠族属辨　杨铭　陕西历史博物馆馆刊(第四辑)　西北大学出版社　1997年10月

《山海经》与秦人早期历史探索　田静、史党社　秦陵秦俑研究动态　1998年第1期

秦皇朝民族政策述论　龚荫　西南民院学报　1998年第2期

略述秦汉时期大月氏人的迁徙　袁祖亮　简牍学研究(第二辑)　甘肃人民出版社　1998年3月

秦汉以来中国南、北方民族融合进程的特点　陈玉屏　西南民院学报1998年第6期

秦人早期历史的相关问题　史党社　秦文化论丛(第六辑)　西北大学出版社　1998年7月

秦汉时期汉族的形成和发展　尤中　思想战线　1998年第9期

秦国发祥地　李学勤　缀古集　上海古籍出版社　1998年10月

论秦汉王朝对巴蜀的改造　段渝　中国史研究　1999年第1期

西戎所在地域及与秦的关系论　徐卫民　秦文化论丛（第七辑）　西北大学出版社　1999年6月

地域名"秦"说略　祝中熹　秦文化论丛（第七辑）　西北大学出版社　1999年6月

上古秦楚两族同源考　龚维英　人文杂志　2000年第1期

秦汉时期青海地区的民族和文化　杨东晨　青海师专学报　2000年第2期

论秦汉时期西藏地区的民族和文化　杨东晨　西藏大学学报　2000年第3期

"王者无外"和"夷夏之防"：秦汉时期边疆思想论略　龚留柱　南都学坛　2000年第4期

论秦汉时期广东与港澳地区的民族与文化　杨东晨　嘉应大学学报　2000年第5期

秦汉时期的环渤海地区文化　王子今　社会科学辑刊　2000年第5期

论秦汉时期黑龙江地区的民族与文化　杨东晨、杨建国　哈尔滨师专学报　2000年第6期

秦汉时代的四川开发与城市体系　段渝　社会科学研究　2000年第6期

河套地区先秦两汉时期的生业、文化与环境　张忠培　中国文物报　2000年6月18日

秦汉政权和匈奴的关系　黄云　华东理工大学学报　2001年第1期

秦汉以后国家政权在汉越互动中的作用　魏爱棠　广西右江民族师专学报　2001年第2期

汉代以前新疆和中原地区的经济文化联系　陈慧生　西域研究　2001年第3期

论秦汉时期内蒙古地区的民族与文化　杨东晨　阴山学刊　2001年第4期

论秦汉时期齐鲁文化的历史地位　孙家洲　中国人民大学学报　2001年

第 4 期

秦汉对西部的开发　张敏　秦文化论丛(第八辑)　陕西人民出版社　2001 年 8 月

秦汉西南夷新论　林超民、秦树才　秦汉史论丛(第八辑)　云南大学出版社　2001 年 9 月

秦汉时期云南的大开发　熊铁基　秦汉史论丛(第八辑)　云南大学出版社　2001 年 9 月

试论秦汉时期的蜀身毒道　陆韧　秦汉史论丛(第八辑)　云南大学出版社　2001 年 9 月

论秦汉时期内蒙古的民族与文化　杨东晨、杨建国　阴山学刊　2002 年第 1 期

秦汉时期云南的大开发　熊铁基　纪念林剑鸣教授史学论文集　中国社会科学出版社　2002 年 1 月

嬴秦与马的不解之缘　祝中熹　陇右文博　2002 年第 1 期；秦史求知录　上海古籍出版社　2012 年 11 月

论秦汉时期辽宁地区的民族与文化　杨东晨　哈尔滨学院学报　2002 年第 1 期

论秦汉时期内蒙古地区的民族与文化　杨东晨　阴山学刊　2002 年第 1 期

秦汉魏晋南北朝时期宁绍地区土地开发及其对环境的影响　陈雄　浙江师大学报　2002 年第 5 期

论秦代移民　阎明恕　贵州师大学报　2002 年第 5 期

秦汉时期西北的经济开发及其启示　王勇　宁夏社会科学　2002 年第 6 期

猃狁、乌氏的地域及文化散论　田静、史党社　秦文化论丛(第九辑)　西北大学出版社　2002 年 7 月

伯益"能与鸟语"与秦人的早期迁徙　任建库　宝鸡文理学院学报　2002 年增刊

论秦的民族政策及其影响　王关成　秦文化论丛(第九辑)　西北大学出版社　2002 年 7 月

秦汉移民与巴蜀文化的变迁　赖华明　西南民院学报　2002 年第 11 期
嬴秦族及其西迁建国　刘光华　天水师范学院学报　2003 年第 3 期
从秦移民墓看秦移民对巴蜀地区的影响　吴怡　考古与文物　2004 年先秦考古增刊
早期秦与西戎关系考　徐日辉　宁夏社会科学　2005 年第 1 期
从《史记》看秦人的民族观　刘春华　秦文化论丛（第十二辑）　三秦出版社　2005 年 7 月
秦汉时期贵州黔北地区的文化交流和经济开发　邱洪　贵州文史丛刊　2006 年第 1 期
战国秦汉时期西南地区社会转型的动因分析　梁宁森　学术交流　2006 年第 2 期
秦汉时期河套地区的历史文化地位　王子今　宁夏社会科学　2006 年第 2 期
血雨腥风"促进"民族大融合——春秋战国及其秦汉时期的东北　王禹浪　东北之窗　2006 年第 5 期
论秦汉时期的民族迁徙　张峻　西南民族大学学报　2006 年第 8 期
秦汉时期"属国"涵义浅议　安梅梅　早期秦文化研究　三秦出版社　2006 年 8 月
秦人西迁"西垂"的动因　王志友　秦陵秦俑研究动态　2007 年第 2 期；西安电子科技大学学报　2007 年第 2 期
秦汉时期边疆少数民族地区治策问题研究　陈庆云　楚雄师范学院学报　2007 年第 4 期
略论秦汉时期朝鲜"亡人"问题　王子今　秦汉史论丛（第十一辑）　吉林文史出版社　2009 年 4 月
秦汉时期的东亚海域　［日］鹤间和幸　秦汉史论丛（第十一辑）　吉林文史出版社　2009 年 4 月
幽燕地区与秦汉民族关系发展　杜永梅　汉代文明国际学术研讨会论文集　北京燕山出版社　2009 年 5 月
论秦汉方仙道对崂山道教发端的影响　李伟伟　华章　2009 年第 7 期
秦汉时期的岭南诸越族研究　冼春梅　广东技术师范学院学报　2011 年

第 2 期

秦汉时代的考古与宗教——游走在文献与田野之间　刘瑞　古罗马和秦汉中国——风马牛不相及乎　中华书局　2011 年 8 月

基于考古资料的周、秦与戎狄关系异同考察　杨瑾　江汉学术　2014 年第 2 期

"亡秦者胡也"新解　任晓锋　宝鸡文理学院学报　2014 年第 2 期

"秦弃礼仪"考辨　曹胜高　吉林师范大学学报　2014 年第 2 期

早期秦人构成探析　王志友　敦煌学辑刊　2014 年第 3 期

秦人的游牧民族身份与秦国邦交思想的嬗变　邹芙都　求索　2014 年第 4 期

人口迁徙与嬴秦的崛起　雍际春　中国史研究　2014 年第 4 期

试论战国秦汉时期西南僰人迁徙　龚伟　成都大学学报　2014 年第 6 期

秦汉政治、民族、文化融合背景下的越地文化　陈民镇　秦汉研究（第八辑）　陕西人民出版社　2014 年 9 月

黑水、长人与不死民——略论战国秦汉时期月氏、乌孙与塞人的融合　邵小龙　早期丝绸之路暨早期秦文化国际学术研讨会论文集　文物出版社　2014 年 11 月

秦汉时期"西南夷"社会的历史状况及其开发　龚德全　学理论　2014 年第 30 期

东周秦代中国北方地区考古学文化格局——兼论戎、狄、胡与华夏之间的互动　单月英　考古学报　2015 年第 3 期

秦汉至南北朝氐、羌部落名号与姓氏研究　杨铭、李锋　西南民族大学学报　2015 年第 7 期

因地蓄锐秦人发祥于陇南　赵逵夫　秦文化探研——甘肃秦文化研究会第二次学术研讨会论文集　甘肃人民出版社　2015 年 11 月

辩证地认识秦族起源的问题　李清凌　秦文化探研——甘肃秦文化研究会第二次学术研讨会论文集　甘肃人民出版社　2015 年 11 月

秦汉时期民间信仰与社会救助　张弘、陈仁兴　咸阳师范学院学报　2016 年第 1 期

从"圣人无父"到"帝王世系":先秦秦汉感生神话评议　李勉、俞方洁　重

庆工商大学学报　2016 年第 1 期

先秦两汉天地观对《黄帝内经》理论形成的影响　胡蓉、田永衍、赵小强　南京中医药大学学报　2016 年第 3 期

"移风易俗,天下向道":贾谊对商君变法后秦俗的批判　钟良灿　中国矿业大学学报　2016 年第 6 期;人大复印资料先秦·秦汉史　2017 年第 2 期;秦统一的进程与意义　中国社会科学出版社　2017 年 11 月

秦汉隐士与文化典籍的保护传承　蒋波、冯艳秋　秦汉研究(第十辑)　陕西人民出版社　2016 年 8 月

秦始皇第一次巡游到西县告庙祭祖说——兼及秦统一后的庙制改革　李开元　秦汉研究(第十辑)　陕西人民出版社　2016 年 8 月

"皇帝王霸"观与战国秦汉的历史演进　向晋卫　社会科学战线　2016 年第 12 期

秦始皇的宗教倾向性与秦汉国家宗教中的齐楚传统　李玥凝　人文杂志　2017 年第 1 期

秦始皇的宗教倾向性与秦汉宗教中的齐楚传统　李玥凝　秦统一的进程与意义　中国社会科学出版社　2017 年 11 月

放马滩秦简《志怪故事》中的宗教信仰　姜守诚　秦统一的进程与意义　中国社会科学出版社　2017 年 11 月

玉与古代中国人宗教观之演进初探——以秦汉前后的历史文物及道教蕴涵的玉文化为例　李枫　世界宗教文化　2019 年第 2 期

秦始皇祠庙考论　鹿习健　中国地方志　2019 年第 5 期

七　地理

(一) 地方政区和行政区划

秦四十郡考　刘师培　国粹学报　第 4 卷第 12 期　1908 年

秦汉象郡考　[法]马司帛洛(H. Maspero)著,冯承钧译　远东学院通报 1916 年;西域南海史地考证译丛四编　商务印书馆　1958 年

秦三十六郡考　朱契　北大国学周刊　第 19 期　1926 年 7 月

秦三十六郡考　钱穆　清华周刊　第 37 卷第 9、10 期　1932 年

巴蜀归秦考　马培棠　禹贡　第 2 卷第 2 期　1934 年 9 月

战国疆域沿革考（秦、魏、周、韩）　钟凤年　禹贡　第 2 卷第 8、11 期　第 3 卷第 7 期　1934 年 12 月—1935 年

忆秦琐记　高越天　越风　第 8、9 期　1936 年 2、3 月

秦的闽中郡　和田清　东洋史研究　第 1 卷第 5 期　1936 年 6 月

秦汉的地方制度　桑毓英　天津盖世报·食货周刊　第 26、27 期　1937 年 6 月 1 日、6 月 8 日

秦县考　史念海　禹贡　第 7 卷第 6、7 期　1937 年 6 月

《秦三十六郡考》补　钱穆　禹贡　第 7 卷第 6、7 期　1937 年 6 月

读史记周秦本纪秦灭西戎为中国开拓西北边疆之先　张鹏一　西北史地 第 1 卷第 1 期　1938 年 2 月

秦三十六郡汇考　李聘之　再建旬刊　第 1 卷第 6 期　1940 年 3 月

论秦疆域　陈恭禄　斯文　第 1 卷第 9、10 期　1941 年 2 月

楚秦黔中郡地望考（附图）　严耕望　责善半月刊　第 2 卷第 19 期　1941 年 12 月

秦郡沿革考辑　权少文　西北问题论选（一）　1941 年 12 月

秦汉帝国之经济及交通地理　王毓瑚　文史杂志　第 2 卷第 9、10 期 1943 年 10 月

秦郡界址考　谭其骧　真理杂志　第 1 卷第 2 期　1944 年 4 月

秦汉时代的地方政治　钱正声　政治生活　第 1 卷第 9 期　1944 年 9 月

略论秦汉时代经济地理与政治地理相关性　冯树敏　中央日报　1946 年 8 月 24 日

秦汉帝国的领域及其边界　劳贞一　现代学报　第 1 卷第 4、5 期　1947 年 5 月

秦郡考　曾昭璇　岭南学报　第 7 卷第 2 期　1947 年 7 月

秦郡考序　周桓　天津益世报史地周刊　第 53 期　1947 年 8 月 5 日

秦郡新考　谭其骧　浙江学报　第 2 卷第 1 期　1948 年 3 月

清代以来学者对于秦郡之争论与考订　周桓　天津益世报史地周刊　第

97 期　1948 年 7 月 12 日

秦郡问题之检讨　周桓　天津益世报史地周刊　第 98 期　1948 年 7 月 20 日

秦郡建置之沿革（上、下）　周桓　天津益世报史地周刊　第 104—105 期　1948 年 8 月 31 日、9 月 7 日

秦始皇的统一与西北　杜光简　西北世纪　第 4 卷第 1 期　1949 年

秦汉两代中国南境　[日]杉木直治郎　现代学报　第 1 卷第 4、5 期　1950 年

秦的蜀地经营　[日]大庭脩　龙谷史坛　第 33 期　1950 年

秦三十六郡有内史考　施之勉　大陆杂志　第 2 卷第 11 期　1951 年 6 月

秦汉时代村落组织的编制方法　[日]松本善海　和田博士还历纪念东洋史论丛　1951 年 11 月

秦汉时代亭的变迁——以村落组织的编成方法及其关联　[日]松本善海　东洋文化研究所纪要（3 号）　1952 年 6 月

秦郡的建置及其与汉郡之比较　劳榦　大陆杂志特刊（第 1 辑下）　1952 年 7 月

秦始皇帝岭南的经略　[日]河原正博　法政大学文学部纪要（第 1 辑）　1954 年 1 月

释汉志所记秦郡与汉郡国的增置　黄彰健　台北研究院院刊　第 1 期　1954 年 6 月

秦的上庸郡　[日]久村因　东方学第 11 辑　1955 年 10 月

秦郡考　[日]镰田重雄　日本大学世田谷教养部纪要 4 号　1955 年 12 月

考古学上汉代及汉代以前的疆域　董柱臣　考古学报　1956 年第 1 期

从秦汉时代中国柑桔荔枝地理分布大势的史料初步推断当时黄河中下游南部的常年气候　文焕然　福建师院学报　1956 年第 2 期

秦郡官制考　[日]镰田重雄　立正史学 20 号　1956 年 9 月

楚秦的汉中郡　久村因　史学杂志　第 65 卷第 9 期　1956 年 12 月

汉以前之地方行政区划　杨予六　学术季刊　第 5 卷第 4 期　1957 年 6 月

秦三十六郡　陈登原　国史旧闻一分册　1958 年 7 月

秦四十郡、四十八郡　陈登原　国史旧闻一分册　1958 年 7 月

秦汉"河南地"即今河套平原　沙学骏　学粹　第 1 卷第 3 期　1959 年 4 月

桂林郡与桂林县考　苏康甲　广西师院学报　1959年第1期

秦三川郡治荥阳(汉书补注辨证)　施之勉　大陆杂志　第25卷11期 1962年7月

三川郡不治洛阳(汉书补注辨证)　施之勉　大陆杂志　第25卷11期 1962年12月

秦郡问题的讨论　劳榦　大陆杂志　第27卷第10期　1963年11月

汉书地理志的秦郡　[日]比野丈夫　东方学报　36号　1964年10月

秦三川郡初治洛阳后徙荥阳(汉书补注辨正)　施之勉　大陆杂志　第36卷12期　1968年12月

周秦都邑考　王恢　史学汇刊　1970年第3期

关于商鞅郡县制的意见　[日]佐藤武敏　中国史研究(6号)　1971年4月

商鞅的县制——商鞅变法(一)　[日]池田雄一　纪要(中央大学)84号 1977年3月

通鉴胡注纠缪——秦西汉郡部分　刘光义　书目季刊　第11卷第1期 1977年6月

王国维"秦都邑考"补辨　谷口满　人文论究(北海道教育大)　第38期 1978年3月

战国秦汉时期黄河流域及其附近各地经济的变迁和发展　史念海　人文杂志　1979年第1期;河山集·三集　人民出版社　1988年1月

战国秦汉辽东西郡县考略　王钟翰、陈连升　社会科学辑刊　1979年第4期

秦帝国的政区——五十一郡　张其昀　中华文化复兴月刊　第108期 1979年12月

秦汉两代辽东郡的位置　李址麟　朝鲜历史译丛　1980年第1期

战国秦汉辽东郡县考略　陈连开　中国民族学院学术论文选集(历史学)第二册　1980年

内蒙古自秦汉以来就是中国的领土　黄现璠、邓瑞　广西师院学报　1981年第2期

秦代象郡位置考略　覃圣敏　印度支那研究1981年第4期

秦汉地方制度之研究　张治安　台湾政治大学学报　第 43 期　1981 年 5 月

论秦汉时期的"亭"　高敏　云梦秦简初探（增订本）　河南人民出版社　1981 年 7 月

秦四十郡图说明　李清和、王伟政　历史教学　1981 年第 10 期

秦代北向户考　洪建新　学术论坛　1982 年第 1 期

秦汉之安陆并非新地域——与黄盛璋同志商榷　刘玉堂　文物　1982 年第 3 期

秦象郡南界的辨正　余天炽　印度支那研究　1982 年第 3 期

关于秦郡和两汉州部——《中国大百科全书·中国历史·秦汉卷》条目初定稿（选登）　谭其骧　复旦学报　1982 年第 5 期

秦国乡、里、亭新考　罗开玉　考古与文物　1982 年第 5 期

战国秦汉时期辽宁地区的政治和经济　邸富生　辽宁师院学报　1982 年第 6 期

我区西部秦汉郡县述略　宋文正　内蒙古日报　1982 年 6 月 24 日

广西郡县沿革辑略——秦代　王恢　华学月刊　第 130 期　1982 年 10 月

秦亭考　徐日辉　文史知识　1983 年第 1 期；秦州史地　陕西人民美术出版社　1994 年 12 月

关于渔阳、范阳、蓟县的方位问题——并论《重修蓟县志》的错误　杨志玖　天津社会科学　1983 年第 2 期

秦代象郡考　覃圣敏　历史地理（第 3 辑）　复旦大学出版社　1983 年 11 月

秦宁秦县城和西汉华阴县城位置考　呼林贵　陕西省考古学会第一届年会论文集　考古与文物丛刊第三号　1983 年 11 月

"十里一乡"和"十里一亭"：秦汉乡、亭、里关系的决断　熊铁基　江汉论坛　1983 年第 11 期

秦汉文献中的"青阳"不在安徽：与何光岳同志商榷　卞鸿翔　江淮论坛　1984 年第 1 期

朐衍县故址考　许成　陈永中　固原师专学报　1984 年第 2 期

美阳岐阳城域考　罗西章　文博　1984 年第 3 期

秦始县于甘肃二地说　徐日辉　社会科学　1984 年第 3 期

象郡考　周振鹤　中华文史论丛　1984 年第 3 期

内蒙古黄河流域战国秦汉时期郡县沿革略考　宝日吉根　内蒙古师大学报 1984 年第 3 期

《史记》中所见秦早期都邑葬地　李零　文史（第二十辑）　中华书局 1984 年 3 月

论秦汉时期鄂尔多斯地区的经济开发　陈育宁　内蒙古师大学报　1984 年第 4 期

关于上古秦汉时期东北疆域的几个问题　陈芳芝、郑必俊　北京大学学报 1984 年第 6 期

秦和西汉时期的汉中郡治在何处　陈显远　陕西地方志通讯　1985 年第 1 期

秦代陈县的郡属及其相关问题　马世之　河南大学学报　1985 年第 1 期

有关秦汉乡亭制度的几个问题　傅举有　中国史研究　1985 年第 3 期

秦汉时期的蓟城　赵国印　文博　1985 年第 3 期

秦汉"都亭"考略　高敏　郑州大学学报　1985 年第 3 期；学术研究 1985 年第 5 期

秦都邑迁徙经过　采诗　陕西日报　1985 年 6 月 16 日

秦城址考古述略　杜葆仁、禚振西　文博　1986 年第 1 期

"邯郸倡"与战国秦汉时期的邯郸　杨一民　学术月刊　1986 年第 1 期

秦霸西戎地域考——秦国势力在黄土高原的扩展过程　聂新民　西北史地 1986 年第 2 期

关于秦代象郡地望问题的讨论　王妙发　历史地理研究(1)　复旦大学出版社　1986 年 5 月

秦帝国的形成和地域　[日]鹤间和幸　历史地理　第 372 期　1986 年

秦汉时期的里　仝晰纲　山东师大学报　1988 年第 4 期

秦汉时期的颍川郡　袁祖亮　许昌师专学报　1989 年第 2 期

象郡位置诸说述要　林明华　东南亚研究　1989 年第 3 期

秦汉城市发展论　张南、周伊　安徽史学　1989 年第 4 期

论秦郡及其分布　曹尔琴　中国历史地理论丛　1990 年第 4 期

秦汉三国时期的成都　李金彝　成都大学学报　1990年第4期

秦置丽邑考辨　刘荣庆　文博　1990年第5期

边家庄春秋墓地与汧邑地望　张天恩　文博　1990年第5期

秦三十六郡考　严宾　学术研究　1991年第6期

秦汉时期西北疆域的变迁　高荣　西北史地　1992年第2期

秦都变迁考　沈树森　陕西地方志　1992年第2期

古代中华商国的统一法和地域——秦帝国之法的统一及其虚构性　[日]鹤间和幸　史潮新30号　1992年

论秦九原郡的始置年代　史念海　中国历史地理论丛　1993年第2期

秦代江西开发及其县置之蠡测　肖华忠　秦文化论丛（第二辑）　西北大学出版社　1993年11月；秦汉史论丛（第六辑）　江西教育出版社　1994年12月

秦至新莽时期汉中郡治地望　冯岁平　中国历史地理论丛　1994年第1期

秦象郡与汉象郡　曾昭璇　中国历史地理论丛　1994年第1期

"略定扬越，置桂林、南海、象郡"辨　陈增芳　民族研究　1994年第2期

象郡辨略　白耀天　广西民族研究　1994年第2期

秦成都城若干问题研究　吕卓民　中国历史地理论丛　1994年第4期

辽宁郡位置的变迁　李成珪　古代文化46—2　1994年

春秋秦汉邺城古城考辨　邹逸麟　殷都学刊　1995年第2期

秦杜邮地望考　亿里　中国历史地理论丛　1995年第3期

本世纪以来关于古象郡的争论　敬轩　中国史研究动态　1995年第4期

秦汉象郡问题的再讨论　万竟君　东南亚纵横　1995年第4期

秦桂林郡治新探　陆士斌　广西地方志　1995年第5期

也谈秦早期都邑犬丘　王世平　陕西历史博物馆馆刊（第二辑）　三秦出版社　1995年6月

关于古象郡地望问题争论的补述　木子　中国史研究动态　1995年第9期

秦人早期都邑考　祝中熹　陇右文博　1996年第1期

秦置豫章郡的历史地理探讨　肖华忠　南方文物　1996年第4期

秦汉对北部边郡的开发　肖瑞岭　中国边疆史地研究　1996 年第 4 期

战国秦汉时期辽东郡东部边界考　刘小敏　社会科学战线　1996 年第 5 期

天水放马滩秦墓地图中的"邦丘"并非指邦县　岳维宗　中国历史地理论丛　1997 年第 1 期

东周、秦汉南阳并非一地　周书灿　中国历史地理论丛　1997 年第 1 期

试探"玉溪蛮地"的两个黔中郡　舒向今　民族论坛　1997 年第 3 期

百越反秦到设置九郡　龚鹏九　广西民族研究　1997 年第 4 期

近年来关于天水放马滩木板地图研究的回顾与展望　雍际春　中国史研究动态　1997 年第 5 期

关于秦汉行政体制中的"道"　周伟洲　陕西历史博物馆馆刊（第四辑）西北大学出版社　1997 年 6 月

先秦时期陕西地区古国古城考　杨东晨　陕西历史博物馆馆刊（第四辑）西北大学出版社　1997 年 6 月

泾阳为秦都考　徐卫民　中国历史地理论丛　1998 年第 1 期；秦陵秦俑研究动态　1998 年第 2 期

秦章台地望辨　秦汉　秦陵秦俑研究动态　1998 年第 2 期

秦甘泉宫所在位置辨　徐卫民　秦陵秦俑研究动态　1998 年第 3 期

秦立国关中的历史地理研究　徐卫民　秦陵秦俑研究动态　1998 年第 4 期

论秦西汉都城的面向——兼与杨宽先生商榷　徐卫民　秦文化论丛（第六辑）　西北大学出版社　1998 年 6 月

秦汉时期岭南地区社会发展的划时代意义　张荣芳　秦汉史论丛（第七辑）　中国社会科学出版社　1998 年 6 月

论汉晋时期的岭南开发　龙显昭　秦汉史论丛（第七辑）　中国社会科学出版社　1998 年 6 月

秦汉对粤战争与岭南开发　黄留珠　秦汉史论丛（第七辑）　中国社会科学出版社　1998 年 6 月

秦汉时期"中土"与"南边"的关系及南越文化的个性　王子今　秦汉史论丛（第七辑）　中国社会科学出版社　1998 年 6 月

秦汉岭南建筑简论　陈泽泓　秦汉史论丛(第七辑)　中国社会科学出版社　1998年6月

秦汉时期谪戍、徙迁的实施及其对岭南开发的影响　李庆新　秦汉史论丛(第七辑)　中国社会科学出版社　1998年6月

秦汉时的香港　区家发　秦汉史论丛(第七辑)　中国社会科学出版社　1998年6月

略述秦汉时期大月氏人的迁徙　袁祖亮　秦汉史论丛(第七辑)　中国社会科学出版社　1998年6月

秦都城概论　徐卫民　洛阳工学院学报　1999年第1期

秦汉象郡位置新释　钱宗范　广西社会科学　1999年第2期

秦汉象郡辨析　李龙章　秦俑秦文化研究——秦俑学第五届学术讨论会论文集　陕西人民出版社　2000年8月

汧为秦都考　徐卫民　陕西历史博物馆馆刊(第七辑)　三秦出版社　2000年10月

"定都关中"国都的区域空间权衡　侯甬坚　陕西历史博物馆馆刊(第7辑)　三秦出版社　2000年10月

《史记·秦本纪》中天水附近秦都邑地望考　徐卫民　司马迁与史记论集(第四辑)　陕西人民出版社　2000年11月

秦都城探索　徐卫民　历史月刊　2000年第12期

对天水放马滩木板地图的几点新认识　祝中熹　陇右文博　2001年第2期

礼县等地所见早期秦文化遗存有关问题刍论　张天恩　文博　2001年第3期

略论秦汉道制的演变　杨建　中国历史地理论丛　2001年第4期

陕北榆林市古塔乡秦代天文遗迹的发现　贺清海　内蒙古师大学报　2001年第5期

《秦郡新考》辨正　李守清　中南民族学院学报　2002年第4期

天水放马滩秦墓出土的地图绘制者与年代问题新探　雍际春、陈逸平　陕西历史博物馆馆刊(第九辑)　三秦出版社　2002年7月

秦人早期历史的几个历史地理问题——以钱穆说为中心　史党社　秦文化

论丛(第九辑)　西北大学出版社　2002年7月

秦汉区域地理学的"大关中"概念　王子今　人文杂志　2003年第1期;秦汉史论丛(第九辑)　三秦出版社　2004年7月

嬴秦国号考说——兼说秦置秫陵无贬义　胡阿祥　学海　2003年第2期

试论秦朝的疆域　胡嘉山　大连教育学院学报　2003年第3期

秦苍梧、洞庭二郡刍论　陈伟　历史研究　2003年第5期

秦汉象郡研究(上)　李龙章　深圳文博论丛　2003;中华书局　2003年11月

秦统一岭南的疑案之一——象郡位置新释　钱宗范　周秦社会与文化:纪念中国先秦史学会成立二十周年学术研讨会论文集　陕西师范大学出版社　2003年12月

秦都城中礼制建筑研究　徐卫民　人文杂志　2004年第1期

寻找"汧渭之会"的新线索　焦南峰、田亚岐　中国文物报　2004年3月5日

试论秦国、秦朝都城的布局和方向　杨东晨、杨建国　咸阳师院学报　2004年第5期

秦献公堑洛及相关的历史地理问题　聂新民遗著,聂莉整理　秦文化论丛(第十一辑)　三秦出版社　2004年6月

关于秦始皇二十九年"过恒山"——兼说秦时"北岳"的地理定位　王子今　秦文化论丛(第十一辑)　三秦出版社　2004年6月

《史记·秦本纪》"崤之战"史实考辨　贾俊侠　秦文化论丛(第十一辑)　三秦出版社　2004年6月

秦始皇《会稽刻石》与吴地社会新论——林剑鸣先生《秦始皇会稽刻石辨析》补正　臧知非、宋仁桃　秦文化论丛(第十一辑)　三秦出版社　2004年6月

也谈秦家店的由来及其内涵　尹振环　炎黄春秋　2004年第7期

长江上游秦早期都邑西犬丘及其周边社区的开发与利用　徐日辉　文明起源与城市发展研究　四川大学出版社　2004年8月

《史记·秦本纪》史地杂考　刘占成、史党社　司马迁与史记论集(第六辑)　陕西人民出版社　2004年8月

秦汉象郡研究(下)　李龙章　深圳文博论丛　2004；中华书局　2004年11月

秦内史置县研究　徐卫民　中国历史地理论丛　2005年第1期

秦都郡县关系考论　张功　南都学坛　2005年第2期

论战国末秦汉之际巴蜀文化转型的机制　段渝　中华文化论坛　2005年第3期

秦代无长沙、黔中二郡略论——兼与陈伟、王焕林先生商榷　赵炳清　中国历史地理论丛　2005年第4期

秦汉时期中原移民对岭南的开发及影响　张龙春　乌鲁木齐职业大学学报2005年第4期；和田师范专科学校学报　2005年第6期

秦汉时期人类开发活动对河套地区生态环境的影响　肖瑞玲、于志勇　内蒙古师范大学学报　2005年第5期

秦苍梧郡考　守彬　出土文献研究(第七辑)　上海古籍出版社　2005年11月

从出土文献析楚秦洞庭、黔中、苍梧诸郡县的建置与地望　徐少华、李海勇　考古　2005年第11期

秦始皇三十六郡新考　辛德勇　文史　2006年第1期

秦统一初年置三十六郡考　后晓荣　殷都学刊　2006年第1期

"南岈北岈"与西垂地望　祝中熹　陇右文博　2006年第1期

义渠戎国述要　李仲立　陇右文博　2006年第1期

秦汉萯阳宫地望考　程义、王亚涛　咸阳师范学院学报　2006年第1期

上郡阳周县初考　张泊　文博　2006年第1期

秦汉建置乌江流域郡县考　张定福　贵州文史丛刊　2006年第4期

东西两犬丘与秦人入陇　王学理　考古与文物　2006年第4期

秦国陇西县郡二题解析　刘雁翔　早期秦文化研究　三秦出版社　2006年8月

战国秦汉时期长江中游地区气候状况研究　陈业新　中国历史地理论丛　2007年第1期

秦汉三国时期钱塘江流域的城镇发展研究　孙燕、陈修颖　兰州石化职业技术学院学报　2007年第2期

从秦始皇泰山《琅琊石刻》考证秦之象郡　徐芳亚　洛阳师范学院学报 2007 年第 3 期

论秦汉时期内蒙古地区的历史地位与多元文化　王绍东　内蒙古大学学报 2007 年第 4 期

秦汉时期的云南西部疆域变迁　冯建勇　思茅师范高等专科学校学报 2007 年第 5 期

秦薛郡置县考　后晓荣　中国历史文物　2007 年第 5 期

秦汉时期云南西部疆域的确立　冯建勇　大理学院学报　2007 年第 9 期

秦汉时期地方行政区划简述　刘陶玉　历史学习　2007 年第 10 期

谈秦代对上郡的经略　张铭洽　秦文化论丛（第十四辑）　三秦出版社 2007 年 10 月

秦汉时期瓯骆社会经济发展述略　陈桂芬　百越研究（一）——中国百越民族史研究会第十三届年会论文集　广西科学技术出版社　2007 年 10 月

秦汉时期的东亚海域　[日]鹤间和幸　秦汉研究（第二辑）　三秦出版社 2007 年 11 月

秦汉地图的应用与传承　卢良志　国土资源　2007 年第 12 期

秦内史置县新证　后晓荣、田小娟　西部考古（第二辑）　三秦出版社 2007 年 12 月

西犬丘地望考　田有前　考古与文物 2007 年增刊·汉唐考古　2007 年 12 月

秦的圣都制度与都城体系　潘明娟、吴宏岐　考古与文物　2008 年第 1 期

秦汉上郡治所小考　普慧　唐都学刊　2008 年第 1 期

"十里一亭"说考辨——秦汉亭制研究之一　高荣　南都学坛　2008 年第 3 期

秦汉峣关、唐蓝关小考　牛树林、郭敏厚　商洛学院学报　2008 年第 3 期

秦代以前南越不属扬州论　王开队　中国古都研究（二十三）　三秦出版社　2008 年 8 月

秦汉中郡置县考　后晓荣　陕西历史博物馆馆刊（第 15 辑）　三秦出版社 2008 年 11 月

论秦代对上郡的经略　张铭洽　"1—6 世纪中国北方边疆·民族·社会国

际学术研讨会"论文集　科学出版社　2008年12月

秦汉峣关、唐蓝关续考——从文献所载"蓝田县东南"的里程说起　牛树林、郭敏厚、耶磊　商洛学院学报　2009年第1期

秦汉代郡平邑城址初探　张志忠　文物世界　2009年第1期

秦代燕地五郡置县考　后晓荣　古代文明　2009年第2期

岳麓书院藏秦简中的郡名考略　陈松长　湖南大学学报　2009年第2期；人大复印资料·先秦秦汉史　2009年第4期

秦汉时期辽宁地域文化历史地位断想　王绵厚　文化学刊　2009年第3期

秦汉边郡概念小考　谢绍鹢　中国历史地理论丛　2009年第3期

秦广阳郡置县考　后晓荣　首都师范大学学报　2009年第4期

秦汉驿的职能考述　高荣　河西学院学报　2009年第4期

论秦汉时期北地郡的设置及变迁与西北少数民族的活动　孙玉荣　喀什师范学院学报　2009年第5期

秦汉地理文献要述　邓后生　大众文艺　2009年第8期

从考古遗存的区域分布谈秦汉时期岭南的开发　张帆　边疆经济与文化　2009年第12期

秦南郡置县考　后晓荣　西部考古（第四辑）　三秦出版社　2009年12月

论秦巴郡政区的形成　朱圣钟　铜仁学院学报　2010年第1期

秦汉王朝对乌江流域的经略与治政　曾超　铜仁学院学报　2010年第1期

秦汉时期巴人的分布与迁徙　朱圣钟　重庆社会科学　2010年第1期

秦东郡置县考　后晓荣　出土文献研究（第九辑）　中华书局　2010年1月

先秦两汉"河东"地域称谓演变考　崔建华　晋阳学刊　2010年第2期

简论秦对关中的经营和开发　刘景纯　唐都学刊　2010年第3期

秦国及秦朝开发西部的基本模式　高士荣　西安财经学院学报　2010年第3期

西汉水上游地区秦早期都邑考　郭军涛、刘文科　四川文物　2010年第3期

秦汉汉中郡治所寻踪　梁中效　陕西理工学院学报　2010年第4期

秦汉时期"北边"略说　王海　史学月刊　2010年第6期

"西楚"的由来及其政治意义　臧知非　湖湘论坛　2010年第6期

秦汉时期渤海郡郡治范围考　许德庆　唐山师范学院学报　2010年第6期

"载纵载横"与无远弗近——秦汉时期燕蓟地区交通地理研究　陈业新　社会科学　2010年第8期

回中道考　毕雅静　秦汉研究(第四辑)　三秦出版社　2010年8月

楚秦时期云梦的游猎活动　薛瑞泽　秦俑博物馆开馆三十周年秦俑学第七届年会国际学术研讨会论文集　三秦出版社　2010年8月

秦陇西郡置县、道考　后晓荣、齐美亚　秦俑博物馆开馆三十周年秦俑学第七届年会国际学术研讨会论文集　三秦出版社　2010年8月

秦赵阏与之战实地考　张润泽　秦俑博物馆开馆三十周年秦俑学第七届年会国际学术研讨会论文集　三秦出版社　2010年8月

"勃、碣之间一都会也"——秦汉时期燕蓟地区的交通地理　陈业新　秦俑博物馆开馆三十周年秦俑学第七届年会国际学术研讨会论文集　三秦出版社　2010年8月

秦汉道制新考　刘瑞　秦俑博物馆开馆三十周年秦俑学第七届年会国际学术研讨会论文集　三秦出版社　2010年8月

秦汉时期深圳香港的属地关系　尚杰、李浪林　秦俑博物馆开馆三十周年秦俑学第七届年会国际学术研讨会论文集　三秦出版社　2010年8月

秦汉时期西部拓疆考　欧阳志成　内江师范学院学报　2010年第11期

秦置郡补考　王伟　纪念徐中舒先生诞辰110周年国际学术研讨会论文集　巴蜀书社　2010年12月

秦汉时期西县故城治所考略　刘劲　丝绸之路　2010年第18期

秦人起源地域研究综述　李勤　西北工业大学学报　2011年第1期

秦末汉初北部边界考略　赵志强　中国历史地理论丛　2011年第3期

论秦汉时期辽西郡的防务建置及其作用　于凌　东北史地　2011年第3期

秦汉时期河南战略地位探析　杨丽　中州学刊　2011年第3期

秦汉时期重庆城市空间营造研究　胡嘉渝、杨雪松、许艳玲　华中建筑　2011年第4期

秦汉邺城钩沉　牛润珍　晋阳学刊　2011年第6期

20世纪80年代以来的秦汉边郡研究　杜晓宇　中国史研究动态　2011年第6期

秦汉关隘研究述评　张玲　唐山师范学院学报　2011年第6期

秦汉时期中原的"郡都"　王子今、吕宗力　史学月刊　2011年第9期

论秦汉王朝向西方开拓政策的成败与得失——兼论人才在封建王朝向西方拓土中的重要作用　杨东晨　秦汉研究(第五辑)　三秦出版社　2011年9月

从《诗经·秦风》看秦人的西部文化风貌　梁中效　咸阳师范学院学报　2012年第1期

秦汉时期齐鲁贵族迁徙关中考述　贾俊侠　陕西师范大学学报　2012年第1期

秦浙江郡考　章宏伟　学术月刊　2012年第2期

试论秦汉"边郡"的概念、范围与特征　杜晓宇　中国边疆史地研究　2012年第4期

秦汉时期广西梧州地区的经济发展研究——基于考古资料的分析　吴俊、梁铧文　梧州学院学报　2012年第4期

秦汉时期通讯设施建设与军事信息传递问题论略　上官绪智　熊铁基八十华诞纪念文集　华中师范大学出版社　2012年4月

秦汉时期中朝移民及其特点　芦敏　信阳师范学院学报　2012年第5期

秦汉江南地区城市发展的阶段与特征　黄爱梅　华东师范大学学报　2012年第5期

论秦魏石门之战故址应在陕西　滑宇翔　首都师范大学学报　2012年第5期

秦汉时期九原郡与五原郡的设置变迁　乔振林　内蒙古电大学刊　2012年第6期

秦汉东南战事与江西开发　卢星　江西师范大学学报　2012年第6期

秦辽东郡考述　林世香、苗威　东北师大学报　2012年第6期

战国至汉初河套地区政治形势的转换以及相关的文化、族群问题　史党社

2012"秦汉时期的九原"学术论坛专家论文集　内蒙古人民出版社　2012年6月

秦汉时期乌兰布和北部地区生态状况的再考察　陈业新　秦始皇帝陵博物院(总贰辑)　三秦出版社　2012年7月

先秦、秦汉时期钱塘江沿岸的社会地理发展初探　陈佳　赤峰学院学报2012年第9期

内蒙古中南部先秦两汉时期人地关系的考古学观察:以浑河下游区域性考古调查资料出发　党郁　考古与文物　2013年第4期

秦汉时期"河南地"与"新秦中"地域范围考辨　肖珺、肖爱玲　唐都学刊2013年第4期

秦汉时期的关中自然环境　徐卫民、秦怀戈　南都学坛　2013年第5期

燕秦汉时期辽西走廊考:兼与王绵厚、李健才先生商榷　王海　咸阳师范学院学报　2013年第5期;飞舲广路:中国古代交通史论集　中国社会科学出版社　2015年10月

秦平岭南置郡考　马金霞　武汉理工大学学报　2013年第5期

秦洞庭、苍梧郡的设置年代与政区演变　琴载元　鲁东大学学报　2013年第6期

秦汉时期的行政区划及其演变　张信通　钦州学院学报　2013年第9期

秦郡再议　张莉　历史地理　2014年第1期

秦置庐江郡释疑　臧知非　秦始皇帝陵博物院(总肆辑)　陕西人民出版社　2014年9月

秦汉夏阳为禹都阳城论　李宗俊　陕西师范大学学报　2015年第1期

先秦至两汉时期甘青藏地区羌人的地理分布　李虹瑶、吴景山　咸阳师范学院学报　2015年第1期

秦汉时期广阳郡周边交通考论　高冰　南都学坛　2015年第2期

秦皇汉武巡幸陇右地名路线考释:兼论历史上的鸡头道　刘满　敦煌学辑刊　2015年第2期

论"成都"得名研究中古蜀情结与秦文化的纠结——三论"成都"得名是在秦灭蜀后　李殿元　文史杂志　2015年第2期

出土文献所见秦南郡属县三题　王佳　江汉考古　2015年第2期

里耶秦简牍所见巴蜀史地三题　郑威　四川师范大学学报　2015 年第 2 期

生态环境变迁与秦汉王朝辽西经营　王海、王群　广西民族大学学报 2015 年第 3 期

秦汉要阳县治考　白光　文物春秋　2015 年第 3 期

秦汉人世界意识中的"北海"和"西海"　王子今　史学月刊　2015 年第 3 期

秦汉时期政治危局应对的交通控制策略　王子今　人文杂志　2015 年第 7 期

由会稽郡在秦汉交通格局中的地位看吴越之地的文化演变　黄旭　飞軨广路：中国古代交通史论集　中国社会科学出版社　2015 年 10 月

秦皇汉武巡幸陇右地名路线考释　刘满　秦文化探研——甘肃秦文化研究会第二次学术研讨会论文集　甘肃人民出版社　2015 年 11 月

从军区到地方政府——简牍及金文所见战国秦之郡制演变　游逸飞　台大历史学报　2015 年第 56 期

战国秦汉陇西郡边塞与陇西塞防御形态研究　王刃馀　西南科技大学学报 2016 年第 3 期

秦汉河东郡历史地理相关问题初探　薛晓强　陕西学前师范学院学报 2016 年第 3 期

关于秦汉时期幽燕风俗区划的探讨　靳宝　太原理工大学学报　2016 年第 3 期

天水放马滩木板地图新探　晏昌贵　考古学报　2016 年第 3 期

论"燕王东收辽东而王之"与相关问题——燕秦汉时期东北亚走廊系列研究之一　王海　首都师范大学学报　2016 年第 4 期

秦汉辽西史地考论之三——以生态环境区域差异为视角　王海、郝静　渤海大学学报　2016 年第 4 期

古代游牧民族侵入农耕国家的原因——以匈奴史为例的考察　[日]内田吟风著　童岭译　佘太山审校　西域研究　2016 年第 4 期；人大复印资料先秦·秦汉史　2017 年第 2 期

秦代置郡考述　周群　中国史研究　2016 年第 4 期

秦"北边"战略与统一进程　王子今　西安财经学院学报　2016年第4期

乾嘉以来秦郡研究概述　晁辽科　安康学院学报　2016年第5期

秦汉帝国的边境：来自周边的帝国观——国际简帛学视野下的边境出土简牍研究　金秉骏　河南师范大学学报　2016年第5期

关于秦迁陵县"库"的初步考察　陈伟　简帛（第十二辑）　上海古籍出版社　2016年5月

秦汉四川盆地民居形制述略　熊梅　西华师范大学学报　2016年第5期

进山还是入海：战国秦汉海洋隐逸的历史记载　曲柄睿　浙江学刊　2016年第5期

论辽南地区汉代社会发展——燕秦汉时期东北亚走廊系列研究之三　宋薇薇、王海　南都学坛　2016年第5期

汉初齐国无郡论——战国秦汉郡县制个案研究之三　游逸飞　历史地理（第33辑）　上海人民出版社　2016年7月

商於古道历史文化及其开发利用　徐卫民、裴蓓　秦汉研究（第十辑）　陕西人民出版社　2016年8月

战国与秦代上郡辖县辑考　吴良宝　陕西历史博物馆馆刊（第23辑）　三秦出版社　2016年11月

三府分立——从新出秦简论秦代郡制　游逸飞　历史语言研究所集刊　2016年

论秦始皇南海置郡　王子今　陕西师范大学学报　2017年第1期

秦陇西郡建置沿革考　徐世权　中国历史地理论丛　2017年第1期

里耶秦简道路里程简所见"燕齐道路"　林献忠　中国历史地理论丛　2017年第1期

秦汉时期洱海区域的族群与社会——多维视角下的历史叙述　尹建东、吕响得　东方论坛　2017年第1期

朱圉山与秦人始出地考略　徐锦博、徐日辉　历史教学问题　2017年第2期

论匈奴"左臂"与相关问题——燕秦汉时期东北亚走廊系列研究之二　王海、刘俊　内蒙古社会科学（汉文版）　2017年第2期

再论"秦郡不用灭国名"——以秦代封泥文字的释读、辨伪为中心　马孟

龙、何慕　中国历史地理论丛　2017 年第 2 期

秦汉左邑、闻喜县地望考论——兼论闻喜县的沿革和治所变迁　徐少华　中国历史地理论丛　2017 年第 3 期

秦即墨郡的设置和变迁——以里耶 8 - 657 号秦简为据　李勉、俞方洁　中国历史地理论丛　2017 年第 3 期

关于《史记》秦地名"繁庞""西雍"　王子今　文献　2017 年第 4 期

新出土资料与秦历史地理研究　徐卫民　秦汉史论丛（第十四辑）　四川人民出版社　2017 年 9 月

考古资料所见秦代置道考　后晓荣、曹羽　秦汉史论丛（第十四辑）　四川人民出版社　2017 年 9 月

秦汉时期巴蜀地区僰人与南方丝绸之路的开拓　苏银梅　秦汉史论丛（第十四辑）　四川人民出版社　2017 年 9 月

秦汉帝国"新地"与徙、戍的推行——兼论秦汉时期的内外观念与内外政策特征　孙闻博　秦汉史论丛（第十四辑）　四川人民出版社　2017 年 9 月

秦代"象天设郡"献疑　贾鸿源　秦汉研究（第十一辑）　陕西人民出版社　2017 年 9 月

秦汉"道"制起源考　王金都　秦汉研究（第十一辑）　陕西人民出版社　2017 年 9 月

文书行政与秦代洞庭郡的县际网络　郭涛　社会科学　2017 年第 10 期

《睡虎地秦墓竹简（编年纪）》所见赵国地名研究　张润泽、孙继民　秦始皇帝陵博物院（总柒辑）　三秦出版社　2017 年 10 月

秦代的国门规划　曾磊　文物、文献与文化——历史考古青年论集（第一辑）　上海古籍出版社　2017 年 10 月

秦汉之际九原地区辖域变化试探　尤佳　秦统一的进程与意义　中国社会科学出版社　2017 年 11 月

战国时期秦领土扩张及置郡背景　琴载元　秦统一的进程与意义　中国社会科学出版社　2017 年 11 月

近十年中地秦统一研究的学术地图分析　韩帅　秦统一的进程与意义　中国社会科学出版社　2017 年 11 月

秦代地方官员的文书传递职权——以里耶秦简异地同级文书为中心的考察

朱圣明　南都学坛　2018 年第 1 期

武关·武候·武关候:论战国秦汉武关位置与武关道走向　王子今　中国历史地理论丛　2018 年第 1 期

秦汉历史变迁视域下宜春苑与上林苑隶属关系考辨　雷铭　西安财经学院学报　2019 年第 3 期

湖北十堰市店子河遗址秦汉时期居址的发掘　宋海超、余西云　考古 2019 年第 4 期

秦部落迁徙历史踪迹考　付希亮　西安财经学院学报　2019 年第 5 期

秦汉时期辽宁海事活动探讨　刘一　辽宁师范大学学报　2019 年第 5 期

也谈简牍所见秦的"田"与"田官"——兼论迁陵县"十官"的构成　刘鹏　简帛(第十八辑)　上海古籍出版社　2019 年 5 月

不其簋史地新考　王伟　兰州大学学报　2019 年第 6 期

秦汉番禺城与"海上丝绸之路"关系考　周繁文　芳林新叶:历史考古青年论集(第二辑)　上海古籍出版社　2019 年 9 月

秦郡"执法"考——兼论秦郡制的发展　王四维　社会科学　2019 年第 11 期

武山洛门东旱坪与秦"冀县城"　李春霞、裴应东　文化产业　2019 年第 14 期

(二) 户籍、人口

战国秦汉三国人口述略　曹松叶　语历所周刊　第 10 卷第 119 期　1930 年 2 月

汉以前人口及土地利用之一斑　万国鼎　金陵学报　第 1 卷第 1 期　1931 年 5 月

秦汉时代的人口及土地分配状况　马元材　河南政治月刊　第 2 卷第 6 期 1932 年 6 月;食货　第 3 卷第 3 期　1936 年 1 月

自战国至汉末中国户口之增减　杨向奎　禹贡　第 1 卷第 1 期　1934 年 3 月

秦汉之户口与政治　王崇武　史学　1935 年第 1 期

秦汉经济史资料(五)——人口与土地　马非百　食货　第 3 卷第 3 期 1936 年 1 月

战国汉初的人口变迁　管东贵　历史语言研究所集刊　1979 年 12 月

也谈韩非的"人口思想"　颜哈、袁昌隆　贵州社会科学　1981 年第 5 期

甘肃地区远古至秦汉人口辨析　刘英杰　西北人口　1982 年第 3 期

评述商鞅人口论与劳动力论　凌大珽　中央财政金融学院学报　1983 年第 2 期

商鞅与适度人口　张大鹏　人口与经济　1983 年第 5 期

秦代徙民述论　仝晰纲　山东师大学报　1985 年第 2 期

论商鞅的人口思想　余德仁　河南经济　1985 年第 3 期

吕不韦的人口思想　解学东　史学月刊　1985 年第 6 期

秦朝傅籍标准蠡测　陈明光　中国社会经济史研究　1987 年第 1 期

秦和西汉徙民实边的历史考察　雷依群、屈建军　咸阳师专学报　1987 年第 1 期

秦汉的户籍制度　高敏　求索　1987 年第 1 期

论秦始皇的迁徙政策　韩隆福　常德师专学报　1987 年第 4 期

河套地区秦汉边防的建置和移民　臧知非　中国秦汉史研究会通讯　第 13 期　1987 年 4 月

评《商君书》的人口思想　刘家强　财经科学　1987 年第 5 期

论商鞅的人口管理思想　赵梦涵　江淮论坛　1987 年第 5 期

韩非人口思想浅析　张驰　河北师大学报　1988 年第 3 期

嬴秦徙民论　刘幼生　晋阳学刊　1988 年第 6 期

论商鞅的人口管理思想　李舒瑾　河南财经学院学报　1989 年第 4 期

论秦汉政府向巴蜀的移民、徙徒与迁虏　罗开玉　天府新论　1990 年第 3 期

秦始皇和汉武帝时迁民探析　张诚　郑州大学学报　1990 年第 4 期

秦汉时期人口分布与人口迁移　孙筱　中国人口科学　1992 年第 4 期

秦汉户籍制度考述　孙筱　中国史研究　1992 年第 4 期

秦汉时期的人口迁移与文化传播　葛剑雄　历史研究　1992 年第 4 期

秦代人口迁移及秦文化与周边文化的交流　彭文、米黔林　秦文化论丛（第二辑）　西北大学出版社　1993 年 12 月

秦户籍制度　张金光　汉学研究　第 12 卷第 1 期　1994 年 6 月

论秦汉移民及其特点　赖华明　四川师大学报　1995 年第 6 期

秦汉移民政策及其特点　赖华明　文史杂志　1996 年第 2 期

秦汉时期长江流域的人口迁移与经济开发　田强　黄冈师专学报　1996 年第 4 期

秦汉江南人口流向初探　周霖　江西师大学报　1997 年第 3 期

秦汉政府在浙江的人口政策　李志庭　浙江学刊　1998 年第 5 期

秦汉时期的"五口之家"述略　张仁玺　齐鲁学刊　1998 年第 6 期

论商鞅变法与我国古代户籍档案管理制度的建立与完善　王绍东　秦文化论丛(第十一辑)　三秦出版社　2004 年 6 月

秦汉户籍制度的管理机制与功能　涂明凤　湖北警官学院学报　2006 年第 1 期

战国秦汉城市人口结构初探——以农民问题为中心　宋仁桃　史学月刊　2006 年第 5 期

秦汉户籍管理制度研究　杨际平　中华文史论丛　2007 年第 1 期

论秦移民的变迁历程　汪涛、梁萧　船山学刊　2007 年第 1 期

先秦及秦汉时期户籍档案研究　胡古月　兰台世界　2007 年第 5 期

秦代人口比例与人口下降问题——以刑徒墓的发现为例　高凯　文史哲　2007 年第 5 期

秦汉户籍中的"宗室属籍"　刘敏　河北学刊　2007 年第 6 期

略论秦汉时期朝鲜"亡人"问题　王子今　社会科学战线　2008 年第 1 期

试论秦汉简牍中奴婢的户籍问题　文霞　广东教育学院学报　2008 年第 2 期

关于里耶秦"户籍"档案简的几点臆测　刘敏　历史档案　2008 年第 4 期

里耶秦简所见的秦代户籍格式和相关问题　田旭东　四川文物　2009 年第 1 期

《商君书》户籍管理思想与秦国户籍管理制度　欧阳凤莲　古代文明　2009 年第 2 期

里耶秦简:户籍档案的探讨　黎明钊　中国史研究　2009 年第 2 期;人大复印资料·先秦秦汉史　2009 年第 5 期

里耶"户籍简"与战国末期的基层社会　陈絜　历史研究　2009 年第 5 期;

人大复印资料·先秦秦汉史　2010年第1期

里耶秦简所见的户籍和人口管理　张春龙　里耶古城·秦简与秦文化研究:中国里耶古城·秦简与秦文化国际学术研讨会论文集　科学出版社　2009年10月

战国时代秦国之户籍研究　蔡宜静　中国上古史研究专刊(二)　2010年

试说里耶户籍简所见"小上造""小女子"　王子今　出土文献(第一辑)　中西书局　2010年8月

里耶古城北城壕出土户籍简牍的时代与性质　刘瑞　考古　2012年第9期

出土秦汉户籍简的类别及登记内容的演变　王彦辉　史学集刊　2013年第3期;人大复印资料·先秦秦汉史　2013年第4期

读岳麓秦简论秦汉户籍制度　张荣强　晋阳学刊　2013年第4期

"户籍臧乡"与"副上县廷"——秦汉户籍的管理与使用　孙闻博　珞珈史苑(2012年卷)　武汉大学出版社　2013年4月

从户的相关立法谈秦汉政府对人口的控制　王彦辉　秦汉历史文化的前沿视野:第二届中国秦汉史高层论坛文集　知识产权出版社　2015年1月

论秦汉时期户籍概念与户籍实体的对应关系　韩树峰　国学学刊　2015年第4期

秦汉间里户数初探　符奎　中国农史　2016年第1期

里耶户籍简三题　韩树峰　简帛研究二〇一六(春夏卷)　广西师范大学出版社　2016年6月

先秦秦汉时期户籍等级划分述略　齐继伟　长沙简帛研究国际学术研讨会论文集　中西书局　2017年10月

里耶秦简牍户籍文书妻从夫姓蠡测　孙兆华、王子今　中国人民大学学报　2018年第3期;秦史:崛起与统一　西北大学出版社　2019年2月

里耶"户隶"简与秦及汉初附籍问题　吴方基　中国史研究　2019年第3期

(三)其他

李冰守蜀的年代问题——校正"华阳国志"误字所造成的混乱　赵世暹

文汇报 1962年4月27日

周秦两汉时代华北平原与渭河平原盐碱土的分布及利用改良 文焕然、常景亮 土壤学报 第12卷第1期 1964年3月

秦汉时代的巴蜀开发 [日]渡边武 东西文化交流史——松日寿男古稀纪念 1975年5月

碣石考 谭其骧 学习与批判 1976年第2期

碣石考辨 黄盛璋 文史哲 1976年第6期

秦汉时期的关中 曹尔琴 西北大学学报 1977年第4期

"东临碣石"的碣石在哪里 冯君实 吉林师大学报 1978年第3期

秦汉时期之都市发展——用古史资料与出土实物加以兑明 萧国钧 中国历史学会史学集刊(10期) 1978年5月

垓下古战场在河南不在安徽 苏诚鉴 安徽师大学报 1979年第2期

从长陵新出土的瓦当谈秦兰池宫地理位置等问题 王丕忠、李光军 人文杂志 1980年第1期

陈胜墓地考略 郑杰祥、魏自亮 中原文物 1980年第2期

关于秦始皇几次出巡路线的探讨 王京阳 人文杂志 1980年第3期

云梦秦墓两封家信中有关历史地理的问题 黄盛璋 文物 1980年第8期

周秦城市的发展与特质 杜正胜 历史语言研究所集刊 1980年12月

关于楚汉分界之"鸿沟"的探讨 毅根等 郑州师专学报 1981年第1期

碣石新辨 王育民 中华文史论丛 1981年第4期

北园地望及石鼓诗之年代小议 韩伟 考古与文物 1981年第4期

秦代北向户考 洪建新 学术论坛 1982年第1期

碣石山究竟在哪里 王新民 天津师专学报 1982年第2期

《论秦兰池宫地理位置等问题》几点质疑 刘庆柱 人文杂志 1982年第2期

碣石山在哪里 邓加荣 旅游家 1982年第4期

李冰凿离堆的位置和宝瓶口形成的年代新探 张勋燎 中国史研究 1982年第4期

碣石辨 高尚志 秦汉史论丛(第二辑) 陕西人民出版社 1983年6月

秦汉时代的巴蜀　[日]狩野直祯　历史知识　1983年第6期

《史记》中所见秦早期都邑葬地　李零　文史（第二十辑）　中华书局 1983年9月

秦汉文献中的"青阳"不在安徽——与何光岳同志商榷　卞鸿翔　江淮论坛　1984年第1期

垓下辨：《垓下在河南不在安徽》质疑　彭铭华　合肥教育学院学报　1984年第1期

也谈《碣石考》问题　于祥　地名知识　1984年第3期

秦汉时期对陕北的开发　卢桂兰　文博　1984年第3期

古韩原地理位置考辨：兼论《左传》"秦始征河东"的问题所在　王重九　中国史研究　1984年第4期

新秦中地望考　鲁人勇　西北史地　1984年第4期

碣石考　刘起纡　江海学刊　1984年第5期

非子所居犬丘地望辨　段世君　人文杂志　1984年第6期

"东临"的"碣石"在哪里　龙源　王晔　长江日报　1984年9月2日

论霸上的位置及其交通地位　辛德勇　陕西师大学报　1985年第1期

项羽究竟死于何地　计正山　光明日报　1985年2月13日

踏察春秋战国时秦晋武城遗址　呼林贵　陕西师大学报　1985年第3期

也论霸上的位置　马正林　陕西师大学报　1985年第3期

陈胜乡里阳城地望试探　马世之　中州中今　1985年第4期

平阳、雍都地望确定与秦先公徙都略迹　卢连成　文史集林（第一辑）（人文杂志丛刊第4期）　1985年5月

碣石山考略　邓加荣　百科知识　1985年第8期

"北向户"再考　何维鼎　人文杂志　1986年第1期

霸城新证——兼与李健超先生商榷　张海云　文博　1986年第2期

再论霸上的位置　辛德勇　陕西师大学报　1986年第3期

秦始皇辒辌车行经九原考辨　蒋若是　中原文物　1987年第3期

论秦汉时期河套地区的开发及其意义　臧知非　西北史地　1987年第3期

造阳考　岳庆平　中国秦汉史研究会通讯　第13期　1987年4月

区域控制与历史发展——论秦汉时期的政治中心、文化重心及其相互关系　卢云　福建论坛　1987年第4期

试论秦拔郢之战——兼探夷陵之所在　郭德维　江汉论坛　1992年第5期

秦并巴蜀在秦统一中的战略地位　刘淑梅　北方论丛　1993年第6期

秦帝国的形成和东方世界——始皇帝的东巡路线的调查　[日]鹤间和幸　茨城大学教养部纪要250号　1993年

秦汉时期的常德　陈致远　武陵学刊　1994年第1期

徐福里籍纠谬及推阐　韩玉德　河南大学学报　1994年第1期

秦始皇与杭州　阙维民　秦陵秦俑研究动态　1994年第1期

论秦汉统一的地理基础——兼评魏特夫的《东方专制主义》　葛剑雄　中国史研究　1994年第2期；秦汉史论丛(第六辑)　江西教育出版社　1994年12月

果家山遗址秦汉瓦当与回中宫　王治平　固原师专学报　1994年第2期

论秦汉碣石宫的兴建及其时巩固帝国统一的历史作用　金家广　河北大学学报　1994年第2期

秦发祥地上的伏羲之谜　范三畏　西北师大学报　1994年第4期

千古沧桑话陇右　达浚　中国古籍与义化　1994年第4期

秦梁山宫地望考　田亚岐、马振智　中国文物报　1994年12月4日

试论秦汉时期西安地区的土地资源开发及其利用　徐象平、赵建黎　国土开发与整治　1995年第1期

秦汉时期气候变迁的历史学考察　王子今　历史研究　1995年第2期

中国先秦两汉时期的医学地理学思想　龚胜生　中国历史地理论丛　1995年第3期

试论周秦汉唐文化对我国古代都城规划之影响　朱士光　陕西师大学报　1995年第3期

专家认定姜女石为"碣石"　陈孟阳　江西日报　1995年3月13日

秦灭义渠及其地望考　郭殿忱　西北史地　1996年第1期

秦苑囿杂考　亿里　中国历史地理论丛　1996年第1期

陈胜遇难地考略　金家牟　安徽师大学报　1996年第3期

秦汉时期的岭南建筑　陈泽泓　广东史志1996年第4期

浅论巴蜀地区在秦汉时期的政治经济地位　叶荣　陕西历史博物馆馆刊（第3辑）　西北大学出版社　1996年6月

秦汉时期两次大规模更改地名的比较　徐鸿修　文史哲　1997年第2期

秦对六国战争中的函谷关和豫西通道　宋杰　首都师大学报　1997年第3期

秦甘泉宫地望考　曹发展　陕西历史博物馆馆刊（第4辑）　西北大学出版社　1997年6月

秦汉城市的地位及其遗址的开发利用　叶骁军　秦文化论丛（第五辑）　西北大学出版社　1997年6月

"下具地理"与秦汉地图　郭宝发　秦文化论丛（第五辑）　西北大学出版社　1997年6月

关于云梦龙岗秦牍"沙羡"的地望问题　刘信芳　文物　1997年第11期

秦汉时期的汉中及陕南　杨东晨　汉中师院学报　1998年第1期

秦立国关中的历史地理考察　徐卫民　文博　1998年第5期

论秦汉时期吉林地区的民族与文化　杨东晨　松辽学刊　2001年第1期

论秦汉时期江西地区的民族与文化　杨东晨　上饶师范学院学报　2001年第1期

秦汉时期新疆地区的多民族国家与文化　杨东晨、杨建国　西藏大学学报　2001年第2期

论秦汉时期湖南地区的民族与文化——兼论常德与长沙在秦汉时期的重要地位　杨东晨、杨建国　求索　2001年第2期

论秦汉时期广西地区的民族和文化　杨东晨　广西右江民族师专学报　2001年第2期

秦汉以后国家政权在汉越互动中的作用　魏爱棠　广西右江民族师专学报　2001年第2期

秦汉时期新疆地区的多民族国家与文化　杨东晨、杨建国　西藏大学学报　2001年第2期

秦汉中国北方游牧民族服装形制及特点初探　赵斌　人文杂志　2001年第2期

汉代以前新疆和中原地区的经济文化联系　陈慧生　西域研究　2001年第3期

论秦汉时期内蒙古地区的民族与文化(上)　杨东晨、杨建国　阴山学刊　2001年第4期

秦汉至隋宜昌地区社会建制及开发　龚兴华　三峡大学学报　2001年第4期

秦汉时期福建的民族与文化　杨东晨、杨建国　福州师专学报　2001年第6期

论秦汉时期宁夏地区的民族与文化　杨东晨、杨建国　宁夏大学学报　2001年第6期

秦汉对西部的开发　张敏　秦文化论丛(第八辑)　陕西人民出版社　2001年8月

秦汉西南夷新论　林超民、秦树才　秦汉史论丛(第八辑)　云南大学出版社　2001年9月

秦汉时期云南的大开发　熊铁基　秦汉史论丛(第八辑)　云南大学出版社　2001年9月

试论秦汉时期的蜀身毒道　陆韧　秦汉史论丛(第八辑)　云南大学出版社　2001年9月

"霸上"与"鸿门宴"地理位置考实　王学理　文博　2014年第2期

战国秦汉时期褒斜道的发展　李久昌　苏州教育学院学报　2016年第5期

关于秦迁陵县"库"的初步考察　陈伟　简帛(第十二辑)　上海古籍出版社　2016年5月

战国秦代"西—雍"交通　王子今　东方论坛　2016年第6期

学术史视域下秦统一前后九原郡辖域变迁再探　尤佳　中国矿业大学学报　2016年第6期

秦东门琐议　曾磊　中国社会科学院历史研究所学刊(第10集)　商务印书馆　2017年4月;秦汉史论丛(第14辑)　四川人民出版社　2017年9月

气候、政策与环境:秦汉时期内蒙古地区环境变迁的历史考察　陈佩文　泰山学院学报　2018年第2期

八 诸子、学术

秦汉今文经师之方士化 陈钟凡 国学丛刊 第 1 卷第 1 期 1923 年 3 月

秦汉烧书校书两大平议案 顾实 国学丛刊 第 1 卷第 1 期 1923 年 3 月

周秦学术发达之原因 张绍麟 金陵光 第 13 卷第 2 期 1924 年 2 月

论秦汉儒学的嬗变 秦赞周 金陵光 第 14 卷第 2 期 1925 年 11 月

再论孔子学说所以适应于秦汉以来的社会的缘故 程憬 语历所周刊 第 1 卷第 13 期 1928 年 1 月

周秦诸子论 伯敏 莽苍社刊 第 1 卷第 4 期 1928 年 3 月

论秦焚书与古文佚经 蒙文通 中央大学半月刊 第 1 卷第 12 期 1930 年 4 月

周秦名学三种序 王时润 南开 第 102 期 1931 年 2 月

周秦诸子"礼""法"两大思想概论 刘承汉 法学季刊 第 4 卷第 8 期 1931 年 4 月

周秦诸子的分派 蒋维乔 新中华 第 1 卷第 21 期 1933 年 11 月

李斯文化统制政策与先秦诸子 冀绍儒 文化批判 第 2 卷第 3 期 1935 年 1 月

张仪入秦说辨伪 张公量 禹贡 第 4 卷第 2 期 1935 年 9 月

张仪入秦续辨 张公量 禹贡 第 4 卷第 6 期 1935 年 11 月

秦汉历史哲学 冯友兰 哲学评论 第 6 卷第 2、3 期 1935 年 9 月

周秦诸子略述 靳永泰 泾涛 第 7 期 1935 年

周秦诸子学略 胡韫玉 国学丛选 第 13—16 期 1935 年

周秦诸子书目 胡朴安 国学周刊 第 4—9 期 1935 年

秦的焚书与汉的得书 孔令谷 说文月刊 1943 年第 1 期

周秦时代礼法刑三观念之变迁 傅尚文 政治经济学报 1944 年 6 月

周秦诸子述要 任今才 铭传学报 1964 年第 1 期

秦汉以后天命思想的发展 唐君毅 新亚学报 第 6 卷第 2 期 1964 年 8 月

秦汉魏晋隋唐之孟学　李旭光　孔孟月刊　第 3 卷第 3 期　1964 年 11 月

秦汉的儒——为纪念朱骝先生七十六岁冥寿作　沈刚伯　大陆杂志　第 38 卷第 9 期　1969 年 5 月；通史选辑（上）　1975 年 9 月

秦汉之际学术的流变　王克狄　台北商专学报　1973 年第 2 期

散落海外周秦汉魏诸子知见书目　严灵峰　台湾图书馆馆刊　第 5 卷第 1 期　1973 年 9 月

海外孤鸿一片心——对反孔拥秦质疑　杨孙宽　明报　第 9 卷第 4 期　1974 年 4 月

周秦诸子研究　韩石秋　高雄海专学报　1976 年第 3 期

略论秦汉之际的儒法合流和统一的封建主义思想体系的形成　周继旨　文史哲　1977 年第 4 期

《战国策》和《韩非子》　周勋初　南京大学学报　1979 年第 2 期

从"百家争鸣"到"独尊儒术"——论战国至西汉前期儒家思想与封建政治的关系　林甘泉　中国史研究　1979 年第 3 期

周秦政治思想浅说　李华煦　复兴岗学报　1979 年第 4 期

先秦秦汉之际礼制的演变与封建礼教思想的形成——兼论孔子的礼的思想的阶段性　廖德清　辽宁大学学报　1979 年第 6 期

论儒家在秦代的地位与影响　王云度　徐州师院学报　1981 年第 2 期

秦统治者绝对排斥儒家思想吗　李裕民　山西大学学报　1981 年第 3 期

秦简与墨子城守各篇　李学勤　云梦秦简研究　中华书局　1981 年 7 月

先秦法家思想之演变　金谷至　国际汉学会议论文集　台北研究院 1981 年

《尉缭子》考辨　龚留柱　河南师大学报　1983 年第 4 期

《秦誓》作于秦穆公三十六年考　金建德　中国古代史论丛（九）　福建人民出版社　1983 年 12 月

《吕氏春秋》与《淮南子》的比较分析——兼论秦汉之际的学术思想　牟钟鉴　哲学研究　1984 年第 1 期

秦汉思想简汉　李泽厚　中国社会科学　1984 年第 2 期

从《吕氏春秋》《韩非子》等书推测《庄子》之成书年代　王发国　西南民院学报　1986 年第 3 期

论先秦两汉的天君同道观　陈学凯　中国史研究　1987 年第 2 期

论稷下学派与秦汉博士的关系　金德建　管子学刊　1988 年第 4 期

先秦两汉儒家的大一统思想　洪廷彦　文史知识　1988 年第 6 期

《尉缭子》臆札　李解民　古籍整理与研究（第四期）　中华书局　1989 年 3 月

"焚书坑儒"与秦代经学　李景明　齐鲁学刊　1989 年第 4 期

黄老之学源于秦楚说质疑　知水　管子学刊　1989 年第 4 期

云梦秦简与诸子关系钩撷　余宗发　云梦秦简中思想与制度钩撷　台北文津出版社　1992 年 11 月

先秦两汉时期民本思想的发展轨迹　王鑫义　安徽大学学报　1993 年第 3 期

"诸子传相告引乃自除"译法浅议　廖玉刚　玉林师专学报　1993 年第 3 期

先秦秦汉天命观对王权的影响　洪煜　史学月刊　1993 年第 5 期

秦汉之际法、道、儒之嬗替片论　阎步克　学人（第四辑）　江苏文艺出版社　1993 年 6 月

秦汉哲学的特点与民族传统　冯契　秦汉文化和华夏传统　学林出版社　1993 年 9 月

秦汉思想在比较哲学中的地位　陈汉生　秦汉文化和华夏传统　学林出版社　1993 年 9 月

论宗法制度由秦及汉的瓦解和再建以及儒学衍变中的伦理异化和神学复归　周继旨　秦汉文化和华夏传统　学林出版社　1993 年 9 月

"黄老"思想与秦汉之际的军事战争　余明光　秦汉文化和华夏传统　学林出版社　1993 年 9 月

君臣名分多元化及其在秦汉时期的嬗变　朱子彦、贺圣迪　秦汉文化和华夏传统　学林出版社　1993 年 9 月

丧葬文化及其在儒学早期发展中的地位　张仲立　秦汉文化和华夏传统　学林出版社　1993 年 9 月

近年来诸子思想研究概述　付文龙　中国史研究动态　1994 年第 2 期

秦始皇神圣至上的皇帝观念：先秦诸子政治文化的集成　刘泽华　天津社

会科学　1994年第6期

秦代的道家思潮　熊铁基　秦文化论丛（第三辑）　西北大学出版社　1994年12月

战国秦汉方士流派考　李零　传统文化与现代化　1995年第2期

先秦两汉时期的史学理论及其特点　方光华　河北学刊　1996年第2期

法家思想对秦社会之作用　钞金玉　秦陵秦俑研究动态　1996年第2期

论儒学对秦汉地方行政的影响　范学辉　江海学刊　1996年第2期

秦汉之际的受命改制说与儒学独尊　陈桐生　齐鲁学刊　1997年第1期

秦汉易学思想的发展　张涛　管子学刊　1998年第2期

汉人补缀《秦记》三证　吴宏岐、陈静　秦陵秦俑研究动态　1998年第2期

秦对传统文化整合的启示　张文立　秦陵秦俑研究动态　1998年第3期

秦朝国势与秦国墨学　张运华　秦陵秦俑研究动态　1998年第3期

秦始皇为何不焚"卜筮"之书　谭前学　秦汉史论丛（第七辑）　中国社会科学出版社　1998年6月

秦人为什么选择法家　王磊　宝鸡文理学院学报　2000年第1期

秦汉治道与礼乐文化　谢子平　学术论坛　2000年第2期

秦汉时期避讳的发展与特点　王建　上饶师范学院学报　2000年第2期

先秦法家思想对秦政治及后世的影响　高波、张东轩　义物考古论集　三秦出版社　2000年6月

阴阳五行学说与秦始皇创水德制度　杨岗　文物考古论集　三秦出版社　2000年6月

从《吕氏春秋》到《淮南子》论道家在秦汉哲学史上的地位　陈鼓应　台湾大学文史哲学报　第52期　2000年6月

秦礼制文化述论　黄留珠　秦俑秦文化研究——秦俑学第五届学术讨论会论文集　陕西人民出版社　2000年8月

西周春秋周秦礼制文化比较简论　王晖　秦俑秦文化研究——秦俑学第五届学术讨论会论文集　陕西人民出版社　2000年8月

儒学在秦的兴衰　李淑萍　秦俑秦文化研究——秦俑学第五届学术讨论会论文集　陕西人民出版社　2000年8月

从"悉召文学方士甚众"到"焚书坑儒"：秦朝文化政策的转变及其影响再探

臧知非　秦俑秦文化研究——秦俑学第五届学术讨论会论文集　陕西人民出版社　2000年8月

秦文化的大规模吸收和远距离传播　杨瑾　秦俑秦文化研究——秦俑学第五届学术讨论会论文集　陕西人民出版社　2000年8月

论战国时期关东诸国各派思想对秦国政治思想的影响　贺润坤　秦俑秦文化研究——秦俑学第五届学术讨论会论文集　陕西人民出版社　2000年8月

秦汉兵学的建树及其文化特征　黄朴民　济南大学学报　2001年第5期

试论齐鲁文化在秦汉时期的发展与传播　马亮宽　孔子研究2001年第5期

关于《墨子》兵技巧诸篇的研究　[日]大塚伴鹿著,秦仙梅译　秦文化论丛(第八辑)　陕西人民出版社　2001年8月

《墨子》城守诸篇军事思想试探　郭淑珍　秦文化论丛(第八辑)　陕西人民出版社　2001年8月

秦之道家　张文立　秦汉史论丛(第八辑)　云南大学出版社　2001年9月

试论秦汉时期齐鲁文化的传播　马亮宽　秦汉史论丛(第八辑)　云南大学出版社　2001年9月

《墨子》、墨家与秦国政治　臧知非　人文杂志　2002年第2期；秦汉文化比较研究——秦汉兵马俑比较暨两汉文化研究论文集　三秦出版社　2002年4月

秦简与《墨子·城守》诸篇相关内容比较　史党社　简牍学研究(第三辑)　甘肃人民出版社　2002年4月

荀子论秦论　张文立　秦文化论丛(第九辑)　西北大学出版社　2002年7月

法家事功思想初探——以《商君书》《韩非子》为中心　王健　秦文化论丛(第九辑)　西北大学出版社　2002年7月

论儒学在先秦两汉时期的传播　孟祥才　光明日报　2002年9月17日

秦汉儒、法、道在治世中的递嬗现象研究　胡昌升　西南民族学院学报2002年增刊

秦之儒家　张文立　秦陵秦俑研究动态　2003年第2期

论秦之墨家　张文立　陕西历史博物馆馆刊(第10辑)　三秦出版社 2003年10月

从秦汉时期皇帝诏书称引儒家经典看儒学的发展　孟祥才　孔子研究 2004年第4期

阴阳五行与秦汉学术概论　臧知非　秦汉思想文化研究　希望出版社 2005年7月

秦代的学派之争与"焚书坑儒"　郭爱国　鞍山科技大学学报　2006年第6期

再论"秦汉新道家"　熊铁基　哲学研究　2007年第1期

社会情境中的历史个体——以战国到汉初为例反思"士人精神"　王传武　南都学坛　2007年第2期

秦史学与法家思想　屈冠军　殷都学刊　2007年第3期

儒、道、法显学思想的碰撞——试论我国秦汉时期政治思想的嬗替现象　高小泉　科技信息　2007年第5期

秦汉时期易学与脏腑辨证　杨雪梅、李德杏、王玉兴、李巧芬　江西中医学院学报　2007年第5期

关于墨学在秦的讨论　史党社、田静　周秦汉唐文化研究(第五辑)　三秦出版社　2007年6月

试论"荀学"对"秦文化"的影响　张铮　学习与探索　2009年第2期

析秦国法家思想及其代表人物　孙铭　回顾与创新·创新篇——秦始皇兵马俑博物馆开馆三十周年纪念文集　三秦出版社　2009年8月

论秦汉政治和文化整合过程中法家思想的变异　韩星　陕西师范大学学报 2010年第2期

秦代技术思想初探　刘克明　秦俑博物馆开馆三十周年秦俑学第七届年会国际学术研讨会论文集　三秦出版社　2010年8月

周秦礼制的关系以及秦人的渊源　史党社、田静　秦汉研究(第四辑)　三秦出版社　2010年8月

"燔诗书而明法令"解疑　臧知非、束江涛　秦俑博物馆开馆三十周年秦俑学第七届年会国际学术研讨会论文集　三秦出版社　2010年8月

周秦时代秦国儒学的生存空间——兼论《诗》在秦国的传播　马银琴　文

学遗产　2011 年第 4 期

秦汉思想遗产与中国思想的秘密　章启群　安徽大学学报　2011 年第 5 期

秦皇烧书书未绝　王学理　咸阳师范学院学报　2011 年第 5 期

秦汉农书的文献价值　康丽娜　史学月刊　2011 年第 5 期

论秦汉时期孙子学的发展　李沈阳　滨州学院学报　2011 年第 5 期

秦代"书同文字"的新认识　王勇　文博　2012 年第 4 期

论文化因素在秦历史发展过程中产生的影响　黄伶俐、严烨　黑龙江史志 2012 年第 21 期

周秦儒道互济的人生智慧及其启示　郑维铭、郑丹凌　第二届周秦伦理文化与现代道德价值国际学术研讨会论文集　陕西人民出版社　2012 年 12 月

道、术离合与先秦两汉学术思想　向晋卫　求索　2013 年第 1 期

再论墨学与秦的关系　史党社　秦始皇帝陵博物院（总叁辑）　三秦出版社　2013 年 8 月

启蒙与自觉的双重变奏——秦汉人对先秦诸子认识的演变　王玲　牡丹江大学学报　2013 年第 10 期

战国秦汉赵地学术特征探微　臧知非　邯郸学院学报　2015 年第 1 期

试论秦汉时期儒家思想走向独尊的优势　赵廷彤　孔子研究　2015 年第 1 期

和安天下：秦汉政治转折与儒学的历史实践　臧知非　历史教学　2015 年第 2 期

墨家学说对秦国社会的影响　贾马燕　西安文理学院学报　2015 年第 5 期

秦文化的重新审视——兼论秦国政治文化与"秦墨"　秦彦士　成都师范学院学报　2015 年第 6 期

秦汉时期儒家思想地位的历史变迁　袁宝龙　西华大学学报　2015 年第 6 期

制度思想史：中国政治思想史的另一种写法——《秦汉之际的政治思想与皇权主义》范式意义探析　许超杰　史学月刊　2015 年第 6 期

出土秦汉历书综论　陈侃理　简帛研究二〇一六（秋冬卷）　广西师范大

学出版社　2017 年 1 月

里耶"取鲛鱼"简与秦统一初期的文化建构　李斯、李笔戎　简帛研究二〇一六(秋冬卷)　广西师范大学出版社　2017 年 1 月

先秦秦汉典籍所见焚人、暴人祈雨巫术考论　汪鹏　忻州师范学院学报 2017 年第 1 期

《诗·秦风·小戎》"蒙伐有苑"新考　刘刚　中原文化研究　2017 年第 5 期

战国秦汉时期"仓颉作书"传说研究　吕静　秦汉史论丛(第十四辑)　四川人民出版社　2017 年 9 月

从"益国十二,开地千里"看秦的民族融合及对外交往　薛瑞泽　秦始皇帝陵博物院(总柒辑)　三秦出版社　2017 年 10 月

"战死事不出,论其后"的法理性探究　孙铭　秦始皇帝陵博物院(总柒辑)　三秦出版社　2017 年 10 月

《史记·秦本纪》错简一则　梁万斌　秦始皇帝陵博物院(总柒辑)　三秦出版社　2017 年 10 月

有关"秦记"的几个问题　吕壮、向燕南　秦统一的进程与意义　中国社会科学出版社　2017 年 11 月

从《焦氏易林》看汉代人的秦史观　刘志平　秦统一的进程与意义　中国社会科学出版社　2017 年 11 月

从汉学到中国学:贝德士与秦汉史研究　田彤　齐鲁学刊　2018 年第 1 期

《诗经中所见秦初期社会状况》为抄袭吴良俶遗文考　倪晋波　咸阳师范学院学报　2018 年第 1 期

周秦文化传播及通识教育　耿秀萍　吉林广播电视大学学报　2018 年第 7 期

略论秦统一中的秦墨学　吴保传、张爱红　西安财经学院学报　2019 年第 4 期

《秦始皇帝本纪》文献学琐议　王子今　宝鸡文理学院学报　2019 年第 5 期

秦汉儒法之争与时间意识——张祥龙有关秦灭汉兴之际儒法思想的现象学审视　樊志辉、郑文娟　北京教育学院学报　2019 年第 6 期

九　语言、文学

（一）语言、文字

1. 语言、文字概述

秦汉字书言反切考　尹桐阳　民彝　第 1 卷第 4 期　1927 年 5 月

秦汉六朝思想文艺发展草书　胡秋原　读书杂志　第 3 卷第 6 期　1933 年 6 月

秦汉时发现甲骨文说　卫聚贤　说文月刊　第 3 卷第 9 期　1943 年

《秦汉时发现甲骨文说》补证　卫大法师　说文月刊　第 3 卷第 9 期　1943 年

"黔首"一词来源的臆测　苏雪林　幼狮　第 1 卷第 3 期　1953 年 3 月

周秦名字解诂汇释补遗（上）（中）（下）　周法高　大陆杂志　第 20 卷第 8—10 期　1960 年 4、5 月

秦始皇统一文字的历史意义　禹斌　光明日报　1973 年 9 月 25 日

秦始皇"书同文字"的历史作用　伟明　光明日报　1973 年 11 月 6 日

秦始皇"书同文字"的历史作用　北文　文物　1973 年第 11 期

秦始皇统一度量衡和文字的历史功绩　俞伟超、高明　文物　1973 年第 12 期

秦始皇统一文字的功绩　宇文钧　人民日报　1974 年 7 月 25 日

论秦始皇的"书同文"　张涤华等　光明日报　1974 年 8 月 25 日

战国历史上第一次汉字改革——论秦始皇的"书同文字"　钟汉　山东师院学报　1975 年第 1 期

李斯发明篆书问题平议　陶希圣　中华文化复兴月刊　第 8 卷 11 期　1975 年 11 月

从四川两件铜戈上的铭文看秦灭巴蜀后统一文字的进步措施　童恩正、龚廷万　文物　1976 年第 7 期

从近年出土文字史料看秦代书同文的基础及其贡献　陈绍棠　新亚书院学术年刊　第 18 期　1976 年 9 月

战国时代的"斗"和秦汉时代的"半"　朱德熙、裘锡圭　文史（第八辑）　中华书局　1980 年 3 月

秦代篆书与隶书浅说　马子云　故宫博物院院刊　1980 年第 4 期

秦始皇的"车同轨,书同文"新评　谭世保　中山大学学报　1980 年第 1、4 期

"旦日"不是"明日"　沙金成　学术研究　1980 年第 4 期

考古发现的秦汉文字资料对于校读古籍的重要性　裘锡圭　中国社会科学 1980 年第 5 期；古代文史研究新探　江苏古籍出版社　1992 年 6 月

秦统一文字　刘宝民　历史教学　1980 年第 11 期

试论秦隶及其在书法史上的地位　言巩达　南艺学报　1981 年第 2 期

如何评价秦始皇"书同文"的历史作用　晁福林　学习与探索　1981 年第 2 期

小篆产生以前的隶书墨迹——介绍青川战国木牍兼说"初有隶书"问题　尹显德　书法　1983 年第 3 期

略论小篆字体的产生和流变——兼评秦始皇以小篆统一文字的历史作用　徐勇　天津师大学报　1985 年第 2 期

关于秦始皇"书同文字"的问题　韩復智　傅乐成教授纪念文集——中国史新论　台湾学生书局　1985 年 8 月

"书同文"正形说质疑　张标　河北师大学报　1986 年第 1 期

释"木丽"　程学华、郭兴文　考古与文物　1986 年第 3 期

秦汉文字札丛　陈雍　史学集刊　1986 年第 4 期；北方文物　1988 年第 3 期

秦始皇统一文字质疑　王路　湖北师院学报　1987 年第 2 期

秦文字辨析举例　何琳仪　人文杂志　1987 年第 4 期

《谏逐客书》逻辑点评　王琳　庆阳师专学报　1988 年第 1 期

《吕览》高注中所见古汉语基本词的特性　古敬恒　徐州师院学报　1988 年第 3 期

秦汉瓦当文字赏析　张丽华　美术研究　1989 年第 4 期

《吕氏春秋》词汇简论　张双棣　北京大学学报　1989 年第 5 期

《韩非子》正诂训义举要　夏养明　黄冈师专学报　1990 年第 2 期

"书同文字"政策的实施及其失败——从出土文物看秦始皇统一全国文字的工作　奚椿年　江海学刊　1990年第4期

秦汉文字释丛　刘乐贤　考古与文物　1991年第6期

秦权量诏书并非隶书　张铁民　中国文物报　1991年10月20日

秦代文字与书艺略论　潘良桢　复旦学报　1992年第5期

从考古资料看秦文字的发展演变　袁仲一　秦汉论集　陕西人民出版社1992年11月

西周籀文与秦文字　何清谷　西周史论文集　陕西人民教育出版社　1993年6月

小篆对籀文的省改与秦人的思想倾向　古敬恒、孙建波　徐州师院学报1994年第1期

近二十年秦文字的出土与纂研　马先醒　秦文化论丛(第三辑)　西北大学出版社　1994年12月

从秦"书同文"和唐"正字学"看繁体字的回潮　林允富　西北大学学报1996年第1期

秦文字释读订补　王辉　考古与文物　1997年第5期

秦器秦文字研读二题　党士学　秦文化论丛(第五辑)　西北大学出版社1997年6月

秦"书同文字"新探　陈昭容　历史语言研究所集刊　1997年9月

秦代民间简字举例　王子今　秦文化论丛(第六辑)　西北大学出版社1998年7月

秦曾孙驷告华大山明神文考释　王辉　考古学报　2001年第2期

秦二世皇帝诏书　杨树藩　秦都咸阳与秦文化研究　陕西人民教育出版社2003年11月

论秦代文字制度　陈一梅　西北大学学报　2005年第6期;新华文摘2006年第4期

"自尔秦书有八体"献疑　陈一梅　文博　2005年第6期

《秦出土文献编年》续补(二)　王辉、王伟　秦文化论丛(第十三辑)　三秦出版社　2006年10月

《秦出土文献编年》续补(三)　王辉、杨宗兵　秦文化论丛(第十四辑)　三

秦出版社　2007 年 10 月

书同文字刍议　王伟　西安财经学院学报　2008 年第 4 期

《秦出土文献编年》续补（四）　王辉、王伟　秦文化论丛（第十五辑）　三秦出版社　2008 年 10 月

出土秦文献文字研究综述　赵立伟　华夏考古　2009 年第 3 期

秦代统一文字的考古发现与研究　徐龙国　里耶古城·秦简与秦文化研究：中国里耶古城·秦简与秦文化国际学术研讨会论文集　科学出版社　2009 年 10 月

秦文字出土与研究综述　单晓伟　合肥学院学报　2010 年第 3 期

秦族源、秦文化与秦文字的时空界限　王辉　秦俑博物馆开馆三十周年秦俑学第七届年会国际学术研讨会论文集　三秦出版社　2010 年 8 月

秦文字的发现和研究简史（1949 年之前）　王伟　中国文字研究（第十五辑）　大象出版社　2011 年 12 月

从仓颉造字到篆隶统一　王学理　秦汉研究（第六辑）　陕西人民出版社　2012 年 8 月

秦文字札记（五则）　王伟　秦始皇帝陵博物院（总叁辑）　三秦出版社　2013 年 8 月

出土秦系文献人名文化研究　陈鸿　福建师范大学学报　2014 年第 4 期

战国至秦汉蜀地书迹探研　吴晓懿　广东第二师范学院学报　2014 年第 6 期

神话历史：介于祠堂与神庙之间——秦晋两地扶苏"故事"的人类学考察　张玉　百色学院学报　2014 年第 6 期

秦族源、早期秦文化与秦文学的萌芽　刘原　文艺评论　2014 年第 6 期

秦文化与大秦文化刍议　李虎　秦汉研究（第八辑）　陕西人民出版社　2014 年 9 月

试论秦代的文字系统　朱葆华　中国文字研究（第二十辑）　上海书店出版社　2014 年 10 月

论秦人早期青铜器与秦系文字的形成　雍际春、周晓聪　秦文化探研——甘肃秦文化研究会第二次学术研讨会论文集　甘肃人民出版社　2015 年 11 月

新出考古、文字资料与秦人早期历史　史党社　秦陵秦俑研究动态　2016

年第 2 期

秦文字研究的回顾与展望　王辉　秦始皇帝陵博物院(总陆辑)　陕西师范大学出版社　2016 年 10 月

建国后六十年间秦文字的发现和研究　王伟　秦始皇帝陵博物院(总陆辑)　陕西师范大学出版社　2016 年 10 月

论隶势:秦汉简帛隶势的再考察　邢文　出土文献与中国古代文明:李学勤先生八十寿诞纪念论文集　中西书局　2016 年 12 月

"秦汉史研究动态暨档案文书学术研讨会"综述　吴小强、李炎焜　中国史研究动态　2016 年第 3 期

出土秦文字与政区地理研究举例　吴良宝　中国文字研究(第二十五辑)　上海书店出版社　2017 年 7 月

试论秦文化形成的路径　张志国　黑龙江史志　2016 年第 19 期

秦系文字发展史概述　单晓伟　中国文字学报(第七辑)　商务印书馆　2017 年 7 月

秦文字零释三则　王伟　古文字研究(第三十二辑)　中华书局　2018 年 8 月

秦文字与隶变起源浅说　齐雪莲　大众书法　2019 年第 1 期

小篆:秦朝官方统一的标准字体　葛承雍　月读　2019 年第 9 期

2. 铜器、漆器铭文

上郡守疾戈考释　杨宽　文物周刊　第 33 期　1947 年 5 月

最近长沙出土吕不韦戈的铭文　作铭　考古　1959 年第 9 期

跋秦权量铭　戴君仁　中国文字　1964 年第 12 期

四川涪陵的秦始皇二十六年铜戈　于豪亮　考古　1976 年第 1 期

从四川两件铜戈上的铭文看秦灭巴蜀后统一文字的进步措施　童恩正等　考古　1976 年第 7 期

秦公及王姬钟、镈铭文考释　孙常叙　吉林师大学报　1978 年第 4 期

《㝬羌钟》铭"征秦遻齐"新释　陈连庆　吉林师大学报　1979 年第 3 期;中国古代史研究——陈连庆教授学术论文集　吉林文史出版社　1992 年 8 月

春秋秦器试探—新出秦公钟、镈铭文与过去著录秦公钟、镈铭的对读　李零　文物　1979 年第 6 期

新出秦公钟铭考释与有关问题　吴镇烽　考古与文物　1980 年第 1 期

秦公钟、镈铭文释读中的一个问题　林剑鸣　考古与文物　1980 年第 2 期

穆公簋盖铭文简释　彭曦　许俊成　考古与文物　1981 年第 6 期

秦诏版训读异议　张文质　河北师大学报　1982 年第 3 期

秦代金文、陶文杂考三则　袁仲一　考古与文物　1982 年第 4 期

江西遂川出土秦戈铭文考释质疑　彭适凡　江西社会科学　1982 年第 5 期

《"寺工"小考》补议　陈平　人文杂志　1983 年第 1 期

《"寺工"小考》一文资料补正　秦兵　人文杂志　1983 年第 1 期

试论战国秦汉铭刻中从"酉"诸奇字及其相关问题　黄盛璋　古文字研究（第十辑）　中华书局　1983 年 7 月

寺工新考　黄盛璋　考古　1983 年第 9 期

云梦睡虎地秦墓漆器针刻铭记探析——兼谈秦代"亭""市"地方官营手工业　肖亢达　江汉考古　1984 年第 2 期

秦中央督造的兵器刻辞综述　袁仲一　考古与文物　1984 年第 5 期

秦汉漆文诠次　潜斋　故宫图书季刊　第 1 卷第 4 期　1984 年

"蜀月""蜀守"与"皋月"小议——涪陵廿六年秦戈两关键铭文释读辨正　陈平　文物　1985 年第 5 期

商周秦汉青铜器铭文辨录　罗福颐　古文字研究（第十一辑）　中华书局　1985 年 10 月

春秋秦公簋铭文　石志廉　书法丛刊(第 9 辑)　1985 年

对秦《石邑戈》铭文解释的商榷　傅天佑　江汉考古　1986 年第 3 期

羽阳宫鼎铭考释　李仲操　文博　1986 年第 6 期

秦兵器题铭考释　张占民　古文字研究（第十四辑）　中华书局　1986 年 6 月

战国秦汉漆器铭文浅论　李如森　天津社会科学　1987 年第 5 期

跋秦权量铭　戴君仁　中国文字　第 14 期　1987 年

先秦货币铭文释读拾掇　曹锦炎　浙江金融　1987 年增刊

秦器铭文丛考　王辉　文博　1988 年第 2 期

新出土秦兵器铭刻新探　黄盛璋　文博　1988 年第 6 期

秦器铭文丛考(续)　王辉　考古与文物　1989年第5期

湖北出土战国秦汉漆器文字初探　陈振裕　古文字研究(第十七辑)　中华书局　1989年6月

秦俑坑出土兵器铭文与相关制度发复　黄盛璋　文博　1990年第5期

内蒙伊盟新出十五年上郡守寿戈铭考　陈平、杨震　考古　1990年第6期

周秦器铭考释　王辉　考古与文物　1991年第6期

秦权量诏书并非隶书　张铁民　中国文物报　1991年10月20日

"救秦戎"钟铭文新解　黄锡全　刘森森　江汉考古　1992年第1期

秦孝公、秦惠文王时期铭文研究　李学勤　中国社科院研究生院学报　1992年第5期

释辽阳出土的一件秦戈铭文　邹宝库　考古　1992年第8期

湖南战国秦汉魏晋铜器铭文补记　周世荣　古文字研究(第十九辑)　中华书局　1992年6月

二年寺工师壶、雍工敀壶铭文再释　李光军、宋蕊　考古与文物　1993年第4期

辽阳新出四十年上郡守起戈铭补释　陈平　考古　1994年第9期

秦公大墓石磬残铭考释　王辉、焦南峰、马振智　历史语言研究所集刊　1996年

新出秦公器铭文与籀文　李朝远　考古与文物　1997年第5期

秦孝公、惠文王时期铭文　李学勤　缀古集　上海古籍出版社　1998年10月

秦镈钟铭文考释与研究　聂新民　秦文化论丛(第七辑)　西北大学出版社　1999年6月

秦人的"受命"意识与秦国的发展——秦公钟铭文探微　臧知非　秦文化论丛(第八辑)　陕西人民出版社　2001年8月

"秦子"新释　李学勤　文博　2003年第5期

眉县青铜器、里耶秦简的内容及其文字学价值　李学勤　中国书画　2003年第5期

西周时期关中西部的"秦夷"及相关问题　辛怡华　秦文化论丛(第十辑)　三秦出版社　2003年7月

平阳秦公钟铭文考释　李仲操　黄盛璋先生八秩华诞纪念文集　中国教育文化出版社　2005年6月

珍秦斋藏秦铜器铭文选释　王辉、萧春源　故宫博物院院刊　2006年第2期

秦铜器铭文所见"隶臣"及"鬼薪""城旦"身份考　李力　中国古代法律文献研究（第三辑）　中国政法大学出版社　2006年12月

秦宜阳鼎铭文释录与考辨　蒋文孝、刘占成　中国历史文物　2008年第3期

秦兵器刻铭零释　施谢捷　安徽大学学报　2008年第4期

《秦子簠盖铭文》及其相关问题考释　延娟芹　兰州大学学报　2009年第2期

珍秦斋藏元年相邦疾戈跋　王辉　高山鼓乘集——王辉学术文存二　中华书局　2008年11月；湖南省博物馆馆刊（第五辑）　岳麓书社　2009年4月

秦汉铭刻丛考　陈晓捷、穆兴平　秦俑博物馆开馆三十周年秦俑学第七届年会国际学术研讨会论文集　三秦出版社　2010年8月

加拿大苏氏藏秦戈铭文补释　石继承　中国国家博物馆馆刊　2011年第5期

秦"二十二年临汾守戈"考　徐世权　简帛（第十一辑）　上海古籍出版社　2015年11月

陕西历史博物馆藏东周秦汉有铭铜器丛考　韩建武　文博　2016年第3期

新见秦信宫鼎铭文补释　王伟　古文字研究（第三十一辑）　中华书局　2016年10月

几件战国秦汉有铭铜器、银器的考释　韩建武　西部考古（第12辑）　科学出版社　2016年12月

陇县边家庄秦墓出土铜戈铭文新释　李建西　文博　2017年第5期

平宫鼎铭文新考　王伟　第三届"出土文献与学术新知"学术研讨会暨出土文献青年学者论坛会议论文集　中西书局　2017年12月

秦"四十四年上郡守绾戈"置用地名补释——兼谈秦兵器铭文中的地名省称问题　徐世权　中国文字研究　2018年第2期

秦兵器铭文地名考释(二则)　王伟　出土文献(第十二辑)　中西书局　2018 年 4 月

3. 陶文、瓦书

秦始皇残陶文字　艺林旬刊　第 17 期　1928 年 6 月

秦都咸阳遗址新发现的陶文　吴梓林　文物　1964 年第 7 期

秦代的市、亭陶文　袁仲一　考古与文物　1980 年第 1 期

秦代中央官署制陶业的陶文　袁仲一、程学华　考古与文物　1980 年第 3 期

秦始皇陵西侧刑徒墓地出土的瓦文　袁仲一、程学华　中国考古学会第一届年会论文集　1980 年 12 月

秦民营制陶作坊的陶文　袁仲一　考古与文物　1981 年第 1 期

秦都咸阳出土陶文释读小议　孙德润、毛富玉　考古与文物　1981 年第 1 期

秦代金文、陶文杂考三则　袁仲一　考古与文物　1982 年第 4 期

秦都咸阳遗址陶文丛考　刘庆柱、李毓芳　古文字论集　考古与文物丛刊第二号　1983 年 11 月

秦代徭役性官营制陶作坊的陶文　袁仲一　陕西省考古学会第一届年会论文集　考古与文物丛刊第三号　1983 年 11 月

读秦惠文王四年瓦书　袁仲一　中国考古学会研究论集　三秦出版社　1983 年 11 月;秦文化论丛(第一集)　西北大学出版社　1993 年 6 月

陕西淳化县出土秦汉"市""亭"陶文陶器　姚生民　考古与文物　1984 年第 3 期

秦始皇陵园出土一批陶文　人民日报　1984 年 7 月 24 日

秦封宗邑瓦书的几个问题　尚志儒　文博　1986 年第 6 期

秦汉的"亭""市"陶文　俞伟超　先秦两汉考古学论集　文物出版社　1985 年 6 月

亭里陶文的解读与秦都咸阳的行政区划　王学理　古文字研究(第十四辑)　中华书局　1986 年 6 月

战国秦封宗邑瓦书铭文新释　郭子直　古文字研究(第十四辑)　中华书局　1986 年 6 月

战国秦汉陶文研究概述　郑超　古文字研究（第十四辑）　中华书局　1986年6月

秦都雍城出土陶文研究　陈全方、尚志儒　文博　1987年第4期

秦兵马俑陶文浅析　刘占成　中国考古学研究论集　三秦出版社　1987年11月

战国秦四年瓦书考释　李学勤　联合书院三十周年纪念论文集　1987年

读秦惠文王四年瓦书　袁仲一　中国考古学研究论集　三秦出版社　1987年12月

周原发现秦陶印文　刘亮　考古与文物　1988年第2期

骊山发现规模宏大的秦"东陵"　陕西整理秦汉隋唐碑石陶文数量惊人　中国考古学年鉴1988年　文物出版社　1989年10月

陶文二题　毛炳钧　文博　1990年第5期

秦东陵陶文补释　刘占成　考古与文物　1990年第5期

秦封宗邑瓦书及其相关问题考辨　黄盛璋　考古与文物　1991年第3期

黄龙发现秦陶文　齐鸿浩　秦陵秦俑研究动态　1991年第3期

秦东陵出土的部分陶文　林泊　考古　1991年第5期

稀世珍宝秦封宗邑瓦书的研究　杨宏娥　陕西档案　1993年第4期

秦封宗邑瓦书补释　汪中文　鲁实先先生学术讨论会论文集　台湾万卷楼图书有限公司　1993年

关于战国秦封宗邑瓦书的几个问题　王晖　秦陵秦俑研究动态　1994年第1期

秦砖印文与篆刻艺术　任隆　秦陵秦俑研究动态　1996年第3期

临潼新丰镇刘寨村秦遗址出土陶文　陈晓捷　考古与文物　1996年第4期

战国秦"封宗邑瓦书"及其书法　傅嘉仪　书法研究　1996年第5期

咸阳塔尔坡秦墓新出陶文　岳起　文博　1998年第1期

陕西出土秦陶文字丛释　施谢捷　考古与文物　1998年第2期

咸阳塔尔坡新出陶文补读　王辉　陕西历史博物馆馆刊（第5辑）　西北大学出版社　1998年6月

秦印与秦陶文　张冬煜　西北大学学报　1999年第2期

西安临潼新丰南杜秦遗址陶文　王望生　考古与文物　2000 年第 1 期

商州孝义发现秦代陶文　王昌富　秦陵秦俑研究动态　2000 年第 2 期

秦都咸阳遗址陶文丛考　刘庆柱、李毓芳　文物考古论集　三秦出版社　2000 年 6 月

再论咸阳塔尔坡秦墓新出陶文——与王辉先生讨论　岳起　文博　2001 年第 1 期

秦汉时期的陶文、瓦文和砖文　赵璐、侯海英　华夏文化　2001 年第 2 期

秦封泥与齐陶文中的"巷"字　李学勤　陕西历史博物馆馆刊（第 8 辑）　三秦出版社　2001 年 6 月

淳化城关西坡秦墓及出土陶文的研究　周晓陆、姚生民　考古与文物　2004 年先秦考古增刊

秦陶文综述　袁仲一　秦文化论丛（第十五辑）　三秦出版社　2008 年 10 月

岐山县博物馆收藏的秦代陶器考释　庞文龙、徐水卫　周秦文明论丛（二）　三秦出版社　2009 年 2 月

秦陶文考释五则　单晓伟　中国历史文物　2010 年第 3 期

"女市"铭款陶盆片：秦兵炊器成秦统一岭南物证　邓琼　广州日报　2010 年 11 月 12 日

从"美亭"陶文看市亭制度　罗西章　宝鸡社会科学　2011 年第 2 期

读"秦始皇陵园新出土的陶文"札记　袁仲一　秦始皇帝陵博物院（总贰辑）　三秦出版社　2012 年 7 月

秦兵马俑一号坑新出陶文与"物勒工名"　许卫红等　秦始皇帝陵博物院（总贰辑）　三秦出版社　2012 年 7 月

关于"𨟃亭"及"霸陵过氏瓴"陶文的诠释　袁仲一　秦汉研究（第八辑）　陕西人民出版社　2014 年 9 月

有关 12 枚秦"市、亭"陶文的重新考释　卜艳明、后晓荣　苏州文博论丛（总第 6 辑）　文物出版社　2015 年 12 月

秦俑一号坑第三次发掘新出陶文浅析　兰德省、王东峰、申茂盛、孔琳、金玉云　秦始皇帝陵博物院（总陆辑）　陕西师范大学出版社　2016 年 10 月

临潼马额秦墓新出陶文及其初步研究　冯锴、马川　文博　2017 年第 1 期

从秦咸阳发现带"戎"字陶文试析秦戎关系　谢高文　秦始皇帝陵博物院（总柒辑）　三秦出版社　2017年10月

秦市亭陶文性质的新认识　后晓荣　考古学报　2019年第3期

4. 石刻文字

沈旭庭先生藏石鼓文宋拓本　国学杂志　1915年第1、5期插图

石鼓说　太炎　民权素　第9期　1915年8月

石鼓为秦刻石考　马衡　国学季刊　第1卷第1期　1923年1月

石鼓文地名考　古华山农　国学杂志　第1卷第1、2期　1926年10、11月

记琅琊台秦刻石东面释文　林钧　语历所周刊（百期纪念号）　1929年10月

石鼓为秦文公时物考　马叙伦　北平图书馆馆刊　第7卷第2期　1933年4月

石鼓文疏记引辞　马叙伦　北平图书馆馆刊　第7卷第6期　1933年12月

秦六石说　陆和九　民大中国文学系丛刊　第1卷第1期　1934年1月

石鼓文及其社会的背景　古铁　中原文化　第1卷第2期　1934年2月

石鼓释文序　马叙伦　图书馆学季刊　第8卷第2期　1934年6月

猎碣考释　张政烺　史学论丛　第1期　1934年7月

强运开释《石鼓释文二卷》　殿珣　中国博物馆协会会报　1935年第1期

马叙伦《石鼓文疏证》　殿珣　中国博物馆协会会报　1935年第2期

秦始皇刻石考　容庚　燕京学报　第17期　1935年6月

前茅本北宋最早揭汧阳刻石跋　唐兰　天津益世报读书周刊　第9期　1935年8月1日

琅琊台秦碑考证　王孝甫　北平华北日报读书周刊　第46期　1935年9月16日

秦刻十碣时代考　罗君惕　考古社刊　第1卷第3期　1935年12月

石鼓文时代研究　杨寿祺　考古社刊　第1卷第3期　1935年12月

石鼓文"廊"字之商榷　苏秉琦　史学集刊　第1期　1936年4月；苏秉琦文集（二）　文物出版社　2009年9月

姚大荣"石鼓为元魏时物"说驳议　杨寿祺　考古社刊　第5期　1936年

12月

　　石鼓文概述　任熹　考古社刊　第1卷　第5期　1936年12月

　　辟俞正燮、姚大荣石鼓为北魏时物说　罗君惕　考古社刊　第1卷　第6期　1937年6月

　　跋《石鼓文研究》　马叙伦　东方杂志　第34卷第18、19期　1937年10月

　　赵椿年纂《覃研斋石鼓十种考释一卷》　中国博物馆协会会报　第4期　1937年

　　《石鼓文研究》(郭沫若著)　敬　图书季刊　新2卷第3期　1940年9月

　　石鼓文研究　醒元　学术杂志　第1卷第1期　1943年9月

　　泰山石刻考(附表)　陈志良　说文月刊　第1期　1943年11月

　　石鼓文研究三事质疑　沈兼士　辅仕学志　第13卷第1、2期　1943年12月

　　石鼓发微　范志远　学海　第1卷第2期　1944年8月

　　石鼓新释　马公愚　大众　第10期　1944年10月

　　石鼓文研究三事质疑　沈兼士　辅仁杂志　第1期　1945年1月

　　石鼓为秦文公畤旧物考　许庄叔　文史杂志　第5卷第3、4期　1945年4月

　　秦代刻石风尚来源之推测　刘厚滋　逸文　第1期　1945年5月

　　诅楚文考释　郭沫若　中国建设　第4卷第6期　1947年9月

　　石鼓文刻于秦灵公三年考　唐兰　申报文史　第1、2期　1947年12月6日、13日

　　驳唐兰《石鼓文刻于秦灵公三年考》　叶华　文物周刊　第68期　1947年12月31日

　　评唐兰先生《石鼓文刻于秦灵公三年考》　童书业　文物周刊　第68期　1947年12月31日

　　许庄述著《石鼓考缀》　中央图书馆馆刊　第4期　1947年

　　石鼓文时代考(隰庐石鼓研究之一)　杨若渔　文物周刊　第74期　1948年2月

　　关于石鼓文的时代答童书业先生　唐兰　申报文史　第13期　1948年3

月6日

论石鼓文的时代再质唐兰先生　童书业　文物周刊　第77期　1948年4月

因唐童二先生的辩论而记及石鼓文"殹"字的读解　凤　文物周刊　第77期　1948年4月

论石鼓文用"避"不用"朕"再答童书业先生　唐兰　申报·文史周刊　第21期　1948年5月1日

关于石鼓文"避"字问题——致文史编者一封公开信　唐兰　申报·文史周刊　第28期　1948年6月19日

石鼓文刻于秦灵公三年考　唐国香　大陆杂志　第5卷第7期　1952年10月

石鼓的时代文辞及其字体　戴君仁　大陆杂志　第5卷第7期　1952年10月

"石鼓文刻于秦灵公三年考"补正　苏堂辉　大陆杂志　第5卷第12期　1952年12月

石鼓的迁徙　那志良　大陆杂志　第7卷第6期　1953年9月

石鼓年代考　唐兰　故宫博物院院刊　1958年第1期

评那著《石鼓通考》　苏莹辉　台湾新生报　1959年6月19日、26日

从石鼓读古人风趣　费友仁　大学生活　第7卷第10期　1961年10月

重论石鼓的时代　戴君仁　大陆杂志　第26卷第7期　1963年4月

"石鼓文"简介——它是二千七百年前秦国抗戎救国的纪念碑　宋平　羊城晚报　1966年3月24日

先秦石鼓存诗考简况　张光远　出版月刊　第17期　1966年10月

石鼓文偶笺　戴君仁　中国文字　第23期　1967年3月

石鼓文制作年代考　郑康民　建设　第16卷第2期　1967年7月

论石鼓乃秦德公时遗物及其他——读郭沫若同志《石鼓文研究》后　段飏　学术月刊　1967年第9期

石鼓诗笺有关文史论证　张光远　中山学术文化集刊　第2期　1968年11月

石鼓文偶笺之二　戴君仁　中国文字　第42期　1971年

石鼓文的学术价值　张光远　故宫季刊　第 7 卷第 1 期　1972 年

新社会制度的赞歌——读李斯七篇刻石文　李剑国　辽宁日报　1974 年 12 月 1 日

泰山无字碑考辨　李锦山　文物　1975 年第 3 期

秦刻石是秦始皇执行法家路线的历史见证　冯佐哲、杨升南、王宇信　考古　1975 年第 1 期

反复辟的宣言　新事物的赞歌——读秦始皇的七篇刻石辞　吴汝煜　徐州师院学报　1976 年第 2 期

李斯秦刻石铭文解说　公木　理论学习　1978 年第 1 期

秦国文化与史籀作石鼓诗考　张光远　故宫文物月刊　第 14 卷第 2 期　1979 年

石鼓年代考　唐兰　现代书法论文选　上海书画出版社　1980 年

秦诅楚文考释——兼释亚驼大沈久湫两辞　姜亮夫　兰州大学学报　1980 年第 4 期

谈两方摹刻石鼓文的古砚　蔡鸿茹　文物　1980 年第 6 期

明拓《峄山刻石》　方冶　书法丛刊　1981 年第 1 期

秦篆与泰山刻石　光明日报　1981 年 2 月 17 日

我国书法艺术史上的壮举:《泰山刻石》秦篆全文集补·重书印刻出版　光明日报　1981 年 2 月 17 日

石鼓最初所在地及其石刻年代　李仲操　考古与文物　1981 年第 2 期

我国现存最早的碑刻——泰山刻石　璟芬　文物天地　1981 年第 3 期

秦《泰山刻石》历险记　王晓亭、翟所淦　文物天地　1981 年第 3 期

现存秦汉魏晋篆隶石刻表　无闻　词典研究丛刊　1981 年第 3 期

瑰丽多彩的泰山石刻　王晓亭　书法　1981 年第 4 期

石鼓地望与石鼓诗年代小议　韩伟　考古与文物　1981 年第 4 期

石鼓文年代及其相关诸问题　黄奇逸　古文字研究论文集　四川大学学报丛刊(第十辑)　1982 年

秦《诅楚文》释要——兼论《九歌》的写作年代　孙作云　河南师大学报　1982 年第 1 期

石鼓与籀文　潘振允　书法研究　1983 年第 2 期

我国最早的刻石文——石鼓文　许若石　并州文化　1983年第6期

峄山刻石　李域铮　西安晚报　1983年7月9日

秦"峄山刻石"　雒长安　文博　1984年第2期

先秦石鼓简说　韩长耕　史学史研究　1984年第3期

《石鼓文》试读　程质清　书法　1984年第3期

秦石鼓历经沧桑　希文　文物天地　1985年第6期

《诅楚文》补释　陈世辉　古文字研究（第十一辑）　中华书局　1985年10月

我国最早的文字刻石——石鼓　冯贺军、木易　文物报　1985年10月25日

从《诅楚文》看楚怀王前期的朝政改革　潘啸龙　江汉论坛　1986年第10期

《诅楚文》三神考　吴郁芳　文博　1987年第4期

秦刻石文　施蛰存　文史知识　1987年第7期

《诅楚文》时代新证　陈伟　江汉考古　1988年第3期

秦始皇的巡狩和刻石　[日]稻叶一郎　书记　第25期　1989年

始皇刻石与摩崖遗风　王学理　成都大学学报　1989年第1期

洪湖博物馆藏刘心源考订《石鼓文》刻石　余向东　中国文物报　1991年5月5日；考古与文物　1997年第1期

秦始皇帝的政纲宣言和心理记录——秦始皇东巡刻石文辞评议　丁毅华　秦陵秦俑研究动态　1992年第1期

从"著者石章"的解释看诅楚文刻石的形制　赵平安　学术研究　1992年第1期

诅楚文辨疑　赵平安　河北大学学报　1992年第2期

泰山顶无字碑为秦封志石辨　李发林　华夏考古　1992年第2期

经历坎坷的秦李斯泰山刻石　白煦　文物天地　1992年第4期

始皇东巡第一刻石　门宗耀　文史知识　1992年第7期

石鼓出土地及其在唐宋的聚、散、迁　李仲操　人文杂志　1993年第2期

石鼓文刻石探源　彭曦　宝鸡文博　1993年第2、3期；文博　1993年第6期

石鼓文新探　宋鸿文　贵州文史　1993年3、4期

从秦系文字演变的观点论《诅楚文》的真伪及其相关问题　陈昭容　历史语言研究所集刊　1993年4月

秦相名作——峄山刻石　王昭溪、胡新立　中国文物报　1993年4月11日

司马池与秦"石鼓"　杨明珠　中国文物报　1994年1月30日

秦文公石鼓叙事史诗　李铁华　寻根　1994年第2期

千古石鼓文破释记　李铁华　史志文汇　1994年第2期

秦代刻石书艺之研究　姚淦铭　铁道师院学报　1994年第3期

石鼓和石鼓文考略——兼论郭沫若的襄公八年说　胡建人　宝鸡文理学院学报　1994年第3期

石鼓新响:鼓文千古之谜破释记　李铁华　文汇报　1994年4月10日

秦始皇会稽刻石辨析　林剑鸣　学术月刊　1994年第7期

由"天子""嗣王""公"三种称谓说到石鼓文的时代　王辉　中国文字（新第20期）　艺文印书馆　1995年

关于石鼓文的时代问题　裘锡圭　传统文化与现代化　1995年第1期

石鼓文历代拓本考　胡建人　宝鸡文理学院学报　1995年第2期

石鼓文十议　李铁华　传统文化与现代化　1995年第3期

石鼓撷闻　朱家潍　故宫博物院院刊　1995年第4期

《由"天子""嗣王""公"三种称谓说到石鼓文的时代》一文补正　王辉　中国文字（新第21期）　艺文印书馆　1996年

论泰山刻石和琅琊刻石拓本反映的不同书风　孙小平　重庆师院学报　1996年第4期

石鼓文秦襄公一说　陈少华　传统文化与现代化　1997年第4期

石鼓文年代考辨　徐宝贵　国学研究(4)　1997年

始皇东巡第一刻石　郑建芳　中国文物报　1998年1月18日

郭沫若《诅楚文考释》订补　史党社、田静　文博　1998年第3期

诅楚文"亚驼"考　裘锡圭　文物　1998年第4期

石鼓山和石鼓文　李仲操　文博　1999年第1期

石鼓制作缘由及其年代新探　杨宗兵　中国历史文物　2004年第4期

秦始皇纪功刻石的文字学价值　韩祖伦　秦文化论丛（第十一辑）　三秦

出版社　2004年6月

《秦风》总论　殷光熹　楚雄师专学报　1999年第2期

石鼓文及其时代述评　杨宗兵　考古与文物　2006年第3期

秦始皇帝东巡刻石的文学价值　张敏　秦文化论丛（第十四辑）　三秦出版社　2007年10月

"石鼓文千年之谜破解论"当休矣——由20世纪40年代唐兰、童书业关于石鼓文年代问题的论战谈起　倪晋波　秦文化论丛（第十四辑）　三秦出版社　2007年10月

秦代石刻文："主道利周"的悲哀　焦俊霞　求索　2007年第11期

石鼓文《作原》石的佚失及成臼俱在唐时　徐宝贵　考古与文物　2008年第3期

石鼓文"发现"还是"出土"　官波舟　宝鸡社会科学　2008年第4期

石鼓文领域的攻关之作——读《石鼓文整理研究》　董莲池　书品　2008年第6期

石鼓文拓本汇校——并录湘博善本　李海全　湖南省博物馆馆刊（第五辑）　岳麓书社　2009年4月

《峄山刻石》梳理　徐家骥　秦汉研究（第三辑）　陕西人民出版社　2009年8月

秦石刻文化探述　郭荣章　秦都咸阳与秦文化研究　陕西人民教育出版社　2003年11月

石鼓文研究述评　王素　故宫学刊　2015年第1期

（二）文学与文学批评

周秦法家仇视文学评议　陈兆馨　国学丛刊　1923年第1卷第3期

孟姜女故事的转变　顾颉刚　歌谣周刊　1924年第69期

关于孟姜女故事的通讯　顾颉刚等　歌谣周刊　1925年第79期

孟姜女故事专号　顾颉刚等　歌谣周刊　1925年第83—96期

孟姜女故事研究　顾颉刚等　北大国学周刊　第1—14期　1925年10月—1926年1月

关于孟姜女和花木兰的我见　宝山　妇女杂志　1925年第11卷第12期

孟姜女故事之历史的系统　顾颉刚　现代评论　1926 年第 3 卷第 75—77 期

《孟姜女故事研究集》自序　顾颉刚　民俗　1928 年 3 月

"商君法"传说之伪变　谭戒甫　武大文哲季刊　1934 年第 4 卷第 1 期

孟姜女故事材料目录　顾颉刚　天津益世报读书周刊　1935 年第 8 期

《韩非子》之文学　陈千钧　学术世界　1936 年第 1 卷第 9、10 期

论上古秦汉的文学　吕思勉　文史教学　1942 年第 4 期

关于上古秦汉文学及其他　吕思勉　东方文化　1942 年第 1 卷第 2 期

中国文艺批评的第一期（自东周至西汉）　杨即墨　真知学报　1942 年第 1 卷第 1 期

周秦西汉歌戈麻本音新考　张维思　说文月刊　1944 年第 5 卷第 1、2 期

《周秦两汉文学批评史》（罗根泽编）　毓　图书季刊　新 5 卷第 2、3 期 1944 年 6、9 月

先秦两汉文论　张须　国文月刊　第 51 期 1948 年 1 月

秦文学　顾敦鍒　中国学术史论集（一）　1956 年 10 月

先秦两汉文学的研究同样应该受到重视　谷显　光明日报　1961 年 12 月 3 日

谈谈文学史教科书的编写问题——谈游国恩等同志主编的《中国文学》中"秦汉文学"一编　郭预衡　光明日报　1964 年 9 月 6 日

暴秦时代的散文　李谦　中华日报　1968 年 2 月 1 日

墨子、荀子、韩非三家之文学批评　林素珍　学粹　1969 年第 11 卷第 2 期

《韩非子》文章体裁类别及篇章结构　蔡清泉　中国语文学报　1971 年第 4 期

秦代之文学与一般著作　朱瑗　反攻　1971 年 8 月

鲁迅论秦汉法家诗文　王尔龄　西北大学学报　1975 年第 3 期

韩非的文艺思想　郎保东　人民日报　1975 年 2 月 19 日

从寓言故事看韩非朴素唯物主义文艺观　谭福开　广西大学学报　1975 年第 2 期

评韩非的文艺思想　朱恩彬　山东师院学报　1975 年第 2 期

韩非的文艺观　王明居　安徽文艺　1975 年第 5 期

论《韩非子》文学及其影响　蒋英豪　崇基学报　第 13 卷第 2 期　1976 年 6 月

周秦两汉哲理文学之研究　张云英　嘉义师专学报　第 8—9 期　1978 年 5 月

秦汉时代的神仙故事　澎湃　中华文艺　第 94 期　1978 年 11 月

韩非的文学成就　徐汉昌　静宜学报　1979 年第 2 期

试谈秦代文学　陈玉麟　江苏师院学报　1979 年第 4 期

《吕氏春秋》的文艺思想浅说　于维璋　山东大学文科论文集刊　1980 年第 2 期

"秦代文学"漫议　李文初　暨南大学学报　1980 年第 3 期

秦始皇的传说　元各搜集整理　民间文学　1980 年第 6 期

陈胜的传说　雪珂搜集整理　民间文学　1980 年第 6 期

韩非——战国古代"难"体散文之祖　张惠仁　四川师院学报　1981 年第 1 期

《项羽本纪》的悲剧特色　艾岩　名作欣赏　1981 年第 3 期

试谈秦代文学　李孝堂　齐齐哈尔师院学报　1981 年第 3 期

说《韩非子》寓言　朱俊芳　沈阳师院学报　1981 年第 4 期

秦《诅楚文》释要——兼论《九歌》的写作年代　孙作云　河南师大学报　1982 年第 1 期

《诗经·秦风·无衣》论释异议　李占一等　唐山师专学报　1982 年第 3 期

从韩非的寓言看先秦寓言文学的特色　郝连明　语文学刊　1982 年第 3 期

秦汉文章之变迁　郭预衡　北京师范大学学报　1982 年第 5 期

孟姜女故事研究　杨振良　台湾师大国文研究所集刊　第 29 期　1982 年 6 月

秦帝国期的文学改革　郑夏贤　公州师大论文集（20 期）　1982 年

略说秦汉文学　洪顺隆　华学月刊　1983 年第 2 期

孟姜女与秦始皇　张紫晨　孟姜女故事论文集　中国民间文艺出版社　1983 年 9 月

精深宏博 外见文采:浅说《韩非子》的文学色彩 阎爱非 北方论丛 1985年第2期

从《定法》探测韩非的文笔特色 黄瑞枝 师友 第217期 1985年7月

从云梦简牍论秦国文学 周凤五 古典文学 1985年第7期

略谈《过秦论》与《六国论》的异同 罗昌奎 梧州地区教师进修学院学报 1986年第1期

众体皆备 集其大成——《韩非子》文章漫谈 谭家健 中州学刊 1986年第1期

论先秦西汉的历史故事 张家顺 河南大学学报 1986年第2期

略论先秦两汉时期的小说理论 毕桂发 许昌师专学报 1986年第2期

研究孟姜女故事的目的何在 路工 民间文学论坛 1986年第6期

孟姜女学术研讨会絮语 徐纪民 民间文学论坛 1986年第6期

孟姜女故事在少数民族中的变异 过伟 民间文学论坛 1986年第6期

孟姜女故事艺术心理分析 毕尔刚 民间文学论坛 1986年第6期

孟姜女传说在湖北 黄永林 江汉论坛 1986年第10期

名篇妙谏照千秋:李斯《谏逐客书》赏析 陈丽芬 河南大学学报 1987年第2期

读《先秦汉魏晋南北朝诗》杂札 祝鼎铭 北京师大学报 1987年第2期

论秦代文学 周子瑜 南京师院学报 1987年第2期

《吕氏春秋》寓言试探 张秉光 佛山师专学报 1987年第3期

地拔双崖起 天余一线青:浅谈韩非寓言的虚与实 肖荣 邵阳师专学报 1987年第3期

秦汉民间谣谚略说 王子今 人文杂志 1987年第4期

论《吕氏春秋》的文学价值 章沧授 文学遗产 1987年第4期

《谏逐客书》的劝谏艺术 陈欣、张帆 学习月刊 1987年第12期

刘邦、项羽形象的美学意义 徐兴海 吉林师范学院学报 1988年第1期

《项羽本纪》的写作特色 张兴彦 铁道师院学报 1988年第1期

"博喻之富"的《韩非子》 傅丽英 河北师院学报 1988年第2期

秦汉方士与秦汉文学 汪小洋 南京师大学报 1989年第3期

《韩非子》使用历史故事和寓言独特风格浅说 张觉 西南民院学报

1990 年第 2 期

对孟姜女传说的再认识——战国母系制现象的一次大规模破坏过程　张岩　文艺研究　1991 年第 6 期

云梦秦简与文学　余宗发　云梦秦简中思想与制度钩摭　文津出版社 1992 年 1 月

五陵原:秦汉文学艺术的宝库　杨希义　华夏文化　1998 年第 2 期

秦始皇未曾破坏母系制遗存——与张岩先生"破坏"说商榷　晋文　南京师大学报　1999 年第 3 期

放马滩《墓主记》的文学价值　张宁　秦文化论丛(第七辑)　西北大学出版社　1999 年 6 月

秦文学简论　刘世芮、卢静　甘肃教育学院学报　2001 年第 4 期

秦民谣探述　张宁　秦文化论丛(第十辑)　三秦出版社　2003 年 7 月

秦地文学和秦代无文学论　崔文恒、崔晓芸　阴山学刊　2004 年第 5 期

"歌"与"诵""造篇"与"诵古"——秦汉赋诗形态的演化　刘昆庸　学术探索　2007 年第 2 期

秦之寓言　张宁　秦文化论丛(第十四辑)　三秦出版社　2007 年 10 月

从秦始皇巡行看秦代的精神探索和文学表现　梁葆莉　文学遗产　2008 年第 5 期

秦汉河西走廊上的文化学术交流及其文学影响　孙少华　齐鲁学刊　2009 年第 5 期

神话资源的共享与争夺——先秦秦汉天门神话研究　邱硕　长江大学学报 2009 年第 5 期

秦汉文学编年史　王勇、陈亮　图书馆理论与实践　2009 年第 8 期

孙皓晖"历史观"批判:《祭秦论》批驳系列之序言　王家范　探索与争鸣 2012 年第 6 期

论"秦文学"从秦国到秦代的演变　刘原　文艺评论　2015 年第 10 期

秦汉时期咏青诗文的文学与历史价值　胡芳　青海师范大学民族师范学院学报　2019 年第 1 期

说《史记》篇名《秦始皇帝本纪》　王子今　唐都学刊　2019 年第 4 期

《秦始皇帝本纪》文献学琐议　王子今　宝鸡文理学院学报　2019 年第

5 期

作为标志的"虚词":秦汉时期法律中"及"的语法功能　[韩]金秉骏　简帛（第十八辑）　上海古籍出版社　2019 年 5 月

十　文化、艺术

（一）文化概述

秦汉时代文化的概述　劳贞一　文讯　第 7 卷第 4 期　1947 年 10 月

秦文化之本质　黄灼耀　中央日报　1949 年 7 月 12 日、19 日

秦汉时代的中国文化　劳榦　大陆杂志　第 4 卷第 3 期　1952 年 2 月

秦汉乐府考略——由秦始皇陵出土的秦乐府编钟谈起　寇效信　陕西师大学报　1978 年第 1 期

吉林省西南部的燕秦汉文化　李殿福　社会科学战线　1978 年第 3 期

秦始皇的文化教育建树　左卓　教育革命　1979 年第 2 期

秦建帝国对于文化所产生的影响　杨亮功　孔孟月刊　第 17 卷第 1 期　1979 年 7 月;东方杂志 13 卷 2 期　1979 年 7 月

秦帝国的文化　张其昀　文艺复兴　第 110 期　1980 年 3 月

秦国文物的新认识　李学勤　文物　1980 年第 9 期

关于"秦文化是西戎文化"质疑——谈秦文化的族属　韩伟　青海考古学会会刊　1981 年第 2 期

论秦文化的渊源及其发展途径　黄灼耀　华南师院学报　1981 年第 3 期

秦汉时期的文化　景越　中学历史教学参考　1983 年第 3 期

秦汉时期的文化（教案）　姜建勤　历史教学问题　1983 年第 4 期

秦人青铜文化初探　尚志儒　文博　1984 年第 1 期

秦汉文明发展的特点　林剑鸣　学术月刊　1984 年第 10 期

秦文化的编年　[日]冈村秀典　古史春秋二号　1985 年

秦汉文化史初论　韩养民　云南社会科学　1986 年第 4 期

多元的秦汉文化　韩养民　浙江学刊　1986 年第 4 期

关于秦人族属及文化渊源管见　韩伟　文物　1986 年第 4 期

秦汉时代的双连杯及其民俗学意义　王子今　考古与文物　1986 年第 5 期

寻找秦文化渊源的新线索　赵化成　文博　1987 年第 1 期

古宣州秦以前文化史略　庄增明　东南文化　1987 年第 2 期

从考古发现看秦汉闽越文化的历史特点　林忠干　东南文化　1987 年第 2 期

论秦的社会与文化　斯维至　中外历史　1987 年第 3 期

论秦文化的起源与发展　侯毅　山西师大学报　1987 年第 3 期

从秦人价值观看秦文化的特点　林剑鸣　历史研究　1987 年第 3 期

秦国考古资料所见百越文化考　刘稚　云南社会科学　1987 年第 4 期

秦汉医学与董仲舒的天人感应论　李综桂、格日乐　哲学研究　1987 年第 9 期

秦汉以后中国古代文化发展的轨迹　熊铁基　江汉论坛　1987 年第 11 期

秦文化渊源初探　常青　北京大学研究生院刊　1988 年第 1 期

秦人价值观与中国的统一　林剑鸣　人文杂志　1988 年第 2 期

文化、非理性与秦的灭亡　郑训佐　山东社会科学　1988 年第 2 期

秦与华夏文化　刘雨涛　孔子研究　1988 年第 2 期

从葬俗看秦文化与中原文化的差异　苏庆元　宝鸡师院学报　1988 年第 3 期

秦文化生成机制的反思　韩养民　社会科学评论　1988 年第 4 期

试论秦汉代思想中的因果观点　白光华　周秦汉唐考古与文化国际学术会议论文集　西北大学学报　1988 年增刊

周秦汉唐文化的历史魅力与理性反思　彭树智　周秦汉唐考古与文化国际学术会议论文集　西化大学学报　1988 年增刊

从湖北秦墓看秦的统一和战国传统文化的组合　［日］松崎恒子　中国史研究　1989 年第 1 期；秦汉史论丛（第四辑）　西北大学出版社　1989 年 6 月

秦汉至唐报状产生前兄弟民族的新闻与新闻传播　白润生　中央民族学院学报　1989 年第 2 期

论秦汉大一统观念与传统政治文化　刘汉东　秦汉史论丛（第四辑）　西

北大学出版社　1989年6月

秦汉时期的书籍文化　李瑞良　秦汉史论丛(第四辑)　西北大学出版社　1989年6月

秦文化及其影响　梁韦弦　贵州社会科学　1989年第12期

周秦文化研究的几个问题　刘宝才　宝鸡师院学报　1990年第2期

秦的民族与文化及中国封建专制主义的形成　梁玄弦　人文杂志　1990年第4期

三秦民俗文化漫论　宁锐　陕西师大学报　1990年第4期

试论秦文化特质的成因　赵沛　文博　1990年第5期

从考古资料看秦文化的发展和主要成就　袁仲一　文博　1990年第5期

秦文化的考古工作与研究　巩启明、呼林贵　文博　1990年第5期

秦代政治文化思想　刘宝才　文博　1990年第5期

征服与反抗——略论秦王朝的区域文化冲突　刘文瑞　文博　1990年第5期

秦兵马俑文化内涵析　张从军　文博　1990年第5期

从秦代建筑工艺看秦文化的基本精神　闫国文　文博　1990年第5期

秦汉荆湘地区的学术文化　杨立新　江汉论坛　1990年第5期

秦俑与秦文化研究应向"巨""细"两个方面发展　黄留珠　秦陵秦俑研究动态　1991年第1期

考古、文献、古文字紧密结合,是秦文化研究深入的必由之路　王辉　秦陵秦俑研究动态　1991年第1期

秦文化研究杂议　钟醴　秦陵秦俑研究动态　1991年第1期

秦汉神秘文化及其社会功能与价值评估　黄留珠　西北大学学报　1991年第1期

周秦文化研究应该有一个新发展　杨昇军　宝鸡师院学报　1991年第1期

论大一统的秦汉文化　李宝桂　中州学刊　1991年第2期

应注意周秦文化研究的差异　刘宝才　秦陵秦俑研究动态　1991年第2期

秦俑——文化研究神之聚合　赵沛　秦陵秦俑研究动态　1991年第2期

对秦俑与秦文化的研究的点滴意见　王志俊　秦陵俑研究动态　1991年第2期

秦人·秦文化浅议　戴春阳　西北史地　1991年第2期

略谈秦文化的历史地位　王云度　秦陵秦俑研究动态　1991年第3期

应当重视秦人与西方北方部族文化交往的研究　王子今　秦陵秦俑研究动态　1991年第3期

秦文化研究的几个问题　侯宁彬、呼林贵　秦陵秦俑研究动态　1991年第3期

极端功利主义的兴衰　齐万良　秦陵秦俑研究动态　1991年第4期

秦文化——一种多维进化模式　王健　社会科学　1992年第3期;秦汉文化与华夏传统　学林出版社　1993年9月

秦建筑文化概论　徐卫民　青海师大学报　1992年第4期

从"焚书坑儒"到"独尊儒术"——中国古文化的大转变时期　逄振镐　东南文化　1992年第5期

论秦汉宦官在科技文化领域中的贡献　余华青　秦汉史论丛(第五辑)　法律出版社　1992年8月

秦汉武事中的礼乐之用　龚留柱　秦汉史论丛(第五辑)　法律出版社　1992年8月

秦汉时期的人口迁移和文化传播　葛剑雄　秦汉史论丛(第五辑)　法律出版社　1992年8月

军功爵制与秦汉大一统官僚文化　张铭洽、刘文瑞　秦汉史论丛(第五辑)　法律出版社　1992年8月

商鞅"燔诗书"辨析　谭前学　秦汉史论丛(第五辑)　法律出版社　1992年8月

秦国用人得失与秦文化　赵世超　文史知识　1992年第10期

秦文化四题　邵介闻　陈直先生纪念文集　西北大学出版社　1992年11月

先秦至三国时期的汉中文化　何夫　陈直先生纪念文集　西北大学出版社　1992年11月

方形周沟墓与秦文化的关系　俞伟超　中国历史博物馆馆刊　1993年第

2 期

从炎黄时代到周秦文化　张岂之　西秦纵横　1993 年第 4 期

炎黄时代与周秦文明　刘宝才　西秦纵横　1993 年第 4 期

炎黄功业与周秦文化　李逢春　西秦纵横　1993 年第 4 期

嬴秦族西迁对秦文化形成的作用　汪勃、尹夏清　文博　1993 年第 5 期

秦文化的基本特征及其对民族传统的影响　黄留珠　秦汉文化与华夏传统　学林出版社　1993 年 9 月

论重功利轻伦理的秦国文化　刘宝才、梁涛　秦汉文化与华夏传统　学林出版社　1993 年 9 月

从"文化形态学"看秦汉与罗马文化的异同——兼说康有为的罗马秦汉比较史论　翁同文　秦汉文化与华夏传统　学林出版社　1993 年 9 月

从放马滩《日书》甲种再论秦文化的特点　林剑鸣　简帛研究（第一辑）　法律出版社　1993 年 10 月

秦代文化政策新议　王彦辉　南都学坛　1994 年第 5 期

秦汉文化的衔接与发展　刘修明　秦文化论丛（第三辑）　西北大学出版社　1994 年 12 月

论秦的主流文化与非主流文化　龙显昭　秦文化论丛（第三辑）　西北大学出版社　1994 年 12 月

共同的历史道路不同的发展进程——秦国社会结构与秦文化散论　臧知非　秦文化论丛（第三辑）　西北大学出版社　1994 年 12 月

移民与秦文化　葛剑雄　秦文化论丛（第三辑）　西北大学出版社　1994 年 12 月

睡虎地秦简《为吏之道》与秦文化　张铭洽　秦文化论丛（第三辑）　西北大学出版社　1994 年 12 月

试析《守法》《守令》等篇的归属及其与秦文化的关系　徐勇　秦文化论丛（第三辑）　西北大学出版社　1994 年 12 月

从秦俑看秦文化——兼评秦文化研究中的若干问题　黄留珠　秦文化论丛（第三辑）　西北大学出版社　1994 年 12 月

秦始皇帝的文化思想与文化政策　张文立　秦文化论丛（第三辑）　西北大学出版社　1994 年 12 月

儒与秦文化　王辉　秦文化论丛（第三辑）　西北大学出版社　1994年12月

孔子西行不到秦——试论秦文化传统中的排儒倾向　李淑萍　秦文化论丛（第三辑）　西北大学出版社　1994年12月

从文化结构看秦对外来文化的吸收　陈春慧　秦文化论丛（第三辑）　西北大学出版社　1994年12月

壹家堡类型文化与早期秦文化　刘军社　秦文化论丛（第三辑）　西北大学出版社　1994年12月

吕不韦悲剧的必然性及其历史教训——始皇帝焚书坑儒思想文化渊源　王关成　秦文化论丛（第三辑）　西北大学出版社　1994年12月

关于秦人族源和秦文化渊源的几点认识　汪勃、尹夏清　秦文化论丛（第三辑）　西北大学出版社　1994年12月

秦汉时期赵地社会文化的特色　王子今　河北学刊　1995年第1期

闽江地区先秦两汉文化的初步研究　吴春明　考古学报　1995年第2期

周秦汉唐礼仪文化的价值定位　胡戟　陕西师大学报　1995年第3期

中国传统文化的轴心时代——从殷周之际到秦的统一　朱本源　陕西师大学报　1995年第3期

秦文化二源说　黄留珠　西北大学学报　1995年第3期

秦汉时期中国文化格局的形式　赵吉惠　陕西师大学报　1995年第3期

论周秦汉唐文化对我国古代都城规制之影响　朱士光　陕西师大学报　1995年第3期

秦简《为吏之道》与秦统一前后的文化嬗变　张铭洽　陕西历史博物馆馆刊（第2辑）　三秦出版社　1995年6月

秦的起源与文化　[日]饭岛武次著,晏新志译　陕西历史博物馆馆刊（第2辑）　三秦出版社　1995年6月

秦时武都汉绵竹·古蜀文化史新探　宁志奇　先秦史与巴蜀文化论集　历史教学社　1995年10月

秦与巴蜀文化关系浅论　陈平　先秦史与巴蜀文化论集　历史教学社　1995年10月

巴蜀文化的特质与秦举并巴蜀的成功　王子今　先秦史与巴蜀文化论集

历史教学社　1995 年 10 月

　　从蜀墓腰坑的设置看巴蜀文化与关中文化的交流　彭文　先秦史与巴蜀文化论集　历史教学社　1995 年 10 月

　　试论齐文化的形成及对秦汉政治的影响　赵润生、马亮宽　地域社会与传统中国　西北大学出版社　1995 年 10 月

　　齐文化与秦汉社会　宣兆琦　齐鲁学刊　1996 年第 1 期

　　秦汉时期汉文化的南传及其对瓯骆文化的影响　李乃贤　广西民族研究　1996 年第 2 期

　　重新认识秦文化　黄留珠　西北大学学报　1996 年第 2 期

　　论秦国的功利主义　夏遇南、屈建军　咸阳师专学报　1996 年第 2 期

　　试论秦汉齐学的内容　丁冠之、蔡德贵　烟台大学学报　1996 年第 3 期

　　周秦汉魏时期洛阳与西域的文化交流　叶万松　洛阳考古四十年——1992 年洛阳考古学术研讨会论文集　科学出版社　1996 年 3 月

　　秦文化渊源及秦人起源探索　牛世山　考古　1996 年第 3 期

　　二十世纪秦文化秦史研究回顾　黄留珠　秦陵秦俑研究动态　1996 年第 4 期

　　秦代的文化政策与秦文化——再谈秦文化的层次性　张铭洽　陕西历史博物馆馆刊(第 3 辑)　西北大学出版社　1996 年 6 月

　　秦代法治文化琐谈　齐万良　秦文化论丛(第四辑)　西北大学出版社　1996 年 6 月

　　从关中地区的髹漆业看关中文化与中原文化的交流　彭文　秦文化论丛(第四辑)　西北大学出版社　1996 年 6 月

　　秦楚胜败的文化分析　王雅红　江汉论坛　1996 年第 10 期

　　齐鲁文化与秦汉的博士制度　王克奇　东岳论丛　1997 年第 1 期

　　楚文化在秦统治时期的存在和影响　蔡靖泉　江汉考古　1997 年第 1 期

　　秦乐府新议　周天游　西北大学学报　1997 年第 1 期

　　"东南有天子气"释——秦汉区域社会文化史研究　冷鹏飞　学术研究　1997 年第 1 期;秦文化论丛(第五辑)　西北大学出版社　1997 年 6 月

　　略论秦代的神秘文化　吴小强　广州师院学报　1997 年第 4 期

　　秦皇汉武文化政策的比较研究　郭炳洁　南都学坛　1997 年第 4 期

《秦记》及其历史文化价值　王子今　秦文化论丛(第五辑)　西北大学出版社　1997年6月

秦汉:中国文化丧失多元性和独立性的转折点　李书有　探索与争鸣　1997年第11期

秦陇文化的地域特色与历史地位　葛承雍　人文杂志　1998年第1期

巴蜀文化的地域差异及秦的郡县控制　[韩]金秉骏撰,段渝校译　中华文化论坛　1998年第1期

秦汉时期齐鲁文化的风格与儒学的西渐　王子今　齐鲁学刊　1998年第1期

秦汉生态法律文化初探　陈业新　华中师大学报　1998年第2期

秦兼并巴蜀地的意义与蜀人对秦文化的认同　王子今　四川师大学报　1998年第2期

秦始皇与齐文化　马玲　理论学刊　1998年第4期

秦汉兵文化略论　赵明、卢星　江西社会科学　1998年第4期

易学与秦汉思想文化形态的演变　田昌五　求是学刊　1998年第5期

秦对传统文化整合的启示　张文立　陕西历史博物馆馆刊(第5辑)　西北大学出版社　1998年6月

试论春秋战国秦文化的走向　黄留珠　陕西历史博物馆馆刊(第5辑)　西北大学出版社　1998年6月

秦兵马俑坑与区域文化　张文立　秦文化论丛(第六辑)　西北大学出版社　1998年7月

秦军事集团与秦文化　薛瑞泽　秦文化论丛(第六辑)　西北大学出版社　1998年7月

略论秦、齐两国的功利主义价值观　彭文　秦文化论丛(第六辑)　西北大学出版社　1998年7月

文化矛盾与秦的灭亡　任建库　秦文化论丛(第六辑)　西北大学出版社　1998年7月

从考古资料看秦代建筑文化　刘占成　秦文化论丛(第六辑)　西北大学出版社　1998年7月

论秦汉文化整合的历史进程　黄尚明　社会科学动态　1998年第11期

秦人吸收周文化问题的探讨　刘军社　文博　1999 年第 1 期

秦宫廷文化概说　田静　唐都学刊　1999 年第 1 期

论秦代以前中华民族的马文化　林琳　广西民族研究　1999 年第 1 期

秦汉思想文化与中华民族凝聚力　彭年　中华文化论坛　1999 年第 2 期

从炎黄文化到秦文化——简论中国传统文化的整合过程　张文立　秦文化论丛（第七辑）　西北大学出版社　1999 年 6 月

略论齐文化在秦国的沉寂　宣兆琦　聊城师院学报　2000 年第 1 期

陕甘地区商代秦文化及相关问题　史党社、田静　文博　2000 年第 4 期

论天水秦文化的形成及其特点　雍际春　天水师范学院学报　2000 年第 4 期

秦文化、楚文化和汉文化　丁毅华　秦俑秦文化研究——秦俑学第五届学术讨论会论文集　陕西人民出版社　2000 年 8 月

论秦统一前的文化教育思想及对秦国的影响　吴海云　秦俑秦文化研究——秦俑学第五届学术讨论会论文集　陕西人民出版社　2000 年 8 月

从出土器物纹饰看秦文化与楚文化的交流　彭文　秦俑秦文化研究——秦俑学第五届学术讨论会论文集　陕西人民出版社　2000 年 8 月

关于秦汉艺术风格的研究　夏峰华　吉林广播电视大学学报　2010 年第 10 期

事功精神：秦文化之魂　王健　陕西日报　2000 年 10 月 17 日

秦文化起源及相关问题再探讨　滕铭予　中国考古学跨世纪的回顾与前瞻　科学出版社　2000 年 10 月

秦文化与当时世界诸国文化的对比研究　杨东晨　宁德师专学报　2001 年第 1 期

试论秦对东方文化的认同　薛瑞泽　商丘师范学院学报　2001 年第 1 期

试论秦文化与戎、狄青铜文化的关系　梁云　周秦汉唐文明国际学术讨论会文集　三秦出版社　2001 年 6 月

秦汉之际区域文化的冲突与融合　谢子平　人文杂志　2002 年第 1 期

从地域文化到主流文化——齐鲁文化在先秦秦汉时期的发展　孟祥才　齐鲁文化研究　2002 年第 1 期

秦汉史学的建树及其所体现的文化特征　黄朴民　聊城大学学报　2002

年第 1 期

秦人的崛起与秦文化的处位　祝中熹　陇右文博　2003 年第 1 期;秦史求知录　上海古籍出版社　2012 年 11 月

秦西垂文化的有关问题　康世荣　陇右文博　2002 年第 2 期

考古发现与先秦两汉学术文化　江林昌　社会科学战线　2003 年第 2 期

秦文化与齐文化之比较　周新芳、叶海芹　齐鲁学刊　2003 年第 5 期

也谈秦族源、秦文化考古及其有关问题　刘明科　炎帝与汉民族论集　三秦出版社　2003 年 6 月

秦人政治文化的特色　王世荣　炎帝与汉民族论集　三秦出版社　2003 年 6 月

周原也是秦文化的发祥地——兼论周原在炎黄夷文化融合及周秦汉文化形成过程中的作用　刘军社　炎帝与汉民族论集　三秦出版社　2003 年 6 月

早期秦文化特征形成的初步考察　张天恩　炎帝与汉民族论集　三秦出版社　2003 年 6 月;秦文化论丛(第十辑)　三秦出版社　2003 年 7 月

数术与秦文化　田旭东　秦都咸阳与秦文化研究　陕西人民教育出版社　2003 年 11 月

论秦汉时期思想文化的统一　张宗福、董彬　阿坝师范高等专科学校学报　2004 年第 3 期

甘肃礼县秦文化调查的一些认识　张天恩　考古与文物　2004 年第 6 期

重估秦文化的历史地位　张金光　周秦汉唐文化研究(第三辑)　三秦出版社　2004 年 11 月

试论巴蜀地区秦文化与楚文化的碰撞　彭文　秦文化论丛(第十二辑)　三秦出版社　2005 年 7 月

出土文献与秦文化研究　徐卫民　河南科技大学学报　2006 年第 1 期

略论秦文化的军事性及其成因　刘美、郝梅梅　芜湖职业技术学院　2006 年第 1 期

秦文化——中国传统文化的基石　陈蓉蓉　株洲工学院学报　2006 年第 1 期

试析秦汉以来浙东文化之特色　蔡罕　浙江万里学院学报　2006 年第 4 期

小篆字体与秦文化的关系　许曼　汉字文化　2006 年第 5 期

从秦的兴亡看秦文化的特质　王克西　西安财经学院学报　2006 年第 5 期

秦汉政治文化整合中儒学思想的变异　韩星　孔子研究　2006 年第 5 期

论秦始皇与齐文化　邱文山　山东理工大学学报　2006 年第 6 期

春秋时期秦国的艺术特色　蔡庆良　嬴秦溯源：秦文化特展　台北故宫博物院　2006 年 7 月

秦人来源与早期秦文化的考古学探索　赵化成　嬴秦溯源：秦文化特展　台北故宫博物院　2006 年 7 月

雍秦文化研究现状及宝鸡地区的多种古文化　刘亮　周秦文明论丛（一）　陕西人民出版社　2006 年 8 月

秦文化的尚武倾向　徐卫民　光明日报　2006 年 11 月 27 日

进入 21 世纪以来的早秦文化研究　黄留珠　社会科学评论　2007 年第 1 期

从秦文化的转型看考古学文化的突变现象　梁云　华夏考古　2007 年第 3 期

秦文化与秦早期文化概念新探　雍际春　西安财经学院学报　2007 年第 4 期

试论河洛受命仪式及其意义——兼论中国古代文化在秦汉时代的定位　葛志毅　学习与探索　2007 年第 5 期

秦文化重要特征探析　黄栋法　西安财经学院学报　2007 年第 5 期

秦文化渊源新探——熊图腾与中原通古斯人假说　叶舒宪　学术月刊　2007 年第 6 期

秦文化的历史构成与现代诠释　田文棠、杜乃俭　西安财经学院学报　2007 年 6 月

湖北秦文化综论　陈振裕　周秦汉唐文化研究（第五辑）　三秦出版社　2007 年 6 月

从秦墓葬俗看秦文化的形成　梁云　考古与文物　2008 年第 1 期

秦文化意象与秦文化精神　刘景纯　西安财经学院学报　2008 年第 3 期

略论秦的人殉文化　甘小华　西安财经学院学报　2008 年第 4 期

区域经济视域中秦文化研究的几个问题　张艳娥　西安财经学院学报　2008年第4期

秦、楚文化对战国至秦汉统一格局影响之比较研究　胡克森　武汉大学学报　2008年第5期

秦地文化与华夏文化的先河：炎帝文化　杨东晨　西安财经学院学报　2008年第6期

浅论秦文化与齐文化之异同　沈瑞英、曹海军　秦文化论丛（第十五辑）　三秦出版社　2008年10月

秦文化·楚文化·汉文化　王世平、汪红梅　陕西历史博物馆馆刊（第15辑）　三秦出版社　2008年11月

早期秦文化"源于东而兴于西"的考古学观察　田亚岐、王炜林　庆祝林沄先生七十寿辰论文集　科学出版社　2008年12月

简论周秦文化的形成及特征　高强　宝鸡文理学院学报　2009年第1期

浅谈秦始皇的文化开明政策　李育华、王向辉　唐都学刊　2009年第1期

早期秦文化"源于东而兴于西"的考古学观察　田亚岐、王炜林　新果集——庆祝林沄先生七十华诞论文集　科学出版社　2009年1月

对秦文化的重新审视　李育华、王向辉　理论导刊　2009年第4期

从"闻匈奴中乐"看秦汉时期游牧文化的人文精神　王绍东　内蒙古大学学报　2009年第4期

秦文化渊源新探　田静、史党社　秦汉史论丛（第十一辑）　吉林文史出版社　2009年4月

秦汉河西走廊上的文化学术交流及其文学影响　孙少华　齐鲁学刊　2009年第5期

从里耶古城、丹凤古城的考古发现谈秦楚关系　高崇文　里耶古城·秦简与秦文化研究：中国里耶古城·秦简与秦文化国际学术研讨会论文集　科学出版社　2009年10月

秦文化中的刚与柔　汪红梅　陕西历史博物馆馆刊（第16辑）　三秦出版社　2009年11月

审美走向从秦地域内出土的欧亚草原"动物纹"看秦与"戎狄"文化的关系　史党社　鄂尔多斯青铜器国际学术研讨会论文集　科学出版社　2009年12月

自觉——论秦汉审美文化的历史地位　周均平　山东社会科学　2010 年第 1 期

秦文化的超地域特征和跨时代意义　王子今　长安大学学报　2010 年第 3 期

试论秦朝文化专制制度的历史渊源　韩一敏　宁夏社会科学　2010 年第 4 期

论秦早期的文化转型　田延峰　西北大学学报　2010 年第 5 期

浅析秦文化对巴蜀文化的影响　胡静　兰台世界　2010 年第 8 期

早期秦文化多元因素逐步形成及其特征　田亚岐　秦俑博物馆开馆三十周年秦俑学第七届年会国际学术研讨会论文集　三秦出版社　2010 年 8 月

试论秦楚文化差异及其历史影响　万斌　山西师大学报　2010 年第 S2 期

春秋秦文化的"周化"及其文学的发生　倪晋波　理论学刊　2011 年第 4 期

论陇之秦文化　张文范、张建君、任毅　甘肃行政学院学报　2011 年第 6 期

早期秦文化的新认识——华夏文化中的独特地域性文化　黄永美　秦汉研究（第五辑）　三秦出版社　2011 年 9 月

秦文化与楚文化之比较　延娟芹　中国文化研究　2012 年第 3 期

秦文化与秦文化余续渊流——广义上的秦文化再审视　赵东　西安财经学院学报　2012 年第 3 期

论秦皇汉武的齐鲁文化情结　孟祥才　西安财经学院学报　2012 年第 6 期

论三秦文化与秦代艺术　倪琳琳、詹秦川　美术教育研究　2012 年第 7 期

论嬴秦西迁及甘肃东部秦文化的年代　梁云　秦始皇帝陵博物院（总贰辑）　三秦出版社　2012 年 7 月

秦人创造的世界文化遗产述评　李虎　秦汉研究（第六辑）　陕西人民出版社　2012 年 8 月

甘肃秦文化遗存及内在特质初探　赵俊川、赵琪伟、张小平　鸡西大学学报　2012 年第 9 期

秦文化与早期秦文化概念新探　雍际春　古史新论:庆祝杨育坤教授 90 华

诞文集　世界图书出版公司　2012年11月

秦人伦理文化的形成和特点　孔润年　第二届周秦伦理文化与现代道德价值国际学术研讨会论文集　陕西人民出版社　2012年12月

周秦伦理文化下的传统政治理念刍议　王向辉　第二届周秦伦理文化与现代道德价值国际学术研讨会论文集　陕西人民出版社　2012年12月

谈谈秦国与戎狄民族之间的文化交流　陆青松　江西省博物馆集刊（三）　文物出版社　2012年12月

略论秦文化与北方文化的关系　杨建华　考古与文物　2013年第1期

早期秦文化与域外、北方草原的交流　王志友　西安电子科技大学学报　2013年第6期

早期秦文化项目在礼县工作的重要收获　早期秦文化联合考古队　嬴秦西垂文化——甘肃秦文化研究会首届学术研讨会论文集　甘肃人民出版社　2013年9月

综论早期秦文化的发现与研究　陈斯雅、王东　西安财经学院学报　2014年第1期

秦人起源与早期秦文化特色　谷玉梅　管子学刊　2014年第1期

早期秦文化的考古发现与研究　徐卫民　秦汉历史文化的前沿视野：第二届中国秦汉史高层论坛文集　知识产权出版社　2015年1月

从秦公器看秦人早期的历史文化　高士荣　西安财经学院学报　2015年第3期

对甘肃早期秦文化统筹开发的思考　刘国芳　天水行政学院学报　2015年第4期

秦文化资源解读　赵东　渭南师范学院学报　2015年第9期

先秦时期周文化与秦文化互动研究　卢鹰　新西部　2015年第9期

嬴秦对汉渭文化圈的历史影响　祝中熹　秦文化探研——甘肃秦文化研究会第二次学术研讨会论文集　甘肃人民出版社　2015年11月

甘肃清水秦文化三题　温小牛　秦文化探研——甘肃秦文化研究会第二次学术研讨会论文集　甘肃人民出版社　2015年11月

先秦两汉色彩审美理论的文化传承研究　武金勇、陈萍、杨芳　天津大学学报　2016年第1期

略论秦汉政治生活中的生态文化　党超　东方论坛　2016 年第 4 期

秦早期文明论要　独小川　天水师范学院学报　2016 年第 4 期

基于历史解释的教学设计——以"秦文化与秦的兴亡"为例　张克州、何成刚　历史教学问题　2016 年第 4 期

战国秦汉时期的集团之"约"　[日]增渊龙夫　日本学者中国法制史论著选·先秦秦汉卷　中华书局　2016 年 4 月

秦汉关西武将集团形成的背景　董莉莉　史志学刊　2016 年第 5 期

公元前三世纪后秦文化对山西的影响　陶正刚　陶正刚考古文集　三晋出版社　2016 年 10 月

天水地域文化与秦文化关系研究　张平　语文学刊　2016 年第 12 期

早期秦文化的探索历程　梁云　天水师范学院学报　2017 年第 1 期

论早期秦文化的来源与形成　梁云　考古学报　2017 年第 2 期

从墓葬中的"异例"看秦文化的传播　史党社　中原文化研究　2017 年第 3 期;秦陵秦俑研究动态　2017 年第 3 期

关于秦早期文化形成的思考　雍际春　中国史研究动态　2017 年第 4 期

早期秦文化与行政制度史的印证——重读毛家坪　史党社　中国史研究动态　2017 年第 4 期

借用与创新——战国秦文化变迁机制分析　刘晓燕　湖北社会科学　2017 年第 4 期

周秦文化特色资源库建设的理论研究——以宝鸡文理学院为例　江娜　兰台世界　2017 年第 4 期

从《秦腔》与《百鸟朝凤》看传统秦文化的流逝与传承　汪慧静、满建　民族艺林　2017 年第 4 期

关于秦早期文化的考古收获及相关认识　梁云　中国史研究动态　2017 年第 4 期

从头向看本土秦人与外来移民的数量比例及葬埋地　陈洪　中原文物　2017 年第 4 期

从出土文献词汇变化看秦文化发展演变　李园　社会科学家　2017 年第 5 期

论秦文化资源传播策略　李世忠　咸阳师范学院学报　2017 年第 5 期

卢生并非反秦人士——兼谈燕秦文化碰撞与融合　靳宝　秦始皇帝陵博物院（总柒辑）　三秦出版社　2017年10月

网络信息时代秦汉文化研究的学术资源整合　孟中元　秦始皇帝陵博物院（总柒辑）　三秦出版社　2017年10月

秦政治文化述论　雷依群　咸阳师范学院学报　2017年第5期；秦史崛起与统一　西北大学出版社　2019年2月

秦文化精神述略　李世忠　社科纵横　2017年第10期

秦文化精神及其政治生态环境　段永升　咸阳师范学院学报　2018年第1期

陇南民歌与先秦风土歌谣——西汉水上游民俗文化对秦早期文化的接受与诠释之一　陈江英　民族艺林　2018年第3期

由清华简《子仪》说到秦文化之"文"　宁镇疆、龚伟　中州学刊　2018年第4期

《左传》视野下的秦文化探析　唐帅、魏景波　西部学刊　2018年第6期

基于文化线路理念建构关陇先秦秦文化遗址保护体系　苏静、刘克成　人文杂志　2018年第11期

论早期秦文化和西戎文化中域外因素传入的途径　苏海洋　西安财经学院学报　2019年第5期

（二）诗歌、音乐、舞蹈、体育、教育

秦代教育评述　朱子方　文化先锋　第8卷第10期　1948年5月

舞蹈的起源与殷周秦楚各民族的舞蹈　刘静源　和平日报　1948年6月5日

谈蒙恬作笔　杨锡章　文物参考资料　1958年第8期

秦汉时期的教育　《中国古代教育史》编写组　北京师大学报　1961年第4期

秦汉时代的百戏杂技　刘光义　大陆杂志（台湾）　第22卷第6期　1961年3月

秦汉时代的舞蹈　常任侠　人民日报　1962年7月28日、8月26日

秦始皇与文书档案工作　宗史　光明日报　1962年4月17日

秦汉地方教育行政史略　余书麟　昆仑　第 12 卷第 3 期、13 卷第 1 期 1966 年 1、3 月

吕氏春秋论乐　黄锦鋐　师大学报　第 18 期　1973 年 6 月

秦始皇的文化教育建树　左卓　教育革命　1975 年第 2 期

秦汉西晋时期投掷运动拾零　罗时铭　江苏师院学报　1981 年第 4 期

先秦至南北朝时期的新疆乐舞　周菁葆　新疆大学学报　1982 年第 3 期

战国兴起的几项军事体育运动　何清谷　人文杂志　1982 年第 4 期

秦代藏书考略　李更旺　图书馆研究　1983 年第 1 期

秦汉民歌和乐府诗　王廷珍、袁家凌　音乐探索　1985 年第 1 期

略谈我国秦汉时期的教育　周广增　九江师专学报　1985 年第 3 期

秦代教育论说　黄灼耀　华南师大学报　1985 年第 4 期

秦代学校浅谈　晋文　山东师大学报　1985 年第 4 期

倡导教育变革，力行法治教育——韩非教育思想简论　赵家骥　东北师大学报　1985 年第 4 期

试论夏商周至魏晋南北朝的审美教育　何锦山　东北师大学报　1987 年第 2 期

《吕氏春秋》的体育宝藏　杨文清　体育文史　1987 年第 2 期

《吕氏春秋》的教育思想　张一中　湖南师大学报　1987 年第 6 期

荀子、吕不韦对《乐记》的改造　李炳海　蒲峪学刊　1988 年第 1 期

《吕氏春秋》的音乐思想　张一中　衡阳师专学报　1988 年第 2 期

《吕氏春秋》中的教育思想　廖其发　华东师大学报　1988 年第 3 期

先秦西汉的习射风气　武普照、王忠君　山东师大学报　1989 年第 6 期

先秦至东汉的思想家在三大教育理论问题上的论争　朱辕　宜昌师专学报　1990 年第 2 期

论秦汉时期的历史教育　赵恒烈　史学月刊　1991 年第 6 期

试论秦国人才结构的特点　李喆　宁夏教育学院银川师专学报　1994 年第 1 期

秦汉时期的杂技艺术　左成　史学月刊　1995 年第 4 期

论秦朝中原教化与东北教育　刘兆伟　锦州师院学报　1997 年第 1 期

秦宫廷乐舞考论　田静、史党社　陕西历史博物馆馆刊（第 5 辑）　西北大

学出版社　1998年6月

秦长城苦役下的民间音乐——秦琵琶的起源及其发展的考证　郑祖襄　中国(香港)长城历史文化研讨会论文集　长城文化出版公司(香港)　2002年10月

试论音乐文化在秦礼制与军事中的作用　朱学文　秦文化论丛(第十二辑)　三秦出版社　2005年7月

秦代戏剧　张宁　秦文化论丛(第十二辑)　三秦出版社　2005年7月

秦筝溯源　李子伟　早期秦文化研究　三秦出版社　2006年8月

秦汉时期颂体的礼仪性创作及其赋颂辨析——兼谈文体功能研究的重要意义　郗文倩　中国韵文学刊　2007年第1期

略谈秦代书法艺术沿革　李芸　秦陵秦俑研究动态　2007年第3期

秦筝源流三证——质疑筝源于越地及西渐之说　魏军　中国音乐　2007年第3期

岩画·鹿石·嬴秦民族寻根　孙新周　天津师范大学学报　2007年第4期

从角抵到百戏——秦汉时期中国戏剧的艺术走向　卜键　徐州工程学院学报　2007年第5期

秦汉颂的突破与流变　孙宝　中国石油大学学报　2007年第6期

试论体育文化在秦军事中的作用　朱学文　秦文化论丛(第十四辑)　三秦出版社　2007年10月

考古发现与秦汉时期的体育活动　白云翔　考古　2008年第7期

礼县大堡子山秦子"乐器坑"相关问题探讨　赵化成、王辉、韦正　文物　2008年第11期

《秦风·黄鸟》与周秦文化冲突探论——《诗经·秦风·黄鸟》之文化背景考析　王鑫磊　东岳论丛　2009年第8期

秦的政论文、散文简论　张宁、张立莹　回顾与创新·创新篇——秦始皇兵马俑博物馆开馆三十周年纪念文集　三秦出版社　2009年8月

秦汉时期我国的体育形态研究　张涛涛　北京电力高等专科学校学报　2009年第1期

秦汉夜间娱乐杂考　徐畅　南都学坛　2009年第2期

试论秦汉时期的射箭理论　李宇、郭淑珍　秦陵秦俑研究动态　2009年第2期

秦汉时期有哪些体育运动　王丽　考试周刊　2009年第2期

春秋战国至秦汉时期儒家音乐心理思想研究　杨婷、张义瑶、何永峰　江西教育(综合版)　2009年第3期

论秦汉时期的书法教育形式　何鑫　咸阳师范学院学报　2009年第5期

乐府钟与秦的乐器　高俊　回顾与创新·创新篇——秦始皇兵马俑博物馆开馆三十周年纪念文集　三秦出版社　2009年8月

试论音乐文化与秦政权的关系　朱学文　回顾与创新·创新篇——秦始皇兵马俑博物馆开馆三十周年纪念文集　三秦出版社　2009年8月

先秦、秦汉时期的射箭教练　李宇　回顾与创新·创新篇——秦始皇兵马俑博物馆开馆三十周年纪念文集　三秦出版社　2009年8月

秦汉时期的绘画艺术特色　陈时　艺术教育　2009年第9期

秦汉时期的职业技术教育　李铭　文史博览　2009年第10期

"乐府"始创年代辨析　何晴利　安徽文学　2009年第11期

从陕北"狩猎"题材汉画像石看秦汉时期陕北的地理风貌　程艳妮　陕西历史博物馆馆刊(第十六辑)　三秦出版社　2009年11月

秦汉时期私人藏书考论　陈德弟　北华大学学报　2010年第2期

从《史记》对汉武帝的批评看司马迁对秦文化率直求真精神的继承　尹冬梅　西安财经学院学报　2010年第2期

"二重证据"看秦汉下层民思想的两个特色　刘敏　历史档案　2010年第3期

论秦汉政治文化整合过程中法家思想的变异　韩星　陕西师范大学学报　2010年第3期

川东南地区在秦汉"华夷"交流史上的影响　周翔宇　西南石油大学学报　2010年第3期

先秦秦汉文献有关周穆王西巡之事辨析　李凯　史学史研究　2010年第3期

浅议秦汉仪礼承前启后的地位:以郊祀礼为例　陈万葵、张紫军　重庆电子工程职业学院学报　2010年第3期

论秦代"刀笔吏"对汉赋创作的影响　孔德明　西北师大学报　2010年第4期

《诗经·秦风》文化简论　王晓玲　宝鸡文理学院学报　2010年第5期

试论战国秦汉时期儒、道互补文艺观的演变　潘俊杰　浙江社会科学　2010年第5期

秦汉罗马体育文化研究　董顺波　吉林体育学院学报　2010年第5期

试论秦汉时期学校教育在东北地区的发展　薛洪波　吉林师范大学学报　2010年第6期

先秦及秦汉时期中原与岭南地区的经济文化交流　程有为　黄河科技大学学报　2010年第6期

秦始皇巡守留在广宗的轶闻地名诗赋——兼论其口头文化遗产价值　李云豪　秦俑博物馆开馆三十周年秦俑学第七届年会国际学术研讨会论文集　三秦出版社　2010年8月

浅析秦汉时期体育文化的发展与演进　吴宁　吉林体育学院学报　2011年第2期

论秦国的两篇祝祷辞　延娟芹　宝鸡文理学院学报　2011年第3期

睡虎地秦简所见秦代教育制度论析　齐丹丹　学术探索　2012年第5期

时代的旋律　历史的音符——秦汉之交的曲辞和西汉乐府饶歌　崔文恒　阴山学刊　2016年第2期

从"观物取象"到"立象尽意"——秦人早期设计艺术的物象表达　宗椿理　美术与设计　2016年第4期

音声与军政：论秦汉军鼓及相关问题　孙闻博　简帛研究二〇一六（春夏卷）　广西师范大学出版社　2016年6月

（三）美术

秦汉美术史　朱杰勤　文史汇刊　第1卷第1期　1935年3月

秦汉美术史（朱杰勤著）　姚鱼湘　大公报图书副刊　第149期　1936年9月24日

论秦汉诸美术与西方之关系　傅抱石　文化建设　第2卷第10期　1936年7月

秦汉的铜铸人像及其艺术史上的价值　孙毓棠　天津益世报史学　第48期　1937年2月21日

周秦两汉的"阙"　劳榦　大公报　1950年1月25日

秦汉美术年表　刚主　文艺月报　第2卷第3期　1955年3月

秦汉美术　庄严　中国美术史论集第1辑　1955年12月

秦汉时期的丝绸图案　顾方松　丝绸　1964年第7、8期

揭穿东汉石刻画像"荆轲刺秦王"的反动本质　杨升南等　考古　1974年第3期

批判汉梁武祠中一幅攻击秦始皇的石刻画像　王宇信、陈绍棣　文物　1974年第3期

东汉石刻李冰像在都江堰出土　蜀勃　光明日报　1974年6月6日

都江堰出土东汉李冰石像　四川省灌县文教局　文物　1974年第7期

东汉李冰石像与都江堰"水则"　王文才　文物　1974年第7期

秦始皇时代的美术　汤池　美术学报　1975年第3期

秦汉时代的壁画　金维诺　美术研究　1980年第1期

试谈秦都咸阳第三号宫殿建筑壁画艺术　刘庆柱　考古与文物　1980年第2期

秦汉雕塑艺术　金维诺　中国美术　1981年第1期

古陶雕塑艺术的杰出成就——秦兵马俑坑的发现　徐毓明　科学实验　1981年第1期

秦都遗址发现的我国最早壁画　王兆麟　文汇报　1982年3月13日；西安晚报　1982年3月20日

咸阳发现我国最早建筑遗址壁画　陕西日报　1982年7月13日

略谈秦都咸阳第三号宫殿建筑遗址壁画年代　李光军　考古与文物丛刊第三号　1983年11月；秦汉论集　陕西人民出版社　1992年11月

秦汉绘画　翟路　文物报　1986年5月2日、5月16日

秦都咸阳第三号宫殿遗址壁画　张旭　陕西省文物考古科研成果汇报会论文集　1987年；秦汉论集　陕西人民出版社　1992年11月

秦代艺术略论　崔向东　秦陵秦俑研究动态　1992年第4期

战国秦汉时代的上海工艺美术　陆祖德　上海工艺美术　1993年第3期

秦汉雕塑概述　党焕英　秦文化论丛（第六辑）　西北大学出版社　1998年7月

秦俑雕塑之美——从陶俑和雕塑发展史来看秦俑　陈信雄　历史月刊　2001年第3期

从雕塑艺术角度略论秦汉设计美学差异　祁自敏　美术大观　2009年第2期

从费县东汉墓画像石刻看秦汉时期的楼台亭阁建筑　周晓莉　南方文物　2009年第4期

秦汉时期汉画像的图形特征　许瑾　知识经济　2009年第5期

秦始皇陵彩绘雕塑整体色彩重建和图案的研究　Catharina、Blaensdorf、王亮　文博　2009年第6期

试论秦与先秦时代的俑　袁仲一　回顾与创新·创新篇——秦始皇兵马俑博物馆开馆三十周年纪念文集　三秦出版社　2009年8月

也谈秦始皇陵的石刻雕塑　徐卫民　咸阳师范学院学报　2012年第1期

秦汉陶俑的艺术分析及其在中国艺术史上的意义和地位分析　杜凯志　文物鉴定与鉴赏　2014年第6期

秦始皇陵兵马俑造像对当代雕塑创作的启发　王淋　现代装饰　2016年第12期

兵马俑的发现对研究古代军事以及雕塑艺术的意义　费毅诚　文化创新比较研究　2017年第28期

古希腊人体雕刻与秦代人体雕塑对比研究　付建　文博　2018年第2期

十一　楚汉战争和农民起义

一个内乱的分析（汉楚之争）　吴景超　金陵学报　第1卷第2期　1931年11月

楚汉之际人物与成败　游寿　斯文　1941年第2期

论陈胜涉吴广的起义　翦伯赞　中国学术　第1期　1946年8月

与陈胜吴广起义有关的两件事　赵俪生　光明日报　1953年10月3日；

中国农民战争史论集　新知识出版社　1954 年 10 月

秦汉三次农民大起义的比较　赵俪生、高昭一　文史哲　1954 年第 1 期

为什么项羽是农民起义领袖　杨翼骧　历史教学　1954 年第 5 期

关于"楚汉之争"的性质和作用的问题　孙祚民　光明日报　1956 年 5 月 10 日

蕲县镇—大泽乡——第一次农民起义的故址　邹远福　安徽日报　1956 年 9 月 22 日

秦楚之际的阶级斗争　赵人龙　复旦学报　1957 年第 1 期

苍头军非奴隶军辨　胡珠生　人文杂志　1958 年第 3 期

试论有关秦末农民大起义的几个问题——评梁东园著《中国政治社会史》第八章　郭化民　史学月刊　1958 年第 7 期

秦末农民战争　苏从武、漆侠　中国农民起义论集　生活·读书·新知三联书店　1958 年 7 月

秦末农民起义是反动的吗？——评《中国政治社会史》第八章　郭化民等　读书　1958 年第 12 期

批判梁东园在秦末农民起义问题上的反动观点　刘新　山西师院学报　1959 年第 2 期

从秦汉农民起义、农民战争的特点来看历代农民运动的性质和作用诸问题　卢南乔　山东大学学报　1961 年第 1 期

秦末农民起义的原因及其历史作用　贺昌群　历史研究　1961 年第 6 期

关于秦末农民战争的历史作用问题——并与孙文良同志商榷农民战争的历史作用　赵祥春　沈阳晚报　1961 年 7 月 13 日

河北大学历史系讨论秦末农民战争问题　光明日报　1961 年 8 月 20 日

论秦末农民起义的原因及其历史作用　历史研究供稿　光明日报　1962 年 1 月 4 日

秦末农民战争　漆侠等　河北大学学报　1962 年第 2 期

论秦末"六国称王"问题　杨志玖　文汇报　1962 年 10 月 24 日

关于秦末"六国称王"问题的讨论　理言整理　文汇报　1962 年 12 月 16 日

试论陈胜吴广起义　江浦　江汉学报　1963 年第 7 期

关于陈胜、吴广起义的口号　曹永年　光明日报　1963 年 8 月 14 日
关于陈胜吴广起义的自觉性问题　刘慧琪　江汉学报　1963 年第 8 期
关于秦末农民起义的阶级觉悟问题　雪萤　江汉学报　1963 年第 8 期
关于秦末农民起义的觉悟问题的讨论　新建设　1963 年第 10 期
论秦末农民起义的历史根源和社会后果　田昌五　历史研究　1965 年第 4 期
从人才观点论楚汉兴亡　林继平　中华杂志　第 3 卷第 6 期　1965 年 6 月
秦汉之际复辟与反复辟斗争　凯文　武汉大学学报　1974 年第 2 期
统一一定战胜分裂——评楚汉战争　季岩　吉林大学学报　1974 年第 3 期
刘邦战胜项羽是法家路线的胜利——论楚汉之争　石辛兵　辽宁大学学报　1974 年第 4 期
论楚汉之争　胡福明　南京大学学报　1974 年第 5、6 期
谈秦末陈胜、吴广揭竿起义　王继志　南京大学学报　1974 年第 5、6 期
论秦汉之际的阶级斗争　罗思鼎　红旗　1974 年第 8 期；光明日报　1974 年 8 月 6 日
反孔孟，陈胜吴广擎义旗　方如金　浙江日报　1974 年 9 月 21 日
秦末汉初历史发展的真正动力——谈陈胜、吴广领导的农民大起义　汪世华等　四川日报　1974 年 10 月 15 日
秦末农民起义队伍中尊儒与反儒斗争　张文中　解放日报　1974 年 10 月 19 日
正确认识秦末的社会矛盾　章智明等　文汇报　1974 年 10 月 25 日
评楚汉之争　苏淮迁　新华日报　1974 年 12 月 21 日
"十面埋伏"和楚汉相争　洪途　人民日报　1974 年 12 月 22 日
秦末农民战争和"文景之治"　洪广思　光明日报　1975 年 1 月 18 日
论陈胜吴广农民大起义的历史功勋　梁效　历史研究　1975 年第 1 期
秦汉之际复辟反复辟斗争的历史经验　曹明　南开学报　1975 年第 1 期
上层建筑要为经济基础服务——谈秦汉之际巩固封建制度的斗争　张静虚　四川师院学报　1975 年第 2 期
篡改历史是手段　篡党夺权是目的——评罗思鼎《论秦汉之际的阶级斗争》

严铭　光明日报　1977 年 1 月 27 日

秦末农民革命的历史不容篡改——驳罗思鼎关于秦末农民起义问题的几个反动谬论　周立升　文史哲　1977 年第 1 期

谁是历史的主人——略谈秦末农民起义与西汉政治的关系，批判"四人帮"的几个反动观点　柳植　陕西师大学报　1977 年第 1 期

历史不容歪曲——驳罗思鼎歪曲秦末农民起义的原因和性质的谬论　牛致功　陕西师大学报　1977 年第 1 期

秦末农民大起义的原因何在？　高小斯　历史研究　1977 年第 2 期

秦末农民大起义为什么没有提出土地要求？　吉书时　北京师大学报　1977 年第 6 期

秦末农民战争是怎样推动社会生产力发展的？　洪家义　南京大学学报　1978 年第 3 期

土地兼并是秦末农民起义的根本原因　叶茂强　江西师院学报　1978 年第 3 期

繁重赋役和酷刑是秦末农民起义的主要原因　桂伟　江西师院学报　1978 年第 3 期

关于"王侯将相宁有种乎"　晁福林　历史研究　1978 年第 5 期

秦末农民起义的原因何在　智天成　开封师院学报　1978 年第 5 期

论秦末农民起义的历史作用——兼评让步政策论　田昌五　文史哲　1979 年第 1 期

关于陈胜吴广农民起义的口号问题　刘序琦　江西师院学报　1979 年第 2 期

论秦末农民战争的皇权主义　靳方前　辽宁大学学报　1979 年第 4 期

"王侯将相宁有种乎"具有天命论色彩吗？　高振铎　北方论丛　1979 年第 4 期

"苟富贵，毋相忘"释　郭锦华　中国语文通讯　1979 年第 4 期

"张楚"非国号辨　鲍善淳　文史哲　1979 年第 5 期

关于吴广的死因　张振伦　历史教学　1979 年第 5 期

斗智不斗力——楚汉之战　张其昀　华学月刊　1980 年第 4 期

秦末农民大起义口号质疑　高仁忠　广西师院学报　1980 年第 1 期

陈胜何许人也　桂心仪　宁波师专学报　1980 年第 1 期

陈胜墓地考略　郑杰祥、魏自亮　河南文博通讯　1980 年第 2 期

秦末农民战争中张楚政权的几个问题　邹贤俊　华中师院学报　1980 年第 3 期

豪杰并起亡秦　张其昀　文艺复兴　第 112 期　1980 年 5 月

"张楚"小议　赵德祥　辽宁师院学报　1981 年第 2 期

"张楚"词义辨释　王锳　文史知识　1981 年第 3 期

陈王解　张文质　河北师大学报　1981 年第 4 期

关于大泽乡起义的几个问题　赵锡元　思想战线　1981 年第 5 期

陈胜吴广起义与知识分子的作用　赵捷民　历史教学　1981 年第 8 期

偶然与必然,主观与客观——重评秦末农民起义爆发的原因　邵勤　华东师大学报　1982 年第 1 期

陈涉起义和六国的复国斗争　郭人民　河南师大学报　1982 年第 3 期

秦末农民战争与汉初小农经济的发展　李永田　徐州师院学报　1982 年第 3 期

试从爵邑制度论楚汉战争之胜负　廖伯源　东吴文史学报　第 44 期　1982 年 4 月

秦末、西汉农民战争的特征　彭年　社会科学研究　1982 年第 4 期

陈胜用的"王号"和"国号"是"张楚"吗?　张耕　天津师大学报　1982 年第 5 期

关于"发闾左谪戍渔阳"　晁福林　江汉论坛　1982 年第 6 期

重评刘邦、项羽的成败原因及其是非功过　赵文润　人文杂志　1982 年第 6 期

"楚汉战争"述评　赵文润　中学历史教学参考　1983 年第 1 期

大泽乡起义　赵升　中学历史教学参考　1983 年第 3 期

"张楚"是国号不是年号　张文质　中国历史博物馆馆刊(第 3 期)　1983 年

楚汉战争胜败论　何景强　四川教育学院　1984 年第 1 期

秦汉土地制度与农民起义的几个问题　逄振镐　东岳论丛　1984 年第 2 期

吴广军是否攻占荥阳　樊琪　学术论坛　1984年第3期

秦末农民大起义与秦汉之际的地主阶级　邹贤俊　华中师院学报　1984年第3期

秦汉时期三次农民战争的时代特征　韦唐　历史教学　1984年第9期

论楚汉战争中刘项之成败　李永田　徐州师院学报　1985年第1期

秦汉三次农民大起义的特点　刘光星　黔南民族师专学报　1985年第1期

张楚、楚隐王《陈涉世家》　曹革成　大庆师专学报　1985年第2期

分封是刘邦战胜项羽的一个重要原因　胡一华、毕英春　求是学刊　1985年第2期

论秦末六国贵族反秦斗争的性质　李桂海　求是学刊　1985年第4期

再论"张楚"不是"国号"　王唯程　天津日报　1985年5月28日

陈胜从何处至大泽乡　林岷　北京晚报　1985年8月20日

秦汉农民战争纵横谈　蒋菲菲　电大语文　1985年第10期

秦汉农民起义问题　李祖德　中国历史学年鉴1985　人民出版社　1985年12月

论秦末农民起义中的皇权思想　周作明　广西师大学报　1986年第1期

楚汉战争与刘邦、项羽的用人　王铭　苏州大学学报　1986年第1期

试论楚汉战争的性质——兼论刘邦、项羽向封建统治者的转化　李永田　淮北煤师专学报　1986年第2期

扶苏、项燕与陈胜、吴广起义的关系及其历史启示　赵中男　东北师大研究生学刊　1986年第3期;辽宁大学学报　1986年第3期

消除心理隔阂,重建统一局面——秦末农民战争历史作用新探　陈生民　学术月刊　1986年第3期

试谈"楚汉战争"　蔡行发　史学月刊　1986年第5期

"楚虽三户,亡秦必楚"新解　胡澍　江汉论坛　1986年第7期

"张楚"不是国号　李雷　社会科学战线　1987年第1期

"楚虽三户,亡秦必楚"正误　易重廉　求索　1987年第1期

秦末农民大起义口号刍议　魏文清　北方论丛　1987年第2期

试论"为天下倡"的陈胜首义　杨万荣　四川教育学院学报　1987年第

3 期

秦末农民战争的复古特点　罗祖基、许垣　齐鲁学刊　1987 年第 5 期

陈胜起义新论　夏遇南、魏毅　咸阳师专学报　1988 年第 1 期

关于陈胜政权"号为张楚"的问题　周乾溁　天津师大学报　1988 年第 1 期

陈胜戍边走向析　孙顺霖　许昌师专学报　1988 年第 2 期

陈胜戍边是走向南越：兼说陈胜的籍贯　路百占　许昌师专学报　1988 年第 2 期

陈胜故里商水说补正　彭克明　安徽史学　1988 年第 2 期

陈胜故里新探　魏嵩山　求索　1988 年第 3 期

陈胜新论　曾祥文　四川师大学报　1988 年第 5 期

历史对惩罚主义的惩罚：兼论大楚政权覆亡的原因　陈建国　历史教学　1989 年第 1 期

人才观念的一次革命：释"王侯将相宁有种乎"　罗世烈　四川大学学报　1989 年第 1 期

说张楚——关于"亡秦必楚"问题的探讨　田余庆　历史研究　1989 年第 2 期

司马迁怎样总结秦汉之际的历史经验　瞿林东　社会科学辑刊　1989 年第 2 期

秦末农民起义政权的国号问题　王健　徐州师院学报　1989 年第 4 期

秦末农民战争中的"士"　马亮宽　山东社会科学　1990 年第 2 期

建国以来楚汉战争研究　肖平汉　中国史研究动态　1990 年第 5 期

论陈胜、吴广起义的两个问题　魏梦太　聊城党政学刊　1991 年第 3 期

关于能否把"王侯将相宁有种乎"作为秦末农民起义口号的问题　孟明汉　河南师大学报　1991 年第 2 期

秦末及汉初阶级斗争窥探　胡一华　丽水师专学报　1991 年第 3 期

秦末农民起义是以农民起义为主导的全民大起义　胡一华　浙江师大学报　1991 年第 3 期

秦末农民战争下限管见　王云度　江汉论坛　1992 年第 4 期

论秦末农民战争的基本特征及其历史文化意义　王克奇　山东师大学报

1993年第4期

秦汉农民起义与早期道教的形成　冷鹏飞　湖南师大学报　1993年第6期

楚汉相争为何楚败汉胜　陈祝实　浙江师大学报　1999年第1期

也谈鸿门宴上楚汉之得失——兼与张志坤先生商榷　张斌荣　信阳师专学报　1994年第1期

论秦末农民起义的口号　施伟青　厦门大学学报　1994年第2期；中国古代史论丛　岳麓书社　2004年8月

"陈胜及立为王,号为张楚"说　徐俊　华中师大学报　1995年第2期

秦楚胜败的文化分析　王雅红　江汉论坛　1996年第10期

反秦农民起义军的兵制　余从荣、周銮书　佛山科技学院学报　1998年第2期

秦末农民大起义原因新探　江连山　北方论丛　1999年3月

"垓下之战遗址高层论坛"学术研讨会综述　陈立柱　中国史研究动态　2011年第2期

十二　中外关系

秦人兵力已及欧洲说　陈汉章　地学杂志　第11卷第5期　1920年；北大月刊　1922年第9期

汉及汉以前中国人关于日本之智识　曹抡宇　东方杂志　第26卷第7期　1929年4月

秦汉时代之中日关系　俞百岩　大公报史地周刊　第78期　1936年3月27日

自周秦至明清日本的中国移民　许兴凯　文化教育旬刊　第91期　1936年5月

秦汉时代中菲关系之探讨(上)(下)——中菲关系史论丛之三　吴景宏　大陆杂志　第11卷第6、7期　1955年9、10月

秦汉三国时代的海上交通　章巽　地理知识　1955年第12期

徐福东渡的史实与传说　严绍璗　文史知识　1982 年第 9 期

秦王朝与亚洲诸国的关系　翦伯赞　历史论丛（第 3 辑）　齐鲁书社 1983 年

秦汉时期的中外经济文化交流　王连升　文史知识　1984 年第 6 期

战国秦汉时期的中日往来　罗勋章　文物　1984 年第 9 期

秦汉——中日两国关系的奠基时期　王云度　徐州师院学报　1987 年第 2 期

秦汉归化人及其对日本文明的贡献　王载源　安庆师院学报　1987 年第 2 期

西周至六朝的中日文化关系　王载源　历史教学问题　1988 年第 4 期

秦汉时期中国和朝鲜的关系与文化交流　陈德安　山西师大学报　1990 年第 3 期

山东龙口徐福籍贯讨论会综述　亚非　中日关系史研究会会刊　1990 年第 4 期

远古与秦汉时代的中日交流　蔡凤书　文史哲　1992 年第 3 期

徐福东渡对古代日本社会的影响　王瑞美　徐福研究（二）　青岛海洋大学出版社　1993 年 8 月

古代中日主要海上航线考　孙光圻　徐福研究（二）　青岛海洋大学出版社　1993 年 8 月

徐福与日本原生国家　水野明　徐福研究（二）　青岛海洋大学出版社 1993 年 8 月

论环渤海嵎夷文化圈及其向朝鲜日本之东渐　王大均　徐福研究（二） 青岛海洋大学出版社　1993 年 8 月

山东早期的纺织业与北方海上丝绸之路　朱亚非　徐福研究（二）　青岛海洋大学出版社　1993 年 8 月

从徐福东渡的传说看中日海上交通的渊源　鲁军　徐福研究（二）　青岛海洋大学出版社　1993 年 8 月

徐福东渡与中国文化在日本的传播　王玉顺、周盖人　徐福研究（二）　青岛海洋大学出版社　1993 年 8 月

建国以来国内外徐福研究述评　周延云、宫同文　烟台大学学报　1994 年

第 3 期

徐福国际学术研讨会综述　陈华斌、李炳清　人民日报　1994 年 11 月 16 日

秦朝的边疆经略　李进　中国边疆史地研究　1997 年第 3 期

胶南市第二届国际琅琊文化暨徐福研讨会综述　王敦田　中国史研究动态 1997 年第 11 期

从"秦"到"Cina""China"　王德昱　文史杂志　1998 年第 6 期

秦始皇时期的北方边政经略　郑承燕　内蒙古文物考古　2006 年第 1 期

从考古发现看秦汉六朝时期的岭南与南海交通　李庆新　史学月刊　2006 年第 10 期

秦汉时期的中印交通与农业科技文化交流　朱宏斌　安徽农业科学　2006 年第 14 期

徐福东渡日本说是怎样形成的——从"渡海求仙药传说"到"东渡日本说"的演变　石晓军　跨语言文化研究　2019 年第 1 期

早期北方海上丝绸之路与徐福东渡　朱亚非　大陆桥视野　2019 年第 10 期

海上丝绸之路与徐福东渡的意义　赵鸣　大陆桥视野　2019 年第 11 期

论徐福东渡的人文地理条件　刘凤桂、张家超　大陆桥视野　2019 年第 11 期

十三　科学技术

(一) 天文、历法

战国秦汉之历法　[日]新城新藏著,沈璿译　学艺　第 9 卷第 8 期,第 10 卷第 2、4 期

秦末汉初之正朔闰法及其意义　陈振光　国闻日报　第 11 卷第 4—7、10、13、16 期,第 18 卷第 20、23、26 期　1934 年 2—7 月

秦汉改月论　俞平伯　清华学报　第 12 卷第 2 期　1937 年 4 月

先秦两汉儒法斗争和我国古代天文学的发展　石可　文学报　第15卷第2期　1974年

秦历探源　谢秀文　中华文化复兴月刊　第15卷第4期　1982年4月

小议"正月"读音"征月"为秦讳　曹松林　学术研究　1982年第4期

从秦戈皋月谈《尔雅》月名问题　饶宗颐　文物　1983年第1期

古器分历解说：晚秦汉初历法探原之一　朱桂昌　云南教育学院学报　1987年第5期

先秦西汉占侯云气之著作述略　何冠彪　中国史研究　1988年第1期

秦末汉初一直行用《颛顼历》——对《中国先秦史历表、秦汉初朔闰表》　唐如川　自然科学史研究　1990年第4期

秦至汉初历法是不一样的　张培瑜　自然科学史研究　1991年第3期

秦汉时制研究　曾宪通　中山大学学报　1992年第4期

再论秦封宗邑瓦书的日辰与历法问题　饶尚宽　考古与文物　1993年第2期

秦汉时制研究　宋会群、李振宏　历史研究　1993年第6期

"继秦八年岁在涒滩"释惑——兼论秦汉时代与历法相关问题　赵光贤　人文杂志　1994年第3期

《史记》项羽本纪和秦楚之际月表——有关秦末楚、及的历史评价　[日]藤田胜久　东洋史研究　第59卷第1期　1995年

秦汉时期的一月十六时制　李解民　简帛研究（第二辑）　法律出版社　1996年9月

《日书》起源考——兼论春秋战国时期的历法问题　胡文辉　简帛研究（第二辑）　法律出版社　1996年9月

秦汉之际（前220—前202年）朔闰考　黄一农　文物　2001年第5期

周家台秦简《日书》之"戎历日"图符说　龙永芳　出土文献研究（第七辑）　上海古籍出版社　2005年11月

周家台秦简历谱辨析　李忠林　中国科技史杂志　2009年第3期

楚、秦简《日书》中的二十八宿问题探讨　钟守华　中国科技史杂志　2009年第4期

秦汉时制探析　任杰　自然科学史研究　2009年第4期

试论秦汉初历法的置闰规则　李忠林　四川大学学报　2009 年第 6 期

北斗崇祀之谜——《史记》《汉书》中的星辰崇拜　唐群　秦汉研究（第四辑）　三秦出版社　2010 年 8 月

秦汉简牍"质日"考　肖从礼　鲁东大学学报　2011 年第 3 期

从周家台《日书》与马王堆《五星占》谈日书与秦汉天文学的互相影响　[美]墨子涵　简帛（第六辑）　上海古籍出版社　2011 年 11 月

秦至汉初(前 246 至前 104)历法研究：以出土历简为中心　李忠林　中国史研究　2012 年第 2 期

秦汉时分纪时制综论　李天虹　考古学报　2012 年第 3 期

秦王朝国庆（"十月朔"）与新年的合一　王学理　长安大学学报　2014 年第 1 期

读《先秦秦汉历法和殷周年代》——略谈秦汉简牍中的历法问题　李洪财　简帛（第十二辑）　上海古籍出版社　2016 年 5 月

秦汉时期天文修习情况考　陈敏学　咸阳师范学院学报　2017 年第 1 期

秦汉时期的彗星占卜探析　陈敏学　唐都学刊　2017 年第 1 期

秦代用历考述　赵江红　秦汉研究（第十二辑）　西北大学出版社　2018 年 6 月

里耶秦简中的"正月"与"端月"发微　张小锋　简帛研究二〇一八（秋冬卷）　广西师范大学出版社　2019 年 1 月

(二) 医学

扁鹊的医术来自印度　卫聚贤　华西医药杂志　第 2 卷第 1 期　1947 年 4 月

《扁鹊医术来自印度》(卫聚贤著)　苏越人　制言　第 45 期　1947 年 7 月

《扁鹊医术来自印度》的质疑和黄帝时的扁鹊是否黑人试探　卢觉非　华西医药杂志　第 2 卷第 8 期　1947 年 11 月

扁鹊医术来自印度的答辩　卫聚贤　华西医药杂志　第 3 卷第 4、5、6 期　1948 年 9 月

秦汉时期的医学成就(前 221—14)　李涛　中华医史杂志　1953 年第 2 期

从我国医学遗产中吸取精华——介绍古代医学家扁鹊和华佗　文效　辽宁

日报　1954 年 11 月 5 日

内丘县神头村扁鹊庙调查记　马堪温　中华医史杂志卷　第 2 期　1955 年 6 月

扁鹊和俞跗——我国最早的内科医家和外科医家　王范之　人民保健 1959 年第 4 期

秦汉时期针刺补泻初探　靳瑞　广东中医　1963 年第 3 期

试谈秦汉时期医学领域的儒法斗争　徐元贤　开封师院学报　1974 年第 3 期

略说秦始皇在发展祖国医学中的作用　王琦　新中医　1974 年第 4 期

秦始皇对于祖国医学发展的贡献　见今　广西赤脚医生　1976 年第 1 期

对《扁鹊小考》的考证　郎需才　江苏中医杂志　1981 年第 1 期

漫谈秦越人对后世医学的影响——重读《难经》有感　程鸿儒　河北中医 1982 年第 2 期

漫谈秦越人与《难经》　程鸿儒　中华医史杂志　1982 年第 3 期

从考古发现看河北从商至西汉的医学成就——兼论战国时河北民间良医对祖国医学的贡献　杨木　河北学刊　1982 年第 4 期

《吕氏春秋》中的医学思想　王子漠　中华医史杂志　1985 年第 1 期

秦汉医学与董仲舒的"天人感应"论　李宗桂、格日乐　哲学研究　1987 年第 9 期

扁鹊墓考略　郑怀林、刘学锋　陕西中医　1989 年第 6 期

秦越人里籍与齐派医学考　何爱华　管子学刊　1991 年第 3 期

中国医学奠基者齐国医家秦越人　何爱华　管子学刊　1992 年第 3 期

扁鹊庙调查报告　张长占　文物春秋　1993 年第 3 期

对扁鹊里籍的点滴吾见　郭世余　天津中医学院学报　1994 年第 1 期

扁鹊墓庙研究　曹东义、郭双庚、王振瑞、王文智、闫生　中华医史杂志 1995 年第 2 期

秦汉颅脑解剖部在《内经》医学理论创立中的作用　严健民　自然科学史研究　1995 年第 2 期

名医扁鹊刍议　田树仁、彭新兰　医古文知识　1996 年第 4 期

秦汉之际针灸序法理论的建立　廖育群　自然科学史研究　1997 年第

1 期

  读《史记·扁鹊列传》札记　田静　秦文化论丛（第八辑）　陕西人民出版社　2001 年 8 月

  秦人的医学实践与理论　田静　秦俑秦文化研究——秦俑学第五届学术讨论会论文集　陕西人民出版社　2000 年 8 月；秦汉史论丛（第八辑）　云南大学出版社　2001 年 9 月

  秦汉"小儿医"略议　王子今　西北大学学报　2007 年第 4 期

  秦汉时期易学与脏腑辨证　杨雪梅、李德杏、王玉兴、李巧芬　江西中医学院学报　2007 年第 5 期

  秦汉时期柴胡功效的涵义及其对后世的影响　宋诚挚　中医药信息　2007 年第 6 期

  睡虎地秦简《日书》医疗疾病史料浅析　朱玲、杨峰　中国中医基础医学杂志　2007 年第 5 期

  河北内丘扁鹊庙考述　贾成惠　文物春秋　2008 年第 1 期

  扁鹊庙游记　张年顺　药物与人　2008 年第 1 期

  河北内丘扁鹊庙　张年顺　中国民间疗法　2008 年第 1 期

  先秦、秦汉时期的医学伦理学思想初探　汪永莉　中国医学伦理学　2009 年第 3 期

  秦汉时期卫生管理思想、制度与组织特征研究　黄成惠、蔡亮、蔡剑　亚太传统医药　2009 年第 7 期

  秦汉社会方技——医药学探析：兼论司马迁为扁鹊仓公立传的历史意义　朱子彦　西安财经学院学报　2013 年第 4 期

  秦汉三国时代疾病初考　彭卫　中国社会科学院历史研究所学刊（八）　商务印书馆　2013 年 11 月

  流动中的病方：战国秦汉时期病方的流传与命名　杨勇　人文论丛　2015 年第 2 期

  扁鹊为方者宗　刘更生　中国医学人文　2018 年第 1 期

  "扁鹊言医，为方者宗"——方技学视域下的诠释　刘鹏　中医杂志　2019 年第 19 期

(三)其他

秦以前之数学　刘朝阳　语历所周刊　第 2 卷第 19 期　1928 年 3 月

《吕氏春秋》之农学　孔谦六　农村经济　第 2 卷第 2 期　1934 年

《吕氏春秋·十二纪》《礼记·月令》《淮南·时制训》《逸周书·时训解》异文笺　沈延国　制言　第 61 期　1940 年 1 月

秦汉以前的农书　曲直生　中央日报　1947 年 9 月 24 日

周秦两汉的"阓"　劳榦　大公报　1950 年 1 月 25 日

秦代的打字技术　陈进宜　光明日报　1951 年 5 月 12 日

《吕览》三君淮与《服赋》单阙、《潍南》丙子之通考　刘坦　历史研究　1956 年第 4 期

商鞅方升和战国量制　马承源　文物　1972 年第 6 期

秦始皇时期建桥技术发展到新阶段　兰州铁道学院工程系理论小组　光明日报　1974 年 12 月 13 日

战国秦汉的法家路线与我国古代数学——读《九章算术》　施迅　新华日报　1975 年 6 月 13 日

论秦汉时期的标准化　袁卫华等　陕西标准化　1981 年第 2 期

从秦俑坑谈秦时标准化　张文立　大众标准化　1983 年第 1 期;标准化与质量　1983 年第 5 期

秦始皇陵中埋藏汞的初步研究　常勇、李同　考古　1983 年第 7 期

我国最早的气象经济学著作《吕氏春秋·审时篇》　牛力达　福建论坛　1984 年第 2 期

战国秦汉时期人们对生态环境的保护　倪林　森林与人类　1984 年 5 月 19 日

秦代宫殿的卫生设施　张厚墉　陕西日报　1985 年 1 月 26 日

秦汉铁范铸造工艺探讨　李京华　史学月刊　1985 年第 5 期

从兵器铭刻看战国时代秦之冶铸手工业　王慎行　人文杂志　1985 年第 5 期

秦始皇陶俑坑出土铜镞表面氧化层再研究　马肇曾、韩汝玢　自然科学研究　1987 年第 6 期

秦代的科技珍闻　王学理　文博　1988 年第 2、3 期

秦始皇陶俑坑出土的铜镞表面含铬氧层研究　马肇曾等　大众化学　1988 年第 3 期

简论秦代青铜铸造业　杜廼松　中国文物报　1988 年 11 月 25 日

论秦汉宦官在科技文化领域中的贡献　余华青　秦汉史论丛（第五辑）　法律出版社　1992 年 8 月

都江堰在科学技术史上的价值　李映发　四川大学学报　1993 年第 2 期

略论秦汉的"方伎"　许道勋　秦汉文化与华夏传统　学林出版社　1993 年 9 月

秦代工程技术语言初探　郗命麒、吴京祥、程学华　西北农业大学学报 1995 年增刊

论秦代机械设计中的科学思想　杨青、钱小康、杜白石　西北农业大学学报 1995 年增刊

秦代机械工程的标准化　杨青　西北农业大学学报　1995 年增刊

论秦代机械工程的发展　钱小康　西北农业大学学报　1995 年增刊

秦朝灭亡对中国古代机械工程发展的影响　钱小康　西北农业大学学报 1995 年增刊

论天水秦简中之"中鸣""后鸣"与古代以音律配合时刻制度　饶宗颐　简帛研究（第二辑）　法律出版社　1996 年 9 月

秦史的灾异记录　王子今　秦俑秦文化研究——秦俑学第五届学术讨论会论文集　陕西人民出版社　2000 年 8 月

从"以水银为百川江河大海"看我国东周秦汉时期墓葬之内的防腐措施　刘春华、王志友　秦文化论丛（第八辑）　陕西人民出版社　2001 年 8 月

为秦始皇帝打造的四万件青铜兵器：兵马俑坑的青铜箭镞及其背后的劳动力组织　李秀珍、夏寅、赵昆　考古理论与方法　2012 年第 10 期

秦汉魏晋南北朝时期制墨业考述　陈涛　石家庄学院学报　2013 年第 1 期

略论秦汉至两宋时期的香料　王颖竹、马清林、李延祥　文物　2013 年第 5 期

秦俑陶质彩绘原始工艺和剥落过程的探索性研究　何诗敏、陈海栋、容波、

周铁、张晖、张秉坚　文物保护与考古科学　2014年第4期

嬴秦发祥盐井考　陈建荣　秦文化探研——甘肃秦文化研究会第二次学术研讨会论文集　甘肃人民出版社　2015年11月

秦俑古代修补粘接材料的分析研究　杨璐、申茂盛、卢郁静、欧烨秋　西部考古(第9辑)　科学出版社　2015年12月

彩绘回贴技术在秦代高级军吏俑保护修复中的应用　兰德省、容波、夏寅、周铁、王东峰　文物保护与考古科学　2016年第2期

秦俑彩绘回贴影响因素的探索性研究　杜维莎、容波、张秉坚　文物保护与考古科学　2017年第1期

薄荷醇提取秦俑坑出土彩绘遗迹的性能评估研究　韩向娜、容波、张秉坚、葛洪　文物保护与考古科学　2017年第2期

上天下地：先秦两汉死后世界观之探讨　沈晓柔　东方论坛　2017年第2期

秦的灾异与符应：历史记录与史家建构　杨继承　秦统一的进程与意义　中国社会科学出版社　2017年11月

秦兵马俑和汉阳陵遗址保存环境之比较　李华、胡塔峰、杜维莎　文物保护与考古科学　2019年第2期

甘谷毛家坪遗址秦人骨的碳氮同位素研究　王奕舒、凌雪、梁云、侯红伟、洪秀媛、陈靓　西北大学学报(自然科学版)　2019年第5期

《秦始皇本纪》的灾异记载及其特点　王泽　宝鸡文理学院学报　2019年第5期

先秦秦汉时期的"火"宿考析　宋艳萍　平顶山学院学报　2019年第6期

十四　宗教

战国时代秦齐燕韩赵魏的宗教　高梅　齐大月刊　第2卷第2、3期　1931年11、12月

秦时已流行佛教之讨论　岑仲勉　真理杂志　第1卷第1期　1944年1月

秦时佛教已流行中国考　马元材　力行　第8卷第2期　1943年8月；文

史杂志　第 5 卷第 3、4 期　1945 年 10 月

秦汉的佛教（附表）　释卯顺　文史杂志　第 5 卷第 3、4 期　1945 年 10 月

先秦崇拜天地之伦理观　王梦鸥　时代精神　第 5 卷第 2、4 期　1941 年 11 月、1945 年 1 月

秦政与秦俗　袁重华　西北论衡　第 11 卷第 2 期　1943 年 6 月

秦汉时代之時　凌纯声　民族学研究所集刊　第 18 期　1964 年 9 月

秦始皇为什么"数以六为纪"　黄茂生　文教教学　1983 年第 1 期

秦尚水德无可置疑　呼林贵　考古与文物　1983 年第 2 期

秦汉祭祀综议　黄留珠　西北大学学报　1984 年第 4 期

秦"数以六为纪"小议　张文立　人文杂志　1984 年第 5 期

秦汉祭祀五色帝初探　何泳　宝鸡师院学报　1985 年第 1 期

试论秦始皇对祭祀制度的统一　黄留珠　人文杂志　1985 年第 2 期

秦汉时期的封禅、郊祀礼　韩养民　中学历史教学参考　1986 年第 3 期

佛教自秦传入中国说　陈恩志　宁夏社会科学　1988 年第 5 期

秦代祀礼初探　杨天宇　河南大学学报　1989 年第 1 期

秦讳考辨　程奇立　齐鲁学刊　1989 年第 2 期

秦代宗教之历程——原始帝神在秦代的复归　窦连荣、王桂钧　宁夏社会科学　1989 年第 3 期

试论秦国的礼俗及其对统一六国的影响　蔡锋　青海师大学报　1989 年第 4 期

秦人鬼神观与殷周鬼神观之比较　李晓东、黄晓芬　人文杂志　1989 年第 5 期

海市蜃楼与秦皇汉武的困惑　马端俊　未定稿　1989 年第 9 期

秦皇、汉武"封禅"意图考　杨振之　四川师大学报　1990 年第 1 期

《史记·封禅书》发微　汪锡鹏　江西师范大学学报　1990 年第 4 期

秦礼种种　刘德增　历史教学　1990 年第 8 期

关于东周与秦国礼制兴衰　李进增　考古与文物　1991 年第 1 期

秦汉政治生活中的神秘主义　林剑鸣　历史研究　1991 年第 7 期

简论秦汉时期的封禅　丁光勋　上海师大学报　1992 年第 3 期

秦汉时期对天上诸神的祭祀　刘德增　山东教育学院学报　1992 年第

4 期

秦汉农民起义与早期道教的形成　冷鹏飞　湖南师大社会科学报　1992 年第 6 期

秦汉置畤研究　田亚岐　考古与文物　1993 年第 3 期

从区域社团崇拜到统一帝国崇拜——论秦汉时期的宗教统一运动　王青　世界宗教研究　1993 年第 3 期

先秦秦汉天命观对王权的影响　洪煜　史学月刊　1993 年第 5 期

周秦崇神异同论　张文立　西周史论文集　陕西人民教育出版社　1993 年 6 月

秦人的多神崇拜及王权影响下的中国宗教　张文立、武晓颖　秦汉文化华夏传统　学林出版社　1993 年 9 月；陕西历史博物馆馆刊（第 2 辑）　西北大学出版社　1995 年 6 月

秦始皇帝崇神论　张文立　秦文化论丛（第二辑）　西北大学出版社　1993 年 12 月

陇山秦汉寻踪——古上畤下畤的发现　王崇礼　社科纵横　1994 年第 3 期

秦始皇神圣至上的皇帝观念：先秦诸子政治文化的集成　刘泽华　天津社会科学　1994 年第 6 期；人大复印资料·中国古代史（先秦至隋唐）　1995 年第 1 期

秦人崇尚德之源与不立黑帝畤之谜　王晖　秦文化论丛（第三辑）　西北大学出版社　1994 年 12 月

论秦代神权　吴小强　秦文化论丛（第三辑）　西北大学出版社　1994 年 12 月

秦汉时期的政治神学思想　邝邦永　衡阳师专学报　1995 年第 1 期

秦祭祀制度考论　史党社　大同高等专科学校学报　1995 年第 4 期

秦人祖先祭祀考述　史党社、田静　陕西历史博物馆馆刊（第 2 辑）　西北大学出版社　1995 年 6 月

秦汉民反与宗教神学　暨爱民　吉首大学学报　1996 年第 3 期

论秦人对天或上帝的崇拜　田静、史党社　中国史研究　1996 年第 3 期

从考古材料看周秦礼制之关系　由更新、史党社　秦文化论丛（第四辑）

西北大学出版社　1996年6月

试论秦汉统治者的天地祭祀活动　马振智　陕西历史博物馆馆刊（第3辑）　西北大学出版社　1996年6月

论秦汉魏晋时期丧葬礼俗的宗教性　韩国河　中州学刊　1997年第3期

试论秦人的信仰　张卫星　秦文化论丛（第六辑）　西北大学出版社　1998年7月

儒家文化与秦汉封禅　贾贵荣　齐鲁学刊　2000年第4期

秦时的阴阳五行学说　张文立　周秦汉唐文明国际学术讨论会文集　三秦出版社　2001年6月

从《史记·封禅书》看秦汉之际的神灵崇拜　张铭洽　陕西历史博物馆刊（第8辑）　三秦出版社　2001年6月

秦汉社会"顺天"思想新探　吴小强、陈南　周秦汉唐文明国际学术讨论会文集　三秦出版社　2001年6月

论秦始皇对五德终始学说的改造　王绍东、白音查干　人文杂志　2003年第6期

秦人畤祭·陈宝祠与秦族源　高次若　炎帝与汉民族国际学术研讨会论文集　三秦出版社　2003年6月

周秦风俗的认同与冲突——秦始皇"匡饬异俗"探论　臧知非　秦文化论丛（第十辑）　三秦出版社　2003年7月

秦人祭畤、陈宝祠与秦族源　高次若　周秦文化与社会研究　陕西师范大学出版社　2003年12月

《史记·封禅书》所记秦雍州杂祠考　杨英　人文杂志　2004年第4期

秦汉民间信仰体系中的"树神"和"木妖"　王子今　周秦汉唐文化研究（第三辑）　三秦出版社　2004年11月

秦王朝与宗教神学思想　刘丽萍　黑龙江教育学院学报　2005年第5期

先秦民间祈财信仰研究——以睡虎地秦简《日书》为中心　张富春　四川大学学报　2005年第6期

秦人的三处白帝之祠　王子今　早期秦文化研究　三秦出版社　2006年8月

秦"文公获若石"之神灵观与商周天帝崇拜之比较　刘明科　周秦文明论

丛(一)　陕西人民出版社　2006年8月

封禅起源于战国新说　金霞　青岛大学师范学院学报　2007年第2期

秦始皇泰山封禅与身份认同的诉求　刘兴顺　鲁东大学学报　2007年第3期

睡虎地秦简《日书》所见的秦时民间信仰活动探微　沈刚　西安财经学院学报　2009年第1期

秦始皇时代佛教已传入中国考　韩伟　文博　2009年第2期

由迷信到纯粹的政治工具:试论天命观在秦始皇时期的嬗变　李华　廊坊师范学院学报　2009年第2期

对秦先祖"鸟身人言"的文化考察　田延峰　西安财经学院学报　2010年第1期

秦汉民间信仰文化认同功能研究综述　李秋香　天中学刊　2010年第3期

秦代封禅文献研究　田景丽　大家　2010年第9期

秦代山川祭祀格局研究　田天　中国历史地理论丛　2011年第2期

秦汉帝国的神权统一——出土简帛与《封禅书》《郊祀志》的对比考察　杨华　历史研究　2011年第5期;人大复印资料·先秦秦汉史　2012年第1期

秦皇汉武封禅与礼仪、思想、文化变迁　何平立、沈瑞英　秦始皇帝陵博物院(总壹辑)　三秦出版社　2011年6月

数字"七"的巫术蠡测:以秦汉简帛文献为中心　吕亚虎　历史教学问题　2012年第1期

秦汉的乡里社祭　李开元　文史知识　2012年第1期

秦始皇禁祠明星事解　辛德勇　文史　2012年第2期;人大复印资料·先秦秦汉史　2012年第5期

秦汉民间意识中的"小儿鬼"　王子今　秦汉研究(第六辑)　陕西人民出版社　2012年8月

嬴秦時祭的东方文化渊源　祝中熹　陇右文博　2012年第2期;嬴秦学刊　2012年第2期;秦史求知录　上海古籍出版社　2012年11月

封禅与文化认同:秦始皇封禅的政治文化学分析　臧知非　秦始皇帝陵博物院(总贰辑)　三秦出版社　2012年7月

论秦汉统治者的天地祭祀活动　马振智　梓里集：西北大学考古专业七七级毕业三十周年纪念文集　西北大学出版社　2012年9月

释战国秦汉简中表示禁忌义的"龙"　宋华强　简帛（第七辑）　上海古籍出版社　2012年10月

谈秦汉时期的腊日祭祀　黄岩　淮北职业技术学院学报　2013年第2期

试论秦汉时期的祠先农信仰　吕亚虎　江西师范大学学报　2013年第5期

秦关中祭祀文化述论　梁中效　咸阳师范学院学报　2013年第5期

先农与灵星：秦汉地方农神祭祀丛考　田天　中国国家博物馆馆刊　2013年第8期

秦人的宗教性信仰　袁仲一　秦始皇帝陵博物院（总叁辑）　三秦出版社　2013年8月

秦关中祭祀文化体系述论　梁中效　西安财经学院学报　2014年第1期

骊山坑儒谷与秦文化反思　韩星　西安航空学院学报　2014年第2期

战国秦汉时期的祠行信仰——以出土简牍《日书》为中心的考察　吕亚虎　陕西师范大学学报　2014年第3期；人大复印资料·先秦秦汉史　2014年第5期

甘泉宫秦畤考　姚生民　秦汉研究（第八辑）　陕西人民出版社　2014年9月

"五德终始说"与秦汉之际的受命改制思潮　张俊杰　科学·经济·社会　2015年第1期

秦汉时期的后土崇拜——兼论汾阴后土祠的建置背景　向晋卫、穆葳　南都学坛　2015年第2期

论秦汉时期赵国的奔婚习俗　郑先兴　邯郸学院学报　2015年第3期

西汉水上游乞巧民俗的地域文化蕴涵初论——以礼县祁山镇西汉村的调查为支点　蒲向明　兰州文理学院学报　2015年第5期

《日书》中的男日、女日与秦汉择日术　董涛　鲁东大学学报　2015年第6期

秦汉民间"忌讳产子"风习　王子今　秦汉研究（第九辑）　陕西人民出版社　2015年8月

秦、西汉西畤对比研究　王志友、刘春华　秦汉研究（第九辑）　陕西人民出版社　2015年8月

嬴秦人的图腾文化　宋继荣、宋华　秦文化探研——甘肃秦文化研究会第二次学术研讨会论文集　甘肃人民出版社　2015年11月

略论西和、礼县乞巧的形式及文化内涵　魏旭　秦文化探研——甘肃秦文化研究会第二次学术研讨会论文集　甘肃人民出版社　2015年11月

西和县、礼县乞巧民俗与西垂秦文化关系探析　袁智慧　秦文化探研——甘肃秦文化研究会第二次学术研讨会论文集　甘肃人民出版社　2015年11月

从西礼乞巧风俗看秦人早期的崇拜与信仰　魏泽民　秦文化探研——甘肃秦文化研究会第二次学术研讨会论文集　甘肃人民出版社　2015年11月

羌戎氏狄部族和秦人的犬崇拜　边强　秦文化探研——甘肃秦文化研究会第二次学术研讨会论文集　甘肃人民出版社　2015年11月

从首领名字看不同时期嬴秦民族的崇拜物和首领政治角色　田佐　秦文化探研——甘肃秦文化研究会第二次学术研讨会论文集　甘肃人民出版社　2015年11月

秦国西畤地望研究述评之鸾亭山篇　祝中熹　天水师范学院学报　2017年第1期

在国家祀典与个人仙路之间：秦皇汉武封禅考论　薛小林　世界宗教文化　2017年第4期

出土简牍所见"祭祀"与"祷祠"　杨华　四川大学学报　2018年第2期

睡虎地秦简日书《星》与古星占说对读　刘信芳　简帛（第十六辑）　上海古籍出版社　2018年5月

秦汉宗庙与古坟祭祀　徐卫民、裴蓓　秦汉研究（第十二辑）　西北大学出版社　2018年6月

被虚幻的西畤——对祝中熹先生《秦国西畤地望研究述评之鸾亭山篇》一文质疑的答复　王志友、刘春华　秦汉研究（第十二辑）　西北大学出版社　2018年6月

祷于山川——秦人的山川祭祀　史党社　周秦汉唐文化研究（第十辑）　三秦出版社　2018年6月

秦汉水祭祀的政治意涵阐释　徐蕴　咸阳师院学报　2019年第1期

秦汉时期的泰山封禅祭坛初探　徐放、刘悄然、赵鸣　古建园林技术　2019年第1期

陇南乞巧民俗与周秦文化——西汉水上游民俗文化对秦早期文化的接受与诠释之二　陈江英　民族艺林　2019年第3期

秦皇汉武泰山封禅登山路线考论　刘兴顺　泰山学院学报　2019年第4期

十五　人物研究

（一）合传

秦皇汉武寻求神仙之用意　蒋君章　史学　第1卷第1期　1933年3月

刘邦与项羽　何干之　北方文化　第1卷第1期　1946年3月

项羽与马援　陶希圣　中央日报　1946年6月15日

论中国历史上农民革命领袖——项羽、刘邦、李密、窦建德等算不算农民运动的领导者　黄元起　新史学通讯　1953年第2期

商君与屈原　燕庐　自由报　第675期　1957年

始皇帝的出生与吕不韦——关于史记疑难点的考察　［日］野口定男　立教大学日本文学　第2期　1959年

管仲和商鞅　江春　新民晚报　1960年11月18日

秦始皇、屈原及其他——谈谈历史人物评价的几个问题　刘凤翥　中国青年报　1961年11月19日

司马迁和项羽　何兹全　光明日报　1962年5月9日；读史集　上海人民出版社　1982年9月

司马迁笔下的项羽和刘邦　施锡才　辽宁日报　1963年3月18日

司马迁对李斯、蒙恬的批判　［日］伊藤德男　铃木俊教授花甲纪念东洋史论丛　大安　1964年

春秋五霸与秦穆五贤　马先醒　简牍学报　第6期　1967年10月

三次统一中国文字之河南三圣（史籀、李斯、仓颉）　程元龙　中原文献

第 2 卷第 10 期　1970 年 10 月

　　秦始皇与汉武帝　郭纪青　国教辅导　第 10 卷第 9 期　1971 年 5 月

　　战国时期法家主要人物简介：李悝、吴起、商鞅、韩非、李斯　广州日报　1973 年 10 月 17 日

　　秦始皇与吕不韦　林剑鸣等　西安日报　1974 年 1 月 30 日

　　孔子和秦始皇的问题　章群　明报　第 9 卷第 2 期　1974 年 2 月

　　管仲与商鞅　陶希圣　食货月刊复刊　第 3 卷第 8 期　1974 年 2 月

　　法家和法家著作简介——少正卯、李煜、吴起、商鞅、荀况、韩非　陶希圣　北京师范大学学报　1974 年第 3 期

　　论孔子与秦始皇问题　章群　文史学报　第 10 期　1974 年 3 月

　　中国三大雄才皇帝秦始皇、汉武帝、唐太宗——兼论汉武帝被诬　金惠　浙江月刊　第 9 卷第 3 期　1977 年 3 月

　　我国雄才大略的皇帝（秦始皇、汉武帝、唐太宗）　金惠　东方杂志　第 10 卷第 10 期　1977 年 4 月；陕西文献　第 30 期　1977 年 7 月

　　历史对罗思鼎的嘲讽——秦王朝灭亡过程中的赵高和刘邦　张时伟等　文史哲　1977 年第 4 期

　　刘邦和项羽——读《史记》札记　汤贵仁　泰安师专学报　1979 年第 1 期

　　李悝、申不害、商鞅、韩非——战国时代河南的法学大家　张金鉴　中原文献　第 11 卷第 6 期　1989 年 6 月

　　百里奚与孟明视为一人辨　马非百　历史研究　1980 年第 3 期

　　陈胜、吴广　镇贵　历史教学　1981 年第 10 期

　　论楚汉相争时期项羽和刘邦的分封　宋公文　秦汉史论丛（第一辑）　陕西人民出版社　1981 年 9 月

　　秦汉五大经济思想家　吴澄华　黄石师院学报　1982 年第 3 期

　　项羽、刘邦和他们的故乡　张祖彦　文物天地　1982 年第 4 期

　　刘邦和项羽　胡一华、毕英春　丽水师专学报　1983 年第 1、2 期

　　嫪毐、吕不韦集团辨析　王云度　中国史研究　1983 年第 2 期

　　为什么刘邦能击败项羽　钮先钟　三军联合月刊　第 21 卷第 3 期　1983 年 5 月

　　浅析秦始皇、汉高祖的用人之道　李伟　徐州师院学报　1987 年第 4 期

项羽和刘邦　卞直甫、宋一夫　学术月刊　1987 年第 11 期

秦始皇与吕不韦政治思想异同新论　张广汇　北方论丛　1990 年第 2 期

亦说刘邦与项羽　王夫照　安徽史学　1992 年第 2 期

略辨反秦战争中的宋义和项羽　滕新才　文史杂志　1992 年第 6 期

"刘胜项败"的个性心理分析　荣文库　辽宁大学学报　1993 年第 4 期

孟明视、西乞术、白乙丙小传　陈洪　秦史人物论　陕西人民教育出版社　1993 年 11 月

百里奚和蹇叔　田静　秦史人物论　陕西人民教育出版社　1993 年 11 月

始皇帝诸公子　张文立　秦史人物论　陕西人民教育出版社　1993 年 11 月

王翦父子　卢鹰　秦史人物论　陕西人民教育出版社　1993 年 11 月

蒙氏祖孙　贺润坤　秦史人物论　陕西人民教育出版社　1993 年 11 月

乌氏倮与寡妇清　张文立　秦史人物论　陕西人民教育出版社　1993 年 11 月

秦国的两位相马专家　张宁　秦史人物论　陕西人民教育出版社　1993 年 11 月

亚历山大和秦始皇　何玉屏、罗任重　湘潭师大学报　1993 年增刊

秦皇汉武散论　刘明　吴中学刊　1995 年第 1 期

《史记》所见刘邦的军事地理思想——兼论楚汉战争刘邦战胜项羽的原因　吴宏岐　司马迁与史记论集（第二辑）　陕西人民出版社　1995 年 7 月

关于"章邯军"与"王离军"的关系问题　张传玺　秦汉问题研究（增订本）　北京大学出版社　1995 年 10 月

管、商异同论　盛建国　政法论丛　1998 年第 5 期

无意助秦有心兴汉的秦博士——四皓　张敏、兰德省　秦文化论丛（第七辑）　西北大学出版社　1999 年 6 月

始皇帝和诸公子　［日］藤田胜久著，黄雪美译　秦文化论丛（第七辑）　西北大学出版社　1999 年 6 月

白起与荆轲——兼论儒、法二家的历史功过　谭平　成都大学学报　2000 年第 1 期

秦皇汉武异同论　孟祥才　泰安师专学报　2000 年第 2 期

秦始皇与隋文帝比较研究　董恩林　江汉论坛　2002年第2期

秦始皇帝与吕不韦、嫪毐——秦始皇帝和他周围的人之三　张文立　秦陵秦俑研究动态　2007年第2期;庆祝何炳棣先生九十华诞论文集　三秦出版社　2008年5月

秦始皇帝和他的先祖——秦始皇帝和他周围的人之一　张文立　秦文化论丛(第十四辑)　三秦出版社　2007年10月

秦始皇帝及其父母——秦始皇帝和他周围的人之二　张文立　陕西历史博物馆馆刊(第十四辑)　三秦出版社　2007年10月

秦始皇帝和李斯、赵高　张文立　陕西历史博物馆馆刊(第15辑)　三秦出版社　2008年11月

论秦始皇帝与吕不韦、嫪毐的关系　张文立　咸阳师范学院学报　2008年第1期

秦始皇帝和他的将军们——秦始皇帝和他周围的人之五　张文立　秦文化论丛(第十五辑)　三秦出版社　2008年10月

司马迁《史记》之秦皇与汉武　傅敏怡著,孙维国译　湖南大学学报　2009年第2期;人大复印资料·先秦秦汉史　2009年第4期

(二)秦始皇

蜂目考——《秦始皇本纪》所用"蜂准"的考订　李笠　文艺　1926年第1期

秦始皇评　陈登原　金陵学报　第1卷第2期　1931年11月

秦始皇代表什么阶级　黄松　现代史学　第1卷第1期　1933年1月

秦始皇之民族的功业　丁布夫　汗血月刊　第4卷第2期　1934年11月

秦始皇帝传　马元材　河南政治月刊　第5卷第10—12期、第6卷第2期　1935年10月—1936年8月

秦始皇帝　张荫麟　大公报史地周刊　第87期　1936年5月29日

秦始皇与长城　疑　北平晨报艺圃　1936年11月2、3、4、10日

秦始皇帝传(马元材编)　权　图书月刊　第1卷第7、8期　1941年12月

秦始皇与儒家思想　陈恭禄　文史杂志　第2卷第1期　1942年1月

从秦始皇到汉武帝　钱穆　思想与时代　第27期　1943年10月

顾颉刚论秦始皇　范无忧　人物杂志卷　第 2 期　1946 年 9 月

试论秦始皇何故"禁不得祠明星出西方"　陈槃　大公报　1949 年 12 月 28 日

论秦始皇　赵光贤　进步日报　1951 年 6 月 1 日；大公报（上海）　1951 年 6 月 4 日

对秦始皇评价的商榷　陈诏　文化报　1951 年 9 月 16 日

论秦始皇　述彭　大公报（上海）　1951 年 10 月 26 日；进步日报　1951 年 12 月 26 日

造成中国大一统的秦始皇　胡永易、林治平　光明日报　1951 年 11 月 17 日；反攻　第 122 期　1954 年 12 月

论秦始皇的功罪　黄逸民　畅流　第 13 卷第 6 期　1956 年 5 月

论秦始皇　杨宽　中国历史人物论文集　生活·读书·新知三联书店 1957 年 2 月；中国通史参考资料（第一集）　人民大学出版社　1958 年 6 月

对秦始皇的评价　夏卿雪　西南师院学报　1959 年第 3 期

论秦始皇"焚书坑儒"　蒋逸雪　扬州师院学报　1959 年第 3 期

秦始皇的出生与吕不韦——关于《史记》疑难点的考案　［日］野口定男　立教大学日本文学　1959 年第 2 期

秦始皇功大于罪　杨宽　解放日报　1959 年 4 月 10 日

怎样评价秦始皇　何兹全　新建设　1959 年第 4 期

试论秦始皇　罗焕泰　史学月刊　1960 年第 3 期

关于史记秦始皇本纪的二、三研究　［日］栗原朋信　秦汉史的研究　吉川弘文馆编印　1960 年

关于史记秦始皇本纪——秦水德的批判　［日］栗原朋信　秦汉史的研究　吉川弘文馆编印　1960 年

秦始皇不姓秦　李文英　山西日报　1962 年 8 月 7 日

秦始皇论　谢康　文史论丛　1963 年

且说秦始皇的进步　怀古　天津日报　1963 年 1 月 30 日

说说关于秦始皇的评价和翻案问题　史苏苑　郑州大学学报　1964 年第 2 期

读《史记·秦始皇本纪》　徐善同　大陆杂志　第 41 卷第 1 期　1970 年

论秦始皇的功业　顾岱思　南京大学学报　1973 年第 1 期

厚古薄今的专家秦始皇　叶显恩　中山大学学报　1973 年第 1 期;南方日报　1974 年 3 月 23 日

论秦始皇"书同文"的历史功绩　潘家懿　山西师院学报　1973 年第 1 期

论秦始皇　白寿彝　北师大学报　1973 年第 1 期;南方日报　1974 年 2 月 25 日

关于秦始皇评价的几个问题　田余庆　北京大学学报　1973 年第 2 期

秦始皇是厚古薄今专家　穆鸿利等　吉林师大学报　1973 年第 2 期

秦始皇在历史上的进步作用　北大、清华大学批判组　北京大学学报 1973 年第 3 期;北京日报　1973 年 9 月 25 日

秦始皇传　范凌　学习与批判　1973 年第 4 期

秦始皇——厚古薄今的专家　施丁　辽宁大学学报　1973 年第 4 期

秦始皇统一中国的历史作用——从考古学上看文字、度量衡和货币的统一　王世民　考古　1973 年第 6 期

从陕西发现的文物看秦始皇的历史作用　陕西省博物馆陈列部写作组　西安日报　1973 年 11 月 12 日

秦始皇在历史上的功绩　朱绍侯　河南日报　1973 年 11 月 14 日

秦始皇评价问题上两种思想两条路线的斗争　刘建华等　兰州大学学报 1974 年第 1 期

王夫之的《秦始皇》　王忠本、关履权　南京大学学报　1974 年第 4 期;教育革命参考资料　1974 年第 4 期

浅谈历史上关于秦始皇的两派论争——从章太炎的《秦政记》《秦献记》说起　梁效　北京日报　1974 年 5 月 20 日

《史记》论证——《秦始皇本纪第六》　王叔岷　文史哲学报　1976 年第 1 期

略论秦始皇　张景贤　河北大学学报　1977 年第 2 期

论秦始皇　刘泽华　南开学报　1977 年第 5 期

是歌颂,还是讽刺?——漫谈有关评价秦始皇问题的两例　严北溟　学术月刊　1979 年第 2 期

论秦始皇的功过是非　刘泽华、王连升　历史研究　1979 年第 2 期

关于秦始皇"焚书坑儒"问题　蔡尚思　复旦学报　1979年第2期

评秦始皇　金立人　复旦学报　1979年第4期

就郭沫若评价秦始皇答问　张传玺　电大文科园地　1982年第1期

略论秦始皇的法律思想　杨鹤皋　北京政法学院学报　1982年第2期

试析秦始皇历史作用的转变　简修炜　华东师大学报　1982年第4期

秦始皇在秦统一中的作用问题　魏文清　北方论丛　1983年第3期

论秦始皇的法律思想　刘海年　法律史论丛（三）　法律出版社　1983年6月

秦始皇姓嬴还是姓赵　丽水师专学报　1984年第3期

试论鲁迅对秦始皇的全面评价　鲁歌、蒋潇　锦州师院学报　1984年第4期

《秦始皇本纪》补疑　茅冥家　中国历史文化研究集刊　1984年第5期

秦始皇对发展林业的功与过　梁双林　河北林业　1985年第12期

秦始皇帝的性格　张文立　未定稿　1985年第7期

民族问题和秦始皇修长城　弋戈　民族团结　1985年第12期

秦始皇沙丘疑案　朱星　中国社科院研究生院学报　1986年第1期

秦始皇的鬼神观　夏遇南　魏毅　咸阳师专学报　1987年第1期

登兹泰山、周览东极——秦始皇嬴政与泰山　汤贵仁　历代帝王与泰山　山东人民出版社　1987年2月

不废江河万古流——从秦始皇的历史作用说开去　连波　殷都学刊　1987年第2期

秦始皇的生与死　吴承良　历史大观园　1987年第2期

秦始皇腐败的实质及其社会根源　周鼎初、孔定芳　贵州文史丛刊　1987年第2期

关于秦始皇北伐匈奴的几个问题　李福泉　求索　1987年第5期

秦始皇与筑　李鼎铉　中国文物报　1988年8月12日

论秦始皇统治的失误　李福泉　湖南师大学报　1989年第4期

秦始皇姓氏刍议——兼及先秦秦汉时期姓氏问题　张连生　扬州师院学报　1990年第1期

秦始皇"厚今薄古"吗？　奚椿年　河北学刊　1990年第1期

从会稽刻石看秦始皇的女性观和个性　王维堤　浙江学刊　1990 年第 2 期

秦始皇二重性格的心理试探　徐为华　历史教学问题　1990 年第 4 期

秦始皇军事思想探微　熊铁基、周鼎初　文博　1990 年第 5 期

咸阳古道音尘绝——对秦始皇的评价问题介绍　林剑鸣　中学历史教学参考　1991 年第 1、2 期

论秦始皇　吴清如　毕节师专学报　1991 年第 3 期

浅析秦人和汉人对秦始皇的评价　梁向明　固原师专学报　1992 年第 1 期

论秦始皇在"焚书坑儒"过程中的历史作用　王云　辽宁师大学报　1992 年第 2 期

秦始皇不废儒学论　奚椿年　江海学刊　1992 年第 2 期

大流士与秦始皇为政观的比较研究——兼及秦帝国何以速亡　陈德正　聊城师院学报　1992 年第 3 期

秦始皇的统一观及家天下思想　孙仁宏　盐城师专学报　1992 年第 3 期

秦始皇"收天下兵"质疑　沈海波　上海大学学报　1992 年第 4 期

晚年秦始皇心理探析　冯正安　江汉论坛　1992 年第 11 期

秦始皇与"赘婚"俗　祝中熹　庆阳师专学报　1993 年第 1 期

略论秦始皇的统治思想　韩隆福　武陵学刊　1993 年第 3 期

从开明到专横——秦皇历史演变跟踪　罗正安　史学月刊　1993 年第 3 期

秦始皇的伦理观　贺圣迪　上海大学学报　1993 年第 4 期

秦始皇帝简论　张文立　秦史人物论　陕西人民教育出版社　1993 年 11 月

秦始皇与杭州　阙维民　秦陵秦俑研究动态　1994 年第 1 期

论司马迁对秦始皇的评价　徐卫民　秦陵秦俑研究动态　1994 年第 3 期

秦始皇的怨恨　林剑鸣　人文杂志　1994 年第 3 期

秦始皇在"独尊儒术"过程中的历史作用商榷　范家辉　辽宁师大学报　1994 年第 4 期

《吕氏春秋》与秦始皇　王魁田　唐都学刊　1994 年第 4 期

秦始皇崇敬李冰　周九香　文史杂志　1994 年第 5 期

千古一帝齐鲁行　贾贵荣　山东旅游 1994 年第 6 期

勘探秦始皇最后归宿　徐卫民　中国时报　1994 年 11 月 15 日

汉代人的始皇观　张文立　秦汉史论丛（第六辑）　江西教育出版社 1994 年 12 月

求长生而致短命——秦始皇帝死因考　林剑鸣、张文立　秦文化论丛（第三辑）　西北大学出版社　1994 年 12 月

关于秦始皇功过是非　张传玺　神州学人　1994 年第 12 期

毛泽东究竟怎样评价秦始皇　大刃　河北学刊　1995 年第 1 期

秦始皇巡游天下及其对后世旅游的影响　叶华　安庆师院学报　1995 年第 2 期

有关秦始皇评价中一些问题的再探讨　宋纹　人文杂志　1995 年第 3 期

秦始皇与秦千童城　徐童文　河北学刊　1995 年第 5 期

就郭沫若评价秦始皇答问　张传玺　秦汉问题研究（增订本）　北京大学出版社　1995 年 10 月

试论秦始皇的恶劣性格与其独裁专政关系　江连山、白明玉　绥化师专学报　1996 年第 2 期

秦始皇贞节妇女观的心理探因　王绍东　内蒙古大学学报　1996 年第 6 期

关于评价秦始皇帝几个问题　张文立　秦文化论丛（第四辑）　西北大学出版社　1996 年 6 月

秦始皇统治心理探析　孙中家　北方论丛　1997 年第 2 期

秦始皇宗教思想试探　钱律进　贵州文史丛刊　1997 年第 4 期

谈秦始皇研究　谢宝耿　社会科学报　1997 年 5 月 8 日

秦始皇晚年心理之剖析　王世英、朴今梅　延边大学学报　1998 年第 2 期

浅谈秦始皇的帝王思想　陈文英　天中学刊　1998 年第 3 期

秦始皇六次巡游刍议　杨建虹、殷英　云南师大学报　1998 年第 6 期

与秦始皇有关的各传说的形成和史实——打捞泗水周鼎失败和荆轲刺杀秦王未遂的传说　[日]鹤间和幸著,李淑萍译　秦文化论丛（第六辑）　西北大学出版社　1998 年 6 月

始皇帝和秦王朝的兴亡　［日］藤田胜久著，黄雪美译　秦文化论丛（第六辑）　西北大学出版社　1998年6月

秦始皇史事辨疑　奚椿年　江海学刊　1999年第1期

凝聚力的缺乏与秦的速亡　徐俊祥　徐州师大学报　2000年第1期

论神仙学说对秦始皇及其统治政策的影响　王绍东　内蒙古大学学报　2000年第1期

秦始皇的神仙思想与秦之速亡　奚椿年　江海学刊　2000年第2期

秦始皇暴政原因探析　唐德荣、盘娟梅　株洲师范高等专科学校学报　2000年第2期

秦始皇封禅泰山论略　贾贵荣、张晓生　管子学刊　2000年第3期

秦始皇个性心理试析　张汉东　安徽师大学报　2000年第4期

论秦始皇的法治主义　李元　北方论丛　2000年第4期

秦始皇身世考辨　张汉东、陈实　山东师大学报　2000年第5期

秦始皇封禅泰山论略　贾贵荣　秦俑秦文化研究——秦俑学第五届学术讨论会论文集　陕西人民出版社　2000年8月

嬴政的自卑情结与秦王朝的灭亡　康少锋　秦俑秦文化研究——秦俑学第五届学术讨论会论文集　陕西人民出版社　2000年8月

秦始皇与水利　杨止卿　秦俑秦文化研究——秦俑学第五届学术讨论会论文集　陕西人民出版社　2000年8月

一生受制于人的秦始皇　史式　今日中国　2000年第10期

论史学对秦始皇及秦朝政治的影响　王绍东　北京大学学报　2001年第S1期

重评秦始皇统一文字　李裕民　晋阳学刊　2001年第4期

重评秦始皇　黄中业　社会科学战线　2001年第5期

秦始皇历史意识散论　汪高鑫　人文杂志　2001年第5期

秦始皇与神仙思想　史炳军　咸阳师范学院学报　2001年第5期

大流士与秦始皇治国方略辨异——兼论波斯帝国延祚和秦帝国速亡之原因　陈德正　齐鲁学刊　2002年第6期

司马迁笔下的秦始皇　［美］杜润德著，陈对智译　汉学研究（六集）　中华书局　2002年8月

秦始皇的东方情结　周新芳　管子学刊　2003年第2期

秦始皇巡游的时空特征及其原因分析　李瑞、吴宏岐　中国历史地理论丛　2003年第3期

秦始皇容貌考辨　张玉春　暨南学报　2003年第5期

先秦时期的统一发展与秦始皇　陈玉屏　西南民族学院学报　2003年第5期

始于秦王嬴政的称号——皇帝　夏遇南　咸阳师院学报　2003年第5期

秦始皇出生地考证　刘心长　赵文化研究　河北大学出版社　2003年9月

秦始皇的求仙活动及思想　田延峰　秦都咸阳与秦文化研究　陕西人民教育出版社　2003年11月

始皇帝的长相　陶喻之　上海文博论丛　2004年第4期

秦始皇的最后十年　熊铁基　光明日报　2004年7月6日

秦始皇帝的称号　郭静云　历史文物月刊　2005年第2期

秦始皇帝未立后试论　张敏　秦文化论丛（第十二辑）　三秦出版社　2005年7月

秦始皇亲政前的忍耐心理探微　叶晔　秦文化论丛（第十二辑）　三秦出版社　2005年7月

千秋功过谁与评说——漫谈秦始皇与汉武帝　安作璋　文史知识　2006年第1期

坚守中的变动——《高渐离》中的秦始皇形象分析　李畅　郭沫若学刊　2007年第1期

秦始皇的容人之道　庚晋　文史天地　2007年第2期

层层加码的糊涂账——秦始皇的历史形象　李开元　21世纪世界经济导报　2007年3月3日

秦始皇政治心态的嬗变　杜洪义　辽宁师范大学学报　2007年第3期

秦始皇帝和他的父亲母亲——秦始皇帝和他周围的人之二　张文立　秦陵秦俑研究动态　2007年第3期

也谈秦始皇的用人之道　叶晔　咸阳师范学院学报　2008年第1期

秦始皇死因探析　马临漪　天中学刊　2008年第1期

秦始皇是"千古一帝"还是暴君——试论秦始皇的两面性　汪景丽　内蒙古电大学刊　2008年第3期

论秦始皇的理论创新　王绍东　西安财经学院学报　2009年第3期

秦皇扫六合　虎视何雄哉：论秦始皇嬴政的统一功业　王子今　光明日报　2009年7月28日

秦始皇帝和方士　张文立　回顾与创新·创新篇——秦始皇兵马俑博物馆开馆三十周年纪念文集　三秦出版社　2009年8月

秦始皇与后世帝王家庭教育之比较　吕劲松　回顾与创新·创新篇——秦始皇兵马俑博物馆开馆三十周年纪念文集　三秦出版社　2009年8月

秦始皇是英雄吗？——与王立群教授商榷　庶人　书屋　2009年第9期

论秦始皇的功过是非　张传玺　中华读书报　2009年10月21日

简析司马迁眼中的秦始皇　师帅　科技向导　2010年第7期

论秦始皇的素养、风度与政治品格　高自双　河南广播电视大学学报　2011年第1期

秦始皇缘何焚书坑儒　陈生玺　南开学报　2011年第3期

秦始皇追求长生与不立储君解密　赵河清　人民论坛　2011年第6期

善于继承勇于创新破冰前进的秦始皇——重识《史记·秦始皇本纪》　周怀宇　古籍研究　2013年第1期

秦始皇帝身世之谜　刘占成、张立莹　秦陵秦俑研究动态　2013年第3期

三次刺杀行为对秦始皇地域政策的影响　孙家洲　河北学刊　2013年第4期；人大复印资料·先秦秦汉史　2013年第5期

秦始皇的孝治与孝行　周厚强　湖北工程学院学报　2013年第4期

从"颂秦德"看秦始皇的伦理行为——以秦始皇巡游为中心　张嵩　三门峡职业技术学院学报　2014年第1期

秦始皇的巡游之旅探究　侯天琛　兰台世界　2014年第3期

秦始皇二十七年西巡考议　王子今　文化学刊　2014年第6期

论秦始皇的性格特点及形成原因　王绍东　秦汉研究（第八辑）　陕西人民出版社　2014年9月

秦始皇"坑儒"之辨　尹宗国　秦汉研究（第八辑）　陕西人民出版社　2014年9月

《淮南子》"秦始皇"观评议　高旭　西安财经学院学报　2015 年第 1 期

千古一帝秦始皇　王立群　读书　2016 年第 9 期

始皇帝"崩于沙丘平台"的日期探究　李云豪、卫善恩　秦始皇帝陵博物院（总柒辑）　三秦出版社　2017 年 10 月

秦始皇的阅读速度　王子今　博览群书　2018 年第 1 期

岳麓秦简所见秦始皇南征史事考释　曹旅宁　秦汉研究（第十二辑）　西北大学出版社　2018 年 6 月

不同于史籍的秦始皇形象——从秦始皇陵考古看秦文明（一）　段清波　学习时报　2018 年 12 月 31 日

秦始皇姓氏辩——兼谈中国古代姓氏制度　张雷　丝绸之路　2019 年第 3 期

秦始皇被"妖魔化"的考古学分析　同杨阳、段清波　西部考古（第 16 辑）　科学出版社　2019 年 3 月

说《史记》篇名《秦始皇本纪》　王子今　唐都学刊　2019 年第 4 期

秦始皇相关称谓考述　吕慧媛、龚丽娜　华夏文化　2019 年第 4 期

真实的秦始皇　段清波　西部大开发　2019 年第 4 期

自然、家庭与帝国：人性视角下的秦始皇——从岳麓秦简秦始皇"禁伐树木诏"谈起　符奎　简帛研究二〇一九（春夏卷）　广西师范大学出版社　2019 年 6 月

被污名化的秦始皇与汉文化的形成　冯锴、刘璐　秦汉研究（第十三辑）　西北大学出版社　2019 年 9 月

秦始皇赭湘山再探　赵振辉　秦汉研究（第十三辑）　西北大学出版社　2019 年 9 月

（三）商鞅与《商君书》

商君传　蜕庵　新民丛报　第 2 卷第 31、32 期　1903 年

读商君列传　纪庆曾　选翠居文集（卷一）　适园丛刻本　1916 年张钧衡刊

《商君书·开塞》　朱师辙　国故　第 2—4 期　1919 年 4 月 9 日

商君的法治主义论　丘汉平　法学季刊　第 2 卷第 7 期　1925 年 11 月

现代人物的商君　曹觉生　学风　第1卷第6期　1931年

商君政治思想之要旨　陈其策　湖南大学期刊　第6卷　1932年1月

读史记商君传后　籍忠寅　困斋文集卷三　1932年籍氏刊本

读《商君书》　吕思勉　光华大学半月刊　第4卷第4期　1935年11月

商鞅变法与两汉田赋制度　刘道元　食货　第1卷第3期　1935年1月

商君书探原　罗根源　北平图书馆馆刊　第9卷第1期　1935年1月

民族政治家公孙鞅以身殉法　新玖　北平华北日报　1935年2月10日

读《商君书》札记　陶小石　制言　第26期　1936年10月

《商君列传》讲记　陈柱　学术世界　第2卷第1期　1936年10月

《商君书》异同考　樵　天津益世报说苑　1937年4月12日、4月13日

《商君书》考证　容肇祖　燕京学报　第21期　1937年6月

商君学说　胡朴安　国学周刊　第1—8期　1937年

《商君书》研究　王启湘　文哲丛刊　第1期　1940年12月

《史记·商君列传》史料抉原　孙次舟　史学季刊　第1卷第2期　1941年3月

《商君书·说民》《弱民》篇为解说《去强》篇刊正记　蒙季甫　图书集刊第1期　1942年3月

商鞅在法治上的努力与成就　王其豪　大公报　1944年12月23日

《商君书解诂定本》（朱师辙著）　齐思和　燕京学报　第35期　1948年12月

商鞅变法的内容及其历史意义　郭人民　新史学通讯　第3期　1953年

前期法家的批判（商鞅部分）　郭沫若　十批判书　人民出版社　1954年

商鞅之经济思想　姜善恩　新亚校刊（香港）　第4期　1954年2月

论商鞅　林治平　反攻　第102期　1954年2月

《商君书》补　王叔岷　台北研究院院刊　第1期　1954年6月

论商鞅　唐嘉鸿　光明日报　1954年6月10日

关于《中国历史纲要》处理"商鞅变法"问题之我见　罗祖基　文史哲1955年第3期

论商鞅变法　杨宽　历史教学　1955年第9期

商鞅的政绩及其法治主义　梅仲协　东吴年刊　第44期　1955年7月

"商鞅变法"促进奴隶使用制度发展说——兼与叶玉华先生商榷　罗祖基　历史研究　1956 年第 9 期

商鞅考　钱穆　先秦诸子系年考　香港大学出版社　1956 年

论商鞅变法的性质　冉昭德　历史研究　1957 年第 6 期

商鞅变法与西方秦国以及秦汉统一帝国封建制的成长　叶玉华　历史教学 1957 年第 12 期

商鞅与《商君书》的批判　高亨　山东大学学报　1959 年第 3 期

商鞅政治思想　施金池　师大教育研究所集刊　第 2 卷　1959 年 6 月

朱师辙《商君书解诂定本》补正　阮廷焯　大陆杂志　第 20 卷第 2 期 1960 年 1 月；大陆杂志语文丛书　第 1 辑第 2 册

商子政治思想的研究　杨树藩　政治大学学报　1960 年第 1 期

商鞅政治思想　徐文珊　政治评论　第 5 卷第 8 期　1960 年 12 月

商鞅相秦　赵英敏　革命思想　第 11 卷第 1 期　1961 年 7 月

高亨撰写《商君书》译注初稿　文汇报　1961 年 6 月 18 日

商鞅变法　胡炳权、宝志强　历史教学　1961 年第 9 期

商鞅在历史上的进步作用——纪念商鞅逝世 2300 周年　徐喜辰　吉林日报　1962 年 10 月 16 日

商鞅在政治上的成就　王止峻　醒狮　第 1 卷第 2 期　1963 年 2 月

《商君书》新笺　高亨　山东师大学报　1963 年第 1 期

商鞅的农战思想　张弦　复兴岗学报　1963 年第 3 期

《商君书》真伪辨　熊公哲　政治大学学报　第 9 期　1964 年 5 月

商鞅变法研究　蒋君章　民主评论　第 16 卷第 15 期　1965 年 9 月

商鞅变法研究之二——重农主义与法制主义　蒋君章　民主评论　第 16 卷第 15 期　1965 年 10 月

商鞅变法研究之三——商鞅的著作　蒋君章　民主评论　第 17 卷第 1 期 1966 年 1 月

商鞅——战国中期的法家代表　傅启学　萨孟武七十文集　1966 年 2 月

法家思想及其实行——商鞅所建立之社会制度　黄富三　史绎　第 3 期 1966 年 6 月

管子商鞅韩非子的法律思想概述　梅仲协　复兴岗学报　1968 年第 12 期

公孙鞅与《商君书》　刘光义　书和人　第 109 期　1969 年 5 月 13 日

《商君书》的内容与注解　梁容若　书和人　第 109 期　1969 年 5 月 13 日；国语日报　1969 年 5 月 13 日

简介商君思想学说　常韵芝　台南师专季刊　第 2 期　1969 年 12 月

商韩学术思想的师法关系　张雁棠　中华文化复兴月刊　第 3 卷第 11 期　1970 年 11 月

商鞅——我国最成功的改革家　惜秋　台湾新生报　1971 年 4 月 16—30 日

《史记·商君列传》疏证　朱瑗　台北编译馆馆刊　第 1 期　1971 年 10 月

商君的法治思想与学说　常韵苓　中国国学　1972 年第 1 期

前期法家——商鞅　樊茹　文汇报　1972 年 10 月 9 日

《商君书·更法》译注　中文系部分工农兵学员　黑龙江大学学报　1974 年第 1 期

略论商鞅的经济政策　羊春秋　湖南师院学报　1974 年第 1 期

《史记·商君列传》译注　王天奖　河南历史所集刊　1974 年第 1 期

论商鞅的历史功绩——兼评"恃德者昌,恃力者亡"　师之　陕西师大学报　1974 年第 1 期

坚决进行革新的先秦思想和政治家商鞅　张修起　开封师院学报　1974 年第 1 期

以革命的舆论战胜反革命的舆论——读商鞅《更法》札记　湘岩等　兰州大学学报　1974 年第 2 期

商君与《商君书》略论,《商君书·垦令》注释,《商君书·农战》注释　高亨　文史哲　1974 年第 2 期

商鞅的经济思想　李善明　文史哲　1974 年第 2 期

从社会基本矛盾看商鞅变法　荆激　吉林师大学报　1974 年第 2 期

从"变法不必法古"看战国时期法家的革新精神　哲学系大批判组　辽宁大学学报　1974 年第 2 期

《更法》——商鞅变法的宣战书　数学系三年级理论小组　广东师院学报　1974 年第 2 期

试论商鞅的军事路线——读《商君书》　郝清涛　郑州大学学报　1974 年

第 2 期

《史记·商君列传》注释　史朔彬　开封师院学报　1974 年第 2 期

坚持革新，反对因循守旧——读《商君书·更法》　廖世江　教育革命　1974 年第 2 期；云南日报　1974 年 7 月 15 日

释《商君书》并论其真伪　詹秀惠　淡江学报　第 12 期　1974 年 3 月

一场革新与守旧的大论战——介绍《商君书·更法》篇　朱文等　语文战线　1974 年第 3 期

《商君书·更法》译注　中文系古典文献专业　北京大学学报　1974 年第 3 期

略谈商鞅批孔　许丹等　内蒙古日报　1974 年 4 月 7 日；吉林日报　1974 年 4 月 14 日

《商君书·更法》注译　山东大学《商君书选注》小组　文史哲　1974 年第 4 期

试谈商鞅的教育革新思想　春革　延边大学学报　1974 年第 4 期

《更法》的战斗性　朱伯石　华中师院学报　1974 年第 4 期

读《商君书》后　胡长坤　山东师院学报　1974 年第 5 期

商鞅在我国教育史上的重要地位　石达　北京师大学报　1974 年第 5 期

《商君书·画策》注释　丁宝兰　中山大学学报　1974 年第 5 期

商君思想研究　张柳云　中华文化复兴月刊　第 7 卷第 5 期　1974 年 5 月

前期法家的著名代表——商鞅　史凡　黑龙江日报　1974 年 6 月 5 日

历史上法家代表人物和进步思想及其著作简介：商鞅　天津日报　1974 年 6 月 7 日

论商鞅　梁效　人民日报　1974 年 6 月 9 日；红旗　1974 年第 6 期；论法家和儒法斗争　人民出版社　1974 年 10 月

《商君书》中的《更法》　李志钧　解放日报　1974 年 6 月 11 日

论商鞅的历史功绩　师之　光明日报　1974 年 6 月 14 日

法家代表人物介绍：商鞅　谷滋　人民日报　1974 年 6 月 16 日

法家思想的主要奠基者——商鞅论述浅注　孙维槐等　文汇报　1974 年 6 月 25 日

商鞅变法前夕的一场论战——读《商君书·更法》　轩然　光明日报

1974年6月26日

《商君书·更法》译注　南钟　光明日报　1974年6月26日；天津日报1974年6月26日

读《商君书》　钱光培　人民日报　1974年6月27日

读《商君书·更法》　林耀华　人民日报　1974年6月29日

商君与《商君书》的思想分析　王晓波　大陆杂志　第49卷第1期　1974年7月；大陆杂志语文丛书　第3辑第1册

论商鞅变法的历史作用　世鹍　广西师院学报　1974年第7、8期

论商鞅的历史观　康立、史钺　学习与批判　1974年第8期

摧毁旧制度的基础——读《商君书·垦令》　周泗　人民日报　1974年8月1日

坚持前进 反对倒退——读《商君书》　孙长森　人民日报　1974年7月26日

商君与《商君书》的思想分析　王晓波　大陆杂志　第49卷第1期　1974年7月；大陆杂志语文丛书　第3辑第1册

扫除前进的障碍——分析《商君书·开塞》的中心思想　北京热电厂工人理论学习小组　人民日报　1974年10月18日

"国待农战而安"——《商君书·农战》读后　刘杰、孔庆祥　人民日报　1974年10月18日

论商鞅的国家观——读《画策篇》　邱荣真　学习与批判　1974年第12期

商鞅军事言论选译　安徽大学中文系《商君书》译注小组　安徽大学学报1974年增刊

读《商君书·农战》　王延良　辽一师院学报　1975年第1期

论商鞅关于发展农业的进步思想　西北农学院农经系　中国农业科学1975年第1期

论商鞅的法治路线　华金才　山东师院学报　1975年第1期

论商鞅的教育思想　闵苑　中央民院学报　1975年第1期

论商鞅的"以战去战"　高晓青等　吉林师大学报　1975年第1期

商鞅法治思想的几点历史借鉴　郑州大学政治系　郑州大学学报　1975年第1期

新兴地主阶级的革命专政——读《商君书》的体会　众志　辽一师院学报 1975 年第 1 期

商鞅实行耕战的历史经验　刘蔚华　破与立　1975 年第 1 期

说商鞅虽死而"秦法未败"的历史经验　余山　理论与实践　1975 年第 2 期

读《商君书》　洪善思　山东师院学报　1975 年第 2 期

评商鞅的"开塞论"——读《商君书》札记　齐新　文史哲　1975 年第 2 期

《商君书》选注前言　朝阳重型机械厂等　辽一师院学报　1975 年第 2 期

商鞅的重农思想和农业政策　何宇同　中山大学学报　1975 年第 2 期

商鞅之死说明了什么　流畅　内蒙古日报　1975 年 2 月 7 日

以农为本是法家的重要思想——读《商君书·农战》　沈良轩　沈阳日报 1975 年 3 月 3 日

"今人未可非商鞅"——读王安石诗《商鞅》　闻秦　西安日报　1975 年 3 月 20 日

用革命暴力巩固革命政权——读《商君书·开塞》　嘉衡等　内蒙古日报 1975 年 3 月 25 日

评商鞅的"壹教"　齐新　大众日报　1975 年 3 月 25 日

试释战国时期的"山东"——读《商君书·徕民》札记　牛致功　陕西师大学报　1975 年第 4 期

读《商君书》札记　柏青　历史研究　1975 年第 6 期

对《商君书》注释中一些问题的商榷　牛致功　光明日报　1975 年 7 月 28 日

试论商君书中的"农战"和"赏刑"　牛致功　陕西师大学报　1976 年第 1 期

《商君书新注》前言　《商君书新注》编辑组　陕西日报　1976 年 1 月 25 日

从《商君书》谈一谈商鞅的军事思想　李为　开封师院学报　1976 年第 2 期

历代关于商鞅变法的两派论争　洪善思　历史研究　1976 年第 3 期

翻案复辟历来不得人心——历代儒法两家在商鞅变法问题上的论争　洪善思　山东师院学报　1976 年第 3 期

释"僇力本业,耕织致粟帛多者复其身"　杨际平　历史研究　1977年第1期

读《商君书》札记　杨春霖　西北大学学报　1977年第1期

商鞅法治的主要目的是什么——评梁效《论商鞅》　葛懋春　文史哲　1977年第3期

试论商鞅的赐爵制度　高敏　郑州大学学报　1977年第3期

《商君书》辨伪　刘国铭　明志工专学报　1977年第9期

商君思想研究　吴力行　东方杂志　第11卷第3期　1977年9月

"秦遂以强"的商君思想研究　张柳云　陕西文献　第31期　1977年10月

变法图强的商鞅　王成圣译　中外杂志　第23卷第2期　1978年2月

试论商鞅变法成功的原因　林剑鸣　西北大学学报　1978年第2期

《商君书》札记　彭锋　甘肃师大学报　1978年第4期

历代法家人物谭——商鞅　谢松涛　古今谈　第161期　1978年10月

论商鞅"法治"的主要矛盾——兼评《论商鞅》　王礼明　法学研究　1979年第1期

商鞅农战政策之研究　王志成　国文研究所集刊　第23期　1979年6月

论《商君书》的成书时代　宋淑萍　书目季刊　第13卷第1期　1979年6月

论《商君书》对人性的看法　林义正　鹅湖　第4卷第12期　1979年6月

论商鞅的军事思想——读《商君书》浅议　胡炳权　河北大学学报　1980年第4期

商鞅的法律思想　刘公本　中国国学　第8卷　1980年7月

论商鞅　周勋初　《韩非子》札记　江苏人民出版社　1980年11月

《靳令》与《饬令》的关系　周勋初　《韩非子》札记　江苏人民出版社　1980年11月

商鞅与《商君书》的批判　高亨　文史述林　中华书局　1980年12月

《商君书》考补证　黄云眉　古今伪书考补证　齐鲁书社　1980年12月

商鞅思想研究　张次宗　台中商专学报　1980年第12期

商鞅的"利出一空"思想　江西日报　1981年1月30日

简论商鞅的法治思想　欧克纯　沈阳师院学报　1981年第3期

商君的明主论之研究　林义正　哲学评论　1981年第4期

商鞅变法考　齐思和　中国史探研　中华书局　1981年6月

商鞅的人口思想　张敏如　人口与经济　1981年第6期

商君书中所描述的时代及其问题　林义正　哲学与文化　第8卷第9期　1981年9月

评介《商君书·垦令》的经济思想　凌大珽　中央财政金融学院学报　1982年第1期

《商君书·算地篇》"惑"字试解　寇宗基、马乃骝　语文研究　1982年第1期

商鞅能令法必行　龚鹏九　历史知识　1982年第3期

《商君书》辨伪　詹剑峰　争鸣　1982年第3期

论商鞅变法和韩非的社会政治思想　马序　中国哲学史论　山西人民出版社　1983年

商鞅改法为律　程天权　复旦学报　1983年第1期

评述商鞅的人口论与劳动力论　凌大珽　中央财政金融学院学报　1983年第2期

论商君书的耕战与法制思想　刘泽华　山东师大学报　1983年第4期

商鞅变法始年质疑　王育成　争鸣　1983年第4期

试论商鞅的税制改革　田泽滨　东北师大学报　1983年第5期

商鞅的强国之本　唐端正　鹅湖　第9卷第2期　1983年8月

试论商鞅的信教　郭志坤　上海师院学报　1984年第1期

商鞅论法　杨鹤皋　中国政法大学学报　1984年第2期

商君书思想研究　徐文助　国文学报　第13期　1984年3月

商鞅变法性质之再探讨　于琨奇　安徽师大学报　1984年第3期

探讨商鞅反对人文教化的原因　刘文起　孔孟月刊　第22卷第9期　1984年5月

我国历史上的改革者——商鞅　张正涛　工人日报　1984年9月9日

商君之谋的成功原因和局限　李承磊　徽州师专论文集（1978—1984）1984年

商鞅变法评价　李祖德　中国历史学年鉴1985　人民出版社　1985年

12 月

关于商鞅的朴素辩证法思想　艾永明　苏州大学学报　1986 年第 1 期
浅谈商鞅变法之成因　窦连荣　宁夏大学学报　1986 年第 3 期
论商鞅韩非的经济思想　谢天佑　学术月刊　1987 年第 1 期
商鞅"燔诗书"辨　姚能海、张鸿雁　光明日报　1987 年 2 月 4 日
司马迁笔下的商鞅　徐兴海　河南师大学报　1987 年第 4 期
商鞅论法制教育　姚能海　教育评论　1987 年第 5 期
评《商君书》的人口思想　刘家强　财经科学　1987 年第 5 期
论商鞅的人口管理思想　赵梦涵　江淮论坛　1987 年第 5 期
商鞅的哲学思想　王德裕　重庆社会科学　1987 年第 5 期
试探商鞅的法治思想　刘晶年　北方论丛　1987 年第 6 期
管、商异同论　胡显中　管子学刊　1988 年第 2 期
商鞅虽死,秦法未败　艾光国　青海民院学报　1988 年第 3 期
《商君书》吏治思想初探　刘焕曾、王国文　锦州师院学报　1988 年第 3 期
商鞅历史观论评　卢枫　湘潭大学学报　1988 年第 4 期
商鞅法治思想的渊源及其贡献　黄中业　吉林大学学报　1988 年第 6 期
论商鞅的人口管理思想　李舒瑾　河南财经学院学报　1989 年第 4 期
商鞅财政思想初探　琚喜臣　中南财经大学学报　1989 年第 6 期
近年来商鞅变法研究述评　张东刚　中国史研究动态　1989 年第 11 期
"商君死,秦法未败"的原因与启示　竺培升　湖北师院学报　1990 年第 1 期
商鞅变法的历史作用新论　黄肃　洛阳师专学报　1990 年第 2 期
《商君书》新论:对秦国飞跃的一个探讨　刘九生　陕西师大学报　1990 年第 3 期
谈商鞅变法的历史功绩:兼与黄肃同志商榷　王宁飞　洛阳师专学报　1990 年第 4 期
商君法治思想述论　黄中业　史学集刊　1990 年第 4 期
商鞅政治经济思想批判　刘知渐　重庆师院学报　1991 年第 3 期
商鞅与色诺芬农业和战争思想之比较　邓晓　重庆师院学报　1991 年第 3 期

《商君书》中的土地人口政策与爵制　李零　古籍整理与研究(六)　中华书局　1991年6月

《商君书·垦令》篇研究　陈连庆　中国古代史研究——陈连庆教授学术论文集　吉林文史出版社　1992年8月

商鞅评传　张来仪　秦史人物论　陕西人民教育出版社　1993年11月

人口·土地·富国——商鞅人口经济思想初探　陈健夫　湖南教育学院学报　1994年第3期

《商君书》重农思想评析　区永圻　河南师大学报　1994年第3期

商鞅史事考　晁福林　人文杂志　1994年第4期

《商君书》杂考纠缪　张觉　古籍整理研究学刊　1994年第5期

商鞅被杀原因新探　张子侠　淮北煤师院学报　1996年第1期

治国之道　归心于农：也谈商鞅的"重农抑商"政策　李定坤　西南民族学院学报　1996年第2期

《商君书》的军事伦理思想　王联斌　军事历史研究　1996年第2期

商鞅军事哲学论纲　曾振宇　烟台大学学报　1996年第1期

论商鞅的"一元化"思想　乔健　兰州大学学报　1996年第3期

司马迁的法家思想与《史记·商君列传》　徐卫民　司马迁与史记论集(第三辑)　陕西人民出版社　1996年10月

《商君书》与汉代尊儒——兼论商鞅及其学派与儒学的冲突　李存山　中国社科院研究生院学报　1998年第2期

商鞅的历史功绩与个人悲剧　张传玺　庆北史学第21辑——金烨博士停年纪念史学论丛　庆北史学会　1998年8月

商鞅之死非"车裂"　谭洪元　中学历史教学参考　1999年第1期

商鞅法哲学研究　曾振宇　史学月刊　2000年第6期

《商君书》军事思想试探　郭淑珍　秦俑秦文化研究——秦俑学第五届学术讨论会论文集　陕西人民出版社　2000年8月

商鞅与秦国的农业政策　何宏　秦俑秦文化研究——秦俑学第五届学术讨论会论文集　陕西人民出版社　2000年8月

商鞅变法与当代改革　赵立真　秦俑秦文化研究——秦俑学第五届学术讨论会论文集　陕西人民出版社　2000年8月

从商鞅变法看法制建设的重要性　刘秀珍　山西高等学校社会科学报　2000 年第 9 期

商鞅的文化肖像　王子今　学习时报　2000 年 11 月 20 日

论商鞅的一元化法律思想　吴昊　江西社会科学　2000 年增刊

《商君书》历史观论略　骆志弘　徐州师大学报　2001 年第 1 期

从商鞅及其学派的思想看秦国的抑商　刘景纯　西安联合大学学报　2001 年第 1 期

试论商鞅变法的负面影响　刘国祥　长春师院学报　2002 年第 1 期

论商鞅变法对秦文化传统的顺应与整合　王绍东　内蒙古大学学报　2002 年第 5 期

用非其有 使非其民——浅析商鞅变法建立的强制性社会控制系统　王宝萍　秦文化论丛(第九辑)　西北大学出版社　2002 年 7 月

论商鞅的愚民思想　徐奇堂　广州大学学报　2002 年第 9 期

《商君书》农业教育思想探析　张景书　中国农史　2003 年第 1 期

商鞅改革成败论:合法性危机的视角　曹英　武汉交通管理干部学院学报　2003 年第 2 期;河南社会科学　2003 年第 5 期

商鞅强制分户说献疑　魏道明　青海师范大学学报　2003 年 4 月

由睡虎地秦律看商鞅对秦之贡献　余宗发　简帛研究汇刊(第一辑)　2003 年 5 月

关于商鞅变法中改革家庭结构的分析　申茂盛　秦文化论丛(第十辑)　三秦出版社　2003 年 7 月

商鞅生态环保思想初探　蒲沿洲　西安联合大学学报　2004 年第 1 期

商鞅变法得失新析　彭安玉　南通工学院学报　2004 年第 2 期

商鞅法治思想的价值透视　唐华琳　嘉兴学院学报　2004 年第 4 期

商鞅与梭伦法制思想之比较　苏振兴　石河子大学学报　2004 年第 4 期

商鞅礼学思想研究　陆建华　孔子研究　2004 年第 4 期

商鞅悲剧纵横谈　周天　随笔　2004 年第 5 期

论商鞅的人力资源管理思想　张文安　河南大学学报　2004 年第 6 期

论商鞅变法与我国古代户籍档案管理制度的建立与完善　王绍东　秦文化论丛(第十一辑)　三秦出版社　2004 年 6 月

商鞅变法的前提条件及深远影响　宋青林等　广西社会科学　2004 年第 9 期

商鞅变法与秦国早期军功爵制　朱绍侯　零陵学院学报　2004 年第 9 期

论商鞅的人性自利说及其对法律思想的影响　廖明　贵州社会科学　2005 年第 4 期

试论《商君书》关于选任官吏的思想　王丹、王国文　乐山师范学院学报 2005 年第 4 期

浅析商鞅依法治吏的思想　程海礁、邓球柏　长沙大学学报　2005 年第 4 期

试论商鞅的法律实施理论及作用　胡兴东　玉溪师范学院学报　2005 年第 7 期

"秦家店"的奠基者商鞅　尹振环　炎黄春秋　2005 年第 7 期

《商君书》"以奸民治善民"论探析　李禹阶　重庆师范大学学报　2006 年第 2 期

"秦果用强,魏果用弱"的商鞅　孙斌来　陕西历史博物馆馆刊(第 14 辑) 三秦出版社　2007 年 10 月

浅谈商君命运与法家兴亡　张磊　科技信息　2007 年第 33 期

《商君书》户籍管理思想与秦国户籍管理制度　欧阳凤莲　古代文明 2009 年第 2 期

《商君书·徕民》篇的移民思想及其实践　欧阳凤莲　史学月刊　2008 年第 6 期

试谈《商君书·垦令》中的平等思想　罗露平、叶新源　牡丹江大学学报 2009 年第 10 期

商鞅变法的再认识　杨志飞　吉林省教育学院学报　2009 年第 11 期

《商君书》的治吏思想对当前廉政建设的启示　谢宇　探求　2010 年第 6 期

商鞅变法成功原因的再探析　王绍东　秦汉研究(第四辑)　三秦出版社 2010 年 8 月

论《商君书》的政治价值观　夏增民　秦俑博物馆开馆三十周年秦俑学第七届年会国际学术研讨会论文集　三秦出版社　2010 年 8 月

商鞅变法成效新论:基于考古文献二重证据法的研究　孙炜　乐山师范学院学报　2012年第4期

商鞅变法及其在历史上的影响　陆晓延、裴蓓　古史新论:庆祝杨育坤教授90华诞文集　世界图书出版公司　2012年11月

商鞅变法与秦文化革新　邱忠来　西安财经学院学报　2017年第1期

商鞅变法与秦文化的转型　雍际春　秦始皇帝陵博物院（总柒辑）　三秦出版社　2017年10月

商鞅县制的推行与秦县、乡关系的确立——以称谓、禄秩与吏员规模为中心　孙闻博　简帛（第十五辑）　上海古籍出版社　2017年11月

试析《商君书》中的"大国小治"之道　任健峰、原琳琳　陕西社会科学　2018年第1期

（四）韩非与《韩非子》

韩非　谢无量　大中华　第1卷第7—12期　1915年7—12月

读《韩非子》　陈三立　东方杂志　第13卷第12期　1916年12月

韩非子法的哲学　姜文梁　哲学月刊　第1卷第1期　1926年3月

《韩非子·初见秦篇》之管见　霄金池　现代评论　第112期　1927年1月

韩非的法治思想　传文楷　法学季刊　第3卷第4期　1927年4月

韩非的著作考　容肇祖　历史语言研究所集刊　1927年11、12月

读《韩非的著作考》质疑　邓思善　语历所周刊　第2卷第24期　1928年1月

《韩非子·初见秦篇》及《存韩篇》商榷　汪玉笙　新晨报副刊　1929年8月31日、9月2日

读《韩非子》札记　孙楷第　北平图书馆馆刊　第3卷第6期、第9卷第2期　1929年12月、1935年4月

韩非之经济学说　马元材　河南中山大学法学季刊　第1卷第3期　1930年1月

《韩非子》举正　孙人和　北平图书馆馆刊　第5卷第1期　1931年2月

《韩非子》研究　易艺林　湖南大学期刊　第8期　1933年4月

韩非政治法律思想　苏哲　光华大学半月刊　第1卷第9期　1933年5月
《韩非子》补注　高亨　武大文哲季刊　第2卷第3、4期　1932年5月——1993年7月
韩非别传　陈祖厘　光华大学半月刊　第2卷第4期　1933年11月
韩非学说之研究　金世垣　光华大学半月刊　第2卷第6期　1934年3月
读《韩非子》臆说　李大防　安徽大学月刊　第1卷第6期　1934年4月
《韩非子》探原　罗根泽　北平图书馆馆刊　第9卷第1期　1935年1、2月
韩非新传　陈千钧　学术世界　第1卷第2期　1935年7月
《韩非子》书考　陈千钧　学术世界　第1卷第3、4期　1935年8、9月
韩非之政治学说　陈千钧　学术世界　第1卷第5—8期　1935年10月、11月
读《韩非子》　陈柱　学术世界　第1卷第7期　1935年12月
韩非政治思想述要　翁琴崖　仁爱月刊　第1卷第9期　1936年1月
《韩非子》各篇提要　冯振　国专月刊　第2卷第5期　1936年1月
历代韩学述评　陈千钧　学术世界　第1卷第11期　1936年5月
《韩非子》论略　冯振　图书月刊　第2卷第2、3期　1936年10、11月
读《韩非子》札记　陶小石　制言　第31、32期　1936年12月、1937年1月
论《韩非子》　张增龄　协大艺文　第5期　1937年1月
《韩非子》疑义考　吴闿生　北平图书馆馆刊　第11卷第1期　1937年2月
韩非子政治思想研究　郭登皞　民族　第5卷第3期　1937年3月
韩非子　梁园东　人文　第8卷第3期　1937年4月
《韩非子·初见秦篇》作者之推测　曾繁康　责善半月刊　第1卷第1期　1940年3月
读《韩非子》小记　蒋礼鸿　国师季刊　第7—12期　1940年7月——1941年9月
《韩非子校释》十卷（陈启天著）　容媛　燕京学报　第28期　1940年12月

《韩非子》疑义考　北江　雅言　1941年第1期
韩申学说之大要　南溟　更生周刊　第14卷第3期　1942年3月
韩非思想之分析　杜奉符　华文月刊　第1卷第2期　1942年4月
《韩非子·说难篇》约注　何善周　华文月刊　第1卷第4期　1942年7月
韩非政治思想　黄先进　新政治　第7卷第4期　1944年1月
《韩非子·初见秦篇》发微　郭沫若　说文月刊　第4期　1944年6月
韩非子批判　郭沫若　新文化　第1卷第3—9期　1945年11月—1946年2月
韩非法学之研究　开正怀　中央日报　1946年9月9日、9月13日
韩非之政治思想　胡广益　安徽政治　第9卷第4、5期　1946年11月
最反动的韩非经济思想:贫富的主要原因　蔡尚思　新文化　第1卷第7期　1946年1月
韩非接受了老子什么学说　贾敬兹　中央日报　1947年1月28日
《韩非子·初见秦篇作者考》补　彭陛荣　中央日报　1947年6月16日
韩非法学原理发微　曾思五　法学月刊　第5期　1947年11月
《韩非子集释》删要　陈奇猷　辅仁学志　第15卷第1、2期　1947年12月
韩非论法及其教育观　杨荣春　中华教育界(复刊)　第2卷第7期　1948年7月
儒家与韩非　胡拙甫　民主评论　第1卷第6期　1949年9月
韩非思想探微　杨荣国　新建设　第3卷第4期　1951年1月
非《韩非子》论　梅仲协　法律评论　第17卷第6、7期　1952年11月
韩非子法术权评　龙械林　人事行政　1953年第3期
秦之发展与申韩　牟宗三　民主评论　第4卷第5期　1953年3月
韩非的思想　汪毅　光明日报　1954年5月5日
对汪毅同志《韩非的思想》一文的几点意见　耕野　光明日报　1955年2月23日
《韩非子·初见秦篇》札记一则　周法高　大陆杂志　第10卷第4期　1955年3月

韩非的社会政治思想的几个问题　任继愈　文史哲　1955 年第 4 期；中国古代哲学丛书　中华书局　1957 年 9 月

《韩非子集解》补正（上、下）　龙宇纯　大陆杂志　第 3 卷第 2、3 期　1956 年 7、8 月

法家的创始者韩非的学说是唯心的还是唯物的？　任继愈　历史教学　1956 年第 10 期

韩非的思想观点　邢济众　民主宪政　第 11 卷第 2 期　1956 年 10 月

论法家集大成的韩非　翁之镛　法令月刊　第 7 卷第 11 期　1956 年 11 月

韩非的社会政治思想　李德永　新建设　1956 年第 12 期

《韩非子》学说渊源（上、下）　邢济众　民主宪政　第 11 卷第 10、11 期　1957 年 2、3 月

韩非　汪毅　中国青年　1957 年第 3 期

略论韩非的法治主义　缪杰　法学　1957 年第 6 期

述韩非子对于法的观念　胡洪琪　民主宪政　第 12 卷第 5、6 期　1957 年 7 月

法家与韩非　杨向奎　文史哲　1957 年第 11 期

陈启天著《韩非子校释》　周道济　政论周刊　第 163 期　1958 年 2 月

论韩非之理想国　赵海金　民主宪政　第 13 卷第 7 期　1958 年 2 月

《韩非子校释》读后随笔　陈恩成　政论周刊　第 17 卷第 8 期　1958 年 6 月

韩非子思想小考　金烨　庆北大学报　第 112 期　1958 年 6 月

《韩非子》简论　王焕镳　杭州大学学报　1959 年第 3 期

由韩非的人生观说明其政治思想　周道济　幼狮学报　第 1 卷第 2 期　1959 年 4 月

论韩非思想之基本观点　赵海金　民主宪政　第 16 卷第 6 期　1959 年 7 月

韩非的政治哲学　吴怡　建设　第 8 卷第 4 期　1959 年 9 月

韩非的法治思想　王觉源　政治评论　第 3 卷第 4 期　1959 年 10 月

说郙本《韩非子》记　王叔岷　历史语言研究所集刊　1960 年 7 月

论韩非政治思想之渊源及体系　金耀基　幼狮　第 12 卷第 2 期　1960 年

8月

 韩非法治观念的要点　曹国霖　建设　第9卷第3期　1960年9月
 论《解老篇》与《老子书》　车载　学术月刊　1960年第12期
 韩非《解老》《喻老》篇新释　冯友兰　北京大学学报　1961年第2期
 韩非论述　高羽　北京师大学报　1961年第3期
 韩非思想述评和探源　梁启雄　光明日报　1961年8月24、25日
 韩非论法及其教育观　陆树槐　法律评论　第29卷第1期　1962年1月
 《韩非子》评介　徐文珊　图书馆学报　1962年第4期
 韩非之法术　翁之镛　法令月刊　第13卷第6期　1962年6月
 韩非的法律哲学　张绪通　法学丛刊　第28卷　1962年10月
 韩非及其学术思想　李伯鸣　联合书院学报　1963年第2期
 读《韩非子》　陈耀南　华国　1963年第4期
 韩非之法术思想　郭润渔　建设　第12卷第8期　1964年1月
 韩非的法律思想　张瑞钊　中国一周　第737期　1964年6月
 韩非学说源于老子说　罗宗涛　师大国文研究所集刊　第8期　1964年6月
 韩非的思想观点　邢济众　义安学院院刊　1965年第1期
 韩非思想述评　葛连祥　南大中文学报　1965年第3期
 论韩非的法治主义　王酬卉　法学必刊　第38卷　1965年4月
 韩非学说源于老学之探讨　罗宗涛　文海　1965年5月
 韩非子政治思想　傅启学　陈百年先生执教五十周年暨八秩大寿纪念论文集　1965年9月
 韩非法理之研究　熊公哲　陈百年先生执教五十周年暨八秩大寿纪念论文集　1965年9月
 读《韩非子》札记　赵海金　大陆杂志　第31卷第8期　1965年10月
 《韩非子》学说评述　陈启天　出版月刊　第9期　1966年2月
 读《韩非子》札记（续一、续二、续三、补遗）　赵海金　大陆杂志　第32卷第1、2、3、7期　1966年1、2、4月
 韩非子与老子思想渊源关系　齐益寿　国科会报告　1966年
 论《初见秦篇》乃韩非所自作　严灵峰　幼狮学志　第5卷第1期　1966

年8月

韩非的法治思想　王绥钧　中文学会学报　第7期　1966年8月

论韩非之法术　海桴　时与潮　第243期　1967年7月

马基雅弗里与韩非思想之异同　王德昭　新亚书院学术年刊　1967年9月

韩非及其法治思想　陈津泉　自由青年　第39卷第5期　1968年3月

韩非子中的道家思想　黄癸楠　自由青年　第39卷第8期　1968年4月

韩非及其前之法家　黄建中　哲学年刊　1968年5月

韩非子与老子的关系　陈津泉　自由青年　第39卷第9期　1968年5月

韩非子法学思想探微　廑鹅　自由青年　第40卷第5期　1968年9月

韩非子　张起钧　王邦雄　自由报　第895期　1968年10月

管子商鞅韩非子的法律思想概述　梅仲协　复兴岗学报　1968年第12期

墨子、荀子、韩非子三家之文学批评　林素珍　学粹　第11卷第2期　1969年2月

《韩非子》论"利"　谢云飞　南京大学学报　1969年第3期

韩非于法家之地位及其思想　鹤鸣　东吴　第11卷第4期　1969年6月

韩非学说评述　韦日春　中华学苑　第5期　1970年1月

韩非子思想体系之分析　王大干　文风　第16期　1970年1月

《韩非子·存韩篇》的真伪问题　高伟谋　中国语文学报　1976年第3期

《韩非子》思想体系　张素贞　幼狮学志　第9卷第1期　1970年3月；师大国文研究所集刊　第15期　1971年6月

韩非子的治道与法术　张柳云　中华文化复兴月刊　第3卷8期　1970年8月

韩非子术治说与国防说　张素贞　幼狮学志　第9卷第3期　1970年9月

韩非思想体系绪论　王静芝　人文学报(辅仁大学)　第1、2期　1970年9月—1972年1月

商韩学术思想的师法关系　张雁棠　中华文化复兴月刊　第3卷第11期　1970年11月

韩非哲学研究　吴宏安　辅仁大学哲学研究所集刊　1970年

韩非子大体解　王静芝　新时代　第11卷第1期　1971年1月

韩非之政治思想浅释　陈森甫　台湾编译馆馆刊　第1期　1971年10月

韩非难势解　王静芝　中山学术文化集刊　第8期　1971年11月

韩非及其哲学　韦政通　现代学苑　第8卷第11期　1971年11月

韩非子思想评述　万彬彬　辅仁大学中文研究所　1971年

韩非理论条贯　王静芝　人文学报　1972年第2期

韩非性恶思想之研究　陈伯驹　嘉义师专学报　1972年第3期

韩非子的重农思想　杨秀钦　中国语文学报　第5期　1972年3月

王静芝分析韩非思想　程榕宁　大华晚报　1972年4月10日

韩非与马基维亚比较研究　王讚源　幼狮学志　第10卷第4期　1972年12月

法家的杰出代表——韩非　孙长江　北京师大学报　1973年第1期

"法"在韩非思想中的意义　王晓波　幼狮月刊　第37卷第1期　1973年1月

韩非对儒家反动政治观的批判　董治安　文史哲　1973年第1期；大众日报　1973年12月19日

《韩非子》研议　于占魁　女师专学报　1973年第3期

韩非子覆诘　赵海金　成功大学学报　1973年第6期

法家思想之集大成者——韩非　樊茹　文汇报　1973年10月9日

春秋战国时期新兴地主阶级的思想家——荀子和韩非　张岂之　陕西日报　1973年10月25日

韩非哲学　王讚源　国科会报告　1973年10月；教学与研究　1980年第2期

韩非子思想研究　黄金康　辅仁大学哲学研究所刊　1973年10月

韩非法论(韩非思想体系第六篇)　王静芝　人文学报(辅仁大学)　第3期　1973年12月

评韩非《显学》篇对儒家的批判　朱日强　武汉大学学报(自然版)　1974年第1期

韩非子思想述评　唐端正　钱穆文集　1974年1月

韩非的哲学思想　王晓波　幼狮月刊　第39卷第1期　1974年1月

韩非对儒家教育思想的批判　赵家骥　吉林大学学报　1974年第2期

略论法家韩非的教育思想　刘文英等　兰州大学学报　1974年第2期

战国末期韩非对儒家的批判　刘一安　开封师院学报　1974年第2期

论韩非的教育思想　教育教研室　哈尔滨师院学报　1974年第3期

论韩非朴素的矛盾观　郑实　武汉大学学报　1974年第3期

韩非——秦法家思想的集大成者　巩政　北京大学学报　1974年第3期

从《五蠹》篇看韩非的政治主张　钟文斌　广西民院学报　1974年第3期

六十年来之韩非学　韦日春　国学　1974年第4期

"事在四方,要在中央"——试论韩非的中央集权思想　中文系大批判组　南开学报　1974年第4期

韩非法治论　吴茹寒　台北商专学报　1974年第4期

韩非的"法治"思想　钟则思　文汇报　1974年4月8日

论韩非的法治思想　哲思　南京大学学报　1974年第4期

韩非的思想及其历史作用　洪蛟　解放日报　1974年4月21日

《韩非子》故事释译　胡思庸　开封师院学报　1974年第4期

韩非"法治"理论的进步作用　杨宽　文汇报　1974年5月15日

为新兴地主阶级政治服务的韩非教育思想　石达　北师大学报　1974年第5期

读韩非的《五蠹》篇　翟青　学习与批判　1974年第5期;论法家和儒法斗争　人民出版社　1974年10月

韩非子思想体系序　李日刚　中华文化复兴月刊　第7卷第6期　1974年6月

韩非"法治"理论的进步作用　杨宽　论法家和儒法斗争　人民出版社　1974年10月

韩非——先秦法家思想的集大成者　陈新璋　教育革命参考资料　1974年第10期

论韩非的专政思想　解放军某部理论组　光明日报　1974年10月19日

反复辟的思想武器——读《韩非子·说疑》　何东　人民日报　1974年11月21日

韩非法家思想的形式及其历史作用　季扬　文汇报　1974年11月21日

韩非子思想述评　唐端正　钱穆先生八十岁纪念论文集　1974年

韩非子"孤愤"讲些什么　王忍　幼狮月刊　第41卷第1期　1975年1月

论韩非的革命暴动思想　南凌　吉林师大学报　1975年第1期

韩非思想要旨研究　李玟芳　华夏学报　1975年第2期

评韩非的功利主义　吴启文　中山大学学报　1975年第2期

统一事业的重要保证——谈韩非的"耕战"思想　夏振明　南京大学学报　1975年第2期

新兴地主阶级对奴隶主阶级专政的思想武器——评韩非关于暴力的理论　刘念兹　山东师院学报　1975年第2期

评韩非的文艺思想　朱恩彬　山东师院学报　1975年第2期

"法"为治国之本——读韩非的《有度》　陕西第九棉纺织工人理论组等　陕西师大学报　1975年第2期

从寓言故事看韩非朴素唯物主义文艺观　谭福开　广西大学学报　1975年第2期

论韩非的禁"奸"除"贼"——读《韩非子》　马孟寅　吉林师大学报　1975年第2期

"言谈者必轨于法"——韩非关于在意识形态领域里的法治思想　靳南　历史研究　1975年第2期

略论韩非朴素的唯物论和辩证法　郭志今　文史哲　1975年第3期

韩非对老子思想的批判与改造　上钢五厂第二中心试验室工人理论小组等　历史研究　1975年第3期

韩非思想之渊源及其影响　赵赓扬　实践家政学报　第6—7期　1975年3月—1976年3月

韩非子喻老篇中的权谋思想与弃智主张　张素贞　中华文化复兴月刊　第8卷第4期　1975年4月

韩非术论——韩非思想体系第七篇　王静芝　人文学报（辅仁大学）1975年第4期

略谈韩非的朴素辩证思想　王秋生　光明日报　1975年5月22日

韩非的文艺观　王明君　安徽文艺　1975年第5期

韩非子喻老篇中的俭欲主张　张素贞　幼狮月刊　第41卷第5期　1975年5月

韩非之时代背景及其哲学问题　王邦雄　文艺复兴　第 67 期　1975 年 5 月

论《韩非子·初见秦》出自《战国策》　郑良树　大陆杂志　第 50 卷第 5 期　1975 年 5 月

韩非思想之渊源及其影响　赵赓扬　实践家政学报　1975 年第 6 期

《韩非子》之发扬、修改诸前驱及曲解《老子》　王煜　新亚书院学术年刊　第 17 期　1975 年 9 月

韩非子覆诂　赵海金　成功大学学报　1975 年第 10 期

韩非思想形上基础之探究　谢鸿仪　文化学院哲学研究所刊　1975 年

韩非之时代背景及其哲学问题　王邦雄　文艺复兴　第 67 期　1975 年

发展农业经济是巩固新兴封建政权的基础——论韩非以"农耕"为"大务"的经济思想　韩宜农　吉林师大学报　1976 年第 1 期

新兴地主阶级反复辟斗争的经验总结——《韩非子选注》前言　《韩非子选注》注释组　吉林师大学报　1976 年第 1 期

韩非子解老篇的啬惜之道　张素贞　中华文化复兴月刊　第 9 卷第 3 期　1976 年 3 月

读韩非《说难》联想　唐亚明　郭纯胜　中山大学学报　1976 年第 4 期

韩非政治哲学"势"之抬头及其实际之应用　王邦雄　哲学与文化　第 3 卷第 4 期　1976 年 4 月

韩非政治哲学的理论根基——价值观　王邦雄　鹅湖　第 1 卷第 9 期　1976 年

韩非政治哲学的理论根基——历史观　王邦雄　鹅湖　第 1 卷第 11 期　1976 年

韩非"术"的哲学浅说　刘照昌　文风　第 29 期　1976 年 6 月

韩非"法"之中必思想及其体系之建立　王邦雄　哲学论集（第 1 辑）　1976 年 7 月

"法"在韩非思想中的意义　王晓波　哲学先秦　1976 年 10 月

韩非子述论　赵公正　政治大学中文研究所刊　1976 年

从韩非人性观点论其政治哲学之偏差　王邦雄　哲学论集（第 8 辑）

1976年

 韩非政治哲学"术"之界域与其性能　王邦雄　鹅湖　第2卷第4期　1976年

 韩非子解题及其读法　傅锡王　学粹　第18卷第6期　1976年

 "韩非政治哲学之研究"提要　王邦雄　华学月刊　第50期　1976年

 韩非政治哲学之思想渊源——三晋法家传统之集成（上、下）　王邦雄　文艺复兴　第76、77期　1976年

 韩非政治哲学的理论根基——人性论　王邦雄　幼狮月刊　第44卷第2期　1976年

 韩非政治哲学之界域与其性能　王邦雄　国魂　第362期　1976年

 韩非政治哲学"势"之界域与其性能　王邦雄　国魂　第368期　1976年

 论韩非政治哲学——法术势三者相互补与彼此助长之三角关联性　王邦雄　文艺复兴　第71期　1976年

 韩非子侮儒圣辨　姚蒸民　中华国学　1977年第3期

 略论韩非的"术"　罗世烈　四川大学学报　1977年第3期

 非韩篇　欧阳炯　东吴大学中国文学系系刊　1977年第3期

 《韩非子》一书中的历史解释与历史事实　李伟泰　中山学术文化集刊　第19期　1977年3月

 读陈奇猷《韩非子集释》记　施之勉　大陆杂志　第54卷第6期　1977年6月

 韩非释老两篇绎探　王静芝　人文学报（辅仁大学）　1977年第6期

 韩非思想述评　沈成添　史学汇刊　1977年第8期

 韩非法学中的君德论　王静芝　东吴法律学报　第2卷第1期　1977年11月

 韩非学说浅探　王静芝　青年战士报　1978年2月1、2、3日

 韩非政治哲学理论根据之偏狭与潜存之困结　王邦雄　中华文化复兴月刊　第11卷第2期　1978年2月

 韩非子与庄子　王叔岷　董作宾纪念刊　1978年3月

 韩非论民智如婴儿　张素贞　中华文化复兴月刊　第11卷第3期　1978年3月

 韩非与《百国春秋》　周勋初　南京大学学报　1978年第3期

韩非子论"势"　沈成添　政治学论集　1978年3月

韩非论"法"　雷渝齐　人文学报　1978年第3期

韩非与荀子思想之比较——兼论其与道墨思想之关系　宋淑萍　书目季刊 第12卷第1—2期　1978年4月

韩非概说　王则璐　夏声　第162期　1978年5月

韩非的重势学说　徐汉昌　静宜学报　第1期　1978年6月

韩非子通论序——川人著作序文简介　姚蒸民　四川文献　第168期 1978年9月

韩非和他的处境　徐汉昌　幼狮月刊　第48卷第4期　1978年10月

历代法家人物论——韩非　谢松涛　古今谈　第162期　1978年11月

拟韩非子设难难孟轲　林显庭　哲学与文化　第5卷第12期　1978年 12月

韩非的朴素辩证法及其在政治上的运用　吴乃恭　吉林大学中国古代史论文集　1979年1月

试评韩非的"法、术、势"　袁伟时　学术研究　1979年第1期

韩非的文学成就　徐汉昌　静宜学报　1979年第2期

《战国策》和《韩非子》　周勋初　南京大学学报　1979年第2期

《韩非子·初见秦》小议　牛鸿恩　北京师院学报　1979年第3期

韩非是性恶论者吗　张申　吉林师大学报　1979年第3期

韩非学术渊源争议　吴秀英　书目季刊　第12卷第4期　1979年3月

韩非政治思想试探　吴秀英　大学杂志　第123卷　1979年3月

韩非政治哲学根基研议　吴秀英　畅流　第59卷第3期　1979年3月

关于韩非法治思想的评介问题——与袁伟时同志商榷　孔繁　学术研究 1979年第4期

论韩非的"矛盾之说"　刘培育　江汉论坛　1979年第4期

韩非政治哲学之研究　王邦雄　三民主义学报　1979年第4期

韩非政治哲学系之建立与其实际之发用　王邦雄　三民主义学报　1979 年第4期

韩非子导读　张素贞　国学导读丛编　1979年4月

韩非子思想研究　甘国正　政大哲学　第10期　1979年5月

略论韩非的思想　文丁　实践　1979年第5、6期

韩非的法治思想(上、下)　徐汉昌　东方杂志　第13卷第1、2期　1979年7月

韩非学说之渊源及评价　林贞羊　中国国学　第7期　1979年7月

再评韩非的"法、术、势"——答孔繁同志　袁伟时　学术研究　1980年第1期

专制与权术——《〈韩非子〉批判》辨析　李人纪　求是学刊　1980年第1期

论韩非　李光灿、杨思翰　江汉论坛　1980年第1、2期

陈奇猷《韩非子刻本源流考》商兑　周勋初　群众论丛　1980年第1期

论韩非的朴素辩证法宇宙观　潘富恩、施昌东　复旦学报　1980年第2期

《喻老》中的"杜子"应是"庄子"之误　卡戈　学术研究　1980年第3期

韩非子思想中的名实问题　宋淑萍　书目季刊　第14卷第1期　1980年6月

韩非思想述评　王静芝　孔孟月刊　第18卷第11期　1980年7月

韩非有关管仲遗言的论难　张素贞　国文学报　1980年第9期；鹅湖　第7卷第1期　1981年7月

韩非论稿　王元化　中华文史论丛(第4辑)　1980年10月

韩非——我国古代"难"体散文之祖　张惠仁　四川师院学院　1981年第1期

韩非评传　汝信　中国哲学史研究　1981年第1期

重读《韩非子的批判》　叶尚志　文汇报　1981年2月9日

韩非"矛盾之说"是对立统一思想　罗炽　齐鲁学刊　1981年第2期

略论韩非的独夫政治思想　张松辉　南阳师专学报　1981年第2期

韩非的朴素辩证法思想　罗炽　武汉师院学报　1981年第3期

韩非法治思想研究　谷方　晋阳学刊　1981年第3期

韩非之学原于《道德》说辨证　周乾溁　社会科学战线　1981年第3期

韩非散文的艺术特色　朱宏达、莫名　语文学习　1981年第3期

韩非的术治学说不足取　张一中　湖南师院学报　1981年第3期

论《韩非子》寓言　朱俊芳　沈阳师院学报　1981年第4期

韩非入秦辨　李福泉　求索　1981年第4期

韩非子与法家思想之汇流　黄公伟　哲学论评　1981年第4期

韩非的非道德主义及其历史作用　谭承耕　湖南师院学报　1981年第4期

《韩非子》据史论证和寓论断于叙事　杨钊　史学史研究　1981年第4期

试论韩非对老子的矛盾学说的批判改造　周兆茂　齐鲁学刊　1981年第4期

荀子与韩非学术流变关系探微　叶健得　孔孟月刊　第19卷第9期　1981年5月

韩非的道和法：兼论韩非与老子的关系　谢祥皓　江淮论坛　1981年第6期

韩非思想再认识　唐泽玉　北方论丛　1981年第6期

韩非思想的哲学基础　王晓波　食货月刊　第1卷第6期　1981年9月

韩非政治哲学之解析　王晓波　大陆杂志　第63卷第5期　1981年11月

《韩非子》校释补　刘如瑛　社会科学战线　1982年第1期

略论韩非先王观　刘如瑛　江淮论坛　1982年第1期

"燔诗书而明法令"辨疑　张炳武　沈阳师院学报　1982年第1期

《韩非子》的流传与编定　徐敏　社会科学战线　1982年第1期

韩非思想研究　童书业　中国哲学　1982年第1期

"道"和"理"——韩非哲学思想初评　谷方　中国哲学史研究集刊　1982年第2期

浅谈韩非的美学思想　刘长林　西北师院学报　1982年第2期

试论韩非的名实现　谭承耕　中国哲学史研究集刊　1982年第2期

韩非思想再认识　唐泽玉　史学情报　1982年第2期

关于《韩非子·初见秦》的作者与韩非之死　邓廷爵　学术月刊　1982年第3期

关于韩非的人口思想问题——答颜啥、袁昌隆二同志　李善明等　贵州社会科学　1982年第3期

《韩非子札记》述评　段熙仲　南京大学学报　1982年第3期

论"法、术、势"的历史地位　谷方　求索　1982年第3期

司马迁论韩非之死　晁福林　史学评林　1982年第3、4期

韩非思想述评　杨钊　北师大成立八十周年纪念史学论文集　1982年4月

评韩非的非道德主义思想　朱贻庭等　中国社会科学　1982年第4期

关于韩非的人口思想　解学东　史学月刊　1982年第4期

韩非的"参验"论　刘志刚　齐鲁学刊　1982年第5期

韩非的人性论、社会论和历史论　王晓波　食货月刊　第12卷第2期 1982年5月

韩非之政治思想与秦帝国灭亡——兼论韩非之历史观　胡蔼君　史苑　第35期　1982年6月

浅析韩非的极端专制独裁论　姚宝元、王锡三　天津师大学报　1982年第6期

韩非子思想研究及其影响之检讨与评价　张志炫　东吴大学中国文学系系刊　1982年第8期

韩非思想与中国古代的变局　王晓波　食货月刊　第12卷第7期　1982年10月

从儒法之争看韩非哲学的现代意义　王邦雄　中国文化月刊　第36—37期　1982年10—11月；鹅湖　第91—92期　1983年1月

专制集权和政治权术的鼓吹者——韩非（论韩非政治法律思想的核心及其影响）　王超　江海学刊　1983年第1期

韩非主秦统一而无法存韩辨——《初见秦》《存韩》两文实不矛盾　蔡尚思　中华文史论丛　1983年第2期

荀韩逻辑思想述评　刘培育　求是学刊　1983年第2期

韩非的朴素辩证法思想　刘蔚华　文史哲　1983年第2期

试析韩非之死　龚维英　中国史研究　1983年第2期

试论韩非的寓言　夏麟勋　青海师院学报　1983年第2期

试论韩非关于"变"的思想　周兆茂　天津师大学报　1983年第2期

试谈韩非的寓言　周金声　喀什师院学报　1983年第2期

韩非宣传思想简论　郭志坤　中南民院学报　1983年第3期

韩非政治思想略论　杨俊先　东岳论丛　1983年第5期

韩非术论述评　孙实明　求是学刊　1983 年第 5 期

试论韩非的朴素辩证法思想及其待点　周兆茂　中国哲学　1983 年第 9 期

韩非治道论评析　郑力为　鹅湖　第 9 卷第 3 期　1983 年 9 月

韩非的历史观　杨钊　中国古代史论丛（八）　福建人民出版社　1983 年 12 月

论商鞅变法和韩非的社会政治思想　马序　中国哲学史论　1983 年

韩非的辩证法思想　吴乃恭　中国哲学史论　1983 年

评韩非的权势观——兼论韩非的思想体系　谷方　中国哲学史论　1983 年

韩非的经济思想　吴乃恭　中国古代经济史论丛　1983 年

韩非的经济思想　李善明、周成启　四川大学学报　丛刊（第 14 辑）　1983 年

荀子、韩非法律思想比较研究　游建　湖北财经学院研究生学报　1984 年第 1 期

韩非的形名逻辑思想　刘培育　宁夏大学学报　1984 年第 1 期

"势治"是韩非政治思想的发端和归旨　吴亚东　华南师大学报　1984 年第 1 期

试论韩非的法制思想　刘方　宝鸡师院教学与科研　1984 年第 2 期

韩非子"饬令"出自商君书"靳令"之确证　严灵峰　东方杂志　第 17 卷第 8 期　1984 年 2 月

韩非法治思想论述　谭风雷　山东大学文科论文集刊　1984 年第 2 期

韩非子的"两种生产"观　萧飞　人口学刊　1984 年第 2 期

韩非逻辑思想初探　杜辛可　西北政治学院学报　1984 年第 2 期

评韩非的君主独裁思想　陈哲夫　北京大学学报　1984 年第 3 期

试论韩非的爱国思想　肖月贤　郑州大学学报　1984 年第 3 期

韩非方法论的再评价　谭承耕　湖南师院学报　1984 年第 3 期

试论韩非的尚贤说　阎笑非　佳木斯师专学报　1984 年第 4 期

韩非的法治三论　孙实明　求是学刊　1984 年第 4 期

孙、老、韩合说　李泽厚　哲学研究　1984 年第 4 期

韩非法治思想中之势论　许老雍　高雄师院学报　1984年第12期
老子和韩非的朴素矛盾观之比较　韦感恩　汕头大学学报　1985年第1期
秦帝国的兴亡与韩非的法治理论　阎笑非　佳木斯师专学报　1985年第1期
韩非自然观浅探　孙实明　中国哲学史研究1985年第2期
精深宏博　外见文采：浅谈《韩非子》的文学色彩　阎笑非　北方论丛1985年第2期
从韩非君主专制思想看中国封建社会的早熟性　李克正　河北师专学报1985年第2期
辩证法从消极到积极的发展：老子、韩非、《易传》与康德、黑格尔辩证法比较研究　程伟礼　复旦学报　1985年第4期
倡导教育变革，力行法治教育：韩非教育思想简论　赵家骥　现代中小学教育　1985年第4期
李斯杀韩非原因再考辨　王举忠　辽宁大学学报　1985年第4期
试论韩非的术：兼论韩非法治思想评价问题　闫笑非　佳木斯师专学报1985年第4期
韩非子五蠹篇新论　李甲孚　法学丛刊　第30卷第2期　1985年4月
韩非思想渊源辩证　刘如瑛　齐鲁学刊　1985年第5期
韩非哲学思想剖析　严正　南开学报　1985年第6期
刑的传统与韩非的"法"　蔡英文　东海学报　第26期　1985年6月
简论韩非的"专制"与"法治"思想　唐忠民　法学季刊　1986年第1期
《韩非子》寓言故事的特色　谭家健　河北学刊　1986年第1期
韩非认识论探微　孙实明　求是学刊　1986年第1期
韩非子的"两种生产观"　师肖　社会科学战线　1986年第1期
略论韩非法概念及其特征　刘作翔　西北政法学院学报　1986年第2期
《韩非年谱》中的一处误订商榷　迟乃鹏　文史(第二十六辑)　1986年
韩非对专制主义理论的总结与发展　史必清　汕头大学学报　1987年第1期
韩非的道德思想　钱逊　清华大学学报　1987年第1期

韩非的矛盾论　朱煜华　浙江省委党校学报　1987 年第 1 期

地拔双崖起 天余一线青:浅谈韩非寓言的虚和实　肖荣　邵阳师专学院　1987 年第 3 期

《喻老》《解老》篇不出韩非手辨　栗劲　吉林大学学报　1987 年第 3 期

韩非子管理思想浅论　徐克谦　南京师大学报　1987 年第 4 期

韩非论法与君权　郝铁川　法学研究　1987 年第 4 期

韩非论孔子　杨绍薄　齐鲁学刊　1987 年第 5 期

略谈《韩非子》　周钟灵　文史知识　1987 年第 8 期

韩非论"朋党"　朱健华　贵州师大学报　1988 年第 2 期

韩非子"听言之道"述评　尹振环　贵州文史丛刊　1988 年第 2 期

马基雅弗利与韩非术法思想比较思考　史彤彪　法律学习与研究　1988 年第 2 期

论韩非君本位法律思想的特征　唐忠民　中南政法学院学报　1988 年第 3 期

韩非领导手段初议　黄兆龙　江汉大学学报　1988 年第 3 期

知识统一:韩非认识论特点新探　杨国英　齐鲁学刊　1988 年第 3 期

从《五蠹》中管窥韩非思想　珪夫　内蒙古社会科学　1988 年第 4 期

"法制"与"专制"——韩非的"法治"思想评述　陈淑珍　河北法学　1988 年第 6 期

韩非的法律思想　唐忠民　现代法学　1988 年第 6 期

论韩非的法术学说与愚民思想　张力　四川师院学报　1989 年第 1 期

韩非术治思想初探　张觉　四川大学学报　1989 年第 2 期

论韩非法治思想特点　高积顺　河北法学　1989 年第 2 期

再论韩非的伦理思想不是非道德主义　张申　中国哲学史研究　1989 年第 2 期

试论韩非的人才法制观　李德明　苏州大学学报　1989 年第 2 期

韩非子政治文化观片论　蒋重跃　锦州师院学报　1989 年第 3 期

韩非义利观简论　朱健华　贵州大学学报　1989 年第 3 期

韩非功利主义思想述评　周北茂　安徽师大学报　1989 年第 3 期

荀韩李之比较研究　何成轩　孔子研究　1989 年第 3 期

韩非治国思想探要　吴洁生　探索　1989年第5期

韩非的吏治思想　邱永明　历史教学问题　1989年第5期

论韩非哲学和寓言的特点　朱恩信　新疆大学学报　1990年第1期

也谈韩非的术治学说　朱有志　湘潭大学学报　1990年第1期

《韩非子》正诂训义举要　夏养明　黄冈师专学报　1990年第2期

《韩非子》使用历史故事和寓言的独特风格浅说　张觉　西南民院学报　1990年第2期

试论韩非经济思想与其"法治"思想的关系　豫柏杞　天津财经学院学报　1990年第3期

江浙地区对《韩非子》流传所做的贡献　张觉　东南文化　1990年第4期

《韩非子·初见秦篇》作者新考　邹旭光　东南文化　1990年第4期

评韩非　王德裕　重庆师院学报　1990年第4期

韩非管理思想探析　赵梦涵　江淮论坛　1990年第6期

试述韩非及其法治思想　王国静、古青　河洛春秋　1991年第4期

韩非绝对君主专制理论的昙花一现：秦汉时期君主专制理论的发展之一　陈玉屏　西南民院学报　1992年第2期

论韩非的思想成就及其局限　刘乾先　东北师大学报　1992年第3期

论郭沫若对韩非子的研究　赵国华　华中师大学报　1991年第5期

以"制"代"贤"是韩非政治思想的精华　张维华　中国青年政治学院学报　1992年第5期

《韩非子》版本源流述略　张觉　古籍整理与研究（七）　中华书局　1992年8月

论韩非的人治思想　江荣海　北京大学学报　1993年第1期

韩非子研究的回顾　郑良树　文献　1993年第2期

《韩非子》读识　刘如瑛　扬州师院学报　1993年第2期

韩非子防奸思想略论　刘宗湘　吉首大学学报　1993年第2期

韩非非李斯"忌才"而死辨　奚椿年　江海学刊　1993年第3期

韩非论君臣关系　宋秀丽　贵州大学学报　1993年第3期

《韩非子》中法、术、势三者的关系　［日］饭冢由树　中国人民大学学报　1993年第5期

韩非评传　刘宝才　秦史人物论　陕西人民教育出版社　1993年11月
韩非子述评　王德宗　宜宾师专学报　1994年第1期
韩非选官理论浅说　晁岳佩　山东大学学报　1994年第1期
韩非政治心理思想初探　郭斯萍　江西师大学报　1994年第2期
《韩非子》与战国游侠　韩云波　四川大学学报　1994年第3期
韩非需要动力理论分析　张志坚　新疆社会科学论坛　1995年第2期
韩非反暴政思想刍议　张子侠　安徽史学　1995年第3期
韩非子与老子　陈奇猷　道家文化研究（六）　上海古籍出版社　1995年6月
韩非非法家论　孙景坛　江苏社会科学　1996年第2期
论韩非的"因情而论"　王定仁　政治学研究　1996年第2期
韩非廉政思想初探　张子侠　齐鲁学刊　1996年第6期
简述韩非法治思想的历史地位　孙瑞新　理论月刊　1996年第12期
韩非用人思想论略：兼谈法、术、势　高建立、徐光辉　聊城师院学报　1997年第1期
韩非人性思想论纲　吴冰　齐鲁学刊　1997年第2期
论韩非子的经济思想　蔡泽华　益阳师专学报　1997年第3期
关于韩非历史观的几个问题　张子侠　史学史研究　1997年第4期
韩非与马基雅维里是非道德政治观评议　马晓春　吉林大学社会科学学报　1997年第5期
论韩非与荀子无思想承传关系　张涅　中州学刊　1998年第1期
韩非与封建专制主义　孟昭燕　华夏文化　1998年第2期
《韩非子》与国民性　周启志　前进论坛　1998年第3期
论《韩非子》法治观的性格特征　张庆山、宋承荣　辽宁师大学报　1998年第5期
法度：韩非子用人之道的灵魂　贺中华　地方政府管理　1998年第9期
韩非与专制主义　孟昭燕　西北大学学报　1999年第1期
韩非著《解老》《喻老》时"五千言"是否已名为《老子》——兼论司马迁判断的实在性　韩忍之　东北师大学报　1999年第2期
论韩非"法术势"哲学的逻辑结构　李更平　齐鲁学刊　2000年第1期

韩非对传统观念文化的批判:兼论其政治实用主义本质　蒋重跃　辽宁大学学报　2000 年第 2 期

韩非《韩非子》与秦代政治新探　臧知非　陕西历史博物馆馆刊(第 7 辑)　三秦出版社　2000 年 10 月

论韩非的历史观　武少民　郑瑞侠　社会科学辑刊　2001 年第 1 期

韩非对君主专制绝对确定性的追求　乔健　兰州大学学报　2001 年第 1 期

论韩非思想对现代企业管理的借鉴意义　崔会保、秦颖　管子学刊　2001 年第 2 期

论韩非政治思想的理论基础　崔向东　秦文化论丛(第八辑)　陕西人民出版社　2001 年 8 月

韩非的法制教育思想与秦代教育　花艳芳　秦文化论丛(第八辑)　陕西人民出版社　2001 年 8 月

韩非子的治吏思想及其现代意义　许洪顺　四川师院学报　2002 年第 5 期

近百年韩非研究综述　彭鸿程　古籍整理研究学刊　2012 年第 2 期

韩人"间秦"——韩非之死的历史真相　李斯　文史知识　2013 年第 3 期

韩非思想与秦兵马俑艺术刍议　程玉萍、高明　陕西师范大学学报　2019 年第 5 期

《韩非子·初见秦》篇作者考　窦兆锐　史学月刊　2019 年第 9 期

(五)吕不韦与《吕氏春秋》

《吕氏春秋校补》自序　刘师培　国粹学报　第 5 卷第 11 期　1909 年

《吕氏春秋》书后　俪海　进步杂志　第 2 卷第 4 期　1912 年 8 月

读《吕氏春秋》　马其昶　东方杂志　第 13 卷第 12 期　1916 年 12 月;民彝　第 1 卷第 5 期　1927 年 6 月

《吕氏春秋高注》补正　孙锵鸣　国故　第 1—4 期　1919 年 3—9 月

《吕氏春秋高注校义》自序　刘师培　国学丛刊　第 2 卷第 4 期　1924 年

《吕氏春秋》补正　宋慈　华国　第 2 卷第 10、12 期,第 3 卷第 2、4 期　1925 年 11 月—1926 年 7 月

《吕氏春秋》举正　孙人和　北平图书馆月刊　第1卷第4—6期,第2卷第1、5、6期　1928年12月

朱子所见《吕纪》异文考释　罗庶丹　湖南大学期刊　1931年第5期

《吕氏春秋》所表现之政治思想　朱显庄　清华周刊　第40卷第6期　1933年

吕不韦　张源长　大陆　第1卷第8期　1933年2月

《吕氏春秋补注》（附柳诒征与范君书）　范耕研　江苏省立国学图书馆年刊　第6期　1933年12月

《吕氏春秋》中古书辑佚　李俊之　清华周刊　第39卷第8期　1933年

《吕氏春秋·古乐篇》昔黄节解　刘复　文学（上海）　第2卷第6期　1934年6月

读《吕氏春秋》杂记　江纪原　中法大学月刊　第5卷第1、3、5期　1934年4—8月

《吕氏春秋》版本书录　蒋维乔等　光华大学半月刊　第3卷第8期　1935年4月

《吕氏春秋》校记　孙志辑　北平图书馆馆刊　第9卷第3期　1935年5、6月

《吕氏春秋汇校》叙例　蒋维乔、杨宽等　制言　第1期　1935年9月

读《吕》臆断　沈瓞民　制言　第1、2期　1935年9、10月

《吕氏春秋》佚文辑校　蒋维乔等　制言　第3期　1935年10月

关于《吕氏春秋》笔记要目　沈延国　制言　第4期　1935年11月

《吕氏春秋高注》订补　冯振　学术世界　第1卷第7—12期　1935年12月—1936年7月

《吕氏春秋》所表现之政治思想　李子英　长城季刊　第2卷第2期　1936年10月

《吕氏春秋》之教育论　雁云　教育学报　1936年第1期

《吕氏春秋》拾遗　杨树达　清华学报　第11卷第2期　1936年4月

《吕氏春秋江校》补遗　蒋维乔等　制言　第33期　1937年1月

《吕氏春秋·开春论·集解》初稿　沈延国　制言　第37、38期　1937年3月

《吕氏春秋·序意篇》集解　沈延国　论学　第 4 期　1937 年 4 月

申《吕》　李源澄　论学　第 4 期　1937 年 4 月

《吕氏春秋》校证　杨明照　燕京学报　第 23 期　1938 年 6 月

《吕氏春秋》高诱训疏证（经训堂全书本）　杨明照　文学年报　第 5 期　1939 年 5 月

"吕不韦迁蜀世传《吕览》"说　王利器　制言　第 54 期　1939 年 7 月

吕不韦及《吕氏春秋》考　李泰棻　新东方（上海）　第 1 卷第 8 期　1940 年 9 月

《吕氏春秋校证》补遗　杨明照　文学年报　第 7 期　1941 年 6 月

吕不韦与秦代政治　郭沫若　群众周刊　第 8 卷第 20—22 期　1943 年 12 月

吕不韦释名　王利器　文史杂志　第 5 卷第 3、4 期　1945 年 4 月

《吕氏春秋》与《庄子》　王叔岷　大公报（上海）文史周刊　第 21 期　1947 年 3 月 19 日

《吕氏春秋》撰著考　缪钺　中国文化研究所汇刊　1947 年第 6 期

《吕氏春秋》中之音乐理论　缪钺　中国文化研究所汇刊　1947 年第 6 期

论《吕氏春秋》　杜守素　大学　第 6 卷第 3、4 期　1947 年 8 月

《吕氏春秋汇校》订补　于孝纯　中央日报　1947 年 9 月 5 日

《吕氏春秋》引《易》考　沈延　东南日报　1947 年 12 月 31 日

《吕览》涓滩与《服赋》单阏、《淮南》丙子之通考　刘垣　历史研究　1956 年第 4 期

《吕氏春秋》教育思想发凡　余书麟　教育辅导月刊　第 7 卷第 8 期　1957 年 8 月

《吕氏春秋》教育思想的研究　邓胥功　西南师院学报　1959 年第 2 期

《吕氏春秋》高注补正　潘光晟　学粹　第 1 卷第 6 期　1959 年 10 月；政治大学报　第 14 期　1966 年 12 月

《吕氏春秋》中的农学　万国鼎　中国农史　1962 年第 1 期

读《吕纪》随笔　沈瓞民　中华文史论丛（第 2 辑）　中华书局　1962 年

《吕览·审分》篇中所反映的战国时期的生产关系　杨志玖　光明日报　1963 年 3 月 13 日

《吕氏春秋》论"义兵"　刘元彦　哲学研究　1963年第3期

吕氏春秋的学术思想　黄湘阳　辅仁大学中文研究所刊　1972年

吕氏春秋探微　陈郁夫　师范大学国文研究所刊　1972年；幼狮学志　第11卷第3期、第12卷第1期　1973年9月—1974年6月

吕氏春秋与统一思想　张柳云　中华文化复兴月刊　第6卷第5期　1973年5月

《吕氏春秋》论乐　黄锦鋐　师大学报　第18期　1973年6月

从《吕氏春秋》谈起　区甘　解放日报　1974年1月5日

《吕氏春秋》批判　周大璞　武汉大学学报　1974年第2期

评《吕氏春秋》　罗思鼎　红旗　1974年第4期

六十年来之吕氏春秋学　杨宗莹　中国国学　第4期　1974年6月

吕氏春秋思想管窥　赵海金　中国国学　第4期　1974年6月

评《吕氏春秋》　闻梁等　光明日报　1974年7月10日

《吕氏春秋》是对商鞅变法的反动　史众　人民日报　1974年9月20日

《吕氏春秋·察今篇》的思想与作者　朱桂昌　思想战线　1975年第1期；光明日报　1975年7月28日

以"重农"为名行复辟之实——浅评《吕氏春秋·上农篇》　卢力夫　生物化学与生物物理进展　1975年第3期

评《吕氏春秋·十二纪》　王鹏飞　气象　1975年第4期

读《吕氏春秋·察今》　李昆　四川大学学报　1976年第1期

也谈《吕氏春秋·察今篇》　语真　内蒙古大学学报　1976年第2期

论吕不韦——驳罗思鼎《评〈吕氏春秋〉》等文的奇谈怪论　方立天、葛荣晋　文史哲　1978年第1期

驳罗思鼎的《评〈吕氏春秋〉》　李国祥　华中师范大学学报　1978年第2期

吕氏春秋中的反秦思想　刘有恒　中华文化复兴月刊　第11卷第2期　1978年2月

《吕氏春秋》校释补　刘如瑛　扬州师院学报　1979年第2期

重评《吕氏春秋》　熊铁基　江汉论坛　1979年第4期

试论吕不韦和《吕氏春秋》　张云桥等　四平师院学报　1979年第4期

《吕氏春秋》导读　朱守亮　国学导读丛编　1979年4月

吕不韦和《吕氏春秋》新评　杨宽　复旦学报　1979年第5期

《吕氏春秋》成名的年代与书名的确立　陈奇猷　复旦学报　1979年第5期

《吕氏春秋》研究　田凤台　政大中文研究所刊　1979年

关于吕不韦传　[日]沼尻正隆　日本学人文科研究所《研究纪要》　第22期　1979年

《吕氏春秋》与吕不韦事件　苏诚鉴　江淮论坛　1980年第1期

略述《吕氏春秋》的哲学思想　肖万源　安徽师大学报　1980年第1期

试论吕不韦的自然观和认识论　杨天宇　河南师大学报　1980年第6期

《吕氏春秋》教育思想　田凤台　中华文化复兴月刊　第13卷第6期 1980年6月

《吕氏春秋》中关于战争的理论　张国光　人文杂志　1981年第1期

试谈《吕氏春秋》的性质和影响　张松辉　南阳师专学报　1981年第1期

吕不韦和《吕氏春秋》　田昌五　西北大学学报　1981年第2期

从《吕氏春秋》到《淮南子》——论秦汉之际的新道家　熊铁基　文史哲 1981年第2期

略论《吕氏春秋》中反君主专制的思想　洪家义　南京大学学报　1981年第4期

《吕氏春秋》成书年代之考辨　傅武光　国文学报　第10期　1981年6月

《吕氏春秋》中论君主养生之道　田凤台　孔孟月刊　第19卷第10期 1981年6月

《吕氏春秋》反君主专制的政治理论　熊铁基　光明日报　1981年8月31日

《吕氏春秋》军事思想　田凤台　中华文化复兴月刊　第14卷8期　1981年8月

吕不韦和《吕氏春秋》　祝瑞开　秦汉史论丛(第一辑)　陕西人民出版社 1981年9月

《吕氏春秋》撰著考　田凤台　复兴岗学报　第26期　1981年12月

吕不韦在秦统一事业中的贡献　邹贤俊　华中师院学报　1982年第1期

论《吕氏春秋》——兼论杂家的出现　方诗铭、刘修明　社会科学　1982 年第 1 期

"通意之悖,解心之谬"——《吕氏春秋》逻辑思想之一　孙中原　福建论坛　1982 年第 1 期

关于《吕氏春秋》反君主专制思想　沙路　华东师大学报　1982 年第 3 期

论《吕氏春秋》及其历史作用　丁原明　文史哲　1982 年第 3 期

吕不韦传考　田凤台　复兴岗学报　第 27 期　1982 年 6 月

《吕氏春秋》的天人思想　王金凌　辅仁学志——文学院之部　第 11 期　1982 年 6 月

《吕氏春秋》中"十二纪"　田凤台　中华文化复兴月刊　第 15 卷第 6 期　1982 年 6 月

墨家与《吕氏春秋》　刘瑞琳　东吴大学中国文学系系刊　第 3 期　1982 年 6 月

《吕氏春秋》之经济策略浅谈　罗克洲　中国国学　1982 年第 9 期

《吕氏春秋》之版本与校勘　田凤台　复兴岗学报　第 28 期　1982 年 12 月

论《吕氏春秋》的儒家思想倾向　金春锋　哲学研究　1982 年第 12 期

吕不韦《吕氏春秋》评介赘言　李国祥　华中师院学报　1982 年增刊

再谈《吕氏春秋》中的反君主专制思想——答沙路同志　洪家义　华东师大学报　1983 年第 2 期

《吕氏春秋》的独特风格和创新精神　牟钟鉴　历史论丛书　1983 年第 4 期

《吕氏春秋》之人性论　傅武光　教学与研究　1983 年第 5 期

《吕氏春秋》综合研究　田凤台　复兴岗学报　第 29 期　1983 年 6 月

《吕氏春秋》名辨思想简论　刘培育　逻辑学论丛　1983 年

《吕氏春秋》与《淮南子》的比较分析——兼论秦汉之际的学术思潮　牟钟鉴　哲学研究　1984 年第 1 期

我国最早的气象经济学著作《吕氏春秋·审时篇》　牛力达　福建论坛　1984 年第 2 期

《吕氏春秋》的整体结构思想　刘长林　中国哲学史研究　1984 年第 3 期

从"义兵"主张看吕不韦的思想倾向　张诚　郑州大学学报　1984 年第 3 期

《吕氏春秋》君道思想研究　钟吉雄　屏东师专学报　1984 年第 4 期

吕不韦生平及其著述　吴福助　大汉学报　1984 年第 5 期

《吕氏春秋》的形成　黄湘阳　辅仁学志・文学院之部　第 13 期　1984 年 6 月

《吕氏春秋》中的思想　赵雅博　华学月刊　第 151 期　1984 年 7 月

《吕氏春秋》政治理论　田凤台　中华文化复兴月刊　第 17 卷第 9 期　1984 年 9 月

从文史的角度读《吕氏春秋》　朱仲玉　文史知识　1984 年第 10 期

《吕氏春秋》对后世之影响　田凤台　复兴岗学报　第 32 期　1984 年 12 月

略论《吕氏春秋》中的自然主义思想　洪家义　南京大学学报　1985 年第 1 期

《吕氏春秋》中的医学思想　王子漠　中华医史杂志　1985 年第 1 期

《吕氏春秋》与墨家之关系　傅武光　东方杂志　第 18 卷第 9—10 期　1985 年 3、4 月

吕不韦罢相　王宇飞　洛阳师专学报　1985 年第 4 期

《吕氏春秋》历代评价汇论　田凤台　复兴岗学报　第 33 期　1985 年 6 月

吕不韦的人口思想　解学东　史学月刊　1985 年第 6 期

《吕氏春秋》的认识思想　赵玉瑄　社会科学战线　1986 年第 2 期

《吕氏春秋》的封建统一说　丁原明　徐州明院学报　1986 年第 2 期

从《吕氏春秋》《韩非子》等书推测《庄子》之成书年代　王发国　西南民院学报　1986 年第 3 期

论吕不韦　孙顺霖　许昌师专学报　1986 年第 4 期

《吕氏春秋校释》读志　李亚明　烟台师院学报　1987 年第 1 期

《吕氏春秋》的体育宝藏　杨文清　体育文史　1987 年第 2 期

关于《吕氏春秋》成书年代之我见　赵年荪　苏州大学学报　1987 年第 3 期

《吕氏春秋》寓言初探　张秉光　佛山师专学报　1987 年第 3 期

论《吕氏春秋》的文学价值　章沧授　文学遗产　1987年第4期

《吕氏春秋》的教育思想　张一中　湖南师大学报　1987年第6期

荀子、吕不韦对《乐记》的改造　李炳海　蒲峪学刊　1988年第1期

论《吕氏春秋》的宇宙观　张一中　湖南师大学报　1988年第1期

《吕氏春秋》的音乐思想　张一中　衡阳师专学报　1988年第3期

《吕氏春秋》中的教育思想　廖其发　华东师大学报　1988年第3期

《吕氏春秋》政治法律思想初探　王宗非　北方论丛　1988年第4期

《吕氏春秋》人才思想浅析　韦石　中国人才　1988年第11期

论《吕氏春秋》的经济思想　李善国　汕头大学学报　1989年第1期

从《吕氏春秋》的政治学说看吕不韦与秦王政的矛盾　赵玉瑾　青海社会科学　1989年第3期

试评吕不韦：兼论《吕氏春秋》　余世明　贵州大学学报　1989年第4期

《吕氏春秋》是一部以儒家思想为主体的"杂家"著作　修建军　中国哲学史研究　1989年第4期

略论《吕氏春秋》养生治国哲理的思想　金易　湘潭大学学报　1990年第2期

《吕氏春秋》政治思想的特点　管敏义　宁波师院学报　1990年第4期

《吕氏春秋》中有关气候论述的科学意义　张家诚　自然科学史研究　第9期　1990年

博采众长独倾儒——从《吕氏春秋》的孔子观谈起　修建军　齐鲁学刊　1991年第4期

陈奇猷《吕氏春秋校释》读志二则　李亚明　古籍整理与研究（七）　中华书局　1992年8月

论《吕氏春秋》的法家思想倾向　栗劲　当代法学　1993年第2期

吕不韦与《吕氏春秋》　徐卫民　秦史人物论　陕西人民教育出版社　1993年11月

《吕氏春秋》与秦代社会　徐卫民　宝鸡师院学报　1994年第4期

《吕氏春秋》与秦始皇　王魁田　唐都学刊　1994年第4期

吕不韦与《吕氏春秋》　吕朵　书海　1994年第5期

吕不韦悲剧的必然性及其历史教训——始皇帝焚书坑儒思想文化渊源　王

关成　秦文化论丛（第三辑）　西北大学出版社　1994年12月

《吕氏春秋》成书年代新考　李家骧　湘潭大学学报　1995年第2期

《吕氏春秋》墨学观刍议　水渭松　墨学研究论丛（第三辑）　山东人民出版社　1995年10月

《吕氏春秋》与秦国农学哲理化趋势研究　樊志民　中国农史　1996年第2期

论吕不韦　洪家义　南京大学学报　1996年第2期

《吕氏春秋》评论　王利器　传统文化与现代化　1996年第5期

吕氏春秋引用庄子举正　王叔岷　道家文化研究（第10辑）　上海古籍出版社　1996年8月

《吕氏春秋》道家说之论证　牟钟鉴　道家文化研究（第10辑）　上海古籍出版社　1996年8月

吕不韦与《吕氏春秋》　张文立　国语日报　1996年10月26日

《吕氏春秋》的精气说——兼论与德谟克利特原子论的异同　刘元彦　传统文化与现代化　1997年第2期

论吕不韦之死　奚椿年　江海学刊　1997年第3期

超越传统的尝试:《吕氏春秋》与《法家》　修建军　传统文化与现代化　1998年第2期

《吕氏春秋》:百科全书式的宫廷教科书　卢鹰　陕西历史博物馆馆刊（第5辑）　西北大学出版社　1998年6月

中外"《吕氏春秋》学"评要综述（上）　李家骧　湘潭大学学报　1998年第6期

吕不韦、《吕氏春秋》与秦朝政治　臧知非　秦文化论丛（第六辑）　西北大学出版社　1998年7月

中外"《吕氏春秋》学"评要综述（下）　李家骧　湘潭大学学报　1999年第1期

《吕氏春秋》的历史超越精神　任重　山东大学学报　1999年第2期

不抑富商大贾,力主自由放任——《吕氏春秋》的商业观　王双　学术月刊　1999年第3期

《吕氏春秋·察今》训诂一则　任怀国　江海学刊　1999年第3期

吕不韦自杀心理透视　丁海燕　集宁师专学报　2000年第1期

《吕氏春秋》的执一统众之术　李祥俊　管子学刊　2000年第2期

《吕氏春秋》与道家析论　修建军　管子学刊　2000年第3期

略论《吕氏春秋》的编辑特点　王启才　文献　2000年第3期

秦相吕不韦功过论　朱绍侯　河南大学学报　2000年第5期

《吕氏春秋》的社会治理观　李匡夫、王巧林　东岳论丛　2000年第5期

《吕氏春秋》教育理论的深透　唐群　秦俑秦文化研究——秦俑学第五届学术讨论会论文集　陕西人民出版社　2000年8月

《吕氏春秋》中的养生思想　田静　华夏文化　2001年第1期

《吕氏春秋》的军事情报思想　储到立、钟海　军事历史研究　2001年第1期

《吕氏春秋》研究综述　陈宏敬　中华文化论坛　2001年第2期

《吕氏春秋》中的军事思想试析　郭睿姬、郭淑珍　秦文化论丛（第八辑）　陕西人民出版社　2001年8月

白描吕不韦　王子今　光明日报　2001年5月8日

《吕氏春秋》之于名家评析　修建军　齐鲁学刊　2001年第5期

论吕不韦及其封君河南事　王子今　洛阳工学院学报　2002年第1期

《吕氏春秋》与农业　杨钊　农业考古　2002年第3期

二十世纪《吕氏春秋》研究综述　俞长保　徐州师大学报　2002年第4期

《吕氏春秋新校释》平议　李若晖　华学（第一辑）　紫禁城出版社　2003年6月

《吕氏春秋》与先秦儒家思想　霍有光　秦文化论丛（第十一辑）　三秦出版社　2004年6月

《吕氏春秋》中的墨家　[日]沼尻正隆著,秦仙梅译　秦文化论丛（第十一辑）　三秦出版社　2004年6月

说《吕氏春秋》中的一股思想　赵俪生　文史知识　2004年第7期

吕不韦与《吕氏春秋》　庞慧　河北大学学报　2007年第1期;人大复印资料·先秦秦汉史　2007年第3期

吕不韦在秦王政八年的斗争策略　于艳华　齐齐哈尔高等专科学校学报　2007年第2期

吕不韦与《吕氏春秋》及其农业科学价值　陈正奇　西安财经学院学报　2007 年第 6 期

《吕氏春秋》的生态伦理观　徐立熬　农业考古　2008 年第 3 期

吕不韦新论　余全有　河南师范大学学报　2009 年第 1 期

吕不韦剿灭嫪毐叛乱之探析——兼与郭守信先生商榷　雷智勇　唐都学刊 2010 年第 2 期

吕不韦对秦文学的贡献　张敏　秦俑博物馆开馆三十周年秦俑学第七届年会国际学术研讨会论文集　三秦出版社　2010 年 8 月

由"霸"而"王":《吕氏春秋》的学术史分析与历史实践　臧知非　国学学刊 2011 年第 1 期

对《吕氏春秋》所载青铜器纹饰名称的几点看法　韩鼎　考古与文物 2011 年第 3 期

《吕氏春秋》的军事思想浅析　曾文芳　西安财经学院学报　2012 年第 4 期

"法天地"与治国兴邦——《吕氏春秋》神秘数字及对后世的影响　唐群 秦汉研究(第六辑)　陕西人民出版社　2012 年 8 月

吕不韦民族关系思想初探　魏新影　民族论坛　2013 年第 12 期

《吕氏春秋》中的农业管理思想初探　侯辉　农业考古　2015 年第 1 期

《吕氏春秋·下贤》与清华简《系年》互证一则　顾王乐　中国史研究 2017 年第 1 期

简议《吕氏春秋》与秦始皇　刘敏　秦始皇帝陵博物院(总柒辑)　三秦出版社　2017 年 10 月

论《吕氏春秋》的史学思想　郑先兴　秦始皇帝陵博物院(总柒辑)　三秦出版社　2017 年 10 月

(六)李斯

《李斯列传》讲论　陈柱　学术世界　第 1 卷第 10 期　1936 年 10 月

李斯文学研究　陈长城　协大艺文　第 9 期　1938 年 12 月

《李斯传》　[荷兰]迪克·包德著,王伊同译　史学年报　第 3 卷第 1 期 1939 年 12 月

中国第一统一者,由李斯之生平研究秦史　[荷兰]迪克·包德　图书季刊新1卷第4期　1939年12月

新撰李斯传　常燕生　华文月刊　第1卷第4期　1942年3月

李斯的政略　段熙仲　文史教学　第4期　1942年5月

李斯的功罪("古人新评"之一)　张达愚　新东方(南京)　第8卷第4、5期　1943年10月

秦代伟大的政治家李斯　俞超　山东大学学报　1959年第3期

李斯在中国政治史上的地位　蒋君章　政治评论　第3卷第5期　1959年11月

秦代文学家李斯　陈同生　奔流　1962年第1期

李斯的政治思想　贺凌虚　思与言　第6卷第2期　1968年7月

李斯上书谏逐客事考辨——《史记》考辨之一　黄永年　新疆大学学报　1974年第1期

《史记·李斯列传》评注　新疆大学学报　1974年第1期

李斯请焚其书　中文系"评法"注释组　辽一师范　1974年第3期

李斯《谏逐客书》译注　郑云波　南京大学学报　1974年第5期

秦王朝建立过程中两条任人路线的斗争——兼论李斯《谏逐客书》　武汉大学大批判组　光明日报　1974年7月11日

李斯《谏逐客书》注释　南钟　光明日报　1974年7月11日

"任人唯贤"路线的胜利——读李斯《谏逐客书》　复旦大学新闻系大批判写作组　解放日报　1974年11月2日

李斯是秦代文化的杰出代表　陆文虎　厦门大学学报　1975年第1期

读《史记·李斯列传》　[日]宫崎市定　东洋史研究　第35卷第4期1977年;宫崎市定全集(第5集)　1978年

秦帝国的首相——李斯　张其昀　文艺复兴　第107期　1979年11月

说"河海不择细流"　求是　文史(第七辑)　中华书局　1979年12月

布衣丞相李斯评传　张金鉴　中原文献　第12卷第8期　1980年8月

评李斯政治法律思想　杨鹤泉　学习与探索　1981年第5期

李斯与中国文化　吉书时　历史知识　1983年第1期

秦代政治家李斯　贾传棠　中州今古　1983年第1期

论李斯的法律思想　王威宜　山西大学学报　1983年第3期

司马迁笔下的李斯　周征松　山西师院学报　1983年第4期

略论李斯　巨澜　中国政法大学学报　1984年第3期

秦统一前后的李斯　徐勇　历史教学　1985年第2期

从"厕中鼠"到"仓中鼠"——小议司马迁对李斯的批判　罗光辉　益阳师专学报　1985年第2期

李斯杀韩非原因再考辨　王举忠　辽宁大学学报　1985年第4期

委婉倾诉衷肠 力主用人唯才——试析《谏逐客书》的思想与艺术特色　赫晓红　河南财经学院学报　1986年第4期

论李斯　李福泉　零陵师专学报　1987年第1期

创世之重臣 毁业之罪人——评李斯的功过　梁华刚　河北师大学报　1987年第1期

李斯与郡县制　刘学军　中州今古　1988年第4期

李斯简论　孟祥才　北方论丛　1989年第1期

论李斯　江道源　福建论坛　1990年第2期

权力欲与服从欲的二重矛盾人格——李斯人格特质的历史心理学剖析　段建海、康少锋　渭南师专学报　1991年第1、2期

李斯新论　张诚　郑州大学学报　1991年第1期

德才分裂型灵魂的剖视——李斯论　可永雪　内蒙古师大学报　1992年第2期

李斯的思想品格与秦文化政策的得失　马勇　齐鲁学刊　1992年第5期

李斯也有大过　傅荣奎　经济新闻导报　1992年8月21日

李斯用人思想的几点启示　李森　南通教育学院学报　1993年第2期

李斯的思想品质与秦文化政策的得失　马勇　齐鲁学刊　1993年第5期

李斯其人其死及其他　刘友明　驻马店师专学报　1994年3月

李斯的性格与秦代社会　田静　秦文化论丛（第三辑）　西北大学出版社　1994年12月

李斯的功过与历史教训　薛运智、蒋经魁　吴中学刊　1995年第1期

司马迁笔下的李斯——读《史记·李斯列传》札记　田静　司马迁与史记论集（第二辑）　陕西人民出版社　1995年7月

利欲熏心的李斯　田静　文史知识　1995年第11期

"仓中鼠"哲学的悲剧——读《史记·李斯列传》　张永刚　内蒙古师大学报　1996年第2期

李斯:从人才到奸才的历史辨析　周树青　领导工作研究　1996年第11期

浅析李斯的《谏逐客书》　王圣洪　福州师专学报　1997年第2期

李斯入秦是顺应历史潮流吗?　奚椿年　江海学刊　1998年第2期

创业元勋与毁业罪人:李斯由"厕中鼠"到"仓中鼠"人生悲剧论　白芳、胥新　发展　1998年第12期

二十年来李斯研究述评　白芳　中国史研究动态　1999年第2期

李斯上《谏逐客书》时间蠡测　王建成　南京师大学报　1999年第3期

关于李斯研究的几个问题　杨建宏　长沙大学学报　2000年第1期

论李斯入秦与李斯之死:与奚椿年先生商榷　张震英　天中学刊　2000年第3期

论李斯之过　王孝春　前沿　2000年第6期

君子苟不求利禄,则不害其身——李斯的心理分析　陈文豪　秦俑秦文化研究——秦俑学第五届学术讨论会论文集　陕西人民出版社　2000年8月;秦史:崛起与统一　西北大学出版社　2019年2月

李斯与秦小篆　吕劲松　秦俑秦文化研究——秦俑学第五届学术讨论会论文集　陕西人民出版社　2000年8月

李斯心态个性及其人生喜剧　王晖　文史知识　2001年第1期

秦相李斯　赵运喜　天中学刊　2002年第1期

从李斯的功利观看秦朝的灭亡　刘红卫　惠州学院学报　2002年第4期

论李斯的社会人格　雷会生　社会科学辑刊　2003年第5期

终是仓中鼠:法家人物李斯评议　龙卫球　社会科学论坛　2003年第6期

中国历史上书法第一人——论李斯的书法贡献及其影响　周晓陆、朱思红　秦文化论丛(第十辑)　三秦出版社　2003年7月

千秋功罪话李斯　乔吉焕　开封文博　2003年(总第27期)

秦二世是被李斯杀掉的吗　曾史　咬文嚼字　2004年第8期

学儒、变儒、弃儒:李斯与战国末期儒家精神　阳清　司马迁与史记论集

（第六辑）　陕西人民出版社　2004 年 8 月

对李斯功过的评述　朱绍侯　河南大学学报　2005 年第 3 期

李斯扮演的文化角色探析　付志红　东疆学刊　2005 年第 4 期

论李斯的政治思想及实践对秦帝国发展的影响　高旭　牡丹江教育学院学报　2006 年第 5 期

"千古一相"李斯之死　朱成文　中学历史教学　2006 年第 6 期

李斯的教训　孙晓春　现代交际　2006 年第 6 期

卑劣人格下的悲剧人生——浅析李斯功过是非、人生悲喜的主要原因　王秀彦　邢台学院学报　2007 年第 11 期

李斯行政管理思想简论　刘中建　沧桑　2007 年第 5 期

秦至西汉初期的礼法思想研究——以李斯、陆贾、贾谊为对象的考察　刘志平　秦汉研究（第二辑）　三秦出版社　2007 年 11 月

"千古一相"的荣辱起伏——读《史记·李斯列传》感言　段沁雪　学习月刊　2007 年第 24 期

李斯功过之评价　汪红梅　秦汉研究（第三辑）　三秦出版社　2009 年 8 月

简论李斯的文学实践　张敏　回顾与创新·创新篇——秦始皇兵马俑博物馆开馆三十周年纪念文集　三秦出版社　2009 年 8 月

李斯的历史意识与秦皇朝的政治命运　靳宝　秦俑博物馆开馆三十周年秦俑学第七届年会国际学术研讨会论文集　三秦出版社　2010 年 8 月

楚文化对李斯的影响　邵颖涛　湖北社会科学　2011 年第 7 期

行非所学　背弃师门——读《史记·李斯列传》有感　林东民　辽宁行政学院学报　2011 年第 7 期

平庸有罪——读《史记·李斯列传》有感　李丹　齐齐哈尔师范高等专科学校学报　2012 年第 2 期

李斯《谏逐客书》"駃騠"考论——秦与北方民族交通史个案研究　王子今　人文杂志　2013 年第 2 期

李斯的功过是非与悲剧成因　温燎原　中州大学学报　2013 年第 3 期

从《史记·李斯列传》看法家在秦的接受　杨玲　甘肃联合大学学报　2013 年第 4 期

李斯"督责之书"系伪作辨　安子毓　史学月刊　2013年第7期;秦汉史论丛(第十三辑)　郑州大学出版社　2014年8月

从李斯从政生涯看秦代法家的思想政治　张玲、孙怀安、王涛清　兰台世界　2013年第9期

简析李斯人生历程中不同时期的政治儒学色彩　涂庆皓　兰台世界　2014年第3期

浅议《李斯列传》的叙事特点　凌璐丝　渭南师范学院学报　2016年第5期

试谈《史记·李斯列传》与《赵正书》对李斯形象的塑造　曾磊　古代文明　2018年第1期;人大复印资料·先秦秦汉史　2018年第2期;人大复印资料·历史学文摘　2018年第2期

《李斯列传》的史学品格与文学特征　邹文贵、李英霞　佳木斯大学社会科学学报　2018年第2期

中国写人史上第一篇解剖心灵的作品——我读《史记·李斯列传》　可永雪　内蒙古师范大学学报　2019年第4期

(七)徐福

徐福事考　陶亚民　地学杂志　第9卷第11期　1918年

徐福与海流　王辑五　师大月刊　第1卷第11期　1934年

徐福故事之演化　马培棠　禹贡　第2卷第7期　1934年

再论徐福　王辑五　师大月刊　第1卷第26期　1936年

徐福入海求仙考　王辑五　禹贡　第5卷第6期　1936年

徐福东渡的故事　学文　侨声　第3卷第7期　1941年

关于徐福之传说　廖世功　侨声　第3卷第7期　1941年

徐福事略　刘永江　侨声　第3卷第8期　1941年

访徐福墓记　刘永江　侨声　第3卷第8期　1941年

关于徐福的传说　廖新畤　新民报　第4卷第14期、15期　1942年

徐福东渡考　汪向荣　政治月刊　第5卷第2期　1943年2月

谈徐福建国日本问题研究的现阶段　卫挺生　民主评论　第8卷第14、15期　1957年7、8月

再驳徐福即神武天皇说　宋岑　自由中国　第18卷第11期　1958年6月

重申徐福即神武天皇说——答宋岑先生"再驳"论(上、下)　卫挺生　民主评论　第9卷第12、21期　1958年11月

徐福和日本　赵仲邑　羊城晚报　1960年1月17日

战国巨人徐福系年(上、中、下)　鲍雨林　中国一周　第589—591期　1961年8月

徐福墓和灵芝草的传说　李嘉　青年战士报　1965年6月4日

中日诗歌典籍中的徐福　李嘉　联合报　1965年6月11日；青年战士报　1965年6月11日；台湾日报　1965年6月11日；中国时报　1965年6月11日

与梁嘉彬教授讨论徐福问题　卫挺生　思想与时代　第143期　1966年6月

中国史籍上关于徐福的纪录　梁惠锦　史苑　1968年第6期

王宇清考证徐福衣冠　黄肇珩　联合报　1968年9月12日

考证徐福造像及衣冠　王宇清　台湾新生报　1968年9月12日

徐福造像衣冠故事　王宇清　台湾新闻报　1968年9月12日

徐福造像衣冠的故事——王宇清为二千年前古人的考证　黄肇珩　青年战士报　1968年9月12日

秦汉衣冠考证一隅——《徐福造像衣冠之拟议》再版序　王宇清　国语日报　1969年9月30日；东方杂志复刊　第9卷第8期　1976年

徐福与日本　王宇清　中国文选　1970年第11期

徐福之建国及其思想　[日]仲国玄原著　吴必恩译　大成　第13期　1974年12月

徐福与阴阳之道　陈存仁　大成　第17期　1975年4月

徐福航海移民日本　张其昀　华学月刊　第99期　1980年3月

秦始皇、神武天皇与徐福　郑学稼　华学月刊　第111期　1981年3月

徐福东渡　汪向荣　学林漫录第四集　中华书局　1981年10月

田间道守和徐福的传说　王金林　历史知识　1981年第3期

徐福东渡之谜　李秀石　外国史知识　1982年第4期

徐福与日本　余我　艺文志　第199期　1982年4月

徐福东渡的史实与传说　严绍璗　文史知识　1982年第9期

秦代方士徐福东渡日本新探　阎孝慈　徐州师院学报　1984年第1期
"徐福即日本神武天皇"问题　穆超　华学月刊　第156期　1984年6月
秦代东渡日本的徐福故址之发现和考证　罗其湘等　光明日报　1984年4月18日
日本神武天皇即徐福之研证　周力行　中国与日本　第3卷第3期　1984年9月
港台的徐福研究及其在日本的影响　常扬　中国史研究动态　1985年第4期
江苏赣榆发现秦方士徐福故址　文波、李克文　文物报　1985年11月20日
海上"丝绸之路"的开拓者——徐福　邬江　舰船知识　1985年第12期
徐福村的发现和徐福东渡　罗其湘　中日关系史论文集第一辑：从徐福到黄遵宪　时事出版社　1985年
徐福和徐福村　汪向荣　人民日报（海外版）　1986年1月31日
秦代方士徐福东渡日本再探　阎孝慈　徐州师院学报　1986年第1期
徐福的故事　郑朋　人民画报　1986年第2期
"徐福东渡之谜"浅议　曹前　华东师大学报　1986年第3期
省内外学者对徐福东渡之谜进行新探讨　本报讯　新华日报　1986年8月5日
徐福东渡考略　秦人　汉唐文史漫论　陕西人民出版社　1986年5月
徐福故址新考——兼与罗其湘先生商榷　王大均　东岳论丛　1987年第1期
徐福故里考证　高立保、仲璟维　贵州文史丛刊　1987年第1期
徐福在日本的传说　周亚祥　历史大观园　1987年第2期
徐福：日本的中国移民　汪向荣　中日关系史论文集第二辑：日本的中国移民　生活·读书·新知三联书店　1987年3月
徐福不可能到达日本　罗元贞　山西大学学报　1987年第4期
从西汉前中日文化交流看徐福东渡的可能性　王金林　天津社会科学　1988年第1期
秦代方士徐福东渡日本考略　于锦鸿　日本问题研究　1988年第3期

徐福有没有东渡日本　史卒　人民日报(海外版)　1988年4月27日

徐福故里赣谕说质疑　李永先　烟台师院学报　1989年第2期

黄县为徐福故里新证　李永先　烟台师院学报　1989年第4期

徐福研究的历史和现状　于锦鸿　日本问题研究　1990年第1期

徐福东渡与山东　李永先　东岳论丛　1990年第2期

谈上古大陆移民到徐福东渡　徐桐生　日本问题研究　1990年第3期

邹衍的思想和徐福东渡扶桑　蔡德贵　管子学刊　1990年第3期

秦汉时期中国与朝鲜的关系与文化交流　陈德安　山西师大学报　1990年第3期

也谈徐福故里及其东渡启航海港　李永先　贵州文史丛刊　1990年第3期

徐福是龙口市人　永先　联合周刊　1990年11月30日

"徐福学术讨论会"在山东举行　鲁安　光明日报　1990年11月14日

徐福故里何处寻　李永先　大众日报　1990年11月17日

徐福是山东黄县人　亚非　中国海洋报　1990年12月19日

论徐福东渡的历史意义　丁正华　海交史研究　1991年第1期

徐福何时扬帆东渡　李永先　中国海洋报　1991年1月2日；大众日报1991年2月2日

山东龙口市召开徐福籍贯学术讨论会　龙人　人民日报(海外版)　1991年2月1日

徐福故里与东渡启航港　李永先　中国海洋报　1991年2月6日

徐福故址是秦齐郡黄县　徐乡、王大均　徐福研究(一)　青岛海洋大学出版社　1991年7月

徐福故里及东渡启航港和航行路线　李继涛　徐福研究(一)　青岛海洋大学出版社　1991年7月

徐乡系徐福故里的论证　孟宪仁　徐福研究(一)　青岛海洋大学出版社　1991年7月

徐福籍贯徐乡说新辨　赵胤祚　徐福研究(一)　青岛海洋大学出版社　1991年7月

徐福故里徐乡索隐　赵敬民　徐福研究(一)　青岛海洋大学出版社

秦代方士徐福籍贯新考　陆亭　徐福研究（一）　青岛海洋大学出版社 1991 年 7 月

徐福故里赣榆说质疑　安克骏　徐福研究（一）　青岛海洋大学出版社 1991 年 7 月

有关徐福故里的几个问题——兼与罗其湘先生商榷　达军　徐福研究（一）　青岛海洋大学出版社　1991 年 7 月

再论徐福其人及其故里　齐仁悦　徐福研究（一）　青岛海洋大学出版社 1991 年 7 月

徐福东渡与山东沿海早期对外交往　朱亚非　徐福研究（一）　青岛海洋大学出版社　1991 年 7 月

徐福东渡考　李江浙　徐福研究（一）　青岛海洋大学出版社　1991 年 7 月

古代山东与日本——从徐福东渡说起　朱言　徐福研究（一）　青岛海洋大学出版社　1991 年 7 月

徐福东渡启航港新探　唐禄庭　徐福研究（一）　青岛海洋大学出版社 1991 年 7 月

徐福东渡动因考　林仙庭、李步青　徐福研究（一）　青岛海洋大学出版社 1991 年 7 月

浅议徐福东渡日本　王国昌、索勤民　徐福研究（一）　青岛海洋大学出版社 1991 年 7 月

对徐福研究的几点看法　李文渭　徐福研究（一）　青岛海洋大学出版社 1991 年 7 月

徐福故里及东渡的探索　李永先　徐福研究（一）　青岛海洋大学出版社 1991 年 7 月

海州湾地区徐福东渡遗迹新证——徐福故里古遗迹考察材料之二　高立保　徐福研究论文集　中国科技出版社　1991 年 10 月

中国徐福主要遗迹　徐延惠　徐福研究论文集　中国科技出版社　1991 年 10 月

秦人东渡之地理解　张传藻　徐福研究论文集　中国科技出版社　1991年10月

日本的徐福传说试探　安志敏　徐福研究论文集　中国科技出版社　1991年10月

徐福国际学术讨论会召开　社会科学报　1992年1月30日

徐福研究述评　刘毅　日本研究(沈阳版)　1992年1月

东渡日本还是葬身大海——徐福出海求仙之谜　李桂海　学海　1992年第4期

近年徐福故里讨论述评　韩玉德　中国史研究动态　1993年第1期

"一片汪洋都不见,知向谁边?"——徐福东渡史料辨析　谢方　文史知识1993年第2期

"齐人徐福"解——兼论徐福故里问题　朱绍侯　徐福研究(二)　青岛海洋大学出版社　1993年8月

论徐福的籍贯和出海问题　赵华富　徐福研究(二)　青岛海洋大学出版社　1993年8月

经科学论证徐福故里当在黄县　朱亚非　徐福研究(二)　青岛海洋大学出版社　1993年8月

徐福东渡辨析　傅炳旭　徐福研究(二)　青岛海洋大学出版社　1993年8月

从东夷史的角度看徐福东渡日本——黄县徐乡徐福故居考　孟宪仁　徐福研究(二)　青岛海洋大学出版社　1993年8月

来自事实中的答案——再论徐福籍贯及其他　赵胤祚　徐福研究(二)　青岛海洋大学出版社　1993年8月

徐福东渡钩沉　田连谟　徐福研究(二)　青岛海洋大学出版社　1993年8月

秦代方士徐福　张文立、田静　徐福研究(二)　青岛海洋大学出版社　1993年8月

徐福东渡浅探　赵兴亮　徐福研究(二)　青岛海洋大学出版社　1993年8月

徐福东渡启航港、路线及到达地点考略　聂兆华、马汝军　徐福研究(二)

青岛海洋大学出版社　1993年8月

徐福东渡的考证与传说　[日]羽田武荣　徐福研究(二)　青岛海洋大学出版社　1993年8月

徐福来到佐贺　[日]副岛清高　徐福研究(二)　青岛海洋大学出版社　1993年8月

徐福东渡对古代日本社会的影响　王瑞美　徐福研究(二)　青岛海洋大学出版社　1993年8月

徐福与日本原生国家　水野明　徐福研究(二)　青岛海洋大学出版社　1993年8月

徐福东渡与中国文化在日本的传播　王玉顺、周盖人　徐福研究(二)　青岛海洋大学出版社　1993年8月

徐福赍书说探索　李永先　徐福研究(二)　青岛海洋大学出版社　1993年8月

秦苛政与徐福东渡问题　李继涛　徐福研究(二)　青岛海洋大学出版社　1993年8月

从徐福东渡的传说看中日海上交通的渊源　鲁军　徐福研究(二)　青岛海洋大学出版社　1993年8月

徐福东渡与中国文化在日本的传播　王玉顺、周益人　徐福研究(二)　青岛海洋大学出版社　1993年8月

徐福故里与东渡之谜　宫同文　烟台大学学报　1994年第1期

论徐福研究与史学方法论的几个问题　沈嘉荣　学海　1994年第1期

徐福里籍纠谬及推阐　韩玉德　河南大学学报　1994年第1期

徐福师船考证与船模研制　陈延杭　海交史研究　1994年第1期

徐福是中国古代的伟大航海家介绍《徐福师船考证及船模研制》一文　彭德清　海交史研究　1994年第1期

关于徐福研究的一些问题　王文清　学海　1994年第2期

建国以来国内外徐福研究述评　周延云、宫同文　烟台大学学报　1994年第3期

徐福东渡新考　王酉贡　复旦学报　1995年第2期

贵州铜仁徐福后裔考　徐世汪　贵州文史丛刊　1995年第2期

试论徐福东渡美洲之谜　罗宗真　东南文化　1995年第2期
徐福户籍五处争　姜文强　中国青年报　1995年3月19日
试论徐福的思想和品德　赵志坚　管子学刊　1995年第3期
徐福国际研讨会开幕　安克骏　人民日报　1995年10月24日
徐福研究在龙口　田连谟　管子学刊　1996年第1期
徐福自达蓬山东渡日本时间考　王清毅　宁波师院学报　1996年第1期
徐福研究资料　韩星陵整理　宁波师院学报　1996年第2期
达蓬山徐福文化扫描　青毅　宁波师院学报　1996年第2期
试论徐福传说的文化意蕴　方印华、王新高　宁波师院学报　1996年第2期
徐福与秦代方士研究　宁光庆、赵志坚　淄博师专学报　1996年第3期
徐福与齐文化探析　赵仁山、赵志坚　管子学刊　1996年第3期
徐福出海求仙之谜及启航港埠新考　柴海生　杭州研究　1996年第5、6期
略说徐福东渡之谜　苏晰　华侨大学学报　1997年第1期
关于"徐福东渡"之我见　蔡凤书　山东大学学报　1997年第3期
论徐福和徐福传说　安志敏　考古与文物　1997年第5期
浙江慈溪发现徐福宗族家谱　高立保　贵州文史丛刊　1997年第6期
从秦代航海条件看徐福东渡的可能性　张良群　日本研究　1998年第1期
徐福千童东渡始发地在哪里　刘鹤霆　日本问题研究　1998年第1期
徐福其人及其东渡的几个问题　韩玉德　陕西师大学报　2000年第2期
三神山及徐福东渡传说新探　李岩　中央民族大学学报　2000年第3期
徐福东渡再探　李小红、袁玲儿　宁波大学学报　2000年第3期
新宫归来话徐福　黄雪美　秦俑秦文化研究——秦俑学第五届学术讨论会论文集　陕西人民出版社　2000年8月
徐福:事实与传说的历史　周永河　青岛海洋大学学报　2002年第4期
徐福的传说与秦民东渡　汪逸　安徽教育学院学报　2007年第4期
徐福东渡与秦始皇的海洋意识　邹振环　人文杂志　2015年第1期
《史记》《汉书》记录的徐市东渡及其文化意蕴　唐群　秦汉研究(第十辑)

陕西人民出版社　2016年8月

徐福东渡与中、日、朝、韩关系　安作璋、孟祥才　秦汉史论丛（第十四辑）　四川人民出版社　2017年9月

（八）项羽

读项羽本纪　吴秉札　永昌府文征卷十八　1941年腾冲李氏排印本

读史记项羽纪札记　张友铭　图文月刊　1943年20期

论项羽　林克之　台湾新生报　1948年11月13日

《项羽本纪》"马童面之"　童寿　大陆杂志　第3卷第7期　1951年10月

为什么项羽是农民起义领袖　杨翼骧　历史教学　1954年第5期

项羽论评　张传玺　文史哲　1954年第10期

对项羽的我见　白骧　兰州大学学生科学论文集刊　1957年第2期

略论项羽　徐良骥　历史教学　1958年第6期

《项羽本纪》评论　王文海、张明嵩　西南师院学报　1959年第2期

读司马迁的《项羽本纪》　刘世德　文学知识　1959年第9期

《史记·项羽本纪》中"学书"和"学剑"的解释　劳榦　历史语言研究所集刊　1959年10月

读《项羽本纪》　林元　新观察　1959年第17期

读司马迁的《项羽本纪》　刘世德　文史知识　1959年第9期

项羽的悲剧　唐允　自由青年　第22卷第11期　1959年12月

霸王项羽　金烨　庆北大学报　第197期　1961年4月

《史记》中的项羽形象　吴幼源、殷成祥　光明日报　1961年4月23日

项羽是没落贵族的代表吗？　李正中　天津日报　1961年5月10日

项羽是农民起义领袖还是没落贵族的代表　史文丁　天津日报　1961年6月6日

评价项羽的几个问题　任树民、杨威民　天津日报　1961年9月2日

从项羽军成分看巨鹿战争　徐德麟　光明日报　1961年11月22日

从《项羽本纪》谈到评价项羽——兼论评价历史人物的原则　郭双成　文汇报　1962年4月12日

也来谈谈评价历史人物的问题——读《从〈项羽本纪〉谈到评价项羽》一文

后　马平沙　新华日报　1962 年 4 月 24 日

司马迁和项羽　何兹全　光明日报　1962 年 5 月 9 日

关于评价项羽的一些问题　理言　文汇报　1962 年 6 月 28 日

略论项羽　朱大昀　中国青年　第 13 期　1962 年 7 月

《史记·项羽本纪》校读记　李人鉴　扬州师院学报　第 14 期　1962 年

读《史记·项羽本纪》　金家栋　扬州师院学报　第 15 期　1962 年

怎样理解"何兴之暴也"——读《史记·项羽本纪》后　李清怡　文汇报 1962 年 9 月 4 日

项羽性格之分析　黄俊杰　史绎(第 3 期)　1966 年 6 月

关于项羽的垓下歌　[日]吉川幸次郎　吉川幸次郎全集(第 6 集)　筑摩书房　1968 年

汉高祖刘邦的对手项羽　清园　自由报　第 820 期　1968 年 1 月

刘邦战胜项羽的决定因素——从成皋之战谈起　谢竺　教育实践　1974 年第 1 期

"天亡我"之"谬"　叶大　学习与批判　1974 年第 11 期

从项羽的杀降政策谈起　徐国芬　学习与批判　1974 年第 12 期

乌江自刎话项羽　罗云家　黄埔月刊　1975 年第 2 期

项羽岂能"卷土来"——读关于乌江亭的两首诗　爱民　光明日报　1976 年 5 月 6 日

史记项羽本纪异同汇评　王宽意　东吴大学中国文学系学刊　第 1 期 1976 年 5 月

一代霸王话项羽　罗云家　反攻　第 405 期　1976 年 9 月

项羽新传　邵镜人著,王成圣校　中外杂志　第 22 卷第 4 期　1977 年 10 月

对项羽失败的初探　谭福龙　合肥月刊　1977 年第 12 期

论项羽　李乃庚　四平师院学报　1979 年第 1 期

项羽的农民起义领袖地位应予肯定　郑达炘　福建师大学报　1979 年第 3 期

评项羽的功过是非　熊铁基　华中师院学报　1979 年第 4 期

试论楚汉战争的性质和项羽失败的原因　王春庭　辽宁师院学报　1979

年第 6 期

项羽封王是"权宜之计"吗？——与熊铁基同志商榷　黄留珠　华中师院学报　1980 年第 2 期

释"西楚霸王"　元甘　历史知识　1980 年第 5 期

勿以失败论英雄——略评项羽　吴枫、宋敏　中国古代人物论集——东北师大社科丛书（第三辑）　东北师大出版社　1980 年 9 月

司马迁笔下的项羽　文兴良　绥化师专学报　1981 年第 2 期

关于项羽失败的原因问题　何继梁　广州师院学报　1981 年第 2 期

论项羽——《史记》散论之一　吴汝煜　徐州师院学报　1981 年第 2 期

《项羽本纪》的悲剧特色　艾岩　名作欣赏　1981 年第 3 期

谈司马迁对项羽形象的塑造　任致中　文科教学　1981 年第 3 期

略论项羽的分封　韩养民　秦汉史论丛（第一辑）　陕西人民出版社　1981 年 9 月

项羽为什么会失败——与齐子文同志商榷　杨天堂　南阳师专学报　1982 年第 1 期

霸王的悲剧——项羽论　可永雪　语文学刊　1982 年第 3、4、6 期

《史记》项羽性格的刻画　聂国栋　四川大学学报丛刊第十五辑：古典文学论丛　1982 年 10 月

项王笑曰："天之亡我,我何渡为"等的若干考察　[日]吉原英夫　汉文学会会报　第 41 期　1983 年

论《项羽本纪》的悲剧精神　柯庆明　文艺美综论　长安书局　1983 年

垓下之绝唱和《离骚》——《史记·项羽本纪》　令舟　零陵师专学报　1983 年第 2 期

论项羽的"分封"　刘君　大庆师专学报　1998 年第 3 期

"大王失计恋江东"——项羽失败的关键　中仁、杞愚　学术论坛　1983 年第 4 期

论西楚霸王的兴亡　霍雨佳　海南大学学报　1984 年第 1 期

谈司马迁对项羽形象的刻画　宋心昌　济宁师专学报　1984 年第 1 期

喑恶叱咤,勇武超群——《史记·项羽本纪》中的项羽形象　朱碧莲　文科月刊　1984 年第 5 期

悲剧英雄项羽　董汉河、徐日辉　文史知识　1984 年第 5 期

项羽败在志　魏逊　解放军报　1984 年 8 月 23 日

垓下之战——《史记》中的一则传奇故事　[日]上田早苗　奈良女子大学研究年报　第 27 期　1984 年

项羽和项羽集团分析　[韩]郑夏贤　高柄翊先生回甲纪念史学论丛　1984 年

项羽究竟死于何地　计正山　光明日报　1985 年 2 月 13 日

项籍兵法　巴令　中国史研究　1985 年第 2 期

《史记·项羽本纪》语句辨疑　杨晓敏　新疆大学学报　1985 年第 3 期

司马迁笔下的项羽——读《项羽本纪》札记　徐德邻　牡丹江师院学报　1985 年第 3 期

"项羽掘墓"及其他　储大泓　解放日报　1985 年 4 月 24 日

《项羽本纪》赏析　韩兆琦　史记评议赏析　内蒙古人民出版社　1985 年 6 月

谈司马迁在《项羽本纪》中对项羽的刻画　袁宏　陕西教育学院函授辅导　1986 年第 1 期

谈《项羽本纪》的战争描写　李继芬　杭州师晓学报　1986 年第 1 期

浅谈司马迁笔下的项羽形象　单薇　绥化师专学报　1986 年第 1 期

为刘邦辨一言——谈《史记·项羽本纪》　周嘉向　人文杂志　1986 年第 3 期

论项羽的"背约"、分封与"残暴"　文士丹　江西社会科学　1986 年第 4 期

项羽起义前居于"吴中"何地　吴汝煜　光明日报　1986 年 8 月 27 日

项羽自刎乌江并非民间传闻——与计正山同志商榷　王贵华　安徽史学　1987 年第 1 期

司马迁"史评"论项羽　张正鹄　宝鸡师院学报　1987 年第 1 期

《项羽本纪》的传记文学价值　徐金风　福建师大学报　1987 年第 2 期

关于项羽失败的问题——读《项羽为什么失败》　齐子义　商丘师专学报　1987 年第 3 期

"说项依刘"之我见　沙元伟　江海学刊　1987 年第 5 期

《项羽本纪》的写作特点　张兴彦　铁道师院学报　1988 年第 3 期

项羽是反秦战争中的农民领袖吗？　刘智华　毕节师专学报　1988年第3期

论《项羽本纪》的悲剧性　伏俊连　贵州文史丛刊　1988年第4期

项羽溃围路线考略——兼谈垓下古战场方位　潘有庆　阜阳师专学报　1989年第1期

试论《项羽本纪》的语文艺术——《史记》语言艺术探求之一　易国杰　南通师专学报　1989年第2期

观念与性格的悲剧：关于项羽之败的思考　常万生　军事史林　1989年第3期

悲壮的赞歌　不朽的英魂——《项羽本纪》传主性格谈片　张黛薇　名作欣赏　1989年第4期

项羽失败原因再探讨　文士丹　历史教学　1989年第11期

项羽败亡的军事地理原因　李兴斌　军事历史研究　1990年第2期；历史教学　1993年第2期

情深而文挚　气积而文昌——谈《项羽本纪》兼论《史记》的文气　郭丹　龙岩师专学报　1990年第3期

也谈项羽殉难于何地——与计正山同志商榷　呼安泰　南京社会科学　1992年第2期

项羽乌江不渡新析　吴仰湘　争鸣　1992年第2期

项羽的人格心态及其悲剧　田静　历史教学问题　1992年第6期

略辨反秦战争中的宋义和项羽　滕新才　文史杂志　1992年第5期

项羽悲剧心理探析　李贤民　学习论坛　1992年第10期

论鸿门宴上的项羽——说霸王并不沽名及其他　连波　殷都学刊　1993年第1期

项羽败亡的军事地理原因　李光斌　历史教学　1993年第2期

《史记·项羽本纪》疑诂　张家英　汉中师院学报　1993年第3期

项羽为何杀宋义　张子侠　淮北煤师院学报　1993年第4期

1979年以来国内项羽研究概述　吴仰湘、戴安华　中国史研究动态　1993年第5期

悲剧英雄项羽　田静、史党社　秦史人物论　陕西人民教育出版社　1993

年 11 月

项羽自杀原因新探　吴仰湘　晋阳学刊　1994 年第 3 期

蘸泪直书英雄碑——读《项羽本纪》札记　张宁　司马迁与史记论集(第一辑)　陕西人民出版社　1994 年 9 月

古代诗人咏项羽　田静　中学历史教学参考　1994 年第 12 期

也谈项羽乌江自刎原因——与吴仰湘同志商榷　叶永新　晋阳学刊　1995 年第 3 期

项羽论评　张传玺　秦汉问题研究(增订本)　北京大学出版社　1995 年 10 月

项羽与成语典故　陈业新、王明德　中学历史教学参考　1995 年第 10 期

浅析司马迁对项羽形象的塑造　王子荣　川东学刊　1997 年第 1 期

项羽败因浅析　闵跃进　娄底师专学报　1997 年第 1 期

复仇情结与人生悲剧——论项羽悲剧的历史原因和审美意义　龚熙文、刘继保　甘肃社会科学　1997 年第 3 期

项羽败死乌江的原因剖析　龚鹏九　武陵学刊　1997 年第 4 期

项羽败亡原因新探　鲁马　淮海文汇　1997 年第 6 期

略论项羽之败的观念、性格因素　杨春吉　社会科学路线　1998 年第 2 期

秦汉之际的两次分封:应当重新评价项羽"分封十八王"　李殿元　天府新论　1998 年第 4 期

浅探项羽自刎之地　董书冰　安徽教育学院学报　1999 年第 1 期

试论项羽兵法　陈业新　浙江学刊　2000 年第 1 期

读《史记·项羽本纪》三题　苏兴遗作,苏铁戈整理　史学集刊　2000 年第 3 期

论项羽的多重性格及对其成败的影响　陈业新、王明德　台州师专学报　2000 年第 4 期

对项羽乌江自刎的一种解读——小议"项王乃欲东渡乌江"　吴雄　龙岩师专学报　2000 年第 4 期

论项羽悲剧性格的文化因素　杨波　司马迁与史记论集(第四辑)　陕西人民出版社　2000 年 11 月

《史记·项羽本纪》"背关怀楚"新解　吴宏岐　中国史研究　2001 年第

1 期

项羽败因论　吴夏平　江西教育学院学报　2001 年第 1 期

浅说项羽　金燕　贵州民族学院学报　2001 年增刊

项羽缘何放走刘邦　薛权开　华夏文化　2002 年第 2 期

项羽的"第三种面目"——有关项羽的几则材料钩沉　俞香顺　中国典籍与文化　2002 年第 2 期

项羽不王关中浅论　康少峰　秦都咸阳与秦文化研究　陕西人民教育出版社　2003 年 11 月

哀项羽——闻"项羽未焚阿房宫"随感　舒展　民主与科学　2004 年第 1 期

从鸿门宴看项羽的悲剧　娄性诚　黔东南民族师范高等专科学校学报　2004 年第 5 期

从楚汉战争的失败论项羽的性格弱点　陈光田　河南师大学报　2004 年第 6 期

项羽"避仇于吴中"考　董惠民　浙江社会科学　2006 年第 5 期

浅论秦汉之际的重要历史人物项羽　卢国朝　淮北职业技术学院学报　2006 年第 5 期

项羽不死于乌江考　冯其庸　中华文史论丛　2007 年第 2 期

刘邦项羽新论　赵儒迎　苏州科技学院学报　2007 年第 2 期

司马迁如何写项羽,感动读者两千年　韩兆琦　信阳师范学院学报　2009 年第 1 期

论项羽　张大可　信阳师范学院学报　2009 年第 1 期

项羽"乌江自刎"学术讨论综述　张大可　红河学院学报　2009 年第 1 期

项羽不死于乌江考　施丁　信阳师范学院学报　2009 年第 1 期

项羽垓下突围南驰乌江路线考察报告　中国史记研究会、和县项羽与乌江文化研究室联合考察组　渭南师范学院学报　2009 年第 1 期

项羽"乌江自刎"的史学和文学上的考辩——与冯其庸先生商榷　任荣　安徽广播电视大学学报　2009 年第 2 期

试论项羽复杂的性格　何梅琴　渭南师范学院学报　2009 年第 3 期

试论刘邦、项羽的战略政治理念之冲突:从鸿门宴上项羽不杀刘邦说起　邢

怒海　许昌学院学报　2009 年第 4 期

西楚霸王项羽的人格魅力　王增文　商丘师范学院学报　2009 年第 5 期

项羽悲剧的现代启示　霍雅娟　赤峰学院学报　2009 年第 9 期

项羽乎？刘邦乎？——论秦汉之际历史舞台及历史纪年的主角　李殿元、何俊华　成都大学学报　2010 年第 2 期

项羽死于乌江辨　张柏青、余恕诚　历史研究　2010 年第 2 期

从性格弱点看项羽失败的原因　晋文、韩丽红　安徽广播电视大学学报　2010 年第 4 期

"西楚霸王"名号考略　田志勇、叶少飞　安徽广播电视大学学报　2010 年第 4 期

最后的武士贵族楚霸王：项羽"负约"及刘邦病死真相　蒋非非　湖南行政学院学报　2010 年第 5 期

项羽定都彭城的原因及利弊　徐卫民、方原　湖南行政学院学报　2010 年第 6 期

项羽"击坑秦卒二十余万人"献疑　李振宏　湖南行政学院学报　2010 年第 6 期

论项羽之死——文化的视角　陈延庆　河南科技大学学报　2010 年第 6 期

苗族后裔——项羽　李国栋　贵州大学学报　2011 年第 4 期

再议《项羽并非弃军而逃》　郑志强　中国社会科学报　2011 年 8 月 25 日

历史中的英雄与观念中的英雄：项羽与关羽　李巨澜　历史教学问题　2012 年第 1 期

从地理角度分析项羽失败的战略原因　宋杰　史学集刊　2012 年第 1 期

仇秦与抚秦——项羽、刘邦在灭秦战争中不同策略的比较　付开镜　内江师范学院学报　2012 年第 1 期

项羽与关中　徐卫民　长安大学学报　2012 年第 2 期

文化自觉视域中的历史人物研究——以项羽研究为例　臧知非　湖南行政学院学报　2012 年第 2 期

由《项羽与刘邦》看司马辽太郎的秦代兴亡论　李勇　咸阳师范学院学报　2012 年第 3 期

巨鹿之战中项羽胜利的主要原因再探——以《孙子兵法》为视角　鲍家树　常熟理工学院学报　2012年第3期

项羽死地之争的研究以及对"身死东城"的解释　朱引玉　巢湖学院学报　2012年第5期

中国历史上最后一个贵族:项羽论　王克奇　文史哲　2012年第5期

论项羽的英雄气概　雨广　秦汉研究(第六辑)　陕西人民出版社　2012年8月

项羽与怀王:项羽政治品格的历史分析——以王夫之评论为中心　臧知非　南都学坛　2013年第3期

秦末楚汉战争的重新评价——为项羽翻案　张金光　西安财经学院学报　2013年第3期

范增不是项羽的"亚父"吗？　宁业高　文史知识　2013年第3期

项羽及其精神　岳庆平　文史知识　2013年第4期

项羽骑兵军团的兴衰　李勉　鲁东大学学报　2013年第5期

项羽与"布衣王侯之局"——兼论秦汉之际的社会阶层变动　田志勇、叶少飞　红河学院学报　2013年第5期

项羽"都江都"考论——从"西楚霸王"名号说起　李斯　秦汉研究(第七辑)　陕西人民出版社　2013年10月

巨鹿之战中章邯消极避战及其原因新探——兼对"项羽军巨鹿大败章邯军"一说校正　郭霞　军事历史研究　2014年第1期

项羽攻齐和奇袭彭城的路线——兼论楚军彭城大胜的原因　李开元　秦汉研究(第九辑)　陕西人民出版社　2015年8月

从《史记》看项羽与秦楚之际政治体制　吕方　史学月刊　2015年第12期

项羽的性格与失败　邓祥　文史天地　2017年第5期

项羽文化研究的再思考　徐家冀　秦汉研究(第十一辑)　陕西人民出版社　2017年9月

项羽与秦统一政体的探索　吕方　秦统一的进程与意义　中国社会科学出版社　2017年11月

(九) 其他人物

蒙恬的功业　苏子涵　申报　1936年9月7日

"李冰与二郎神"自序　杨向奎　责善半月刊　第1卷第9期　1940年12月

李冰守蜀治水之伟绩　马兆骧　说文月刊　第3卷第9期　1943年1月

大禹与李冰治水的关系　黄芝冈　说文月刊　第3卷第9期　1943年1月

蜀守李冰治水事迹考略　傅振伦　说文月刊　第3卷第9期　1932年1月

李冰治水考　杨向奎　经世日报・禹贡周刊　第5—9期　1946年9—10月

李冰父子和都江堰　君愚　人民日报　1951年2月22日

陈胜　王天长　光明日报　1951年11月17日

中国的医圣扁鹊——秦越人　赵玉清、孔淑贞　中华医史杂志　1954年第3期

战国时代的水利专家——李冰　周恒子　光明日报　1954年7月8日

战国的名医——扁鹊　李乐园　大众日报　1954年11月5日

古代名医——秦越人　秦伯未　解放日报　1954年12月9日

扁鹊——祖国古代名医　徐英含　大众医学　1954年11月5日

中国两千多年前的水利专家——李冰、施今　北京日报　1957年2月22日

我国伟大的医学科学家介绍之一——战国时代名医扁鹊　沈仲理　大众医学　1958年第8期

秦越人(扁鹊)生卒及行医路径考　何爱华　新中医药　1958年第8期

从巫术中解放出来的我国古代医学奠基者——扁鹊　卢南乔　文史哲　1958年第10期

扁鹊年代考证　孔健民　成都中医学院学报　1959年第3期

陈胜究竟是哪里人　冯道魁、黄丰林　光明日报　1959年5月21日

陈胜生地阳城考　杨国宣　光明日报　1958年8月20日

扁鹊　蔡景峰　中国古代科学家　科学出版社　1959年9月

李冰　冯雄、杜省物　中国古代科学家　科学出版社　1959年9月

古代名医——扁鹊　蔡景峰　中国杂志　1960年第1期

陈胜生地阳城考辨　魏嵩山　光明日报　1960年3月21日

神医扁鹊　何之　羊城晚报　1960年9月18日;郑州日报　1960年10月6日

中国古代水利家——李冰　杨向奎　文史哲　1961年第3期

秦穆公称霸西方　陈致平　甘肃文献　第3期　1963年7月

秦孝公垂拱而受河西之外　施之勉　大陆杂志　第47卷第5期　1962年11月

李冰父子和都江堰　李静波　水利和电力　1962年2第1期

司马迁"歌颂"陈胜起义吗　唐赞功　人民日报　1964年4月26日

从《陈涉世家》看司马迁对陈涉起义的态度　张微云　浙江师范学报　1964年第11期

百里奚考　尚逵斋　大陆杂志　第30卷第12期　1965年6月

子襄为鲋弟　施之勉　大陆杂志　第38卷第7期　1969年4月

虞姬　施之勉　大陆杂志　第40卷第6期　1970年3月

白起——军事上奠定统一基础的名将　惜秋　台湾新生报　1971年10月18日

王翦——最后统一全国的名将　惜秋　台湾新生报　1971年10月31日

樗里子伐取曲沃　施之勉　大陆杂志　第43卷第8期　1973年8月

秦末复辟派——赵高　余天炽　广东师院学报　1974年第2期;南方日报　1974年8月14日

李冰蜀中治水概况　刘磐石　资料　1974年第2期

鸿鹄冲天——陈胜反孔的故事　黎汉鸿　广西民院学报　1974年第3期

读《陈涉世家》　钟古　新教育　1975年第9期

论陈涉的崛起及失败　郑良树　大陆杂志　第52卷第1期　1976年

秦代职官人物考略　吴昌廉　简牍学报　第4期　1976年12月

否定王翦,意欲何为?　黎民　辽宁大学学报　1977年第2期

谈陈奇猷韩非子集释记:扁鹊姓秦名越人　施之勉　大陆杂志　第54卷第6期　1977年6月

扁鹊——历史上的神医　杰人　台湾新闻报　1977年9月6日

论魏冉——斥罗思鼎的谎言　刘序琦　江西师院学报　1978年第1期;江

西日报　1978 年 5 月 18 日
　　论范雎"请归相印"的原因　魏家琪　光明日报　1978 年 9 月 26 日
　　杜仓相秦考　马非百　历史研究　1978 年第 12 期
　　陈胜生地阳城应属陈郡　苏诚鉴　安徽师大学报　1979 年第 1 期
　　应当正确评价王绾　张传玺　北京大学学报　1979 年第 3 期
　　陈胜生地再考　杨国宣　安徽师大学报　1979 年第 3 期
　　陈胜墓在永城县修复落成　河南日报　1979 年 4 月 27 日
　　关于吴广的死因　张振伦　历史教学　1979 年第 5 期
　　关于秦越人（扁鹊）事迹的几个问题　何爱华　新医学杂志　1979 年第 6 期
　　白起——秦国第一名将　魏汝霖　陕西文献　第 40 期　1980 年 1 月
　　武安君白起　李天鸣　明道文艺　第 48 期　1980 年 3 月
　　百里奚与孟明视为一人辨　马非为　历史研究　1980 年第 3 期
　　论秦穆公　林剑鸣、刘宝才　考古与文物　1980 年第 6 期
　　范雎"请归相印"质疑　张志哲　光明日报　1980 年 8 月 19 日
　　范雎疑年考　谢巍　中华文史论丛　1981 年第 1 期
　　秦惠王历史作用再评价——兼论商鞅被害事件的实质　葛懋春　中国古代史论丛　1981 年第 1 期
　　秦子婴非二世兄子辨　王云度　徐州师范学院　1981 年第 1 期
　　陈胜乡里阳城考　谭其骧　社会科学战线　1981 年第 2 期
　　秦蜀侯非秦人考辨　蒋家骅　南京师院学报　1981 年第 4 期
　　孔鲋生卒年考　林仲湘　文献　1981 年第 7 期
　　张耳陈余新论　臧嵘　历史教学　1981 年第 9 期
　　秦襄公述论　刘光华　兰州大学学报　1982 年第 1 期
　　秦将王翦故里考　杨东晨　人文杂志　1982 年第 2 期
　　漫谈秦越人与《难经》　程鸿儒　中华医史杂志　1982 年第 3 期
　　穰侯封陶考　赵伯雄　南开学报　1982 年第 4 期
　　伐蜀实为惠王而非昭王　庆余　社会科学辑刊　1982 年第 6 期
　　"川主"李冰　杨必达　重庆日报　1982 年 8 月 2 日
　　陈胜故里乡　黄忠超　安徽社联通讯　1982 年第 9 期

秦始皇时的丞相应是隗状　张明华　文史(第十一辑)　中华书局　1982年11月

汤阴扁鹊和新发现的扁鹊墓碑　王波清　中州今古　1983年创刊号

李冰是"秦蜀守"吗？　杨继忠　社会科学研究　1983年第1期；史学情报1983年第2期

白起坑赵卒有"四十万"吗？　宋裕　晋阳学刊　1983年第3期

李冰与二郎　许肇鼎　历史知识　1983年第4期

扁鹊　中学历史教学参考　1983年第5期

子婴身世辨析　崔曙庭　秦汉史论丛(第二辑)　陕西人民出版社　1983年6月

陈胜生地究竟是哪个阳城？　程希才　中州今古　1983年第6期

关于所谓"赵高复辟"问题的旧案　曹道衡　学林漫录(第8期)　中华书局　1983年

李冰和都江堰　戴盛昌　文物天地　1984年第1期

孔鲋　刘重来　云南师院学报　1984年第3期

昌平君及其反秦的几个问题　何浩　武汉师院学报　1984年第4期

扁鹊医学活动探讨　贾福华　中华医史杂志　1984年第4期

为秦始皇求仙药的不是徐福　吴宝璋　云南师大学报　1984年第4期

南越王赵佗入越及称王年代辨疑　吕名中　中南民院学报　1984年第4期

赵佗在岭南的文治武功　何维鼎　学术月刊　1984年第6期

关于蒙恬伐匈奴暴师于外及秦民与越人杂处的时间问题　田久川　辽宁师大学报　1984年第6期

秦孝公在商鞅变法中的作用　王云度　光明日报　1984年10月3日

秦王子婴非二世兄子辨　胡澍　史学月刊　1985年第2期

张耳陈余论　李桂海　中州学刊　1985年第2期

张楚·楚隐王·《陈涉世家》　曹革成　大庆师专学报　1985年第2期

秦代开发南方的重要人物史禄　徐勇　中学历史教学　1985年第6期

《陈涉世家》的几处训诂与陈涉评价　徐流　人文杂志　1985年第6期

读史记会注考证札记：荆轲刺秦王　施之勉　大陆杂志　第71卷第1期

1985年7月

读史记会注考证札记:秦穆公不杀百里奚　施之勉　大陆杂志　第71卷第2期　1985年8月

秦内史"腾"考述　张志哲　江汉论坛　1985年第11期

秦二世巡行探讨——以封禅和祭祀为中心　郑夏贤　边太燮教授花甲纪念论丛　1985年

秦孝文王即位、卒时间考　富金壁　北方论丛　1986年第1期

释"秦穆公"与"秦缪公"　窦晓光　安徽史学　1986年第1期

有关李冰与都江堰的几个问题　刘毓璜　南京大学学报　1986年第1期

李冰与都江堰　曾影容　中学历史教学　1986年第2期

"范睢"为"范雎"之误　岳庆平　中国史研究　1986年第4期

巨蠹赵高　许天柏　人物　1986年第4期

陈胜研究管见　苏诚鉴　中州今古　1986年第4期

说《史记·陈涉世家》"守令""守丞"　兰野　山东大学学报　1986年第4期

陈胜故籍和出身　苏诚鉴　安徽史学　1986年第5期

话说秦景公　郭兴文　西安晚报　1986年5月21日

陈胜的博士——孔鲋略论英布　刘重来　中学历史　1987年第1期;安徽大学学报　1987年第4期

《史记·陈涉世家》"伙涉为王"考辨　姜可瑜　文史哲　1987年第6期

关于李冰石像的几个问题　唐光沛　巴蜀考古论文集　文物出版社　1987年8月

论孔鲋往归陈涉　何凡　南都学坛　1988年第1期

秦楚之际广人召平考　滕家凡　扬州师院学报　1988年第1期

陈胜身份考　于敬民　中国史研究　1988年第3期

司马迁笔下的陈涉——读《陈涉世家》　徐德邻　牡丹江师院学报　1988年第2期

试评聂政与荆轲——读《聂政刺韩傀》《荆轲刺秦王》　曲世积　黑龙江教育学院学报　1988年第3期

陈胜新论　曾祥文　四川师大学报　1988年第5期

扶苏、项燕与陈胜、吴广起义的关系及其历史启示　赵中男　辽宁大学学报 1989 年第 2 期;中国社会科学　1989 年第 2 期

子婴与秦皇族关系考　张松辉　南都学坛　1989 年第 3 期

陈胜是楚人吗　吴东儒　安徽师大学报　1989 年第 4 期

论司马迁对陈涉起义的态度　罗昌奎　武汉教育学院学报　1989 年第 4 期

公子婴系秦始皇之子——读《史记》稽疑　卞直甫　争鸣　1989 年第 5 期

试论赵高　张文立　秦汉史论丛(第四辑)　西北大学出版社　1989 年 6 月

秦末农民战争中的怀王　刘雪中　文史杂志　1991 年第 1 期

子婴乃始皇之弟考辨　李东湖　武汉教育学院学报　1991 年第 2 期

张仪与秦楚关系新论　邓立勋　江汉论坛　1991 年第 2 期

白起功过新探　卢星、倪根金　江西师大学报　1991 年第 3 期

试论秦穆公的人才思想　张润棠　宝鸡社科通讯　1991 年第 4 期;文博 1993 年第 6 期

韩终渡海去何方　郭继汾　社会科学论坛　1991 年第 5 期

评陈胜"西击秦"的军事行动　吕克勤　菏泽师专学报　1992 年第 1 期

秦晋殽之战:蹇叔形象浅识　史连华　沈阳师院学报　1992 年第 1 期

陈胜乡里阳城新考　张耀征　郑州大学学报　1992 年第 2 期

秦穆公的霸政　冯庆余　东疆学刊　1992 年第 2 期

李冰为蜀王后裔说　王家祐　成都文物　1992 年第 3 期

常頞是人名　昆文　云南师范大学学报　1992 年第 3 期

中国医学奠基者齐国医学家秦越人　何爱华　管子学刊　1992 年第 3 期

李冰蜀地羌人说质疑　冯广宏　文史杂志　1992 年第 3 期

桓齮与樊於期并非一人　贺润坤　秦陵秦俑研究动态　1992 年第 4 期

取胜若神的秦将白起　彭林　文史知识　1992 年第 6 期

秦穆公的霸政　冯庆余　东疆学刊　1992 年第 9 期

秦公子几人被秦二世所杀?　贺润坤　秦陵秦俑研究动态　1993 年第 1 期

蜀郡设置和第一任蜀守考　胡大贵、冯一下　四川师范大学学报　1993 年

第 2 期

关于陈胜出身问题的探讨　孟明汉、廖文俊　阴山学刊　1993 年第 2 期；秦文化论丛（第二辑）　西北大学出版社　1993 年 12 月

蒲将军即番君吴芮说　刘晓航　四川师院学报　1993 年第 4 期

秦开国之君——秦襄公　张润棠、杨维中　秦史人物论　陕西人民教育出版社　1993 年 11 月

论秦穆公　林剑鸣、刘宝才　秦史人物论　陕西人民教育出版社　1993 年 11 月

秦景公与秦公一号大墓　徐卫民　秦史人物论　陕西人民教育出版社　1993 年 11 月

秦孝公评传　张铭洽　秦史人物论　陕西人民教育出版社　1993 年 11 月

一代红粉宣太后　张文立　秦史人物论　陕西人民教育出版社　1993 年 11 月

昏庸残暴的秦二世　田静　秦史人物论　陕西人民教育出版社　1993 年 11 月

始皇帝诸公子　张文立　秦史人物论　陕西人民教育出版社　1993 年 11 月

扶苏的悲剧　李淑萍　秦史人物论　陕西人民教育出版社　1993 年 11 月

定蜀名将——司马错　吴小强　秦史人物论　陕西人民教育出版社　1993 年 11 月

一代名将——白起　张仲立　秦史人物论　陕西人民教育出版社　1993 年 11 月

杰出的军事理论家尉缭　陈洪　秦史人物论　陕西人民教育出版社　1993 年 11 月

蒙氏祖孙　贺润坤　秦史人物论　陕西人民教育出版社　1993 年 11 月

青年将军李信　田静　秦史人物论　陕西人民教育出版社　1993 年 11 月

秦王子婴　陈洪　秦史人物论　陕西人民教育出版社　1993 年 11 月

秦国外交家——张仪　孟剑明、李淑萍　秦史人物论　陕西人民教育出版社　1993 年 11 月

范雎评传　张仲立　秦史人物论　陕西人民教育出版社　1993 年 11 月

文字学家程邈　陈洪　秦史人物论　陕西人民教育出版社　1993年11月

陈胜起义述评　张宁　秦史人物论　陕西人民教育出版社　1993年11月

论赵高　张文立　秦史人物论　陕西人民教育出版社　1993年11月

无能而贪的嫪毐　张文立　秦史人物论　陕西人民教育出版社　1993年11月

郑国与郑国渠　孟剑明　秦史人物论　陕西人民教育出版社　1993年11月

杰出的水利家——李冰　陈军　秦史人物论　陕西人民教育出版社　1993年11月

秦国的两位相马专家　张宁　秦史人物论　陕西人民教育出版社　1993年11月

秦国名医扁鹊　李淑萍　秦史人物论　陕西人民教育出版社　1993年11月

关于李冰的几个问题　周九香　秦文化论丛（第二辑）　西北大学出版社　1993年12月

秦汉时期与常德有关的历史人物考述　陈致远　武陵学刊　1994年第2期

范增不是项羽的"亚父"　吴仰湘　湖南师大学报　1994年第2期

秦孝文王在位三日辨　张汉东　山东师大学报　1994年第4期

评秦惠文王灭蜀　赵泽光　贵州师大学报　1995年第3期

范增确系项羽的亚父　叶永新　安徽师大学报　1995年第6期

应当正确评价王绾　张传玺　秦汉问题研究（增订本）　北京大学出版社　1995年10月

乌氏倮——丝绸之路上有史可查的第一个大商人　祥春　中国历史地理论丛　1996年第2期

陈胜遇难地考略　金家牟　安徽师大学报　1996年第3期

秦穆公外交思想初探　张文祥　西安外语学院学报　1996年第4期

秦二世少子身份考辨　周骋　淮海文汇　1996年第12期

陈胜与秦代的官爵秩　于敬民、丛鲁江　管子学刊　1997年第3期

司马迁笔下的陈胜　李牧丁　中国企业政工信息报　1997年9月17日

穰侯魏冉新论　卢鹰　人文杂志　1998年第3期

评价陈胜宜放大视野　马植杰　宁夏社会科学　1998年第4期

扁鹊医疗实践的几个问题　孙立序　管子学刊　1998年第4期

樗里疾考　徐卫民　秦文化论丛（第六辑）　西北大学出版社　1998年6月

由余评传　田静　秦陵秦俑研究动态　1999年第1期

赵高之人及其亡秦六步　刘敏　秦文化论丛（第七辑）　西北大学出版社1999年6月

蒙恬祖籍考　李大晋、李明　临沂师院学报　2000年第1期

论赵高是葬送秦朝的祸首　周兴春、李宝中　德州师专学报　2000年第1期

秦襄公将兵救周发微　刘蓉　延安大学学报　2000年第2期

略论秦汉变革之际的叔孙通　朱清如　常德师院学报　2000年第2期

子婴是秦始皇的什么人　张志丽　北京师大学报　2000年第3期

卢生其人及其秦王朝的速亡　白音查干　内蒙古师大学报　2000年第3期

秦王子婴身世蠡测　张金铣　史学集刊　2000年第4期

简析秦昭王时代　王关成　秦俑秦文化研究——秦俑学第五届学术讨论会论文集　陕西人民出版社　2000年8月

胡亥简评　张敏、兰德省　秦俑秦文化研究——秦俑学第五届学术讨论会论文集　陕西人民出版社　2000年8月

从人文视角看赵高其人功过是非与秦之灭亡　汪红梅　秦俑秦文化研究——秦俑学第五届学术讨论会论文集　陕西人民出版社　2000年8月

司马迁的取材与秦国人物　[日]藤田胜久　秦俑秦文化研究——秦俑学第五届学术讨论会论文集　陕西人民出版社　2000年8月

李冰入蜀年代考　徐亮工　社会科学研究　2001年第1期

赵高乱政秦廷心理剖析　郭萍　西南民族学院学报　2001年第8期

白起之死新议　杨爱民　昆明师范高等专科学校学报　2002年第1期

王翦为将年代析论　雷智勇　固原师专学报　2002年第1期

秦宗室人物论　赵沛　秦文化论丛（第九辑）　西北大学出版社　2002年

7 月

秦国女权的演变——从秦国两位太后说起　王子今　光明日报　2002 年 8 月 20 日

孟姜女故事再研究　孙志升　中国（香港）长城历史文化研讨会论文集　长城（香港）文化出版公司　2002 年 10 月

司马迁笔下的扁鹊形象　田静　司马迁与史记论集（第五辑）　陕西人民出版社　2002 年 11 月

论秦献公　祝中熹　陇右文博　2004 年第 2 期；史海侦迹——庆祝孟世凯先生七十岁文集　新世纪出版社　2006 年 12 月；秦史求知录　上海古籍出版社　2012 年 11 月

秦蜀侯考　贺润坤　陕西广播电视大学学报　2003 年第 1 期

秦王子婴其人——兼论秦的公族与宗室　聂新民、刘云辉　秦文化论丛（第十一辑）　三秦出版社　2004 年 6 月

秦孝公新评　芦建华　秦文化论丛（第十一辑）　三秦出版社　2004 年 6 月

论秦襄公　祝中熹　陇右文博　2005 年第 2 期；秦史求知录　上海古籍出版社　2012 年 11 月

秦襄公东进关中线路考　徐日辉　中国历史地理论丛　2005 年第 4 期

秦将军李信考论　黄觉弘　宝鸡文理学院学报　2005 年第 4 期

飞廉考　白国红　学术月刊　2005 年第 6 期

秦二世十二岁即位说　李宝通　西北师大学报　2005 年第 6 期

仓公狱事解析——《史记·仓公传》研读札记　苏卫国　理论界　2005 年第 8 期

论秦穆公　祝中熹　陇右文博　2006 年第 1 期；秦史求知录　上海古籍出版社　2012 年 11 月

论秦二世不是赵高的傀儡　陈世　湖南人文科技学院学报　2006 年第 2 期

秦末谋士范增劝项梁立楚后之评议　吴大康、张维慎　唐都学刊　2006 年第 2 期

论《秦誓》为秦穆公人才思想"倡议书"　王晖　早期秦文化研究　三秦出

版社　2006 年 8 月

蒙恬再评议　宋超　秦文化论丛（第十三辑）　三秦出版社　2006 年 10 月

秦国嫪毒为匈奴人之推测　葛承雍　历史学家茶座　山东人民出版社　2006 年 12 月

论非子　祝中熹　陇右文博　2007 年第 1 期；秦史求知录　上海古籍出版社　2012 年 11 月

孟姜女其人源流考　郭传联、陈同英　管子学刊　2007 年第 3 期

扶苏、项燕作为大泽乡起义旗帜的历史启示　赵中男　湖南科技学院学报　2007 年第 3 期

范雎的战略策略思想及其对秦统一的推动作用　吉家友　军事历史研究　2007 年第 3 期

"巴寡妇清"史迹之易学观　聂树平　重庆教育学院学报　2007 年第 5 期

说赵高不是宦官——补《史记·赵高列传》　李开元　史学月刊　2007 年第 8 期

"秦项橐"故事考议　王子今　秦文化论丛（第十四辑）　三秦出版社　2007 年 10 月

秦王"子婴"为始皇弟成蟜子说——补《史记》秦王婴列传　李开元　秦文化论丛（第十四辑）　三秦出版社　2007 年 10 月

秦二世胡亥夺位说质疑　徐志斌　秦汉研究（第二辑）　三秦出版社　2007 年 11 月

关于赵高历史身份的解读——与李开元先生商榷　吴刚　兰州学刊　2008 年第 1 期

论秦仲　祝中熹　陇右文博　2008 年第 1 期；秦史求知录　上海古籍出版社　2012 年 11 月

"秦、楚二国各有一个昌平君"说　高敏　史学月刊　2008 年第 2 期

哭倒长城骂倒秦——从孟姜女故事看中国老百姓眼里的秦始皇　李乔　炎黄春秋　2008 年第 3 期

非子与犬丘　王学理　庆祝何炳棣先生九十华诞论文集　三秦出版社　2008 年 5 月

非子一支在"汧渭之间"的崛起　辛怡华　秦文化论丛（第十五辑）　三秦

出版社　2008年10月

秦伐楚之战与老将王翦的用兵之术　何宏　秦文化论丛（第十五辑）　三秦出版社　2008年10月

论秦武公　祝中熹　陇右文博　2009年第1期；秦史求知录　上海古籍出版社　2012年11月

秦二世胡亥童年故事及相关问题　王子今　人文杂志　2010年第4期

义帝揭秘　谢武经、刘专可　中国文物报　2010年7月2日

析陈胜刘邦敢做帝王梦的原因　刘敏　秦俑博物馆开馆三十周年秦俑学第七届年会国际学术研讨会论文集　三秦出版社　2010年8月

赵高——巨奸大憨与心理学大师的合一　孟祥才　秦俑博物馆开馆三十周年秦俑学第七届年会国际学术研讨会论文集　三秦出版社　2010年8月

商韩的文学主张与文学实践　张宁　秦俑博物馆开馆三十周年秦俑学第七届年会国际学术研讨会论文集　三秦出版社　2010年8月

秦始皇生父之谜：求教于王立群先生　文钟哲　辽东学院学报　2011年第3期

秦代史禄姓氏考　余福州　贺州学院学报　2011年第4期

秦二世元年巡行探析　靳金龙　秦汉研究（第五辑）　三秦出版社　2011年9月；飞軨广路：中国古代交通史论集　中国社会科学出版社　2015年10月

秦穆公神话与秦国的谋晋用心　许浩然　殷都学刊　2012年第1期

陈胜出身及有关问题的考辨　张天社　唐都学刊　2012年第4期

秦嘉籍贯及死因再考　连振波　天水师范学院学报　2012年第6期

乌氏倮的中介贸易与秦统一大业　王学理　秦始皇帝陵博物院（总贰辑）　三秦出版社　2012年7月

秦昭王杂论　刘景纯　秦汉研究（第六辑）　陕西人民出版社　2012年8月

论秦始皇之礼遇"巴寡妇清"　谭平、杨志玲　四川师范大学学报　2013年第2期

蒙恬的一封上书及其生平的几个问题　丁宏武　宁夏大学学报　2013年第4期

秦襄公、文公年代事迹考　程平山　历史研究　2013年第5期

秦襄公的政绩及其历史地位　陈建荣　嬴秦西垂文化——甘肃秦文化研究会首届学术研讨会论文集　甘肃人民出版社　2013 年 9 月

"商山四皓"形象的塑造与演变　邬文玲　形象史学研究 2013　人民出版社　2014 年 4 月

秦太子扶苏的"福田"与"善果"　杨继东　中国文物报　2014 年 5 月 14 日

名医扁鹊　张红　中国文物报　2014 年 5 月 28 日

孟姜女传说是历史生成——关于唐前及唐孟姜女故事的历史考察　许兰玉、黄景春　鲁东大学学报　2014 年第 6 期

高渐离附传于《史记·刺客列传》中荆轲传后的意义　黄美铃　信阳师范学院学报　2015 年第 1 期

论历阳侯范增　薛从军　渭南师范学院学报　2015 年第 1 期

秦二世即位年龄及生年辨正　叶永新　渭南师范学院学报　2015 年第 7 期

秦史的宣太后时代　王子今　光明日报　2016 年 1 月 20 日

秦宣太后其人其事　徐卫民　陕西历史博物馆馆刊（第 23 辑）　三秦出版社　2016 年 11 月

试论李信南灭楚国的行军路线　李瀚　陕西历史博物馆馆刊（第 23 辑）　三秦出版社　2016 年 11 月

宣太后的历史表演与秦统一进程　王子今　秦汉研究（第十一辑）　陕西人民出版社　2017 年 9 月

秦"抑商""重商"辨——兼说始皇帝时代乌氏倮、巴寡妇清"名显天下"　王子今　秦统一的进程与意义　中国社会科学出版社　2017 年 11 月

论伯乐、九方皋为秦穆公"求马"　王子今　重庆师大学报　2018 年第 2 期

输丹之路——秦始皇与巴寡妇清　王学理　秦始皇帝陵博物院（总捌辑）　西北大学出版社　2018 年 9 月

同样的史实，不同的记录——以有关秦始皇之死与胡亥继位的记录为中心　[韩]金庆浩　简帛研究二〇一八（秋冬卷）　广西师范大学出版社　2019 年 1 月

试论秦相甘罗在赣北等地的遗踪　吴富国　九江学院学报　2019 年第 4 期

十六　历史文献、史学史

周秦史学　陈竟　中国大学季刊　第 1 卷第 4 期　1927 年 11 月

严铁桥《全上古三代秦汉文》　刘盼遂　北平图书馆馆刊　第 5 卷第 1 期　1931 年 2 月

战国秦汉间人的造伪与辨伪　顾颉刚　史学年报　第 2 卷第 2 期　1935 年 9 月

《李斯列传》讲汇　陈柱　学术世界　第 1 卷第 10 期　1936 年 4 月

《商君列传》讲汇　陈柱　学术世界　第 2 卷第 1 期　1936 年 10 月

秦史的新估价　黄灼耀　文理学院院刊　第 15 卷第 1—2 期　1948 年 1 月

试论秦始皇何故"禁不得祠明星出西方"　陈槃　大公报　1949 年 12 月 28 日

关于《中国历史纲要》处理"商鞅变法"问题之我见　罗祖基　文史哲　1955 年第 3 期

秦代史论　劳榦　思想与时代　第 108 卷　1963 年 7 月

《史记·韩非传》疏论　谢云飞　新社学报　1970 年第 4 期

《史记·商君列传》疏论　朱瑗　编译馆馆刊　第 1 期　1971 年 10 月

《秦政记》的一个句读问题　戴鸿森　历史研究　1978 年第 11 期

司马迁写《陈涉世家》是想为农民起义领袖立传吗？　君奭　吉林师大学报　1979 年第 1 期

秦汉历史上的若干问题　翦伯赞　历史学　1979 年创刊号

论说秦汉史和秦汉考古研究　陈直　中国史研究　1979 年第 3 期

关于《史记·商君列传》的一个句读问题　晁福林　北方论丛　1979 年第 5 期

关于秦史若干问题的辨析　黄灼耀　华南师院学报　1980 年第 1 期

读《秦本纪》札记　伍仕谦　四川大学学报　1981 年第 2 期

史记项羽纪传勘异拾遗　吴福助　东海中文学报　1981 年第 2 期

《中华五千年》史第八册《秦汉史》提要　张其昀　文艺复兴　第 120 期

1981 年 3 月

司马迁与《陈涉世家》　晁福林　北京师大学报　1981 年第 3 期

李斯《上书秦始皇》的李善注和司马贞索隐的问题　苏兴　东北师大学报 1981 年第 4 期

从《吕氏春秋》到《淮南子》　熊铁基　史学情报（试刊本）　1981 年 10 月

读史记会注考证札记——秦穆公以人从死　施之勉　大陆杂志　第 63 卷第 4 期　1981 年 10 月

秦汉杂述与方志发端　黄苇　江西社会科学　1982 年第 1 期

贾谊《过秦论》中的"九国"解　许世荣　成都大学学报　1982 年第 1 期

《秦献记》并没有肯定焚书坑儒　马进　四川师院学报　1982 年第 1 期

《国策·秦国赵之邯郸章》校读札记　缪文远　四川大学学报　1982 年第 2 期

秦史四题　张荫波　经济技术资料　1982 年第 4 期

关于秦汉史教学的几个问题　简明　历史教学问题　1982 年第 5 期

秦汉史杂考十二题　高敏　秦汉史论集　中州书画社　1982 年 8 月

战国和秦历史的教学建议　胡晏　江苏教育　1982 年第 9 期

《统一的多民族的中央集权的封建国家——秦》教学实录及评析　吕登来、陆满堂　历史教学　1982 年第 10 期

春秋和战国、东汉和三国的时间划分问题　张怡青　电大语文　1982 年第 11 期

秦汉史籍简介　宗拾　史学集刊　1983 年第 1 期

《陈胜、吴广发动的秦末农民战争》一节的教材分析　杨鸿瑞　中学历史教学　1983 年第 1 期

《统一的多民族的中央集权的封建国家——秦》教材分析　王震　历史教学与研究　1983 年第 2 期

研究秦汉史从何处入手　林甘泉　文史知识　1983 年第 2 期

《史记》秦纪年考辨　黄海德　南充师院学报　1983 年第 2 期

郭沫若与秦汉史研究　邹贤俊　史学情报　1983 年第 2 期

周秦汉史论　李震　孔孟月刊　第 21 卷第 9、11、12 期　1983 年 5、7、8 月

《中国通史》秦汉部分读后献疑　徐扬杰　武汉大学学报　1984 年第 1 期

秦汉时代的哲学特点　周桂钿　贵州社会科学　1984 年第 3 期

《汉书》《后汉书》《三国志》帝王纪传校读札记　周国林　华中师范学院研究生院学报　1984 年第 1 期

《战国策·秦策》札记　牛鸿恩　北京师院学报　1984 年第 1 期

秦汉之际学术思想简论　萧萐父　燕国论学集:汤用彤先生九十诞辰纪念 1984 年 1 月

关于秦汉史的学习与研究　安作璋　东岳论丛　1984 年第 3 期

读史记会注考证札记:始皇大索十日即止　施之勉　大陆杂志　第 68 卷第 5 期　1984 年 5 月

读史记会注考证札记:项羽王梁楚九郡　施之勉　大陆杂志　第 68 卷第 5 期　1984 年 5 月

读史记会注考证札记:秦穆公以人从死等　施之勉　大陆杂志　第 69 卷第 2 期　1984 年 8 月

读史记会注考证札记:赵高之诈　施之勉　大陆杂志　第 69 卷第 2 期 1984 年 8 月

读史记会注考证札记:百里奚服五羊之皮　施之勉　大陆杂志　第 69 卷第 4 期　1984 年 10 月

"楚虽三户,亡秦必楚"解——兼评《"三户"新议》一文　张国光　汉江论坛 1985 年第 2 期

关于秦汉史的学习与研究　安作璋　史学集刊　1985 年第 2 期

秦(统一以后)　田余庆　百科知识　1985 年第 6 期

秦汉时期的史学　谢华瞻　南昌职业技术师院学报　1986 年第 1 期

系统研究秦史是一个重要课题　何汉　华中师大学报　1986 年第 2 期

读"秦汉时期的史学"　白寿彝　北师大学报　1986 年第 5 期

《史记》与《楚汉春秋》　李真瑜　人文杂志　1986 年第 6 期

试论《战国策》中反秦形象　郑凯　华南师大学报　1987 年第 2 期

秦汉史研究存在的问题及原因　宋超　史学情报　1987 年第 1 期

秦汉史科和史学史研究的新进展　巾山　史学情报　1987 年第 1 期

秦代史学钩沉　夏子贤　西北大学学报　1987 年第 3 期

秦汉三国两晋南北朝史籍概说　赵淡元　中学历史教学　1988 年第 3 期

关于司马迁写《陈涉世家》的再思考　崔曙庭　华中师大学报　1988 年第 5 期

周秦史二三事　何兹全　史学史研究　1989 年第 1 期

向何处寻觅——新时期十年我国大陆秦汉史研究的若干分析　彭卫　中国史研究动态　1989 年第 2 期

现代日本与秦汉史研究　[日] 多田狷介　秦汉史论丛（第四辑）　西北大学出版社　1989 年 6 月

《太平御览》中先秦两汉部分史实质疑　陈福林　社会科学战线　1990 年第 2 期

"过秦"和"宣汉"——对史学社会功能思考之一　陈其泰　史学史研究　1990 年第 2 期

《战国策·燕策》荆轲刺秦王章辨疑——附辨《战国策》存佚　范祥雍　纪念顾颉刚学术论文集　巴蜀书社　1990 年 4 月

论秦汉时期史学的成长（上、下）　邹贤俊　华中师大学报　1990 年第 4 期；华中师大学报　1993 年第 2 期

读《史记·秦本纪》献疑　王重九　三秦文史（第 3 期）　陕西文史馆　1990 年 12 月

对编写《秦汉史》的一些想法　田昌五　史学月刊　1991 年第 2 期

对张著《中国历史地理》秦代政治地理的几点看法　陈家麟　汕头大学学报　1992 年第 1 期

周秦史研究的几个问题　刘宝才　宝鸡师院学报　1992 年第 2 期

王夫之秦汉史论初探　王健　江苏社会科学　1992 年第 6 期

陈直与秦汉砖陶研究　周天游　中国史研究动态　1994 年第 12 期

先秦至汉三次学术中心的形成及其对政治的影响　魏荣耀　求是学刊　1995 年第 6 期

怎样研究秦汉史　张传玺　秦汉问题研究（增订本）　北京大学出版社　1995 年 10 月

再评《过秦论》　施丁　史学史研究　1996 年第 1 期

鹤间和幸教授与秦代史的再构成——日本秦汉史研究的一个重要动向　田人隆　中国史研究动态　1996 年第 2 期

秦汉图书政策与图书形态研究　章宏伟　东南文化　1996年第2期

评半个世纪以来《秦汉史》编纂的得失　龚留柱　史学月刊　1997年第1期

《秦记》考识　王子今　史学史研究　1997年第1期

说秦史学　许殿才　史学史研究　1997年第2期

秦汉史三题　雷志　湘潭师院学报　1997年第5期

汉人补缀《秦记》三证　吴宏岐、陈静　秦陵秦俑研究动态　1998年第2期

先秦两汉讲史活动初探　李小树　贵州社会科学　1998年第2期

《读通鉴论秦始皇·二世条》史论　李润和　庆北史学第21辑——金烨博士停年纪念史学论丛　庆北史学会　1998年8月

春秋秦史三考　祝中熹　丝绸之路1999年学术专辑；秦史求知录　上海古籍出版社　2012年11月

考古资料为史学添翼——撰写《湖北通史·秦汉卷》的一点体会　丁毅华　江汉考古　2000年第1期

"避讳不始于秦"说　郑慧生　人文杂志　2000年第2期

《史记·秦本纪》标点纠误两则　朱永杰　中国历史地理论丛　2000年第4期

秦汉历史教学　金克木　读书　2000年第8期

早期嬴秦与姬周关系初探　辛怡华　秦俑秦文化研究——秦俑学第五届学术讨论会论文集　陕西人民出版社　2000年8月

秦夷、秦人、秦胡　弓建中、谭晓林　陕西历史博物馆馆刊（第7辑）　三秦出版社　2000年10月

对秦"西垂"及相关问题的考察　徐日辉　陕西历史博物馆馆刊（第7辑）　三秦出版社　2000年10月

新学问大都由于新发现：裘锡圭先生谈出土简帛与先秦秦汉古籍整理及文学史研究　江林昌　中国教育报　2000年10月10日

秦朝史事辨　刘道胜、李勇　芜湖师专学报　2001年第1期

从"以法卫儒"到"经法一体"——评秦汉时期封建集权思想的形成与实践　朱华东　首都师范大学学报　2001年第1期

《秦出土文献编年》与秦史研究　田静、史党社　文博　2001年第3期

《秦简日书集释》与日书研究　张铭洽　文博　2001年第5期

周秦汉唐文明中心的周期性摆动现象初探　丁毅华　周秦汉唐文明国际学术讨论会文集　三秦出版社　2001年6月

辰韩之秦人考　王建新　周秦汉唐文明国际学术讨论会文集　三秦出版社　2001年6月

陈直与简牍学　陈文豪　秦汉史论丛（第八辑）　云南大学出版社　2001年9月

李学勤教授的秦史与秦文化研究　王子今　秦陵秦俑研究动态　2003年第1期

大庭脩的秦汉史研究方法　王刚　史学史研究　2003年第2期

读《史记·秦本纪》札记六则　刘占成、史党社　咸阳师院学报　2003年第3期

广识·通变·取鉴——论秦汉史研习的三个境界　王健　徐州师范大学学报　2003年第3期

简帛在秦汉史研究中的地位　熊铁基　简帛研究汇刊（第一辑）　2003年5月

陈直与简牍学　陈文豪　简帛研究汇刊（第一辑）　2003年5月

秦学术史探赜　张文立　秦文化论丛（第十辑）　三秦出版社　2003年7月

秦史学及其研究　张敏　秦文化论丛（第十辑）　三秦出版社　2003年7月

关于《中国历史》秦汉三国部分若干问题的说明　王子今　中国大学教学　2003年第9期

秦汉史与西方汉学　胡志宏　陕西历史博物馆馆刊（第10辑）　三秦出版社　2003年10月

春秋战国时期秦文化学术落后原因分析　霍彦儒　秦都咸阳与秦文化研究　陕西人民教育出版社　2003年11月

秦国初期史的诸问题考辨——兼释《史记》对秦初史记载的疑点　杨东晨、杨建国　南通师范学院学报　2004年第3期

秦史研究二题　王关成　咸阳师院学报　2004年第5期

秦与三晋学术的关系——以《尉缭子》《韩非子》为例　史党社、田静　秦文化论丛（第十一辑）　三秦出版社　2004年6月

秦灭蜀战争"石牛计"故事的形成　任建库　秦文化论丛（第十一辑）　三秦出版社　2004年6月

关于秦汉史研究的若干问题　安作璋　文史知识　2005年第5期

先秦至汉初史官学术考察　韩松涛　湖南科技学院学报　2005年第9期

朱绍侯先生与军功爵制研究　张荣芳　史学月刊　2005年第10期

七年弹指一挥间　奏秦汉史料之强音　谭洁　中国图书评论　2006年第3期

楚秦选择术的异同及影响——以出土文献为中心　刘乐贤　历史研究　2006年第6期

读秦三札　张文立　陕西历史博物馆馆刊（第13辑）　三秦出版社　2006年6月

试析王夫之秦汉史论中的伦理价值倾向　朱志先　理论月刊　2006年第7期

岑仲勉先生有关秦史的部分论述　任建库　早期秦文化研究　三秦出版社　2006年8月

秦人历史新探——从西汉水流域新近的考古调查说起　史党社　早期秦文化研究　三秦出版社　2006年8月

论周秦"治道"及其影响　闫晓君　周秦文明论丛（一）　陕西人民出版社　2006年8月

由"焚书坑儒"到"崇尚黄老"再到"独尊儒术"——秦汉之际的学术思想与帝国文明　江林昌　浙江社会科学　2007年第1期

五帝时代中华文明的重心不在中原——兼谈传世先秦秦汉文献的某些观念偏见　江林昌　东岳论丛　2007年第1期

秦兴观阐微——从政治文化史角度进行的探讨　陈涛　成都理工大学学报　2007年第1期

从《秦誓》所见秦穆公人才思想看秦国兴盛之因——兼论《书·秦誓》的成文年代及主旨　王晖　陕西师范大学学报　2007年第1期

秦人族源之人类学信息　周婧峰、周春茂　考古与文物　2007年第6期

"马上"体制与"历史周期率"——以秦汉王朝为中心　邵金凯　理论学刊 2007年第12期

《秦始皇本纪》的文献价值　杨燕起　咸阳师范学院学报　2008年第1期

读《史记》《汉书》札记六则　高敏　咸阳师范学院学报　2008年第1期

关于秦人早期的历史　梁云　中国文化遗产　2008年第2期

熊铁基先生与秦汉史研究　赵国华、贺科伟　邯郸学院学报　2008年第2期

"封建"新辨——关于近年来中国秦汉以后是否属于"封建社会"争论的述评　叶茂　河北大学学报　2008年第2期

著名历史学家熊铁基先生访谈录　康香阁　邯郸学院学报　2008年第2期

秦史答疑四则　郭守信　文化学刊　2008年第3期

线索与思路:关于秦汉史教学内容的整合　黎蓉　中学历史教学参考 2008年第4期

读《史记》《汉书》札记七题　高敏　中华文史论丛　2008年第4期

要加强对秦族的渊源研究　石兴邦　西北大学学报　2008年第4期

秦汉历史转折的思想史分析　臧知非　江汉论坛　2008年第7期

战国秦汉史总论　[日]佐竹靖彦　殷周秦汉史学的基本问题　中华书局 2008年9月

周秦汉唐之光　张廷皓　周秦汉唐文明研究论集　上海古籍出版社　2008 年11月

从《汉志》著录及出土文献看战国秦汉间的黄帝之学　田旭东　西部考古 (第三辑)　三秦出版社　2008年12月

开创与奠基:秦汉史特点及对后世影响　刘敏　历史学习　2008年第Z2期

先秦、秦汉博物学初探　陈军、孙辉　乐山学院学报　2009年第2期

秦朝的大一统观念与史学　范晓剑、冀列　廊坊师范学院学报　2009年第2期

战国秦汉出土简牍帛书对辞书编纂的重要意义　王颖　海外华文教育 2009年第2期

洪垣《史说》中的秦汉史评论发微　朱志先、张霞　咸宁学院学报　2009年第5期

神话资源的共享与争夺——先秦秦汉天门神话研究　邱硕　长江大学学报　2009年第5期

《史记·秦本纪·正义》隶正　王宏波　秦汉研究（第三辑）　三秦出版社　2009年8月

有劳无功：三十年史学作业的盘点　王子今　社会科学战线　2009年第9期

失落的秦人国史：《秦记》探赜　倪晋波　咸阳师范学院学报　2010年第1期

关于战国秦汉历史转型中几个问题的新思考　刘敏　天津社会科学　2010年第2期

从《史记》对汉武帝的批评看司马迁对秦文化率直求真精神的继承　尹冬梅　西安财经学院学报　2010年第2期

从称谓角度说"秦子"　史党社、田静　中国历史文物　2010年第4期

秦始皇焚书与战国诸侯国史的留存　陈春霞　兰州学刊　2010年第4期

吕思勉和吕著《秦汉史》　王子今　石家庄学院学报　2011年第1期

何兹全教授的学术成就简介　宁欣　北京师范大学学报　2011年第2期

安作璋先生与秦汉史研究　陈乃华　邯郸学院学报　2011年第3期

淡泊明志博学慎思——安作璋先生的学与术　高志文、陈虎　邯郸学院学报　2011年第3期

秦汉正朔之变与史家释年之误　徐承泰　华中师范大学学报　2011年第4期

"三十年秦汉史研究的理论反思"笔谈——秦汉史研究理论认识散谈　王子今　史学月刊　2011年第5期；人大复印资料·先秦秦汉史　2011年第5期

我的三十年秦汉史研究报告　熊铁基　史学月刊　2011年第5期；人大复印资料·先秦秦汉史　2011年第5期

对简牍与秦汉史研究的几点思考　王彦辉　史学月刊　2011年第5期；人大复印资料·先秦秦汉史　2011年第5期

韩连琪先生与先秦秦汉史研究　胡新生　文史哲　2011年第5期

域外存珍:简述韩国古代文献中的秦汉史研究资料　赵凯、[韩]尹在硕　国学学刊　2012 年第 4 期

解构《史记·秦始皇本纪》——兼论 3＋N 的历史学知识构成　李开元　史学集刊　2012 年第 4 期

嬴、赵姓氏缘起析论——兼论族与姓的关系　祝中熹　先秦文学与文化(二)　上海远东出版社　2002 年 4 月;秦史求知录　上海古籍出版社　2012 年 11 月

封禅与文化认同:秦始皇封禅的政治文化学分析　臧知非　熊铁基八十华诞纪念文集　华中师范大学出版社　2012 年 4 月

西周金文中的"秦夷"问题　史党社　秦始皇帝陵博物院(总贰辑)　三秦出版社　2012 年 7 月

秦国为何能后来居上　高永丽、唐小春　秦始皇帝陵博物院(总贰辑)　三秦出版社　2012 年 7 月

清华简《系年》与秦人西迁新探　田旭东　秦汉研究(第六辑)　陕西人民出版社　2012 年 8 月

不要专制的"帝国文明":驳孙皓晖的大秦帝国原生文明论　叶文宪　探索与争鸣　2012 年第 9 期

秦王朝新年的庆日——"十月朔"　土学理　陕西历史博物馆馆刊(第 19 辑)　三秦出版社　2012 年 12 月

史学批评推动史学发展——关于先秦秦汉史学批评的考察　阎静　人文杂志　2013 年第 4 期

从秦汉学术的层累现象看苏秦事迹真伪的考订　赵鹏团　宁夏社会科学　2013 年第 4 期

楚亡:倒影回声中的楚与秦(一)　李开元　文史知识　2013 年第 4 期

美国汉学家卜德(Derk Bodde)的秦史研究　顾钧　江苏大学学报　2013 年第 5 期

跳出社会形态思维,从国家政体角度看秦至清社会性质　李振宏　朱绍侯九十华诞纪念文集　河南大学出版社　2015 年 10 月

历史教学中核心概念的提炼与把握——以秦汉时期"小农经济"为例　刘东兴　中学历史教学参考　2015 年第 21 期

学习秦汉史的文献与简牍举要　黄今言　秦汉史文存　江西人民出版社　2016 年 3 月

传统政治视野下的秦汉史取鉴发微　王健　江苏师范大学学报　2016 年第 6 期

秦人族源问题的学术史探讨　刘思源　天水师范学院学报　2017 年第 1 期

"上黑"渊源考　安子毓　史学月刊　2017 年第 2 期

嬴秦西迁三说平议　梁云　中国史研究　2017 年第 3 期；人大复印资料·先秦秦汉史　2017 年第 6 期

岳麓书院藏秦简先王之令解读及相关问题探讨　陈伟　历史语言研究所集刊　2017 年 3 月

《秦史稿》对秦史研究的学术推进　史党社　咸阳师范学院学报　2017 年第 5 期

从甘谷毛家坪到礼县大堡子山的秦人起源说　曹肖肖　中国民族博览　2017 年第 9 期

《岳麓书院藏秦简（肆）》校读记（三则）　王伟　秦始皇帝陵博物院（总柒辑）　三秦出版社　2017 年 10 月

以图证史：艺术与真实——凭几而写抑或持简而书？　孟彦弘　学术月刊　2017 年第 12 期

论秦先祖"善御""善走"传说　王子今　秦汉研究（第十二辑）　西北大学出版社　2018 年 6 月

林剑鸣老师治史风格的当下意义　彭卫　秦史：崛起与统一　西北大学出版社　2019 年 2 月

我们在秦汉史研究中相识相知——忆林剑鸣并侧记秦汉史学会　熊铁基　秦史：崛起与统一　西北大学出版社　2019 年 2 月

林剑鸣先生与《日书》研读班　吴小强　秦史：崛起与统一　西北大学出版社　2019 年 2 月

林剑鸣教授与《中国历史大辞典·秦汉卷》的编撰　吕宗力　秦史：崛起与统一　西北大学出版社　2019 年 2 月

简帛学史研究的理论价值及其意义　蔡万进、郭晴　郑州大学学报　2019

年第 4 期

对简帛学史分期标准的思考　魏德胜　郑州大学学报　2019 年第 4 期

从碎片到整体:谈谈我的军功爵制研究　朱绍侯　历史研究　2019 年第 6 期

十七　综述、动态、书讯

(一) 综述

近六十年来国人对秦汉史的研究　马先醒　史学汇刊　1971 年第 4 期

近六十年来国人对先秦史的研究　程光裕、王吉林　史学汇刊　1971 年第 4 期

试论秦汉史和秦汉考古学的研究——中国史学三十年的回顾与展望　陈直　中国史研究　1979 年第 3 期

近年来的秦汉史研究　[日]山田胜芳著　唐宗瑜等译　中国史研究动态　1980 年第 11 期

秦汉史研究概况　齐鸠　中国历史学年鉴1979　生活·读书·新知三联书店　1980 年 6 月

秦汉史　林剑鸣　中国历史学年鉴1981　人民出版社　1981 年 9 月

1981 年秦汉史研究概况　田人隆　中国史研究动态　1982 年第 1 期

秦汉史　张荣芳　中国历史学年鉴1982　人民出版社　1982 年 12 月

1982 年秦汉史研究概况　吕宗力　中国史研究动态　1983 年第 3 期

秦汉史　刘泽华、刘敏　中国历史学年鉴1983　人民出版社　1983 年 10 月

好并隆司介绍近年日本研究秦汉史情况　吕宗力　中国史研究动态　1984 年第 2 期

1983 年秦汉史研究概况　林剑鸣　光明日报　1984 年 3 月 21 日

1983 年秦汉史研究概况　吕宗力　中国史研究动态　1984 年第 4 期

中国秦汉史研究会第二届年会学术讨论会述要　黄留珠　中国史研究动态

1984 年第 5 期

秦汉史　林剑鸣　中国历史学年鉴 1984　人民出版社　1984 年 10 月
1984 年先秦史研究概况　宋镇豪　中国史研究动态　1985 年第 1 期
1984 年秦汉史研究概况　吕宗力　中国史研究动态　1985 年第 4 期
1985 年先秦史研究概况　宋镇豪　中国史研究动态　1986 年第 1 期
1985 年秦汉史研究概况　吕宗力　中国史研究动态　1986 年第 5 期
秦汉思想文化讨论综述　张南　光明日报　1987 年 1 月 14 日
秦汉文化史研究的新起点——秦汉史第三次年会暨学术讨论会述要　宋超　未定稿　1987 年第 5 期
近年来国内关于秦汉与匈奴关系史研究简介　刘洪波　光明日报　1987 年 10 月 14 日
1986 年秦汉史研究概况　吕宗力　中国史研究动态　1987 年第 12 期
秦汉文化研究　李祖德　中国历史学年鉴 1987　人民出版社　1988 年 3 月
秦汉史国际学术讨论会综述　臧知非　徐州师院学报　1988 年第 4 期
日本 1987 年关于战国秦汉史的研究成果　[日]富田健之著,直夫编译　国外社会科学情报　1988 年第 8 期
1987 年秦汉史研究概况　马怡　中国史研究动态　1988 年第 12 期
秦汉文化史研究　李祖德　中国历史学年鉴 1988　人民出版社　1988 年 12 月
1988 年秦汉史研究概况　马怡　中国史研究动态　1989 年第 11 期
1989 年先秦史研究概况　胡振宇　中国史研究动态　1990 年第 1 期
1989 年秦汉史研究概况　马怡　中国史研究动态　1990 年第 9 期
周秦文化学术研讨会综述　晓风　宝鸡师院学报　1991 年第 1 期
1990 年先秦史研究概况　胡振宇　中国史研究动态　1991 年第 2 期
韩国的秦汉史研究之现状与课题　[韩]金烨　中国社会与文化　东京大学　1991 年 6 月
中国秦汉史研究会第五届年会暨国际学术讨论会简述　徐卫民　历史教学　1991 年第 12 期
秦汉史研究会第五届年会简介　古月　中国史研究动态　1991 年第 12 期

1990年秦汉史研究概况　马怡　中国史研究动态　1991年第12期

秦汉三国史　田人隆　中国历史学年鉴1991　生活·读书·新知三联书店　1991年12月

"秦汉思想文化和华夏民族传统"国际学术讨论会述要　新义、子彦　中国史研究动态　1992年第6期

南朝鲜秦汉史研究的现状和课题　[韩]金烨　秦汉史论丛(第五辑)　法律出版社　1992年8月

日本的中国秦汉史研究会的成立和现状　[日]福井重雅　秦汉史论丛(第五辑)　法律出版社　1992年8月

一九九一年秦汉史研究概况　华祝　中国史研究动态　1992年第9期

秦汉史　马怡　中国历史学年鉴1992　生活·读书·新知三联书店　1993年7月

中国秦汉史研究会第六届年会暨国际学术讨论会综述　方志远　江西师范大学学报　1993年第4期;中国史研究动态　1993年第12期

1992年秦汉史研究概况　卜宪群　中国史研究动态　1993年第8期

秦汉断代史专题研究结硕果　秦欣　中国史研究动态　1993年第9期

解放思想　走出乾嘉:中国秦汉史研究会第六届年会暨国际学术讨论会综述　罗义俊　学术月刊　1994年第2期

秦汉史　秦欣　中国历史学年鉴1993　生活·读书·新知三联书店　1994年6月

1991年日本的中国史研究回顾与展望(战国、秦汉)　[日]松崎常子　中国史研究动态　1994年第8期

1993年秦汉史研究综述　卜宪群、潘少平　中国史研究动态　1994年第9期

建国以来反秦王朝斗争研究综述　吴仰湘　中国史研究动态　1994年第9期

中日两国学者研究秦简《日书》述评　沈颂金　中国史研究动态　1994年第9期

秦汉史研究九十年述评　张传玺　秦汉史论丛(第六辑)　江西教育出版社　1994年12月

1994 年秦汉史研究综述　于振波　中国史研究动态　1995 年第 6 期

秦汉史　卜宪群　中国历史学年鉴 1994　生活·读书·新知三联书店　1995 年 7 月

1992 年日本的中国史研究回顾与展望（战国、秦汉）　［日］原宗子　中国史研究动态　1995 年第 8 期

近二十年来大陆秦文化研究评述　黄留珠　中国史研究动态　1995 年第 9 期；人大复印资料·先秦秦汉史　1996 年第 1 期

秦汉史　王子今　中国历史学年鉴 1995　生活·读书·新知三联书店　1995 年 12 月

1995 年国内秦汉史研究综述　卜宪群　中国史研究动态　1996 年第 9 期

秦汉史国际学术讨论会综述　曾宪礼、唐浩中　学术研究　1996 年第 10 期

秦汉史　王子今　中国历史学年鉴 1996　生活·读书·新知三联书店　1997 年 6 月

1996 年国内秦汉史研究综述　张伟、卜宪群　中国史研究动态　1997 年第 7 期

秦汉史　王子今　中国历史学年鉴 1997　生活·读书·新知三联书店　1998 年 5 月

1994—1995 年日本中国史研究的回顾与展望（战国、秦汉）　［日］重近后树、西川利久　中国史研究动态　1998 年第 6 期

秦汉史研究的回顾与展望　张传玺　秦汉史论丛（第七辑）　中国社会科学出版社　1998 年 6 月

庆祝广州建城 2210 年：中国秦汉史研究会第七届年会暨国际学术讨论会综述　曾宪礼、唐文浩　秦汉史论丛（第七辑）　中国社会科学出版社　1998 年 6 月

近年来秦汉史研究概况　段雪玉　中学历史教学　1998 年第 8 期

1997 年中国秦汉史研究综述　孙家洲、邬文玲　中国史研究动态　1998 年第 9 期

1998 年秦汉史研究综述　孙家洲、邬文玲　中国史研究动态　1999 年第 9 期

中国秦汉史研究会第八届年会暨国际学术讨论会纪要　洪煜　史学月刊　2000 年第 1 期

秦汉史　王子今　中国历史学年鉴 1998　生活·读书·新知三联书店　2000 年 3 月

中国秦汉史研究会第八届年会暨国际学术讨论会综述　杨兆荣　中国史研究动态　2000 年第 4 期

1999 年秦汉史研究综述　曹旅宁　中国史研究动态　2000 年第 7 期

礼县秦人西垂文化保护开发利用座谈会综述　马建营　陇右文博　2001 年第 1 期

80 年代以来秦汉社会史研究述要　刘国石　北华大学学报　2001 年第 3 期

2000 年秦汉史研究综述　王健　中国史研究动态　2001 年第 7 期

中国秦汉史研究会第八届年会暨国际学术讨论会综述　米述祖　秦汉史论丛（第八辑）　云南大学出版社　2001 年 9 月

"秦文化学术研讨会"述要　田静　三秦论坛　2002 年第 1 期

2000 年日本学界关于战国秦汉史的研究　［日］滨川荣撰，张学锋译　中国史研究动态　2002 年第 3 期

十年来陕西秦文化研究概述　徐卫民　陕西社会科学　2002 年第 3 期

秦文化学术研讨会综述　雷依群　中国史研究动态　2002 年第 5 期

秦汉史　王子今　中国历史学年鉴 1999　生活·读书·新知三联书店　2002 年 5 月

新世纪之初的中国大陆秦汉文化研究　王子今　周秦汉唐文化研究（第一辑）　三秦出版社　2002 年 10 月

2001 年台湾周秦汉唐文化研究综述　陈文豪　周秦汉唐文化研究（第一辑）　三秦出版社　2002 年 10 月

2001 年日本的中国古代史（秦汉至六朝）研究　［日］富谷至　周秦汉唐文化研究（第一辑）　三秦出版社　2002 年 10 月

2001 年秦汉史研究概况　徐卫民　中国史研究动态　2002 年第 12 期

中国秦汉史研究会第九届年会暨国际学术讨论会综述　田静　中国史研究动态　2002 年第 12 期

中国秦汉史研究会第九届年会暨国际学术讨论会述要　尚永琪　社会科学战线　2003 年第 1 期

二十世纪的中国秦汉史研究　周天游、孙福喜　历史研究　2003 年第 2 期

周秦社会与文化研究暨纪念中国先秦史学会成立二十周年学术研讨会综述　袁林　中国史研究动态　2003 年第 4 期

2001 年日本史学界关于战国秦汉史的研究　［日］角谷常子著,张学锋译　中国史研究动态　2003 年第 5 期

2002 年中国秦汉史研究综述　赵国华、范正娥　中国史研究动态　2003 年第 8 期

2002 年中国大陆秦汉史研究述评　孙家洲　周秦汉唐文化研究（第二辑）　三秦出版社　2003 年

2002 年台湾周秦汉唐文化研究综述　陈文豪　周秦汉唐文化研究（第二辑）　三秦出版社　2003 年

2003 年先秦秦汉经济史研究综论　王万盈　中国经济史研究　2004 年第 2 期

1980 年以来国内先秦、秦汉"社"问题研究综述　王爱清　中国史研究动态　2004 年第 4 期

2002 年日本学界关于战国秦汉史的研究　［日］小寺敦著,黄建秋译　中国史研究动态　2004 年第 6 期

中国秦汉史研究会第九届年会暨国际学术讨论会综述　田静、张铭洽　秦汉史论丛（第九辑）　三秦出版社　2004 年 7 月

2003 年秦汉史研究综述　晋文、李一全　中国史研究动态　2004 年第 10 期

2003 年大陆秦汉史研究综述　沈刚、张鹤泉　周秦汉唐文化研究（第三辑）　三秦出版社　2004 年 11 月

2004 年秦汉史研究述评　黄留珠　中国史研究动态　2005 年第 11 期

2005 年秦汉史研究综述　李焕青、刘奉文、王彦辉　中国史研究动态　2006 年第 11 期

2006 年先秦秦汉经济史研究述评　王万盈　中国史研究动态　2007 年第 2 期

中国社会科学院简帛学国际论坛综述　邬文玲、赵凯　中国史研究动态 2007 年第 3 期

20 世纪秦汉之际纵横家研究述评　李艳华　甘肃社会科学　2007 年第 3 期

全国秦文化与西部经济学术研讨会学术观点综述　王克西　西安财经学院学报　2007 年第 4 期

2005 年中国大陆秦汉历史文化研究综述　徐卫民　周秦汉唐文化研究(第五辑)　三秦出版社　2007 年 6 月

2005 年日本的战国秦汉史研究　[日]大川裕子撰,夏炎编译　中国史研究动态　2007 年第 8 期

2006 年秦汉史研究综述　刘德增　中国史研究动态　2007 年第 10 期

周秦伦理文化与现代道德价值国际学术研讨会综述　王兴尚　中国史研究动态　2007 年第 10 期

2006 年大陆秦汉史研究概况　宁江英　秦汉研究(第二辑)　三秦出版社 2007 年 11 月

2007 年先秦秦汉经济史研究述评　王万盈　中国经济史研究　2008 年第 2 期

出土秦文献文字研究综述　赵立伟　聊城大学学报　2008 年第 3 期

2006 年日本的战国秦汉史研究　[日]高村武幸著,杨振红编译　中国史研究动态　2008 年第 4 期

近十余年南越国历史研究综述　成国雄　长江师范学院学报　2008 年第 4 期

2006 年中国大陆秦汉史研究综述　徐卫民　周秦汉唐文化研究(第六辑) 三秦出版社　2008 年 4 月

改革开放三十年秦汉史研究　杨振红　河北学刊　2008 年第 6 期

2007 年秦汉史研究综述　刘德增　中国史研究动态　2008 年第 9 期

2008 年秦汉史高层论坛会议综述　杜德新、王璐　唐都学刊　2009 年第 1 期

20 世纪以来秦汉郡县属吏研究综述　李迎春　石家庄学院学报　2009 年第 1 期

回顾十年来对秦汉时期辩证方法的研究　赵心华、鲍计章　中医文献杂志 2009 年第 1 期

近代以来"焚书坑儒"研究综述　堵斌、高群　乌鲁木齐职业大学学报 2009 年第 1 期

秦汉物价研究概述　丁邦友　中国史研究动态　2009 年第 3 期

2008 年先秦秦汉经济史研究述评　王万盈　中国经济史研究　2009 年第 3 期

2007 年日本的战国秦汉史研究　[日]杉村伸二著,杨振红编译　中国史研究动态　2009 年第 3 期

近百年来秦早期历史研究述评　雍际春　社会科学评论　2009 年第 4 期

中国秦汉史研究会第十一届年会暨国际学术讨论会综述　姜维公、薛海波　秦汉史论丛(第十一辑)　吉林文史出版社　2009 年 4 月

秦汉史　王子今　中国历史学年鉴 2000　生活·读书·新知三联书店 2009 年 4 月

秦汉史　王子今　中国历史学年鉴 2001　生活·读书·新知三联书店 2009 年 4 月

中国秦汉史研究会第十届年会暨国际学术讨论会综述　特日格乐等　秦汉史论丛(第十辑)　内蒙古大学出版社　2009 年 8 月

2007 年中国大陆秦汉史研究综述　秦汉　秦汉研究(第三辑)　三秦出版社　2009 年 8 月

里耶秦简研究回顾与前瞻　凡国栋　简帛(第四辑)　上海古籍出版社 2009 年 10 月

韩国的秦简研究(1979—2008)　[韩]尹在硕　简帛(第四辑)　上海古籍出版社　2009 年 10 月

2008 年秦汉史研究综述　薛洪波、李焕青、王彦辉　中国史研究动态 2009 年第 11 期

中国秦汉史研究会第 12 届年会暨国际学术研讨会综述　方原、徐卫民　中国史研究动态　2009 年第 12 期

改革开放以来的秦汉史研究　杨振红、徐歆毅　文史哲　2010 年第 1 期

三十年来早期秦文化研究综述　徐卫民　秦陵秦俑研究动态　2010 年第 1

期;秦俑博物馆开馆三十周年秦俑学第七届年会国际学术研讨会论文集　三秦出版社　2010年8月

百年来的秦史研究　黄留珠　咸阳师范学院学报　2010年第3期

2008年中国大陆秦汉史研究综述　秦汉　秦汉研究(第四辑)　陕西人民出版社　2010年8月

中国秦汉史研究会第12届年会暨国际学术研讨会综述　方原、徐卫民　秦汉研究(第四辑)　三秦出版社　2010年8月

2008年日本的战国秦汉史研究　[日]饭田祥子著,杨振红编译　中国史研究动态　2010年第9期

2009年秦汉史研究综述　李伟、晋文　中国史研究动态　2010年第11期;人大复印资料·先秦秦汉史　2011年第2期

秦人起源地域研究综述　李勤　西北工业大学学报　2011年第1期

近10年来韩国的中国先秦、秦汉史研究综述　[韩]具隆会　中国史研究动态　2011年第3期

2009年日本的战国秦汉史研究　[口]大岛诚二著,杨振红编译　中国史研究动态　2011年第3期;人大复印资料·先秦秦汉史　2011年第5期

近年来秦汉道制研究概述　安梅梅　青海民族大学学报　2011年第4期

走向未来的秦汉史研究　彭卫　史学月刊　2011年第5期;人大复印资料·先秦秦汉史　2011年第5期

2010年秦汉史研究综述　徐歆毅　中国史研究动态　2011年第6期

近百年来秦人族源问题研究综述　雍际春　社会科学战线　2011年第9期

2009年中国内地秦汉史研究概况　徐卫民　秦汉研究(第五辑)　陕西人民出版社　2011年9月

秦汉魏晋南北朝时期的蛮族研究综述　王万隽　中国中古史研究:中国中古史青年学者联谊会会刊(第2卷)　中华书局　2011年9月

2011年陕西西安秦文化学术讨论会综述　黄永美、徐卫民　中国史研究动态　2012年第2期

2008、2009年中国大陆秦汉研究综述　徐卫民　秦汉唐文化研究(第八辑)　三秦出版社　2012年2月

2011 年秦汉史研究综述　凌文超　中国史研究动态　2012 年第 3 期；人大复印资料·先秦秦汉史　2012 年第 5 期

"秦汉时期的九原学术论坛"会议综述　郝建平　中国史研究　2012 年第 3 期

秦汉史研究的新进展——中国秦汉史研究会第十三次年会暨国际学术研讨会综述　郑先兴　史学月刊　2012 年第 7 期

中国秦汉史研究会第十三届年会暨国际学术研讨会综述　方原　秦汉研究（第六辑）　陕西人民出版社　2012 年 8 月

2010 年中国大陆秦汉史研究综述　秦汉　秦汉研究（第六辑）　陕西人民出版社　2012 年 8 月

近三十年来卤簿制度研究综述　张爱鹿、王炜民　阴山学刊　2013 年第 2 期

2012 年秦汉史研究综述　张燕蕊　中国史研究动态　2013 年第 4 期

2011 年日本的战国、秦汉史研究　[日]鹫尾祐子著，单印飞编译　中国史研究动态　2013 年第 4 期

近三十年来秦汉史研究概述　黄今言　秦汉研究（第七辑）　陕西人民出版社　2013 年 10 月

2011 年中国内地秦汉史研究综述　秦汉、汪红梅　秦汉研究（第七辑）　三秦出版社　2013 年 10 月

2013 年"汉阙与秦汉文明学术研讨会"综述　赵凯　中国史研究动态　2014 年第 3 期

2013 年秦汉史研究综述　张燕蕊　中国史研究动态　2014 年第 4 期

新出资料与中国古代史研究　卜宪群　中国历史学年鉴 2002—2012　社会科学文献出版社　2014 年 5 月

"早期丝绸之路暨早期秦文化国际学术研讨会"综述　蒋超年　早期丝绸之路暨早期秦文化国际学术研讨会论文集　文物出版社　2014 年 11 月

2011 年秦汉史研究简述　晋文　秦汉历史文化的前沿视野：第二届中国秦汉史高层论坛文集　知识产权出版社　2015 年 1 月

"秦统一及其历史意义"学术研讨会综述　李兰芳　鲁东大学学报　2015 年第 5 期

2014年秦汉史研究综述　张燕蕊　中国史研究动态　2015年第5期

近十年中国内地秦统一研究的学术地图分析　韩帅　学术探索　2015年第12期

近年来中国内地秦汉城市地理研究回顾与展望　陶正桐、夏增民　咸阳师范学院学报　2016年第1期

2014年日本的战国秦汉史研究　[日]楯身智志著,杨振红译　中国史研究动态　2016年第4期

2015年秦汉史研究述评　徐莹　中国史研究动态　2016年第5期

2016年的秦汉史研究　邹水杰　中国史研究动态　2017年第4期

"秦的崛起与秦的统一"学术论坛述要　董家宁　中国史研究动态　2017年第4期;秦史:崛起与统一　西北大学出版社　2019年2月

百年来秦早期文化研究述论　雍际春　天水师范学院学报　2017年第4期

近百年来关于秦文化研究的回顾　雍际春　西安财经学院学报　2017年第4期

改革开放40年来的秦汉魏晋南北朝史研究　陈长琦　中国史研究动态　2018年第1期

秦汉思想与社会发展学术讨论会概述　高海云　中国史研究动态　2018年第6期

2017年秦汉史研究综述　曾磊　秦汉研究(第十二辑)　西北大学出版社　2018年6月

秦汉時祭研究综述　李可可　秦汉研究(第十二辑)　西北大学出版社　2018年6月

近五年秦文化研究述评　孟宪斌　秦始皇帝陵博物院(总捌辑)　西北大学出版社　2018年9月

改革开放40年来的秦汉魏晋南北朝史研究　陈长琦　社会科学文摘　2018年第11期

2017—2018年秦汉史研究述评　晋文　中国史研究动态　2019年第2期

中国秦汉史暨石家庄区域文化国际学术研讨会综述　赵瑜、王致远　中国史研究动态　2019年第2期;石家庄学院学报　2019年第2期

20世纪的中国秦汉史研究　王子今　秦汉研究（第十三辑）　西北大学出版社　2019年9月

（二）会议简讯、学术动态

国家文物局在呼召开长城保护和研究工作座谈会　内蒙古日报　1979年8月23日

秦统一天下和二世而亡　田仁隆　中国历史学年鉴1989　生活·读书·新知三联书店　1980年12月

焚书坑儒评价　田仁隆　中国历史学年鉴1989　生活·读书·新知三联书店　1980年12月

秦汉之际社会大变动　田仁隆　中国历史学年鉴1989　生活·读书·新知三联书店　1980年12月

秦汉社会性质　田仁隆　中国历史学年鉴1989　生活·读书·新知三联书店　1980年12月

秦汉土地制度　田仁隆　中国历史学年鉴1989　生活·读书·新知三联书店　1980年12月

秦汉经济史若干问题　田仁隆　中国历史学年鉴1989　生活·读书·新知三联书店　1980年12月

秦汉分封制　田仁隆　中国历史学年鉴1989　生活·读书·新知三联书店　1980年12月

秦汉少数民族　田仁隆　中国历史学年鉴1989　生活·读书·新知三联书店　1980年12月

长城保护工作座谈会侧记　文物　1980年第7期

秦汉史研究会在西安成立并举行学术讨论会　肖黎　光明日报　1981年10月26日

中国秦汉史第二届年会讨论秦汉时期的社会经济结构等问题　黄留珠　光明日报　1984年4月25日

都江堰兴建史学术讨论会在四川省灌县举行　吴金钟　中国历史学年鉴1984　人民出版社　1984年10月

第三届秦汉史学术讨论会在安徽芜湖召开　张南　历史教学　1987年第

2 期

周秦汉唐考古与文化国际学术研讨会在西安举行　陕西日报　1987 年 10 月 6 日

西北大学举行周秦汉唐考古和文化国际学术讨论会　田旭东、杜征　光明日报　1987 年 12 月 23 日

陕西应建立周秦汉唐研究中心　林剑鸣　陕西日报　1988 年 1 月 18 日

秦行宫遗址论证会在北戴河举行　李恩佳、王会民　中国文物报　1988 年 2 月 5 日；中国考古学年鉴 1989　文物出版社　1990 年 10 月

延安北部秦直道调查结束　姬乃军、金良　中国文物报　1988 年 3 月 18 日

"中国秦汉史研究会第四届年会暨国际学术讨论会"在徐州举行　中国史研究动态　1988 年第 12 期

周秦汉唐考古与文化国际学术会议召开　杜征　中国考古学年鉴 1988　文物出版社　1989 年 10 月

秦汉史研究会第五届年会在泰安召开　志宏　光明日报　1991 年 10 月 23 日

山海关首届中国长城学术研讨会在秦皇岛召开　中国历史学年鉴 1991　生活·读书·新知三联书店　1991 年 12 月

中国秦代刻石书学讨论召开　王思礼　中国历史学年鉴 1992　生活·读书·新知三联书店　1993 年 7 月

中国简牍学国际学术讨论会召开　何双全　中国历史学年鉴 1992　生活·读书·新知三联书店　1993 年 7 月

首届中国简牍学国际学术研讨会在兰州举行　中国历史学年鉴 1992　生活·读书·新知三联书店　1993 年 7 月

秦汉史研究会第五届年会暨国际学术讨论会在泰安举行　中国历史学年鉴 1992　生活·读书·新知三联书店　1993 年 7 月

第二次徐福研讨会在山东龙口市召开　中国历史学年鉴 1992　生活·读书·新知三联书店　1993 年 7 月

秦汉思想文化和华夏民族传统学术讨论会在上海召开　中国历史学年鉴 1992　生活·读书·新知三联书店　1993 年 7 月

陕西师大中国思想文化研究所成立暨三秦文化学术讨论会在西安市召开

中国历史学年鉴 1994　生活·读书·新知三联书店　1995 年 7 月

周秦文化学术研讨会在陕西召开　中国历史学年鉴 1994　生活·读书·新知三联书店　1995 年 7 月

中国秦汉史研究会第六届年会暨国际学术讨论会在南昌市举行　中国历史学年鉴 1994　生活·读书·新知三联书店　1995 年 7 月

秦皇岛地区秦汉文物遗址研讨会在秦皇岛召开　中国历史学年鉴 1994　生活·读书·新知三联书店　1995 年 7 月

黄州市禹王城发掘商周战国秦汉古墓群　中国历史学年鉴 1994　生活·读书·新知三联书店　1995 年 7 月

临潼县发现秦芷阳地区制陶作坊遗址　中国历史学年鉴 1994　生活·读书·新知三联书店　1995 年 7 月

乾县发现秦始皇梁山宫确凿遗址　中国历史学年鉴 1994　生活·读书·新知三联书店　1995 年 7 月

古城西安重要文化遗址列入《世界遗产名录》国际研讨会纪要　杜征　文物　1995 年第 7 期

云阳发现商周国时期遗存和秦汉城址　中国历史学年鉴 1995　生活·读书·新知三联书店　1995 年 12 月

秦俑研究第四届学术讨论会在陕西省临潼县召开　中国历史学年鉴 1995　生活·读书·新知三联书店　1995 年 12 月

中国秦汉史研究会第七届年会在广州召开　北吉　文博　1996 年第 5 期

关注里耶："湘西里耶秦简学术研讨会"扫描　李政、曹砚农　中国文物报 2002 年 8 月 9 日

中国秦汉史第九届年会暨国际学术讨论会概述　田静　光明日报　2002 年 8 月 27 日

"中国秦汉史第九届年会暨国际学术讨论会"纪要　田静　中国文物报 2002 年 10 月 11 日

中国秦汉思想文化国际学术研讨会在武汉召开　刘玲娣、叶秋菊　光明日报　2002 年 11 月 19 日

秦俑学第六届学术讨论会召开　庞博　中国文物报　2004 年 7 月 30 日

近年来简帛法律制度史研究动态及其趋势　谢全发　法律文献信息与研究

2007 年第 3 期

都江堰建堰历史研究的新视野——都江堰渠首石刻与水文化研讨会侧记　陈剑　成都文物　2007 年第 3 期

全国秦文化与西部经济学术研讨会在西安召开　克西　西安财经学院学报 2007 年第 4 期

《秦汉研究》（第一辑）出版座谈会综述　宁江英　秦汉研究（第二辑）　三秦出版社　2007 年 11 月

中国秦汉史国际学术论坛在徐州举行　王南、阳智明　人民日报　2007 年 12 月 17 日

继往开来　再接再厉——庆祝《周秦汉唐文化研究》创刊五周年座谈会综述　谢绍鹢、张胡玲　周秦汉唐文化研究（第六辑）　三秦出版社　2008 年 4 月

"中国里耶古城·秦简与秦文化国际学术研讨会"纪要　洪石、蔡万进、杨勇　考古　2008 年第 10 期

秦始皇陵陪葬坑属性座谈会纪要　陈正奇、朱伟东　唐都学刊　2009 年第 4 期

中外专家对话彩绘保护——"第二届秦俑及彩绘文物保护与研究国际学术讨论会"综述　容波　中国文物报　2009 年 4 月 8 日

"中国秦汉史研究会第十二届年会暨国际学术讨论会"述要　邢蔚群、陈立柱　合肥学院学报　2009 年第 6 期

秦陵秦俑秦文化——秦俑博物馆开馆 30 周年国际学术研讨会暨秦俑学第七届年会综述　李政　中国文物报　2009 年 10 月 16 日

"关中—天水经济区秦文化学术研讨会"纪要　耿庆刚　考古与文物 2010 年第 6 期

开放、创新、进取为秦文化的精髓所在　王子今　华商报　2010 年 7 月 28 日

中国大秦文化高层论坛在咸阳开幕　齐宇强、吴莎莎　陕西日报　2010 年 7 月 30 日

"探秘秦直道"大型文化主题论坛成功举办　王宜墨　华商报　2010 年 9 月 1 日

青海秦汉及其他时代长城资源调查资料通过国家专家组验收　邵全才　中

国文物报　2011 年 2 月 2 日

甘肃省第二届简牍学国际学术研讨会召开　肖从礼　中国文物报　2011 年 9 月 30 日

百余位中外学者研讨早期丝绸之路与早期秦文化　李政　中国文物报 2012 年 8 月 24 日

秦汉土墩墓国际学术研讨会在安吉召开　胡继根、游晓蕾　中国文物报 2012 年 11 月 28 日

关中—天水经济区秦文化学术研讨会在西安召开　陕西省考古研究院　中国考古学年鉴 2011　文物出版社　2012 年 11 月

秦军事文化国际学术研讨会在咸阳召开　张金祥　陕西日报　2013 年 1 月 12 日

"秦始皇帝陵总体营造与中国古代文明"高层学术研讨会专家发言采撷　张敏　唐都学刊　2013 年第 4 期

纵论大秦彰显历史弘扬文明——《大秦帝国》之《纵横》创作研讨会昨日在京举行　张静　西安晚报　2013 年 9 月 11 日

纵横捭阖论大秦史诗正剧扬文明——《大秦帝国》之《纵横》创作研讨会在北京举行　李龙飞　陕西日报　2013 年 9 月 11 日

秦俑及彩绘文物保护与研究学术研讨会在西安召开　文冰、庞博　中国文物报　2013 年 9 月 13 日

秦俑及彩绘文物保护与研究学术研讨会综述　陕苑文　中国文物报　2013 年 10 月 18 日

五方合作十年探索成果丰硕——早期秦文化与西戎文化考古工作十年　早期秦文化课题组　中国文物报　2014 年 11 月 25 日

周秦伦理与美德教育——在大学开展周秦伦理研究与传统美德教育的探索之路　王兴尚　宝鸡文理学院学报　2014 年第 6 期

"简帛文字与书法学术研讨会"在清华大学召开　钱冶　中国文物报 2015 年 4 月 14 日

长城保护重在原状保护　文宣　中国文物报　2015 年 7 月 3 日

"秦汉考古视野下的汉代海昏侯墓地考古及其意义"学术研讨会在南昌召开　洪石　中国文物报　2016 年 1 月 5 日

北大秦简《鲁久次问数于陈起》今译、图版和专家笔谈　韩巍、邹大海　自然科学史研究　2015年第2期

一部大秦帝国的崛起史和秦人地域文化发展史——《雍秦文化》首发座谈会专家评论摘要　宝鸡炎帝与周秦文化研究会　宝鸡文理学院学报　2016年第1期；秦陵秦俑研究动态　2016年第2期

"南昌海昏侯墓发掘暨秦汉区域文化"国际学术研讨会举行　卢华为　光明日报　2016年5月14日

秦汉时期固原区域文化国际学术研讨会召开　李海平　中国文物报　2016年8月19日

首届全国（凤翔）秦文化学术研讨会在凤翔召开　贾昌明　中国文物报　2016年8月30日

百余位文博界专家相聚临潼研讨"秦俑学"　张佳、孙雨心、李真琦　西安晚报　2016年11月23日

早期秦文化考古研究项目召开2017年度考古工作会　刘兵兵、侯红伟　中国文物报　2017年2月17日

"周秦文化与青铜器研究"暨学报特色栏目建设研讨会在我校成功举办　本刊编辑部　宝鸡文理学院学报　2017年第3期

"里耶秦简与秦义化国际学术研讨会"在里耶召开　子木　中国文物报　2017年9月26日

道在瓦甓——秦汉砖瓦拓片书画名家题跋艺术展暨商洛历史文化研讨会开幕　庞博　书法　2017年第9期

商鞅变法的"改革之都"秦汉栎阳城考古学术座谈会在阎良召开　李政　中国文物报　2017年10月13日

文化自觉与经世致用——《西安财经学院学报》"秦文化与经济"栏目特色管窥　雍际春　西安财经学院学报　2018年第6期

秦封泥历史文化学术研讨会在陕西渭南召开　庞博　中国文物报　2018年8月14日

透视秦汉史和区域文化研究　王锋　中国社会科学报　2019年1月14日

第三届简帛学的理论与实践学术研讨会纪要　王风利　简帛研究二〇一九（春夏卷）　广西师范大学出版社　2019年6月

丝绸之路与秦汉文明国际学术研讨会在张掖召开　李政　中国文物报 2019 年 8 月 16 日

（三）书评、书序与书讯

序姚著《秦汉哲学史》　张东荪　北平晨报·思辨　第 42 期　1936 年 7 月 3 日

《韩非子考证》序　容肇祖　出版周刊　第 197 期　1936 年 9 月

《秦汉哲学史》（姚舜钦著）　孙士高　大公报图书副刊　第 186 期　1937 年 6 月 17 日

评《吕氏春秋汇校》　藏用　图书季刊　新 8 卷第 1、2 期　1947 年 6 月

读马元材著《秦史纲要》　季羡林　申报文史　第 29 卷　1948 年 6 月 26 日

评价《秦汉史》　夏德仪　学术季刊　第 1 卷第 3 期　1953 年 3 月

《秦会要》述评　冯书耕　政论周刊　第 83 期　1956 年 8 月

秦末农民起义是反动的吗？——评《中国政治社会史》第八章　郭化民　读书　1958 年第 6 期

试论有关秦末农民起义的几个问题——评梁东园著《中国政治社会史》第八章　郭化民　史学月刊　1958 年第 7 期

试评《中国度量衡史》——中国秦汉度量衡亩制之考证　王达　农业研究集刊（第一册）　科学出版社　1959 年 9 月

评《韩非浅解》（梁启雄著）　关锋　光明日报　1960 年 11 月 29 日

高亨完成《商君书译注》初稿　人民日报　1961 年 6 月 9 日

漆侠等著《秦汉农民战争史》出版　应德田　光明日报　1962 年 8 月 27 日

黄著《秦皇长城考》评介　章群　珠海学报　1963 年第 1 期

评《秦汉农民战争史》　朱大昀等　历史研究　1963 年第 4 期

读《秦汉农民战争史》王静芝著《韩非思想体系》评介　王思治　新建设 1963 年第 5 期；哲学论集第 10 集　1971 年 12 月

钱穆《先秦诸子系年》　严北溟　书林　1980 年第 4 期

"仁义不施，攻守异势"——《秦代史》总论　张其昀　华学月刊　1980 年第 5 期

《秦代史》序言　张其昀　文艺复兴　1980 年第 6 期

日本大庭脩著《云梦出土竹书秦律的研究》简介　姚鉴等　中国历史博物馆馆刊（总第 3 期）　1981 年

秦史研究的新成果——评介《秦史稿》　张荣芳　光明日报　1981 年 12 月 28 日

翦伯赞《秦汉史》校定本序　张传玺　晋阳学刊　1982 年第 3 期

评价《中国皇帝陵的起源和变迁》一书　光明日报　1982 年 3 月 29 日

杨宽新版《战国史》评介　宋峤　中国史研究　1982 年第 4 期

《云梦睡虎地秦墓》简介　肖隆　考古　1982 年第 6 期

中华五千年史秦汉史序　劳榦　华学月刊　第 129 期　1982 年 9 月

评《秦史稿》　邹贤俊　史学史研究　1983 年第 4 期

唐以前文章的总集：《全上古三代秦汉三国六朝文》　陈捷　文史知识　1983 年第 8 期

一本富有特色的论文集——读高敏的《秦汉史论集》　张荣芳　光明日报　1983 年 11 月 2 日

大庭脩《秦汉法制史的研究》　[日]纸屋正和　史学杂志　92 编 4 号　1983 年

大庭脩《秦汉法制史的研究》　[日]堀毅　东洋史研究　第 42 卷 3 号　1983 年

富谷至《秦汉的劳役刑》　[日]籾山明　东方学报　第 55 册　1983 年

集秦史资料之大成——马非百《秦集史》　邓经元　中国社会科学　1984 年第 2 期

《徐福研究》序　杨家骆　华学月刊　第 148 期　1984 年 4 月

《周秦道论发微》评介　蔡世骥、程涛平　光明日报　1984 年 4 月 9 日

评《秦陵二号铜车马》　瓯燕　考古　1984 年第 7 期

博通的风范——读翦著《秦汉史》　曹月堂　读书　1984 年第 8 期

堀毅《秦汉贼律考》　[日]富谷至　法制史研究 34 号　1984 年

富谷至《谋反——秦汉刑罚思想》的展开　[日]籾山明　法制史研究 34 号　1984 年

考述赋役　说明历史——《秦汉赋役制度考略》　祁国钧　中国社会经济

史研究　1985年第2期

探究秦汉社会经济制度的力作《秦汉赋税制度考略》　祁国钧　新书报　1985年3月20日

秦汉思想史研究的新成果——评熊铁基著《秦汉新道家略论稿》　赵吉惠　华中师院学报　1985年第4期

何四维《秦律遗文》评介　李学勤　中国史研究　1985年第4期

评《秦汉官制史稿》　唐赞功　光明日报　1985年7月10日

古代文明的新窗口——评《东周与秦代文明》　王贻果　文汇报　1985年10月14日

一部颇具特色的秦汉史专著　黄留珠　社会科学评论　1985年第12期

《秦汉官制史稿》评介　张金龙　史学史研究　1986年第4期

秦律研究的新成果——介绍栗劲《秦律通论》　徐进　光明日报　1986年5月14日

秦汉史研究中一项丰硕成果:《秦汉官制史稿》读后　袁祖亮　社会科学评论　1986年第8期

都城史研究的新成果——介绍《秦都咸阳》　张文立　陕西日报　1986年9月25日

秦汉文化的锦丽画卷——《秦汉文化史》评介　刘孟泽　人民日报(海外版)　1986年11月3日;陕西日报　1987年4月9日

我国建国来第一部断代文化史:简评《秦汉文化史》　李梦石　史学情报　1987年第3期

《秦汉哲学发展史》(秦汉卷)述要　李申　人民政协报　1987年4月14日

结晶的心血——为《秦始皇帝》的作者而写　庞烬　陕西日报　1987年4月25日

西嶋定生对秦汉帝国社会政治结构的研究:《中国古代帝国的形式与结构》译本序　武尚清　史学研究　1987年第4期

《秦汉魏晋南北朝土地制度研究》评介　彭年　光明日报　1987年5月20日

一本论述汉代学术与政治关系的名著:读顾颉刚先生的《秦汉的方士和儒生》　王煦华　文史知识　1987年第6期

《秦汉仕进制度》评介　　张荣芳　　中国史研究动态　1987年第7期

《陕西秦汉瓦当图录》出版　　白建钢　　西安晚报　1987年8月7日

秦汉瓦当源流琐谈——兼评《新编秦汉瓦当图录》　　冯慧福　　考古与文物　1988年第1期

读新编诸子集成本《商君书锥指》　　任继昉　　中国哲学史研究　1988年第2期

《世界第八奇迹——秦始皇兵马俑》评介　　苍岚　　秦陵秦俑研究动态　1989年第1期

《秦始皇陵兵马俑坑——一号坑发掘报告》（1974—1984）一书内容介绍　　郭淑珍　　秦陵秦俑研究动态　1989年第2期

中国农民战争史研究的新硕果——《中国农民战争史·秦汉卷》评介　　曾振宇　　东岳论丛　1989年第6期

中国古代军事史研究的新收获——《尉缭子浅谈》　　无际　　中国史研究动态　1989年第11期

《秦始皇陵兵马俑博物馆论文选》评介　　徐卫民　　秦陵秦俑研究动态　1990年第1期

《秦俑研究文集》介绍　　严媛　　秦陵秦俑研究动态　1990年第2期

秦始皇陵研究的一部力作——《秦始皇帝陵》评介　　徐卫民　　秦陵秦俑研究动态　1990年第2期

评朱绍侯先生《军功爵制研究》　　文以明　　史学史研究　1990年第3期

古代兵书导读的典范之作：评《尉缭子浅谈》的出版　　卢兴轩　　中学历史教学参考　1990年第4期

《尉缭子浅谈》评介　　庄春波　　安徽史学　1990年第4期

探颐索隐，厥谊可传：评介《军功爵制研究》　　王奇　　历史教学问题　1990年第6期

秦汉史研究的继承、总汇与创新——评《秦汉史》　　刘修明　　光明日报　1990年8月1日

读《秦汉军事制度史》　　必达　　中国文物报　1990年10月18日

评《秦汉军事制度史》　　元际　　中国史研究　1991年第1期

秦史研究的新突破——《秦人秘史》评介　　秦汉　　秦陵秦俑研究动态

1992年第1期

军事史苑的一株新葩——评《秦汉军事制度史》 李晓明 安徽史学 1992年第1期

《秦汉钱范》出版发行 中国钱币 1992年第1期

读《千古一帝——秦始皇历史之谜》 谢桂华 中国史研究 1992年第2期

《战国秦长城考察与研究》 幼平 文博 1992年第2期

《秦长城与腾格里沙漠》跋 史念海 中国历史地理论丛 1992年第2期；河山集·七集 陕西师范大学出版社 1999年1月

《秦汉货币史论》出版 中国钱币 1992年第3期

评《秦铜器铭文编年集释》 张懋镕 考古 1992年第3期

评《秦汉法制史的研究》 徐世虹 中国史研究 1992年第3期

《石鼓文鉴赏》序 戴文葆 编辑之友 1993年第1期

《秦文化论丛》(第一集)出版 田静 秦陵秦俑研究动态 1993年第2期

运用时空概念构建秦人历史的成功之作 王健 史林 1993年第3期

秦汉之际的"纵横"说辞——《中国古代演说史》补轶 宋嗣廉 吉林师院学报 1993年第3期

《秦刑罚概述》评介 秦汉 秦陵秦俑研究动态 1993年第4期

《秦俑·秦文化丛书》出版 苏文 秦陵秦俑研究动态 1993年第4期

古道拓新径 红杏绽绿枝——评介《徐州师范学院学报·秦汉断代史专题研究》 林剑鸣 徐州师范学院学报 1993年第4期

寻找即将消失的影子——《秦陵传说故事》评介 严青 秦陵秦俑研究动态 1993年第4期

书史揭善恶 援笔演情性:《秦史人物论》评介 苏文 秦陵秦俑研究动态 1993年第4期;秦文化论丛(第二辑) 西北大学出版社 1993年12月

汇秦文于一炉 谱秦书之新章——读《秦文字类编》 李铨 秦陵秦俑研究动态 1993年第4期;秦文化论丛(第二辑) 西北大学出版社 1993年12月

评介《剑桥中国史:秦国与秦帝国篇》 方俐懿 简牍学报 第15期1993年12月

《秦汉军制史论》述评 石歌 中国史研究 1994年第2期

简评《秦汉军制史论》　霍印章　军事历史　1994 年第 2 期

《秦汉军制史论》出版　志文　中国史研究动态　1994 年第 2 期

述而不作,点染秦史:序《秦成语典故》　张文立　秦陵秦俑研究动态 1994 年第 4 期

一部系统总结中国简牍学研究的新著——《中国简牍学综论》评介　谢重光　中国史研究动态　1994 年第 4 期

大型专业性工具书《秦汉钱范》与《元宝图录》　考古与文物　1994 年第 5 期

秦兵马俑的集大成之作——评《秦始皇陵兵马俑研究》　田静　书海 1994 年第 5 期

秦始皇陵兵马俑研究的总结性著作——《秦始皇陵兵马俑研究》评介　田静　中国史研究动态　1994 年第 6 期

秦汉礼制研究的拓荒之作——陈戍国《秦汉礼制研究》读后　华唐　浙江学刊　1994 年第 6 期

评介《简帛研究》　于振波　中国史研究动态　1994 年第 6 期

我的两部《秦汉史》　林剑鸣　深圳特区报　1994 年 7 月 9 日

秦史研究的重要文献——《睡虎地秦墓竹简》　张俊民　中国史研究动态 1994 年第 9 期

读《东北秦汉史》　日月　中国文物报　1994 年 9 月 25 日

《秦汉交通史稿》对秦汉历史文化的新认识　余仁　北京社会科学　1995 年第 1 期

《秦俑专题研究》评介　杨泓　中国文物报　1995 年 3 月 19 日

评《秦汉官吏法研究》　区永圻　文史哲　1995 年第 3 期

读《秦汉交通史稿》　周苏平　历史研究　1995 年第 3 期

汇集秦史研究的最新成果——新版《秦会要》的订讹与充实　杨善群　史林　1995 年第 3 期

几回梦魂与君同——《中华秦文化辞典》序　林剑鸣　秦陵秦俑研究动态 1995 年第 3 期

理性的关照——关于《剑桥中国史》秦史部分的对话　刘宝才、梁涛　秦陵秦俑研究动态　1995 年第 3 期

寻广厦架构 觅文化内涵:《秦建筑文化》评介　薛瑞泽　秦陵秦俑研究动态　1995年第3期

全方位、多视角透视秦俑艺术:《秦俑艺术论集》评介　梁涛　秦陵秦俑研究动态　1995年第4期

《秦建筑文化》评介　薛瑞泽　历史教学　1995年第5期

筚路蓝缕辟新径,百花园中又一葩——《秦建筑文化》读后　臧知非　中学历史教学参考　1995年第5期

评半个世纪以来《秦汉史》编纂之得失　龚留柱　史学月刊　1997年第6期

秦俑艺术研究的总结与展望——《秦俑艺术论集》评介　陈辰　学术界　1995年第5期;书海　1998年第5期

《陕县东周秦汉墓》介绍　瓯燕　考古　1995年第9期

秦汉史研究的新成果:《秦汉交通史稿》　刘昭瑞　光明日报　1995年10月9日

《秦始皇陵兵马俑》介绍　张芸　碑林集刊(第三辑)　陕西人民美术出版社　1995年12月

《半两货币图说》出版　中国钱币　1996年第1期

荐《秦汉钱范》　希京　书海　1996年第1期

欣闻石鼓奏新响——评《石鼓新响》　赵建黎　书海　1996年第2期

《三辅黄图校注》出版　秦汉　秦陵秦俑研究动态　1996年第2期

《秦始皇帝评传》评介　苏文　秦陵秦俑研究动态　1996年第3期

一部开拓性的秦专题著作——评《秦政治思想述略》　杨东晨　秦陵秦俑研究动态　1996年第4期

《秦始皇帝评传》出版　苏文　文博　1996年第4期;陕西日报　1997年4月8日

寻找即将消失的影子——记《秦陵传说轶事》采风　田静　书海　1996年第4期

千载难释始皇谜——评《秦始皇帝评传》　林剑鸣　秦陵秦俑研究动态　1996年第4期;文博　1996年第5期

秦俑秦文化系列丛书出版　刘雯　陕西日报　1996年5月20日

《秦俑秦文化丛书》首批十种书面世　白玉奇　三秦都市报　1996年5月21日

出版界艺术界企业界联袂举行《秦俑秦文化丛书》首发式　郭兴文　西安日报　1996年5月21日

《秦俑秦文化丛书》出版　苏文　华商报　1996年5月23日

读《秦始皇帝评传》　任隆　西安晚报　1996年6月29日

关于《三辅黄图校注》　冯慧福　书海　1996年第6期

《秦建筑文化》的评介　王健　秦文化论丛(第四辑)　西北大学出版社　1996年8月

评堀毅著《秦汉法制史论考》　高敏　简帛研究(第二辑)　法律出版社　1996年9月

博士论议与两汉政治——《秦汉齐博士论议集》前言　李伯齐　管子学刊　1997年第1期

春秋战国社会的再认识——评田昌五、臧知非著《周秦社会结构研究》　王子今　学术界　1997年第1期

秦俑学研究集大成之书——《秦俑学研究》　苏文　秦陵秦俑研究动态　1997年第2期

切片以求本质　断面以还原形:读张文立《秦始皇帝评传》　朱鸿　秦陵秦俑研究动态　1997年第2期

历史人物传记如何写才是成功的?——兼评郭守信《秦始皇本传》　周宝宏　社会科学辑刊　1997年第4期

《秦俑学研究》浅评　李淑萍　三秦论坛　1997年第4期

展现秦末波澜壮阔的历史画卷——评刘敏、倪金荣新著《宫闱腥风——秦二世》　李逸津　历史教学　1997年第5期

《秦文字类编》简评　史党社　中国文物报　1997年5月25日

漆器研究的又一力作——读《湖北楚秦汉漆器艺术》　谷菽　中国文物报　1997年5月25日

《秦俑学研究》出版　李淑萍　陕西日报　1997年6月3日

秦俑学研究集大成之书——《秦俑学研究》出版　苏文　陕西工人报　1997年6月10日

秦始皇研究集大成的新著——《秦始皇帝评传》评介　吴福助　秦陵秦俑研究动态　1997 年第 1 期;秦文化论丛(第四辑)　西北大学出版社　1997 年 6 月

《睡虎地秦简论考》评介　陈文豪　秦陵秦俑研究动态　1997 年第 1 期;秦文化论丛(第四辑)　西北大学出版社　1997 年 6 月

《秦汉交通史稿》(王子今著)　中国历史学年鉴 1996　生活·读书·新知三联书店　1997 年 6 月

秦简研究的又一硕果——评《秦国粮食经济研究》　董琦　中国文物报　1997 年 11 月 19 日

秦代经济史研究的一部力作——《秦国粮食经济研究》简介　史延廷　中国史研究动态　1997 年第 12 期

《商鞅:权霸人生》读后　徐勇　历史教学　1997 年第 12 期

《秦俑学·导论》　张文立　秦陵秦俑研究动态　1998 年第 1 期

区域断代农史研究的力作——跋《秦农业历史研究》　范毓周　中国农史　1998 年第 2 期

《秦农业历史研究》评介　吴滔、郭剑化　中国农史　1998 年第 2 期

《秦封泥集》序　李学勤　秦陵秦俑研究动态　1998 年第 2 期

《秦始皇陵铜车马发掘报告》和《秦始皇陵铜车马修复报告》出版　秦汉秦陵秦俑研究动态　1998 年第 4 期

《周秦汉唐研究》出版　田静　秦陵秦俑研究动态　1998 年第 4 期

《秦始皇帝评传》　张文立　中国历史学年鉴 1997　生活·读书·新知三联书店　1998 年 5 月

《宫闱腥风——秦二世》　刘敏、倪金荣著　中国历史学年鉴 1997　生活·读书·新知三联书店　1998 年 5 月

《剑桥中国史》第一册(秦汉篇)译序　韩復智　庆北史学第 21 辑:金烨博士停年纪念史学论丛　庆北史学会　1998 年 8 月

世纪之交的回顾与展望——从鹤间和幸的《秦汉帝国的研究》看日本的秦汉史研究　田人隆　中国史研究动态　1998 年第 10 期

《战国秦汉文字汇编》拟议　李学勤　缀古集　上海古籍出版社　1998 年 10 月

《中国钱币大辞典·秦汉卷》出版　中国钱币　1999年第1期

《秦汉新莽钱范》读后　姚世铎　中国钱币　1999年第1期

超凡脱俗的秦宫廷史学专著——读田静《秦宫廷文化》　杨东晨　秦陵秦俑研究动态　1999年第2期

研究周秦社会结构、展现汉唐文明雄风——西北大学出版社《周秦汉唐研究书系》评介　何惠昂　西北大学学报　1999年第2期

自为经纬　成一家言——评熊铁基教授著《秦汉文化志》　范军　华中师大学报　1999年第3期

《陇县店子秦墓》简介　肖女　考古　1999年第5期

解读秦俑的佳作　向平　陕西日报　1999年3月19日

一部文物修复的理性思考之作——《秦陵铜车马修复报告》评介　向平　陕西日报　1999年4月20日

考古资料为史学研究添翼——撰写《湖北通史·秦汉卷》的一点体会　丁毅华　江汉考古　2000年第1期

简评《竹木春秋》　张俊民　陇右文博　2000年第1期

秦都城研究的一部力作　雍际春　中国历史地理论丛　2000年第2期

世纪交替之际秦汉思想研究的一部集大成之作:读周桂钿教授《秦汉思想史》　李英华　福建论坛　2000年第2期

一部研究上古江南经济的拓荒之作——读《秦汉江南经济述略》　陈世象　江西社会科学　2000年第2期

评《秦都城研究》　张小锋　三秦论坛　2000年第2期

周秦汉唐文明研究的重要成果——黄留珠主编《周秦汉唐文明》一书评介　丁毅华　西北大学学报　2000年第2期

《秦俑·秦文化》丛书的特点与价值　吴舸　中国史研究动态　2000年第4期

秦都城研究的一部力作　朱士光　陕西日报　2000年5月23日

多重证据法运用的新成果——读徐卫民博士的《秦都城研究》　杨东晨　固原师专学报　2000年第5期

评《周秦汉唐文明》　刘修明　中国史研究动态　2000年第6期

秦史研究的新拓展——评《秦都城研究》　雷依群　西安日报　2000年7

月 11 日

读《秦宫廷文化》　王子今　中国史研究动态　2000 年第 8 期

万花敢向雪中出　一树独先天下春——评三秦版《秦封泥集》　靳疆　陕西日报　2000 年 8 月 22 日

再现秦帝国都城历史风采的力作——《咸阳帝都记》简评　李郁　陕西历史博物馆馆刊（第 7 辑）　三秦出版社　2000 年

评《汉帝国的建立与刘邦集团》　卜宪群　中国史研究　2001 年第 2 期

评李建民著《生死之域——周秦之脉学源流》　吴佩蓉　新史学 12 - 1　2001 年 3 月

考古重大发现　印苑别开生面——记《秦封泥集》问世　阿敏　中国书法　2001 年第 5 期

读《秦汉魏晋丧葬制度研究》　张新斌　中国史研究动态　2001 年第 6 期

《石鼓文新解》序　史树青　故宫博物院院刊　2001 年第 6 期

一介寒儒铸就的辉煌——读陈直先生的《读金日札》　朱思红　碑林集刊（第七辑）　陕西人民美术出版社　2001 年 6 月

《秦汉赋役体系之研究》评介　王震中　中国史研究动态　2001 年第 8 期

继承与创新——《秦都城研究》评述　王元林　秦文化论丛（第八辑）　陕西人民出版社　2001 年 8 月

献给新世纪的一部文史精品——读王仁波主编《秦汉文化》　石兴邦　中国文物报　2001 年 12 月 7 日

读吴小强《秦简日书集释》　张荣芳　中国史研究动态　2002 年第 1 期

《广州秦代造船遗址论稿专辑》序论　麦英豪　冯永驱　广东文物　2002 年第 1 期

《古代都城与帝陵考古学研究》读后　姜波　考古　2002 年第 4 期

为简牍学增一重要新资料——读香港中文大学文物馆藏简牍　王子今　中国文物报　2002 年 4 月 19 日

与历史人物的心灵对话——读孟祥才《先秦秦汉史论》　王克奇　聊城大学学报　2002 年第 5 期

记录秦俑外展的故事——《秦军出巡——兵马俑外展纪实》出版　呼延思正　西安晚报　2002 年 7 月 19 日

《秦军出巡——兵马俑外展纪实》出版　王文阁　陕西日报　2002年7月28日

知微知著 立德立言之作——周贵佃教授《秦汉思想史》读后　王杰　博览群书　2002年第8期

《秦汉瓦当图论》序　钟明善　陕西日报　2002年9月22日

气象不凡的历史长卷——读长篇历史小说《大秦帝国》第一、二部　李静宜　中华读书报　2002年10月16日

读孟祥才先生《先秦秦汉史论》　张涛　中国史研究动态　2002年第11期

历史小说的新葩——读孙皓晖《大秦帝国》　李国文　中华读书报　2002年11月27日

大略驾雄才——读《大秦帝国》第一、二部有感　雷达　中华读书报　2002年11月27日

气壮山河的帝国史诗——评长篇历史小说《大秦帝国》　孟繁华　中华读书报　2002年11月27日

知识分子的角度：一种有意的误读历史小说的新葩——读《大秦帝国》第一、二部有感　贺绍俊　中华读书报　2002年11月27日

《帝都秦城的苦旅》出版　方文　人民日报（海外版）　2002年12月2日

创造历史名城的辉煌——《帝都秦城的苦旅》评介　林小芳　光明日报　2002年12月5日

持平公允论始皇——读《马植杰秦汉三国史论文选》　张文立　秦陵秦俑研究动态　2003年第1期

从地域文化到主流文化——读《齐鲁思想文化史·先秦秦汉卷》　郑杰文　东岳论丛　2003年第2期

陇右文化研究的奇葩——读《天水放马滩木板地图研究》　刘治立　中国历史地理论丛　2003年第3期

《秦汉文化史大辞典》评介　袁仲一　秦陵秦俑研究动态　2003年第3期

《秦汉文化史大辞典》——一部宽广精微的好辞书　王子今　秦陵秦俑研究动态　2003年第3期

《秦文化：从帝国到封国的考古学观察》序　张忠培　中国文物报　2003年3月28日

秦汉数术文化的科学认识——评刘乐贤著《简帛数术文献探论》　王子今　南都学坛　2003年第4期

秦汉制度研究又见一枝新——读李玉福著《秦汉制度史论》　张金光　东岳论丛　2003年第4期

从地域文化走向主流文化历程的深刻揭示——《齐鲁思想文化史(先秦秦汉卷)》评介　周溯源　江西社会科学　2003年第11期

驿递史的文物论证——评王子今著《邮传万里:驿站与邮递》　周苏平　中国文物报　2004年2月4日

廖伯源著《秦汉史论丛》评介　张荣芳　曹旅宁　中国史研究动态　2004年第4期

《秦早期发展史》对我的启发　陈桥驿　宁夏社会科学　2004年第4期

熊铁基著《秦汉新道家》述评　王子今　中国史研究动态　2004年第5期

《秦都咸阳考古报告》简介　叶知秋　考古　2004年第6期

秦史研究的填补空白之作　黄留珠　秦文化论丛(第十一辑)　三秦出版社　2004年6月

学术作品贵在出新——《秦学术史探赜》发覆　张铭洽　秦文化论丛(第十一辑)　三秦出版社　2004年6月;陕西历史博物馆馆刊(第11辑)　三秦出版社　2004年12月

须臾静扫众峰出　仰见突兀撑青空——读陈平学术文集《燕秦文化研究》　王辉　秦文化论丛(第十一辑)　三秦出版社　2004年6月

道家·黄老·秦汉政治实践与学术发展——重读熊铁基先生《秦汉新道家》　臧知非　史学月刊　2004年第7期

文物研究与早期秦史的考察——读《秦早期发展史》　王子今　中国文物报　2004年10月13日

俗雅共赏的史学力作——读黄留珠教授的《刘秀传》　秦进才　周秦汉唐文化研究(第三辑)　三秦出版社　2004年11月

探索秦陵源脉——读《秦公帝王陵》　王子今　中国文物报　2004年12月29日

评张弘博士《战国秦汉时期商人和商业资本研究》　高汝东、宗静　中国史研究动态　2005年第3期

秦史研究新篇章——读徐日辉先生《秦早期发展史》　彭曦　宝鸡文理学院学报　2005 年第 3 期

探索秦陵源脉——读《秦公帝王陵》　王子今　书海　2005 年第 4 期

《陇县原子头》出版发行　丰州　考古　2005 年第 4 期

研究秦甲胄的拓荒之作——评张卫星、马宇著《秦甲胄研究》　丁毅华　中国文物报　2005 年 5 月 4 日

我读《周秦汉唐文化研究》　彭卫　光明日报　2005 年 5 月 4 日

我国古代铁器考古学研究的力作——《先秦两汉铁器考古学研究》序　刘庆柱　中国文物报　2005 年 5 月 25 日

《任家咀秦墓》简介　罗佳　考古　2005 年第 6 期

秦墓葬研究的又一部新著——《任家咀秦墓》出版　谢高文　中国文物报　2005 年 6 月 15 日

《高陵张卜秦汉唐墓》简介　木易　考古　2005 年第 7 期

《襄阳王坡东周秦汉墓》简介　西林　考古　2005 年第 9 期

评曹旅宁著《秦律新探》　韩树峰　中国图书评论　2005 年第 10 期

考古发掘与文物保护有机结合的范例——序《秦始皇帝陵园考古报告》　刘庆柱　中国文物报　2006 年 2 月 1 日

徐卫民《秦汉历史地理研究》评介　臧知非　中国史研究动态　2006 年第 2 期

七年弹指一挥间　奏秦汉史料之强音　谭洁　中国图书评论　2006 年第 3 期

雍际春《陇右文化论丛》(第二辑)一书出版　维洞　天水师范学院学报　2006 年第 3 期

《西安南郊秦墓》出版发行　柳原　考古　2006 年第 4 期

《石鼓文通考》序　王辉　文博　2006 年第 4 期

对中国古代知识分子与专制皇权关系的思考——读《儒家理想与秦汉政权》　卜宪群　中国文物报　2006 年 5 月 4 日

《秦始皇陵园考古报告(2000)》出版发行　萧汶　考古　2006 年第 8 期

古代铁器研究的物证与心证——读《先秦两汉铁器的考古学研究》　韩国河　考古　2006 年第 10 期

新书快递:《秦始皇帝陵考古报告(2000)》 中国文物报 2006年10月11日

《什邡城关战国秦汉墓地》出版发行 萧汶 考古 2006年第12期

博通沉潜必有得——高敏先生《秦汉魏晋南北朝史探考》读后 刁培俊 历史教学问题 2007年第1期

自然经济与商品经济的互动——黄今言教授《秦汉商品经济研究》评介 臧知非 中国经济史研究 2007年第1期

从铁器中阅读历史——读《先秦两汉铁器的考古学研究》 施劲松 文物 2007年第2期

《秦制研究》评介 王珏 管子学刊 2007年第2期

文献立新证易学导预流——评《秦汉易学思想研究》 项永琴、袁法周 东岳论丛 2007年第2期

传承历史文化凸现地方特色——《咸阳师范学院学报》"秦汉文史研究"栏目管窥 郭开选 榆林学院学报 2007年第3期

《里耶发掘报告》出炉 易长松、钟和 中国文物报 2007年3月2日

秦汉商品经济研究的新成果——《秦汉商品经济研究》 李恒全 财贸研究 2007年第5期

中国手工业史研究的新创获——《中国手工业经济通史·先秦秦汉卷》评介 薛瑞泽 首都师范大学学报 2007年第6期

《西安北郊秦墓》出版发行 萧汶 考古 2007年第8期

读《中国古代瓦当研究》 李毓芳 考古 2007年第7期;中国书画 2007年第9期

"天高皇帝近":一个重要的中国思想史命题——雷戈《秦汉之际的政治思想与皇权主义》评介 李振宏 史学月刊 2007年第10期

《秦文字编》序 李学勤 秦文化论丛(第十四辑) 三秦出版社 2007年10月

《秦文字编》后记 王辉 秦文化论丛(第十四辑) 三秦出版社 2007年10月

《西安南郊秦墓》述评 刘建安 秦文化论丛(第十四辑) 三秦出版社 2007年10月

王子今教授的《秦汉时期生态环境研究》出版　方原　中国秦汉史研究会通讯　2007年第1期

徐卫民教授《文景之治》出版　方原　中国秦汉史研究会通讯　2007年第1期

《秦汉研究》第一、二辑出版　徐卫民　中国秦汉史研究会通讯　2007年第1期

《秦文化论丛》第十四辑出版　田静　中国秦汉史研究会通讯　2007年第1期

"探索秦陵奥秘——秦陵研究成果介绍暨《秦陵地宫猜想》新书发布会"在秦俑博物馆举行　田静　中国秦汉史研究会通讯　2007年第1期

廖伯源《使者与官职演变——秦汉皇帝使者考论》出版　张荣芳　曹旅宁　中国史研究动态　2008年第1期

领域拓宽与史料发掘——读《秦汉时期生态环境研究》　孙闻博　中国文物报　2008年1月16日

秦汉审美文化研究的硕果——评周均平新著《秦汉审美文化宏观研究》　邹强　山东社会科学　2008年第2期

秦、楚历史文化比较研究的杰作——拜读张正明先生遗著《秦与楚》　蔡靖泉　江汉考古　2008年第2期

历史,不妨这样来写——读李开元《复活的历史——秦帝国的崩溃》　黄留珠　周秦汉唐文化研究(第六辑)　三秦出版社　2008年4月

考古四十余载艰辛路留得漆彩佳作著竹帛——读《战国秦汉漆器群研究》有感　聂菲　中国文物报　2008年5月23日

评《战国秦汉漆器研究》　郑岩　考古　2008年第10期

读黄今言先生的《秦汉商品经济研究》　王亮　科教文汇　2008年第29期

秦汉两性关系的实态研究——读《谁念西风独自凉——秦汉两性关系史》　顾丽华　历史教学(高校版)　2009年第1期

综合研究中的创新问题——读《秦汉历史地理与文化分区研究》　梁志平　中国历史地理论丛　2009年第1期

性别与古代文学研究的开拓之作——读《先秦汉魏晋妇女观与文学中的女性》　谢玉娥　大连大学学报　2009年第1期

《秦汉商品经济研究》评介　王亮　中国史研究动态　2009年第2期

辛勤耕耘结硕果,简帛考古出新篇——王焕林教授《里耶秦简校诂》述评　刘精盛　吉首大学学报　2009年第2期

《简帛研究文稿》序　李学勤　中国文物报　2009年2月18日

实事求是走向通融——从《秦汉文学论丛》说到刘跃进先生的学术贡献　刘德杰　北京联合大学学报　2009年第3期

朱桂昌教授《秦汉史考订文集》出版　亮旭　云南师范大学学报　2009年第4期

先秦两汉时期铁器的生产应用与社会发展进程问题:读《先秦两汉铁器的考古学研究》　唐际根　华夏考古　2009年第4期

后晓荣著《秦代政区地理》评介　谢乃和　中国史研究动态　2009年第8期

《秦始皇陵二号兵马俑坑发掘报告(第一分册)》简介　溶雪　考古　2009年第8期

书苑:《秦汉—罗马文明展》图录出版　中国文物报　2009年8月19日

简评《秦都咸阳考古报告》　王学理　秦汉研究(第三辑)　陕西人民出版社　2009年8月

战国秦汉西南地区考古的新收获与新思考:读《赫章可乐二〇〇〇年发掘报告》　杨勇　考古　2009年第10期

简评后晓荣著《秦代政区地理》　黄剑华　中国文物报　2009年10月30日

《里耶古城·秦简与秦文化研究:中国里耶古城·秦简与秦文化国际学术研讨会论文集》简介　文耀　考古　2009年第12期

评刘跃进《秦汉文学论丛》　湛庐　中国文化研究　2010年第1期

《大秦帝国》再现秦人秦魂　李敬寅　当代陕西　2010年第1期

《西安尤家庄秦墓》简介　宋远茹　考古与文物　2010年第2期

《周秦文化研究论集》简介　考古与文物　2010年第2期

读《秦汉历史地理与文化分区研究》　刘瑞　中国史研究　2010年第2期

读《禳灾与减灾:秦汉社会自然灾害应对制度的形成》　张韶华　中国社会经济史研究　2010年第2期

《老河口九里山秦汉墓》简介　雨珩　考古　2010年第3期

六盘山区域周秦考古的重要收获:《崇信于家湾周墓》介绍　李永平　中国文物报　2010年3月5日

一部填补远古至秦汉商业思想史空白的力作——评柳思维教授《远古至秦汉的商业思想》　陈先枢　湖南商学院学报　2010年第5期

简评王文涛《秦汉社会保障研究——以灾害救助为中心的考察》　晋文、汪良　河北师范大学学报　2010年第6期

《秦汉研究》第三辑出版　秦汉　秦汉研究（第四辑）　三秦出版社　2010年8月

《秦汉史论》——何清谷教授80华诞庆祝文集出版　秦汉　秦汉研究（第四辑）　三秦出版社　2010年8月

秦汉考古:展现中华文明的历史标签——重读赵化成、高崇文《秦汉考古》有感　田多　新西部　2010年第9期

秦汉考古学学科体系的最新归纳——读《中国考古学·秦汉卷》　刘瑞　中国文物报　2010年12月10日

吕思勉和吕著《秦汉史》　王子今　石家庄学院学报　2011年1月

《姜女石:秦行宫遗址发掘报告（上、下）》　中国文物报　2011年2月18日

读《中国出版通史·先秦两汉卷》　徐栩　中国史研究动态　2011年第4期

《中国考古学·秦汉卷》评价　王子今　吕宗力　中国史研究动态　2011年第4期

《秦汉家族犯罪研究》评介　张功　中国史研究动态　2011年第5期

秦始皇帝陵园考古研究的重要著作　刘庆柱　中国文物报　2011年5月13日

陇右文化研究的新进展,历史地理学领域的新成果——评雍际春教授的《陇右历史文化与地理研究》　霍志军　宝鸡文理学院学报　2011年第6期

《秦汉历史文化研究》述评　秦汉徒　秦汉研究（第五辑）　三秦出版社　2011年9月

简牍学基础教育的新进步:《简牍学教程》书评　王子今　中国文物报　2011年10月19日

秦汉边疆史民族史的考古学认识——评王子今著《秦汉边疆与民族问题》　李禹阶　中国文物报　2011年11月25日

读《秦汉社会保障研究——以灾害救助为中心的考察》　张韶华　中国史研究动态　2012年第1期

思想在制度史炼狱中闪光:读张金光《秦制研究》一书有感　王彦辉　史学月刊　2012年第2期

梅花又共雪花飞——读王云度《秦汉史编年》　张文立　秦陵秦俑研究动态　2012年第2期

评王子今著《秦汉边疆与民族问题》　曾磊　中国史研究动态　2012年第3期

"法与习俗"视野下的睡虎地秦简研究:工藤元男与他的《睡虎地秦简所见秦代国家与社会》　曹峰　史学月刊　2012年第5期

理性回答秦文化的根本问题——王学理《解读秦俑——考古亲历者的视角》　陈全方　中国文物报　2012年5月25日

读《中国考古学·秦汉卷》　高崇文　考古　2012年第8期

《秦汉都城与自然环境关系研究》述评　雍际春　秦汉研究(第六辑)　陕西人民出版社　2012年8月

王云度教授《秦汉史编年》述评　王健　中国史研究动态　2013年第1期

《里耶秦简牍校释》(第一卷)评介　朱红林　中国史研究动态　2013年第1期

断简残篇写新知——评谢耀亭《从出土简帛看思孟学派的内圣外王思想》　谢伟峰　文博　2013年第1期

《秦汉社会意识研究》评介　乔松林　中国史研究动态　2013年第3期

《当代中国简帛学研究(1949—2009)》出版　书灰　中国史研究动态　2013年第3期

一位秦史学者十年思索的结晶——介绍《日出西山——秦人历史新探》　陶兴华　秦陵秦俑研究动态　2013年第4期;中国文物报　2013年10月11日

李学勤《初识清华简》出版　书灰　中国史研究动态　2013年第5期

《碰撞与交融:战国秦汉时期的农耕文化与游牧文化》评述　岳庆平　内蒙古大学学报　2013年第6期

书讯:《秦汉城邑考古学研究》 中国文物报 2013年9月13日

书讯:《简帛文献词语历时演变专题研究》 中国文物报 2013年9月13日

集班马之长补温公之不足——读王云度先生《秦汉史编年》 臧知非 秦汉研究(第七辑) 陕西人民出版社 2013年10月

《秦汉赋役与社会控制》简评 方原 秦汉研究(第七辑) 陕西人民出版社 2013年10月

书讯:《出土文字资料所见先秦秦汉祖先神崇拜的演变》 中国文物报 2013年11月8日

《秦文学探述》评介 田静 陕西历史博物馆馆刊(第20辑) 三秦出版社 2013年12月

章启群:《星空与帝国——秦汉思想史与占星学》 贾祯祯 哲学门 2014年第1期

《秦玺印封泥职官地理研究》序 王辉 秦陵秦俑研究动态 2014年第1期

一部研究农耕文化与游牧文化具有创新性观点的新著——《碰撞与交融:战国秦汉时期的农耕文化与游牧文化》读后 汪高鑫 商丘师范学院学报 2014年第2期

书讯:《秦三晋纪年兵器研究》 中国文物报 2014年2月28日

《简牍秦律分类辑析》序 王辉 秦陵秦俑研究动态 2014年第4期

书讯:《北京大学藏秦代简牍书迹选粹》 中国文物报 2014年5月23日

关于《秦汉城邑考古学研究》 刘振东 中国文物报 2014年7月18日

书讯:《简帛研究二〇一三》 中国文物报 2014年8月15日

雍城考古80年的第一本专题报告——《秦雍城豆腐村战国制陶作坊遗址》的学术意义 史党社、田静 中国文物报 2014年12月19日

从时空两个方面进行的深入研究——《中国历代长城发现与研究》序 刘庆柱 中国文物报 2014年12月19日

《秦汉区域文化新论》出版 陈普兴 陕西历史博物馆馆刊(第21辑) 三秦出版社 2014年12月

《古都与秦汉城市史》书评 陈文豪 三门峡职业技术学院学报 2015年

第 1 期

《秦汉魏晋时期的合肥史研究》出版　河阳　合肥日报　2015 年 1 月 8 日

书讯:《秦始皇帝陵与中国古代文明》　中国文物报　2015 年 1 月 9 日

书讯:《岳麓书院藏秦简的整理与研究》　中国文物报　2015 年 1 月 30 日

读《秦西汉印章研究》　王伟　中国史研究动态　2015 年第 2 期

书讯:《西戎遗珍:马家源战国墓地出土文物》　中国文物报　2015 年 2 月 6 日

战国晚期西戎文化的独特性、多元性、多层性和多维性:读《西戎遗珍:马家塬战国墓地出土文物》和《清水刘坪:早期秦文化系列考古报告之二》有感　郭物　中国文物报　2015 年 2 月 13 日

《东周秦汉时期车马埋葬研究》出日文版　中国文物报　2015 年 2 月 20 日

贾丽英《秦汉家庭法研究:以出土简牍为中心》出版　王安宇　中国史研究动态　2015 年第 4 期

书讯:《泛北部湾地区秦汉时代的古族社会文明》　中国文物报　2015 年 4 月 17 日

新视角·新认识·新突破——评《秦汉称谓研究》　徐栋梁　中国出版　2015 年 4 月 23 日

制度思想史:中国政治思想史的另一种写法——《秦汉之际的政治思想与皇权主义》范式意义探析　许超杰　史学月刊　2015 年第 6 期

《秦文字编》读后记　王辉　考古与文物　2015 年第 6 期

更深入的研究——评陈伟主编《秦简牍合集》　王子今、胡平生　光明日报　2015 年 8 月 3 日

《秦汉军制演变史稿》序　王子今　秦汉研究(第九辑)　陕西人民出版社　2015 年 8 月

方寸有乾坤　小题可大做——读《秦西汉印章研究》　王伟、韩海梅　秦始皇帝陵博物院(总伍辑)　陕西师范大学出版社　2015 年 10 月

探古问今说强秦——写在《秦人崛起》出版之际　葛文华　秦始皇帝陵博物院(总伍辑)　陕西师范大学出版社　2015 年 10 月

《秦简牍合集》评介　邬文玲　中国史研究动态　2016 年第 1 期

读陈宁的《秦汉马政研究》　雷依群　中国史研究动态　2016 年第 1 期

《秦漆器研究》序　王辉　秦陵秦俑研究动态　2016 年第 1 期

《战国秦汉消费经济研究》序　黄今言　秦汉史文存　江西人民出版社 2016 年 3 月

杨曙明《雍秦文化》获"全国优秀社会科学普及作品"　宝鸡炎帝与周秦文化研究会　秦陵秦俑研究动态　2016 年第 4 期

秦汉社会风貌的另一种解读——《秦汉称谓研究》述评　刘俊珂　郑州师范教育　2016 年第 5 期

讲述秦汉帝国交通的故事——《秦汉交通考古》序　赵瑞民　中国文物报 2016 年 5 月 10 日

秦官秦印秦地——读《秦玺印封泥职官地理研究》　孙兰友　中国文物报 2016 年 5 月 10 日

王子今教授新著交通史四种评介　赵瑞民、李兰芳　中国史研究动态 2016 年第 6 期

《战国秦汉出土术数文献基础的研究》简评　周硕　中国史研究动态 2016 年第 6 期

读王子今著《秦汉称谓研究》　钟良灿　秦汉研究（第十辑）　陕西人民出版社　2016 年 8 月

生态史学视野下的森林史研究——评《先秦两汉时期森林生态文明研究》 徐卫民　秦汉研究（第十辑）　陕西人民出版社　2016 年 8 月

"八体"联珠，篆隶合璧——《秦文字编》评述　彭裕商　秦始皇帝陵博物院（总陆辑）　陕西师范大学出版社　2016 年 10 月

一部雍秦文化的奠基之作——读杨曙明新著《雍秦文化》有感　何志虎中华读书报　2016 年 12 月 7 日

鹰取祐司《秦汉官文书的基础研究》介评　石洋　中国古代法律文献研究（第十辑）　社会科学文献出版社　2016 年 12 月

读王绍东《文化视角下的秦始皇》　乔志忠　中国史研究动态　2017 年第 1 期

《从秦始皇到汉武帝》：秦汉历史的创新表达　金银　当代电视　2017 年第 2 期

断代秦汉史课程教学内容的研究与探索　蔡万进　历史教学问题　2017

年第 3 期

雍际春教授专著《秦早期的历史研究》出版　子明　中国史研究动态 2017 年第 5 期

律令简新获与秦史研究——读《岳麓书院藏秦简（肆）》　孙闻博　简帛研究二○一七（春夏卷）　广西师范大学出版社　2017 年 6 月

说不完的秦始皇——《千古一帝秦始皇》评介　单明宇　中国图书评论 2017 年第 7 期

《秦谜：重新发现秦始皇》序　李开元　博览群书　2017 年第 7 期

《清儒地理考据研究·秦汉卷》评介　陶正桐　秦汉研究（第十一辑）　陕西人民出版社　2017 年 9 月

简帛目录学刍议——兼评《甘肃简牍百年论着目录》　陈文豪　长沙简帛研究国际学术研讨会论文集　中西书局　2017 年 10 月

开启秦代律令研究的新阶段——《岳麓书院藏秦简》（肆）评介　马力　中国文物报　2017 年 12 月 26 日

秦汉四百载兴盛存亡的影像表述——评历史纪录片《帝国的兴衰》　张媛　戏剧之家　2017 年第 12 期

一部秦早期历史研究的最新力作——评雍际春教授《秦早期历史研究》一书　高强　西安财经学院学报　2018 年第 1 期

钩稽辨族姓　雄浑发秦声——李清凌教授《秦亭与秦文化》读后　漆永祥　历史教学　2018 年第 1 期

籾山明著《秦漢出土文字史料の研究——形態·制度·社会》评介　侯旭东　简帛研究二○一七（秋冬卷）　广西师范大学出版社　2018 年 1 月

读沈刚编《秦汉魏晋简帛论文目录（1955—2014）——集刊、论文集之部》　陈文豪　周秦汉唐文化研究（第十辑）　三秦出版社　2018 年 6 月

臧知非《秦汉土地赋役制度研究》评介　高海云　中国史研究　2018 年第 5 期

基础与综合：秦简研究的再出发——读陈伟主编《秦简牍研究》丛书　简帛研究二○一八（春夏卷）　广西师范大学出版社　2018 年 6 月

英国著名作家爱德华·伯曼英文版《兵马俑——秦代历史、秘密与最新考古发现》出版　永正　中国文物报　2018 年 8 月 7 日

德行伦理和责任伦理：高校思政教育的核心——评《周秦伦理文化融入大学生思想政治教育研究》　谭明贤　江西社会科学　2018 年第 10 期

走进秦汉儿童的世界　彭卫　人民日报　2018 年 11 月 20 日

《秦简牍研究》评介　朱红林　出土文献研究（第十七辑）　中西书局 2018 年 12 月

篆隶之间探秦制——读陈伟《秦简牍校读及所见制度考察》　王彦辉　史学月刊　2019 年第 1 期

岳麓秦简新资料秦律秦令研秦史——评《岳麓书院藏秦简》（肆）（伍）　胡平生　中国文物报　2019 年 1 月 22 日

煌煌巨制直道显形——《秦直道》八卷本简评　王学理　中国文物报 2019 年 1 月 22 日

研究之著专门之学——《新见秦汉度量衡器集存》序　李学勤　中国文物报　2019 年 1 月 22 日

《秦史稿》新评——为纪念林剑鸣先生逝世二十年而作　史党社　秦史：崛起与统一　西北大学出版社　2019 年 2 月

杨翼骧的《秦汉史纲要》及其成书背景　乔世忠　史学史研究　2019 年第 4 期

《咸阳东郊秦墓》简介　伊铭　考古　2019 年第 5 期

"秦直道"丛书　陕西师范大学出版社　中国图书评论　2019 年第 5 期

思想的文学解读与文学的思想溯源——评《简帛文献与诸子时代文学思想研究》　丛月明　北方论丛　2019 年第 6 期

读《秦与北方民族历史文化论集》　杨怡、晋文　中国史研究动态　2019 年第 6 期

出土秦汉三国区域资料统合研究的先行成果——评王子今《长沙简牍研究》　徐畅　史学月刊　2019 年第 7 期

秦始皇帝陵兵马俑坑发掘与研究的重要成果——《秦始皇帝陵一号兵马俑陪葬坑发掘报告》（2009—2011）出版　周艳明　中国文物报　2019 年 8 月 2 日

杨翼骧与《秦汉史纲要》——"南开百年名家名作巡礼"之十一　乔世忠　博览群书　2019 年第 12 期

"秦直道"丛书出版之我见　王淼　传播力研究　2019 年第 12 期

秦史研究添新篇 晚学精神放异彩——《张铭洽学术论集》评介 周永卫 陕西历史博物馆论丛(第26辑) 三秦出版社 2019年12月

(四) 目录

秦文化论著目录 苏文 秦文化论丛(第四辑) 西北大学出版社 1996年6月

1997—1998年秦文化研究论著要目 苏文 秦文化论丛(第七辑) 西北大学出版社 1999年5月

秦文化研究论著目录(1999—2000) 田静 秦文化论丛(第八辑) 陕西人民出版社 2001年8月

秦文化研究论著目录(2001) 田静 秦文化论丛(第九辑) 西北大学出版社 2002年7月

秦文化研究论著目录(2002) 田静 秦文化论丛(第十辑) 三秦出版社 2003年7月

2002年中国大陆周秦汉唐文化研究论著要目 陈博、宋让浩、师迅东 周秦汉唐文化研究(第二辑) 三秦出版社 2003年11月

2002年台湾周秦汉唐文化研究论著目录 陈文豪 周秦汉唐文化研究(第二辑) 三秦出版社 2003年11月

港澳地区周秦汉唐文化研究论著目录(2000—2002) 何伟聪 周秦汉唐文化研究(第二辑) 三秦出版社 2003年11月

2002年日本周秦汉唐文化研究论著要目 [日]大川裕子、村松弘一 周秦汉唐文化研究(第二辑) 三秦出版社 2003年11月

秦文化研究论著目录(2003) 田静 秦文化论丛(第十一辑) 三秦出版社 2004年6月

2003年中国大陆周秦汉唐文化研究论著要目 贾志刚、刘翠芳 周秦汉唐文化研究(第三辑) 三秦出版社 2004年11月

2003年台湾周秦汉唐文化研究论著目录 陈文豪 周秦汉唐文化研究(第三辑) 三秦出版社 2004年11月

2003年日本研究中国周秦汉唐文化时代的论文目录 冉万里 周秦汉唐文化研究(第三辑) 三秦出版社 2004年11月

2000—2003年简帛论著目录　陈文豪　出土文献研究(第六辑)　上海古籍出版社　2004年12月

秦文化研究论著目录(2004)　田静　秦文化论丛(第十二辑)　三秦出版社　2005年7月

2004年台湾周秦汉唐文化研究论著目录　陈文豪　周秦汉唐文化研究(第四辑)　三秦出版社　2006年3月

2004年日本研究周秦汉唐文化论著目录　冉万里　周秦汉唐文化研究(第四辑)　三秦出版社　2006年3月

秦文化研究论著目录(2005)　田静　秦文化论丛(第十三辑)　三秦出版社　2006年10月

2005年台湾周秦汉唐文化研究论著目录　陈文豪　周秦汉唐文化研究(第五辑)　三秦出版社　2007年6月

2005年日本周秦汉唐文化研究论著要目　[日]大川裕子、村松弘一　周秦汉唐文化研究(第五辑)　三秦出版社　2007年6月

秦文化研究论著目录(2006)　田静　秦文化论丛(第十四辑)　三秦出版社　2007年10月

秦文化研究论著目录(2007)　田静　秦文化论丛(第十五辑)　三秦出版社　2008年10月

2008、2009年台湾周秦汉唐研究论著要目　陈文豪　秦汉唐文化研究(第八辑)　三秦出版社　2012年2月

2008—2009年日本周秦汉唐文化研究论著要目　[日]大川裕子、村松弘一　秦汉唐文化研究(第八辑)　三秦出版社　2012年2月

1900年以来出土简帛一览(续)　单育辰　简帛研究二〇一六(春夏卷)　广西师范大学出版社　2016年6月

新世纪台湾秦汉史研究目录(2001—2013)　陈文豪　秦汉研究(第十辑)　陕西人民出版社　2016年8月

2001—2013年台湾秦汉史博、硕士学位论文目录　陈文豪　秦汉研究(第十辑)　陕西人民出版社　2016年8月

简帛目录的编纂与简帛学史研究　马智全　郑州大学学报　2019年第4期

2010—2015年韩国学界木简研究目录　戴卫红、金钟希　简帛研究二〇一九（春夏卷）　广西师范大学出版社　2019年6月

（五）重要文章

秦人崇拜熊吗？　叶舒宪　光明日报　2007年6月7日

秦始皇密葬河北之说　陈景元　知识就是力量　2007年第12期

秦文化探源：毛家坪遗址考古记　肖宇、赵兆、刘婷、牛舒婧、赵晨　大众考古　2015年第2期

西安首次确认百余件秦封泥精品为国家等级文物　庞博　中国文物报2015年2月13日

雍城考古再现水上秦都盛景　张红中　西安晚报　2015年7月28日

法国古董藏家再次返还24件大堡子山流失金饰片　本报讯　中国文物报2015年9月22日

秦封泥文化在提升书法博物馆发展中的作用　庞任隆　中国文物报　2016年1月19日

秦文化的伦理内涵、特征及启示　孔润年　价值论与伦理学研究　2016年第1期

考古学家确认发现"秦都"栎阳　冯国　人民日报　2016年1月19日；华商报　2016年1月19日

秦汉简帛文献的辞书学价值　黄潇潇　兰台世界　2016年第17期

秦人墓葬发现罕见战国卜甲　马虎振　西安晚报　2018年1月22日

陕西西咸新区岩村墓地发现秦人墓葬　许卫红、张杨力铮　中国文物报2018年8月10日

秦汉：穿越千年的文化符号　王子今　北京日报　2018年11月12日

咸阳渭城区龚西村发现战国秦武将墓　张佳　西安晚报　2019年1月23日

简帛中的古代生活百态　乔安　智慧中国　2019年第11期

金戈铁马——毛家坪遗址的重要发现　侯红伟　甘肃日报　2019年11月14日

论出土简牍在高校秦汉史教学中的作用　钟良灿　才智　2019年第20期

十八　考古与文物

(一) 考古概述

秦始皇六大统一政策的考古资料　陈直　历史教学　1963 年第 8 期

战国秦汉考古　袁樾方　历史教学问题　1982 年第 2 期

秦汉至明清考古　黄展岳　中国历史学年鉴 1982　人民出版社　1982 年 12 月

秦汉至明清考古　黄展岳　中国历史学年鉴 1983　人民出版社　1983 年 10 月

秦汉至明清考古　杨泓　中国历史学年鉴 1984　人民出版社　1984 年 10 月

秦汉考古　叶小燕　中国考古学年鉴 1984　文物出版社　1984 年 12 月

秦汉考古　叶小燕　中国考古学年鉴 1985　文物出版社　1985 年 12 月

秦汉考古　叶小燕　中国考古学年鉴 1986　文物出版社　1988 年 3 月

秦都考古　龚若栋　历史教学问题　1986 年第 6 期

秦汉考古　高炜　中国考古学年鉴 1987　文物出版社　1988 年 10 月

秦汉考古　高炜　中国考古学年鉴 1988　文物出版社　1989 年 10 月

十年来河南秦汉考古的发现和研究　蔡全法　华夏考古　1989 年第 3 期

秦汉考古　叶小燕　中国考古学年鉴 1989　文物出版社　1990 年 10 月

秦汉考古　刘庆柱　中国考古学年鉴 1990　文物出版社　1991 年 9 月

秦汉时期考古　刘庆柱　中国考古学年鉴 1991　文物出版社　1992 年 8 月

秦汉考古　刘庆柱　中国考古学年鉴 1992　文物出版社　1994 年 1 月

秦汉至明清考古　黄展岳　中国历史学年鉴 1993　生活·读书·新知三联书店　1994 年 6 月

秦汉时期考古　刘庆柱　中国考古学年鉴 1993　文物出版社　1995 年 6 月

秦汉至元明考古　杨泓　中国历史学年鉴1994　生活·读书·新知三联书店　1995年7月

秦汉考古　刘庆柱　中国考古学年鉴1994　文物出版社　1997年1月

秦汉至明考古　张小舟　中国历史学年鉴1995　生活·读书·新知三联书店　1995年12月

秦汉时期考古　赵化成　中国考古学年鉴1995　文物出版社　1997年12月

秦汉时期考古　刘庆柱　中国考古学年鉴1996　文物出版社　1998年6月

秦汉至宋元考古　张小舟　中国历史学年鉴1996　生活·读书·新知三联书店　1997年6月

战国秦汉考古研究的思考——为庆贺四川大学历史系考古专业成立35年而作　宋治民　四川大学考古专业创建之三十五周年纪念文集　四川大学出版社　1998年4月

秦汉至宋元考古　张小舟　中国历史学年鉴1997　生活·读书·新知三联书店　1998年5月

陕西秦汉考古四十年纪要　焦南峰、段清波　考古与文物　1998年第5期

秦汉至宋辽金元考古　张小舟　中国历史学年鉴1997　生活·读书·新知三联书店　1998年5月

秦汉考古　姜波　中国考古学年鉴1997　文物出版社　1998年6月

日本最近的秦汉史研究——以考古·文物为中心　[日]杉本宪司　秦汉史论丛(第七辑)　中国社会科学出版社　1998年6月

中国考古学五十年丙篇——秦汉至元明时期考古发现与研究　刘庆柱　光明日报　2000年1月21日

秦汉至元明考古　张小舟　中国历史学年鉴1998　生活·读书·新知三联书店　2000年3月

秦汉时期考古　姜波　中国考古学年鉴1998　文物出版社　2000年9月

秦汉刑徒的考古资料　张政烺　历史教学　2001年第1期

秦汉时期考古　刘振东　中国考古学年鉴1999　文物出版社　2001年5月

秦汉时期考古　白云翔　中国考古学年鉴2000　文物出版社　2002年4月

秦汉至明考古　姜波　中国历史学年鉴1999　生活·读书·新知三联书店　2002年5月

2001年秦文化的考古发现与研究概况　昭惠　秦文化论丛（第九辑）　西北大学出版社　2002年7月

秦汉考古　白云翔　中国考古学年鉴2001　文物出版社　2002年12月

2002年秦文化的考古发现与研究概况　昭惠　秦文化论丛（第十辑）　三秦出版社　2003年7月

秦汉时期考古　姜波　中国考古学年鉴2002　文物出版社　2003年10月

也谈秦族源、秦文化考古及有关问题　刘明科　周秦文化与社会研究　陕西师范大学出版社　2003年12月

2003年秦文化的考古发现与研究概况　昭惠　秦文化论丛（第十一辑）　三秦出版社　2004年6月

秦汉时期考古　刘庆柱、申云艳　中国考古学年鉴2003　文物出版社　2004年8月

2004年秦文化的考古发现与研究概况　昭惠　秦文化论丛（第十二辑）　三秦出版社　2005年7月

秦汉时期考古　姜波　中国考古学年鉴2004　文物出版社　2005年8月

秦汉时期考古　赵化成、周繁文　中国考古学年鉴2005　文物出版社　2006年8月

2005年秦文化的考古发现与研究概况　昭惠　秦文化论丛（第十三辑）　三秦出版社　2006年10月

内蒙古地区战国秦汉时期的考古学资料及其研究概况　张文平　内蒙古文物考古　2007年第2期

浅谈民族考古学的学科特点——以审视里耶发现研究为例　彭永庆　湖北民族学院学报　2007年第3期

新世纪以来山东地区先秦秦汉考古的新发现　孙尧奎　山东社会科学　2007年第4期

秦汉时期考古　刘庆柱、徐龙国　中国考古学年鉴2006　文物出版社

2007 年 10 月

2006 年秦文化的考古发现与研究概况　昭惠　秦文化论丛（第十四辑）　三秦出版社　2007 年 10 月

近十年来秦陵考古与秦文化研究述评　田静　秦文化论丛（第十四辑）　三秦出版社　2007 年 10 月

陕西秦汉考古五十年综述　陕西省考古研究院秦汉考古研究部　考古与文物　2008 年第 6 期

秦汉时期考古　杨哲峰、赵化成　中国考古学年鉴 2007　文物出版社　2008 年 10 月

2007 年秦文化的考古发现与研究概况　昭惠　秦文化论丛（第十五辑）　三秦出版社　2008 年 10 月

秦汉至元明时期考古　谷丛　中国历史学年鉴 2000　生活·读书·新知三联书店　2009 年 4 月

秦汉至明清时期考古　赵超　中国历史学年鉴 2001　生活·读书·新知三联书店　2009 年 4 月

秦汉时期考古　刘庆柱、洪石　中国考古学年鉴 2008　文物出版社　2009 年 7 月

秦汉时期考古　姜波　中国考古学年鉴 2009　文物出版社　2010 年 10 月

追溯华夏文明正源　还原帝国辉煌历程——关中—天水经济区秦文化考古工作综述　王炜林等　中国文物报　2010 年 10 月 29 日

2009 秦汉田野考古新发现综述　焦南峰　中国文化遗产 2010 年增刊：中国考古新发现·年度记录 2009

秦汉时期考古　杨哲峰、余雯晶　中国考古学年鉴 2010　文物出版社　2011 年 10 月

南阳秦汉考古学文化的内涵及其历史诠释——以南阳丰泰墓地为个案进行的考察　徐承泰、蒋宏杰　江汉考古　2012 年第 1 期

河南秦汉考古发现与研究概要　刘海旺　华夏考古　2012 年第 2 期

秦汉时期考古　刘振东　中国考古学年鉴 2011　文物出版社　2012 年 11 月

秦汉帝陵制度研究综述（1949—2012）　高凤、徐卫民　秦汉研究（第七辑）

陕西人民出版社　2013 年 10 月

　　秦汉时期考古　杨哲峰、余雯晶　中国考古学年鉴 2012　文物出版社　2013 年 10 月

　　秦汉时期考古　刘瑞　中国考古学年鉴 2013　文物出版社　2014 年 11 月

　　秦汉时期考古　杨哲峰、陈春婷　中国考古学年鉴 2014　中国社会科学出版社　2015 年 10 月

　　秦汉时期考古　刘振东　中国考古学年鉴 2015　中国社会科学出版社　2016 年 10 月

　　早期秦文化的考古发现与研究述评　徐卫民、裴蓓　秦汉研究（第十一辑）　陕西人民出版社　2017 年 9 月

　　秦汉时期考古　韩河　中国考古学年鉴 2016　中国社会科学出版社　2017 年 10 月

　　洛阳考古与汉魏历史研究暨中国秦汉史研究会高层论坛综述　薛瑞泽、李梦星　中国史研究动态　2018 年第 4 期

　　2008—2017 年陕西秦汉考古综述　陕西省考古研究院秦汉考古研究室李岗、田亚岐、肖健一、许卫红、杨武站、孙伟刚　考古与文物　2018 年第 5 期

　　秦汉时期考古　刘瑞　中国考古学年鉴 2017　文物出版社　2018 年 11 月

　　内蒙古战国秦汉考古综述　连吉林、李强　草原文物　2019 年第 1 期

　　秦汉时期考古　杨哲峰、李云河　中国考古学年鉴 2018　中国社会科学出版社　2020 年 6 月

（二）遗址调查与研究

1. 简报

　　陕西调查古迹报告（周、秦）　徐炳昶等　北平研究院院务汇报　1933 年第 3 期

　　秦都咸阳故城遗址的调查和试掘　陕西省考古所渭水队　考古　1962 年第 6 期

　　陕西凤翔南古城村遗址试掘记　陕西省考古所凤翔队　考古　1962 年第 9 期

　　秦都咸阳遗址勘查　陕西省考古研究所凤翔队　考古　1963 年第 8 期

秦都栎阳遗址初步勘查记　田醒农、雒忠如　文物　1966年第1期

秦都咸阳故城遗址发现的窑址和铜器　省博物馆、文管会勘查小组　文物　1974年第1期

秦都咸阳第一号宫殿建筑选址简报　秦都咸阳考古工作站　文物　1976年第11期

广州秦汉造船工场遗址试掘　广州文物管理处等　文物　1977年第4期

陕西凤翔春秋秦国凌阴遗址发掘简报　陕西省雍城考古队　文物　1978年第3期

秦都咸阳发掘报道的若干补正　学理　文物　1979年第2期

秦都咸阳第三号宫殿建筑遗址发掘简报　咸阳市文管会等　考古与文物　1980年第2期

陕西商洛流域古文化遗址调查简报（仰韶、龙山、战国、秦汉）　王迪誉、王宜涛　考古与文物　1981年第3期

凤翔马家庄春秋秦一号建筑遗址第一次发掘简报　陕西省雍城考古队　考古与文物　1982年第5期

一九八二年凤翔雍城秦汉遗址调查简报　陕西省雍城考古队　考古与文物　1984年第2期

秦都雍城钻探试探简报　陕西省雍城考古队　考古与文物　1985年第2期

秦汉栎阳城遗址的勘探和试掘　刘庆柱、李毓芳　考古学报　1985年第3期

凤翔马家庄一号建筑群遗址发掘简报　陕西省雍城考古队　文物　1985年第2期

芷阳遗址调查简报　张海云　文博　1985年第3期

秦汉栎阳城遗址的勘探和试掘　中国社科院考古所栎阳发掘队　考古学报　1985年第3期

《凤翔马家庄一号建筑群遗址发掘简报》补正　尚志儒、赵丛苍　文博　1986年第1期

秦都咸阳古窑遗址调查与试掘简报　赵荣、吕卓民　考古与文物　1986年第3期

秦咸阳宫第二号建筑遗址发掘简报　秦都咸阳考古工作队　考古与文物 1986 年第 4 期

陕西韩城秦汉夏阳故城遗址勘查记　呼林贵　考古与文物　1987 年第 6 期

陕西凤翔凹里秦汉遗址调查简报　陕西省考古所雍城考古队　考古与文物 1989 年第 4 期

淳化县古甘泉山发现秦汉建筑遗址群　王根权、姚生民　考古与文物 1990 年第 2 期

咸阳沙河桥古桥遗址第一次调查简报　张德臣、马先登　文博　1991 年第 3 期

秦芷阳制陶作坊遗址清理简报　陕西省考古所秦陵队　临潼县文物工作队 考古与文物　1995 年第 4 期

长平之战遗址永录 1 号尸骨坑发掘简报　石金鸣、宋建忠　文物　1996 年第 6 期

秦汉骊山汤遗址发掘简报　骆希哲　文物　1996 年第 11 期

辽宁绥中县石碑地秦汉宫城遗址 1993—1995 年发掘简报　华玉冰、杨荣昌 考古　1997 年第 10 期

辽宁绥中县"姜女石"秦汉建筑群址瓦子地遗址一号窑址　辽宁省文物考古研究所姜女石工作站　考古　1997 年第 10 期

辽宁绥中县"姜女石"秦汉建筑群址石碑地遗址的勘探与试掘　华玉冰、杨荣昌　考古　1997 年第 10 期

秦阿房宫遗址考古调查报告　杜征　文博　1998 年第 1 期

陕西澄城良周秦汉宫殿遗址调查简报　姜宝莲、赵强　文博　1998 年第 4 期

陕西眉县成山宫遗址的调查　赵丛苍、刘怀军　考古　1998 年第 6 期

陕西眉县成山宫遗址试掘报告　宝鸡市考古工作队、眉县文化馆　文博 2001 年第 6 期

陕西省眉县成山宫遗址的再调查　眉县文化馆　考古与文物　2002 年第 3 期

湖南龙山里耶战国—秦代古城一号井发掘简报　湖南省文物考古研究所、

湘西土家族苗族自治州文物处、龙山县文物管理所　文物　2003 年第 1 期

宝鸡市陈仓区宁王村遗址调查简报　秦始皇兵马俑博物馆考古队、宝鸡市陈仓区博物馆　秦文化论丛（第十一辑）　三秦出版社　2004 年 6 月

西安市上林苑遗址一号、二号建筑发掘简报　中国社会科学院考古研究所、阿房宫考古工作队、西安市文物保护考古所　考古　2006 年第 2 期

陕西丹凤县秦商邑遗址　商鞅封邑考古队　考古　2006 年第 3 期

宝鸡市陈仓区宁王村遗址调查简报（二）　武丽娜　秦文化论丛（第十三辑）　三秦出版社　2006 年 10 月

上林苑四号建筑遗址的勘探和发掘　中国社会科学院考古研究所、阿房宫考古队、西安市文物保护考古所　考古学报　2007 年第 3 期

西安市上林苑遗址三号建筑及五号建筑排水管道遗迹的发掘　中国社会科学院考古研究所、西安市文物保护考古所、阿房宫考古队　考古　2007 年第 3 期

西安市上林苑遗址六号建筑的勘探和试掘　中国社会科学院考古研究所、西安市文物保护考古所、阿房宫考古队　考古　2007 年第 11 期

2006 年甘肃礼县大堡子山 21 号建筑基址发掘简报　王刚军　文物　2008 年第 11 期

陕西千阳尚家岭秦汉建筑遗址初识　田亚岐　考古与文物　2010 年第 6 期

陕西千阳尚家岭发现秦汉建筑遗址　田亚岐　中国文物报　2010 年 6 月 4 日

磨儿原古城址与秦汧邑关系新考　冯瑞　秦汉研究（第四辑）　三秦出版社　2010 年 8 月

秦雍城豆腐村制陶作坊遗址发掘简报　陕西省考古研究院、宝鸡市考古研究所、凤翔县博物馆　考古与文物　2011 年第 4 期

陕西宝鸡南湾秦汉遗址调查简报　许卫红等　文博　2014 年第 5 期

山东临淄齐故城秦汉铸镜作坊遗址的发掘　杨勇、白云翔、魏成敏、郑同修、韩伟东　考古　2014 年第 6 期

临潼区秦汉大道西段钻探报告　秦始皇帝陵博物院　秦始皇帝陵博物院（总伍辑）　陕西师范大学出版社　2015 年 10 月

2. 论文

(1)咸阳

秦都咸阳故城遗址的调查和试掘　吴梓林、郭长江　考古　1962年第1期

秦都咸阳故城遗址发现的窑址和铜器　陕西省博物馆文管会勘查小组　考古　1974年第1期

秦都咸阳几个问题的初探　刘庆柱　文物　1976年第11期

秦都咸阳第一号遗址复原问题的初步探讨　陶复　文物　1976年第11期

咸阳名称由来新解　王丕忠　西北大学学报　1981年第2期

"秦都咸阳"与"咸阳宫"辨证　王学理　考古与文物　1982年第2期

秦咸阳宫位置推测及其他问题　王丕忠　中国史研究　1982年第4期

由秦都咸阳一号建筑遗址看秦代的卫生设施　张厚墉　考古与文物　1982年第5期

咸阳宫探索　魏效祖　陕西省考古学会第一届年会论文集　考古与文物丛刊第三号　1983年11月

略谈秦都咸阳第三号宫殿建筑遗址壁画的年代　李光军　考古与文物丛刊1983年第3期

集六国精华于一隅——论秦都变迁及咸阳　高介华　华中建筑　1985年第3期

咸阳宫珍奇　张云风　西安晚报　1986年10月20日

秦都咸阳考古工作三十年　陈国英　考古与文物　1988年第5、6期

"咸阳"名称由来与含义考释　张鸿杰　地名知识　1989年第4期

论咸阳城布局形制及其相关问题　刘庆柱　文博　1990年第5期

秦都咸阳城墙存否存疑　王育龙　青海师大学报　1991年第2期

秦都咸阳在世界文化古都中的地位　杜忠潮　咸阳师专学报　1992年第2期

秦都咸阳　雷依群　文史知识　1992年第6期

历史上起过重大作用的都城——咸阳　王丕忠　秦汉论集　陕西人民出版社　1992年11月

秦都咸阳"渭南"宫台庙苑考　刘庆柱、李毓芳　秦汉论集　陕西人民出版社　1992年11月

秦咸旧城若干问题研究　吕卓民　中国历史地理论丛　1994 年第 4 期
历史上咸阳西迁的原因与启迪　杜忠潮　咸阳师专学报　1994 年第 5 期
秦都咸阳宫　孙宇红　中国文物报　1996 年 3 月 1 日
秦国自何处徙都咸阳　张烈　汉中师院学报　1997 年第 4 期
秦成都"与咸阳同制"考辨　李令福　陕西师大学报　1998 年第 1 期
秦都咸阳新论　杨东晨　陕西历史博物馆馆刊（第 5 辑）　西北大学出版社　1998 年 6 月
论秦都咸阳西城东郭说之不能成立　李令福　中国历史地理论丛　1999 年第 1 期
秦都咸阳的几个问题　徐卫民　咸阳师范学院学报　1999 年第 5 期
秦咸阳故城形制　孙德润　文物考古论集　三秦出版社　2000 年 6 月
秦咸阳城及宫殿遗址研究中争论的几个问题综述　岳起　文物考古论集　三秦出版社　2000 年 6 月
秦咸阳一号建筑遗址分析　瑞宝　文物考古论集　三秦出版社　2000 年 6 月
秦都咸阳的自然环境及其保护　李虎　秦俑秦文化研究——秦俑学第五届学术讨论会论文集　陕西人民出版社　2000 年 8 月
法天意识在秦都咸阳建设中的规划与实施　王学理　秦俑秦文化研究——秦俑学第五届学术讨论会论文集　陕西人民出版社　2000 年 8 月
咸阳城与成都城的比较研究——兼谈秦文化与巴蜀文化的交流　彭文、花艳芳　秦俑秦文化研究——秦俑学第五届学术讨论会论文集　陕西人民出版社　2000 年 8 月
秦成都与咸阳同制　李令福　中国古都研究（第十四辑）　三秦出版社　2000 年 10 月
论秦都咸阳和汉都长安的关系　徐卫民　秦文化论丛（第八辑）　陕西人民出版社　2001 年 8 月
秦都咸阳相关问题探讨　时瑞宝　中国历史地理论丛　2002 年第 2 期
论秦都咸阳的城郊范围　李令福　中国历史地理论丛　2002 年第 2 期
秦咸阳城考辨　张沛　文博　2002 年第 4 期
秦咸阳城郭形态的再探讨　韩建华　文博　2002 年第 4 期

秦咸阳都城"法天"反思　张德臣　咸阳师范学院学报　2003年第1期；秦陵秦俑研究动态　2003年第2期

秦都咸阳在中国古代都城史上的地位　李自智　考古与文物　2003年第2期

秦咸阳城布局及相关问题　张沛　文博　2003年第3期

试论秦国秦朝都城的布局和方向　杨东晨　秦陵秦俑研究动态　2003年第3期

秦都咸阳的手工业和商业遗存初探　徐龙国　文博　2003年第4期

秦定都咸阳的生态地理学与经济地理学分析　王子今　人文杂志　2003年第5期；秦都咸阳与秦文化研究　陕西人民教育出版社　2003年11月

秦都咸阳人口数量分类研究　李虎　咸阳师院学报　2003年第5期；秦都咸阳与秦文化研究　陕西人民教育出版社　2003年11月

试论秦都咸阳建筑装饰及特点　蒋文孝　秦文化论丛（第十辑）　三秦出版社　2003年7月；秦都咸阳与秦文化研究　陕西人民教育出版社　2003年11月

关于秦都城咸阳及秦文化研究的几点见解　朱士光　秦都咸阳与秦文化研究　陕西人民教育出版社　2003年11月

秦都咸阳考古的回顾与研究述略　王学理　秦都咸阳与秦文化研究　陕西人民教育出版社　2003年11月

秦都咸阳在中国古代都城史上的地位　李自智　秦都咸阳与秦文化研究　陕西人民教育出版社　2003年11月

论秦都咸阳的城郊范围　李令福　秦都咸阳与秦文化研究　陕西人民教育出版社　2003年11月

秦咸阳宫殿建筑遗址卫生设施三则　王晓谋、贺雅君　秦都咸阳与秦文化研究　陕西人民教育出版社　2003年11月

论秦人文化的现代意义　张世民、时瑞宝　秦都咸阳与秦文化研究——秦文化学术研讨会论文集　陕西人民教育出版社　2003年11月

秦都咸阳生态环境研究　雷依群　咸阳师范学院学报　2004年第1期

秦咸阳与汉长安的城市水利与环境　[日]村松弘一　秦汉史论丛（第九辑）　三秦出版社　2004年7月

秦都咸阳厩苑考　李令福、刘艳　中国古都研究(第十五辑)　三秦出版社 2004 年 8 月

秦都咸阳对周围环境的改造和利用　徐卫民　咸阳师范学院学报　2005 年第 5 期

古咸阳城考　张沛　咸阳师范学院学报　2006 年第 3 期

关于秦都咸阳的地下水位　王子今　秦文化论丛(第十三辑)　三秦出版社　2006 年 10 月

秦咸阳发现的楚国陈爰金版试析　时瑞宝、白刚　咸阳师范学院学报 2007 年第 1 期

秦都咸阳生态环境研究　雷依群　秦汉研究(第一辑)　三秦出版社 2007 年 1 月

从秦咸阳到汉长安的城制重叠(上、下)　王学理　文博　2007 年第 5 期、2007 年第 6 期

秦都咸阳对周围环境的改造与利用　徐卫民　考古与文物 2007 年增刊·汉唐考古

对秦咸阳城市范围及相关问题的再认识　时瑞宝　咸阳师范学院学报 2008 年第 1 期

咸阳塬上"秦陵"的发现和确认　刘卫鹏、岳起　文物　2008 年第 4 期

两千年前战国秦代古城现身渭河河床初步判断：当是秦孝公所筑咸阳城　雷依群　秦汉研究(第三辑)　陕西人民出版社　2009 年 8 月

浅议秦都咸阳与秦始皇陵形制规模及设计思想　倪小勇　秦汉研究(第三辑)　陕西人民出版社　2009 年 8 月

秦咸阳城遗址考古发现的回顾及其研究的再思考　刘庆柱　里耶古城·秦简与秦文化研究：中国里耶古城·秦简与秦文化国际学术研讨会论文集　科学出版社　2009 年 10 月

秦都咸阳与汉都长安地位的消长　王学理　三秦文史　2010 年第 2 期

以讹传讹"咸阳宫"一扫蒙尘显"冀阙"——对秦都咸阳 1 号宫殿遗址定性的匡正　王学理　文博　2011 年第 2 期

秦咸阳城遗址的保护和利用刍议　周萍　文博　2011 年第 6 期

秦都咸阳规划设计与营建研究评述　郭璐　城市与区域规划研究　2013

年第 2 期

东都咸阳:帝国的巅峰　侯宁彬、耿庆刚　中国文化遗产　2013 年第 2 期

汉长安曾是秦咸阳的渭南新区——论两代都城城制的重叠　王学理　西安文物考古研究(二)　三秦出版社　2013 年 3 月

秦咸阳宫考古遗址公园规划与建设策略研究　崔鹏、吴欣　宁夏大学学报 2014 年第 4 期

苦寻消逝了的壮美:秦都咸阳考古亲历记　王学理　大众考古　2014 年第 6 期

早期中西交通线路上的丰镐与咸阳　王子今　西北大学学报　2015 年第 1 期

咸阳原两座秦陵园主人之蠡测　丁岩　考古与文物　2015 年第 2 期

秦都咸阳城(北区)西界点的分析　许卫红、苏庆元　北方文物　2016 年第 1 期

秦咸阳城遗址石磬残件分析　许卫红、张杨、耿庆刚　文博　2016 年第 2 期

秦咸阳象天设都空间模式初探　郭璐　古代文明　2016 年第 2 期

不以事小而不为　秦都咸阳城考古琐记　许卫红　大众考古　2016 年第 3 期

秦都咸阳外郭城蠡测　肖健一　秦始皇帝陵博物院(总陆辑)　陕西师范大学出版社　2016 年 10 月

咸阳周边秦墓的时空范围　肖健一、师瑞玲、张小涓　西安电子科技大学 2017 年第 4 期

秦咸阳城北区取水设施初析　张娟妮　文博　2018 年第 5 期

秦都咸阳"天极"问题研究　李景山　黄河·黄土·黄种人　2018 年第 6 期

秦都咸阳城门与城郭问题新解　田大刚　城市史研究　2019 年第 1 期

何处觅咸阳——渭桥发现的启示　刘瑞　秦史:崛起与统一　西北大学出版社　2019 年 2 月

（2）雍城

规模巨大的秦雍城遗址　尚志儒、赵丛苍　西安晚报　1984年3月1日

凤翔县发现大型春秋秦国建筑遗址　中国历史学年鉴1984　人民出版社　1984年

马家庄秦宗庙建筑制度研究　韩伟　文物　1985年第2期

秦公朝寝钻探图考释　韩伟　考古与文物　1985年第2期

我国考古工作者揭示出秦故都——雍城遗址面貌　白建钢等　光明日报　1985年6月24日

凤翔县探明早期的秦都雍城　中国考古学年鉴1985年　文物出版社　1985年12月

秦都雍城何处寻　韩伟、李淼　人民画报　1986年第1期

秦都雍城考古述要　朱凤瀚　历史教学　1986年第11期

秦都雍城的重大考古发现　卜云彤等　瞭望　1986年第27期

秦都雍城考古综述　韩伟、焦南峰　考古与文物　1988年第5、6期

秦都雍城的总体布局与考古发掘　尚志儒　中国文物报　1990年6月28日

凤翔秦雍城　尚志儒、赵丛苍　中国考古学年鉴1989　文物出版社　1990年10月

秦国雍城附近的苑囿　何清谷　秦汉论集　陕西人民出版社　1992年11月

秦都雍城布局与结构探讨　尚志儒、赵丛苍　考古学研究——纪念陕西省考古所成立三十周年　三秦出版社　1993年10月

秦都雍城的城郭形态及有关问题　李自智　考古与文物　1996年第2期

试论雍城在秦史中的地位　张文祥　秦陵秦俑研究动态　1996年第4期

秦迁置雍城的环境优势及其特征　田亚岐　远望集——陕西省考古研究所华诞四十周年纪念文集　陕西人民美术出版社　1998年12月

关于雍城考古的几个问题　梁云　陕西历史博物馆馆刊（第8辑）　三秦出版社　2001年6月

秦都雍城考论　徐卫民　秦汉史论丛（第八辑）　云南大学出版社　2001年9月

秦雍城置都年限考辨　田亚岐、张文江　文博　2003年第1期；炎帝与汉民族论集　三秦出版社　2003年6月

秦雍城马家庄宗庙遗址祭祀遗存的再探讨　滕铭予　华夏考古　2003年第3期

秦都雍城与晋都新田城的比较研究　徐卫民　宝鸡文理学院学报　2003年第6期

雍城秦公陵园围沟的发现及其意义　田亚岐　秦文化论丛（第十辑）　三秦出版社　2003年7月

秦公一号大墓保护复原工程的实施及其意义　赵生祥　秦都咸阳与秦文化研究　陕西人民教育出版社　2003年11月

论秦汉雍地诸畤中的炎帝之祠　王子今　文博　2005年第6期

秦都雍城功能与格局的典型性特征　田亚岐、任周芳　嬴秦溯源：秦文化特展　台北故宫博物院　2006年7月

初探秦都雍城兴起的历史地理原因　丁晓雯　早期秦文化研究　三秦出版社　2006年8月

雍城秦公陵园诸公墓主考识　田亚岐、徐卫民　秦汉研究（第二辑）　三秦出版社　2007年11月

秦都雍城陶质建材作坊遗址　田亚岐　中国考古学年鉴2007　文物出版社　2008年10月

陕西凤翔雍城秦公陵园遗址　田亚岐等　中国文化遗产2010年增刊：中国考古新发现·年度记录2009

陕西凤翔：秦雍城城内道路系统考古工作取得阶段性成果　田亚岐、耿庆刚、景宏伟、张成　中国文物报　2011年12月16日

雍城考古记忆　叶娃　中国文物报　2012年6月15日

韩伟先生对秦雍城考古保护的卓越贡献　田亚岐　中国文物报　2012年6月15日

秦雍城遗址考古工作回顾与展望　田亚岐　秦始皇帝陵博物院（总贰辑）　三秦出版社　2012年7月

凤翔县秦雍城遗址　田亚岐　中国考古学年鉴2011　文物出版社　2012年11月

秦雍城"微观"考古新发现"城堙河濒"实景　杨永林、张哲浩　光明日报 2013年1月8日

雍城三百年:秦国建制最久之都　田亚岐　中国文化遗产　2013年第2期

大遗址保护展示的现状、问题与对策——以秦雍城遗址为例　刘卫红　宝鸡文理学院学报　2013年第3期

秦都雍城布局研究　田亚岐　考古与文物　2013年第5期

秦雍城豆腐村与马家庄出土瓦件的建筑学模拟实验观察　田亚岐　文博 2013年第5期

秦都雍城及其历史作用研究　徐卫民、裴蓓　秦汉研究(第七辑)　陕西人民出版社　2013年10月

雍秦文化的特点和历史地位　杨曙明　陕西社会科学　2015年第1期

秦都雍城考古录　田亚岐　大众考古　2015年第4期

秦都雍城及其历史地位　赵戈　宝鸡文理学院学报　2015年第4期

秦雍城城郭形态与演变的新观察　田亚岐、王元、郁彩玲　秦始皇帝陵博物院(总伍辑)　陕西师范大学出版社　2015年10月

秦雍城制陶作坊选址与工艺流程观察　田亚岐　秦始皇帝陵博物院(总陆辑)　陕西师范大学出版社　2016年10月

陕西凤翔发现秦国国君和西汉皇帝亲临主祭的国家大型祭天场所　陕西省考古研究院　中国文物报　2016年12月9日

陕西凤翔雍山血池秦汉祭祀遗址　田亚岐　2016中国重要考古发现　文物出版社　2017年4月

雍山血池遗址与汉高祖刘邦北畤考　杨曙明　秦汉研究(第十一辑)　陕西人民出版社　2017年9月

秦都雍城凌阴遗址相关问题再认识　田原曦　秦始皇帝陵博物院(总捌辑)　西北大学出版社　2018年9月

雍城遗址保护与区域协同发展研究　赵巧　秦始皇帝陵博物院(总捌辑) 西北大学出版社　2018年9月

陕西凤翔雍山血池秦汉祭祀遗址　田亚岐　中国考古学年鉴2017　文物出版社　2018年11月

雍城:东周秦都与秦汉"圣城"布局沿革之考古材料新解读　田亚岐　新果

集(二)——庆祝林沄先生八十华诞论文集　科学出版社　2018年12月

论雍城在秦国发展史上的重要地位　杨东晨　秦史:崛起与统一　西北大学出版社　2019年2月

秦雍城"城堑河濒"筑城模式的源流探讨　葛衍泽　秦汉研究(第十三辑)　西北大学出版社　2019年9月

血池遗址保护利用对策研究　郁菁　陕西历史博物馆论丛(第26辑)　三秦出版社　2019年12月

(3)栎阳

秦献公都栎阳说质疑　王子今　考古与文物　1982年第5期

秦都栎阳本属史实　刘荣庆　考古与文物　1986年第5期

栎阳非秦都辨　王子今　考古与文物　1990年第3期

秦之栎阳　徐卫民　宝鸡师院学报　1992年第1期

秦都栎阳城考辨　曲英杰　西北史地　1992年第1期

泾阳、栎阳并非秦都　张沛　陕西历史博物馆馆刊(第14辑)　三秦出版社　2007年10月

河西之争与秦都栎阳　陈正奇　秦汉研究(第四辑)　三秦出版社　2010年8月

西安秦汉栎阳城考古新进展——确定战国栎阳城位置并发现汉唐白渠　刘瑞、李毓芳、王自力、宁琰、柴怡　中国文物报　2015年9月11日

陕西西安秦汉栎阳城遗址考古取得重要收获　中国社会科学院考古研究所西安市文物保护考古研究院刘瑞、李毓芳、张翔宇、高博　中国文物报　2018年2月23日

西安阎良秦汉栎阳城遗址　2017中国重要考古发现　文物出版社　2018年4月

(4)阿房宫

阿房宫考　阎文儒　西京胜迹考　西安新中国文化出版社　1943年6月

阿房宫　王宜昌　文史杂志　第3卷第3、4期　1944年2月

阿房宫遗址　陈略　羊城晚报　1961年2月26日

秦阿房宫与汉长乐　陆君祺　华侨日报　1963年11月18日

阿房宫和秦始皇陵　武伯纶等　陕西日报　1979年9月23日

阿房宫与《阿房宫赋》　王丕忠　西北大学学报　1980年第3期
咸阳名称由来新解　王丕忠　西北大学学报　1981年第2期
"阿房宫"名称考辨　封五昌　人文杂志　1981年第3期
阿房宫　张荣庆　古建园林技术　1984年第1期
阿房宫辨正　王学理　考古与文物　1984年第3期
秦书未灭阿房宫　秦京牛　读书　1985年第11期
秦阿房宫管见　何清谷　文博　1988年第3期
阿房宫名新释　杨春霖　陕西日报　1989年12月14日
关中秦宫殿述略　何清谷　宝鸡师院学报　1990年第1期
西安秦阿房宫的布局　杜征　中国文物报　1995年4月16日
秦阿房宫遗址　韩保全　文博　1996年第2期
关于阿房宫的几个问题　辛玉璞　史念海先生八十寿辰学术文集　陕西师范大学出版社　1996年2月
"阿房宫"含义别说　辛玉璞　秦文化论丛（第五辑）　西北大学出版社　1997年6月
关于"阿房宫"之名　黄怀信　文博　1998年第2期
阿房宫名考　雍芳泉　华夏文化　1998年第3期
"阿房"余论　尚黑　秦文化论丛（第六辑）　西北大学出版社　1998年6月
"阿房"音义考　孙华　咸阳师院学报　2002年第1期
西安市阿房宫遗址的考古新发现　中国社会科学院考古研究所、西安市文物保护考古所、阿房宫考古工作队　考古　2004年第4期
秦阿房宫遗址的考古收获与保护设想　中国社科院考古研究所、西安市文物保护考古研究所阿房宫考古工作队、西安考古文物研究　陕西人民出版社　2004年11月
观念中的阿房宫之倒塌　刘庆柱　北京日报　2004年12月20日
对阿房宫前殿遗址几点新的认识　阿房宫考古工作队　中国文物报　2004年12月24日
阿房宫前殿遗址的考古勘探与发掘　中国社会科学院考古研究所、西安市文物保护研究所、阿房宫考古工作队　考古学报　2005年第2期

战国秦上林苑遗址发现流水景观——阿房宫考古队新发现　李毓芳　文史知识　2005年第2期

阿房宫概念与阿房宫考古　杨东宇、段清波　考古与文物　2006年第2期

关于阿房宫的几个问题　朱思红　文博　2006年第2期

阿房宫西边界确定——阿房宫考古队2005年新进展　李毓芳、娄建勇　文史知识　2006年第3期

"阿房宫""阿房前殿"与"前殿阿房"的考古学解读　王学理　周秦汉唐文化研究（第四辑）　三秦出版社　2006年；文博　2007年第1期

寻找阿房宫　宫一宁　百科知识　2006年第6期

阿房宫得名新解　王伟　秦文化论丛（第十四辑）　三秦出版社　2007年10月

近年来阿房宫遗址的考古收获　李毓芳等　中国文物报　2008年1月4日

秦阿房宫遗址考古及其对历史研究的启示　刘庆柱　中国文物报　2008年1月4日

秦阿房宫遗址的考古发现与研究——兼谈历史资料的科学性与真实性　刘庆柱　徐州师范大学学报　2008年2期

彻底揭开秦阿房宫的神秘面纱　李毓芳　文史知识　2008年第4期

阿房宫前殿遗址的考古发现与研究　李毓芳　周秦汉唐文明研究论集　上海古籍出版社　2008年11月

司马迁笔下的"阿房宫"可信性初探　项福库、王明月　沧桑　2009年第1期

秦代两度修建阿房宫未成原因新探　项福库　贵州文史丛刊　2009年第3期

考古发掘中与《史记》记载中的"阿房宫"一致性新探　项福库　沧桑　2009年第5期

秦阿房宫研究评述　李晓芳　秦汉研究（第六辑）　陕西人民出版社　2012年8月

秦阿房宫的考古收获　李毓芳、王自力　里耶古城·秦简与秦文化研究：中国里耶古城·秦简与秦文化国际学术研讨会论文集　科学出版社　2009年

10月

何处阿房宫——苏秉琦先生的阿房宫探索　刘瑞　中国文物报　2012年10月26日

浅析秦阿房宫与始皇陵的"未建成"迹象　刘娟　陕西历史博物馆馆刊（第22辑）　三秦出版社　2015年10月

对秦"咸阳宫""阿房宫"的误判应正名　王学理　秦文化探研——甘肃秦文化研究会第二次学术研讨会论文集　甘肃人民出版社　2015年11月

"阿房前殿"与"前殿阿房"　王学理　文博　2017年第1期

夏鼐先生的阿房宫调查与阿房宫认识　刘瑞　中国文物报　2017年7月14日

阿房宫：从考古学开展秦统一研究的核心遗存　刘瑞　光明日报　2017年7月17日

（5）长城、关塞

秦长城东端考　傅运森　地学杂志　第2卷第17期　1911年

秦始皇与长城　北平晨报艺圃　1936年11月2日、4日、10日

万里长城的兴筑及传说　侯绍文　建设　第2卷第6期　1953年11月

万里长城的国防价值及其厄运　侯绍文　建设　第2卷第7期　1953年12月

秦代长城是否东抵大同江之考证　侯绍文　建设　第3卷第1期　1954年6月

万里长城东方所起的考证（上、中、下）　黄恒浩　反攻　第261、262、263期　1963年12月——1964年2月

临洮秦长城、敦煌玉门关、酒泉嘉峪关勘查简记　罗哲文　文物　1964年第6期

不可磨灭的历史功绩——评秦始皇修万里长城　宫照仪等　郑州大学学报　1974年第2期

内蒙古西北部秦汉长城调查记　唐晓峰　文物　1977年第5期

黄河中游战国及秦时诸长城遗迹的探索　史念海　陕西师大学报　1978年第2期；中国长城调查报告集　文物出版社　1981年2月

鄂尔多斯高原东部战国时期秦长城遗迹探索记　史念海　考古与文物

1980 年第 1 期

内蒙古境内战国秦汉长城遗迹　陆思贤、盖山林　中国考古学会第一次年会论文集　文物出版社　1980 年 12 月

战国秦汉时期长城的发现与研究　郑绍宗　河北师院学报　1981 年第 1 期

燕秦汉古长城的新发现秦代长城西起何地　李晓东、李乃毅　河北日报 1981 年 10 月 5 日；文汇报　1981 年 12 月 5 日

万里长城西部起首于今临洮辩　孙益民、王楷　兰州学刊　1982 年第 1 期

东北境内燕、秦长城考　李殿福　黑龙江文物丛刊　1982 年第 1 期

韩、魏、楚、秦及明代长城考　朱丕生撰文，全振绥图　察哈尔省文献（第 10 期）　1982 年 2 月

秦时长城今犹在　鲜肖威　文史知识　1982 年第 12 期

广东秦关考订　余天炽　秦汉史论丛（第二辑）　陕西人民出版社　1983 年 7 月

秦始皇万里长城首起处遗迹求索　巩如旭　西北史地　1984 年第 2 期

甘肃境内秦长城遗迹　调查及考证　陈守忠　西北史地　1984 年第 2 期

秦长城到底有多长　张艳国　历史教学问题　1984 年第 5 期

陇上秦长城调查之三——静宁至华池段　陈守忠　西北师范学报　1984 年增刊；敦煌学研究　1984 年增刊

战国时代的长城　杨东晨　历史知识　1985 年第 1 期

论魏国西长城的走向——与陈孟冬、刘合心同志商榷　辛德勇、李诚　人文杂志　1985 年第 1 期

秦统一后在河套地区修筑的长城　严宾　内蒙古师大学报　1985 年第 2 期

踏查春秋战国秦晋长城遗址（华县东孙家庄北原头）　呼林贵　陕西师大学报　1985 年第 3 期

陕西华阴境内秦魏长城考　夏振英、呼林贵　文博　1985 年第 3 期

秦长城究竟有多长　胡大贵　历史知识　1985 年第 5 期

长城、秦始皇及其他　周修强　人民日报　1985 年 8 月 2 日

洛河右岸战国时期秦长城遗迹的探索　史念海　文物　1985 年第 11 期；

河山集·三集　人民出版社　1988年1月

战国、秦、汉长城调查　文物天地　1986年第2期

万里长城与道路交通　鲁人勇　公路交通编史研究　1986年第4期

战国秦汉防边长城的出现及其防御体系的发展　江淳　中国秦汉史研究会通讯　第13期　1987年4月

秦于始皇三十三年始筑长城考　岳庆平　中国秦汉史研究会通讯　第13期　1987年4月

关中东部秦魏诸长城遗迹的再探索　王重九　历史地理　1987年第1期

定西地区战国秦长城遗迹考察记　何钰　文物　1987年第7期

包头与阴山赵秦汉长城的关系初探　江枫　阴山学刊　1988年第2期

神木县窑野河上游秦长城调查记　戴应新、康兰英　考古与文物　1988年第2期

秦长城西端遗迹探索　景生魁　甘肃社会科学　1988年第3期

秦汉长城与北边交通　王子今　历史研究　1988年第6期

战国秦汉长城修建原因浅析　罗庆康　内蒙古社会科学　1988年第6期

秦始皇长城北段的考察　何清谷　人文杂志　1989年第4期

甘肃永靖县的秦汉长城烽燧遗址　马杰英　文博　1989年第6期

战国秦长城与秦始皇长城　吴祁骧　西北史地　1990年第2期

延安地区战国秦长城考察简报　延安地区文化普查队　考古与文物　1990年第6期

榆林新发现一段秦汉长城遗址　戴志尚、刘合心　中国文物报　1991年1月27日;中国考古学年鉴1991　文物出版社　1992年8月;中国历史学年鉴1992　生活·读书·新知三联书店　1993年7月

战国秦长城考察与研究　彭曦　宝鸡师院学报　1991年第3期

《秦长城与腾格里沙漠》跋　史念海　中国历史地理论丛　1992年第2期;河山集·七集　陕西师范大学出版社　1999年1月

秦长城起首地——"临洮"考　王宗元　西北师大学报　1992年第3期

甘肃永境县内秦长城质疑　鲜明、尚无志　文博　1992年第3期

秦长城起首与发现者　刘希龙　兰州学刊　1992年第5期

甘肃境内秦长城遗迹调查及考证　陈守忠、王宗元　亚洲文明(一)　安徽

教育出版社　1992 年 7 月

鸭绿江畔发现燕秦长城东段遗迹　中国历史学年鉴1992　生活·读书·新知三联书店　1993 年 7 月

榆林市境内新发现一段秦汉长城遗址　戴志尚、刘合心　文博　1993 年第 2 期

秦长城与腾格里沙漠　景爱　中国历史地理论丛　1993 年第 2 期

陕西合阳新发现战国时期秦长城　姚双军　考古与文物　1993 年第 3 期

论秦汉长城的修建、作用与历史价值　李召朝等　长城学刊　1994 年第 1 期

论秦直通与秦长城的关系　李仲立　庆阳师专学报　1994 年第 1 期

秦长城西部起首崆峒山刍议　何珏　社科纵横　1994 年第 1 期

长城国际学术研究会内容综述　李鸿宾　中国史研究动态　1994 年第 12 期

秦汉长城的建筑与汉民族的形成　陈江　东南文化　1995 年第 1 期

秦长城、秦都城与秦文化　彭曦　秦陵秦俑研究动态　1995 年第 2 期

《史记》秦代长城起始地之考辨　艾冲　司马迁与史记论集（第二辑）　陕西人民出版社　1995 年 7 月

长城国际学术研讨会在北京举行　中国历史学年鉴1995　生活·读书·新知三联书店　1995 年 12 月

"北萧关"考——兼证萧关原址在今甘肃庆阳地区环县城北二里　张耀民　庆阳师专学报　1996 年第 1 期

陕西富县秦"上郡塞"长城踏察　姬乃军　考古　1996 年第 3 期

"秦故空地上下鄣"考　刘子敏　博物馆研究　1996 年第 3 期

秦简公"堑洛"遗迹考察简报　彭曦　文物　1996 年第 4 期

甘肃境内秦长城考察记略　李并成　丝绸之路　1996 年第 6 期

历史上的秦汉萧关与唐宋萧关　薛正昌　甘肃社会科学　1997 年第 3 期

历史的足迹——秦长城　王晓玲　中国文物报　1998 年 5 月 17 日

内蒙古阴山小佘太秦长城　王大方　文物天地　2000 年第 1 期

内蒙古秦长城维修初战告捷　王大方　中国文物报　2000 年 4 月 19 日

包头境内的战国秦汉长城与古城　包头市文物管理处、达茂旗文物管理所

内蒙古文物考古　2000年第1期

辽东地区燕秦汉长城障塞的考古学考察研究　萧景全　北方文物　2000年第3期

甘、宁地区秦长城考察记　史党社、田静　纪念林剑鸣教授史学论文集　中国社会科学出版社　2002年1月

秦汉长城的生态史考察　王子今　中国(香港)长城历史文化研讨会论文集　长城(香港)文化出版公司　2002年10月

长城在秦汉时之建制及其作用　朱国能　中国(香港)长城历史文化研讨会论文集　长城(香港)文化出版公司　2002年10月

陕西渭南地区的秦魏长城与城址考察　史党社　秦文化论丛(第十辑)　三秦出版社　2003年7月

秦汉长城的建筑与汉民族的形成　陈江　南京博物院文物博物馆考古文集　文物出版社　2003年10月

秦长城的误会　阿遥　中国文物报　2004年6月25日

阴山高阙与阳山高阙辨析——并论秦始皇万里长城西段走向以及长城之起源诸问题　辛德勇　文史　2005年第3期

张家山汉简所示汉初西北隅边境解析——附论秦昭襄王长城北端走向与九原云中两郡战略地位　辛德勇　历史研究　2006年第1期

蒙恬所筑长城位置考　贾衣肯　中国史研究　2006年第1期

关于秦始皇长城西端起首地"临洮"的几种说法简评——兼论秦始皇"万里长城"之所指　史党社、田静　秦汉研究(第一辑)　三秦出版社　2007年1月

甘肃境内战国秦长城和汉长城保护研究　赵海英　岩石力学与工程学报　2007年第1期

辽北境内燕秦汉长城及相关遗迹遗物的发现和研究　许志国　博物馆研究　2007年第2期

中卫境内长城烽燧考辨　冯万和　宁夏史志　2007年第5期

临洮秦长城现状　陈国科、杨海东　陇右文博　2008年第2期

浅谈芦苇在秦汉长城基础中的应用　张青　科技信息　2008年第3期

对战国秦(昭王)长城考察与研究中再认识的几个问题　彭曦　秦文化论丛(第十五辑)　三秦出版社　2008年10月

华阴市魏长城　岳连建、刘军　中国考古学年鉴2007　文物出版社　2008年10月

从考古材料谈长城的起源　张长海　文物世界　2009年第2期

固原战国秦长城调查　冯国富、海梅　宁夏师范学院学报　2009年第4期

春秋战国时期秦晋（魏）对河西地区的争夺研究——兼论战国时期秦"堑洛"长城　陈探戈　秦汉研究（第四辑）　三秦出版社　2010年8月

燕秦汉辽东长城障塞遗址的量化统计分析　李树林、李妍　北方文物　2011年第2期

秦始皇筑长城考　袁怡　职大学报　2011年第3期

神木县西沟秦长城遗址发掘、调查报告　陕西省考古研究院、榆林市文物考古勘探工作队、神木县文管办　考古与文物　2011年第3期

榆林神木西沟秦长城遗址　肖健一、康宁武、屈凤鸣、尚爱红　留住文明：陕西"十一五"期间基本建设考古重要发现（2006—2010）　三秦出版社　2011年5月

甘肃陇西县境内战国秦长城走向调查　金迪　咸阳师范学院学报　2011年3期；秦汉研究（第五辑）　三秦出版社　2011年9月

通化县秦汉长城　赵海龙、王利　中国考古学年鉴2010　文物出版社　2011年10月

通化浑江流域燕秦汉辽东长城障塞调查　李树林、李妍　东北史地　2012年第2期

秦简公"堑洛"考　于春雷　考古与文物　2012年第5期

秦始皇长城研究综述　徐卫民　秦汉研究（第六辑）　陕西人民出版社　2012年8月

甘肃环县战国秦长城调查　刘肖睿、陈探戈　秦汉研究（第六辑）　陕西人民出版社　2012年8月

试论燕秦长城走向问题　褚亚龙　秦汉研究（第六辑）　陕西人民出版社　2012年8月

通化县秦汉长城资源调查　赵海龙、顾聆博、王利　中国考古学年鉴2011　文物出版社　2012年11月

战国秦长城的研究进展和尚待解决的问解　张多勇、马秋莲　华夏考古

2013 年第 1 期

秦开东拓与修筑燕北长城时间新考　李树林、李妍　通化师范学院学报 2013 年第 1 期

交通史视角的秦汉长城考察　王子今　石家庄学院学报　2013 年第 2 期

秦汉北方长城沿线地带城邑平面形制形成原因初探　赵旭　文博　2013 年第 6 期

固原战国秦长城的调查研究与保护利用　田鹏飞、余贵孝　中国长城博物馆　文化遗产保护与文化产业发展研讨会文集　2014 年

论战国秦汉时期长城的多重功能　王绍东、杜婷　内蒙古社会科学　2015 年第 2 期

秦汉时期长城墙体构筑工艺研究　薛程　秦汉研究（第九辑）　陕西人民出版社　2015 年 8 月

从战国秦长城选址看当时西北边疆的形势与认知　于春雷　秦汉研究（第九辑）　陕西人民出版社　2015 年 8 月

再议甘肃静宁段战国秦长城走向及防御形式　同杨阳　秦汉研究（第九辑）　陕西人民出版社　2015 年 8 月

秦"武关"变迁与楚长城防线　王学理　长安学研究（一）　中华书局 2016 年 1 月

甘肃无秦始皇长城考　同杨阳、段清波　中国历史地理论丛　2016 年第 4 期

也谈甘肃秦始皇时期长城——与《甘肃无秦始皇长城考》商榷　徐卫民、胡岩　中国历史地理论丛　2017 年第 4 期

追寻逝去的狼烟——"固阳秦汉长城与北魏怀朔镇学术研讨会"综述　李思佳　中国文物报　2017 年 12 月 1 日

宁夏战国秦长城布防特征探析　王仁芳　河北地质大学学报　2018 年第 4 期

秦汉长城与丝绸之路　王子今　视界观　2018 年第 5 期

城墙与文明——通辽境内秦汉长城考　包海平、闫洪森　黑龙江史志 2018 年第 11 期

秦始皇长城与直道研究两则　徐卫民、裴蓓　秦汉研究（第十三辑）　西北

大学出版社　2019年9月

乌拉特前旗秦长城的保护与管理　李金梅　中国文物报　2019年8月16日

秦长城粮食供应系统研究　郝妍、段清波　秦汉研究(第十三辑)　西北大学出版社　2019年9月

(6)直道

秦始皇直道遗迹的探索　史念海　陕西师范大学学报　1975年第3期;文物　1975年第10期;河山集·四集　陕西师范大学出版社　1991年12月

秦始皇"直道"遗迹的考证　高仲谦　陕西文献　第49期　1982年4月

秦"直道"考察记　李进　陕西交通史志通讯　1986年第5期

我所走过的"秦直道"　兰草　陕西交通史志通讯　1986年第5期

"秦直道"的开凿及其历史作用　姬乃军　陕西交通史志通讯　1986年第5期

富县境内秦直道遗迹考——兼谈开发和利用　陈耀邦　陕西交通史志通讯　1986年第5期

榆林境内"秦直道"的历史演变　张建海　陕西交通史志通讯　1986年第5期

秦直通新探　土开　陕西交通史志通讯　1986年第5期;西北史地　1987年第2期;成都大学学报　1989年第1期

论秦直道的开发利用　陈耀邦　陕西日报　1986年11月20日

古桥门与秦直道考　王北辰　北京大学学报　1988年第1期

毛乌素沙漠中秦汉"直道"遗址探寻　贺清海、王开　西北史地　1988年第2期;成都大学学报　1989年第1期

李仲立教授调查证实秦直通曾经甘肃　武国英　中国文物报　1988年3月18日

直道和甘泉宫遗迹质疑　史念海　中国历史地理论丛　1988年第3期;河山集·四集　陕西师范大学出版社　1991年12月

秦直道调查记　孙相武　文博　1988年第4期

延安境内秦直通调查报告之一　延安地区文物普查队　考古与文物　1989年第1期

与王北辰先生论古桥门与秦直道书　史念海　中国历史地理论丛　1989年第4期;河山集·四集　陕西师范大学出版社　1991年12月

再与王北辰先生论古桥门与直道书　史念海　中国历史地理论丛　1989年第4期;河山集·四集　陕西师范大学出版社　1991年12月

陕北发现秦直道行宫遗址　姬乃军　中国文物报　1989年7月14日

秦直道曾经过甘肃　武国英　中国文物报　1989年7月28日

甘肃庆阳地区秦直道考察报告　李仲立　庆阳师专学报　1990年第2期;甘肃社会科学　1991年第3期

延安境内秦直道调查报告之二　延安地区文物普查队　考古与文物　1991年第5期

秦始皇直道沿线的扶苏传说　王子今等　民间文学论坛　1992年第2期

甘肃境内秦直道管见　李仲立　秦陵秦俑研究动态　1992年第4期

陕西志丹永宁乡发现秦直道行宫遗址　姬乃军　考古　1992年第10期

秦直道走向考辨　姬乃军　秦文化论丛(第二辑)　西北大学出版社　1993年12月

秦代的国道——直道　木子　中国文物报　1994年1月2日

论秦直道与秦长城的关系　李仲立　庆阳师专学报　1994年第1期

再论秦直道　吕卓民　文博　1994年第2期

西周、战国时期秦直道子午岭路段成型　李仲立　先秦史与巴蜀文化论集　历史教学社　1995年10月

试论秦直道起点及相关问题　姚生民　泾渭稽古　1996年第2期

秦直道修筑的起讫时间与工程分期　吴宏岐　中国历史地理论丛　1996年第3期

秦直道新论　李仲立　西北史地　1997年第4期

秦直道与甘泉宫　姚生民　文博　1997年第5期

略论秦直通　史念海、吴宏岐　秦文化论丛(第五辑)　西北大学出版社　1997年6月

秦直道不经上郡的证据　陈静、文启　中国历史地理论丛　1998年第1期

秦直道及其历史意义　吴宏岐　陕西师大继续教育学报　2000年第1期

秦直道及其兴废历程　吴宏岐　光明日报　2000年6月16日

秦直道石门琐议　王子今、焦南峰　秦俑秦文化研究——秦俑学第五届学术讨论会论文集　陕西人民出版社　2000年8月

秦直道起点及相关问题　姚生民　咸阳师院学报　2002年第1期

秦直道不经过上郡及其属县阳周的证据与原因　吴宏岐　秦都咸阳与秦文化研究　陕西人民教育出版社　2003年11月

试说秦烽燧——以直道军事通信系统为中心　王子今　文博　2004年第2期

东胜城梁段秦直道遗址发掘简报　内蒙古自治区文物考古研究所、鄂尔多斯市东胜区文物管理所　内蒙古文物考古文集（三）　科学出版社　2004年8月

秦直道研究综论　张多勇　甘肃社会科学　2005年第5期

秦直道的历史文化观照　王子今　人文杂志　2005年第5期

秦代直道的和平功能与昭君出塞的旅游价值　郝诚之　阴山学刊　2006年第1期

秦汉直道研究与直道遗迹的历史价值　辛德勇　中国历史地理论丛　2006年第1期

旬邑县秦直道遗址考察报告　国家文物局秦直道研究课题组、旬邑县博物馆　文博　2006年第3期

秦直道　武国荣　人民日报（海外版）　2008年1月24日

陕西秦直道甘泉段发现秦汉建筑遗址　王勇刚、崔风光、李延丽　考古与文物　2008年第4期

秦直道为重修说　曾磊　湖南科技学院学报　2008年第7期

秦直道遗址　张在明　中国考古学年鉴2007　文物出版社　2008年10月

史念海教授对秦直道研究的贡献（上、下）　徐君峰　华商报　2010年8月1日、9日

秦直道考古调查方法探索　肖健一　中国文物报　2010年10月22日

探秘秦直道（之一、之二）　徐伊丽　西安晚报　2011年5月22日、29日

延安富县桦沟口秦直道遗址　张在明、张占民、李增社、王沛、陈兰　留住文明:陕西"十一五"期间基本建设考古重要发现（2006—2010）　三秦出版社　2011年5月

2+2=4:秦直道发现道路四叠层与东西线之争——2010 年秦直道考古收获之一　张在明、李增社、姜家乃、王谦、刘彦博　中国文物报　2011 年 8 月 12 日

富县桦沟口秦直道遗址　张在明　中国考古学年鉴 2010　文物出版社　2011 年 10 月

宝贵的中华历史文化遗产——秦直道　陈谊、徐伊丽　陕西青年职业学院学报　2012 年第 1 期

秦直道遗址　肖健一、张在明　中国考古学年鉴 2011　文物出版社　2012 年 11 月

直道建设与秦北门规划　曾磊　2012·中国"秦汉时期的九原"学术论坛专家论文集　内蒙古人民出版社　2012 年 6 月

论秦直道是昭君出塞的最可能路线　王绍东、郑方圆　商丘师范学院学报　2015 年第 4 期

陕西秦直道遗址调查发掘简报　张在明、喻鹏涛　秦汉研究（第九辑）　陕西人民出版社　2015 年 8 月

陕西富县、甘泉县秦直道考古调查成果——明确秦直道路线、修筑方法和附属遗迹　肖健一、赵艺蓬、袁小龙、韩和平　中国文物报　2015 年 9 月 25 日

秦直道道路走向与文化影响　徐君峰　西安晚报　2015 年 6 月 28 日

秦始皇直道的盐运效能　王子今　中国矿业大学学报　2016 年第 6 期

西汉上郡武库与秦始皇直道交通　王子今　秦汉研究（第十辑）　陕西人民出版社　2016 年 8 月

秦始皇直道起点辨正　王子今　人文杂志　2017 年第 1 期

说"圣人道""圣人条":秦始皇直道研究札记　王子今　西北大学学报　2017 年第 2 期

汉武帝"巡边至朔方"与直道交通　王子今　南都学坛　2017 年第 2 期

上郡"龟兹"考论——以直道史研究为视角　王子今　咸阳师范学院学报　2017 年第 3 期

直道与匈奴"祭天金人"　王子今　社会科学　2017 年第 6 期

秦二世直道行迹与望夷宫"祠泾"故事　王子今　史学集刊　2018 年第 1 期;秦史:崛起与统一　西北大学出版社　2019 年 2 月

"千年古道"鄂尔多斯秦直道遗址的保护与发展　田永军　中国文物报　2018年4月3日

秦直道研究四十年(1975—2015)——以走向、修筑与沿线遗存为中心　孙闻博　中国史研究动态　2018年第3期;秦直道研究论集　陕西师范大学出版社　2018年6月

秦直道引发的历史假设研究　徐君峰　中国社会科学报　2018年8月10日

秦直道研究不断走向深入——访中国人民大学教授王子今　陆航　中国社会科学报　2018年8月10日

秦始皇长城与直道研究两则　徐卫民、裴蓓　秦汉研究(第十三辑)　西北大学出版社　2019年9月

(7)其他

秦代初平南越考　鄂卢俊(L. aurousseau)著,冯承钧译　商务印书馆1934年

北京大兴区大、小回城村发现秦汉古城遗址和一批文物　王喆人等　光明日报　1959年1月18日

咸阳市近年发现的一批秦汉遗物　咸阳市博物馆　考古　1973年第3期

焚书台与坑儒谷　秦风岗　地理知识　1975年第1期

凤翔先秦宫殿试掘及其铜质建筑构件　凤翔县文化馆等　考古　1976年第2期

广州秦汉造船工场遗址的木材鉴定　广东农林学院林学系木材小组　考古1977年第4期

新发现的秦汉造船工场遗址　人民画报　1977年第5期

秦汉广衍故城及其附近的墓葬　崔璇　文物　1977年第5期

凤翔南古城遗址的钻探和试掘　秦晋　考古与文物　1980年第4期

《谈秦兰池宫地理位置等问题》的几点质疑　刘庆柱　人文杂志　1981年第2期

"广州秦汉造船工场遗址"说质疑　戴开元　武汉水运工程学院学报1982年第1期

"秦汉造船工场"遗址问题　吴状达　广州研究　1982年第2期

蕲年、棫阳、年宫考　马振智、焦南峰　陕西省考古学会第一届年会论文集　考古文物丛刊第三号　1983年11月

秦始皇坑儒遗址　潘振扬　西安晚报　1983年6月29日

渭河三桥初探　孙德润、李绥成、马建熙　陕西省考古学会第一届年会论文集　考古与文物丛刊第三号　1983年11月

都江堰兴建史学术讨论会综述　吴金钟　社会科学研究　1984年第1期

"丽山"与"丽邑"　刘占成　文博　1984年第3期

"广州秦汉造船工场遗址"的真伪　戴开元　船舰知识　1984年第6期

内蒙古发现的秦文化遗存　崔璇　内蒙古社会科学　1984年第6期

泾阳县秦都咸阳望夷宫遗址　尹申平　中国考古学年鉴1985　文物出版社　1985年12月

丹凤县古城村战国秦商邑遗址　周苏平、焦南峰　中国考古学年鉴1985　文物出版社　1985年12月

凤翔县马家庄春秋秦三号建筑群　韩伟　中国考古学年鉴1985　文物出版社　1985年12月

秦城遗址考古述略　杜葆仁、禚振西　文博　1986年第1期

陕西发现秦代大型兵站遗址　中国文物报　1986年10月31日

北戴河发掘出秦始皇父子行宫遗址　中国文物报　1986年10月31日

秦函谷关遗址初步勘定　贾麦陵　中国文物报　1987年1月30日

秦陵帝王陵墓葬俑群不宜统称兵马俑——论陪葬俑群意图的异同　武利华　淮海论坛　1987年第2期

"碣石宫"质疑　董宝瑞　河北大学学报　1987年第4期

"碣石宫"质疑——兼与苏秉琦先生商榷　董宝瑞　河北学刊　1987年第6期

北戴河发现秦皇行宫遗址　中国文化报　1987年12月3日

春秋战国秦汉冶铁遗址综述　李仲钧等　中国冶金史料　1988年第1期

关中秦十宫觅踪　何清谷　陕西师大学报　1988年第2期

绥中市姜女坟秦汉建筑遗址　王成生　中国考古学年鉴1986　文物出版社　1988年3月

秦汉东阳城考古发现与有关问题的探析　尤振尧　中国考古学会第五次年

会论文集　文物出版社　1988 年 3 月

　　秦汉东阳城的考古发现与研究　赵殿增　中国考古学会第五次年会论文集　文物出版社　1988 年 3 月

　　秦国史迹钩沉　韩伟　文物天地　1988 年第 5 期

　　乾县发现秦始皇甘泉宫梁山宫遗址　中国文物报　1988 等 6 月 17 日

　　陕西发现六处秦汉滨渭宫殿建筑遗址区　白建钢　光明日报　1988 年 8 月 19 日

　　绥中县姜女坟秦汉建筑遗址　王德柱　中国考古学年鉴 1987　文物出版社　1988 年 10 月

　　绥中县瓦子地秦汉遗址　王德柱　中国考古学年鉴 1987　文物出版社　1988 年 10 月

　　凤翔凹里秦汉宫殿遗址　田亚岐　中国考古学年鉴 1987　文物出版社　1988 年 10 月

　　秦梁山宫考略　何清谷　咸阳师专学报　1989 年第 3、4 期

　　秦皇岛市北戴河秦汉大型建筑遗址　李思佳、王会民　中国考古学年鉴 1988　文物出版社　1989 年 10 月

　　绥中县止锚湾秦汉建筑遗址　曲枫　中国考古学年鉴 1988　文物出版社　1989 年 10 月

　　秦行宫遗址揭露西配房　李思佳、阎乐耕　中国文物报　1989 年 1 月 13 日

　　秦望夷宫遗址地望确认　本报讯　中国文物报　1989 年 4 月 21 日

　　泾阳发现秦汉谷口宫遗址　刘随群　中国文物报　1989 年 5 月 5 日

　　陕西丹凤商邑遗址　王子今等　考古　1989 年第 7 期

　　乾县发现秦始皇甘泉宫梁山宫遗址　姬乃军　中国文物报　1989 年 7 月 14 日；中国考古学年鉴 1990　文物出版社　1991 年 9 月

　　鱼池遗址　张占民　西安晚报　1989 年 11 月 21 日

　　马家庄秦宗庙遗址的文献学意义　徐扬杰　文博　1990 年第 5 期

　　"秦置丽邑"考辨　刘荣庆　文博　1990 年第 5 期

　　陕西淳化县下常社秦汉遗址　姚生民　考古　1990 年第 8 期

　　秦汉时代的大型木结构桥梁　邓霞　文物天地　1991 年第 6 期

　　泾阳县五福村秦望夷宫遗址　中国考古学年鉴 1990　文物出版社　1991

年9月

志丹县任窑子村秦行宫遗址　中国考古学年鉴1990　文物出版社　1991年9月

宝坻县秦城　韩嘉谷、纪烈敏、张俊生、李寿祥　中国考古学年鉴1990　文物出版社　1991年9月

宝坻县秦城遗址　纪烈敏　中国考古学年鉴1990　文物出版社　1991年9月

安塞发现秦行宫遗址　杨宏明、谢妮娅　中国文物报　1991年10月27日

与"碣石宫"相关的几个问题　王德柱　辽海文物学刊　1992年第1期

陇山周围的秦汉遗址　彭曦　西北师大学报　1992年第2期

秦始皇建的信宫和极庙　何清谷　秦陵秦俑研究动态　1992年第4期

中联峰山秦汉遗址发掘的判断及其他　郭继汾　社会科学论坛　1992年第5期

论秦汉都城规划基本模式的形成　韩国河、陈力　陈直先生纪念文集　西北大学出版社　1992年5月

秦宫建置述略　李宏涛　秦汉论集　陕西人民出版社　1992年11月

广东秦汉时期建筑遗址初探　邱立城　东南文化　1993年第1期

河北秦皇岛发现秦汉时期建筑遗址　北方文物　1993年第1期

乾县发现秦始皇梁山宫确凿遗址　刘向阳、田志明　中国文物报　1993年4月11日

秦昭襄王始作黄河第一桥——试谈蒲津关蒲津桥遗址的保护　王宏钧　中国文物报　1993年4月11日

关于汧渭之会都邑及其相关问题　刘明科、高次若　秦陵秦俑研究动态　1993年第4期

临潼发现秦芷阳制陶作坊遗址　程学华　中国文物报　1993年6月6日

富县发现战国至秦汉时期古城址　中国历史学年鉴1992　生活·读书·新知三联书店　1993年7月

安塞县发现一处秦代行宫遗址　中国历史学年鉴1992　生活·读书·新知三联书店　1993年7月

关中秦宫位置考察　何清谷　秦文化论丛(第二辑)　西北大学出版社

1993 年 12 月

关中以外秦离宫别馆述论　徐卫民　秦文化论丛（第二辑）　西北大学出版社　1993 年 12 月

绥中县姜女石行宫建筑遗址　王来柱　中国考古学年鉴 1992　文物出版社　1994 年 1 月

兴安秦城遗址　李珍　中国考古学年鉴 1992　文物出版社　1994 年 1 月

沅陵县发现秦代黔中郡故城遗址　中国考古学年鉴 1992　文物出版社 1994 年 1 月

秦梁山宫地望考　田亚岐、马振智　中国文物报　1994 年 12 月 4 日

秦皇岛联峰山秦汉建筑遗址　中国考古学年鉴 1993　文物出版社　1995 年 6 月

泾源县果子山秦汉遗址　中国考古学年鉴 1993　文物出版社　1995 年 6 月

贵州商周秦汉时期陶窑遗存初探　刘思元、张云　贵州文史丛刊　1994 年第 1 期

果家山遗址秦汉瓦当与回中宫　王治平　固原师专学报　1994 年第 2 期

先秦西汉宫室宫城制度考释六题　杨柳　首都师大学报　1994 年第 4 期

凤翔、临潼秦陵壕沟作用试探　邝邦永　衡阳师专学报　1995 年第 1 期

从广州秦船台遗址看秦汉时岭南船文化　骆腾　岭南文化　1995 年第 1 期

陕西又发现一处大型秦汉宫殿遗址　姜宝莲　中国文物报　1995 年 2 月 26 日

姜女石秦汉建筑群遗址考古试掘的收获　杨昌荣　中国文物报　1995 年 3 月 19 日

志丹县发现一处秦代建筑遗址　宿玉成　考古与文物　1995 年第 3 期

秦杜邮地望考　亿里　中国历史地理论丛　1995 年第 3 期

也谈秦早期都邑犬丘　王世平　陕西历史博物馆馆刊（第 2 辑）　三秦出版社　1995 年 6 月

广州秦代造船遗址试掘获新发现　中国历史学年鉴 1995　生活·读书·新知三联书店　1995 年 12 月

托克托城附近的秦汉代遗址　李逸友　内蒙古文物考古文集　1995 年

徐福故里秦汉史迹考察　周锦屏　中国文物报　1996 年 4 月 7 日

秦汉时期的岭南建筑　陈泽泓　广东史志　1996 年第 4 期

乾县发现秦始皇梁山宫确凿遗址　中国考古学年鉴 1994　文物出版社　1997 年 1 月

临潼县发现秦芷阳地区制陶作坊遗址　中国考古学年鉴 1994　文物出版社　1997 年 1 月

秦辟岭南与"秦汉造船工场遗址"　梁允麟　广东史志　1997 年第 2 期

秦汉遗存　陕西省文物普查队　文博　1997 年第 3 期

塔尔坡秦人博局图　谢高文、岳起　文博　1997 年第 4 期

凤城市刘家堡子战国、秦汉遗址　武家昌　中国考古学年鉴 1996　文物出版社　1997 年 10 月

"碣石宫"遗址　中国考古学年鉴 1996　文物出版社　1997 年 10 月

试论秦始皇东巡的"碣石"与"碣石宫"　华玉冰　考古　1997 年第 10 期

"汧渭之会"遗址具体地点再探　蒋五宝　宝鸡文理学院学报　1998 年第 2 期

泾阳为秦都考　徐卫民　秦陵秦俑研究动态　1998 年第 2 期

石碑地遗址透视　辛占山、华玉冰、杨荣昌　中国文物报　1998 年 4 月 22 日

河北境内秦皇史迹考　仇凤琴　文物春秋　1998 年第 4 期

秦甘泉宫所在位置辨　徐卫民　陕西历史博物馆馆刊(第 5 辑)　西北大学出版社　1998 年 6 月

秦信宫考——试论秦封泥出土地的性质　刘瑞　陕西历史博物馆馆刊(第 5 辑)　西北大学出版社　1998 年 6 月

辽宁绥中姜女石遗址的发现与研究　辛占山、华玉冰　远望集——陕西省考古研究所华诞四十周年论文集　陕西人民美术出版社　1998 年 12 月

秦都城研究琐议　徐卫民　浙江学刊　1999 年第 6 期

海岱区所见秦帝国的烙印　高广仁　文博　2000 年第 2 期

秦代"磁石门"小考:世界最古老的"国门"安全检查站　胡晓炜　运城高等专科学校学报　2000 年第 2 期

秦人早期都邑西垂考　雍际春　天水行政学院学报　2000 年第 4 期

周秦都邑迁徙的比较研究　李令福　中国历史地理论丛　2000 年第 4 期

春秋战国时期秦与各国都城的比较研究　徐卫民　秦俑秦文化研究——秦俑学第五届学术讨论会论文集　陕西人民出版社　2000 年 8 月

秦国早期频繁徙都问题的思考　刘明科　秦俑秦文化研究——秦俑学第五届学术讨论会论文集　陕西人民出版社　2000 年 8 月

关于秦都邑迁徙的几个问题　李自智　秦俑秦文化研究——秦俑学第五届学术讨论会论文集　陕西人民出版社　2000 年 8 月

广州秦造船工场遗址废置说质疑——以赵佗执政时期南越国的水上军事活动为证　陈泽泓　岭南文史　2001 年第 1 期

甘肃东部秦早期文化的新认识　徐日辉　考古与文物　2001 年第 3 期

秦文公建都"汧渭之会"及其意义——兼考非子秦邑所在　王雷生　人文杂志　2001 年第 6 期

天水附近秦都城考论　徐卫民　周秦汉唐文明国际学术讨论会文集　三秦出版社　2001 年 6 月

秦建国前活动考察（续）　徐日辉　秦文化论丛（第八辑）　陕西人民出版社　2001 年 8 月

试论宝鸡在秦史研究中的历史地位　张文祥　秦文化论丛（第八辑）　陕西人民出版社　2001 年 8 月

对广州秦代造船遗址考古学术争论的一些看法　杨槱　广东文物　2002 年第 1 期

秦都八迁的路线问题　李自智　中国历史地理论丛　2002 年第 2 期

云阳宫·林光宫·甘泉宫　姚生民　文博　2002 年第 4 期

东临碣石有遗篇——发掘秦皇汉武的碣石宫　杨荣昌　文物天地　2002 年第 7 期

秦都城研究的现状与前瞻　秦汉　秦文化论丛（第九辑）　西北大学出版社　2002 年 7 月

试论秦建筑中的榫卯结构及其相关问题　蒋文孝　秦文化论丛（第九辑）　西北大学出版社　2002 年 7 月

秦甘泉宫地望考索　刘瑞　考古与文物　2002 年汉唐考古增刊

秦成都城市布局初探　潘明娟　成都大学学报　2003年第1期

秦早期都邑考辨　徐日辉　秦都咸阳与秦文化研究　陕西人民教育出版社　2003年11月

秦兰池宫与汉五帝庙　刘晓华　秦都咸阳与秦文化研究　陕西人民教育出版社　2003年11月

秦都城中礼制建筑研究　徐卫民　人文杂志　2004年第1期

西汉水流域考古调查的主要收获和初步认识　五方联合考古队　古代文明研究通讯(21)　2004年6月

"干栏建筑基础说"商榷——妄谈广州秦造船遗址的性质　区家发　南越国史迹研讨会论文选集　文物出版社　2005年4月

陕西宝鸡地区新发现的宁王、马道口两遗址的意义　史党社、田静　秦文化论丛(第十二辑)　三秦出版社　2005年7月

秦汉时期贵州黔北地区的文化交流和经济开发　邱洪　贵州文史丛刊　2006年第1期

江苏宿迁发现秦汉下相城遗址　张萍萍、晁先鹏、盛之翰　中国文物报　2006年2月8日

中国古代都城遗址布局形制的考古发现所反映的社会形态变化研究　刘庆柱　考古学报　2006年第3期

秦上郡置县考——兼谈秦上郡的东界　后晓荣、田小娟　早期秦文化研究　三秦出版社　2006年8月

宝鸡市陈仓区宁王村遗址两次调查之心得　许卫红　早期秦文化研究　三秦出版社　2006年8月

"西犬丘""秦"二国并立说　魏春元　早期秦文化研究　三秦出版社　2006年8月

秦置都邑于"汧渭之会"地点再探讨　焦南峰、田亚岐　周秦文明论丛(一)　陕西人民出版社　2006年8月

秦"都邑"问题讨论　史党社　秦文化论丛(第十三辑)　三秦出版社　2006年10月

秦人在张家川回族自治县的几处遗址　马明远　陇右文博　2007年第1期

上林苑四号建筑遗址　李毓芳　文史知识　2007年第3期

西安秦汉上林苑四号、六号建筑遗址发掘　李毓芳、王自力　中国文物报 2007 年 7 月 6 日

河北磁县东武仕秦代遗址考古获新发现　张亚珊、王景勇　中国文物报 2007 年 12 月 26 日

秦汉时期渭河三桥的营建原因和重要意义　杨金辉　唐都学刊　2008 年第 1 期

陕西眉县两处秦汉"眉邑"遗址的调查　刘怀君　考古与文物　2008 年第 2 期

从坤乾艮巽的卦位看周秦汉唐都城的变迁　李娓　唐都学刊　2008 年第 2 期

旬邑县沟老头秦汉宫苑遗址　中国考古学年鉴 2007　文物出版社　2008 年 10 月

秦汉地理形势的变化对上党郡战略价值的影响　杨丽　兰台世界　2009 年第 6 期

陕西秦汉眉县尧上遗址：为秦汉中小型聚落遗址研究提供重要实物资料　孙周勇、李坤、刘怀君　中国文物报　2011 年 3 月 11 日

宝鸡眉县尧上秦汉遗址　孙周勇、李坤、刘怀君　留住文明：陕西"十一五"期间基本建设考古重要发现(2006—2010)　三秦出版社　2011 年 5 月

宝鸡千阳尚家岭秦汉建筑遗址　田亚岐、刘军社、耿庆刚、袁文君、田森　留住文明：陕西"十一五"期间基本建设考古重要发现(2006—2010)　三秦出版社 2011 年 5 月

呼和浩特市陶卜齐战国秦汉城址　张亚强、程国峰　中国考古学年鉴 2010 文物出版社　2011 年 10 月

大邑县斜江学校秦汉遗址　索德浩　中国考古学年鉴 2010　文物出版社 2011 年 10 月

贞丰县沙坝商周至秦汉时期遗址　张兴龙、王新金、张改课　中国考古学年鉴 2010　文物出版社　2011 年 10 月

安龙县龙广战国秦汉时期遗址　张合荣　中国考古学年鉴 2010　文物出版社　2011 年 10 月

安龙县龙广纳万营脚战国秦汉时期遗址　张合荣　中国考古学年鉴 2010

文物出版社　2011年10月

沙丘宫遗址地望考　王自兴、张润泽　秦始皇帝陵博物院（总贰辑）　三秦出版社　2012年7月

秦汉区域地理学的"大关中"概念　王子今　日常秩序中的汉唐政治与社会　社会科学文献出版社　2012年8月

关中地区秦汉离宫别馆调查　梁云、游富祥、田亚岐　中国考古学年鉴2011　文物出版社　2012年11月

千阳县尚家岭秦汉建筑遗址　田亚岐　中国考古学年鉴2011　文物出版社　2012年11月

咸阳市秦汉郜城遗址　王占奎、种建荣、严静、张燕　中国考古学年鉴2011　文物出版社　2012年11月

礼县鸾亭山西畤遗址的文献解读　汪受宽　天水师范学院学报　2013年第1期

秦汉时期雁门郡的交通及其军事战略价值　杨丽　内蒙古社会科学　2013年第4期

塔尔坡遗址——被遗忘了的秦雍门宫　王学理　咸阳师范学院学报　2013年第5期

东西两犬丘与秦人入陇　王学理　嬴秦西垂文化——甘肃秦文化研究会首届学术研讨会论文集　甘肃人民出版社　2013年9月

嬴秦先祖三次迁徙西垂活动史事　马建营　嬴秦西垂文化——甘肃秦文化研究会首届学术研讨会论文集　甘肃人民出版社　2013年9月

嬴秦西迁考述　王学理　嬴秦西垂文化——甘肃秦文化研究会首届学术研讨会论文集　甘肃人民出版社　2013年9月

秦汉时期砖瓦窑研究　李清临　考古与文物　2014年第2期

西汉水与早期嬴秦的成长　安奇贤　甘肃高师学报　2015年第1期

秦的建筑排水设施与做法　林源、张文波　华夏考古　2015年第2期

秦文化探源：毛家坪遗址考古记　毛家坪考古队、西北大学文化遗产学院肖宇、赵兆、刘婷、牛舒倩、赵晨　大众考古　2015年第2期

新出土资料与秦历史地理研究　徐卫民、裴蓓　秦汉研究（第九辑）　陕西人民出版社　2015年8月

秦都城工商业的发展　徐卫民　秦汉研究（第九辑）　陕西人民出版社2015年8月

秦据汉水与南郡之置——以军事交通与早期郡制为视角的考察　孙闻博　飞軨广路：中国古代交通史论集　中国社会科学出版社　2015年10月

秦都平阳的初步研究　张天恩、庞有华　秦始皇帝陵博物院（总伍辑）　陕西师范大学出版社　2015年10月

秦汉帝王陵门阙建筑比较研究　申茂盛、冯丹　秦始皇帝陵博物院（总伍辑）　陕西师范大学出版社　2015年10月

陕西咸阳秦汉甘泉宫遗址调查获重要发现　肖健一、胡松梅、王谦、岳明　中国文物报　2015年12月18日

秦汉殿式建筑的布局　陈苏镇　中国史研究　2016年第3期

秦宪公徙居平阳与秦武公灭小虢地望关系辨析　田亚岐、李岗、刘明科　秦史：崛起与统一　西北大学出版社　2019年2月

金戈铁马——毛家坪遗址的重要发现　侯红伟　甘肃日报　2019年11月14日

（三）墓葬

1.简报

长沙左家塘秦代木椁墓清理简报　湖南省文物管理委员会　考古　1959年第9期

陕西长安洪庆村秦汉墓第二次发掘简记　陕西省文管会　考古　1959年第12期

中国科学院陕西分院考古研究所1959年考古工作简报　中国科学院陕西分院考古研究所　人文杂志　1960年第1期

广州东郊罗冈秦墓发掘简报　广州市文管会　考古　1962年第8期

陕西宝鸡福临堡东周墓葬发掘记　中科院考古所宝鸡发掘队　考古　1963年第10期

陕西宝鸡阳平镇秦家沟村秦墓发掘记　陕西省文管会　考古　1965年第7期

陕西户县宋村春秋秦墓发掘简报　陕西省文管会秦墓发掘组　文物　1975

年第 10 期

湖北云梦睡虎地十一号秦墓发掘简报　孝感地区第二期亦工亦农文物考古训练班　文物　1976 年第 6 期

湖北云梦睡虎地 11 座秦墓发掘简报　孝感地区第二期亦工亦农文物考古训练班　文物　1976 年第 9 期

朝邑战国墓葬发掘简报　陕西省文管会等　文物资料丛刊(1)　文物出版社　1978 年 2 月

湖北宜城楚皇城战国秦汉墓　楚皇城考古发掘队　考古　1980 年第 2 期

宝鸡县西高泉村春秋秦墓发掘记　宝鸡市博物馆、宝鸡县图博馆　文物　1980 年第 9 期

凤翔县高庄战国秦墓发掘简报　雍城考古工作队　文物　1980 年第 9 期

河南泌阳秦墓　驻马店地区文管会泌阳县文教局　文物　1980 年第 9 期

陕西凤翔八旗屯秦国墓葬发掘简报　吴镇烽、尚志儒　文物资料丛刊(3)　文物出版社　1980 年

陕西凤翔高庄秦墓地发掘简报　吴镇烽、尚志儒　考古与文物　1981 年第 1 期

湖北云梦睡虎地秦汉墓发掘简报　云梦县文物工作组　考古　1981 年第 1 期

四川荥经古城坪秦汉墓葬　荥经古墓发掘小组　文物资料丛刊(4)　文物出版社　1981 年

淅川县马川秦墓发掘简报　淅川县文管会　中原文物　1982 年第 1 期

青川县出土秦更修田律木牍——四川青川县战国墓发掘简报　青川县文化馆　文物　1982 年第 1 期

襄阳山湾十八号秦墓　杨权喜　考古与文物　1983 年第 3 期

凤翔秦公陵园钻探与试掘简报　韩伟　文物　1983 年第 7 期

陕西长武上孟村秦国墓葬发掘简报　负安志　考古与文物　1984 年第 3 期

洛宁故县秦墓发掘简报　洛阳地区文管会　中原文物　1985 年第 4 期

汉中杨家山秦墓发掘简报　何新成　文博　1985 年第 5 期

陕西凤翔西村战国秦墓发掘简报　李自智、尚志儒　考古与文物　1986 年

第 1 期
　　陕西铜川枣庙秦墓发掘简报　杜葆仁、呼林贵　考古与文物　1986 年第 2 期
　　陕西凤翔八旗屯西沟道秦墓发掘简报　尚志儒、赵丛苍　文博　1986 年第 3 期
　　宜城雷家坡秦墓发掘简报　武汉大学历史系考古专业、宜城县博物馆　江汉考古　1986 年第 4 期
　　1978 年云梦秦汉墓发掘报告　陈振裕　江汉考古　1986 年第 4 期;考古学报　1986 年第 4 期
　　宝鸡李家崖秦国墓葬清理简报　何欣云　文博　1986 年第 4 期
　　一九八一年凤翔八旗屯墓地发掘简报　陕西省雍城考古队　考古与文物　1986 年第 5 期
　　咸阳任家咀殉人秦墓清理简报　孙德润、蔡玉章　考古与文物　1986 年第 6 期
　　陕西陇县边家庄一号春秋秦墓　尹盛平、张天恩　考古与文物　1986 年第 6 期
　　秦公一号大墓发掘记　张蓓　中外历史　1987 年第 2 期
　　西安北郊大白杨秦汉墓葬清理简报　呼林贵、吕卓民　考古与文物　1987 年第 2 期
　　秦东陵勘察记　张海云、骆希哲　文博　1987 年第 3 期
　　洛阳孙旗屯秦国墓葬　洛阳市第二文物工作队　中原文物　1987 年第 3 期
　　陕西清涧李家崖东周、秦墓发掘简报　陕西省考古所陕北工作队　考古与文物　1987 年第 3 期
　　秦东陵探查初议　程学华　考古与文物　1987 年第 4 期
　　秦东陵第一号陵园勘查记　程学华、林泊　考古与文物　1987 年第 4 期
　　凤翔秦公陵园第二次钻探简报　陕西省雍城考古队　文博　1987 年第 5 期
　　凤翔南指挥两座小型秦墓的清理　田亚岐、王保平　考古与文物　1987 年第 6 期
　　山西朔县秦汉墓发掘简报　平朔考古队　文物　1987 年第 6 期

甘肃天水西山坪秦汉墓发掘纪要　中国社科院考古所甘肃工作队　考古　1988年第5期

陕西陇县边家庄五号春秋墓发掘　陕西省考古所宝鸡工作站宝鸡市考古工作队　文物　1988年第11期

陕西户县南关春秋秦墓清理记　曹发展　文博　1989年第2期

甘肃天水放马滩秦汉墓群的发掘　甘肃省文物考古研究所天水市北道区文化馆　文物　1989年第2期

云梦龙岗秦汉墓地第一次发掘简报　湖北省文物考古研究所　江汉考古　1990年第3期

骊山秦人砖室墓浅议　林泊　秦陵秦俑研究动态　1990年第3、4期

秦东陵第二号陵园调查钻探简报　程学华、林泊　考古与文物　1990年第4期

湖北麻城栗山岗战国秦汉墓清理简报　武汉大学历史系考古教研室　考古　1990年第11期

关中东周秦墓与秦国礼制兴衰　李进增　考古与文物　1991年第1期

凤翔邓家崖秦墓发掘简报　陕西省考古所雍城考古队　考古与文物　1991年第2期

湖北云梦木匠坟秦墓　张泽栋　文物　1992年第1期

咸阳机场陵照台基建工地秦汉墓葬清理简报　马志军、孙铁山　考古与文物　1992年第2期

临潼县城东侧第一号秦墓清理简报　临潼县博物馆　考古与文物　1993年第1期

湖北云岗秦汉墓地第二次发掘简报　湖北省文物考古研究所孝感地区博物馆云梦县博物馆　江汉考古　1993年第1期

论关中秦墓中洞室墓的年代　滕铭予　华夏考古　1993年第2期

秦东陵第四号陵园的钻探与调查简报　陕西省考古所秦陵工作队　考古与文物　1993年第3期

宝鸡市益门村秦墓发掘纪要　宝鸡市考古工作队　考古与文物　1993年第3期

三门峡市司法局、刚玉砂厂秦人墓发掘简报　三门峡市文物工作队　华夏

考古 1993 年第 4 期

三门峡市三里桥秦人墓发掘简报 三门峡市文物工作队 华夏考古 1993 年第 4 期

三门峡市火电厂秦人墓发掘简报 三门峡市文物工作队 华夏考古 1993 年第 4 期

江陵杨家山 135 号秦墓发掘简报 荆州地区博物馆 文物 1993 年第 8 期

西安南郊山门口战国秦墓清理简报 王久刚 考古与文物 1994 年第 1 期

咸阳市杨陵区秦、汉墓葬清理简报 孙德润、贺雅宜 考古与文物 1996 年第 2 期

咸阳石油钢管绳厂秦墓清理简报 咸阳市文物考古研究所 考古与文物 1996 年第 5 期

陕西武功县赵家来东周时期的秦墓 社科院考古所武功发掘队 考古 1996 年第 12 期

甘肃秦安上袁家秦汉墓葬发掘 甘肃省文物考古所 考古学报 1997 年第 1 期

洛阳钢厂秦墓发掘简报 洛阳市文物工作队 华夏考古 1997 年第 3 期

咸阳塔儿坡战国墓发掘简报 咸阳市文物考古研究所 文博 1997 年第 4 期

陕西扶风县飞凤山秦墓发掘简报 宝鸡市考古工作队扶风县博物馆 考古与文物 1997 年第 5 期

咸阳塔儿坡战国秦瓮棺墓葬发掘简报 咸阳市文物考古所 文博 1998 年第 3 期

洛阳于家营秦墓发掘简报 洛阳市第二文物工作队 文物 1998 年第 12 期

江陵岳山秦汉墓 湖北省江陵县文物局、荆州地区博物馆 考古学报 2000 年第 4 期

西安北郊永济电机厂秦汉墓发掘简报 孙铁山、种建荣 文博 2001 年第 5 期

咸阳涤纶纤维厂战国秦墓清理简报 杨新文 文物考古论集 三秦出版社

2000 年 6 月

  陕西宝鸡晁峪东周秦墓发掘简报　陕西省考古研究所　考古与文物　2001 年第 4 期

  陕西陇县韦家庄秦墓发掘简报　宝鸡市考古队、陇县博物馆　考古与文物　2001 年第 4 期

  陕西宝鸡县南阳村春秋秦墓的清理　宝鸡市考古工作队、宝鸡县博物馆　考古　2001 年第 7 期

  随州市孔家坡墓地 M8 发掘简报　湖北省文物考古研究所、随州市文物局　文物　2001 年第 9 期

  陕西骊山小型秦墓祭位坑的勘查　林泊　考古　2002 年第 1 期

  礼县圆顶山春秋秦墓　甘肃省文物考古研究所　文物　2002 年第 2 期

  泾阳宝丰寺秦墓发掘简报　咸阳市文物考古研究所　文博　2002 年第 5 期

  西安北郊明珠花园秦墓发掘简报　陕西省考古研究所　考古与文物　2002 年第 6 期

  襄樊余岗战国秦汉墓第二次发掘简报　襄樊市博物馆　江汉考古　2003 年第 2 期

  荆州擂鼓台秦墓发掘简报　荆州市荆州区博物馆　江汉考古　2003 年第 2 期

  陕西高陵县益尔公司秦墓发掘简报　陕西省考古研究所　考古与文物　2003 年第 6 期

  甘肃礼县圆顶山 98LDM2、2000LDM4 春秋秦墓　甘肃省文物考古研究所　礼县博物馆　文物　2005 年第 2 期

  河南南阳市拆迁办秦墓发掘简报　南阳市文物考古研究所　华夏考古　2005 年第 3 期

  陕西宝鸡陈仓区南阳村春秋秦墓清理简报　宝鸡市陈仓区博物馆　考古与文物　2005 年第 4 期

  宝鸡联合村一号秦墓的清理　宝鸡市陈仓区博物馆、秦俑博物馆考古队　秦文化论丛(第十二辑)　三秦出版社　2005 年 7 月

  湖北荆州市沙市区肖家山一号秦墓　荆州博物馆　考古　2005 年第 9 期

西北农林科大战国秦墓发掘简报　陕西省考古研究所　考古与文物　2006年第5期

陇县店子秦墓出土的陶质彩绘文物保护修复简报　朱振宇等　秦陵秦俑研究动态　2007年第3期

甘肃礼县大堡子山早期秦文化遗址　早期秦文化考古联合课题组　考古　2007年第7期

重庆市万州区包上秦汉墓地　荆州博物馆、重庆市文化局、重庆万州区文管所　考古　2008年第1期

重庆巫山县神女路秦汉墓葬发掘简报　重庆市文物考古研究所、武汉市文物考古研究所、巫山县文物管理所　江汉考古　2008年第2期

2006年甘肃礼县大堡子山祭祀遗迹发掘简报　早期秦文化联合考古队　文物　2008年第11期

湖北钟祥黄土坡东周秦代墓发掘报告　荆州博物馆、钟祥市博物馆　考古学报　2009年第2期

云南泸西县大逸圃秦汉墓地发掘简报　云南省文物考古研究所杨帆等　四川文物　2009年第3期

陕西凤翔西白村秦汉墓葬发掘简报　陕西省考古研究院　文博　2010年第4期

陕西千阳尚家岭秦汉建筑遗址发掘简报　陕西省考古研究院、宝鸡市考古研究所、千阳县文化馆　考古与文物　2010年第6期

郑州西山河南艺术师范职业学院秦汉墓葬发掘简报　河南省文物考古研究所　华夏考古　2011年第3期

湖北谷城田家凹秦汉墓发掘简报　湖北省文物考古研究所、谷城县博物馆　江汉考古　2011年第4期

湖北丹江口市莲花池墓地战国秦汉墓　北京市文物研究所、湖北省文物局南水北调办公室　考古　2011年第4期

陕西渭南阳郭庙湾战国秦墓发掘简报　陕西省考古研究院、渭南市考古研究所　文博　2011年第5期

西安临潼清泉秦墓清理简报　武丽娜　文物世界　2011年第6期

重庆市奉节县桂井战国秦汉墓地　刘兴林　考古　2011年第11期

北京大学藏秦简牍室内发掘清理简报　北京大学出土文献研究所　文物 2012 年第 6 期

凤翔六道村战国秦墓发掘简报　陕西省考古研究所等　文博　2013 年第 2 期

凤翔翟家寺两座小型秦墓的清理　陕西省考古研究院等　文博　2013 年第 3 期

河南淅川仓房新四队战国、秦墓发掘简报　刘尊志、袁胜文、刘毅、贾洪波、吴伟华　中原文物　2014 年第 1 期

成都新都秦墓发掘简报　成都市新都区文物管理所　文物　2014 年第 10 期

陕西省凤翔双塚村、三家店村古墓葬发掘简报　陕西省考古研究院　文博 2015 年第 1 期

雍城一、六号秦公陵园第三次勘探简报　陕西省考古研究院、宝鸡市考古研究所、宝鸡先秦陵园博物馆　考古与文物　2015 年第 4 期

雍城十四号秦公陵园勘探简报　陕西省考古研究院、凤翔县博物馆　考古与文物　2015 年第 4 期

雍城秦公六号陵园兆沟西南侧中小型墓葬与车马坑发掘简报　陕西省考古研究院　考古与文物　2015 年第 4 期

秦都雍城自"城堑河濒"至"悼公二年城雍"的考古学观察　田亚岐　秦文化探研——甘肃秦文化研究会第二次学术研讨会论文集　甘肃人民出版社 2015 年 11 月

陕西蒲城永丰战国秦汉墓发掘简报　陕西省考古研究院　考古与文物 2016 年第 5 期

西安市阎良区秦汉栎阳城墓葬的发掘　中国社会科学院考古研究所、西安市文物保护考古研究院、阿房宫与上林苑考古队　考古　2016 年第 9 期

咸阳花杨战国秦墓群发掘简报　赵旭阳等　文博　2017 年第 2 期

巩义市甫新花苑秦墓发掘简报　巩义市文物考古研究所魏智睿、郜涛、张福龙、马万里、刘富良　中原文物　2018 年第 1 期

河北元氏县南白楼战国秦汉墓地的发掘　武汉大学考古学系、河北省文物局南水北调文物保护办公室、元氏县博物馆　考古　2018 年第 2 期

宝鸡郭家崖秦国墓地（南区）发掘简报　陕西省考古研究院、宝鸡市考古研究所　文博　2019 年第 4 期

陕西高陵坡底战国秦汉墓地发掘报告　西安市文物保护考古研究院　华夏文明　2019 年第 12 期

2. 论文

秦汉广衍故城及其附近的墓葬　崔璿　文物　1977 年第 5 期

试论战国秦的屈肢葬仪渊源及其意义　韩伟　中国考古学会第一次年会论文集　文物出版社　1979 年 12 月

略论四川战国秦墓葬的分期　宋治民　中国考古学会第一次年会论文集　文物出版社　1979 年 12 月

为什么云梦古墓多　陈抗生　史学论文集　武汉大学历史系编　1979 年 12 月

"周陵"为秦陵考辨　阎文儒　考古与文物　1980 年第 2 期

蒙恬墓与扶苏冢　生华　延安大学学报　1980 年第 3 期

略论陕西春秋战国秦墓　韩伟　考古与文物　1981 年第 1 期

四川荥经古城坪秦汉墓葬　江聪、赵殿增　文物资料丛刊（4）　文物出版社　1981 年 3 月

中国古代陵寝制度的起源及其演变　杨宽　复旦学报　1981 年第 5 期

中国秦汉魏晋南北朝时代的陵园和茔域　徐苹芳　考古　1981 年第 6 期

上村岭秦墓和汉墓　黄士斌　中原文物　1981 年特刊

秦墓初探　叶小燕　考古　1982 年第 1 期

秦代墓葬初探　李陈奇　史学集刊　1982 年第 3 期

关于秦代以前墓上建筑的问题　杨鸿勋　考古　1982 年第 4 期

秦汉陵墓考察　杨宽、刘根良、太田有子、高木智见　复旦学报　1982 年第 6 期

秦人屈肢葬仿象"窟卧"说　王子今　考古　1982 年第 12 期

汤阴扁鹊墓和新发现的扁鹊墓碑　王波清　中州今古　1983 年第 1 期

试论江汉地区楚墓、秦墓、西汉前期墓的发展和演变　郭德维　考古与文物　1983 年第 2 期

浅谈江汉地区战国秦汉墓的分期和秦墓的识别问题　陈平　江汉考古

1983 年第 3 期

先秦墓上建筑问题的再探讨　杨宽　考古　1983 年第 7 期

《关于春秋以前墓上建筑的问题》要点和重申——答杨宽先生　杨鸿勋　考古　1983 年第 8 期

《史记》中所见秦早期都邑葬地　李零　文史（第二十辑）　中华书局 1983 年 9 月；我们的中国　生活·读书·新知三联书店　2016 年 5 月

秦国小型墓的分析与分期　尚志儒　陕西省考古学会第一届年会论文集　考古与文物丛刊第三号　1983 年 11 月

长安城发现秦代古墓葬　刘康利、李厚志　陕西日报　1984 年 4 月 10 日

秦帝国形成过程的考察——四川省青川战国墓的研讨　[日]间濑收芳　史林　第 67 卷第 1 期　1984 年

略论四川的秦人墓　宋治民　考古与文物　1984 年第 2 期

扁鹊墓考辨　刘荣庆　人文杂志　1985 年第 2 期

三门峡上村岭秦人墓的初步研究　刘曙光　中原文物　1985 年第 4 期

简述帝王陵墓的殉葬、俑坑与石刻　陈长安　中原文物　1985 年第 4 期

秦人崇尚厚葬原因初探　张积　华中师大研究生学报　1985 年第 4 期

我国古代墓葬的防腐措施　陈显舟　四川文物　1986 年第 1 期

略论湖北秦墓　何新成　江汉考古　1986 年第 5 期

中国古代的"人殉"和"人牲"研究概述　顾德融　中国史研究动态　1986 年第 11 期

秦公墓为什么朝向东方？——谈谈墓葬的朝向问题　叶文宪　历史教学问题　1987 年第 1 期

秦陵帝王陵墓葬俑群不宜统称兵马俑——论陪葬俑群意图的异同　武利华　淮海论坛　1987 年第 2 期

秦墓葬一瞥　蔡永华　中国考古学研究论集　三秦出版社　1987 年 11 月

秦公一号大墓的发掘与秦汉史研究的新认识　丁云、王言　渤海学刊　1988 年第 3 期

福建秦汉墓葬文化类型及其民族史意义　吴春明　东南文化　1988 年第 3、4 期

东陵和西陵　王学理　考古与文物　1988 年第 5、6 期

从湖北秦墓看秦的统一和战国传统文化的融合　［日］杜崎恒子　中国史研究　1989年第1期

试论秦国陵寝制度的特点　马振智　宝鸡师院学报　1989年第1期

赵秦墓葬的"共祖"现象刍议　罗平、孟繁峰　赵国历史文化论丛　河北人民出版社　1989年4月

试论秦国陵寝制度的形成发展　马振智　考古与文物　1989年第5期

论湖南秦墓、秦代墓与秦文化因素　贺刚　湖南考古辑刊（第5辑）　求索杂志社　1989年12月

论出土魏国铜器之秦墓与墓主及遗物　黄盛璋　人文杂志　1990年第1期

论湖南秦墓　高至喜　文博　1990年第1期

河南泌阳县发现一座秦墓　河南省文物研究所、泌阳县文化馆　华夏考古　1990年第4期

秦国陵寝制度对西汉帝陵的影响　刘士莪、马振智　文博　1990年第5期

边家庄春秋墓地与汧邑地望　张天恩　文博　1990年第5期

论秦国君墓葬名称演变的原因　刘云辉　文博　1990年第5期

试论湖北地区秦墓的年代分期　陈振裕　江汉考古　1991年第2期

秦国陵区考述　马振智　庆祝武伯纶先生九十华诞论文集　三秦出版社　1991年6月

秦东陵考察述略　程学华　秦陵秦俑研究动态　1992年第1期

关中秦墓研究　滕铭予　考古学报　1992年第3期

秦人葬源探源　韩养民　文史知识　1992年第6期

秦墓屈肢葬管窥　戴春阳　考古　1992年第8期

秦代都城和陵墓的建制及相关的历史意义——秦文化考古成果综论之一　石兴邦　秦汉论集　陕西人民出版社　1992年11月

方形周沟墓与秦文化的关系　俞伟超　中国历史博物馆馆刊　1993年第2期

秦东陵再探　张海云、孙铁山　考古与文物　1993年第3期

秦东陵揭秘　林泊　秦陵秦俑研究动态　1993年第4期

眉县水泥厂春秋秦墓及其相关问题　刘怀君、郝芝芹　文博　1993年第

6 期

凤翔秦公一号大墓的椁木鉴定　冯宗游、金育欣　考古学研究——纪念陕西省考古研究社成立三十周年　三秦出版社　1993 年 10 月

关中秦墓殉葬制度研究　田亚岐　青果集——吉林大学考古专业成立三十周年考古论文集　吉林人民出版社　1993 年 12 月

试论秦与中原诸国陵寝制度的异同　马振智　陕西历史博物馆馆刊(第 1 辑)　三秦出版社　1994 年 6 月

先秦都邑陈仓城及秦文公、宁公葬地刍论　高次若　秦文化论丛(第三辑)　西北大学出版社　1994 年 12 月

试论东周屈肢葬　段清波　秦文化论丛(第三辑)　西北大学出版社　1994 年 12 月

江陵王家台 15 号秦墓　荆州地区博物馆　文物　1995 年第 1 期

论秦民族迁徙与秦东陵骊山陵的关系及相关问题　杨东晨　陕西历史博物馆馆刊(第 2 辑)　三秦出版社　1995 年 6 月

陕西帝陵概述　周魁英、刘林西　陕西历史博物馆馆刊(第 2 辑)　三秦出版社　1995 年 6 月

秦汉陵邑考　陈益民　中国社会经济史研究院院刊　1996 年第 1 期

临潼上焦村秦墓发微　李淑萍　文博　1996 年第 2 期

骊山一带发现战国晚期小型秦墓祭位小坑——兼论对秦人墓祭制度的一些认识　林泊　秦陵秦俑研究动态　1996 年第 4 期

对秦东陵有关问题的几点看法　张海云、孙铁山　考古与文物　1996 年第 5 期

云梦龙岗六号墓主考　胡平生　文物　1996 年第 8 期

论秦墓中的直肢葬及相关问题　滕铭予　文物季刊　1997 年第 1 期

关于墓葬中用泥现象的一点看法　蒋文孝　秦文化论丛(第五辑)　西北大学出版社　1997 年 6 月

谈"河亭""河市"和秦墓断代　黄吉军、黄吉博　中原文物　1998 年第 2 期

秦汉陵寝　黄展岳　文物　1998 年第 4 期

秦俑三号坑西侧古墓墓主推论　李鼎铉　文博　1998 年第 4 期

历代帝后的合葬及其类型——秦汉三国两晋南北朝时期　樊一　成都大学

学报　1998 年第 4 期

论秦汉魏晋时期的厚葬与薄葬　韩国河　郑州大学学报　1998 年第 5 期

浅谈礼县秦汉墓地遗存与相关问题　陈平　考古与文物　1998 年第 5 期

秦国人殉制度的演变　文笑、德省　文博　1998 年第 6 期

略论三门峡秦人墓　赵成玉　中国文物报　1998 年 1 月 28 日

论秦汉魏晋时期的家族墓地制度　韩国河　考古与文物　1999 年第 2 期

秦公帝王陵园考论　徐卫民　文博　1999 年第 2 期

关于春秋时期秦国铜器墓的葬式问题　刘军社　文博　2000 年第 2 期

秦东陵刍议　赵化成　考古与文物　2000 年第 3 期

礼县大堡子山秦公墓地及其相关问题　戴春阳　文物　2000 年第 5 期

秦当辅村遗址　姚晓平　文博　2000 年第 5 期

从考古遗存看早期周秦文化的关系　刘军社　考古与文物　2000 年第 5 期

塔儿坡秦人墓地发掘收获及意义　中槐、屏人　文物考古论集　三秦出版社　2000 年 6 月

咸阳任家咀秦人墓地发掘的主要收获　曹发展　文物考古论集　三秦出版社　2000 年 6 月

从考古资料看《塔儿坡秦墓》的价值与意义　张大为　文物考古论集　三秦出版社　2000 年 6 月

秦变革前后咸阳墓葬的变化　赵旭阳　文物考古论集　三秦出版社　2000 年 6 月

秦帝王葬地试探　何汉南　文物考古论集　三秦出版社　2000 年 6 月

咸阳塔儿坡、黄家沟秦人墓地的形成及相关问题探讨　谢高文　文物考古论集　三秦出版社　2000 年 6 月

试论秦先公西垂陵区的发现　祝中熹　秦俑秦文化研究——秦俑学第五届学术讨论会论文集　陕西人民出版社　2000 年 8 月

秦墓车马殉葬制度的初步研究　张颖岚　秦俑秦文化研究——秦俑学第五届学术讨论会论文集　陕西人民出版社　2000 年 8 月

店子秦墓发掘的主要收获及其意义　田亚岐　秦俑秦文化研究——秦俑学第五届学术讨论会论文集　陕西人民出版社　2000 年 8 月

关于宝鸡益门二号墓的文化归属问题　刘军社　秦俑秦文化研究——秦俑学第五届学术讨论会论文集　陕西人民出版社　2000年8月

从先秦墓上建筑的台基到汉武帝陵的堂坛　王志友　四川文物　2001年第1期

战国秦汉时期瓮棺葬研究　白云翔　考古学报　2001年第3期

论三门峡秦人洞室墓的年代　胡永庆　中原文物　2001年第3期

秦公帝王陵发展演变的特点及其在历史上的地位　徐卫民　文博　2001年第6期

凤翔黄家庄秦墓发掘的一点收获　王志友　秦文化论丛（第八辑）　陕西人民出版社　2001年8月

秦国早期墓葬中周文化因素的观察　刘明科　秦文化论丛（第八辑）　陕西人民出版社　2001年8月

秦代墓研究的几个问题　韩国河　文博　2002年第3期

也谈韩森冢的冢主　辛玉璞　文博　2002年第3期

秦墓地壕沟的作用和意义浅论　王志友　文博　2002年第4期

试谈秦公一号大墓的椁制　马振智　考古与文物　2002年第5期

秦东陵考论　徐卫民　咸阳师院学报　2002年第5期

明珠花园秦墓的分期及相关问题的讨论　宋远茹　考古与文物　2002年第6期

论秦汉盗墓及相关现象　王子今　追寻中华文明的踪迹——李学勤先生学术活动五十周年纪念文集　复旦大学出版社　2002年8月

东周时期关中秦墓所见"戎狄"文化因素探讨　田亚岐　文博　2003年第3期

试说秦西山陵区的相关问题　张天恩　考古与文物　2003年第3期；秦都咸阳与秦文化研究　陕西人民教育出版社　2003年11月

东周时期关中地区国人秦墓棺椁的演变　田亚岐、赵士祯　考古与文物　2003年第4期；秦都咸阳与秦文化研究　陕西人民教育出版社　2003年11月

楚墓与秦墓的文化比较　张正明　华中师范大学学报　2003年第4期

东周楚秦葬俗的简略比较　黄尚明　华中师范大学学报　2003年第4期

中国战国秦汉时期墓葬之内的腰坑浅议　王志友　秦文化论丛（第十辑）

三秦出版社　2003年7月

秦汉时期五畤地望新探　后晓荣　秦文化论丛（第十辑）　三秦出版社　2003年7月

关于甘肃礼县大堡子山秦公墓地的几个问题　马振智　陕西历史博物馆馆刊（第十辑）　三秦出版社　2003年10月

大堡子山秦公墓地试析　郑红利　秦都咸阳与秦文化研究　陕西人民教育出版社　2003年11月

秦族源及早期都邑、葬地歧说集举　刘明科　秦都咸阳与秦文化研究　陕西人民教育出版社　2003年11月

秦墓地壕沟初论　王志友　秦都咸阳与秦文化研究　陕西人民教育出版社　2003年11月

礼县大堡子山秦陵墓主再探　祝中熹　周秦文化与社会研究　陕西师范大学出版社　2003年12月；文物　2004年第8期

秦墓地围沟探源　王志友　秦文化论丛（第十一辑）　三秦出版社　2004年6月

陕西凤翔孙家南头周秦墓地考古取得重大收获　田亚岐　中国文物报　2004年9月8日

关于秦人葬制的几个问题　郑红莉　碑林集刊（第十辑）　陕西人民美术出版社　2004年12月

韩森冢应是秦始皇祖父秦孝文王的寿陵　李健超　考古与文物　2004年先秦考古增刊

从墓葬材料看秦礼制　郭妍利　考古与文物　2004年先秦考古增刊

襄阳秦墓初探　王先福　考古与文物　2004年先秦考古增刊

咸阳塔儿坡秦墓地再探讨　滕铭予　北方文物　2004年第4期

成都市郫县外南战国秦汉墓地分析　颜劲松　四川文物　2005年第1期

对几处关中秦墓地墓葬排列布局的思考　许卫红　秦文化论丛（第十二辑）　三秦出版社　2005年7月

论四川盆地的秦人墓　李明斌　南方文物　2006年第3期

咸阳任家咀秦墓的主要收获　岳起、秦鸣　咸阳师范学院学报　2006年第3期

咸阳塔儿坡秦墓墓主身份考　谢高文　咸阳师范学院学报　2006 年第 3 期

关中东部帝王陵墓考证　张始峰　渭南师范学院学报　2006 年第 4 期

关中秦墓葬分析　赵士祯　文博　2006 年第 4 期

秦人木椁墓浅论　张海云、孙铁山　考古与文物　2006 年第 5 期

试论秦文化中的围沟墓及其相关问题　田有前　陕西历史博物馆馆刊（第 13 辑）　三秦出版社　2006 年 6 月

东周时期殉人秦墓再探讨　田亚岐　早期秦文化研究　三秦出版社　2006 年 8 月

中国古代围沟墓相关问题研究　王志友　早期秦文化研究　三秦出版社 2006 年 8 月

屈肢葬浅析　李翠香　周秦文明论丛（一）　陕西人民出版社　2006 年 8 月

礼县秦公墓之盗掘与秦国早期历史研究　秦明智、林健　周秦文明论丛（一）　陕西人民出版社　2006 年 8 月

秦公王陵墓制管窥　胡进驻、张卫星　秦文化论丛（第十三辑）　三秦出版社　2006 年 10 月

秦置郑县的考古学观察——华县东阳墓地秦墓的发掘　王志友　秦文化论丛（第十三辑）　三秦出版社　2006 年 10 月

礼县大堡子山秦陵墓主考辨　田亚岐、张文江　唐都学刊　2007 年第 3 期

西新邑考　梁云　中国历史文物　2007 年第 6 期

礼县大堡子山秦公墓主之管见　杨惠福、侯红伟　考古与文物　2007 年第 6 期

陇县店子秦墓出土的陶质彩绘文物保护初探　朱振宇、王春燕、李斌、黄建华　中国文物报　2007 年 9 月 14 日

神禾塬战国秦陵园遗址　张天恩、丁岩　中国考古学年鉴 2006　文物出版社　2007 年 10 月

甘肃秦安上袁家秦墓葬牲现象的再认识　张颖岚　秦文化论丛（第十四辑）　三秦出版社　2007 年 10 月

揭开长安神禾塬大墓主人之谜　韩伟　陕西历史博物馆馆刊（第 14 辑）

三秦出版社　2007年10月

临潼西尔村战国与秦代墓地　吕智荣　中国考古学年鉴2006　文物出版社　2007年10月

洛阳市关林秦墓　王炬　中国考古学年鉴2006　文物出版社　2007年10月

墓葬资料反映的秦人厚葬习俗与意识形态　郑红莉　考古与文物　2007年增刊·汉唐考古

三门峡秦人墓的发现与研究　赵成玉　三门峡职业技术学院学报　2008年第1期

试论礼县圆顶山秦墓的时代与性质　祝中熹　考古与文物　2008年第1期

寻找秦人之前的秦人——以甘肃礼县大堡子山为中心的考古调查发掘记　王辉　中国文化遗产　2008年第2期

三峡地区秦汉墓的分期　蒋晓春　考古学报　2008年第2期

神禾塬战国秦陵园主人试探　丁岩　秦陵秦俑研究动态　2008年第3期

陕西宝鸡市洪源村一号春秋秦墓　王志友、董卫剑　考古　2008年第4期

秦陵园墓主的四大猜想　张天恩、丁岩　国家人文地理　2008年第4期

贵州威宁中水战国秦汉墓葬群中的排葬、乱葬研究　张定福　贵州文史丛刊　2008年第4期

三峡地区秦汉时期家族墓初探　蒋晓春、李大地　考古　2008年第4期

陕西长安神禾塬战国秦陵园遗址考古新收获　张天恩、丁岩　考古与文物　2008年第5期

咸阳秦公陵和永陵的建置　刘卫鹏、张红玲　秦文化论丛（第十五辑）　三秦出版社　2008年10月

关中地区秦墓中楚文化符号探析　白冬梅　秦文化论丛（第十五辑）　三秦出版社　2008年10月

长安区神禾塬战国秦陵园遗址　张天恩、丁岩、侯宁彬　中国考古学年鉴2007　文物出版社　2008年10月

神禾塬秦墓墓主考　王学理　陕西历史博物馆馆刊（第15辑）　三秦出版社　2008年11月

陕西凤翔孙家南头秦墓人骨的种系研究　陈靓、田亚岐　西部考古（三）　三秦出版社　2008年12月

任家咀秦墓地相关问题研究　滕铭予　新果集——庆祝林沄先生七十华诞论文集　科学出版社　2009年1月

礼县大堡子山大墓墓主及其相关问题　辛怡华　秦陵秦俑研究动态　2009年第2期

秦君墓地蠡测——君王陵墓同都城关乡探索之二　王学理　周秦文明论丛（二）　三秦出版社　2009年2月

战国秦汉墓"题凑"葬制兴衰、寓意浅议　陈平、刘瑞　汉代文明国际学术研讨会论文集　北京燕山出版社　2009年5月

神禾塬战国秦陵园主人试探　丁岩　考古与文物　2009年第4期

浅论秦人的屈肢葬的渊源　武丽娜　回顾与创新·创新篇　三秦出版社　2009年8月

秦墓的头向及其相关问题讨论　陈洪　回顾与创新·创新篇　三秦出版社　2009年8月

春秋秦楚贵族墓葬比较研究　张闻捷　楚文化研究论集（八）　大象出版社　2009年9月

论秦汉陵墓的从葬制度　王学理　洛阳汉魏陵墓研究论文集　文物出版社　2009年10月

长安地区秦、西汉、西晋时期中小型墓葬的演变　肖健一　洛阳汉魏陵墓研究论文集　文物出版社　2009年10月

宝鸡建河墓地的年代及相关问题　滕铭予　边疆考古研究（八）　科学出版社　2009年12月

秦墓殉葬现象再考察　郑红莉　碑林集刊（第十五辑）　三秦出版社　2009年12月

陕西凤翔孙家南头秦墓出土人骨中C和N的同位素分析　陈靓、田亚岐　人类学报　2010年第1期

秦孝文王寿陵位置蠡测　刘卫鹏　秦陵秦俑研究动态　2010年第1期

长安神禾塬战国秦陵园年代述考　丁岩　秦陵秦俑研究动态　2010年第1期

洛阳地区秦墓探析　刘建安　华夏考古　2010 年第 1 期

秦帝王陵墓制度研究　徐卫民　唐都学刊　2010 年第 1 期；人大复印资料·先秦秦汉史　2010 年第 4 期

非子封邑的考古学探索　梁云　中国历史文物　2010 年第 3 期

小型秦墓木棺的尺寸与葬式的关系——以凤翔西村、凤翔西沟道、咸阳塔儿坡墓地为例　陈洪　秦陵秦俑研究动态　2010 年第 3 期；秦始皇帝陵博物院　三秦出版社　2011 年

岭南战国秦汉墓的"柱洞"　郑君雷　四川文物　2010 年第 4 期

中型秦墓的葬式及其相关问题讨论　陈洪、武丽娜　秦陵秦俑研究动态　2010 年第 4 期

秦墓屈肢葬含义的检讨与蠡测　刘建安　秦俑博物馆开馆三十周年秦俑学第七届年会国际学术研讨会论文集　三秦出版社　2010 年 8 月

礼县大堡子山大墓墓主及其相关问题　辛怡华　秦俑博物馆开馆三十周年秦俑学第七届年会国际学术研讨会论文集　三秦出版社　2010 年 8 月

秦孝文王寿陵位置蠡测　刘卫鹏　秦俑博物馆开馆三十周年秦俑学第七届年会国际学术研讨会论文集　三秦出版社　2010 年 8 月

秦汉帝陵祭祀制度研究　徐卫民　秦汉研究（第四辑）　三秦出版社　2010 年 8 月

三峡地区秦汉墓分布与都邑关系初探　蒋晓春　长江文明（第六辑）　河南人民出版社　2010 年 12 月

咸阳"周王陵"为战国秦陵补证　焦南峰、杨武站、曹龙、王东　考古与文物　2011 年第 1 期

陕西蓝田华胥老冢湾秦昭襄王墓调查　陕西省考古研究院张仲立、丁岩　考古与文物　2011 年第 3 期

墓葬所见秦人殉葬制度的变化　田有前　秦陵秦俑研究动态　2011 年第 3 期

中型秦墓墓主族属及身份探析：以渭水流域中型秦墓的葬俗为视角　陈洪　郑州大学学报　2011 年第 4 期

秦人木椁墓再论　马生涛　文博　2011 年第 5 期

西安神禾塬战国秦陵园　张天恩、丁岩、侯宁彬　留住文明：陕西"十一五"

期间基本建设考古重要发现(2006—2010) 三秦出版社 2011 年 5 月

西安新丰战国秦墓群 孙伟刚 留住文明：陕西"十一五"期间基本建设考古重要发现(2006—2010) 三秦出版社 2011 年 5 月

也谈睡虎地墓地使用者的族属 陈洪 秦始皇帝陵博物院 三秦出版社 2011 年 6 月

华阴县沙渠秦人墓地 胡松梅、杨岐黄 中国考古学年鉴 2010 文物出版社 2011 年 10 月

凤翔县秦公一号及六号陵园 田亚岐、耿庆刚、袁文君 中国考古学年鉴 2010 文物出版社 2011 年 10 月

云梦县徐杨湾秦汉墓地 熊北生 中国考古学年鉴 2010 文物出版社 2011 年 10 月

云梦县城郊秦汉墓群 熊北生 中国考古学年鉴 2010 文物出版社 2011 年 10 月

彭阳县新集小河湾战国秦汉遗址与墓葬 朱存世、周赟 中国考古学年鉴 2010 文物出版社 2011 年 10 月

秦人早期都邑新考：对西垂、犬丘、西犬丘的再诠释 马昕 北京大学中国古文献研究中心集刊 2011 年第 10 期

秦子与秦子墓考辨 吴镇烽 文博 2012 年第 1 期

秦东陵称谓考辨 陈治国 文博 2012 年第 2 期

论圆顶山秦早期墓地车马坑之殷文化因素 印群 苏州大学学报 2012 年第 2 期；人大复印资料·先秦秦汉史 2012 年第 4 期

岭南战国秦汉墓的"架棺"葬俗 郑君雷 考古 2012 年第 3 期

咸阳原秦陵的定位 王学理 文博 2012 年第 4 期

关中、陇山两地区洞室墓之比较研究 陈洪 秦陵秦俑研究动态 2012 年第 4 期

秦王后的合葬与妃子的袝葬 丁岩 秦陵秦俑研究动态 2012 年第 4 期

秦王之夫人陵墓规制初论 丁岩 文博 2012 年第 5 期

关中监狱战国秦墓群的发掘 刘卫鹏 秦始皇帝陵博物院(总贰辑) 三秦出版社 2012 年 7 月

墓葬所见秦人殉葬制度的变化 田有前 秦始皇帝陵博物院(总贰辑)

三秦出版社　2012 年 7 月

关中监狱战国秦墓群发掘概况　刘卫鹏　秦汉研究（第六辑）　陕西人民出版社　2012 年 8 月

西安市尤家庄秦汉墓群　王望生　中国考古学年鉴 2011　文物出版社 2012 年 11 月

西安市湾李战国秦汉及唐墓地　胡松梅、杨岐黄、陈刚　中国考古学年鉴 2011　文物出版社　2012 年 11 月

咸阳市尚德战国秦汉墓地　王占奎、种建荣、严静、张燕　中国考古学年鉴 2011　文物出版社　2012 年 11 月

武当山柳树沟秦汉墓群　黄文新　中国考古学年鉴 2011　文物出版社 2012 年 11 月

秦、西汉帝王陵封土研究的新认识　焦南峰　文物　2012 年第 12 期

咸阳"周陵"属性研究　段清波、朱晨露　西北大学学报　2013 年第 3 期

秦与三晋战争对中原葬俗文化的影响　滑宇翔、宋杰　西安财经学院学报 2013 年第 3 期

浅析秦汉帝陵陵邑发展　李帅　西安文物考古研究（二）　三秦出版社 2013 年 3 月

秦子与秦子墓考辨　吴镇烽　嬴秦西垂文化——甘肃秦文化研究会首届学术研讨会论文集　甘肃人民出版社　2013 年 9 月

战国秦东西两大陵区的墓主及形成原因　梁云　嬴秦西垂文化——甘肃秦文化研究会首届学术研讨会论文集　甘肃人民出版社　2013 年 9 月

再谈秦墓屈肢葬渊源及其相关问题　陈洪、李宇、武丽娜、李斌　文博 2014 年第 1 期

先秦两汉帝陵墓向问题初探　丁岩　华夏考古　2014 年第 1 期

石鼓山 M3 壁龛及其相关问题　辛怡华　秦陵秦俑研究动态　2014 年第 2 期

浅谈早期的秦文化——以甘肃礼县大堡子山秦文化遗址为例　蒋月锋　广西社会主义学院学报　2014 年第 3 期

周原秦汉墓葬葬俗与特征研究　郑红莉、孙周勇　文博　2014 年第 4 期

秦人的十个陵区　焦南峰、孙伟刚、杜林渊　文物　2014 年第 6 期

论大堡子山秦公陵园的人殉——兼谈嬴秦先人西迁之地望　印群　复旦学报　2014年第6期；人大复印资料·先秦秦汉史　2015年第2期

秦早期都邑与天水和关中　徐卫民、裴蓓　秦汉研究（第八辑）　陕西人民出版社　2014年9月

咸阳塬"秦陵"考辨　张文江　秦始皇帝陵博物院（总肆辑）　陕西人民出版社　2014年9月

咸阳"周陵"属性的辨析　刘卫鹏　秦始皇帝陵博物院（总肆辑）　陕西人民出版社　2014年9月

再论孙家南头秦墓铜、陶器共存现象及相关问题　田亚岐、陈洪　秦始皇帝陵博物院（总肆辑）　陕西人民出版社　2014年9月

2004年早期秦文化考古项目开展以来的主要工作及收获　早期秦文化考古联合课题组　早期丝绸之路暨早期秦文化国际学术研讨会论文集　文物出版社　2014年11月

论早期秦文化的两类遗存　梁云　早期丝绸之路暨早期秦文化国际学术研讨会论文集　文物出版社　2014年11月

清华简《系年》秦人起源章与早期秦人在陇上的活动　马智全　早期丝绸之路暨早期秦文化国际学术研讨会论文集　文物出版社　2014年11月

毛家坪遗址学术意义重大：专家建议保护利用以社会效益为重　李政　中国文物报　2014年11月14日

滇西祥云大波那墓地发现高规格战国秦汉墓葬　闵锐、朱中华　中国文物报　2015年1月23日

河南三门峡火电厂工地发现大规模秦人墓地——墓地北区可能为战国晚期秦军人墓地　马俊才、史智民　中国文物报　2015年4月24日

秦汉帝陵制度与当时社会　徐卫民　西北大学学报　2015年第5期

"都市国家论"与秦汉聚落形态无涉　王彦辉　中国社会科学学报　2015年第6期

华南秦汉越人"窄坑墓"　刘瑞　西部考古（第8辑）　科学出版社　2015年6月

关中地区秦土洞墓葬源流的考古学观察　刘建安　秦始皇帝陵博物院（总伍辑）　陕西师范大学出版社　2015年10月

对秦汉陵墓外藏系统层次问题的解析　王学理　秦始皇帝陵博物院（总伍辑）　陕西师范大学出版社　2015年10月

秦人屈肢葬与西南地区的屈肢葬　陈洪、武丽娜、李宇、聂莉　秦始皇帝陵博物院（总伍辑）　陕西师范大学出版社　2015年10月

秦人车马殉葬方式及其渊源　刘婷、梁云　秦始皇帝陵博物院（总伍辑）　陕西师范大学出版社　2015年10月

礼县秦文化遗存及相关问题探讨　侯宏伟　秦文化探研——甘肃秦文化研究会第二次学术研讨会论文集　甘肃人民出版社　2015年11月

试说秦公、王陵葬制　张文江、关欣　秦陵秦俑研究动态　2016年第1期

秦人葬式与社会等级的关系及其演变　陈洪　考古与文物　2016年第2期

韩森冢为秦悼太子陵说　耿庆刚　文博　2016年第4期

西安北郊秦汉墓方向的初步考察　张翔宇、朱连华　汉代陵墓考古与韩文化研究　科学出版社　2016年6月

秦汉守墓制度与海昏侯墓的园邑规模推测　尹在硕　纵论海昏——"南昌海昏侯墓发掘暨秦汉区域文化"国际学术研讨会论文集　江西教育出版社　2016年6月

西安北郊发现的一座秦代中型偏小墓葬浅论　王望生　秦汉研究（第十辑）　陕西人民出版社　2016年8月

揭开长安少陵原杜陵南园之谜　张文江、关欣　秦始皇帝陵博物院（总陆辑）　陕西师范大学出版社　2016年10月

秦墓的壁龛殉人葬俗初论　张天恩、煜珧　秦始皇帝陵博物院（总陆辑）　陕西师范大学出版社　2016年10月

河南淅川县马川墓地秦人异穴合葬墓　河南省文物局南水北调文物保护办公室、河南省文物考古研究院、驻马店市文物考古管理所　考古　2016年第11期

汧河流域重要古文化遗存——对凤翔孙家南头周秦墓葬与西汉仓储建筑遗址的几点认识　贾强　秦始皇帝陵博物院（总陆辑）　陕西师范大学出版社　2016年10月

从陇右秦墓看秦人与戎人的关系　马格侠、张琳　西安财经学院学报

2017 年第 2 期

湖北郧县龙门堂墓地战国及秦代墓葬　袁胜文　考古　2017 年第 3 期

雍秦时期秦国人殉及其原因探析　晏波、郑富鑫　西安财经学院学报 2017 年第 4 期

秦汉帝陵陵寝制度探讨　高崇文　古礼足征:礼制文化的考古学研究　上海古籍出版社　2017 年 4 月

也谈秦东陵的定名问题　杜应文　文博　2017 年第 5 期

山西曲村秦汉墓地分析　刘汉兴　北方民族考古(第 4 辑)　科学出版社 2017 年 9 月

秦公王陵分区研究概述　杨晓静　文物鉴定与鉴赏　2017 年第 9 期

关中秦墓头向空间分布特点浅析——本土秦人与外来移民的数量比例及各自的埋葬地　陈洪　秦始皇帝陵博物院(总柒辑)　三秦出版社　2017 年 10 月

性别研究视角下的华县东阳秦墓地　于焕金　边疆考古研究(第 24 辑) 科学出版社　2018 年 12 月

秦汉刑徒墓定名商榷　徐卫民　西部考古(第 17 辑)　科学出版社　2019 年 1 月

内蒙古准格尔旗福路塔发现秦文化墓地　内蒙古自治区文物考古研究所胡春柏、格日乐图　中国文物报　2019 年 2 月 22 日

关中秦墓所见双室墓　肖健一、乔美美　秦汉研究(第十三辑)　西北大学出版社　2019 年 9 月

(四) 器物

1. 器物概说

古器物学概说　罗福颐　沈阳博物馆专刊　第 1 期　1947 年 10 月

西北区古迹名胜及文物的调查　文物参考资料　1951 年第 10 期

西北区各地发现的文物(1950.4—1951.6)　文物参考资料　1951 年第 10 期

陕西绥德县人民委员会在废铜中炼出一批有价值的文物　贺梓城　文物参考资料　1955 年第 12 期

我省发现一批文物(战国金饼、秦汉铜权、唐代银锭)　秦权　陕西日报

1964 年 6 月 13 日

介绍陕西省博物馆收藏的几件战国时期的秦器　陕西省博物馆朱捷元　文物　1966 年第 1 期

咸阳市近年发现的一批秦汉遗物　咸阳市博物馆　考古　1973 年第 3 期

战国秦"王氏"陶罐和魏"安邑"铜钟——介绍咸阳出土的两件珍贵文物　王丕忠　光明日报　1974 年 7 月 6 日

春秋秦器试探　李零　考古　1976 年第 9 期

拣选古文物秦汉二器考释　张颌　山西大学学报　1979 年第 1 期

秦国文物的新认识　李学勤　文物　1980 年第 9 期

陕西宝鸡凤凰岭公社出土一批秦代文物　王红武、吴大焱　文物　1980 年第 9 期

战国秦汉的灯及有关问题　叶小燕　文物　1983 年第 7 期

陕西神木县出土匈奴文物（战国晚期、秦汉）　戴应新、孔嘉祥　文物　1983 年第 12 期

和氏璧与秦皇玺　何清谷　中学历史教学参考　1986 年第 1 期；秦陵秦俑研究动态　1993 年第 1 期

论秦汉时期的博具、博戏兼及博局纹镜　傅有举　考古学报　1986 年第 1 期

秦汉时代的双连环及其民俗学意义　王子今　考古与文物　1986 年第 5 期

秦汉社会生活器具文化概况　陈绍棣　东南文化　1992 年第 5 期

咸阳路家坡出土的陈爰金版　时瑞宝　秦汉论集　陕西人民出版社　1992 年 11 月

秦器三论——益门春秋墓几个问题浅谈　张天恩　文物　1993 年第 10 期

朔县战国秦汉墓若干文物与墓葬断代问题　黄盛璋　文物　1994 年第 5 期

秦汉相和乐器"筑"的首次发现及其意义　黄翔鹏　考古　1994 年第 8 期

由考古资料看铜器到铁器的过渡　朱君孝、朱思红　秦文化论丛（第三辑）　西北大学出版社　1994 年 12 月

秦汉以前水井的考古发现和造井技术　陈振昌　文博　1996 年第 1 期

秦王编钟的复原研究　谭维四等　黄钟　1996年第2期

秦国早期文物的新认识　卢连成　中国文字（新第21期）　艺文印书馆1996年

湖北地区战国秦汉墓出土文物的现场保护　后德俊、李琳　江汉考古1997年第1期

湖北地区战国秦汉墓出土文物的现场保护（续）　后德俊、李琳　江汉考古1997年第2期

塔儿坡秦人博局图　谢高文、岳起　文博　1997年第4期

谈甘肃礼县大堡子山秦公墓地及文物　陈昭容　大陆杂志95本5分册1997年

秦汉文物文献综述　赵璐、侯海英　人文杂志　1997年增刊

秦公大墓的磬　姜彩凡　秦文化论丛（第七辑）　西北大学出版社　1999年6月

秦器物上的动物、植物纹饰研究　李秀珍　秦文化论丛（第八辑）　陕西人民出版社　2001年8月

甘宁地区秦相关文物考察报告　史党社　秦文化论丛（第八辑）　陕西人民出版社　2001年8月

沙市周家台秦墓出土线图初探　彭锦华、刘国胜　简帛研究二〇〇一　广西师范大学出版社　2001年9月

怀后磬年代考　徐宝贵　古文字研究（第二十四辑）　中华书局　2002年7月

秦公大墓石磬文字连缀及有关问题　马振智　陕西历史博物馆馆刊（第9辑）　三秦出版社　2002年7月

大堡子山秦陵出土器物信息梳理　祝中熹　陇右文博　2004年第1期

长杨宫遗址出土的秦汉文物　刘合心　文博　2004年第3期

文物见证——秦统一文字、货币、度量衡　王伟　收藏　2010年第6期

甘肃马家塬遗址出土动物骨骼的初步观察　刘羽阳　早期丝绸之路暨早期秦文化国际学术研讨会论文集　文物出版社　2014年11月

民以食为天，饮当器以用——秦代饮食器具的多元类别与特定社会功能解析　宗椿理　南京艺术学院学报　2015年第4期

从三门峡出土六博俑模型谈秦汉博具　张延红　中原文物　2015 年第 5 期

秦代随葬实用明器意义初探　方喜涛　秦汉研究(第九辑)　陕西人民出版社　2015 年 8 月

秦代札甲复原研究　王煊　秦始皇帝陵博物院(总伍辑)　陕西师范大学出版社　2015 年 10 月

说秦公器"高引有□"及"高阳有□"　谢明文　中国国家博物馆馆刊 2017 年第 3 期

秦汉都船考　李超　秦汉研究(第十一辑)　陕西人民出版社　2017 年 9 月

秦文物与湖北古史研究　后晓荣、卢守烨　秦始皇帝陵博物院(总柒辑)　三秦出版社　2017 年 10 月

甘肃马家塬战国墓马车的复原(续二)——马车的设计制造技巧及牛车的改装与设计思想　赵吴成　文物　2018 年第 6 期

2. 铜器

(1)兵器

"王五年上郡疾残戟考"　周萼生　人文杂志　1960 年第 3 期

四川涪陵的秦始皇二十六年铜戈　于豪亮　考古　1976 年第 1 期

"吴钩"解　王学理　陕西师大学报　1977 年第 4 期

记江西遂川出土的几件秦代的铜兵器　彭适凡、刘诗中、梁德光　考古 1978 年第 1 期

太原发现秦代"少府"戈等　人民日报　1979 年 9 月 10 月

秦王剑的光辉　王学理　陕西日报　1979 年 10 月 20 日

八年吕不韦戈考　李仲操　文物　1979 年第 12 期

秦俑坑青铜兵器的科技成就管窥　王学理　考古与文物　1980 年第 1 期

秦俑坑青铜剑和青铜镞　王学理　西北大学学报　1980 年第 2 期

秦俑坑青铜兵器工艺标准化　王学理　陕西标准化　1981 年第 2 期

秦俑坑青铜兵器工艺标准化试析　袁卫华等　陕西标准化　1981 年第 2 期

古代兵器的重要发现　无戈　人文杂志　1981 年第 6 期

近年出土的中国古代兵器　杨泓　中国建设　1982年第1期

秦俑坑出土的铜铍　刘占成　文物　1982年第3期

秦陵俑坑陶兵陶马阵势暨兵器之探究　仲天　陕西文献　第51期　1982年10月

内蒙古准格尔旗出土一件上郡青铜戈　李三　文物　1982年第11期

丹东市首次发现秦石邑戈　丹东师专学报　1983年第1期

秦俑兵器刍论　王学理　考古与文物　1983年第4期

长铍初探　秦兵、张占民　陕西省考古学会第一届年会论文集　考古与文物丛刊第三号　1983年11月

秦俑坑长戟试探　张占民　文博　1985年第2期

秦子戈、矛考　陈平　考古与文物　1986年第2期

新发现的"十七年丞相启状"戈　田凤岭、陈雍　文物　1986年第3期

"秦石邑戈"补考　张占民　考古与文物　1986年第4期

秦俑坑弓弩试探　刘占成　文博　1986年第4期

试论春秋型秦兵的年代及有关问题　陈平　考古与文物　1986年第5期

关于秦子戈、矛的几个问题　王辉　考古与文物　1986年第6期

戈戟小议　党士学　文博　1987年第1期

关于秦俑兵器时代问题　张占民　文博　1987年第1期

"秦弓"与"吴钩"　李琳、白建钢　文博　1987年第6期

内蒙古清水河县拐子上古城发现秦兵器　乌兰察布盟文物工作站李兴盛、刑黄河　文物　1987年第8期

试论战国型秦兵的年代及有关问题　陈平　中国考古学研究论集——纪念夏鼐先生考古五十周年　三秦出版社　1987年

承弓器及其用法　刘占成　文博　1988年第2期

秦兵器分国、断代与有关制度研究　黄盛璋　中国古文字研究会成立十周年学术讨论会论文　1988年

秦兵甲之符考　陈直　文史考古论丛　天津古籍出版社　1988年10月

二十六年秦戈考　李仲操　文博　1989年第1期

十年相邦吕不韦戟　张敏杰　文物天地　1990年第1期

《秦子戈、矛考》补议　陈平　考古与文物　1990年第1期

读《秦子戈、矛考"补议"》书后　王辉　考古与文物　1990年第1期

秦俑坑出土兵器铭文与相关制度发展　黄盛璋　文博　1990年第5期

四川青山出土九年吕不韦戟　尹显德　考古　1991年第1期

商、秦军镰初探　王寿芝　庆祝武伯纶先生九十华诞论文集　三秦出版社1991年9月

四川青川县出土九年吕不韦戈考　黄家祥　文物　1992年第11期

"奇兵"钺与殳的用途　张涛　中国旅游报　1993年11月6日

令人惊叹的金属加工与防锈工艺——从秦俑坑出土兵器看秦代科技　田静　西部高新科技　1994年第5期

秦铍及其表面花纹之试探　姜彩凡　文博　1994年第6期

再论秦式短剑　张天恩　秦文化论丛（第三辑）　西北大学出版社　1994年12月；考古　1995年第9期

秦俑坑"铜镞形器"小考　姜彩凡　秦陵秦俑研究动态　1995年第1期

漫话"王负剑"　王关成　秦陵秦俑研究动态　1995年第2期

试论宝鸡益门二号墓短剑及其有关问题　陈平　考古　1995年第4期

秦始皇兵马俑坑出土兵器铜镞机械技术初考　吴京祥、杨青、林倩　西北农业大学学报　1995年增刊

秦俑坑出土铜镞制造工艺方法的分析研究　侯介仁、吴京祥、杨青　西北农业大学学报　1995年增刊

廿九年大良造鞅殳鐏考　王辉　考古与文物　1996年第5期

《殷周金文集成》所收战国秦戈考释　林清漆　于省吾教授百年诞辰纪念文集　吉林大学出版社　1996年

秦俑坑发现兵器在兵器史上的意义　张仲立　秦文化论丛（第五辑）　西北大学出版社　1997年6月

秦兵三戈考　王辉　陕西历史博物馆馆刊（第4辑）　西北大学出版社　1997年10月

摧金断石说秦剑　老秦　中国文物报　1998年7月22日

吴钩漫话　张文立　陕西日报　1998年8月28日

秦兵新发现　吴镇烽　容庚先生百年诞辰纪念文集　广东人民出版社　1998年10月

秦青铜兵器研究　刘占成　周秦文化研究　陕西人民出版社　1998年11月

秦俑坑出土的兵器　张涛　丝绸之路　1999年第1期

秦兵器分国、断代与有关制度研究　黄盛璋　古文字研究(第二十一辑)　中华书局　2001年10月

秦俑的武器装备与秦军的作战方式　郭淑珍　秦文化论丛(第九辑)　西北大学出版社　2002年7月

珍秦斋藏王二十三年秦戈考　王辉、萧春源　故宫博物院院刊　2004年第4期

秦简贲甲考　张卫星　秦文化论丛(第十一辑)　三秦出版社　2004年6月

"吴钩"为"吴戈"论　张仲立　秦汉史论丛(第九辑)　三秦出版社　2004年7月

秦甲的色彩与彩绘纹饰　张卫星　考古与文物　2004年汉唐考古增刊

珍秦斋藏王八年内史操戈考　王辉、萧春源　故宫博物院院刊　2005年第3期

从合金成分看秦俑坑青铜兵器的技术进步　郭淑珍　秦文化论丛(第十二辑)　三秦出版社　2005年7月

珍秦斋藏秦伯丧戈、矛考释　董珊　故宫博物院院刊　2006年第6期

释"王负剑"　袁仲一　早期秦文化研究　三秦出版社　2006年8月

秦俑坑出土铜箭镞初步研究　蒋文孝、邵文斌　秦文化论丛(第十三辑)　三秦出版社　2006年10月

秦射远兵器有关问题综论　郭淑珍　秦文化论丛(第十三辑)　三秦出版社　2006年10月;咸阳师范学院学报　2007年第3期

有关《三年大将吏弩机考》的瀍丘问题　王琳　中原文物　2007年第3期

武王之童戈再论　蒋文孝　中国文物报　2008年1月18日

秦汉时期弓、弩运用技术简论　李宇　沧桑　2008年第4期

秦戟与秦铍　沈融　周秦汉唐文明研究论集　上海古籍出版社　2008年11月

秦代青铜兵器标准化研究方法探讨　李秀珍　文物保护与研究论文集　科

学出版社　2008年12月

从青铜弩机铭文看秦兵器生产标准化的局限性　李秀珍、高俊　文博　2010年第2期

秦俑坑出土刻铭纪年兵器初探　蒋文孝　中国历史文物　2010年第3期

古代东方和西方的铠甲系统——参观"秦汉—罗马文明展"札记　杨泓　文物　2010年第5期

从秦俑坑出土箭镞看镞的发展演变　何宏　文博　2010年第5期

秦兵器及虎符选介　王辉　收藏　2010年第5、6期

"十七年丞相启状戈"之"启"为昌平君熊启说　李开元　秦汉研究(第四辑)　三秦出版社　2010年8月

一批秦早期青铜兵器的初步分析　贾腊江、赵丛苍、金普军、杨小刚、凌雪、柳小明、郭妍利、金兰　西北大学学报(自然科学版)　2011年第2期

秦俑坑铜剑考论　刘占成　文博　2011年第6期；秦始皇帝陵博物院(总壹辑)　三秦出版社　2011年6月

秦俑坑出土刻铭纪年兵器研究　蒋文孝、刘占成　秦始皇帝陵博物院(总壹辑)　三秦出版社　2011年6月

止戈兴仁　百姓福祉：金沙遗址博物馆征藏战国秦汉铜戈解析　明文秀　中华文化论坛　2015年第3期

再谈"十九年相邦"戈的考释　李卓、权敏　文博　2015年第5期

珍秦斋藏王八年内史戈铭补说　陆德富　出土文献研究(第14辑)　中西书局　2015年12月

记新发现的一件秦封君家丞戈　王伟　中国文字研究(第二十五辑)　上海书店出版社　2017年7月

新见秦兵四十四年上郡守绾戈考　刘浩　中国文字研究(第二十五辑)　上海书店出版社　2017年7月

新发现秦始皇时期"铜鞮"戈考　徐卫民、李超　秦始皇帝陵博物院(总柒辑)　三秦出版社　2017年10月

略论秦汉时期的铍　谢绮　文博　2018年第4期

荆州博物馆藏"五十二年"秦戈考　王丹、夏晓燕　文物　2018年第9期

(2)其他

论所谓秦氏铜器　郑师许　岭南学报　第4卷第2期　1935年8月

秦公钟簋之时代　容庚　考古　1937年第6期

怀铅随录·新郪虎符作于秦王政十七年灭韩后　申报　1948年6月26日

陕西绥德县人民委员会在废铜中拣选出一批有价值的文物　贺梓城　文物参考资料　1955年第12期

战国时代的秦国铜器　李学勤　文物参考资料　1957年第8期

西安市东郊发现重要文物"错金卧虎"　刘向群　文物参考资料　1958年第1期

广东秦汉时期的大型铜鼓　曾广忆　光明日报　1962年7月3日

兴平发现古代"嵌金铜犀尊"　陕西日报　1963年4月12日

陕西省兴平县窦马村发现两千年前文物"嵌金铜犀尊"　光明日报　1963年4月22日

陕西发现珍贵文物"嵌金铜犀尊"　人民日报　1963年4月25日

陕西兴平县出土的古代嵌金铜犀尊　陕西省考古所　文物　1965年第7期

临潼县附近出土秦代铜器　丁耀祖　文物　1965年第7期

秦始皇二十六年诏书及其大字诏版　史树青、许青松　文物　1973年第12期

秦都咸阳故城遗址发现的窑址和铜器　陕西省博物馆、文管会勘查小组　考古　1974年第1期

陕西长安县小苏村出土的铜建筑构件　朱捷元　考古　1975年第2期

陕西咸阳塔儿坡出土的铜器　咸阳博物馆　文物　1975年第6期

凤翔先秦宫殿试掘及其铜质建筑构件　曹明檀、袁仲一、韩伟　考古　1976年第2期

陕西宝鸡县太公庙村发现秦公钟、秦公镈　卢连成、杨满仓　文物　1978年第11期

我区第一次发现的秦国铜器　钟侃　宁夏日报　1979年2月3日

战国铜虎符　黑光　陕西日报　1979年3月27日

西安西郊发现秦国杜虎符　黑光　文物　1979年第9期

秦公钟考释　伍士谦　四川大学学报　1980 年第 2 期

陕西凤翔高王寺战国铜器窖藏　韩伟、曹明檀　文物　1981 年第 1 期

凤翔发现羽阳宫铜鼎　王光永　考古与文物　1981 年第 1 期

固原出土之战国秦鼎　韩孔乐　固原师专学报　1981 年第 1 期

咸阳塔儿坡出土秦代錞于　王丕忠　考古与文物　1981 年第 4 期

杜阳虎符与错金银铜豹　王敏之　文物　1981 年第 9 期

陕西淳化出土战国秦铜簠　姚生民　考古与文物　1982 年第 1 期

秦乐府编钟　李国珍　陕西日报　1982 年 6 月 10 日

关于秦国杜虎符之铸造年代　马非百　文物　1982 年第 11 期

秦国杜虎符　魏勇娥　西安晚报　1982 年 11 月 9 日

从秦戈皋月谈《尔雅》月名问题　饶宗颐　文物　1983 年第 1 期

秦国杜虎符小议　朱捷元　西北大学学报　1983 年第 1 期

关于秦国杜虎符的铸造年代　胡顺利　文物　1983 年第 9 期

鞞——秦代的油壶　党士学　陕西日报　1983 年 10 月 25 日

秦杜虎符的真伪及其相关问题　戴应新　考古　1983 年第 11 期

试论关中秦墓青铜容器的分期问题　陈平　考古与文物　1984 年第 3、4 期

胁驱阴靷……与二号铜车马　彭京士　湘潭师专学报　1985 年第 2 期

陕西铜川发现战国铜器　卢建国　文物　1985 年第 5 期

陕西省博物馆收藏的匈奴铜牌饰（战国秦汉）　予平、戴戈　文博　1985 年第 5 期

杜虎符真伪考辨　陈尊祥　文博　1985 年第 6 期

秦始皇"泗水捞鼎"考　阎孝慈　淮海论坛　1986 年第 2 期

"甬钟"正名　党士学　文博　1986 年第 3 期

记陕西凤翔出土的战国铜钳　李自智　考古与文物　1986 年第 3 期

十二铜人始末　北京晚报　1986 年 3 月 11 日；文摘报　1986 年 3 月 23 日

陕西凤翔发现春秋战国的青铜器窖藏　赵丛苍　考古　1986 年第 4 期

湖北随州市发现秦国铜器　左得田　文物　1986 年第 4 期

山西襄汾县出土一组秦代铜器　陶富海　考古　1986 年第 5 期

秦宫铜人下落何处　黄长明　西安晚报　1986 年 5 月 20 日

秦量青铜鉴　左正　西安晚报　1986年11月27日

秦兵甲之符考　陈直　文史考古论丛　天津古籍出版社　1988年10月

记雍城出土的一组春秋秦国铜泡　赵丛苍、曹明檀　考古与文物　1989年第1期

先秦西汉青铜铸造工艺研究　杜廼松　故宫博物院院刊　1989年第3期

咸阳市出土秦代铜盂　刘晓华　考古与文物　1989年第6期

秦公簋年代的再推定　李学勤　中国历史博物馆馆刊(第十三、十四期)　北京燕山出版社　1989年12月

秦汉时期的博局纹铜镜　崔乐泉　体育文史　1990年第2期

战国秦汉时期的绘画镜　吕烈丹　中国文物报　1990年3月15日

西安地区发现春秋战国秦汉时期的青铜器　王长启　考古与文物　1992年第5期

"私官"鼎考略　贺雅君　秦汉论集　陕西人民出版社　1992年11月

论东周秦汉铜钲　方建军　中国音乐学习　1993年第1期

秦昭王十五年高陵君鼎考论　张懋镕、肖琦　考古　1993年第3期

商陵君鼎考　吴镇烽　第二届国际中国古文字学术研讨会论文集　香港中文大学出版社　1993年10月

秦公簋的时代问题:兼论石鼓文的相对年代　陈昭容　历史语言研究所集刊　1993年12月

东郡虎符考　王关成　考古与文物　1994年第1期

最新出现的秦公壶　李学勤、艾兰　中国文物报　1994年10月30日

漫谈秦汉虎符　王关成　文史知识　1994年第12期;秦陵秦俑研究动态　1995年第1期

漫谈秦汉虎符　王关成　秦陵秦俑研究动态　1995年第1期

再谈东郡虎符辨伪　王关成　考古与文物　1995年第2期

谈新出秦公壶的时代　陈昭容　考古与文物　1995年第4期

秦公壶应为东周初期器　白光琦　考古与文物　1995年第4期

蒉阳鼎跋　周晓　文物　1995年第11期

战国至秦的符节——以实物资料为主　陈昭容　历史语言研究所集刊　1995年

上海博物馆新获秦公器研究　李朝远　上海博物馆集刊(第七辑)　上海书画出版社　1996年9月

秦乐府钟与秦汉乐府　党士学　中国文物世界　1996年第12期

秦国杜虎符铸造年代考　曾维华　学术月刊　1998年第5期

也谈礼县大堡子山秦公墓地及其铜器　王辉　考古与文物　1998年第5期

秦都咸阳金属窖藏性质试析　陈力　考古与文物　1998年第5期

贵州秦汉时期的铜铃　张元　贵州文史丛刊　1998年第5期

秦公钟与秦公镈　老秦　中国文物报　1998年8月9日

上海博物馆新藏秦器研究　李朝远　文物　2002年第1期;上海博物馆集刊(第七辑)　上海书画出版社　1996年9月

秦"工师文罍"考辩　申茂盛　秦文化论丛(第九辑)　西北大学出版社　2002年7月

中国北方地区两周时期铜镞的再探讨——兼论秦文化中所见铜镞　滕铭予　边疆考古研究(第1辑)　科学出版社　2002年11月

秦镜初探　马利清　考古与文物　2002年汉唐考古增刊

秦镜的分布、特征与文化交流　马利清　内蒙古大学学报　2003年第1期

新见秦式青铜镞研究　李朝远　文物　2004年第1期

伦敦新见秦公壶　李朝远　中国文物报　2004年2月27日

西安北郊秦汉墓出土的铜镜　岳连建　文博　2004年第3期

西安北郊出土的战国秦汉带钩　岳连建　文博　2004年第4期

秦子姬簋盖初探　董珊　故宫博物院院刊　2005年第6期

论秦子簋盖及其意义　李学勤　故宫博物院院刊　2005年第6期

洛阳宜阳发现秦铜鍪及其相关问题　赵晓军、刁淑琴　文物　2005年第8期

礼县大堡子山秦公器组合的复原研究　梁云　嬴秦溯源:秦文化特展　台北故宫博物院　2016年4月

礼县圆顶山秦墓铜器琐谈　张懋镕、田旭东　早期秦文化研究　三秦出版社　2006年8月

试说甘肃省博物馆藏春秋秦鼎　祝中熹　早期秦文化研究　三秦出版社

2006年8月

补论不其簋的器主和年代　李学勤　早期秦文化研究　三秦出版社　2006年8月

秦公簋断代问题研究——秦公簋作器者究竟为谁　丁楠　古代文明研究通讯　总第31期　2006年12月

关中西部周秦铜镈研究　陈亮　中原文物　2007年第4期

几件有铭秦汉铜器的考释　韩建武　考古与文物　2007年第6期

试论秦式扁壶及其相关问题　谢崇安　考古　2007年第10期

春秋战国与秦汉时期细线刻铜器比较研究　申茂盛、何娟　秦文化论丛（第十四辑）　三秦出版社　2007年10月

"⌒"形青铜板饰的几点认识　许卫红　秦文化论丛（第十四辑）　三秦出版社　2007年10月

论蜀釜与秦釜　李明斌　考古与文物　2007年增刊·汉唐考古

秦子镈的器主和时代　方建军　交响　2008年第3期

从秦子簋盖词语说到秦子诸器——兼与董珊先生商榷　王伟　宁夏大学学报　2008年第3期

咸阳博物馆收藏的一件精美的铜链梁舫　王亚庆　中国文物报　2008年8月13日

秦子簋盖补释　王辉　华学（第九、十辑）　上海古籍出版社　2008年8月；高山鼓乘集——王辉学术文存二　中华书局　2008年11月

出土秦镜与秦人毁镜习俗蠡测　马利清　郑州大学学报　2009年第6期；人大复印资料·先秦秦汉史　2010年第1期

大堡子山秦陵乐器坑所出铜虎性质刍议　祝中熹　丝绸之路　2010年第2期

西安尤家庄秦墓出土铜镜的初步研究　马利清、宋远茹　考古与文物　2010年第2期

秦汉时期徐州地区的日用青铜器　尹钊、刁海军、张继超　收藏　2010年第4期

秦公簋作年考　倪晋波　秦俑博物馆开馆三十周年秦俑学第七届年会国际学术研讨会论文集　三秦出版社　2010年8月

咸阳出土秦汉铜灯　张文玲　收藏　2010年第10期

泌阳秦墓青铜器　韩越　收藏　2010年第12期

礼县出土秦国早期铜器及祭祀遗址论纲　李峰　文物　2011年第5期；人大复印资料·先秦秦汉史　2011年第5期

秦国有铭铜灯及其相关问题　蔡运章、张应桥、赵晓军　中国国家博物馆馆刊　2011年第5期

大堡子山遗址春秋墓葬出土青铜鼎的修复与保护　深圳文博论丛2011　文物出版社　2011年8月

秦十二铜人再研究　王根权　秦汉研究（第五辑）　三秦出版社　2011年9月

关中秦墓出土青铜器编年研究　陈洪　秦陵秦俑研究动态　2012年第2期；文博　2012年第5期

礼县春秋秦墓出土四轮方盒非载枢"挽车"考　戴春阳　陇右文博　2012年第2期

孙家南头秦国春秋铜器墓相关问题　田亚岐　考古与文物　2013年第4期

秦公簋及"十又二公"考　雍际春　社会科学战线　2013年第6期

礼县大堡子山被盗秦公大墓流散文物的整理与墓葬归属问题　赵化成、王辉　嬴秦西垂文化——甘肃秦文化研究会首届学术研讨会论文集　甘肃人民出版社　2013年9月

临淄齐故城秦汉铸镜作坊遗址砂样的检测与分析　赵春燕　考古　2014年第6期

秦汉的铜镜造型艺术　窦威　秦汉器物文化拾英　上海人民出版社　2014年6月

秦子器主考　程平山　文物　2014年第10期

秦早期青铜器中铅料矿源分析　贾腊江、姚远、赵丛苍、凌雪、柳小明、袁洪林　自然科学史研究　2015年第1期

战国秦汉时期云贵地区青铜炊具的考古学研究　吴小平　考古　2015年第3期

不其簋秦器说考疑　赵兆、梁云　秦始皇帝陵博物院（总伍辑）　陕西师范

大学出版社　2015年10月

礼县秦早期青铜器中虎的形成特征及内在含义　余永红　秦文化探研——甘肃秦文化研究会第二次学术研讨会论文集　甘肃人民出版社　2015年11月

秦国"宫"字纹金、铜箔饰片考释　高天佑　秦文化探研——甘肃秦文化研究会第二次学术研讨会论文集　甘肃人民出版社　2015年11月

西汉水上游秦早期青铜器中的虎造型及其内在含义　余永红　古代文明　2016年第1期

陕西临潼新丰秦墓出土青铜器的初步科学分析研究　邵安定等　文博　2017年第2期

论东周至西汉的铜炉　苏晓威　考古学报　2017年第3期

宝鸡陈仓西高泉秦墓出土西周青铜壶铸造工艺考察研究　宋俊荣、李建西、相建凯、董卫剑、雷岩　文博　2018年第5期

秦公钟与甬钟的组合探析　刘明科、郑红莉　秦汉研究（第十二辑）　西北大学出版社　2018年6月

西安神禾塬战国秦陵园陪葬坑中发现帝国君子长臂猿新属种　胡松梅、丁岩、杨苗苗　中国文物报　2018年7月13日

秦式镈的发现与渊源探析　田亚岐、李岗、刘明科　秦始皇帝陵博物院（总捌辑）　西北大学出版社　2018年9月

略论荆州出土楚镜与秦镜　康茜　荆楚文物（第4辑）　科学出版社　2019年10月

3. 铁器

洛阳古墓中的铁制生产工具　蒋若是　考古　1957年第2期

敖汉旗老虎山遗址出土秦代铁权和战国铁器　敖汉旗文化馆　考古　1976年第5期

秦汉铁范铸造工艺探讨　李京华　史学月刊　1985年第5期

清涧县出土两件秦代铁犁铧　高雪　文博　1987年第3期

战国时代和日本弥生时代的锻銎铁器　云朔　考古　1993年第5期

中国古代始炼铁及秦人用铁考述　祝中熹　陇右文博　2001年第1期；秦史求知录　上海古籍出版社　2012年11月

战国秦汉时期西南铁器的传播与分布　周万利　文史杂志　2001年第

2 期

试论秦汉铁农具的推广程度　杨际平　中国社会经济史研究　2001 年第 2 期

宝鸡益门出土两件包铁器物的技术分析研究　白崇斌等　陕西省文物考古工程协会成立十五周年纪念论文集　考古与文物丛刊第五号　2001 年 12 月

咸阳博物馆收藏的一件秦铁权　张延峰　考古与文物　2002 年第 1 期

鞍山地区出土的战国秦汉铁器研究　富品莹　鞍山师范学院学报　2003 年第 2 期

南越国铁器与秦国铁器之比较　梁云、赵曼妮　南越国史迹研讨会论文选集　文物出版社　2005 年 4 月

两广地区出土战国秦汉铁器辨析（上）　李龙章　深圳文博论丛 2010　文物出版社　2010 年 8 月

从出土数量的变化看我国秦汉时期铁兵器的发展状况　于敏、潜伟　丝绸之路　2010 年第 18 期

两广地区出土战国秦汉铁器辨析（中）　李龙章　深圳文博论丛 2011　文物出版社　2011 年 8 月

两广地区出土战国秦汉铁器辨析（下）　李龙章　深圳文博论丛 2012　文物出版社　2012 年 8 月

关中地区秦墓出土铁器初步研究　邸楠　郑州大学学报　2012 年第 6 期

云贵高原出土战国秦汉时期铁器研究　李映福、周磊　江汉考古　2014 年第 6 期

从出土实物看秦国铁农具的制造及管理　陈洪　秦陵秦俑研究动态　2016 年第 4 期

论秦国铁器普及化与关中地区战国时期铁器流通模式　林永昌、陈建立、种建荣、雷兴山　中国国家博物馆馆刊　2017 年第 3 期

陕西临潼新丰秦墓出土铁器的科学分析及相关问题　刘亚雄、陈坤龙、梅建军等　考古　2019 年第 7 期

4. 陶器

秦時祠陶器　艺林旬刊　第 8 期　1928 年 3 月 11 日

秦瓦器陶片　艺林旬刊　第 38 期　1929 年 1 月 11 日

秦陶　艺林月刊　第 9 期　1930 年 9 月
咸阳发现秦代车零件泥范一窑　李长庆　文物参考资料　1958 年第 5 期
试谈咸宁赫章战国秦汉陶器　宋世坤　贵州民族研究　1981 年第 3 期
"秦缶"考　周天游　西北大学学报　1983 年第 1 期
由秦汉砖瓦论及秦汉陶瓷　王家广　文博　1984 年第 2 期
铜川秦墓出土彩塑泥俑　王兆麟　陕西日报　1985 年 3 月 17 日
秦公陵园的小秦俑　郭兴文　西安晚报　1986 年 5 月 15 日
铜川博物馆藏秦戳记陶器　薛东星　文博　1987 年第 4 期
甘肃崇信出土的秦戳记陶器　陶荣　文物　1991 年第 5 期
周秦汉时期环海地区红陶釜研究　梅鹏云　北方文物　1995 年第 4 期
论秦釜　滕铭予　考古　1995 年第 8 期
秦汉时期的模型明器　[日]高滨侑子　日本中国考古学会会报(五)　1995 年
试论云梦秦墓的陶器年代分期　张泽栋　江汉考古　1997 年第 2 期
论秦汉时代的陶灶　梁云　考古与文物　1999 年第 1 期
秦墓出土陶囷模型及相关问题研究　张颖岚　秦文化论丛(第七辑)　西北大学出版社　1999 年 6 月
秦代大型陶器制作与窑址若干问题探索　张仲立　秦文化论丛(第十辑)　三秦出版社　2003 年 7 月
秦墓出土陶囷模型的历史原因及意义　武丽娜　秦文化论丛(第十四辑)　三秦出版社　2007 年 10 月
尊者无形:秦汉陵墓随葬人俑的思考——中国古代文明的一个重要特点　赵化成、虞丽琦　俞伟超先生纪念文集　文物出版社　2009 年 6 月
秦墓出土陶囷模型研究　武丽娜　农业考古　2010 年第 1 期
南阳战国晚期至秦汉墓葬出土仿铜陶礼器研究　徐承泰、蒋宏杰　江汉考古　2011 年第 2 期
秦汉墓葬中随葬陶仓、囷现象浅析　吴晓阳　古今农业　2012 年第 2 期
文化变迁中的器形与质地:关于江东地区战国秦汉之际墓葬所见陶瓷器组合的初步考察　杨哲峰　文物　2012 年第 4 期
关中秦墓出土陶器编年研究　陈洪　考古与文物　2014 年第 6 期

岐山县博物馆藏秦代陶缶　张朝晖　文物　2017 年第 10 期

泾渭秦墓出土低温陶牛车研究　曹龙　文博　2019 年第 5 期

固原地区出土秦汉时期陶器　刘勇、徐超　文物天地　2019 年第 11 期

关中地区仿铜陶礼器秦墓研究综述　王民　大众文艺　2019 年第 19 期

5. 漆木器

秦漆器之一片　艺林月刊　第 15 期　1931 年 3 月

试论湖北战国秦汉漆器的年代分期　陈振裕　江汉考古　1980 年第 2 期

云梦睡虎地秦墓漆器针刻铭记探析——兼谈秦代"亭""市"地方官营手工业　肖亢达　江汉考古　1984 年第 2 期

秦汉漆器价格考辨　余华青　中国史研究　1984 年第 4 期

楚与秦汉漆器的几个问题　院文清　江汉考古　1987 年第 1 期

战国秦汉漆器综述　李如森　史学集刊　1987 年第 4 期

秦二十九年漆奁　黄盛璋　中国文物报　1990 年 2 月 15 日

试论战国秦汉时期成都的漆器生产　吴怡　文物考古研究　成都出版社　1993 年 7 月

试论战国秦汉漆器在中国艺术史上的地位　王纪潮　江汉考古　1995 年第 1 期

在漆器烙印文字中看到的秦汉髹漆工艺经营形态的变迁及其意义　〔日〕松崎の权中子　国家和民众　1995 年 1 月

从漆器铭文看秦汉漆器手工业性质的变化及其原因　朱学文　秦文化论丛（第七辑）　西北大学出版社　1999 年 6 月

洛南所见秦漆鼎与秦国制造业发展　呼林贵　秦俑秦文化研究——秦俑学第五届学术讨论会论文集　陕西人民出版社　2000 年 8 月

湖南常德出土"秦十七年太后"扣器漆盒及相关问题探讨　龙朝彬　考古与文物　2002 年第 5 期

实用美观的秦代漆器　陈振裕　收藏家　2002 年第 10 期

秦生漆产地之研究　朱学文　秦文化论丛（第十辑）　三秦出版社　2003 年 7 月

战国秦汉时期的巴蜀髹漆工艺　李昭和　四川文物　2004 年第 4 期

《礼记》"草工"钩沉——略论先秦两汉时期主管漆器制造的工官　赵平安

中国社会科学院历史所学刊(第二集)　商务印书馆　2004 年 4 月

秦汉漆器手工业管理状况之研究　朱学文　秦文化论丛(第十一辑)　三秦出版社　2004 年 6 月

"泪工"的性质及秦汉漆器制造工序的形成　后德俊　湖南省博物馆馆刊(第一辑)　2004 年 7 月

战国时期秦漆器群　陈振裕　考古与文物　2004 年先秦考古增刊

战国秦汉时期漆器的生产与管理　洪石　考古学报　2005 年第 4 期

"汧"与有关的秦汉漆器工艺问题　陆锡兴　湖南省博物馆馆刊(四)　岳麓书社　2007 年 12 月

从战国和秦代漆器的发展看秦俑彩绘用漆的原因　张益　中国生漆　2008 年第 1 期

秦汉漆器"红黑"色彩的形成与内涵　陈光龙　艺术探索　2009 年第 1 期

秦汉时期甘肃漆器艺术的文化内涵　曾明、李琰君、胡玉康　河北工程大学学报　2009 年第 4 期

秦汉时期甘肃漆器艺术的装饰风格与特色　曾明、李琰君　山东工艺美术学院学报　2009 年第 5 期

秦汉时期甘肃漆器艺术的装饰风格与特色　曾明等　华南理工大学学报 2009 年第 6 期

秦楚漆器比较研究　朱学文　秦陵秦俑研究动态　2012 年第 1 期

秦漆器手工业研究　朱学文　文博　2012 年第 1 期

有关秦漆器铭文的几个问题　朱学文　考古与文物　2012 年第 3 期

秦生漆产地与漆园经营　朱学文、朱宏斌　农业考古　2012 年第 4 期

从考古资料看秦漆器胎骨及制作工艺　朱学文　西北农林科技大学学报 2012 年第 4 期

秦楚漆器比较研究　朱学文　秦始皇帝陵博物院(总贰辑)　三秦出版社 2012 年 7 月

秦漆器研究综述　朱学文　华夏考古　2013 年第 1 期

秦东陵出土漆豆研究　朱学文　文博　2013 年第 2 期

色彩绚丽千文万华——以漆奁为例看战国秦汉彩绘工艺　刘芳芳　文物天地　2013 年第 3 期

试论战国秦汉漆器中的镟制法　朱学文　秦始皇帝陵博物院（总叁辑）　三秦出版社　2013年8月

秦兵马俑陪葬坑出土漆器概述　曹玮、许卫红　嬴秦西垂文化——甘肃秦文化研究会首届学术研讨会论文集　甘肃人民出版社　2013年9月

从考古资料看秦汉漆器的传承演变　朱学文　秦陵秦俑研究动态　2014年第1期

秦纪年漆器铭文及其相关问题研究　朱学文　考古与文物　2014年第2期

秦与巴蜀漆器研究　朱学文　文博　2014年第3期

论秦宫"（木柰）娥之台"兼及漆业开发与"秦娥"称谓　王子今　四川文物　2018年第6期

秦漆扁壶　朱学文　秦始皇帝陵博物院（总捌辑）　西北大学出版社　2018年9月

6. 砖石、瓦当

石鼓为秦刻石考　马衡　北京大学国学季刊　1923年第1期

秦飞鸿延年瓦　艺林旬刊　第28期　1928年10月1日

秦汉砖瓦精品之沦亡　教育杂志　第23卷第8期　1931年8月

石鼓文年代考　唐兰　故宫博物院院刊　1958年第1期

凤翔县发现"年宫"与"械"字瓦当　徐锡台、孙德润　文物　1963年第5期

秦汉瓦当概述　陈直　文物　1963年第11期

秦都咸阳瓦当　马建熙　文物　1976年第11期

石鼓文考释　罗振玉　罗学堂先生全集六编第九册　台湾大通书局　1976年

略谈秦汉瓦当的时代特征　王丕忠　人文杂志　1981年第3期

石鼓文与诅楚文研究　郭沫若　郭沫若全集·考古编（第九卷）　科学出版社　1982年

石鼓文年代及其相关问题　黄奇逸　古文字研究论集（四川大学学报丛刊第十辑）　1982年

秦瓦当艺术　张旭　考古与文物　1982年第2期；秦汉论集　陕西人民出版社　1992年11月

汉长陵附近出土的秦汉瓦当　王丕忠　文物资料丛刊(六)　文物出版社 1982 年 7 月

战国秦动物纹瓦当的艺术源流　刘莉　陕西省考古学会第一届年会论文集 考古与文物丛刊第三号　1983 年 11 月

秦汉瓦当管见　王丕忠　文博　1984 年第 1 期

由秦汉砖瓦论及秦汉陶瓷　王家广　文博　1984 年第 2 期

瓦当王　林泊　西安晚报　1984 年 3 月 3 日

试论秦咸阳宫遗址出土的壁纹方砖　秦栈　文博　1985 年第 3 期

"秦十二字瓦当"时代质疑　刘庆柱　人文杂志　1985 年第 4 期

凤翔雍城出土的秦汉瓦当　曹明檀等　考古与文物　1985 年第 4 期

陕西安康地区出土的秦汉瓦当　李启良　考古与文物　1985 年第 4 期

西北大学藏一方秦画像砖　贾麦明　考古与文物　1987 年第 1 期

兴平发现秦饕餮纹瓦当　贺雅君　中国文物报　1988 年 9 月 23 日

秦汉文字瓦当赏析　张丽华　美术研究　1989 年第 4 期

秦咸阳遗址出土的一枚瓦当　马建熙、马先登　考古与文物　1989 年第 6 期

秦瓦研究　尚志儒　文博　1990 年第 5 期

秦宫殿遗址画像砖试解　马建熙　考古与文物　1990 年第 5 期

读秦汉瓦当研究三札　李铨　文博　1991 年第 3 期

秦汉砖瓦纹饰的时代分期问题　马先登　秦陵秦俑研究动态　1992 年第 4 期

略论秦遗址出土的龙凤纹空心砖　陈桂枝、贺雅君　秦汉论集　陕西人民出版社　1992 年 11 月

从长陵新出土的瓦当谈秦兰池宫地理位置等问题　王丕忠、李光军　人文杂志　1980 年第 1 期

秦砖汉瓦——秦国图案瓦当　贾麦明　故宫文物月刊　1993 年第 9 期

战国秦汉瓦当研究　刘庆柱　汉唐与边疆考古研究　1994 年第 1 期

秦都雍城遗址出土的秦汉瓦当　刘亮、王周应　文博　1994 年第 3 期

秦汉瓦当的鉴定　戴南海　秦文化论化(第三辑)　西北大学出版社 1994 年 12 月

略论秦汉砖瓦　廖原、廖彩梁　西北大学学报　1995 年第 2 期

由"天子""嗣王""公"三种称谓说到石鼓文的时代　王辉　中国文字新第 20 期(第四辑)　中国文字社　1995 年

先民艺术"良可贵也"——徐平羽收藏秦汉瓦当拓片及其它　金实秋　中国文物报　1996 年 2 月 4 日

浅谈秦汉十二字瓦当　杨平　文物春秋　1996 年第 4 期

秦砖试探　张敏、阎红霞　秦文化论丛(第五辑)　西北大学出版社　1997 年 6 月

石碑地遗址出土秦汉建筑瓦件比较研究　杨荣昌　考古　1997 年第 10 期

秦汉瓦当及其辨伪　谭前学　华夏文化　1998 年第 3 期

秦汉瓦当浅说　田亚岐　西安教育学院学报　2000 年第 1 期

论秦咸阳与汉长陵遗址出土的素面瓦当　张俊辉　中国历史地理论丛　2000 年第 2 期

秦文字瓦当的确认和研究　焦南峰、王保平、周晓陆、路东之　考古与文物　2000 年第 3 期

石鼓文渔猎研究　徐宝贵　华学(第四辑)　紫禁城出版社　2000 年 1 月

秦咸阳"水神骑凤"空心砖纹内容浅析　梁云　秦俑秦文化研究——秦俑学第五届学术讨论会论文集　陕西人民出版社　2000 年 8 月

试复原秦始皇东巡刻石文　[日]鹤间和幸　秦俑秦文化研究——秦俑学第五届学术讨论会论文集　陕西人民出版社　2000 年 8 月

秦怀后磬研究　李学勤　文物　2001 年第 1 期

秦骃玉版文字初探　曾宪通、杨泽生、肖毅　考古与文物　2001 年第 1 期

秦瓦当概论　徐卫民　历史月刊　2001 年第 2 期

"禁圃"瓦当及禁圃有关问题　张天恩　考古与文物　2001 年第 5 期

云纹瓦当与秦汉建筑思想　芦建华　文博　2001 年第 6 期

秦始皇刻石探疑　金其桢　北京大学学报　2001 年第 6 期

陕西近年出土的珍稀秦汉瓦当　马骥　碑林集刊(第七辑)　陕西人民美术出版社　2001 年 6 月

都江堰李冰石像题铭浅释　周九香　四川文物　2002 年第 5 期

石鼓文与早期秦文化　刘宝才、韩星　追寻中华文明的踪迹——李学勤先

生学术活动五十周年纪念文集　复旦大学出版社　2002 年 8 月

秦月令瓦当述略　刘宝才、韩星　追寻中华文明的踪迹——李学勤先生学术活动五十周年纪念文集　复旦大学出版社　2002 年 8 月

秦汉时期的遮朽　张海云　考古与文物 2002 年汉唐考古增刊

秦汉瓦当漫谈　田亚岐　景宏伟　中国文物报　2003 年 1 月 22 日

石鼓文刻年新考　徐畅　考古与文物　2003 年第 4 期

黄山宫瓦当分期研究之管见　孙铁山　秦文化论丛（第十辑）　三秦出版社　2003 年 7 月

试论秦文字瓦当　姜彩凡　秦文化论丛（第十辑）　三秦出版社　2003 年 7 月

凤翔邓家崖遗址秦瓦内壁纹样　许卫红　秦文化论丛（第十辑）　三秦出版社　2003 年 7 月

秦动植物纹样瓦当的一种试读——略论其与《月令》之关系　周晓陆　考古与文物　2004 年第 2 期

说云纹瓦当——兼论战国秦汉铜镜上的四瓣花　李零　上海文博论丛 2004 年第 4 期

陕西秦汉瓦当　田亚岐　上海文博论丛　2004 年第 4 期

秦龙壁图画像考　李慧　陕西历史博物馆馆刊（第 11 辑）　三秦出版社 2004 年 12 月

论秦汉文字瓦当的形式艺术　欧阳摩一　东南文化　2005 年第 2 期

陕西宝鸡市陈仓区宁王遗址新发现的"郁夷"瓦当的意义　史党社、田静　人文杂志　2005 年第 4 期

黄山宫遗址出土罕见的踏步砖　张海云　考古与文物　2005 年第 5 期

石鼓文年代再讨论　王辉　黄盛璋先生八秩华诞纪念文集　中国教育文化出版社　2005 年 6 月

秦刻石的文化信息　赵嘉朱、胡一雅　炎黄文化研究（第三辑）　大象出版社　2006 年 2 月

石鼓文及其时代研究评述　杨宗兵　考古与文物　2006 年第 3 期

眉县成山宫秦汉瓦当之研究　王力军　周秦文明论丛（一）　陕西人民出版社　2006 年 8 月

成山宫秦汉瓦当研究　王力军　西部考古(第一辑)　三秦出版社　2006年10月

试论秦砖研究中的几个问题　丁晓雯　秦汉研究(第一辑)　三秦出版社　2007年1月

记秦廿二年石臼　李学勤　秦汉研究(第一辑)　三秦出版社　2007年1月

郭沫若《石鼓文研究》摹本及释文辨正　徐宝贵　考古学报　2007年第3期

浅议鹿纹瓦当　戴少婷　文博　2007年第5期

陈仓石鼓与石鼓文　阎敏　文博　2007年第6期

陕西甘泉县出土瓦当试析　申云艳　文物2007年第9期

雍城秦汉瓦当概述　田亚岐、景宏伟　西部考古(二)　三秦出版社　2007年12月

浅析战国秦汉瓦当动物纹样　苟爱萍　艺术研究　2008年第1期

秦瓦当的种类与断代　陈根远　收藏　2008年第3期

生灵神韵　秦人华彩——秦都雍城动物纹瓦当艺术　陈亮　文物世界2008年第4期

雍城秦汉瓦当艺术　田亚岐　景宏伟　四川文物　2008年第5期

秦汉文字瓦当释谈七则　袁仲一　唐都学刊　2009年第2期;秦汉研究(第三辑)　三秦出版社　2009年8月

雍城秦汉瓦当制作方法的发展演变　景宏伟　周秦文明论丛(二)　三秦出版社　2009年2月

陶艺教学中秦汉瓦当纹饰的应用与再创造　丁婷　漯河职业技术学院学报2009年第3期

大同北魏太官粮窖遗址出土的战国秦汉瓦当　张喜斌、王普军、徐国栋　文物世界　2009年第6期;洛阳汉魏陵墓研究论文集　文物出版社　2009年10月

秦代瓦当初探　申云艳　里耶古城·秦简与秦文化研究:中国里耶古城·秦简与秦文化国际学术研讨会论文集　科学出版社　2009年10月

浅说秦汉瓦当真伪鉴别　薛建勋　西安职业技术学院学报　2010年第

1 期

秦汉瓦当趣谈　金鉴　寻根　2010 年第 2 期

秦动物纹样瓦当　芦建华　秦俑博物馆开馆三十周年秦俑学第七届年会国际学术研讨会论文集　三秦出版社　2010 年 8 月

秦汉瓦当释读六则　袁仲一　秦汉研究（第五辑）　三秦出版社　2011 年 9 月

战国秦瓦当艺术的文化审美意识　卢花　长安大学学报　2012 年第 3 期

秦代刻石探疑　徐南　哈尔滨学院学报　2012 年第 5 期

布纹瓦及在秦地的传播　段清波、于春雷　考古与文物　2013 年第 3 期

秦汉瓦当纹饰的形式美及其美学意义　安晓东　宁夏大学学报　2013 年第 4 期

"武候"瓦当与战国秦汉武关道交通　王子今　文博　2013 年第 6 期

秦汉的瓦当艺术　邹维一　秦汉器物文化拾英　上海人民出版社　2014 年 6 月

秦神树纹瓦当考　李新全　考古　2014 年第 8 期

从秦代刻石文看秦始皇对法家思想的接受与发展　杨玲　秦文化探研——甘肃秦文化研究会第二次学术研讨会论文集　甘肃人民出版社　2015 年 11 月

战国汉初瓦当制作工艺及相关问题研究　蔡彦、滕铭予　考古学报　2017 年第 3 期

从地理的角度谈石鼓文的相关问题——和周运中　史党社　秦汉史论丛（第十四辑）　四川人民出版社　2017 年 9 月

从有关秦国石刻的考古发现看中国古代石刻的起源　赵超　考古、艺术与历史——杨泓先生八秩华诞纪念文集　文物出版社　2018 年 1 月

秦东陵新出土瓦当鉴赏　郝娟、杜应文　华夏文化　2018 年第 2 期

试论秦文化"芈字纹"瓦当图案内涵　邵小翠　砖瓦　2018 年第 8 期

泰山秦刻石——国家公文的第一件标准书体　温兆金　中国文物报　2018 年 6 月 26 日

西安阎良新发现秦石刻及相关问题研究　孙伟刚　文物　2019 年第 1 期

西安阎良发现秦铭刻石新考　董珊　文物　2019 年第 10 期；人大复印资料·先秦秦汉史　2020 年第 1 期

7. 玺印、封泥

秦五大夫印　艺林旬刊　第 27 期　1928 年 9 月 21 日

伪秦瓦汉瓦室谭印　李白凤　申报　1947 年 4 月 13 日、4 月 27 日

试谈几方秦代的田字格印及有关问题　赵超　考古与文物　1982 年第 6 期

秦印浅谈　秦进才　武锋　历史知识　1983 年第 1 期

说秦印　沙孟海　书法研究　1983 年第 3 期

"封泥"概说　红专　历史知识　1983 年第 4 期

战国玺印文字考释　曹锦炎　考古与文物　1985 年第 4 期

战国玺印文字考释丛札　张如元　温州师专学报　1986 年第 3 期

渭南市博物馆收藏的七枚秦汉铜印章　左忠诚　文博　1987 年第 1 期

《渭南市博物馆收藏的七枚秦汉铜印章》辨误　张涧苇　文博　1988 年第 1 期

秦印琐记　牛济普　中原文物　1988 年第 4 期

黄龙征集——战国秦"私府"印　齐鸿浩　中国文物报　1988 年 8 月 19 日

秦汉南北朝官印鉴别方法初论　叶其峰　故宫博物院院刊　1989 年第 3 期

四川芦山出土巴蜀符号及战国秦汉私印　周日珽　考古　1990 年第 1 期

秦印的特点及其形成的文化背景　萧高洪　江西文物　1990 年第 3 期

秦印探述　王辉　文博　1990 年第 5 期

咸阳出土的一批古印简释　王翰章　张子波　四川文物　1993 年第 2 期

咸阳市杨陵区出土的一批秦汉印章与考释　李朝阳　马先登　文物春秋 1994 年第 2 期

考古发现所见秦私印述略　王人聪　南方文物　1994 年第 4 期

《珍秦斋古印展》释文补说　游国庆　中国文字（新 19 期）　艺文印书馆 1994 年

秦乡印考　王人聪　中国文物报　1996 年 2 月 4 日

试论秦官印及其艺术特色　任隆　文博　1996 年第 6 期

秦代印陶　任隆　西安晚报　1996 年 8 月 24 日

秦砖印文与篆刻艺术　任隆　书法报　1996 年 9 月 11 日

秦代封泥的重大发现——梦斋藏秦封泥的初步研究　周晓陆、路东之、庞睿　考古与文物　1997 年第 1 期

秦封泥与秦印　李学勤　西北大学学报　1997 年第 1 期

空前的收获重大的课题——古陶文明博物馆藏秦封泥综述　周晓陆、路东之　西北大学学报　1997 年第 1 期

试论西安北郊出土封泥的年代与意义　张懋镕　西北大学学报　1997 年第 1 期

秦封泥窥管　黄留珠　西北大学学报　1997 年第 1 期

新发现的秦封泥与秦代郡县制　周伟洲　西北大学学报　1997 年第 1 期

新发现的封泥资料与秦汉宦官制度研究　余华青　西北大学学报　1997 年第 1 期

秦汉封泥对读　周晓陆、陈晓洁　西北大学学报　1997 年第 1 期

秦封泥图例　路东之　西北大学学报　1997 年第 1 期

也谈陕西咸阳征集古代玺印的断代与考释　陈根远　文物春秋　1997 年第 1 期

秦封泥官印考　任隆　秦陵秦俑研究动态　1997 年第 3 期

新发现秦封泥中的"上寝"及"南宫""北宫"问题　田静、史党社　人文杂志　1997 年第 6 期

汉长安城新出土秦封泥——西安中国书法艺术博物馆藏封泥初探　傅嘉仪、罗小红　收藏　1997 年第 6 期

陕西发现成批秦代封泥　苏文　秦文化论丛（第五辑）　西北大学出版社 1997 年 6 月

汉长安城出土封泥的断代与用途　李零　中国文物报　1997 年 11 月 9 日

续见新知——秦封泥与秦印　李学勤　走出疑古时代（修订本）　辽宁大学出版社　1997 年 12 月

九十年代之前所获秦式封泥　周晓陆、刘瑞　西北大学学报　1998 年第 1 期；秦陵秦俑研究动态　1998 年第 1 期

西安秦封泥出土地在秦地望刍议　陈根远　秦陵秦俑研究动态　1998 年第 1 期

也谈西安北郊出土封泥的断代　王辉　中国文物报　1998 年 1 月 7 日

汉长安城出土秦封泥的断代与用途　李陵　秦陵秦俑研究动态　1998 年第 1 期

秦印零拾（十则）　王辉　秦陵秦俑研究动态　1998 年第 2 期

西安出土秦封泥补续　周晓陆、路东之、庞睿　考古与文物　1998 年第 2 期

也谈汉长安城出土封泥的断代与用途　刘瑞　秦陵秦俑研究动态　1998 年第 3 期

秦封泥官印续考　任隆　秦陵秦俑研究动态　1998 年第 3 期

秦西汉私印的几个问题　赵平安　湖南省博物馆文集（四）　船山学刊杂志社　1998 年 4 月

秦封泥的发现与研究　周晓陆、路东之　周秦汉唐研究文集　三秦出版社　1998 年 5 月

"左田"新释　刘瑞　周秦汉唐研究文集　三秦出版社　1998 年 5 月

"走士"考　陈晓捷　周秦汉唐研究文集　三秦出版社　1998 年 5 月

新发现秦封泥丛考　田静、史党社　秦文化论丛（第六辑）　西北大学出版社　1998 年 7 月

新出秦封泥选释（二十则）　王辉　秦文化论丛（第六辑）　西北大学出版社　1998 年 7 月

秦西汉误释未释官印考　赵平安　历史研究　1999 年第 1 期

怎样辨识秦官印与汉初官印　滕瑞丰　中国文物报　2000 年 2 年 20 日

秦封泥文字的书法价值　任隆　书法　2000 年第 3 期

秦式封泥的断代与辨伪　斯路　秦俑秦文化研究——秦俑学第五届学术讨论会论文集　陕西人民出版社　2000 年 8 月

从秦封泥的发现看秦手工业的发展　任隆　秦俑秦文化研究——秦俑学第五届学术讨论会论文集　陕西人民出版社　2000 年 8 月

"封泥"：一个由遗弃物组成的地下"秦代中央档案馆"　任隆　档案　2001 年第 1 期

秦西汉官印论要　赵平安　考古与文物　2001 年第 3 期

西安相家巷遗址秦封泥考略　刘庆柱、李毓芳　考古学报　2001 年第 4 期

西安相家巷遗址秦封泥的发掘　中国社科院考古所汉长安城考古队　考古

学报　2001 年第 4 期

西安中国书法艺术博物馆藏秦封泥选释读　王辉　陕西历史博物馆馆刊（第 8 辑）　三秦出版社　2001 年 6 月

从秦封泥看篆刻艺术　陈菽玲　中国文化月刊　第 260 期　2001 年 11 月

中国书法艺术博物馆藏秦封泥选释（十则）　王辉　文物　2001 年第 12 期

秦印封泥考释（五十则）　王辉　四川大学考古专业创建四十周年暨冯汉骥教授百年诞辰纪念文集　四川大学出版社　2001 年 12 月

秦封泥的发现及其研究　王辉　文物世界　2002 年第 2 期

历代关于秦汉印章艺术理论史略研究　谢荔　四川文物　2002 年第 2 期

《秦汉南北朝官印征存》注释补正　孙蔚祖　中国历史文物　2002 年第 3 期

秦封泥再读　周晓陆、路东之、刘瑞、陈晓捷　考古与文物　2002 年第 5 期

新见秦封泥中的中央官职印　周晓陆、陈晓捷　秦文化论丛（第九辑）　西北大学出版社　2002 年 7 月

1997—2001 年间秦封泥研究概况　刘瑞　中国史研究动态　2002 年第 9 期

秦封泥与秦都咸阳宫苑及都城布局研究　刘庆柱、李毓芳　21 世纪中国考古学与世界考古学　中国社会科学出版社　2002 年 12 月

秦封泥所见江苏史料考　周晓陆　江苏社会科学　2003 年第 2 期

秦封泥所见安徽史料考　周晓陆　安徽大学学报　2003 年第 3 期

秦封泥与中原古史　周晓陆　中州学刊　2003 年第 6 期

新蔡东周城址发现"秦式"封泥　周晓陆　秦文化论丛（第十辑）　三秦出版社　2003 年 7 月

释秦封泥中的三个地名　王辉　秦文化论丛（第十辑）　三秦出版社　2003 年 7 月

1997—2002 年间西安相家巷出土秦封泥研究综述　刘瑞　秦文化论丛（第十辑）　三秦出版社　2003 年 7 月

于京新见秦封泥中的地理内容　周晓陆、陈晓捷等　西北大学学报　2005 年第 4 期

在京新见秦封泥中的中央职官内容——纪念相家巷秦封泥发现十周年　周

晓陆、刘瑞等　考古与文物　2005 年第 5 期

秦封泥与河北古史研究　周晓陆、孙闻博　文物春秋　2005 年第 5 期

秦封泥与甘肃古史研究　周晓陆、孙闻博　甘肃社会科学　2005 年第 6 期

珍秦斋藏秦印选刊　莫武　东方艺术　2008 年第 12 期

秦郡县封泥的历史地理学意义　庞任隆　文博　2009 年第 3 期

从吉语格言印论秦代祈福与修身的思想　李国锋　河南师范学院学报 2009 年第 5 期

"参川尉印"及封泥归属猜想　江连山　咸阳师范学院学报　2010 年第 5 期

通过秦封泥和汉瓦当文字的对比窥探秦小篆研究传承的当代意义　庞仁隆 秦汉研究(第四辑)　三秦出版社　2010 年 8 月

秦玺印封泥研究五题　王伟　秦俑博物馆开馆三十周年秦俑学第七届年会国际学术研讨会论文集　三秦出版社　2010 年 8 月

西安中国书法艺术博物馆馆藏秦郡县封泥的文化价值　庞任隆　秦俑博物馆开馆三十周年秦俑学第七届年会国际学术研讨会论文集　三秦出版社　2010 年 8 月

新见秦印资料录识　韩祖伦　秦俑博物馆开馆三十周年秦俑学第七届年会国际学术研讨会论文集　三秦出版社　2010 年 8 月

从秦官印和封泥看浙江、江东在秦代的隶属关系　孙蔚祖　中国文物报 2010 年 9 月 17 日

新见秦汉官印二十例　施谢捷　古文字研究(第二十八辑)　中华书局 2010 年 10 月

秦封泥等出土文字所见内史及其属官　王辉　青泥遗珍——新出战国秦汉封泥国际学术研讨会论文集　西泠印社　2010 年 10 月

关于秦印姓名的初步考察　刘钊　出土文献与传世典籍的诠释:纪念谭朴森先生逝世两周年国际学术研讨会论文集　上海古籍出版社　2010 年 10 月

20 世纪以来的秦玺印封泥研究述评　王伟　陕西历史博物馆馆刊(第 17 辑)　三秦出版社　2010 年 11 月

秦玺印封泥所见宫殿及其分布　王伟　西安财经学院学报　2011 年第 2 期

秦汉印章与古籍的校读　赵平安　出土文献（三）　中西书局　2012年12月

北京文雅堂藏秦封泥选考　陈晓捷、周晓陆　咸阳师范学院学报　2013年第1期

秦封泥中"左般"与"右般"考释　陈治国、谷朝旭　文博　2013年第3期；秦陵秦俑研究动态　2013年第3期

秦官印封泥著录史略　杨广泰　东方艺术　2013年第4期

新发现的秦封泥与秦代郡县制　周伟洲　汉唐气象：长安遗珍与汉唐文明　中国社会科学出版社　2013年4月

秦封泥分期释例　刘瑞　考古　2013年第10期；人大复印资料·先秦秦汉史　2014年第1期

"皇帝信玺"封泥及其时代的再探讨　王伟　陕西历史博物馆馆刊（第20辑）　三秦出版社　2013年12月

"阴御弄印"与"阳御弄印"封泥考释　陈治国　秦陵秦俑研究动态　2014年第1期

秦封泥所见郡县空间分布研究　张宁　华夏考古　2014年第3期

秦封泥文物保护展示的实践与观察　庞任隆　文博　2014年第4期

秦汉封泥铭刻五例新解　陈晓捷　秦始皇帝陵博物院（总肆辑）　陕西人民出版社　2014年9月

李啬夫印小考　王伟　陕西历史博物馆馆刊（第21辑）　三秦出版社　2014年12月

秦"封陵津印"考——兼论风陵渡之得名　熊长云　文博　2015年第2期；飞軨广路：中国古代交通史论集　中国社会科学出版社　2015年10月

文雅堂藏新品秦封泥考释（二十则）　王伟　中国文字研究（第二十一辑）　上海书店出版社　2015年8月

秦汉印章封泥中的水文化　苗润洁、后晓荣　南昌工程学院学报　2016年第5期

战国秦印"飤厨印章"释读　吴镇烽　收藏界　2016年第10期

平湖玺印篆刻博物馆藏两枚新见秦官印　王伟　出土文献（第九辑）　中西书局　2016年10月

秦汉玺印姓名考析十题　魏宜辉　出土文献（第九辑）　中西书局　2016年10月

谈秦封泥中的"奴卢"　刘乐贤　出土文献与中国古代文明：李学勤先生八十寿诞纪念论文集　中西书局　2016年12月

释文雅堂藏几枚与府有关的秦封泥　王辉　出土文献与中国古代文明：李学勤先生八十寿诞纪念论文集　中西书局　2016年12月

新见秦地名封泥选释（十五则）　王伟　出土文献（第十辑）　中西书局　2017年4月

秦汉玺印人名考释（九题）　魏宜辉　中国文字学报（第七辑）　商务印书馆　2017年7月

秦封泥（官印）文字书法艺术集评　李学勤　书法　2017年第10期

秦阴阳御弄封泥与苑囿略论　李超　中国国家博物馆馆刊　2017年第12期

平湖玺印篆刻博物馆藏新品秦官印选释（三则）　王伟　出土文献与物质文化　（香港）中华书局　2018年1月

秦汉玺印姓名考析（续二）　魏宜辉　古文字研究（第三十二辑）　中华书局　2018年8月

秦印文字校订一例　张新俊　古文字研究（第三十二辑）　中华书局　2018年8月

二十枚秦封泥的地名再读　后晓荣　秦始皇帝陵博物院（总捌辑）　西北大学出版社　2018年9月

说秦"厎柱丞印"封泥　王子今　故宫博物院院刊　2019年第3期

新见秦地名封泥考释（十则）　王伟、童志军　江汉考古　2019年第4期

秦封泥与封检制度　李超　考古与文物　2019年第4期

8. 度量衡、货币

（1）度量衡

秦二世权　艺林旬刊　第1期　1928年1月1日

秦量　艺林月刊　第58期　1934年10月

秦诏版　艺林月刊　第68期　1935年8月

"商鞅量"与"商鞅量尺"　唐兰　国学季刊　第5卷第4期　1936年9月；

中国古代度量衡论文集　中州古籍出版社　1990年2月

　　秦量　艺林月刊　第92期　1937年8月

　　山西左云县威鲁乡新出土的秦权　吴连城　山西师院学报　1957年第1期

　　山西左云县出土秦权介绍　吴连城　文物参考资料　1957年第8期

　　秦汉度量衡亩考　万国鼎　农业遗产研究集刊(2)　1958年10月；中国古代度量衡论文集　中州古籍出版社　1990年2月

　　秦廿六年诏版量　吴因明　新亚生活　第2卷第19期　1960年5月

　　我省新发现一批文物秦代铜权　陕西日报　1964年6月13日

　　陕西发现珍贵文物秦代铜权　光期日报　1964年6月19日

　　一枚秦代铜权重六十多斤　对研究秦代衡制和书法有重要参考价值　人民日报　1964年6月24日

　　西安市西郊高窑村出土秦高奴铜石权　陕西省博物馆　文物　1964年第9期

　　跋秦权量铭　戴君仁　中国文字　第12期　1964年

　　秦权使用及辨伪　商承祚　学术研究　1965年第3期

　　江苏盱眙东阳公社出土的秦权　南京博物院　文物　1965年第11期

　　商鞅方升和战国量值　马承源　文物　1972年第6期；中国古代度量衡论文集　中州古籍出版社　1990年2月

　　秦始皇统一中国的历史作用——从考古学上看文字、度量衡和货币的统一　王世民　考古　1973年第6期

　　从商鞅方升到秦始皇统一度量衡　史超　光明日报　1973年11月6日

　　秦始皇二十六年诏书及大字诏版　史树青　许青松　文物　1973年第12期；中国古代度量衡论文集　中州古籍出版社　1990年2月

　　秦始皇统一度量衡和文字的历史功绩　俞伟超　文物　1973年第12期

　　秦始皇统一度量衡的历史功绩　国家标准计量局理论学习小组　计量工作　1974年第5、6期

　　山东文登发现秦代铁权　蒋英炬、吴文棋　文物　1974年第7期

　　秦始皇统一度量衡驳儒家关于秦王朝灭亡原因的几种谬论　季良、唐晓文　科学普及资料　1974年第9期；光明日报　1974年9月1日

秦始皇统一度量衡诏书的陶量在奈曼旗出土　纪松闻　光明日报　1975年2月6日

从吉林出土的秦陶量说起　雍铮　理论学习　1975年第4期

哲里木盟奈曼旗出土两件秦代陶量　光明日报　1975年7月12日；人民日报　1975年7月22日

敖汉旗老虎山遗址出土秦代铁权和战国铁器　敖汉旗文化馆　考古　1976年第5期

杆秤的起源发展和秦权的使用方法——兼论四川、河南出土的汉权　张勋燎　四川大学学报　1977年第3期

我省赤峰县秦代铁权　辽宁日报　1977年3月18日

云梦睡虎地秦墓出土陶量——秦斗　云梦县文化馆　文物　1978年第7期

辽宁省赤峰县出土秦铁权　昭乌达盟文管会　光明日报　1978年10月4日

始皇廿六年诏书"则"字解　文史（第五辑）　中华书局　1978年12月

秦权研究　巫鸿　故宫博物院院刊　1979年第4期

河北省围场县又发现两件秦代铁权　石枢砚　文物　1979年第12期

敖汉旗出土秦权一件　邵国田、养成玉　内蒙古日报　1980年1月22日

战国时的"判"和秦汉时代的"半"　朱德熙、裘锡圭　文史（第八辑）　中华书局　1980年3月；中国古代度量衡论文集　中州古籍出版社　1990年2月

秦权使用及辨伪　商承祚　古文字研究（第三辑）　1980年7月；中国古代度量衡论文集　中州古籍出版社　1990年2月

秦度量衡的标准及其它　齐吉祥　历史教学　1980年第11期

商鞅方升容积实测　上海博物馆青铜器研究组　上海博物馆馆刊（第1集）　1981年

榆次市出土秦代铁权　文天　文物资料丛刊（5）　文物出版社　1981年2月

秦汉时期度量衡的几个问题　天慧　中国史研究　1982年第1期

甘肃镇原县发现一枚秦诏版　许俊臣　考古与文物　1982年第4期

赤峰县三眼井出秦铁权　昭乌达盟文物工作站　考古　1983年第1期

高奴禾石权　魏勇娥　西安晚报　1983年11月17日

东海出土秦皇父子的诏铜量　李洪甫、许健　文物　1984年第11期

秦始皇陵园发现的斤权与秦代衡值　程学华　文博　1985年第4期

秦始皇陵园发现一枚铜权　占民　考古与文物　1985年第4期

华县发现秦代量器　炳勤等　陕西日报　1986年6月30日

陕西发现一件两诏秦椭量　陈孟东　文博　1987年第2期

秦"私府"量器　张文立　文物报　1987年3月22日

赣榆发现秦代铁石权　李洪甫　文物　1987年第8期

秦汉时代"锺""斛""石"新考　王忠全　中国史研究　1988年第1期

宝丰发现秦始皇诏书衡器——铁权　邓城宝　中原文物　1988年第2期

关于"两诏秦椭量"的定名及其它　朱捷元　文博　1988年第4期

秦北私府铜量　陈安利　文物天地　1988年第5期

秦始皇统一度量衡　邱隆　中国古代度量衡论文集　中州古籍出版社1990年2月

秦汉时期锺、石、斛异同辨　周国林　华中师大学报　1991年第3期

陕西华县发现秦两诏铜钧权　马骥、咏钟　文博　1992年第1期

秦汉时期度量衡的几个问题　吴慧　中国史研究　1992年第1期

陕西华县发现秦两诏铜钧权　一夫　中国科技史料　1992年第3期

浅议秦度量衡制度与相关性两诏　祝中熹　陇右文博　2000年第1期；秦史求知录　上海古籍出版社　2012年11月

对秦统一度量衡的再认识　朱筱新　北京教育学院学报　2000年第2期

秦诏铸刻于权量政治目的考　侯学书　江海学刊　2004年第5期

秦代标准尺量值浅议　王爱华　秦文化论丛（第十二辑）　三秦出版社2005年7月

甘肃镇原县富坪出土秦二十六年铜诏版　王博文　考古　2005年第12期

稀世珍宝"秦诏版"的发现和收藏　李义平　中国计量　2008年第1期

秦汉简帛中的度量衡单位"参"：兼与肖从礼先生商榷　李建平　敦煌研究2011年第1期

秦始皇统一度量衡文字的稀世物证——秦铁权与秦诏版　严凤亭、刘爱华　文物天地　2011年第4期

"秦权钱"质疑　曾维华　南方文物　2011年第4期;秦汉器物文化拾英　上海人民出版社　2014年6月

秦朝的度量衡法制　于俊嶙　中国计量　2011年第4期

古代度量衡的用途　陈传岭　中国计量　2013年第10期

成语典故中的度量衡　郑颖、刘海鹏、陈昂　品牌与标准化　2015年第10期

里耶秦简所见秦统一衡制新证　庄小霞　东方论坛　2016年第6期

临朐博物馆藏秦二世诏版及金都统之印　孙名昌　文物鉴定与鉴赏　2017年第6期

秦诏铜箍残件与秦桶量之复原——兼论桶量与斛量之更替　熊长云　秦统一的进程与意义　中国社会科学出版社　2017年11月

秦、西汉容量"石"诸问题研究　马彪、[法]林力娜　中国史研究　2018年第4期

北京大学藏秦权与单位权意义探论　熊长云　古代文明(第12卷)　上海古籍出版社　2018年6月

秦律"禾黍一石为粟十六斗大半斗"补说　彭浩　简帛(第十七辑)　上海古籍出版社　2018年11月

出土战国楚方言简帛铭文中的度量衡单位词研究　龙富国　语文研究　2019年第3期

南京博物院藏秦权的设计与美学　陈雪晴　美术大观　2019年第6期

战国中山国度量衡及相关问题　徐文英　博物院　2019年第6期

古代度量衡的用途　陈传岭　品牌与标准化　2019年第6期

(2)货币

秦代币制问题　杨文谊　现代评论　第3卷第58期　1926年1月

秦汉时代之货币　李超桓　社会科学论丛　第3卷第1期　1931年1月

秦汉时代的货币制度　马元材　河南政治月刊　第3卷第1期　1931年1月

秦汉货币制探讨　陈箴　清华周刊　第41卷第7期　1934年

秦汉经济史料(四)——货币制度　马非百　食货　第3卷第2期　1935年12月

秦汉金属货币的确定　褚道庵　北平华北日报史学周刊　第20期　1935年1月31日

秦汉货币使用的广大　褚道庵　北平华北日报史学周刊　第21、22期　1935年2月7日、2月14日

秦汉铜币的铸造　褚道庵　北平华北日报史学周刊　第24期　1935年2月28日

先秦及汉代币制考　以伟　北平华北日报经济周刊　第8、9、10期　1936年10月30日、11月6日、11月13日

秦汉以后中国金银货币之沿革　叶受祺　学风　第6卷第2期　1936年3月

秦楚之际及汉初货币概论　罗伯昭　泉币　第2、3期　1940年9月、11月

秦汉币制之演变及其理论之争议　汤晓非　说文月刊　第3卷第2、3期　1941年9月

秦汉时代之币制　符泽初　财政学报　第2卷第1期　1943年11月

试论我国古代货币的起源　朱活　文物　1958年第8期

"半两"钱年代问题——兼与逊时先生商榷　王家祐　考古　1962年第9期

长沙、衡阳西汉墓中发现铁"半两"钱　高至喜　文物　1963年第11期

河南南阳市发现半两钱范　王儒林　考古　1964年第6期

河南南阳发现一批秦汉铜钱　魏仁华　考古　1964年第11期

十五年以来古代货币资料的发现和研究中的若干问题　汪庆正　文物　1965年第1期

论秦始皇统一货币　朱活　文物　1974年第8期

从货币演变看"汉承秦制"　文汇报　1975年8月6日

关于秦始皇统一货币的问题　[日]稻叶一郎、王广琦、李应桦　河北师大学报　1979年第4期

凤翔出土一批秦半两钱　尚志儒　陕西日报　1980年3月17日

关于布币的三个问题——读云梦出土秦简《金布律》札记　赵德馨、周秀鸾　社会科学战线　1980年第4期

秦统一货币　刘宝民　历史教学　1980年第11期

统一货币并非秦始皇之功　陆勤毅　光明日报　1981年1月18日

渭南县发现秦半两钱范和"栎阳"陶器　左忠诚、郭德发　考古与文物　1981年第2期

四川高县出土"半两"钱范母　何泽宇　考古　1982年第1期

我国古代金属货币见闻浅说　陈尊祥　陕西金融研究　1983年第2期

我国古代金属货币的演变　陈尊祥　中国钱币　1983年第2期

渭南县发现秦半两钱范和"栎市"陶器　左忠诚、郭德发　考古与文物　1981年第2期

半两钱及其相关的问题　吴镇烽　陕西省考古学会第一届年会论文集　考古与文物丛刊第三号　1983年11月；陕西金融　1984年增刊

秦墓出土的半两钱　尚志儒　陕西省考古学会第一届年会论文集　考古与文物丛刊第三号　1983年11月；陕西金融　1984年增刊

先秦货币名词浅释　阿祥　中国钱币　1985年第2期

由春秋战国到秦汉大量流通的黄金究竟是金还是铜？　傅筑夫　文史集林（第四辑）　1985年5月

先秦半两钱的发现及其他　唐石父　考古　1985年第6期

宝鸡市博物馆所藏的几件钱范（秦、新莽）　王桂枝、廷晶平　文博　1985年第6期

秦汉货币立法略论　陈汉生　上海大学学报　1986年第2期

秦汉时期山东的铸钱业　逢振镐　东岳论丛　1986年第4期

手帕张堡藏秦钱的整理与研究　陈尊祥　陕西金融　1986年增刊

贵池出土的"秦半两"钱范简介　卢茂村　安徽金融研究　1987年第2期

手帕张堡窖藏秦钱清理报告　陈尊祥、路远　中国钱币　1987年第3期

秦半两钱铸造年代管窥　肖安顺　郑州大学学报　1987年第3期

陕西临潼油王村发现秦"半两"铜母范　张海云　中国钱币　1987年第4期

秦半两——中国古代货币形制的统一　章书范　安徽金融研究　1987年增刊第4期

陕西长安张堡秦钱窖藏　陈尊祥、钱舆　考古与文物　1987年第5期

秦汉前保定的钱币流通　保定工商行行志办公室　金属世界报　1987年9

月 7 日

凤翔出土秦代半两钱铜范　田亚岐　陕西日报　1987 年 10 月 19 日

湖北秦汉半两钱的考古发现与研究　陈振裕　江汉考古　1988 年第 3 期

战国秦汉圜钱的起源与演变　李如森　史学集刊　1988 年第 4 期

"孔方兄有绝交书"——秦半两杂谈　苏晔　古钱探趣　北京燕山出版社 1988 年 6 月

秦、西汉"上币"新释　王裕巽、徐蔚一　中国钱币　1988 年第 1 期

"秦半两"浅议　张振才　安徽金融研究　1988 年增刊第 1 期

"半两钱"小考　吕长礼　安徽金融研究　1988 年增刊第 1 期

秦汉货币经济与政策　李祖德　中国历史学年鉴 1988　人民出版社 1988 年 12 月

秦代货币考　雒雷　中国钱币　1989 年第 1 期

秦汉半两钱系年举例　蒋若是　中国钱币　1989 年第 1 期

试论秦汉黄金为"上币"　瓯燕　中国钱币　1989 年第 1 期

战国秦半两　朱卓鹏、马传德　钱币漫话　上海教育出版社　1989 年 2 月

秦俑坑出土的半两钱　刘占成　文博　1989 年第 3 期

秦汉半两钱范断代研究　蒋若是　中国钱币　1989 年第 4 期

背阴文"半两"钱成因探讨　徐达元、郭四荣　中国钱币　1989 年第 4 期

先秦早期货币——桥形陶钱　胡百川　中国文物报　1989 年 3 月 3 日

异形异文"半两"举例　王明先　中国文物报　1989 年 10 月 27 日

谈巴蜀秦半两　朱活　四川文物　1990 年第 1 期

秦"半两"和"两甾"钱的时代和特征　郭若愚　中国钱币　1990 年第 1 期

先秦货币杂考　张华　考古与文物　1990 年第 2 期

也说陕西凤翔高庄秦墓出土半两　杜维善　中国钱币　1991 年第 1 期

咸阳长陵车站出土的秦钱　李厚志、孙志文　中国钱币　1991 年第 2 期

谈谈先秦钱币的几个问题　郭若愚　中国钱币　1991 年第 2 期

先秦金属铸币研究刍议　李如森　史学集刊　1991 年第 2 期

凤翔县高家河村出土的窖藏秦半两　赵丛苍、延晶平　考古与文物　1991 年第 3 期

先秦半两钱始铸时间试考　王裕巽　中国钱币　1991 年第 3 期

关于秦半两钱几个问题的研究　吴镇烽　庆祝武伯纶先生九十华诞论文集　三秦出版社　1991年6月

山东诸城出土半两钱范介绍与研究　韩岗、赵华锡　中国钱币　1992年第2期

禹王城陶质半两钱模考　张童心　文物世界　1992年第3期

湖北学者对秦统一货币说提出异议　刘金风　中国文物报　1992年5月24日

秦始皇并未统一货币　冯国良　经济新闻导报　1992年8月21日

秦咸阳遗址出土的半两钱　王英　秦汉论集　陕西人民出版社　1992年11月

战国货币考（七篇）　李家浩　中国钱币学会成立十周年纪念文集　中国金融出版社　1992年11月

安泽出土秦半两钱的整理与研究　王雪农、祁生　中国钱币学会成立十周年纪念文集　中国金融出版社　1992年11月

先秦货币的若干问题　马飞海　中国钱币论文集（二）　中国金融出版社　1992年

秦半两钱币图说　关汉亭　中国钱币论文集（二）　中国金融出版社　1992年

秦"初行钱"的几个问题　臧知非　秦陵秦俑研究动态　1993年第1期

秦汉币制改革略论　张诚　郑州大学学报　1993年第2期

"天圆地方"与秦半两　陈浩　古钱鉴赏　浙江人民美术出版社　1993年11月

秦半两概述　钱屿　钱币博览　1994年第1期

秦汉铜钱　石瑄　古钱鉴赏与收获　吉林科学技术出版社　1994年5月

论秦"半两钱"　蒋若是　华夏考古　1994年第2期

陕西、洛阳所见秦汉金属冥钱述略　蒋若是　中国钱币　1994年第2期

秦钱新品饼半两　王雪农、刘建民　中国钱币　1994年第2期

半两钱的分期问题　胡薇　钱币博览　1994年第3期

秦币三等说　赵沛　秦文化论丛（第三辑）　西北大学出版社　1994年12月

秦、前汉时代货币考　［日］山田胜男　研究报告：东北大、日本文化研究（20）　1994年12月

秦汉货币的年代问题　李虎仁、朱国平　东南文化　1995年第1期

馆藏中国古代钱币概说——三代、秦、汉、唐代（上）　杨式昭　台湾历史博物馆馆刊　1995年第1期

临潼县孟家村秦铸钱作坊遗址　中国考古学年鉴1993　文物出版社　1995年6月

西安发现秦铁半两古币　孟西安　人民日报　1995年6月22日

秦国钱始铸年代考辨　杜勇　陕西师大学报　1996年第1期

秦币探索　何清谷　陕西师大学报　1996年第1期；人大复印资料·先秦汉史　1996年第4期

秦币辨疑　何清谷　中国钱币　1996年第2期

西安发现剪凿半两　王泰初　中国钱币　1996年第2期

春秋战国至秦汉黄金货币性质新释　林文勋　云南术探索　1996年第3期

参观上海博物馆藏秦半两后记　关汉亭　中国钱币　1996年第3期

秦币春秋　何清谷　历史月刊　1996年第7期

试论秦汉的黄金货币　李祖德　中国史研究　1997年第1期

秦汉时代的铜钱　赵天　新疆教育学院学报　1998年第2期

秦半两钱始铸于何时　刘志荣、刘鹏　华夏文化　1998年第3期

秦币考略　何清谷　陕西历史博物馆馆刊（第5辑）　西北大学出版社　1998年6月

从考古资料看秦币制改革及其对商品经济的影响　彭文、袁红蕾　秦文化论丛（第六辑）　西北大学出版社　1998年6月

咸阳塔儿坡战国秦墓出土的"半两"铜钱及其相关问题　咸阳市文物考古研究所　文物考古论集　三秦出版社　2000年6月

秦半两钱　［日］水出弘泰著，秦仙梅译　秦俑秦文化研究——秦俑学第五届学术讨论会论文集　陕西人民出版社　2000年8月

秦代半两货币在历史上的意义与影响　杨式昭　历史文物月刊　2000年第12期

战国晚期秦国的封君铸钱　何清谷　秦文化论丛(第九辑)　西北大学出版社　2002年7月

秦半两钱陶范母的发现与相关问题　姜宝莲、袁林、秦建明　秦文化论丛(第十辑)　三秦出版社　2003年7月

秦汉半两钱范的研究　姜宝莲　考古与文物　2004年第5期

战国秦汉时期云南的收纳果品经济与货币形态发展　陈征平　学术探索　2005年第3期

秦半两钱　杨式昭　历史文物月刊　2005年第5期

关于秦货币的几个问题——读秦简《金布律》札记　芦建华　秦文化论丛(第十二辑)　三秦出版社　2005年7月

浅析秦朝"半两"币形的哲学内涵　张安礼　咸阳师范学院学报　2006年第3期

"径寸二分"秦半两的讨论　杨槐　青海金融　2007年第S1期

秦代金钱兑换率蠡测　盛治刚　东岳论丛　2008年第1期

谈谈秦汉半两钱　徐军　文史杂志　2009年第1期

秦汉时期云南流通的货币(上、中、下)　刘莹　时代金融　2009年第3、4、5期

试释"及至秦中"句义,管窥秦国半两钱的诞生　张虎安　秦汉研究(第三辑)　三秦出版社　2009年8月

洛阳发现两枚"大尹"半两钱　赵晓军、周建亚　中国钱币　2010年第1期

四铢半两钱的特征和纹记　马鸣远　中国钱币　2010年第1期

洛阳发现两枚"大尹"半两钱　赵晓军、周建亚　中国钱币　2010年第1期

邯郸市博物馆藏先秦半两钱币　李海祥、王静　文物春秋　2010年第6期

战国及秦汉时代官方"受钱"制度和券书制度　[日]柿沼阳平　简帛(第五辑)　上海古籍出版社　2010年10月

秦半两钱初探　赵乾坤　湖南人文科技学院学报　2012年第4期

中国秦代汉初货币制度发微——张家山汉简与睡虎地秦简对比研究　罗运环　武汉大学学报　2012年第6期;人大复印资料·先秦秦汉史　2013年第1期

秦汉半两以尺寸指代重量论　徐承泰　江汉考古　2014年第5期

内蒙杭锦旗霍洛柴登古城发现秦汉铸钱作坊遗址　连吉林　中国文物报

2014年5月23日

秦汉钱币的造型艺术与价值——半两钱、五铢钱、王莽钱　曾维华、窦葳　文史知识　2013年第2期;秦汉器物文化拾英　上海人民出版社　2014年6月

考古发现的铜质钱范与战国秦汉时期铸币工艺的演变　黄娟　考古　2018年第5期

9. 丝织品

秦汉三国的浙江丝绸业　浙江丝绸史料编辑室　浙江丝绸　1962年第9期

战国秦汉时代纺织业技术的进步　孙毓棠　历史研究　1963年第3期

秦汉时期纺织品色彩和色名的发展　戴绍荪　中国纺织科技史料（第5集）　1981年1月

秦汉时期山东纺织手工业的发展　逄振镐　齐鲁学刊　1983年第1期

秦代丝绸生产状况初探　赵丰　浙丝科技　1983年第3期

秦汉的丝绸与刺绣　高汉玉　丝绸史研究　1985年第3期

浅谈周秦丝绸　孔玉琳　文博　1993年第6期

略论秦刺绣　许卫红、王锐　秦文化论丛（第八辑）　陕西人民出版社　2001年8月

论秦汉时期江南纺织业的发展　周琍　南方文物　2005年第1期

秦汉的丝织艺术　邹维一、曾维华　文史知识　2012年第7期;秦汉器物文化拾英　上海人民出版社　2014年6月

近三十年来秦汉丝织品及相关问题研究综述　吴方浪　中国史研究动态　2016年第1期

张家川马家塬战国墓地M21墓葬中铁器表面纺织残留物的鉴定　李力、邓天珍、王辉、龚德才　文物保护与考古科学　2017年第1期

先秦两汉刺绣论考　马怡　中国社会科学院历史研究所学刊（第十集）　商务印书馆　2017年4月

10. 玉器

秦国大玉璧　赵丛苍　西安晚报　1984年8月28日

记凤翔出土的秦国玉器　赵丛苍　文物　1986年第9期

秦始皇用"赵氏连城璧"制造的玉玦之发现　张延举　文博　1990年第

1 期

 和氏之璧与秦汉传国玉玺　郭宝发、李秀珍　文博　1993 年第 2 期

 春秋秦式玉雕及其相关问题　杨建芳　中国文物世界　1993 年第 12 期

 战国秦汉时期的玉制容器考略　全洪　广州文物考古集　文物出版社 1998 年 6 月

 秦惠文王祷词华山玉简文研究　连劭名　中国历史博物馆馆刊　2000 年第 1 期

 秦玉牍索隐　李学勤　故宫博物院院刊　2000 年第 2 期

 从秦式玉器看秦文化的特质——秦与山东诸国玉文化之比较　王昱东　秦俑秦文化研究——秦俑学第五届学术讨论会论文集　陕西人民出版社　2000 年 8 月

 略述秦国的玉文化　林淑心　艺术家　2000 年第 12 期

 论秦玉牍研究四种及其相关问题　刘金华　考古与文物　2002 年汉唐考古增刊

 1982~2001 年考古出土秦汉时期玉器统计表　郝明勤等　四川文物　2003 年第 2 期

 春秋战国秦式玉器概览　刘云辉　上海文博论丛　2004 年第 4 期

 漫话和氏璧与传国玺　祝中熹　陇右文博　2005 年第 1 期

 宝鸡益门出土玉器分析研究　白崇斌、范宾宾　文物保护与考古科学　2005 年第 4 期

 秦代祭祀玉人　师小群、王蔚华　文博　2006 年第 3 期

 秦、汉玉器概述　卢兆荫　湖南省博物馆馆刊（第三辑）　岳麓书社　2006 年 12 月

 简论先秦到汉代玉蝉形制的流变及汉代琀蝉的文化含义　刘德增　山东教育学院学报　2007 年第 6 期

 "和氏璧"磨制"传国玺"考辨　李银德　秦俑博物馆开馆三十周年秦俑学第七届年会国际学术研讨会论文集　三秦出版社　2010 年 8 月

 再谈陕西地区秦国玉器　王蔚华　西安文物考古研究（二）　三秦出版社　2013 年 3 月

 再论甘肃礼县鸾亭山等地出土玉人　许卫红　秦陵秦俑研究动态　2013

年第 4 期

宝鸡地区秦墓出土玉器初探　朱歌敏　文博　2014 年第 3 期

再论甘肃礼县鸾亭山等地出土玉人　许卫红　中国国家博物馆馆刊　2015 年第 4 期；秦文化探研——甘肃秦文化研究会第二次学术研讨会论文集　甘肃人民出版社　2015 年 11 月

试说秦人葬圭习俗的文化渊源　祝中熹　秦文化探研——甘肃秦文化研究会第二次学术研讨会论文集　甘肃人民出版社　2015 年 11 月

关中地区秦墓葬玉探析　朱歌敏　文博　2016 年第 4 期

简析战国秦汉玉器中的柿蒂纹　谢春明、陈程　荆楚文物（第 4 辑）　科学出版社　2019 年 10 月

11. 金银器

秦汉时代黄金的使用　褚道庵　北平华北日报史学周刊　第 4 期　1934 年 9 月 27 日

我省新发现一批文物　秦权　陕西日报　1964 年 6 月 13 日

凤翔出土春秋秦宫铜构——金釭　杨鸿勋　考古　1976 年第 2 期

栎阳高平宫金鼎　刘庆柱　考古与文物　1980 年第 1 期

鎏金铜凤与史载金凫　赵康民　陕西日报　1984 年 12 月 11 日

先秦、汉、晋腰带用金银带扣　孙机　文物　1994 年第 1 期

论甘肃礼县出土的秦金箔饰片　韩伟　文物　1995 年第 6 期

秦代错金银带钩的保护　杨忙忙　考古与文物　1996 年第 1 期

赣县发现秦代阿房宫铺地金砖　每日侨报　1997 年 6 月 2 日

秦铸十二金人　何汉南　文物考古论集　三秦出版社　2000 年 6 月

与日月同辉——陕西出土秦金银器鉴赏　朱学文　历史文物月刊　2005 年第 5 期

秦安发现的秦刻铭银扣　王多庆、柴略　陇右文博　2006 年第 1 期

说古道"金"——浅议益门二号墓出土的金器　郝明科　周秦文明论丛（一）　陕西人民出版社　2006 年 8 月

秦错金银龙纹带钩　王亚庆　中国文物报　2010 年 9 月 8 日

南越王墓出土秦代"西共"银洗及相关问题　全洪　文物　2012 年第 2 期

从秦西陲青铜器与金器探早期秦文化艺术特征　许世虎、杨梦萧　甘肃社

会科学　2014 年第 2 期

秦汉的银器　王翠、邹维一　秦汉器物文化拾英　上海人民出版社　2014 年 6 月

论秦代金布的隶属及其性质　吴方基　古代文明　2015 年第 2 期

秦金银制品的考古发现及相关问题初探　李宇　文博　2016 年第 4 期

甘肃礼县大堡子山秦公墓出土金饰片的功用及相关问题　周银霞、李永平　秦始皇帝陵博物院（总陆辑）　陕西师范大学出版社　2016 年 10 月

（五）简牍

1. 简牍概述

简牍检署考　王国维　王忠悫公遗书 2 集　1927 年

简书发现考　容肇祖　历史语言研究所周刊百期纪念号　1929 年 10 月

简策说　傅振伦　考古社　第 6 期　1937 年 6 月

简册杂记　潘崱　青年中国季刊　第 2 卷第 2 期　1941 年

中国古代的图书——竹帛　屈万里　读书通讯　第 48 期　1942 年

从简牍文化说到雕版文化——记载文字的工具发展简史　赵万里　文物参考资料　1951 年第 2 期

简牍中所见的布帛　劳榦　学术季刊　1952 年第 9 期

先秦两汉简牍考——"篇"卷附考　陈槃　学术季刊　第 1 卷第 4 期　1953 年

古竹简在文书方面之使用　陈槃　大陆杂志　第 6 卷第 4 期　1953 年

简与帛　王明　考古通讯　1955 年第 2 期

谈近年来新发现的几种战国文字资料　李学勤　文物　1956 年第 1 期

说简牍　劳榦　幼狮　第 7 卷第 5 期　1958 年 5 月

六十年来我国发现的竹木简概述　陈直　历史教学　1962 年第 9 期

竹木简的起源与古今出土的竹木简　李书华　庆祝李济先生七十岁论文集（上）　清华学报社　1965 年 9 月

从木简到纸的应用　劳榦　台湾图书馆馆刊　第 1 卷第 1 期　1965 年

中国古代的简牍制度　钱存训著，周宁森译　香港中文大学中国文化研究所学报　第 6 卷第 1 期　1973 年 12 月

简牍堂随笔　马先醒　简牍学报　第 1 卷第 1、2、3 期　1974 年 6 月,1975

年 5 月、10 月

关于湖北云梦、江陵汉墓出土两木牍——荆楚文史新证之一　陈祚龙　简牍学报　第 1 卷第 3 期　1975 年 10 月

云梦睡虎地秦简概述　季勋　文物　1976 年第 5 期

简牍通考　马先醒　简牍学报　第 1 卷第 4 期　1976 年 12 月

中国出土的简牍　[日]大庭脩　[日]第一届木简集会记录　1976 年

中国古代的时代区分和云梦出土之秦简　[日]古贺登　史观　第 97 册　1977 年

云梦出土秦简的基础性研究　[日]堀毅　史观　第 97 册　1977 年

略论云梦秦简　陈直　西北大学学报　1977 年第 1 期

我国古代竹木简发现、出土情况　舒学　文物 1978 年第 1 期

中国简牍研究的现状　[日]大庭脩　[日]木简研究(创刊号)　1979 年

中国云梦秦简研究现状　[日]永田英正　[日]木简研究 2　1980 年

简牍研究与世界华学中心转移　马先醒　世界华学季刊　第 1 卷第 1 期　1980 年 3 月

竹木简　徐元邦、曹延尊　历史教学　1980 年第 11 期

简牍形制　马先醒　简牍学报　1980 年第 7 期

笔削与汗青　马先醒　简牍学报　1980 年第 7 期

笔卷与竹帛　马先醒　简牍学报　1980 年第 7 期

简牍质材　马先醒　简牍学报　1980 年第 7 期

简牍踪迹　马先醒　简牍学报　1980 年第 7 期

简牍释义　马先醒　简牍学报　1980 年第 7 期

简牍之编写次第与编卷典藏　马先醒　简牍学报　1980 年第 7 期

简牍文书之牍与标点符号　马先醒　简牍学报　1980 年第 7 期

简牍初现朝野倾动　马先醒　简牍学报　1980 年第 7 期

简牍本经史子集　马先醒　简牍学报　1980 年第 7 期

符传述略　何智霜　简牍学报　1980 年第 7 期

劳榦"早期中国符契的使用"　郑志民译　简牍学报　1980 年第 7 期

云梦秦简与秦汉史研究——以日本的研究成果为中心　高明士　食货月刊复刊第 11 卷第 3 期　1981 年 6 月

七十年代出土竹简帛书对古籍之影响(上)(下)　郑良树　故宫季刊　第15卷第3、4期　1981年;老子论集附录　台北世界书局　1983年2月

珍贵的云梦秦简　舒之梅　云梦秦简研究　中华书局　1981年7月

新出土简帛与楚文化　李学勤　楚文化新探　湖北人民出版社　1981年7月

简牍概述　陈振裕　云梦睡虎地秦墓　文物出版社　1981年

睡虎地秦简研究班与其研究专号　马先醒　简牍学报　第10期秦简研究专号　1981年

七十年来出土的秦汉简册和帛书　朱德承、裘锡圭　语文研究第1辑　1982年8月

日本研究云梦秦简情况简介　中国史研究动态　1983年第3期

中国出土简牍研究文献目录　[日]大庭脩著,谢桂华译　简牍研究译丛(第一辑)　中国社会科学出版社　1983年4月

近年来新出土简牍的整理与研究　何双全　中国史研究动态　1983年第9期

秦墓竹简之研究　费海玑　东方杂志　第16卷第11期　1983年

关于睡虎地秦墓竹简　彝锋　历史知识　1984年第3期

云梦秦汉墓葬的发掘和秦简的研究　黄展岳　新中国的考古发现和研究(1950—1980)　文物出版社　1984年5月;新中国的考古发现和研究(中国社会科学院文库·历史考古研究系列)　方志出版社　2007年5月

七十年代中国出土的秦汉简册和帛书　朱德熙、裘锡圭　中国语文研究第6期　1984年

日本学者对中国简牍的研究　林剑鸣　中国史研究动态　1985年第2期

关于睡虎地秦墓竹简日书　[日]工藤元男　[日]史滴8号　1986年

曲径通幽处 高楼望路时——评介当前简牍"日书"研究状况　林剑鸣　文博　1988年第3期

秦代竹简　黄晓芬　新史料检索与利用　四川大学出版社　1988年6月

天水放马滩秦简综述　何双全　文物　1989年第2期

秦简解决了目前秦史研究中的哪些重大问题　高放　史学月刊　1989年第2期

日本的睡虎地秦简研究　［日］堀毅　秦汉史论丛（第四辑）　西北大学出版社　1989年6月

青川木牍简论　徐中舒、伍士谦　先秦史论集　中州古籍出版社　1989年4月；古文字研究（第十九辑）　中华书局　1992年8月

日本的睡虎地秦简研究　［日］堀毅　秦汉史论丛（第四辑）　西北大学出版社　1989年4月

秦简的出土及研究　郑有国　中国简牍学综论　华东师大出版社　1989年9月

简牍研究　曹延尊　中国考古学年鉴1988　文物出版社　1989年10月

秦简、汉简研究的状况及展望　高敏　简牍研究入门　广西人民出版社　1989年10月

云梦龙岗秦简综述　刘信芳、梁柱　江汉考古　1990年第3期

"天水放马滩秦简综述"质疑　刘信芳　文物　1990年第9期

秦汉简牍述略　黄展岳　史学史研究　1991年第3期

简牍与中国史研究　何兹全　首届中国简牍学学术研讨会论文　1991年8月

秦汉时期的帛书的出土和研究的介绍　［日］大川俊雄　古代文化　第43卷第9期　1991年9月

简牍的使用　劳诸　中国文物报　1991年12月29日

简牍帛书研究　李零　中国考古学年鉴1991年　文物出版社　1991年12月

《日书》所见秦人之生死观　吴小强　秦陵秦俑研究动态　1992年第2期

秦汉简牍与中国秦汉文化　王子岗　成都文物　1992年第3期

简牍帛书研究　李零　中国考古学年鉴1991　文物出版社　1992年8月

简牍文书漫话　李均明　中国文物报　1992年8月23日

简牍文书"刺"考述　李均明　文物　1992年第9期

海外简牍研究综述　沈颂金　文史知识　1992年第11期

论新出简帛与学术研究　李学勤　传统文化与现代文化　1993年第1期

云梦龙岗秦代简牍述略　梁柱、刘信芳　简帛研究（第一辑）　法律出版社　1993年10月

秦汉简帛与秦汉史研究　鲁惟一著,张书生译　简帛研究(第一辑)　法律出版社　1993年10月

中日两国学者研究秦简《日书》评述　沈颂金　中国史研究动态　1994年第4期

睡虎地秦简文献类目　吴福助　中华文化学报(创刊号)　1994年6月

睡虎地秦简十四年研究述评　吴福助　睡虎地秦简论考　台北文津出版社　1994年7月

云梦龙岗6号秦墓及出土简牍　湖北省文物考古所等　考古学集刊(第8辑)　科学出版社　1994年

近年来秦简《日书》研究评介　张强　文博　1995年第3期

国外发掘、研究中国简牍概况　赵汝清　简牍学研究(第一辑)　甘肃人民出版社　1997年1月

日本学者简牍研究述评　赵汝清　简牍学研究(第一辑)　甘肃人民出版社　1997年1月

甘肃简牍的发掘与整理　何双全　中国典籍与文化　1997年第3期

连云港市历年出土简牍简述　武可荣　书法丛刊　1997年第4期

70年代以来的秦汉简帛文字研究　陆锡兴　南昌大学学报　2000年第3期

中国简牍学百年回眸与展望之思考　蔡万进　许昌师专学报　2001年第3期

近三十年大陆及港台简帛发现、整理与研究综述　于振波　南都学坛　2002年第1期

二十世纪出土秦汉简牍概述　陈文豪　简牍学研究(第三辑)　甘肃人民出版社　2002年4月

云梦睡虎地秦简的考古学意义　倪婉　武汉大学学报　2002年第6期

睡虎地秦律研究综述　曹旅宁　中国史研究动态　2002年第8期

湘西里耶秦简复活秦国历史　张春龙、龙京沙　中国国家地理　2002年第9期

试读里耶——历史空缺的填补　曹砚农　中国文物报　2002年11月22日

初读里耶秦简　李学勤　文物　2003年第1期

湘西里耶秦代简牍选释　张春龙、龙京沙　中国历史文物　2003 年第 1 期

简牍文书学概述　李均明　简帛研究汇刊(第一辑)　2003 年 5 月

简牍符号试论——从楚简上的符号谈起　林素清　简帛研究汇刊(第一辑)　2003 年 5 月

湘西里耶秦简的价值及其研究　沈颂金　中国史研究动态　2003 年第 8 期

读里耶秦简札记　胡平生　中国文物报　2003 年 9 月 12 日、9 月 19 日

于豪亮先生与秦汉简帛研究　赵平安　简帛研究汇刊(第二辑)　2004 年 5 月

睡虎地秦简《语书》与墨家思想　[日]池田知久　秦汉史论丛(第九辑)　三秦出版社　2004 年 7 月

里耶古城与里耶秦简　杨宗兵　文史知识　2004 年第 8 期

简帛与简帛学　卜宪群　中国社科院院报　2006 年 2 月 28 日

龙岗秦简诸"田""租"简释义补正——结合张家山汉简看名田宅制的土地管理和田租征收　杨振红　简帛研究二〇〇四　广西师范大学出版社　2006 年 10 月

简帛札礼二则　刘乐贤　简帛研究二〇〇四　广西师范大学出版社　2006 年 10 月

简帛笔记二则　王志平　简帛研究二〇〇四　广西师范大学出版社　2006 年 10 月

简帛学刍议　卜宪群　中国社科院院报　2006 年 11 月 2 日

简牍与简牍时代　马怡　中国社科院院报　2006 年 11 月 2 日

简帛学的研究对象　魏德胜　中国文化研究　2007 年第 3 期

简牍发现百年与科学史研究　斯琴毕力格、关守义、罗见今　中国科技史杂志　2007 年第 4 期

简牍档案的出土分布及其特点探析　张会超　档案学通讯　2007 年第 4 期

近年来湘西里耶秦简研究综述　伍成泉　中国史研究动态　2007 年第 6 期

"中国里耶古城・秦简与秦文化国际学术研讨会"综述　蔡万进　中国史

研究动态　2008年第5期

岳麓书院所藏秦简综述　陈松长　文物　2009年第3期

天水放马滩秦简整理与研究现状述评　孙占宇　中国史研究动态　2009年第12期

岳麓书院所藏秦简研究综述　邓星　科教导刊　2010年第8期

近三年岳麓书院藏秦简研究综述　于洪涛　鲁东大学学报　2011年第6期

简牍整理研究的现实困境与简牍数字化的发展方向　苏卫国、王文涛　鲁东大学学报　2011年第6期

清华简关于秦人始源的重要发现　李学勤　光明日报　2011年9月8日

西文秦代简牍研究概要　［法］凤仪诚、马克　简帛（第六辑）　上海古籍出版社　2011年11月

日本秦简研究现状　［日］工藤元男　简帛（第六辑）　上海古籍出版社　2011年11月

云梦木牍初探　张文立　秦陵秦俑研究动态　2012年第3期

试论简牍数字化的规范问题　苏卫国、王文涛　鲁东大学学报　2012年第3期

建国以来秦简的发现与研究　王伟　简帛语言文字研究（第六辑）　巴蜀书社　2012年5月

简牍发掘方法浅说——以北京大学藏秦简牍室内发掘为例　胡东波、常怀颖　文物　2012年第7期

2011年秦汉魏晋简牍研究概述　鲁家亮　简帛（第七辑）　上海古籍出版社　2012年10月

简帛零札二则　牛鹏涛　出土文献（第三辑）　中西书局　2012年12月

岳麓书院藏秦简《数》书研究综述　李小博　鲁东大学学报　2013年第4期

云梦木牍初探　张文立　秦始皇帝陵博物院（总叁辑）　三秦出版社　2013年8月

2012年秦汉魏晋简牍研究概述　鲁家亮　简帛（第八辑）　上海古籍出版社　2013年10月

简帛文字编编纂的现状与展望　张显成　简帛研究二〇一二　广西师范大学出版社　2013 年 10 月

十一年来里耶秦简行政文书研究述评　秦其文、姚茂香　昆明学院学报 2014 年第 1 期

里耶秦简行政文书研究述评　秦其文　贵阳学院学报　2014 年第 1 期

清华简《系年（三）》与秦初史事略析　张天恩　考古与文物　2014 年第 2 期

里耶秦简研究述评　秦其文　南都学坛　2014 年第 2 期

读天水放马滩秦简《志怪故事》札记　方勇、侯娜　考古与文物　2014 年第 3 期

2009 年以来放马滩秦简研究综述　梁超　天水师范学院学报　2014 年第 4 期

21 世纪以来简帛研究的基本状况（2000—2012）　卜宪群　秦汉历史文化的前沿视野：第二届中国秦汉史高层论坛文集　知识产权出版社　2015 年 1 月

2014 年秦汉魏晋简牍研究概述　鲁家亮　简帛（第十一辑）　上海古籍出版社　2015 年 11 月

中国简帛学理论的构建　胡平生　中国史研究动态　2016 年第 2 期

对于简帛学建设的几点思考　刘国忠　中国史研究动态　2016 年第 2 期

简帛学的学科分支新论　蔡万进　中国史研究动态　2016 年第 2 期

简帛学的史料辨析与理论探求　孙闻博　中国史研究动态　2016 年第 2 期

简帛古书书名格式研究　黄威　史学月刊　2016 年第 4 期

《里耶秦简（壹）》研究综述　蔡万进、李若飞　鲁东大学学报　2016 年第 5 期

简帛学的知识系统与交叉学科属性　杨振红　河南师范大学学报　2016 年第 5 期

中国简帛学体系构建新论　蔡万进　河南师范大学学报　2016 年第 5 期

国际简帛学视野下的日本古代木简　王元林　河南师范大学学报　2016 年第 5 期

东亚简帛文化圈的形成与发展　尹在硕　河南师范大学学报　2016 年第

5 期

里耶发现：秦史认识的新视窗　王子今　破译秦朝：里耶秦简中的帝国真相　西安地图出版社　2016 年 9 月

秦时明月照汗青：里耶秦简与秦史之谜　雷虹霁、徐鹏　破译秦朝：里耶秦简中的帝国真相　西安地图出版社　2016 年 9 月

2015 年台湾简帛研究概况　颜世铉　简帛（第十三辑）　上海古籍出版社　2016 年 11 月

2015 年秦汉魏晋简牍研究概述　鲁家亮、李静　简帛（第十三辑）　上海古籍出版社　2016 年 11 月

出土战国秦汉四古本《老子》文字研究综述　李红薇　简帛（第十四辑）　上海古籍出版社　2017 年 5 月

2015 年日本学界中国出土简帛研究概述　[日]草野友子、中村未来、海老根量介　简帛（第十四辑）　上海古籍出版社　2017 年 5 月

出土文书简牍与秦汉魏晋史研究　沈刚　社会科学战线　2018 年第 10 期

岳麓秦简《数》的抄写年代考辨　翁明鹏　出土文献（第十四辑）　中西书局　2019 年 4 月

韩国的秦简牍研究（2015—2017）　[韩]尹在硕　简帛（十八辑）　上海古籍出版社　2019 年 5 月

2017 年中国大陆秦汉魏晋简牍研究概述　鲁家亮　简帛（十八辑）　上海古籍出版社　2019 年 5 月

2. 政制、吏治

从临沂一号汉墓出土的竹简看秦始皇"焚书"的革命措施　宗彦群　文物　1974 年第 3 期

从银雀山竹简看秦始皇焚书　卫今　文物　1974 年第 7 期

秦始皇反复辟功绩的历史见证——谈最近出土的云梦秦简　蒙默　四川大学学报　1976 年第 2 期

秦始皇时期反复辟斗争的历史见证——谈湖北云梦出土的秦简南郡守腾文书　钟志诚　华中师院学报　1976 年第 2 期

《南郡守腾文书》与秦的法治路线　石言　历史研究　1976 年第 3 期

从云梦秦简看秦代的反复辟斗争　龚发　北京大学学报　1976 年第 4 期

《南郡守腾文书》和秦的反复辟斗争　吉林大学考古专业纪南城开门办学分队　考古　1976年第5期

秦国法家路线的凯歌——读云梦秦简札记　田昌五　文物　1976年第6期

《秦律》是新兴地主阶级反复辟的锐利武器　吴树平　文物　1976年第6期

从云梦秦简"大事记"看秦统一六国和反复辟斗争　上海市重型机械制造公司工人历史研究小组　文物　1976年第7期

秦律与秦朝的法家路线——读云梦出土的秦简　林甘泉　文物　1976年第7期

云梦秦简——秦始皇巩固新兴地主阶级专政的重要历史见证　北京新华印刷厂活版车间工人理论组、中科院历史所《中国史稿》编写组　文物　1976年第8期

从云梦秦简看秦代的主要矛盾　唐赞功　历史研究　1977年第5期

论秦律的阶级本质——读云梦秦简札记　吴荣曾　历史研究　1977年第5期

从云梦秦简看秦代的阶级矛盾　郑实　武汉大学学报　1977年第6期

影射史学的一个黑标本——批《从云梦秦简看秦代的反复辟斗争》　黄盛璋　天津师院学报　1977年第6期

《秦律》是地主阶级压迫剥削农民阶级的工具——读云梦秦简化记，兼批"四人帮"的"法家爱人民"等谬论　高敏　郑州大学学报　1978年第1期

斥"四人帮"在秦代史上的反动谬论　詹越　考古　1978年第3期

云梦简简介——附对"为吏之道"及墓主喜职务性质的臆测　邢义田　食货月刊　第9卷第4期　1979年

从出土秦律看秦的奴隶制残余　高敏　云梦秦简初探　河南人民出版社　1979年1月

秦律是地主阶级压迫、剥削农民阶级的工具　高敏　云梦秦简初探　河南人民出版社　1979年1月

从云梦秦简看秦的赐爵制度　高敏　云梦秦简初探　河南人民出版社　1979年1月

从近年湖北出土的秦汉简牍看地主对残存奴隶制的政策　舒之梅　江汉历史学丛刊　1979 年第 1 期

从秦简"为吏之道"看秦的吏治思想　刘海年　吉林大学社会科学论丛（第 4 辑）　1979 年

云梦秦简——奴隶制社会的新证　宋敏　东北师大学报　1980 年第 4 期

秦官吏制度管窥——读云梦秦简札记　马作武　北京政法学院学报　1981 年第 8 期

秦国"少内"考　罗开玉　西北大学学报　1981 年第 3 期

秦简中与职官有关的几个问题　高恒　云梦秦简研究　中华书局　1981 年 7 月

秦内史——依睡虎地简为主之研究　[日]工藤元男　简牍学报　第 10 期 1981 年 7 月

秦皇名讳及其在秦简研究上之意义　李纪祥　简牍学报　第 10 期　1981 年 7 月

有关秦和汉初丞相二三事　李光霁　天津社会科学　1982 年第 2 期

"史子""学室"与"喜揄吏"——读云梦秦简札记　黄留珠　人文杂志 1983 年第 2 期

秦汉时代的丞相和御史——居延汉简解读笔记　林剑鸣　兰州大学学报 1983 年第 3 期

从云梦秦简看秦代中央集权制的历史原因　王瑞明　中国历史文献研究集刊（第三集）　岳麓书社　1983 年 2 月

从睡虎地秦墓竹简看秦统一原因　安作璋　历史论丛（第 3 辑）　齐鲁书社　1983 年 2 月

从出土秦简再探秦内史与大内、少内和少府的关系与职掌　彭邦炯　考古与文物　1987 年第 5 期；中国文化月刊（第 123 期）　东海大学　1990 年 1 月

秦简"为吏之道"与秦的吏治　王健文　史原（第 17 期）　台湾大学历史学研究所　1989 年

云梦秦简"为吏之道"漫论　谭家健　文学评论　1990 年第 5 期

秦简"为吏之道"宦学识字教材论考　吴福助　简牍学报　第 13 期　1990 年 5 月

从简牍考察秦汉时期的乡里组织　杨剑虹　首届中国简牍学国际学术研讨会论文　1991年

秦汉简牍《日书》与官吏　林剑鸣　首届中国简牍学国际学术研讨会论文　1991年

秦简牍所见内史非郡辨　张金光　史学集刊　1992年第4期

秦简《为吏之道》与秦统一前后的文化嬗变　张铭洽　陕西历史博物馆馆刊（第2辑）　三秦出版社　1995年6月

从简牍看秦汉时期的乡与里组织　杨剑虹　陕西历史博物馆馆刊（第3辑）　西北大学出版社　1996年6月

云梦睡虎地秦简所见县、道啬夫和大啬夫　[日]工藤元男著，刘晓路译　简帛研究译丛（一）　湖南出版社　1996年6月

秦律所反映的秦国家族政策　[韩]尹在硕　简帛研究译丛（第一辑）　湖南出版社　1996年6月

从《睡虎地秦墓竹简》看秦国下行文书管理制度　孙瑞　档案学研究　1998年第1期

秦律都官新探　曹旅宁　秦文化论丛（第九辑）　西北大学出版社　2002年7月

秦代的官德——读《为吏之道》　张敏　秦文化论丛（第九辑）　西北大学出版社　2002年7月

睡虎地秦简和张家山汉简反映的秦汉时期后子制和家系继承　[韩]尹在硕　中国历史文物　2003年第1期

从《秩律》论战国秦汉间禄秩序列的纵向伸展　阎步克　历史研究　2003年第5期

论秦汉的学吏教材——睡虎地秦简为训吏教材说　张金光　文史哲　2003年第6期

云梦秦简中的官职名　魏德胜　中国文化研究　2005年第2期

从湘西里耶秦简看秦官文书制度　汪桂海　简帛研究二〇〇四　广西师范大学出版社　2006年10月

从里耶秦简看秦的公文制度　陈治国　中国历史文物　2007年第1期；秦陵秦俑研究动态　2007年第2期

秦简《为吏之道》的思想史意义——从其集锦特色谈起　俞志慧　浙江社会科学　2007年第6期

秦工室小考　陈治国、张卫星　秦陵秦俑研究动态　2007年第3期；秦文化论丛（第十四辑）　三秦出版社　2007年10月

读岳麓书院藏秦简《为吏治官及黔首》札记　肖永明　中国史研究　2009年第3期

《云梦睡虎地秦简》与中下级官吏的法律约束　窦文良、彭艳芬　河北青年干部管理学院学报　2009年第4期

里耶秦简与秦代政府之运作　［日］藤田胜久　秦俑博物馆开馆三十周年秦俑学第七届年会国际学术研讨会论文集　三秦出版社　2010年8月

里耶秦简中所反映的秦对南方的统治　金庆浩　秦俑博物馆开馆三十周年秦俑学第七届年会国际学术研讨会论文集　三秦出版社　2010年8月

从里耶秦简看秦代官府买卖徒隶问题　王健　秦俑博物馆开馆三十周年秦俑学第七届年会国际学术研讨会论文集　三秦出版社　2010年8月

岳麓秦简《为吏治官及黔首》的取材特色及相关问题　许道胜　湖南大学学报　2011年第2期

岳麓秦简《为吏治官及黔首》与睡虎地秦简《为吏之道》编连互征一例　凡国栋　江汉考古　2011年第4期

简牍所见秦汉乡政新探　孙闻博　简帛（第六辑）　上海古籍出版社　2011年11月

《里耶秦简》(壹)所见秦代县乡机构设置问题蠡测　王彦辉　古代文明　2012年第4期；人大复印资料·先秦秦汉史　2013年第1期

秦代吏治管窥——以秦简司法、行政文书为中心　于振波　湖南大学学报　2013年第3期

战国秦汉基层官吏的《日书》利用及其认识　琴载元　史学集刊　2013年第6期

从云梦秦简看秦官吏考核　李金鲜　渤海大学学报　2013年第6期

简牍所见秦汉时期的官员廉政建设　吕红梅　前沿　2013年第8期

秦简《为吏之道》与《为吏治官及黔首》研究　林素清　简帛（第八辑）　上海古籍出版社　2013年10月

秦、汉初"士"与"吏"的性质——以《为吏之道》和《为吏治官及黔首》为中心　[韩]金庆浩　简帛(第八辑)　上海古籍出版社　2013年10月

睡虎地秦简《为吏之道》补说　伊强　江汉考古　2014年第2期

岳麓秦简《为吏治官及黔首》字词补释　王辉　考古与文物　2014年第3期

"守""主"称谓与秦代官文书用语　邬文玲　出土文献研究(第十二辑)　上海古籍出版社　2014年3月

秦代行政文书管理形态之考察——以里耶秦牍性质的讨论为中心　赵炳清　复旦大学文物与博物馆学系论文选集(1)　复旦大学出版社　2014年6月

秦的官邸学及学室、史子的考释　袁仲一　秦始皇帝陵博物院(总肆辑)　陕西人民出版社　2014年9月

秦出土文献所见太尉与邦尉及其关系辨正　王伟　秦始皇帝陵博物院(总肆辑)　陕西人民出版社　2014年9月

三种"为吏之道"题材之秦简部分简文对读　朱凤瀚　出土文献研究(第14辑)　中西书局　2015年12月

兔子山遗址出土《秦二世元年文书》与《史记》纪事抵牾解释　孙家洲　湖南大学学报　2015年第3期；朱绍侯九十华诞纪念文集　河南大学出版社　2015年10月

岳麓秦简中的几个官名考略　陈松长　湖南大学学报　2015年第3期

睡虎地秦简《编年纪》中"喜"的宦历　陈侃理　国学学刊　2015年第4期

岳麓书院藏秦简《为吏治官及黔首》的几个训释问题　史杰鹏　简帛(第十辑)　上海古籍出版社　2015年5月

从里耶简看秦代县、乡的公文传递机制——兼论早期中国的以女性"行书"　徐畅　飞軨广路：中国古代交通史论集　中国社会科学出版社　2015年10月

里耶秦简《迁陵吏志》初探——通过与尹湾汉简《东海郡吏员薄》的比较　[日]水间大辅　简帛(第十二辑)　上海古籍出版社　2016年5月

简牍所见秦代县廷令史与诸曹关系考　邹水杰　简帛研究二〇一六(春夏卷)　广西师范大学出版社　2016年6月

里耶秦简所见"计"文书及相关问题研究　黄浩波　简帛研究二〇一六(春夏卷)　广西师范大学出版社　2016年6月

秦代县级档案文书的处理周期——以迁陵县为中心　沈刚　出土文献研究（第十五辑）　中西书局　2016年7月

里耶秦简所见秦朝行政文书的制作与传送　胡平生　破译秦朝：里耶秦简中的帝国真相　西安地图出版社　2016年9月

里耶秦简所见秦代县行政中官、曹组织的职能分野与行政互动——以计、课为中心　黎明钊、唐俊峰　简帛（第十三辑）　上海古籍出版社　2016年11月

岳麓秦简中的几个令名小识　陈松长　文物　2016年第12期

秦简牍"从人"考　李洪财　文物　2016年第12期

里耶秦简所见秦迁陵县吏员的构成与来源　鲁家亮　出土文献（第十三辑）　中西书局　2018年10月

里耶秦简：地方行政研究的新起点　孙闻博　光明日报　2019年1月7日；环球人文历史　2019年第3期

岳麓秦简所见惩治官员受贿令文试析　周海锋　出土文献（第十四辑）　中西书局　2019年4月

3. 经济

（1）经济概述

秦在巴蜀的经济管理制度试析——说青川秦牍、"成亭"漆器印文和蜀戈铭文　罗开玉　四川师院学报　1982年第4期

浅谈秦代经济管理中对官吏的几种规定——读《睡虎地秦墓竹简》的一点看法　宫长为　东北师大学报　1982年第6期

从云梦秦简看秦的生产关系　杨巨中　人文杂志　1982年

从云梦秦简看秦朝的会计管理　李孝林　江汉考古　1984年第3期

秦汉大尺小尺与出土简牍广袤　马先醒　简牍学报　第15期　1993年12月

从云梦秦简看秦代市场管理（上）（下）　朱筱新　中国文物报　1998年6月10日、6月17日

云梦秦简中秦律的经济观探微　汤凌慧　辽宁师大学报　2000年第3期

云梦竹简所见秦的商品交换与市场管理　黄今言　秦都咸阳与秦文化研究　陕西人民教育出版社　2003年11月

里耶秦简"金布"与《周礼》中的相关制度　朱红林　华夏考古　2007年第

2 期

从睡虎地秦简看秦国的上计制度　杨兴龙　重庆工学院学报　2008 年第 8 期

《里耶秦简》[壹]中的"课"与"计"——兼谈战国秦汉时期考绩制度的流变　沈刚　鲁东大学学报　2013 年第 1 期

岳麓秦简《金布律》关于奴婢、马牛买卖的法律规定　王勇　中国社会经济史研究　2016 年第 3 期

新出秦简所见秦代市场与商人探讨　沈刚　中国社会经济史研究　2016 年第 1 期

岳麓秦简(肆)《金布律》读记(一)——关于 1402 简释文与注释的讨论　李力　出土文献研究(第十七辑)　中西书局　2018 年 12 月

(2)农牧渔业

睡虎地秦简中有关农业经济法规的探讨　刘海年　中国古史论集　吉林人民出版社　1981 年 3 月

从睡虎地秦墓竹简看秦代的农业经济　安作璋　秦汉史论丛(第一辑)　陕西人民出版社　1981 年 9 月

秦田律考释　田宜超、刘钊　考古　1983 年第 6 期

从云梦秦简看秦代的农业生产　陈振裕　农业考古　1985 年第 1 期

从秦简看战国时期秦国保护"人力"的措施　施伟青　中国社会经济史研究　1986 年第 2 期;中国古代史论丛　岳麓书社　2004 年 8 月

秦代的粮仓管理——读《睡虎地秦墓竹简》札记　宫长为　东北师大学报　1986 年第 2 期

云梦秦简所反映的秦国渔猎活动　贺润坤　文博　1989 年第 3 期

从云梦秦简看战国粮食经济　李孝林　粮食经济研究　1989 年第 5 期

从云梦秦简《日书》看秦国的六畜饲养　贺润坤　文博　1989 年第 6 期

秦律中反映的秦代粮食管理制度　李孔怀　复旦学报　1990 年第 4 期

秦"为田律"农田规划制度再释　袁林　历史研究　1992 年第 4 期

从云梦秦简看秦国粮食的建筑与设备　蔡万进　中州学刊　1996 年第 2 期

秦律《厩苑律》考　曹旅宁　中国经济史研究　2003 年第 3 期

秦简《日书》与战国秦地农业经济生活　吴小强　秦文化论丛（第十辑）　三秦出版社　2003年7月

出土文字所见之秦苑囿　王辉　秦都咸阳与秦文化研究　陕西人民教育出版社　2003年11月

谈秦汉数书中的"舆田"及相关问题　彭浩　简帛（第六辑）　上海古籍出版社　2011年11月

从《睡虎地秦墓竹简》看秦的重农政策　张士伟　齐齐哈尔大学学报　2012年第6期

岳麓书院藏秦简《田律》研究　周海锋　简帛（第十一辑）　上海古籍出版社　2015年11月

青川秦牍《为田律》与秦田亩制度　汪桂海　出土文献研究（第十四辑）　中西书局　2015年12月

放马滩秦简甲种《日书》简34中的"虫"　罗小华　出土文献研究（第十六辑）　中西书局　2017年9月

里耶秦简所见特殊水产品与秦始皇的海洋意识　李斯、李笔戎　长沙简帛研究国际学术研讨会论文集　中西书局　2017年10月

岳麓书院藏秦简始皇禁伐树木诏考异　于振波　湖南大学学报　2018年第3期

出稟与出贷——里耶秦简所见戍卒的粮食发放制度　[日]宫宅洁　简帛（第十七辑）　上海古籍出版社　2018年11月

里耶秦简所见秦迁陵的农作与环境　王勇　简帛（第十七辑）　上海古籍出版社　2018年11月

（3）工商业

新出秦简所见秦代市场与商人探讨　沈刚　中国社会经济史研究　2016年1月

（4）土地制度

秦的土地制度与齐民支配——根据云梦出土秦简再检讨商鞅变法　[韩]李成珪　金海宗博士花甲纪念史学论丛　一潮阁　1979年；中国古代帝国成立史研究——秦国齐民支配体制的形成　一潮阁　1984年

从云梦秦简看秦的土地制度　高敏　云梦秦简初探　河南人民出版社

1979 年 1 月

云梦秦简所涉及土地所有制形式问题初探　唐赞功　云梦秦简研究　中华书局　1981 年 7 月

秦代的封建土地所有制　熊铁基、王瑞明　云梦秦简研究　中华书局　1981 年 7 月

释青川秦牍的田亩制度　杨宽　文物　1982 年第 7 期

青川新出秦田律木牍及其相关问题　黄盛璋　文物　1982 年第 9 期

从睡虎地秦墓竹简看秦的土地制度　潘策　历史教学与研究　1983 年第 2 期

四川青川秦墓为田律木牍考释　胡咸泽　安徽师大学报　1983 年第 3 期

青川秦墓木牍"为田律"所反映的田亩制度　胡平生　文史（第十九辑）中华书局　1983 年 5 月

秦田律考释　田宜超、刘钊　考古　1983 年第 6 期

云梦秦简所反映的土地制度和农业政策　杨宽　上海博物馆集刊——建馆三十周年特辑（总第二期）　上海书画出版社　1983 年 7 月

秦田律——读史札记　胡平生　文史（第二十辑）　中华书局　1983 年 10 月

论青川秦牍中的"为田"制度　张金光　文史哲　1985 年第 6 期

秦简律文中的"受田"　高尚志　秦汉史论丛（第三辑）　陕西人民出版社　1986 年 7 月

论秦田阡陌制度的复原及其形成线索——郝家坪秦牍《为田律》研究述评　李零　中华文史论丛　1987 年第 1 期

青川秦牍《田律》争议问题总议　黄盛璋　农业考古　1987 年第 2 期；国际简牍学会会刊（第二号）　1996 年

青川秦牍《为田律》所规定的"为田"制　罗开玉　考古　1988 年第 8 期

青川秦牍《为田律》再研究　罗开玉　四川文物　1992 年第 3 期

青川秦牍《更修为田律》适用范围管见　张金光　四川文物　1993 年第 5 期

青川秦牍《田律》争议问题总平议　黄盛璋　国际简牍学会会刊（第二号）1996 年

青川秦牍《为田律》研究　罗开玉　简牍学研究(第二辑)　甘肃人民出版社　1998年3月

龙岗秦律所见程田制度及其相关问题　南玉泉　简帛研究二〇〇一　广西师范大学出版社　2001年9月

秦汉"名田宅制"说——从张家山汉简看战国秦汉的土地制度　杨振红　中国史研究　2003年第3期

简牍所见秦名田制蠡测　于振波　湖南大学学报　2004年第2期

四川青川出土秦"为田律"木牍的重要价值　黄家祥　四川文物　2006年第2期

龙岗秦简"行田"解——兼谈龙岗秦简所反映的田制问题　臧知非　秦汉研究(第一辑)　三秦出版社　2007年1月

青川木牍秦《为田律》新探　韩祖伦　秦文化论丛(第十四辑)　三秦出版社　2007年10月

秦简牍所载农田形制与管理研究　孔祥军　南京农业大学学报　2009年第1期

岳麓秦简《县官田令》初探　王勇　中国社会经济史研究　2015年第4期

里耶简"司空厌弗令田当坐"文书研究　于洪涛　古代文明　2016年第1期

里耶秦简中的"田官"与"公田"　李勉　晋文　简帛研究二〇一六(春夏卷)　广西师范大学出版社　2016年6月

北大藏秦简《田书》初识　杨博　北京大学学报　2017年第5期

简牍所见秦代县仓经营管理的业务　刘鹏　简帛研究二〇一九(春夏卷)　广西师范大学出版社　2019年6月

(5)赋税、徭役

关于秦时服役者的年龄问题探讨——读云梦秦简札记　高敏　郑州大学学报　1978年第2期;云梦秦简初探　河南人民出版社　1979年1月

劳动人民是戍边徭役的主要承担者　高敏　云梦秦简初探　河南人民出版社　1979年1月

秦律中的徭、戍问题——读云梦秦简札记　高恒　考古　1980年第6期

云梦出土秦简与秦、汉初之征兵适龄　[韩]金烨著,刘顺达、周业温译　全

海宗博士华甲纪念史学论丛　一潮阁　1980 年;简牍学报　第 10 期　1981 年 7 月

秦国傅籍考辨——读云梦秦简札记　罗开玉　中国历史文献集刊(第 2 集)　1982 年

再论秦律中劳役刑的刑期　[日]若江贤二　《论集》(爱媛大·法文)文学科 27　1994 年

睡虎地《日书》甲种《稷辰》疏证　王子今　简帛研究 2001　广西师范大学出版社　2001 年 9 月

《秦律十八种·徭律》应析出一条《兴律》说　王伟　文物　2005 年第 10 期

睡虎地秦墓竹简《徭律》补说　彭浩　简帛(第五辑)　上海古籍出版社　2010 年 10 月

岳麓书院秦简《徭律》的几个问题　陈伟　文物　2014 年第 9 期

岳麓秦简所见"徭"制问题分析——兼论"奴徭"和"吏徭"　朱德贵　江西师范大学学报　2016 年第 4 期

岳麓秦简所见"訾税"问题新证　朱德贵、庄小霞　中国经济史研究　2016 年第 4 期

4. 社会

简牍以长短别尊卑考　黄盛璋　东南日报　1948 年 4 月 7 日

秦代社会的阶级和阶级关系　吴树平　文物　1977 年第 7 期

秦律中"隶臣妾"问题的探讨　高恒　文物　1977 年第 7 期

秦汉"士伍"的身份与阶级地位　刘海年　文物　1978 年第 2 期

啬夫考——读云梦秦简札记　郑实　文物　1978 年第 2 期

论秦律中的"啬夫"一官　高敏　社会科学战线　1979 年第 1 期;云梦秦简初探　河南人民出版社　1979 年 1 月

关于秦律中的"隶臣妾"问题质疑——读《云梦秦简》札记兼与高恒同志商榷　高敏　云梦秦简初探　河南人民出版社　1979 年 1 月

"有秩"非"啬夫"辨——读《云梦秦简》札记兼与郑实同志商榷　高敏　文物　1979 年第 3 期;云梦秦简初探(增订本)　河南人民出版社　1981 年 7 月

秦汉啬夫考　钱剑夫　中国史研究　1980 年第 1 期

"隶臣妾"辨　林剑鸣　中国史研究　1980 年第 2 期

"啬夫"辨正——读云梦秦简杞记　高恒　法学研究　1980年第3期

秦国"什伍""伍人"考——读云梦秦简札记　罗开玉　四川大学学报 1981年第2期

云梦秦简所反映的秦代社会阶级状况　吴树平　云梦秦简研究　中华书局 1981年7月

秦简中的奴隶　于豪亮　云梦秦简研究　中华书局　1981年7月

秦简中的私人奴婢问题　高恒　云梦秦简研究　中华书局　1981年7月

"啬夫"初探　裘锡圭　云梦秦简研究　中华书局　1981年7月

秦"隶臣妾"为官奴婢论　苏诚鉴　江淮论坛　1982年第1期

"隶臣妾"是秦的官奴婢　宫长为、宋敏　中国史研究　1982年第1期

秦律中"隶臣妾"性质再探讨　陈玉璟　阜阳师专学报　1982年第2期

"隶臣妾"简论　杨剑虹　考古与文物　1983年第2期

谈"隶臣妾"与秦代的刑罚制度　钱大群　法学研究　1983年第5期

"隶臣妾"并非奴隶　林剑鸣　历史论丛（第3辑）　齐鲁书社　1983年

秦汉士伍异同考　秦进才　中华文史论丛　1984年第2期

"隶臣妾"是带有奴隶残余属性的刑徒　王占通　吉林大学社会科学报 1984年第2期

亦谈"隶臣妾"是带有奴隶残余属性的刑徒　王占通、栗劲　法学研究 1984年第3期

从古代罪人收奴刑的变迁看"隶臣妾""城旦舂"的身份　徐鸿修　文史哲 1984年第5期

秦简"隶臣妾"确为奴隶说　高敏、刘汉东　学术月刊　1984年第9期

略论秦代隶臣妾的身份问题　张传玺　辽宁师大学报　1985年第4期

"小城旦、隶臣作者"辨误　张昌倬　史学月刊　1985年第4期

睡虎地秦简《日书》与秦、楚社会　李学勤　江汉考古　1985年第4期

再谈隶臣妾与秦代的刑罚制度：兼复《亦谈"隶臣妾"与秦代的刑罚制度》 钱大群　法学研究　1985年第6期

三辨"隶臣妾"——兼谈历史研究中的方法论问题　林剑鸣　学术月刊 1985年第9期

秦内史"腾"考述　张志哲　江汉论坛　1985年第11期

日书:秦国社会的一面镜子　《日书》研读班　文博　1986年第5期

关于云梦秦简中"男子"一称——与高敏先生商榷　吴益中　江汉考古　1987年第1期

云梦秦简中"隶臣妾"的身份与战国时期的社会性质　杨升南　郑州大学学报　1987年第2期

"隶臣妾"分官奴隶和刑徒两部分说值得商榷　王占通、栗劲　法学研究　1987年第5期

《日书》所见早期秦俗发微　王桂钧　文博　1988年第4期

试论秦人婚姻家庭生育观念——秦简《日书》社会学研究　吴小强　中国史研究　1989年第3期

"云梦秦简"和"社会史"——战国末期社会史研究的一个方法　[日]太田幸男　秦汉史论丛（第四辑）　西北大学出版社　1989年4月

从云梦秦简《日书》看秦国民间的衣食住行　贺润坤　中国秦汉史研究会第四届年会暨国际学术讨论会论文　1989年8月

日书与秦社会风俗　吴小强　文博　1990年第2期

论秦民间斗殴之风与秦律禁止斗殴的历史作用　贺润坤　秦陵秦俑研究动态　1991年第2期

云梦秦简《日书》"寓人""寄者""寄人"身份考　贺润坤　文博　1991年第3期

秦简"士伍"的身份及特征　郑有国　福建论坛　1991年第6期

秦汉竹简和墓葬反映的家庭形态变化　禚振西、呼林贵　首届中国简牍学国际学术研究会论文　1991年8月

从"秦俗多禁忌"论汉简资料中极少日书问题　陈守亭　首届中国简牍学国际学术研究会论文　1991年8月

《日书》研究秦国社会的珍贵史料　卢鹰　秦陵秦俑研究动态　1992年第2期

《日书》与秦国社会　贺润坤　秦陵秦俑研究动态　1992年第2期

《日书》反映的秦民宅建筑初探　呼林贵　考古学研究——纪念陕西省考古所成立三十周年论文集　三秦出版社　1993年10月

从《日书》看秦人的生与死　吴小强　简牍学报　第15期　1993年12月

从云梦秦简《日书》看秦民间的灾变与救灾　贺润坤　江汉考古　1994年第2期

睡虎地秦简《日书》所见行归宜忌　王子今　江汉考古　1994年第2期

睡虎地秦简所见之官啬夫　陈中龙　中兴史学　第1期　1994年12月

云梦秦简《日书》所反映的秦国社会阶层　贺润坤　江汉考古　1995年第1期

睡虎地秦简《日书》所见"室"的结构及战国末期秦的家庭类型　尹在硕　中国史研究　1995年第3期

先秦、六朝"人日"风俗的演变及其意义——睡虎地《日书》与《荆楚岁时记》所见"人日"的比较研究　李文澜　长江文化论集　湖北教育出版社　1995年7月

云梦秦简《日书》"行"及有关秦人社会活动考　贺润坤　江汉考古　1996年第1期

云梦秦简《日书》所反映秦人的衣食状况　贺润坤　江汉考古　1996年第4期

江陵王家台秦简与《归藏》　连劭名　江汉考古　1996年第4期

从秦简《日书》看战国时期的择吉民俗　管仲超　武汉教育学院学报　1996年第5期

从云梦秦简《日书》看秦民居建筑的概况　贺润坤　国际简牍学会会刊（第二号）　1996年6月

秦律所反映的秦国家族政策　［韩］尹在硕　简帛研究译丛（第一辑）　湖南出版社　1996年6月

关于睡虎地秦简秦律所见的隶臣妾　［日］永田英正　前近代中国的刑罚　京都大学人文学科研究所　明文舍印刷株式会社　1996年12月

秦简《日书》与秦汉社会的生命意识　吴小强　广州师院学报　1997年第1期

秦简《日书》中的出行礼俗与信仰　刘增贵　历史语言研究所集刊　2001年9月

楚秦《日书》所见的居住习俗　晏昌贵、梅丽　民俗研究　2002年第2期；简帛数术与历史地理论集　商务印书馆　2010年8月

从简牍资料看秦的家庭结构　魏道明　青海师大学报　2003 年第 1 期

睡虎地秦墓简牍所见秦社会婚姻、家庭诸问题　赵玉沛　中国社会经济史研究　2003 年第 4 期

从秦简《日书》看秦人盗窃问题　龙坚毅　中国社会经济史研究　2004 年第 2 期

秦简《日书》择吉民俗研究　刘道超　广西师范大学学报　2004 年第 3 期

秦律中"啬夫"问题考证　武秀艳　黑龙江教育学院学报　2004 年第 3 期

"秦人"考　吴焯　中国社会科学院历史所学刊（第二集）　商务印书馆 2004 年 4 月

睡虎地秦墓竹简所见社会保障相关内容研究　张东　文博　2008 年第 6 期

简帛《日书》与古代社会生活研究　晏昌贵　光明日报　2006 年 7 月 10 日；简帛数术与历史地理论集　商务印书馆　2010 年 8 月

里耶秦简中和酒有关的记录　湖南省文物考古研究所　简牍与古代史研究 北京大学出版社　2012 年 1 月

隶臣妾制度探讨　吴荣曾　简牍与古代史研究　北京大学出版社　2012 年 1 月

放马滩秦简《日书》"行不得择日"篇考释　姜守诚　鲁东大学学报　2012 年第 4 期；飞軨广路：中国古代交通史论集　中国社会科学出版社　2015 年 10 月

睡虎地秦简中的"禀衣"范围再考析　于洪涛　鲁东大学学报　2012 年第 4 期

秦汉律"庶人"概念辩正　［德］陶安　简帛（第七辑）　上海古籍出版社 2012 年 10 月

里耶秦简所见秦代"生分"　薛洪波　中国史研究　2013 年第 1 期

简牍所见秦代地方禀食标准考论　吴方浪、吴方基　农业考古　2015 年第 1 期

北大藏秦简《酒令》　李零　北京大学学报　2015 年第 2 期

北大藏秦简《制衣》简介　刘丽　北京大学学报　2015 年第 2 期

北大藏秦简《教女》初识　朱凤瀚　北京大学学报　2015 年第 2 期

《里耶秦简(壹)》所见禀食记录　黄浩波　简帛(第十一辑)　上海古籍出版社　2015年11月

岳麓秦简所见"隶臣妾"问题新证　朱德贵　社会科学　2016年第1期

新出秦简礼俗考　周海锋　中国文化研究　2016年第2期

北京大学藏秦代简牍《制衣》的"裙"与"袴"　彭浩、张玲　文物　2016年第9期

里耶秦简"捕鸟及羽"文书的生活史料与生态史料意义　王子今　西部考古(第12辑)　科学出版社　2016年12月

北大藏秦简《制衣》释文注释　刘丽　北京大学学报　2017年第5期

北大藏秦简《公子从军》再探　朱凤瀚　北京大学学报　2017年第5期

北大秦简《教女》与秦代性别关系的建构　夏增民　山西师大学报　2017年第6期

睡虎地秦简日书《马禖》分章释读补说　刘信芳　文博　2018年第1期

里耶秦简"邮利足"考　王子今　首都师大学报　2018年第2期

从放马滩秦简通假字看秦上古方音系统　冯玉、孙占宇、刘信芳　简帛(第十六辑)　上海古籍出版社　2018年5月

里耶秦简所见秦"得虎复除"制度考释——兼说中古时期湖南地区的虎患　庄小霞　出土文献研究(第十七辑)　中西书局　2018年12月

秦汉简牍中的"秫米"考　刘国胜　简帛(第十九辑)　上海古籍出版社　2019年11月

秦汉简日书补说十则　刘信芳　简帛(第十九辑)　上海古籍出版社　2019年11月

5. 军事

银雀山简本《尉缭子》释文(附校注)　银雀山汉墓竹简整理小组　文物　1977年第3期

《尉缭子》初探　何法周　文物　1977年第2期

银雀山简本《尉缭子》释文(附校注)　银雀山汉墓竹简整理小组　文物　1977年第2期

秦简所反映的军事制度　于豪亮、李均明　云梦秦简研究(增订本)　中华书局　1981年7月

秦简所反映的军事制度　于豪亮、李均明　云梦秦简研究　中华书局　1981 年 7 月

云梦秦简出主与秦汉之征兵适龄　[韩]金烨著,刘顺达、周业温译　简牍学报　第 10 期　1981 年 7 月

云梦出土秦简与秦汉初之征兵适龄　[韩]金烨著,刘顺达、周业温译　简牍学报　第 10 期　1981 年 7 月

简牍所见秦之边防　孙言诚　中国社会科学院研究生院硕士论文选　中国社会科学出版社　1985 年 10 月

秦汉帝国的军事组织　[日]米田贤次郎著,佘太山译　简牍译丛(第二辑)　中国社科院历史所战国秦汉室编　1987 年 5 月

秦简所见秦代军功地主的特点　刘汉东　学术研究　1990 年第 6 期

6. 民族

从《云梦秦简》探讨巴蜀史上的三个问题　陶元甘　成都大学学报　1981 年第 2 期

秦在巴蜀地区的民族政策试析——从云梦秦简中得到的启示　罗开玉　民族研究　1982 年第 4 期

从云梦秦简看秦的民族政策　吴永章　江汉考古　1983 年第 2 期

秦汉时期民族关系的法律调整——以《属邦律》和《蛮夷律》为中心　陈庆云　曲靖师范学院学报　2007 年第 4 期

近三十年来有关出土简牍与民族问题研究综述　阎盛国　中国史研究动态　2013 年第 3 期

新出考古、文字资料与秦人早期历史　史党社　国学学刊　2015 年第 4 期

考古学上所见秦与西戎的关系　梁云　西部考古(第 11 辑)　科学出版社　2016 年 9 月

7. 地理、交通与行政区划

秦代的邮传制度——读云梦秦简札记　熊铁基　学术研究　1979 年第 3 期

云梦秦墓两封家信中有关历史地理问题　黄盛璋　文物　1980 年第 8 期

云梦秦简"编年记"与历史地理问题　黄盛璋　历史地理与考古论丛　齐鲁社　1982 年

天水放马滩秦墓出土地图初探　何双全　文物　1989年第2期

秦简《日书》交通文化史料研究　王子今　中国秦汉史研究第四届年会暨国际学术讨论会论文　1989年8月

有关天水放马滩秦墓出土地图的几个问题　曹婉如　文物　1989年第12期

睡虎地秦简中的"艮山图"　李学勤　文物天地　1991年第4期

"式图"与中国古代的宇宙模式　李零　九州学刊　1991年第7期

云梦睡虎地秦简《日书》所反映的秦楚交通状况　王子今　国际简牍学会会刊（第一号）　1993年

关于云梦龙岗秦牍"沙羡"的地望问题　刘信芳　文物　1997年第11期

里耶秦简中的"除邮人"简　于振波　湖南大学学报　2003年第3期

古酉水、酉坟考——里耶秦简所见"酉阳"与古史　饶宗颐　第三届国际中国古文字学研讨会论文集　2003年10月

里耶秦简"阳陵卒"简蠡测　宋艳萍、邢学敏　简帛研究二〇〇四　广西师范大学出版社　2006年10月

里耶秦简赀赎文书所见阳陵地望考　王伟　考古与文物　2007年第4期

湖南里耶所出"秦代迁陵县南阳里户版"研究　张荣强　北京师范大学学报　2008年第4期

里耶古城遗址反映的几个问题　龙京沙　里耶古城·秦简与秦文化研究：中国里耶古城·秦简与秦文化国际学术研讨会论文集　科学出版社　2009年10月

里耶秦简所见的阳陵与迁陵　晏昌贵、钟炜　中国历史地理论丛　2006年第4期；简帛数术与历史地理论集　商务印书馆　2010年8月

三万七千枚秦简与一个偏远小镇的今昔　吴燕周　中国文物报　2012年4月27日

浅析里耶秦简中有关地图绘制细节的残简　黄可佳　中国文物报　2014年1月17日

秦代船及船官的考察——以里耶秦简为视窗　杨延霞、王君　鲁东大学学报　2014年第1期；飞軨广路：中国古代交通史论集　中国社会科学出版社　2015年10月

里耶秦简所见秦代迁陵县公船相关问题研究　朱圣明　古代文明　2014年第2期

云梦睡虎地秦人简牍与李信、王翦南灭荆楚的地理进程　辛德勇　出土文献（第五辑）　中西书局　2014年10月

北大藏秦水陆里程简册与战国以迄秦末的阳暨阳城问题　辛德勇　北京大学学报　2015年第2期

里耶秦简所见迁陵三乡补论　鲁家亮　国学学刊　2015年第4期

里耶简牍所见秦迁陵县乡里考　晏昌贵、郭涛　简帛（第十辑）　上海古籍出版社　2015年5月

里耶秦简的交通资料与县社会　［日］藤田胜久　简帛（第十辑）　上海古籍出版社　2015年5月

里耶简牍所见秦即墨考　郑威　江汉考古　2015年第5期

出土文献所见秦洞庭郡新识　郑威　考古　2016年第11期

里耶秦简牍所见"迁陵守丞"补正　杨智宇　简帛（第十三辑）　上海古籍出版社　2016年11月

秦汉简牍"居县"考　陈伟　历史研究　2017年第5期

岳麓秦简"蜀巴郡"考　邹水杰　简帛研究二〇一八（秋冬卷）　广西师范大学出版社　2019年1月

8. 刑罚与法律

《南郡守腾文书》与秦的法治路线　曹贵林等　历史研究　1976年第3期

《秦律》是新兴地主阶级反复辟的锐利武器　吴树平　文物　1976年第6期

秦律与秦朝的法家路线——读云梦出土的秦简　林甘泉　文物　1976年第7期

秦律是地主阶级压迫剥削农民阶级的工具　高敏　云梦秦简初探　河南人民出版社　1979年1月

从秦律的刑罚类别看地主阶级的法律实质　高敏　云梦秦简初探　河南人民出版社　1979年1月

商鞅秦律与云梦出土秦律的区别和联系　高敏　云梦秦简初探　河南人民出版社　1979年1月

见于秦律中的诉讼、审讯和量刑制度　高敏　云梦秦简初探（增订本）　河南人民出版社　1979年1月

从云梦秦简看秦律的阶级本质　刘海年等　学术研究　1979年第1期

秦律的阶级本质和基本内容　游绍尹　理论与实践　1979年第1期

从云梦秦简看秦代刑律及其阶级本质　黄贤俊　西南政法学院学报　1979年第2期

从云梦秦简看秦代的法律制度　林剑鸣　西北大学学报　1979年第3期

秦法和秦人执法——读《睡虎地秦墓竹简》浅识　陈抗生　江汉论坛　1979年第3期

论盗贼　黄中业　历史学季刊　1979年第4期

法律与吏治——读云梦秦简札记　舒之梅　长江日报　1979年12月28日

云梦"秦律"简论　黄展岳　考古学报　1980年第1期

略论云梦"秦律"的性质　陈玉璟　江淮论坛　1980年第1期

睡虎地秦墓竹简的法家思想　王煜　中华文化复兴月刊　1980年第1期

秦汉诉讼中的"爰书"　刘海年　法学研究　1980年第1期

从云梦出土的竹简看秦代的法律制度　刘海年　学习与探索　1980年第2期

战国时期秦封建法制的发展——读《睡虎地秦墓竹简》札记　崔春华　辽宁大学学报　1980年第5期

试论秦汉之际法律思想的变化　段秋关　法学研究　1980年第5期

云梦出土竹简秦律之研究　［日］大庭脩著,林锦生译　简牍学报　第7期　1980年12月

睡虎地秦简《编年记》考证　韩连琪　中华文史论丛　1981年第1期

《秦律》所反映的诉讼、审讯和量刑制度　高敏　郑州大学学报　1981年第3期

对云梦秦简中诉讼制度的探索　黄贤俊　法学研究　1981年第5期

竹简秦律概论　张溯崇　法声　第18期　1981年6月

从秦律"渎职罪"看秦代对官吏玩忽职守的处分　黄展岳　光明日报　1981年6月1日、6月8日

秦律中几种称谓的涵义试释　高敏　云梦秦简初探（增订本）　河南人民

出版社　1981 年 7 月

　　秦律刑罚考析　刘海年　云梦秦简研究　中华书局　1981 年 7 月

　　从睡虎地秦简看秦代的刑罚类别　汤蔓媛　简牍学报　第 10 期　1981 年 7 月

　　秦简中所见的耐刑　陈慧琴　简牍学报　第 10 期　1981 年 7 月

　　简牍本秦律之律名、条数及其简数　马先醒　简牍学报　第 10 期　1981 年 7 月

　　睡虎地秦简刑律律文集录　马先醒　简牍学报　第 10 期　1981 年 7 月

　　秦国的戍律与屯表律　马先醒　简牍学报　第 10 期　1981 年 7 月

　　简牍本秦律之律名、条数及其简数　马先醒　简牍学报　第 10 期　1981 年 7 月

　　秦律"葆子"释义　张政烺　文史（第九辑）　中华书局　1980 年 6 月

　　云梦秦简的发现与秦律研究　刘海年　法学研究　1982 年第 1 期

　　秦"隶臣妾"为官奴隶说——兼论我国历史上"岁刑"制的起源　苏诚鉴　江淮论坛　1982 年第 1 期

　　"隐宫"与"隐官"　傅汉　辽宁大学学报　1982 年第 2 期

　　"居赀"非刑名辨——兼论秦律中的几个问题　朱绍侯、孙英民　许昌师专学报　1982 年第 2 期

　　秦律赀罚制度述论　吕名中　中南民族大学学报　1982 年第 3 期

　　《秦律》中的经济制裁——兼谈秦的赎刑　张铭新　武汉大学学报　1982 年第 4 期

　　秦"五徒"的廪给石数　张寿仁　中国历史学会史集刊　第 14 期　1982 年 5 月

　　秦律中的奖惩责任制　朱绍侯、孙英民　光明日报　1983 年 1 月 12 日；雏飞集　河南大学出版社　1988 年 7 月

　　我国两千年前的一批青少年法规简编——云梦秦墓出土竹简初探　陆伦章　青少年犯罪问题　1983 年第 1 期

　　"居赀"非刑名辨　朱绍侯、孙英民　中国史研究动态　1983 年第 1 期

　　从竹简《秦律》看秦代的经济立法　潘世宪　内蒙古大学学报　1983 年第 1 期

秦律刑罚的适用原则(上)(下)　刘海年　法学研究　1983 年第 1、2 期

秦律中的"赀"与"赀赎"　吕名中　法律史论丛　1983 年第 2 期;秦汉史论丛(第二辑)　陕西人民出版社　1983 年 11 月

读秦律"以其罪罪之"　丰州　考古与文物　1983 年第 5 期

谈"隶臣妾"与秦代的刑罚制度　钱大群　法学研究　1983 年第 5 期

秦律中的刑徒及其刑期问题　高恒　法学研究　1983 年第 6 期

从云梦秦简看秦代的经济立法　刘序传　法学研究　1983 年第 6 期

释秦律"率敖"　杨禾丁　中国古代史论丛(第七辑)　福建人民出版社 1983 年 10 月

从秦简看秦法制史研究中的几个问题　孔庆明　法律史论丛(第 3 辑)　法律出版社　1983 年 11 月

《秦简》中经济法规的探索——读《睡虎地秦墓竹简》札记　薛梅卿　法律史论丛(第 3 辑)　法律出版社　1983 年 11 月

从秦简看社会变革时期经济生活的法律规范　王传生　法学研究　1984 年 1 月

秦律赀罚甲盾与统一战争　石子政　中国史研究　1984 年第 2 期

秦律的经济关系规范考论(上)(下)　水寿　西北政法学院学报　1984 年第 2、3 期

亦谈"隶臣妾"与秦代的刑罚制度　李力　法学研究　1984 年第 3 期

秦律和罪刑法定义　栗劲　法学研究　1984 年第 3 期

云梦秦简《语书》探析——秦始皇时期颁行的一个地方性法规　刘海年　学习与探索　1984 年第 6 期

秦国官吏法律责任述评　程维荣　历史教学　1984 年第 10 期

秦律刑罚考析　刘海年　中国法学文集　第 1 期　1984 年

论秦简中有关经济法规的基本原则　栗劲　西北政法学院学报　1985 年第 3 期

简析《秦律》对官吏生活的约束　罗开玉　现代法学杂志　1985 年第 3 期

秦简"隶臣妾"问题讨论　李祖德　中国历史学年鉴 1985　人民出版社 1985 年 12 月

从肉刑到徒刑——兼论睡虎地秦简所见古代刑法转变的信息　杜正胜　食

货月刊复刊　第 15 卷第 6 期　1985 年

关于中国岁刑的起源——兼谈秦刑徒的刑期和隶臣妾的身份（上）（下）　刘海年　法学研究　1985 年第 5、6 期

秦汉律中髡、耐、完刑辨析　王森　法学研究　1986 年第 1 期

从秦律打击的对象看其实质　邱晞　武汉教育学院学报　1986 年第 1 期

秦汉族刑、收孥、相坐诸法渊源考释　彭年　四川师范大学学报　1986 年第 2 期

从云梦秦简看秦律"连坐"法　孙英民　中原文物　1986 年第 2 期

简论云梦秦简的司法文书　邱世华　西北政法学院学报　1986 年第 2 期

秦简中关于官吏的法律责任　华雁　福建论坛　1986 年第 3 期

从秦律看中国封建法律对官吏的两手政策　艾永明　江海学刊　1986 年第 6 期

试释睡虎地秦简中的"疠"与"定杀"　林富士　史原　第 15 期　1986 年

从安土重迁论秦汉时代的徙民与迁徙刑——附录：论秦汉迁刑的运用与不复肉刑　邢义田　历史语言研究所集刊　1986 年

睡虎地秦简所载魏律研究　李解民　中华文史论丛（41 期）　上海古籍出版社　1987 年 6 月

论秦田阡陌制度的复原及其形成线索　李零　中华文史论丛（41 期）　上海古籍出版社　1987 年 6 月

以君主意志为法权的秦法　林剑鸣　学术月刊　1987 年第 2 期

秦汉法律思想的演进与法律制度的继承　姜德鑫　政法学习　1987 年第 3 期

云梦出土竹书秦律的研究　［日］大庭脩著，孙言诚译　简牍译丛（第二辑）1987 年 5 月

秦律"三环"论　钱大群　南京大学学报　1988 年第 2 期

从竹简本秦律看秦律律篇的历史渊源　中华文史论丛（第 2 辑）　1987 年第 2、3 期合刊　上海古籍出版社　1987 年 12 月

论"家人言"与"司空城旦书"　劳榦　陶希圣先生九秩荣庆祝寿论文集　食货出版社　1987 年

从云梦秦简看秦律　余崇生　国文天地　第 3 卷第 9 期　1988 年 2 月

从云梦秦简看秦代刑徒管理制度　麦天骥　考古与文物　1988年第3期

秦简中的"同居"与有关法律　张世超　东北师范大学学报　1989年第3期

秦简中的盗罪　李训祥　史原　第17期　台湾大学历史学研究所　1989年5月

云梦龙岗发现秦代墓葬和秦法律文书　梁柱　江汉考古　1990年第1期

秦简中的家族连坐　[韩]金烨　历史教育论集　第13卷第14期　1990年2月

秦律"刑徒"有刑期说辨正　林文庆　简牍学报　第13期　1990年5月

竹简秦律与周礼　李学勤　中国法律史国际学术讨论会论文集　陕西人民出版社　1990年

云梦龙岗秦简"禁苑律"中的"奭"(堧)字及相关制度　胡平生　江汉考古　1991年第2期

云梦秦律的发现及秦国法制建设的三个时期　黄中业　秦国法制建设　辽沈书社　1991年5月

睡虎地秦律摭论　马先醒　中兴大学《法商学报》　第25期　1991年6月

试论《秦律》对盗窃罪及与其有关刑事犯罪的定性与处罚　张睿　河南大学学报　1992年第1期

《日书》与秦国法制研究　谭前学　秦陵秦俑研究动态　1992年第2期

论秦简所载魏律"叚门逆旅"　杨禾丁　四川大学学报　1993年第1期

云梦秦简日书所见法与习俗　[日]工藤元男著, 莫枯译　考古与文物　1993年第5期

秦"户律"和"具律"考　彭浩　简帛研究(第一辑)　法律出版社　1993年10月

云梦秦简中为何没有思想言论罪　谭前学　国际简牍学会会刊(第一号)　1993年

秦简所见之"非公室告"与"家罪"　金烨　中国史研究　1994年第1期；[韩]世明论丛(第3辑)　1995年3月

秦简中的刑徒及其刑期问题　高恒　秦汉法制论考　厦门大学出版社　1994年8月

《秦律"刑徒"有刑期说辨正》之辨正　张寿仁　中国历史学会史学集 2　第 6 期　1994 年 9 月

关于秦律中的迁　［日］若江贤二　《史记》《汉书》　1994 年

简帛所见军法辑证　陈伟武　简帛研究（第二辑）　法律出版社　1996 年

从天水放马滩秦简看秦代的弃市　曹旅宁　广东社会科学　2000 年第 5 期

释秦律"拔其须眉"及"斩人发结"兼论秦汉的髡刑　曹旅宁　中国史研究 2001 年第 1 期

从《秦简》看秦律对两性关系的调整及其现实意义　党江舟　河南省政法管理干部学院学报　2001 年第 1 期

秦律中所见之赀甲盾问题　曹旅宁　求索　2001 年第 6 期

秦律"重刑主义"下的弹性法规探讨　吴福助　东海中文学报　2001 年第 13 期；简帛研究汇刊（第一辑）　2003 年 5 月

秦法"刑弃灰于道者"试解——兼说睡虎地秦简《日书》"鬼来阳（扬）灰"之术　王子今　陕西历史博物馆馆刊（第 8 辑）　三秦出版社　2001 年 6 月

秦简《日书》之"建除法"试析　张铭洽　国际简帛学会会刊第三号　兰台出版社　2001 年 7 月

秦汉时代的赎刑　［日］角谷常子著，陈青、胡平生译　简帛研究二○○一　广西师范大学出版社　2001 年 9 月

秦汉罚金考　［日］藤田高夫著，杨振红译　简帛研究二○○一　广西师范大学出版社　2001 年 9 月

秦简《效律》"饮水"释义　彭浩　文物　2001 年第 12 期

释秦律葆子兼论秦律的渊源　曹旅宁　陕西历史博物馆馆刊（第 9 辑）　三秦出版社　2002 年 7 月

秦律死刑制度考述　傅荣珂　简帛研究汇刊（第一辑）　2003 年 5 月

秦代的讨债方式——读《湘西里耶秦代简牍选释》　张俊民　陕西历史博物馆馆刊（第 10 辑）　三秦出版社　2003 年 10 月

竹简秦汉律中的"与同法"和"与同罪"研究　朱红林　吉林古籍研究所建所二十周年纪念文集　吉林文史出版社　2003 年 12 月

从睡虎地秦简看秦朝的赎刑　郭佳　中州学刊　2004 年第 3 期

从里耶秦简看秦的法律制度——读里耶秦简札记　曹旅宁　秦文化论丛（第十一辑）　三秦出版社　2004年6月

秦汉律所反映的后子制和继承法　［韩］尹在硕　秦汉史论丛（第九辑）　三秦出版社　2004年7月

关于秦律汉律中的"三环"问题　刘华祝　秦汉史论丛（第九辑）　三秦出版社　2004年7月

秦律汉律中的杀人罪类型　［日］水间大辅　秦汉史论丛（第九辑）　三秦出版社　2004年7月

《历代刑法考·刑法分考十一》之补正（之一）——考古资料中所见秦汉"隶臣妾"史料汇辑　李力　沈家本与中国法律文化国际学术研讨会论文集　中国法制出版社　2005年1月

秦汉律篇二级分类说——论《二年律令》二十七种律均属九章　杨振红　历史研究　2005年第6期

从秦简《公车司马猎律》看秦律的历史渊源　曹旅宁　简帛研究二〇〇二、二〇〇三　广西师范大学出版社　2005年6月

秦简《日书〈盗者〉》刍议　杨英　秦文化论丛（第十二辑）　三秦出版社　2005年7月

试论秦汉法律中的宗法思想——以睡虎地秦简和张家山汉简为例　武丽娜等　秦文化论丛（第十二辑）　三秦出版社　2005年7月

《奏谳书》与秦汉法律实际应用　蔡万进　南都学坛　2006年第2期

再论竹简秦汉律中的"三环"——简牍中所反映的秦汉司法程序研究之一　朱红林　当代法学　2007年第1期

简牍反映的秦汉告诉限制　明慧　秦汉研究（第一辑）　三秦出版社　2007年1月

秦简《秦律杂抄》译文商榷　周群、陈长琦　史学月刊　2007年第1期；人大复印资料·先秦秦汉史　2007年第3期

秦汉简牍中所见特殊类型奸罪研究　孙闻博　中国历史文物　2008年第3期

从出土文献看城旦舂刑名的适用范围　薛瑞泽　中原文物　2009年第6期

卒史覆狱试探——以里耶秦简J1⑧134为线索　[日]籾山明　里耶古城·秦简与秦文化研究:中国里耶古城·秦简与秦文化国际学术研讨会论文集　科学出版社　2009年10月

秦律之赀刑与赎刑浅论——读里耶秦简文书　何双全、陈松梅　里耶古城·秦简与秦文化研究:中国里耶古城·秦简与秦文化国际学术研讨会论文集　科学出版社　2009年10月

出土秦汉法律文献整理研究的新成果——读《二年律令与奏谳书——张家山二四七号墓出土法律文献释读》　徐世虹　政法论坛　2010年第4期

从出土秦汉律看中国古代的"礼""法"观念及其法律体现——中国古代法律之儒家化说商兑　杨振红　中国史研究　2010年第4期

秦汉简牍中的作刑　安忠义　鲁东大学学报　2010年第6期

秦代"赀刑"小议　李超　秦汉研究(第四辑)　三秦出版社　2010年8月

简牍所见秦汉法律诉讼中的乡　孙闻博　中华文化论坛　2011年第1期

试析"坐隶,隶不坐户"　王辉　牡丹江师范学院学报　2012年第1期

秦汉律简"同居"考论　贾丽英　石家庄学院学报　2013年第2期

张家山汉简《奏谳书》与岳麓书院秦简《为狱等状四种》的初步比较　[德]劳武利著,李婧嵘译　湖南大学学报　2013年第3期;人大复印资料·先秦秦汉史　2013年第5期

秦汉律"购赏"考　宋国华　西北政法大学学报　2013年第5期

秦汉律中有关的"谒杀""擅杀"初考　刘晓林　甘肃政法学院学报　2013年第5期

秦汉律篇二级分类说　杨振红　古史文存续编　中国社会科学院杂志社　2014年5月

从出土简牍看秦汉家庭继承制度　李恒全　中国农史　2013年第6期

秦汉简牍"自告""自出"再辨析——兼论"自诣""自首"　万荣　江汉论坛　2013年第8期;人大复印资料·先秦秦汉史　2013年第6期

从出土简牍看秦汉时期的法医学检验制度　王瑞蕾　长江论坛　2013年第5期

秦汉法制简牍中"三环"释义新探　赵进华、牟瑞瑾　秦汉研究(第七辑)　陕西人民出版社　2013年10月

秦汉简牍法律文献释文补正:以睡虎地秦简和张家山汉简为对象　赵久湘、张显成　鲁东大学学报　2014 年第 6 期

里耶秦简牍所见"徒隶"身份及监管官署　贾丽英　简帛研究二〇一三　广西师范大学出版社　2014 年 7 月

《岳麓秦简(叁)·多小未能与谋案》处刑原则探析　孙铭　秦始皇帝陵博物院(总肆辑)　陕西人民出版社　2014 年 9 月

秦代"城旦舂"考辨——兼论秦律的一些特征　张新超　史学月刊　2014 年第 10 期;人大复印资料·先秦秦汉史　2015 年第 2 期

睡虎地秦简法律文书集释(三):《秦律十八种》(《仓律》)　徐世虹、朱潇、庄小霞、支强、慕容浩、陈鸣　中国古代法律文献研究(八)　社会科学文献出版社　2014 年 12 月

"南郡卒史复攸等狱簿"再解读　杨振红　中国古代法律文献研究(第 8 辑)　社会科学文献出版社　2014 年 12 月

"累论"与数罪并罚　张伯元　中国古代法律文献研究(第 8 辑)　社会科学文献出版社　2014 年 12 月

秦汉简帛法律文献所见"亲所知"考　龙仕平　文化学刊　2015 年第 1 期

秦律所见耐刑可作主刑辩　孙铭　文博　2015 年第 2 期

《里耶秦简》(壹)所见作徒管理问题探讨　沈刚　史学月刊　2015 年第 2 期

迁陵县档案中秦法的证据——初步的研究　[加]叶山　简帛(第十辑)　上海古籍出版社　2015 年 5 月

岳麓秦简所见秦比行事初探　欧扬　出土文献研究(第 14 辑)　中西书局　2015 年 12 月

岳麓简"识劫婉案"与战国家庭组织中的依附民　陈絜　出土文献研究(第 14 辑)　中西书局　2015 年 12 月

岳麓秦简(叁)《为狱等状四种》题名献疑　胡平生　出土文献研究(第 14 辑)　中西书局　2015 年 12 月

岳麓秦简《尉卒律》研究　周海锋　出土文献研究(第 14 辑)　中西书局　2015 年 12 月

简牍所见秦汉行政法的基本特点　刘太祥　南都学坛　2016 年第 4 期

简牍所见秦代地方性法规与行政管理　吴方基　鲁东大学学报　2016 年第 5 期

从出土文书论秦代县政令的下达与执行机制　吴方基　简帛研究二〇一六（春夏卷）　广西师范大学出版社　2016 年 6 月

岳麓书院藏秦简《亡律》研究　周海锋　简帛研究二〇一六（春夏卷）　广西师范大学出版社　2016 年 6 月

岳麓秦简《亡律》"亡不仁邑里、官者"条探析　欧阳　简帛研究二〇一六（春夏卷）　广西师范大学出版社　2016 年 6 月

秦简赀罚再探　李均明　出土文献研究（第十五辑）　中西书局　2016 年 7 月

《岳麓书院秦简（肆）》中有关"雇佣"的法律规定研究　张韶光　中国古代法律文献研究（第十辑）　社会科学文献出版社　2016 年 12 月

岳麓秦简《猩、敞知盗分赃案》与楚墓早期盗掘　蒋鲁敬　简帛研究二〇一六（秋冬卷）　广西师范大学出版社　2017 年 1 月

论秦律的罪数处罚——以"岳麓书院藏秦简"为中心　陈松长、温俊萍　简帛研究二〇一六（秋冬卷）　广西师范大学出版社　2017 年 1 月

里耶秦简所见逃亡现象——从"缭可逃亡"文书的复原说起　谢坤　古代文明　2017 年第 1 期；人大复印资料·先秦秦汉史　2017 年第 3 期

出土简牍法律文献的定名、性质与类别　徐世虹　古代文明　2017 年第 3 期

里耶秦简"校券"与秦代跨县债务处理　吴方基　中国社会经济史研究　2017 年第 4 期

从岳麓书院藏《司空律》看秦律文本的编纂与流变情况　周海锋　出土文献（第十辑）　中西书局　2017 年 4 月

岳麓秦简《奔警律》及相关问题浅论　陈松长　湖南大学学报　2017 年第 5 期

秦"谳狱"补疑——以"岳麓书院藏秦简"为视角　温俊萍　上海师范大学学报　2017 年第 6 期

里耶秦简中的追书现象——从睡虎地秦简一则行书律说起　刘自稳　出土文献研究（第十六辑）　中西书局　2017 年 9 月

秦律令效力问题浅探　周海锋　出土文献研究（第十六辑）　中西书局 2017 年 9 月

秦代封检题署新探——以里耶秦简为中心　单印飞　出土文献研究（第十六辑）　中西书局　2017 年 9 月

岳麓书院藏秦简《亡律》再探　周海锋　长沙简帛研究国际学术研讨会论文集　中西书局　2017 年 10 月

睡虎地秦简《法律答问》所见之死刑——有关"戮"与"定杀"的讨论　邓佩玲　简帛（第十五辑）　上海古籍出版社　2017 年 11 月

里耶秦简"讯敬"简册识小　[日]宫宅洁　简帛（第十五辑）　上海古籍出版社　2017 年 11 月

秦汉诉讼制度中的"覆"及相关问题　杨振红、王安宇　史学月刊　2017 年第 12 期

秦简"狱校律"考　彭浩　荆楚文物（第 3 辑）　科学出版社　2018 年 5 月

简牍所见秦汉时期债务偿还问题刍议　张燕蕊　史学月刊　2018 年第 6 期

岳麓秦简《为狱等状四种》案例五《多小未能与谋案》吏议管窥——秦律未成年刑事责任能力与受刑能力　[德]陶安　简帛研究二〇一八（秋冬卷）　广西师范大学出版社　2019 年 1 月

再议秦简中的"公室告"——兼论"亲亲相隐"制度化起源　韩织阳　简帛（第十八辑）　上海古籍出版社　2019 年 5 月

岳麓书院藏秦简"得之强与弃妻奸案"的社会性别之考察　夏增民、陈慧　南都学坛　2019 年第 6 期；人大复印资料·先秦秦汉史　2020 年第 2 期

秦汉简牍所见诉讼期限研究　李婧嵘　简帛研究二〇一九（春夏卷）　广西师范大学出版社　2019 年 6 月

论里耶秦简中的几份通缉文书　石洋　简帛研究二〇一九（春夏卷）　广西师范大学出版社　2019 年 6 月

从里耶秦简看秦代地方官吏的法律责任与惩处　王勇　简帛研究二〇一九（春夏卷）　广西师范大学出版社　2019 年 6 月

岳麓书院藏秦简《迁吏令》研究　周海峰　简帛研究二〇一九（春夏卷）　广西师范大学出版社　2019 年 6 月

《岳麓书院藏秦简(伍)》举留狱上计诏初读　马力　简帛研究二〇一九(春夏卷)　广西师范大学出版社　2019 年 6 月

岳麓秦简《暨过误失坐官案》的议罪与量刑　苏俊林　史学月刊　2019 年第 8 期

睡虎地秦简法律文书集释(八):《法律答问》61～110 简　中国政法大学中国法制史基础史料研读会　中国古代法律文献研究(第十三辑)　社会科学文献出版社　2019 年 12 月

秦"僵乏不斗律"与汉代的两种军法——附谈"僯"字的理解　郭永秉　中国古代法律文献研究(第十三辑)　社会科学文献出版社　2019 年 12 月

岳麓书院所藏《亡律》题解　[日]宫宅洁著,陈鸣译　中国古代法律文献研究(第十三辑)　社会科学文献出版社　2019 年 12 月

秦汉法律的功能和效用:张家山法律文献在传统法律发展中的地位　[美]李安敦、[加]叶山　简帛(第十九辑)　上海古籍出版社　2019 年 11 月

9. 文化、语言、文字、文学

从出土秦简帛书看秦汉早期隶书　吴白匋　文物　1978 年第 2 期

秦、汉の简牍帛书的书体和隶书之形成　[日]浦野俊则　二松学舍大学论集　1979 年

秦汉帛书简牍中的通假字　钱玄　南京师院学报　1980 年第 3 期

睡虎地秦墓竹简中的数词和量词　曾仲珊　求索　1981 年第 2 期

秦简的古文字学考察　李学勤　云梦秦简研究　中华书局　1981 年 7 月

战国秦汉简牍文字的变迁　[日]江村治树　东方学报(京都)第 53 册 1981 年

青川出土木牍文字简考　李昭和　文物　1982 年第 1 期

睡虎地秦墓竹简通假字初探　王美宜　宁波师专学报　1982 年第 1 期

云梦秦墓竹简所见某些语法现象　王瑛　语言研究　1982 年第 1 期

《秦简》中为什么以"一百一十"为进位数?　汉生　政治与法律丛刊 1982 年第 3 期

新出土秦汉简牍书法　王东明、罗扬　中国书法　1982 年第 1 期

从云梦秦简看秦隶　钟鸣天、左德承　书法 1983 年第 3 期

睡简《为吏之道》与墨学　江庆伯　陕西师大学报　1983 年第 3 期

论睡虎地秦简与马王堆帛书的数术书　李学勤　1983 年美国"中国占卜灾异学术讨论会"论文

睡虎地秦墓竹简某些语法现象研究　冯春田　中国语文　1984 年第 4 期

秦简词语札记　陈玉璟　安徽师大学报　1985 年第 1 期

云梦秦简语法现象举隅　李铭建　中山大学研究生学刊　1985 年第 3 期

试析《睡虎地秦墓竹简》中同音假借　刘方　宁夏大学学报　1985 年第 4 期

秦简中的五行说与纳音说　饶宗颐　中国语文研究　1985 年第 7 期;古文字研究(第十四辑)　中华书局　1986 年

秦简竹简某些语法现象分析　冯春田　语言研究　1986 年第 1 期

秦墓竹简选择问句分析　冯春田　语言研究　1987 年第 1 期

秦简《语书》论考　吴福助　东海中文学报　1987 年第 7 期

新发现的简帛与秦汉文化史　李学勤　活页文史丛刊 121 号;李学勤集　黑龙江教育出版社　1989 年 5 月

释简牍文字中的几种符号　高大伦　秦汉简牍论文集　甘肃人民出版社　1989 年 12 月

秦简日书与楚辞类证　刘信芳　江汉考古　1990 年第 1 期

放马滩中的志怪故事　李学勤　文物　1990 年第 4 期

秦简与说文文字异同表　张世超、张玉春　秦简文字编　京都中文出版社　1990 年 12 月

从简牍帛书看隶书的形成与发展　刘绍刚　首届中国简牍学国际学术研讨会论文　1991 年 8 月

秦汉简牍通假字的文字学研究　赵平安　河北大学学报(哲学社会科学版)　1991 年第 4 期

五行三合局与纳音说——读饶宗颐先生《秦简中的五行说与纳音说》　刘乐贤　江汉考古　1992 年第 1 期

从秦汉竹帛中的通假字看入变为去字在两汉之变　张传曾　两汉汉语研究　山东教育出版社　1992 年 3 月

睡虎地秦简疑难字试释　黄文杰　江汉考古　1992 年第 4 期

云梦秦简与文学　余宗发　云梦秦简中思想与制度鉤摭　文津出版社

1992年5月

从银雀山汉简看秦汉书体的演变　叶莲品　中国文物报　1993年第29期

读简帛文字资料札记　裘锡圭　简帛研究（第一辑）　法律出版社　1993年10月

从放马滩日书甲种再论秦文化的特点　林剑鸣　简帛研究（第一辑）　法律出版社　1993年10月

睡虎地秦简日书注释商榷　刘乐贤　文物　1994年第10期

说秦简中"女笔"之"笔"　刘钊　中国文物报　1994年11月20日

读《说秦简中"女笔"之"笔"》的一点意见　蒋英炬　中国文物报　1994年12月25日

秦简日书数术的探讨　许信昌　中国历史学会集刊　1970年第7期；钱穆先生百岁周年纪念　1995年9月

《睡虎地秦墓竹简》量词考察　吉仕梅　乐山师专学报　1996年第3期

试论云梦秦简《日书》的楚文化色彩　史党社　陕西历史博物馆馆刊（第3辑）　西北大学出版社　1996年6月

云梦龙岗6号秦墓木牍与告地策　黄盛璋　中国文物报　1996年第14期

龙岗秦牍"事""吏"二字及所谓"告地策"　刘信芳　中国文物报　1996年8月25日

秦至汉初简帛文字与假借改造字字源考证　赵平安　简帛研究（第二辑）　法律出版社　1996年9月

读秦简字词札记　刘钊　简帛研究（第二辑）　法律出版社　1996年9月

龙岗秦墓简牍"事""吏""史"与告地策定名及其引起问题　黄盛璋　中国文物报　1997年12月14日

《穷达以时》第九号简考论：兼及先秦两汉文献中比干故事的衍变　赵平安　古籍整理研究学刊　2002年第2期

简帛典籍异文与古汉语同义词研究　吴辛丑　广州广播电视大学学报　2002年第3期

从《秦权铜版诏书》看秦隶　李文福　中国文物报　2002年6月19日

简帛典籍异文概说　吴辛丑　古文字与汉语史论集　中山大学出版社　2002年7月

再论西周金文中的"秦夷"及相关问题　辛怡华　秦文化论丛（第九辑）　西北大学出版社　2002年7月

谈出土秦汉文字"脊"和"责"的构形　杨泽生　古文字研究（第二十四辑）　中华书局　2002年7月

简帛典籍异文与古文字资料的释读　吴辛丑　古文字研究（第二十四辑）　中华书局　2002年7月

里耶秦简"传送委输"者的身份　黄展岳　里耶古城·秦简与秦文化研究：中国里耶古城·秦简与秦文化国际学术研讨会论文集　科学出版社　2009年10月

里耶秦简迁陵县学官和相关记录　张春龙　出土文献（第一辑）　中西书局　2010年8月

秦文字释读札记（四则）　王伟　出土文献（第五辑）　中西书局　2014年10月

平宫鼎铭文新考　王伟　中国古代文明研究论集　科学出版社　2018年3月

里耶秦简字词补释　杨先云　湖南考古辑刊（第13集）　科学出版社　2018年12月

中实沈静唯审与良——北大秦简《教女》探略　陈美兰　出土文献研究（第十七辑）　中西书局　2018年12月

北大秦简《田书》的逆次简册背划线　杨博　出土文献研究（第十七辑）　中西书局　2018年12月

《岳麓书院藏秦简（肆）》补注五　朱红林　出土文献研究（第十七辑）　中西书局　2018年12月

里耶秦简"检"与"署"　吴方基　考古学集刊（第22集）　社会科学文献出版社　2019年10月

里耶秦简文书归档问题蠡测　沈刚　出土文献（第十五辑）　中西书局　2019年10月

岳麓秦简《奏谳文书》"它如某"用语研究　苏俊林　出土文献（第十五辑）　中西书局　2019年10月

《岳麓书院藏秦简（伍）》研究二题　王博凯　出土文献（第十五辑）　中西

书局　2019年10月

北大藏秦简牍释文商补　杨鹏桦　简帛(第十九辑)　上海古籍出版社 2019年11月

《里耶秦简(贰)》校释五则　华楠　简帛(第十九辑)　上海古籍出版社 2019年11月

受令简和恒署书：读《里耶秦简(贰)》札记两则　唐俊峰　简帛(第十九辑)　上海古籍出版社　2019年11月

里耶秦简"迁陵以邮行洞庭"新解　吴方基　简帛(第十九辑)　上海古籍出版社　2019年11月

岳麓秦简"内史郡二千石官共令第己"释证　范云飞　简帛(第十九辑)　上海古籍出版社　2019年11月

秦简"月食者"新证　齐继伟　简帛(第十九辑)　上海古籍出版社　2019年11月

里耶秦简10-15补论——兼论睡虎地77号汉墓功次文书　张忠炜　中国古代法律文献研究(第十三辑)　社会科学文献出版社　2019年12月

里耶秦简篆书论　胡平生　出土文献研究(第十八辑)　中西书局　2019年12月

里耶秦方"叚如故更假人"新解　石洋　出土文献研究(第十八辑)　中西书局　2019年12月

《里耶秦简(贰)》缀合六则　杨先云　出土文献研究(第十八辑)　中西书局　2019年12月

《里耶秦简(贰)》释文校补(十二则)　张以静　出土文献研究(第十八辑)　中西书局　2019年12月

10. 思想、宗教

秦简"为吏之道"中反映的儒法融合倾向　高敏　云梦秦简初探　河南人民出版社　1979年1月

《睡虎地秦墓竹简》的法家思想　王煜　中华文化复兴月刊　第13卷第1期　1980年1月

"为吏之道"在思想史上的意义　蒋义斌　简牍学报　第10期　1981年7月

秦简与"墨子"城守各篇　李学勤　云梦秦简研究　中华书局　1981年7月

"睡简"《为吏之道》与墨学　江庆柏　陕西师大学报　1983年第4期

云梦秦简和韩非子　[日]森田邦传　中国哲学论集　1983年第九号

从"日书"看秦人的鬼神观及秦文化特征　李晓东、黄晓芬　历史研究　1987年第4期

试释睡虎地秦简"日书"中的"梦"　林富士　食货月刊　第17卷第4期　1998年

云梦秦简"日书"占卜术初探　张铭洽　文博　1988年第3期

中国古代的占星卜和占星盘　[日]成家彻郎著,苌岚译　文博　1989年第6期

秦简"为吏之道"法儒道家思想交融现象剖析　吴福助　第一届中国思想史研讨会论文集　东海大学文学院　1989年

放马滩中的志怪故事　李学勤　文物　1990年第4期

云梦睡虎地秦墓竹简日书与道教习俗　[日]工藤元男　东方宗教　1990年第76号

论秦人的宗教思维特征——云梦秦简《日书》的宗教学研究　吴小强　江汉考古　1992年第1期

论秦人宗教信仰的层次性　吴小强　简牍学报(十四期)　1992年3月

论秦人的多神崇拜特点——云梦秦简《日书》的宗教学研究　吴小强　文博　1992年第4期

云梦秦简与诸子关系钩摭　余宗发　云梦秦简中思想与制度钩摭　台北文津出版社　1992年5月

论秦人宗教思想特征——云梦秦简《日书》的宗教哲学　吴小强　秦汉史论丛(第五辑)　法律出版社　1992年8月

《日书》四方四维与五行浅谈　刘信芳　考古与文物　1993年第2期

睡虎地秦简《日书》秦楚禁忌比较　王子今　秦文化论丛(第二辑)　西北大学出版社　1993年12月

睡虎地秦简《日书》岁星禁忌之研究　陈守亭　国际简牍学会会刊(第一号)　1993年

睡虎地秦简日书廿八宿禁忌之研究　陈守亭　法商学报　1994年第30期

关于睡虎地秦简《日书》中病因论和鬼神的关系　[日]工藤元男　东方学第88期　1994年

从云梦秦简《日书》的良、忌日看《氾胜之书》的五谷忌日　贺润坤　文博1995年第1期

开启秦代神殿之门　吴小强　秦陵秦俑研究动态　1996年第1期

《日书》驱鬼术发微　刘信芳　文博　1996年第4期

王家台秦简"易占"为《归藏》考　李家浩　传统文化与现代化　1997年第1期

云梦《日书》与五行学说　尚民杰　文博　1997年第2期

秦简中的鬼怪　刘钊　中国典籍与文化　1997年第3期

睡虎地秦简《日书》甲种"以见君上数达"解　王子今　陕西历史博物馆馆刊（第7辑）　三秦出版社　2000年11月

睡虎地秦简《日书》中的"土神""土禁"　尚民杰　陕西历史博物馆馆刊（第7辑）　三秦出版社　2000年11月

秦简《日书》"建除法"试析　张铭洽　陕西历史博物馆馆刊（第7辑）　三秦出版社　2000年11月

秦简《律书》的乐律与占卜　戴念祖　文物　2002年第1期

云梦秦简《诘》篇考述　连劭名　考古学报　2002年第1期

秦简《日书》之"建除法"试析　张铭洽　纪念林剑鸣教授史学论文集　中国社会科学出版社　2002年1月

从秦简看战国秦汉时代"顺天"思想特征　吴小强　纪念林剑鸣教授史学论文集　中国社会科学出版社　2002年1月

秦汉雍五畤地望新探　后晓荣　秦都咸阳与秦文化研究——秦文化学术研讨会论文集　陕西人民教育出版社　2003年11月

秦祷病玉简、望祭与道教投龙仪　刘昭瑞　四川文物　2005年第2期

里耶秦简《祠律》考述　曹旅宁　史学月刊　2008年第8期

从里耶秦简"祠先农"看秦的祭祀活动　田旭东　里耶古城·秦简与秦文化研究：中国里耶古城·秦简与秦文化国际学术研讨会论文集　科学出版社　2009年10月

从秦简所见"祭"与"祠"窥析秦代地域文化——里耶秦简"祠先农"简引发的思考　宋艳萍　里耶古城·秦简与秦文化研究:中国里耶古城·秦简与秦文化国际学术研讨会论文集　科学出版社　2009年10月

秦汉简牍所见日书相关问题的考察　白军鹏　简帛研究二〇一三　广西师范大学出版社　2014年7月

北大藏秦简《祠祝之道》初探　田天　北京大学学报　2015年第2期

放马滩秦简《志怪故事》札记　邬文玲　国学学刊　2015年第4期

放马滩秦简《日书》"行不得择日"篇考释　姜守诚　飞軨广路:中国古代交通史论集　中国社会科学出版社　2015年10月

从睡简《日书·马禖篇》看非子始封秦亭　蒲向明　秦文化探研——甘肃秦文化研究会第二次学术研讨会论文集　甘肃人民出版社　2015年11月

梁超:放马滩秦简《日书》所见"土忌"神煞考释　梁超　简帛研究二〇一六(春夏卷)　广西师范大学出版社　2016年6月

秦简中的"祠五祀"与"祠先农"　田旭东　西部考古(第12辑)　科学出版社　2016年12月

秦简所见"巫咸"两考　王强　简帛研究二〇一六(秋冬卷)　广西师范大学出版社　2017年1月

11. 天文、历法、时制、数学、医学

云梦秦简里的法医检验和医政管理　马继兴　医史与文献研究资料　1979年第6期

云梦秦简麻风律考　李牧　浙江中医学院学报　1980年第3期

秦简《日书》记时记月诸问题　于豪亮　云梦秦简研究　中华书局　1981年7月

《日书》"星"释议　杨巨中　文博　1988年第4期

楚帛书天象再议·乙·帛书丙篇与日书会证　饶宗颐　中国文化　1991年第3期

《日书》中的二十八宿问题　张铭洽　秦陵秦俑研究动态　1992年第2期

秦汉时制刍议　曾宪通　中山大学学报　1992年第4期

丁骕先生关于秦简中魏历讨论之来信　丁骕　亚洲文明(第二集)　安徽教育出版社　1992年7月

关于云梦秦简魏国律令中所用历法的讨论　黄盛璋　亚洲文明(第二集)　安徽教育出版社　1992年7月

云梦秦简魏律中有关夏历问题　严敦杰　亚洲文明(第二集)　安徽教育出版社　1992年7月

马王堆汉墓医书与睡虎地秦简日书　刘乐贤　长沙马王堆汉墓研究文集　湖南出版社　1994年

从《日书》看十六时制　尚民杰　文博　1996年第4期

云梦《日书》星宿记日探讨　尚民杰　文博　1998年第2期

论天水秦简中之中元"中鸣""后鸣"与古代以音律配合时刻制度　饶宗颐　简牍学研究(第二辑)　甘肃人民出版社　1998年10月

周家台秦简历谱校正　刘信芳　文物　2002年第10期

周家台30号秦墓历谱新探　黄一农　文物　2002年第10期

读《日书》札记九则　晏昌贵　楚地出土简帛文献思想研究(一)　湖北教育出版社　2002年12月;简帛数术与历史地理论集　商务印书馆　2010年8月

出土秦汉简牍"历日"正名　邓文宽　文物　2003年第4期

睡虎地秦简《日书》释读札记　刘乐贤　华学(第六辑)　紫禁城出版社　2003年6月

睡虎地秦简《日书》甲种《病》篇释读　王子今　秦文化论丛(第十辑)　三秦出版社　2003年7月

试析秦简医籍中的"堇"　张维慎　秦文化论丛(第十一辑)　三秦出版社　2004年6月

秦简《天官书》的中星和古度　钟守华　文物　2005年第3期

睡虎地秦简与先秦数学　邹大海　考古　2005年第6期

里耶秦简九九表初探　王焕林　吉首大学学报　2006年第1期

睡虎地秦简《日书·玄戈篇》新探　刘次沅、马莉萍　秦文化论丛(第十三辑)　三秦出版社　2006年10月

放马滩秦简日书"星度"篇初探　孙占宇　考古　2011年第4期

睡虎地秦简与放马滩秦简《日书》中的十二兽探析　李菁叶　南都学坛　2011年第5期

放马滩秦简《日书·直室门》及门户宜忌简试释　刘增贵　简帛(第六辑)　上海古籍出版社　2011 年 11 月

天水放马滩秦简《日书》校读记　王辉　简帛(第六辑)　上海古籍出版社　2011 年 11 月

秦简《日书》零拾　刘国胜　简帛(第六辑)　上海古籍出版社　2011 年 11 月

北大秦简中的方术书　陈侃理　文物　2012 年第 6 期

北大秦简中的数学文献　韩巍　文物　2012 年第 6 期

周家台秦简《日书》"占物"臆解　曾磊　四川文物　2013 年第 2 期

秦简牍"质日"考释三则　于洪涛　鲁东大学学报　2013 年第 4 期

睡虎地秦简《日书》玄戈篇构成解析　罗见今　自然辩证法通讯　2015 年第 1 期

里耶秦简刻齿简研究:兼论岳麓秦简《数》中的未解读简　张春龙、大川俊隆、籾山明　文物　2015 年第 3 期

关于秦汉简牍所见"稍入钱"一词的讨论　李力　中学学刊　2015 年第 4 期

读《里耶秦简(壹)》医方简札记　刘建民　简帛(第十一辑)　上海古籍出版社　2015 年 12 月

出土文献所见秦汉"多笔数字"　曾磊　简帛研究二〇一五(春夏卷)　广西师范大学出版社　2015 年 6 月

秦简质日小识　何晋　出土文献研究(第 14 辑)　中西书局　2015 年 12 月

岳麓秦简(肆)中的纪年问题　李洪财　出土文献研究(第 14 辑)　中西书局　2015 年 12 月

北大藏秦简《杂祝方》简介　田天　出土文献研究(第 14 辑)　中西书局　2015 年 12 月

北大秦简《鲁久次问数于陈起》中的宇宙模型　陈镱文、曲安京　文物　2017 年第 3 期

北大藏秦简《医方杂抄》初识　田天　北京大学学报　2017 年第 5 期

《里耶秦简(壹)》纪年简月朔简研究　罗见今　中原文化研究　2017 年第

6期

里耶秦简医方校读　周波　简帛（第十五辑）　上海古籍出版社　2017年11月

里耶秦简所见古药方与后世解毒方"地浆水"　何有祖　简帛（第十五辑）　上海古籍出版社　2017年11月

里耶秦简牍所见的时刻记录与记时法　陈侃理　简帛（第十六辑）　上海古籍出版社　2018年5月

周家台秦简《病方及其他》补释四则　蒋艳、张显成　简帛研究二〇一九（春夏卷）　广西师范大学出版社　2019年6月

12. 各篇释文、译注、研究

云梦秦简释文一、二、三　云梦秦墓竹简整理小组　文物　1976年第6、7、8期

云梦秦简"编年记"初步研究　黄盛璋　考古学报　1977年第1期

云梦秦简中所见的历史新证举例　马非百　郑州大学学报　1978年第2期

论云梦秦简"大事记"之史料价值　郑良树　故宫季刊　1978年第3期

云梦秦墓牒记考释　傅振伦　社会科学战线　1978年第4期

"编年纪"的性质与作者质疑　高敏　云梦秦简初探　河南人民出版社　1979年1月

南郡守腾的经历及其发布语书的意义　高敏　云梦秦简初探　河南人民出版社　1979年1月

秦简"编年纪"与"史记"　高敏　云梦秦简初探　河南人民出版社　1979年1月

从云梦秦简看秦的若干制度　高敏　云梦秦简初探　河南人民出版社　1979年1月

云梦秦简辨正　黄盛璋　考古学报　1979年第1期

释"南郡守腾文书"——读云梦秦简札记　熊铁基　中国史研究　1979年第3期

"吏谁从军"——读云梦秦简札记　熊克　中国史研究　1979年第3期

云梦秦律简论　黄展岳　考古学报　1980年第1期

睡虎地秦简"编年记"的作者及思想倾向　商庆夫　文史哲　1980 年第 1 期

"南郡备警"说质疑　晁福林　江汉论坛　1980 年第 6 期

秦律"葆子"释义　张政烺　文史（第九辑）　中华书局　1980 年 6 月

举世笑谈"睡虎地秦墓竹简"　马先醒　简牍学报　1980 年第 7 期

"睡简"杂辨　陈抗生　中国历史文献研究集刊（第 1 期）　湖南人民出版社　1980 年 9 月

关于秦律中的"居"——《睡虎地秦墓竹简》注释质疑　张铭新　考古 1981 年第 1 期

秦简"集人"音义　张政烺　云梦秦简研究　中华书局　1981 年 7 月

读云梦秦简《编年记》书后　马雍　云梦秦简研究　中华书局　1981 年 7 月

秦简与"墨子"城守各篇　李学勤　云梦秦简研究　中华书局　1981 年 7 月

就简牍学观点略论睡虎地秦简　马先醒　简牍学报　第 10 期　1981 年 7 月

秦简"语书"论究　吴福助　简牍学报　第 10 期　1981 年 7 月

睡地虎地秦简中的篇题及其位置　马先醒　简牍学报　第 10 期　1981 年 7 月

秦简"为吏之道"之版式及其正附文问题　张永成　简牍学报　第 10 期　1981 年 7 月

秦简杂考　马先醒　简牍学报　第 10 期　1981 年 7 月

睡虎地秦简校注　秦简研究班　简牍学报　第 10 期　1981 年 7 月

秦简随笔二则　张永成　简牍学报　第 10 期　1981 年 7 月

秦简中几种称谓的涵义试析　高敏　云梦秦简初探（增订本）　河南人民出版社　1981 年 7 月

云梦秦简大事记集传　马非百　中国历史文献研究集刊（第 2 集）　湖南人民出版社　1981 年 12 月

睡虎地秦简"编年记"考证　韩连琪　中华文史论丛（第 1 辑）　上海古籍出版社　1981 年 2 月；先秦两汉史论丛　齐鲁书社　1986 年 8 月

论云梦《大事记》之史料价值　郑良树　竹简帛书论文集　中华书局　1982 年 1 月

读云梦《大事记》札记　郑良树　竹简帛书论文集　中华书局　1982 年 1 月

云梦秦简《日书》研究　饶宗颐　云梦秦简日书研究　香港中文大学出版社　1982 年

秦简《日书》中夕"栾"字含义初探　饶宗颐　云梦秦简日书研究　香港中文大学出版社　1982 年

秦简《日书》岁篇讲疏　曾宪通　云梦秦简日书研究　香港中文大学出版社　1982 年

秦简《日书》索引　曾宪通　云梦秦简日书研究　香港中文大学出版社　1982 年

释青川秦墓木牍　于豪亮　文物　1982 年第 1 期

《睡虎地秦墓竹简》注释商榷　裘锡圭　文史（第十三辑）　中华书局　1982 年 3 月

从竹简本《秦律》看秦律律编的历史源流　吴树平　中华文史论丛　1983 年第 2、3 期合刊

说几条简文的诠释　薛英群　西北师院学报　1982 年第 4 期

青川秦墓木牍内容探讨　林剑鸣　考古与文物　1982 年第 6 期

青川郝家坪木牍研究　李学勤　文物　1982 年第 10 期

睡虎地秦简《编年记》为年谱说　谢巍　江汉论坛　1983 年第 5 期

秦简《日书》剩义　饶宗颐　1983 年美国"中国占卜灾异学术讨论会"论文

睡虎地秦简《编年记》作者及其政治态度——兼与陈直、商庆夫同志商榷　杨剑虹　江汉考古　1984 年第 3 期

睡虎地秦墓竹简译注斠补　栗劲　吉林大学社会科学报　1984 年第 5 期

云梦秦简《语书》探析　刘海年　学习与探索　1984 年第 6 期

睡虎地秦墓竹简译注商兑　孙晓春　史学集刊　1985 年第 2 期

读秦简牍发微　张平辙　兰州大学学报　1985 年第 2 期

睡虎地秦墓竹简校注简记　张世超等　古籍整理研究学刊　1985 年第 4 期

秦简"语书"校释　吴福助　东海中文学报　1985 年第 5 期

青川郝家坪秦墓木牍研究之我见　丁光勋　历史教学问题　1986 年第 2 期

"通钱"解——秦简整理札记之二　张世超　古籍整理研究学刊　1986 年第 4 期

睡虎地秦简《编年纪》考证　韩连琪　先秦两汉史论丛　齐鲁书社　1986 年 8 月

解读青川秦木牍的一把钥匙　胡平生　韩自强　文史（二十六辑）　中华书局　1986 年

中华五千年文物集刊——简牍篇二、三　吴昌廉　台北故宫博物院院刊 1986 年

关于云梦秦简中"男子"一称——与高敏先生商榷　吴益中　江汉考古 1987 年第 1 期

云梦秦简《日书》初探　张闻玉　江汉论坛　1987 年第 4 期

再论秦简"编年记"作者的思想倾向　商庆夫　文史哲　1987 年第 6 期

秦简"语书"论究　吴福助　东海中文学报　1987 年第 7 期

《云梦秦简〈日书〉初探》商榷　王胜利　江汉论坛　1987 年第 11 期

"睡虎地秦墓竹简"注释补证（一）（二）　蔡镜浩　文史（第二十九辑）　中华书局　1988 年 1 月

云梦睡虎地秦墓竹简"为吏之道"译注初稿（一）　［日］早稻田大学秦简研究会　史滴　第 9 期　1988 年

睡虎地秦简《编年记》考　［日］堀毅　秦汉法制史论考　法律出版社 1988 年 8 月

"日书"正文标题与内容分类表　［日］林富士　汉代的巫者附表一　稻乡出版社　1988 年 1 月

秦简《日书》"玄戈"篇解析　张铭洽　秦汉史论丛（第四辑）　西北大学出版社　1989 年 4 月

秦简《日书》建除法试析　张铭洽　中国秦汉史研究会第四届年会暨国际学术讨论会论文　1989 年 8 月

试论云梦睡虎地秦简"编年记"——谈"吏谁从军"解　金甲钧　史原（第

17 期）　台湾大学历史学研究所　1989 年 8 月

天水放马滩秦简甲种《日书》释文　秦简整理小组　秦汉简牍论文集　甘肃人民出版社　1989 年 12 月

天水放马滩秦简甲种《日书》考述　何双全　秦汉简牍论文集　甘肃人民出版社　1989 年 12 月

放马滩出土竹简日书刍议　任步云　西北史地　1990 年第 3 期

秦简所见"迹天田"初探　吴昌廉　简牍学报　第 13 期　1990 年 5 月

天水放马滩秦简"楗"应名"建除"　邓文宽　文物　1990 年第 8 期

读青川秦墓木牍　［日］楠山修　国外社会科学快报　1991 年第 4 期

睡虎地秦简日书"玄戈"　［日］成家彻郎著，王维坤译　文博　1991 年第 2 期

关于云梦秦简编年记的补书、续编和削改等问题　刘信芳　江汉考古　1991 年第 3 期

云梦秦简日书"马"篇试释　刘信芳　文博　1991 年第 4 期

睡虎地秦简《语书》称名小议　杜忠浩　第一届金石书法学术研讨会论文集　高雄师大国文研究所编　1991 年

秦简"为吏之道"简析　缪全吉　新加坡国立大学中文系"汉学研究之回顾与前瞻国际会议"论文　1991 年

秦简"语书"窥测——兼论《编年记》作者不是楚人　杨剑虹　江汉考古　1992 年第 4 期

秦简中的楚国"日书"试析　刘信芳　文博　1992 年第 4 期

睡虎地秦简《日书·玄戈》再析　王维坤　陈直先生纪念文集　西北大学出版社　1992 年 5 月

云梦秦简《日书》与秦史研究　［日］工藤元男　秦汉史论丛（第五辑）　法律出版社　1992 年 8 月

云梦睡虎地秦简"封诊式"译注初稿（二）　［日］早稻田大学秦简研究会　史滴　1993 年 1 月

睡虎地秦简《日书》的内容、性质及相关问题　刘乐贤　社科院研究生院学报　1993 年第 1 期

秦简日书"建除"与彝文日书"建除"比较研究　高明、张纯德　江汉考古

1993 年第 2 期

论睡虎地秦简《日书》的结构特征 郑刚 中山大学学报 1993 年第 3 期

睡虎地秦简《日书》"四法日"小考 刘乐贤 考古 1993 年第 4 期

睡虎地秦简日书(诘咎篇)研究 刘乐贤 考古学报 1993 年第 4 期

《睡》简与《放》简《日书》比较 林剑鸣 文博 1993 年第 5 期

云梦秦简《日书》"啻"篇研究 金良年 中华文史论丛(第 51 辑) 上海古籍出版社 1993 年 8 月

读秦汉简牍札记 高恒 简帛研究(一) 法律出版社 1993 年 10 月

睡虎地秦简"日书""反支篇"及其相关问题 刘乐贤 简帛研究(一) 法律出版社 1993 年 10 月

云梦秦简《日书·门》图初探 贺润坤 简牍学报 第 15 期 1993 年 12 月

云梦睡虎地秦墓竹简"封诊式"译注初稿(三) [日]早稻田大学秦简研究会 史滴 1994 年 1 月

睡虎地秦简日书"玄戈篇"新解 刘乐贤 文博 1994 年第 4 期

睡虎地秦简日书注释商榷 刘乐贤 文物 1994 年第 10 期

睡虎地秦简"人字篇"研究 刘乐贤 江汉考古 1995 年第 1 期

睡虎地秦简日书"人字篇"补释 刘乐贤 江汉考古 1995 年第 2 期

云梦秦简《日书·诘篇》初考 [日]大川俊雄 论集(大阪产大)人文科学 第 84 期 1995 年

云梦龙岗木牍试释 李学勤 简牍学研究(一) 甘肃人民出版社 1997 年 1 月

云梦龙岗秦简考释校证 胡平生 简牍学研究(一) 甘肃人民出版社 1997 年 1 月

云梦龙岗简牍考释补正及其相关问题的探讨 刘国胜 江汉考古 1997 年第 1 期

马王堆《太一出行图》与秦简《日书·出邦门》 胡文辉 江汉考古 1997 年第 3 期

睡虎地秦简与龙岗秦简的比较 黄爱梅 华东师大学报 1997 年第 4 期

《睡虎地秦墓竹简》杂考 魏德胜 中国文化研究 1997 年第 4 期

秦简"敖童"解　黄留珠　历史研究　1997年第5期

龙岗秦墓简牍"事""吏""史"书告地策定名及其引起问题　黄盛璋　中国文物报　1997年12月14日

秦简《日书·出邦门篇》新证　胡文辉　文博　1998年第1期

读云梦秦简札记三则　黄留珠　周秦汉唐研究论集　三秦出版社　1998年5月

关于两枚云梦龙岗秦简的再考释　张小锋、许瑞源　山东师大学报　1998年增刊

20世纪出土第一支汉文简牍　胡平生　文物天地　2000年第5期

睡虎地秦简《日书》及《诘》篇补证　连劭名　江汉考古　2001年第1期

20世纪出土第一支汉文简牍"献疑"　邓文宽　中国文物报　2001年2月7日

再说20世纪出土的第一支汉文简牍：兼答邓文宽同志"献疑"　胡平生　中国文物报　2001年4月11日

简帛典籍异文与变换分析法的运用　吴辛丑　华南师大学报　2001年第5期

"20世纪出土第一支汉文简牍"新释　邓文宽　中国文物报　2001年5月30日

秦汉简牍中的"致书"与"致籍"考辨　安忠义　江汉考古　2012年第1期

令人眼花缭乱的帛书和简牍书　姜澄清　文史天地　2002年第5期

王家台秦简《归藏》索隐——兼论其成书年代　王辉　古文字研究(24辑)　中华书局　2002年3月

《睡虎地秦墓竹简》对大型语文辞书编纂的价值　王建民、赵立伟　简牍学研究(第三辑)　甘肃人民出版社　2002年4月

云梦龙岗秦简释文注释订补　赵平安　简牍学研究(第三辑)　甘肃人民出版社　2002年4月

王家台秦简《归藏》索隐——兼论其成书年代　王辉　古文字研究(24辑)　中华书局　2002年7月

读《睡虎地秦墓竹简》札记　陈英杰　古文字研究(24辑)　中华书局　2002年7月

睡虎地秦简标题格式析论　林清源　历史语言研究所集刊　2002 年

试释睡虎地秦简《编年记》所载"喜□安陆□史"　刘向明　江西社会科学 2004 年第 3 期

出土秦律书写形态之异同　佐佐木研太　清华大学学报　2004 年第 4 期

龙山里耶秦简二题　张俊民　考古与文物　2004 年第 4 期

里耶秦简县"守""丞""守丞"同义说　杨宗兵　北方论丛　2004 年第 6 期

里耶秦简秦令三则探析　蔡万进、陈朝云　许昌学院学报　2004 年第 6 期

《睡虎地秦墓竹简》译文商榷（二则）　陈长琦　史学月刊　2004 年第 11 期

《湘西里耶秦代简牍选释》校读（八则）　陈松长　简牍学研究（第四辑） 甘肃人民出版社　2004 年 12 月

读里耶秦简札记　胡平生　简牍学研究（第四辑）　甘肃人民出版社 2004 年 12 月

秦简《寡》《天》《兴蚕》诸卦解诂——兼论《归藏易》的若干问题　蔡运章 中原文物　2005 年第 1 期

从周家台秦简看古代的"孤虚"术　刘乐贤　出土文献研究（第七辑）　上海古籍出版社　2005 年 11 月

秦汉简帛中不定数的表示形式及发展　张静静　广东海洋大学学报　2007 年第 2 期

周家台秦墓简牍释读补正　王贵元　考古　2009 年第 2 期

岳麓书院新藏秦简丛考　曹旅宁　华东政法大学学报　2009 年第 6 期

岳麓书院秦简考校　陈伟　文物　2009 年第 10 期

关于秦简牍综合整理与研究的几点思考　陈伟　简帛（第四辑）　上海古籍出版社　2009 年 10 月

西里耶秦简 8－455 号　张春龙、龙京沙　简帛（第四辑）　上海古籍出版社　2009 年 10 月

里耶秦简 8－455 号木方性质刍议　胡平生　简帛（第四辑）　上海古籍出版社　2009 年 10 月

关于周家台秦简 69－130 号的简序编排问题　刘国胜　简帛（第四辑） 上海古籍出版社　2009 年 10 月

里耶秦简研读三题　蔡万进　里耶古城・秦简与秦文化研究：中国里耶古

城·秦简与秦文化国际学术研讨会论文集　科学出版社　2009年10月

里耶秦简中的两个小问题　黎石生　里耶古城·秦简与秦文化研究：中国里耶古城·秦简与秦文化国际学术研讨会论文集　科学出版社　2009年10月

读里耶秦简"校券"补记　彭浩　里耶古城·秦简与秦文化研究：中国里耶古城·秦简与秦文化国际学术研讨会论文集　科学出版社　2009年10月

里耶古城一、二期文化内涵的思考　刘彬徽　里耶古城·秦简与秦文化研究：中国里耶古城·秦简与秦文化国际学术研讨会论文集　科学出版社　2009年10月

睡虎地秦简《编年记》性质探测　曹旅宁　北大史学（14）　北京大学出版社　2009年12月

《天水放马滩秦简》标题小议　王辉　陕西历史博物馆馆刊（第17辑）　三秦出版社　2010年11月

天水放马滩秦简乙种《日书》分篇释文（稿）　晏昌贵　简帛（第五辑）　上海古籍出版社　2010年10月

《天水放马滩秦简》识小　吕亚虎　简帛（第五辑）　上海古籍出版社　2010年10月

试论里耶秦牍与秦代文书学的几个问题　黎明剑、马增荣　简帛（第五辑）　上海古籍出版社　2010年10月

岳山秦牍《日书》考释八则　杨芬　简帛（第五辑）　上海古籍出版社　2010年10月

秦"祠先农"简再探　史志龙　简帛（第五辑）　上海古籍出版社　2010年10月

岳麓书院秦简校读　陈伟　简帛（第五辑）　上海古籍出版社　2010年10月

睡虎地秦简《法律答问》第25—28号补说　杨华　古文字研究（第二十八辑）　中华书局　2010年10月

睡虎地秦简《公车司马猎律》的律名问题　曹旅宁　考古　2011年第5期

睡虎地秦简中的"将阳"小考　陈松长　湖南大学学报　2012年第5期

秦简的定名与分类　李零　简帛（第六辑）　上海古籍出版社　2011年11月

睡虎地秦简《法律答问》108 简为校补简小考　　［德］陶安　　简帛（第六辑）　上海古籍出版社　2011 年 11 月

龙岗秦简文字补释牍　　曹方向　　简帛（第六辑）　上海古籍出版社　2011 年 11 月

秦汉律篇目辨析　　张忠炜　　日常秩序中的汉唐政治与社会　社会科学文献出版社　2012 年 8 月

秦代讳字、官方词语以及秦代用字习惯——从里耶秦简说起　　［法］风仪诚　简帛（第七辑）　上海古籍出版社　2012 年 10 月

放马滩秦简抄写年代蠡测　　［日］海老根量介　简帛（第七辑）　上海古籍出版社　2012 年 10 月

从睡虎地秦简看"校、徒、操"的身份　　仝卫敏　　中国国家博物馆馆刊　2012 年第 12 期

读关沮秦简札记四则　　方勇　　中国国家博物馆馆刊　2012 年第 12 期

岳麓秦简与秦封邑瓦书文字考释一则　　张新俊　　中国国家博物馆馆刊　2013 年第 11 期

岳麓秦简《占梦书》零拾　　鲁家亮　　江汉考古　2014 年第 3 期

放马滩秦简乙种《日书》"占雨"类文献编联初探　　鲁家亮　　考古与文物　2014 年第 5 期

读里耶秦简札记（二）　　朱红林　　中原文化研究　2014 年第 5 期

里耶秦简"敢告某主"文书格式再考　　邹水杰　　鲁东大学学报　2014 年第 5 期

里耶秦简 J1（16）5、J1（16）6 的释读与文书的制作、传递　　杨振红、单印飞　浙江学刊　2014 年第 5 期

秦汉出土数书散札二则　　谭竞男　　江汉考古　2014 年第 5 期

湖南里耶秦简所见"伐阅"文书　　戴卫红　　简帛研究二〇一三　广西师范大学出版社　2014 年 7 月

《算数书》"舂粟"题与岳麓书院秦简《数》中的三枚简　　［日］大川俊龙　简帛研究二〇一三　广西师范大学出版社　2014 年 7 月

里耶秦简所见"续食"简牍及其文书结构　　邬文玲　　简牍学研究（第 5 辑）　甘肃人民出版社　2014 年 8 月

里耶秦方与"书同文字"　陈侃理　文物　2014 年第 9 期

睡虎地秦简《日书》"渡沴"新解　赵平安　出土文献(第五辑)　中西书局 2014 年 10 月

读岳麓秦简《占梦书》札记　陈伟　简帛(第九辑)　上海古籍出版社 2014 年 10 月

里耶秦简札记(十二则)　赵岩　简帛(第九辑)　上海古籍出版社　2014 年 10 月

《里耶秦简(壹)》文字释读(七则)　伊强　简帛(第九辑)　上海古籍出版社　2014 年 10 月

里耶秦简牍缀合(七则)　何有祖　简帛(第九辑)　上海古籍出版社 2014 年 10 月

里耶秦简试缀五则　雷海龙　简帛(第九辑)　上海古籍出版社　2014 年 10 月

里耶秦公文流转研究　单育辰　简帛(第九辑)　上海古籍出版社　2014 年 10 月

读秦简杂记　高一致　简帛(第九辑)　上海古籍出版社　2014 年 10 月

读岳麓秦简《占梦书》札记　陈伟　简帛(第九辑)　上海古籍出版社 2014 年 10 月

秦汉简牍语料库建设中基础语料的处理标准统一问题　张再兴　中国文字研究(第二十辑)　上海书店出版社　2014 年 10 月

《岳麓书院藏秦简》字词札迻(一)　臧克和　中国文字研究(第二十辑) 上海书店出版社　2014 年 10 月

秦文字"徒淫"的释读及其相关问题　王伟　民俗典籍文字研究(第 14 辑) 商务印书馆　2014 年 12 月

里耶秦简释文补遗三则　邬文玲　秦汉历史文化的前沿视野:第二届中国秦汉史高层论坛文集　知识产权出版社　2015 年 1 月

里耶秦简缀合与释文补正八则　李粲然、李若飞、平晓婧、蔡万进　鲁东大学学报　2015 年第 2 期

里耶秦方与"书同文字"　陈侃理　简帛文献与古代史——第二届出土文献青年学者国际论坛论文集　中西书局　2015 年 4 月

里耶秦简"付计"文书义解　王伟　鲁东大学学报　2015年第5期

秦简札记三题　刘国胜　简帛(第十辑)　上海古籍出版社　2015年5月

岳麓秦简《数》中"楮"字的用法试析　谭竞男　简帛(第十辑)　上海古籍出版社　2015年5月

《岳麓书院藏秦简(叁)》释文注释商补　黄杰　简帛(第十辑)　上海古籍出版社　2015年5月

新见里耶秦简牍资料选校(一)　何有祖　简帛(第十辑)　上海古籍出版社　2015年5月

新见里耶秦简牍资料选校(二)　鲁家亮　简帛(第十辑)　上海古籍出版社　2015年5月

岳麓秦简中的两条秦二世时期令文　陈松长　文物　2015年第9期

《岳麓书院藏秦简(肆)》的内容与价值　周海锋　文物　2015年第9期

天水放马滩秦简零拾　方勇　简帛(第十一辑)　上海古籍出版社　2015年11月

《岳麓书院藏秦简》(肆)概述　陈松长　出土文献研究(第14辑)　中西书局　2015年12月

读岳麓秦简《梦书》札记　许道胜　出土文献研究(第14辑)　中西书局　2015年12月

岳麓秦简研读札记(七则)　王伟、孙苗苗　出土文献研究(第14辑)　中西书局　2015年12月

秦简中所见"弟子"浅释　王笑　出土文献研究(第14辑)　中西书局　2015年12月

秦避讳"正"字问题再考察　陈伟　出土文献研究(第14辑)　中西书局　2015年12月

《里耶秦简(壹)》校读札记(三则)　何有祖　出土文献研究(第14辑)　中西书局　2015年12月

读里耶秦简札记(三则)　鲁家亮　出土文献研究(第14辑)　中西书局　2015年12月

读《岳麓书院藏秦简(叁)》札记　朱红林　出土文献研究(第14辑)　中西书局　2015年12月

岳麓秦简(三)字词考释三则　张伯元　出土文献研究(第14辑)　中西书局　2015年12月

读《关沮秦汉墓简牍》札记三则　吕志峰　中国文字研究　2016年第2期

岳麓秦简研读札记(七则)　王伟　考古与文物　2016年第2期

《里耶秦简(壹)》缀合四则　谢坤　简帛(第十二辑)　上海古籍出版社　2016年5月

里耶秦简券类文书缀合三则　张驰　简帛(第十二辑)　上海古籍出版社　2016年5月

《里耶秦简(壹)》文字补释二则　蒋伟男　简帛(第十二辑)　上海古籍出版社　2016年5月

里耶秦简牍札记(三则)　姚磊　简帛(第十二辑)　上海古籍出版社　2016年5月

北大藏秦简《教女》献疑六则　高一致　简帛(第十二辑)　上海古籍出版社　2016年5月

读秦简杂识七则　吴雪飞　简帛(第十二辑)　上海古籍出版社　2016年5月

睡虎地秦简文本复原二题　王伟　中国矿业大学学报　2016年第6期

《里耶秦简(壹)》文字补识　韩织阳　简帛(第十三辑)　上海古籍出版社　2016年11月

读秦简札记五则　马志亮　简帛(第十三辑)　上海古籍出版社　2016年11月

岳麓书院藏简《奏谳书》释读的几个问题　刘信芳　出土文献与中国古代文明:李学勤先生八十寿诞纪念论文集　中西书局　2016年12月

秦简释文注释补遗　邬文玲　出土文献与中国古代文明:李学勤先生八十寿诞纪念论文集　中西书局　2016年12月

睡虎地秦简法律文书集释(五):《秦律十八种》(《效》——《属邦》)、《效》　中国政法大学中国法制史基础史料研读会　中国古代法律文献研究(第十辑)　社会科学文献出版社　2016年12月

《清华简·系年》与"秦人东出"说　刘宇　吉首大学学报　2016年第S2期

放马滩秦简中的标识符号及其功用初探　孙占宇、魏芳　简帛研究二〇一

六(秋冬卷)　广西师范大学出版社　2017年1月

里耶秦简所见券类文书的几个问题　张驰　简帛研究二〇一六(秋冬卷)　广西师范大学出版社　2017年1月

里耶秦简"展……日"的释读　伊强　简帛研究二〇一六(秋冬卷)　广西师范大学出版社　2017年1月

关于睡虎地秦简中组、甲应用信息的释读　王煊　秦陵秦俑研究动态　2017年第3期

里耶秦简"徒簿"类文书的分类解析　李勉、俞方洁　重庆师范大学学报2017年第4期

谈睡虎地秦简"夜草为灰"的"夜"——兼谈战国中山胤嗣壶铭文的"炙"　李家浩　出土文献(第十辑)　中西书局　2017年4月

里耶秦简缀合七则　谢坤　出土文献(第十辑)　中西书局　2017年4月

《里耶秦简(壹)》所见"往来书"的文书学考察　张驰　出土文献(第十辑)　中西书局　2017年4月

北大藏秦简《禹九策》　李零　北京大学学报　2017年第5期

再论三辨券——读岳麓书院藏秦简札记之四　邢义田　简帛(第十四辑)　上海古籍出版社　2017年5月

《岳麓书院藏秦简(肆)》札记(二则)　王伟　简帛(第十四辑)　上海古籍出版社　2017年5月

北大藏秦简《禹九策》　李零　北京大学学报　2017年第5期

北大藏秦简《田书》初识　杨博　北京大学学报　2017年第5期

北大藏秦简《制衣》释文注释　刘丽　北京大学学报　2017年第5期

北大藏秦简《公子从军》再探　朱凤瀚　北京大学学报　2017年第5期

北大藏秦简《鲁久次问数于陈起》"色契羡杼"及其他——从词源学的角度考释出土文献　史杰鹏　简帛(第十四辑)　上海古籍出版社　2017年5月

岳麓秦简中的令文格式初论　陈松长　上海师范大学学报　2017年第6期

说岳麓秦简的人名"毋泽"　施谢捷　中国文字学报(第七辑)　商务印书馆　2017年7月

小议秦汉简中训为"取"的"投"　程少轩　中国文字学报(第七辑)　商务

印书馆　2017 年 7 月

读战国秦简札记四则　王博凯　出土文献研究（第十六辑）　中西书局　2017 年 9 月

《岳麓书院藏秦简（伍）》的内容及分组略说　陈松长　出土文献研究（第十六辑）　中西书局　2017 年 9 月

里耶秦简缀合商榷　［德］陶安　出土文献研究（第十六辑）　中西书局　2017 年 9 月

里耶秦简牍校读札记（六则）　谢坤　出土文献研究（第十六辑）　中西书局　2017 年 9 月

清华简《算表》与秦简相关资料的比较研究　李均明　秦汉史论丛（第 14 辑）　四川人民出版社　2017 年 9 月

里耶秦简"取寄为佣"诸简的复原与研究　何有祖　出土文献（第十一辑）　中西书局　2017 年 10 月

简牍中的"真"字与"算"字——兼论简牍文书分类　邬文玲　简帛（第十五辑）　上海古籍出版社　2017 年 11 月

《岳麓书院藏秦简（肆）》补注（二）　朱红林　简帛（第十五辑）　上海古籍出版社　2017 年 11 月

里耶秦简所见私人书信之考察　吕静　简帛（第十五辑）　上海古籍出版社　2017 年 11 月

里耶秦简"付计"文书义解　王伟　秦统一的进程与意义　中国社会科学出版社　2017 年 11 月

里耶秦简中的"养"　杨延霞　秦统一的进程与意义　中国社会科学出版社　2017 年 11 月

秦简编绳材质新探　冯立　秦统一的进程与意义　中国社会科学出版社　2017 年 11 月

《岳麓书院藏秦简（肆）》补释四则　齐继伟　出土文献（第十二辑）　中西书局　2018 年 4 月

放马滩秦简《日书》词语札记四则　张国艳、刘信芳　简帛（第十六辑）　上海古籍出版社　2018 年 5 月

北大秦简《鲁久次问数于陈起》衡间图浅探　曹方向　简帛（第十六辑）

上海古籍出版社　2018 年 5 月

里耶秦简"续食简"研究　余津铭　简帛（第十六辑）　上海古籍出版社　2018 年 5 月

新见里耶秦简考释（四则）　何有祖　古文字研究（第三十二辑）　中华书局　2018 年 8 月

释睡虎地秦简中的地名"冀（冥）山"　方勇　古文字研究（第三十二辑）　中华书局　2018 年 8 月

据秦简《编年记》谈《史记·白起列传》的编年错误问题　徐世权　古文字研究（第三十二辑）　中华书局　2018 年 8 月

里耶秦简疑难字零札　蒋伟男　出土文献（第十三辑）　中西书局　2018 年 10 月

《里耶秦简（壹）》零札　李美娟　简帛（第十七辑）　上海古籍出版社　2018 年 11 月

试释里耶秦简"赀购当"　［德］陶安　简帛（第十七辑）　上海古籍出版社　2018 年 11 月

里耶秦简所见"某就"试考　李静　简帛（第十七辑）　上海古籍出版社　2018 年 11 月

睡虎地秦简校诂（二则）　陈送文　简帛（第十七辑）　上海古籍出版社　2018 年 11 月

读秦简札记两则　梁鹤　简帛（第十七辑）　上海古籍出版社　2018 年 11 月

新出岳麓秦简和睡虎地秦人木牍家书考释　曹旅宁　简帛研究 2018（秋冬卷）　广西师范大学出版社　2019 年 1 月

《岳麓书院藏秦简（肆）》60－64 简试析　陈迪　简帛研究 2018（秋冬卷）　广西师范大学出版社　2019 年 1 月

秦汉时期"符"的尺寸及其演变——兼论岳麓秦简肆《奔警律》的年代　杨振红　简帛研究 2018（秋冬卷）　广西师范大学出版社　2019 年 1 月

里耶秦简缀合札记（四则）　何有祖　出土文献（第十四辑）　中西书局　2019 年 4 月

《里耶秦简（贰）》札记　李美娟　出土文献（第十四辑）　中西书局　2019

年 4 月

里耶秦简缀合五则　杨先云　出土文献（第十四辑）　中西书局　2019 年 4 月

岳麓秦简《为吏治官及黔首》的编联释读复议　陈松长　简帛（第十八辑）　上海古籍出版社　2019 年 5 月

关于里耶秦简 8-755～759 号与 8-1564 号的编联　［日］宫宅洁　简帛（第十八辑）　上海古籍出版社　2019 年 5 月

读《六博》与《博局占》札记三则　刘建民、侯茜彤　简帛（第十八辑）　上海古籍出版社　2019 年 5 月

十九　秦始皇陵及兵马俑

（一）发掘报告、简报

秦始皇陵调查简报　陕西省文管会　考古　1962 年第 8 期

临潼县秦俑坑试掘第一号简报　始皇陵秦俑坑考古发掘队　文物　1975 年第 11 期

秦始皇陵东侧第二号兵马俑坑钻探试掘简报　始皇陵秦俑坑考古发掘队　文物　1978 年第 5 期

秦始皇陵东侧第三号兵马俑坑清理简报　秦俑坑考古队　文物　1979 年第 12 期

秦始皇陵北二、三、四号建筑遗迹　赵康民　文物　1979 年第 12 期

临潼上焦村秦墓清理简报　秦俑考古队　考古与文物　1980 年第 2 期

秦始皇陵东侧马厩坑钻探清理简报　秦俑坑考古队　考古与文物　1980 年第 4 期

临潼郑庄秦石料加工场遗址调查简报　秦俑坑考古队　考古与文物　1981 年第 1 期

秦始皇陵园陪葬坑钻探清理简报　秦俑坑考古队　考古与文物　1982 年第 1 期

秦始皇陵西侧赵背户刑徒墓地　始皇陵秦俑坑考古发掘队　文物　1982年第3期

秦始皇陵二号铜车马清理简报　秦俑考古队　文物　1983年第7期

秦陵二号铜车马修复简报　铜车马修复小组　考古与文物丛刊　1983年11月

临潼县陈家沟遗址调查简记：秦始皇陵园窑场之一　秦俑考古队　考古与文物　1985年第1期

秦代陶窑遗址调查清理简报　秦俑考古队　考古与文物　1985年第5期

秦俑一号坑第二次发掘简讯　秦始皇陵考古队　文博　1987年第1期

秦始皇陵西侧"骊山飤宫"建筑遗址清理简报　秦始皇陵考古队王玉清等　文博　1987年第6期

秦始皇陵一号铜车马清理简报　陕西省秦俑考古队程学华　文物　1991年第1期

临潼县城东侧第一号秦墓清理简报　临潼县博物馆、临潼县文管会（李美侠执笔）　考古与文物　1993年第1期

秦始皇陵园青石铠甲坑的考古试掘　王望生　文博　1999年第6期

秦始皇陵园K9901第一次试掘简报　始皇陵考古队　考古　2001年第1期

秦始皇陵园K9801陪葬坑第一次试掘简报　始皇陵考古队　考古与文物　2001年第1期

秦始皇陵园2000年度勘查简报　陕西省考古研究所、秦始皇兵马俑博物馆　考古与文物　2002年第2期

秦始皇陵园内外城南墙试掘简报　陕西省考古研究所、秦始皇兵马俑博物馆　考古与文物　2002年第2期

秦始皇陵园K0006陪葬坑第一次发掘简报　秦始皇陵考古队　文物　2002年第3期

秦始皇陵园K9801T2G2甲4整理简报　陕西省考古研究所、秦始皇兵马俑博物馆　考古与文物　2004年第2期

秦始皇陵园K0007陪葬坑发掘简报　陕西省考古研究所、秦始皇兵马俑博物馆　文物　2005年第6期

秦始皇兵马俑一号坑西部未发掘区调查钻探简报　张军　文博　2008 年第 5 期

秦始皇帝陵园北门勘探简报　秦始皇帝陵博物院、秦始皇兵马俑博物馆　秦陵秦俑研究动态　2010 年第 1 期

2009 年度秦始皇帝陵园考古勘探简报　陕西省考古研究院　考古与文物　2010 年第 5 期

秦始皇帝陵园北门勘探简报　秦始皇帝陵博物院、秦始皇兵马俑博物馆　文物　2010 年第 6 期

秦代窝棚遗址复探简报　秦始皇兵马俑博物馆考古部　秦俑博物馆开馆三十周年秦俑学第七届年会国际学术研讨会论文集　三秦出版社　2010 年 8 月

2010 年度秦始皇帝陵园礼制建筑遗址考古勘探简报　张仲立、孙伟刚　考古与文物　2011 年第 2 期

西安临潼清泉秦墓清理简报　武丽娜　文物世界　2011 年第 6 期

秦始皇帝陵园暴露遗迹调查报告　秦始皇帝陵博物院　秦始皇帝陵博物院（总壹辑）　三秦出版社　2011 年 6 月

秦始皇帝陵园城垣遗迹调查勘探简报　秦始皇帝陵博物院　秦始皇帝陵博物院（总壹辑）　三秦出版社　2011 年 6 月

秦兵马俑一号坑后五方遗物清理简报　秦始皇兵马俑博物馆　华夏考古　2012 年第 1 期

秦始皇帝陵内城陵寝建筑勘探简报　秦始皇帝陵博物院　秦始皇帝陵博物院（总贰辑）　三秦出版社　2012 年 7 月

秦始皇帝陵陵区北部 I 区 2010 年度钻探简报　秦始皇帝陵博物院　秦始皇帝陵博物院（总贰辑）　三秦出版社　2012 年 7 月

秦始皇陵园内城东西向墙垣城门勘探简报　秦始皇帝陵博物院　秦始皇帝陵博物院（总贰辑）　三秦出版社　2012 年 7 月

秦始皇帝陵 K201002 陪葬坑勘探简报　秦始皇帝陵博物院　秦始皇帝陵博物院（总贰辑）　三秦出版社　2012 年 7 月

秦始皇帝陵封土西侧三号陪葬坑勘探简报　秦始皇帝陵博物院　秦始皇帝陵博物院（总贰辑）　三秦出版社　2012 年 7 月

秦始皇帝陵陵区北部 II 区 2010—2011 年度勘探简报　秦始皇帝陵博物院

秦始皇帝陵博物院（总叁辑）　三秦出版社　2013年8月

2011—2012年度秦始皇陵K9901考古简报　秦始皇帝陵博物院　秦始皇帝陵博物院（总叁辑）　三秦出版社　2013年8月

秦始皇帝陵陵区K1201陪葬坑勘探简报　秦始皇帝陵博物院　秦始皇帝陵博物院（总叁辑）　三秦出版社　2013年8月

秦始皇帝陵园丛葬墓园考古勘探简报　秦始皇帝陵博物院　秦始皇帝陵博物院（总叁辑）　三秦出版社　2013年8月

秦始皇帝陵封土西北侧陪葬坑勘探简报　秦始皇帝陵博物院　秦始皇帝陵博物院（总肆辑）　陕西人民出版社　2014年9月

秦始皇帝陵园内城北部道路遗存勘探简报　秦始皇帝陵博物院　秦始皇帝陵博物院（总肆辑）　陕西人民出版社　2014年9月

秦始皇帝陵园西内外城间建筑遗址勘探简报　秦始皇帝陵博物院　秦始皇帝陵博物院（总肆辑）　陕西人民出版社　2014年9月

秦始皇帝陵园北内外城间建筑遗址勘探简报　秦始皇帝陵博物院　秦始皇帝陵博物院（总肆辑）　陕西人民出版社　2014年9月

秦始皇帝陵园北内外城间门阙建筑勘探简报　秦始皇帝陵博物院　秦始皇帝陵博物院（总肆辑）　陕西人民出版社　2014年9月

秦始皇帝陵霸王沟区域考古勘探报告　秦始皇帝陵博物院　秦始皇帝陵博物院（总肆辑）　陕西人民出版社　2014年9月

2012—2013年度秦俑博物馆馆区配合基建工程考古勘探简报　秦始皇帝陵博物院　秦始皇帝陵博物院（总肆辑）　陕西人民出版社　2014年9月

秦始皇帝陵园西侧Ⅰ区2011年度勘探简报　秦始皇帝陵博物院　秦始皇帝陵博物院（总肆辑）　陕西人民出版社　2014年9月

秦始皇帝陵一号兵马俑陪葬坑2009—2011年发掘简报　秦始皇帝陵博物院、兵马俑坑考古队　文物　2015年第9期

临潼区秦汉大道西段勘探报告　秦始皇帝陵博物院　秦始皇帝陵博物院（总伍辑）　陕西师范大学出版社　2015年10月

秦始皇陵陵区K1401陪葬坑勘探简报　秦始皇帝陵博物院　秦始皇帝陵博物院（总陆辑）　陕西师范大学出版社　2016年10月

2014年秦陵地区山形水系调查简报　秦始皇帝陵博物院　秦始皇帝陵博

物院(总陆辑)　陕西师范大学出版社　2016年10月

(二)文物、遗址

1.秦始皇陵

保管秦始皇陵　新闻报　1935年1月9日2版

临潼县始皇陵　纪思　古建筑通讯　1957年第2期

秦始皇陵附近出土秦代陶俑和石柱础　赵康民、丁耀祖　文物　1964年第9期

秦始皇陵附近新发现的文物　陕西省临潼县文化馆　文物　1973年第5期

秦始皇陵新出土的瓦当　陕西省临潼县文化馆　文物　1974年第12期

秦始皇陵　文物　1975年第11期

秦汉乐府考略——由秦始皇陵出土的秦乐府编钟谈起　寇效信　陕西师大学报　1978年第1期

秦始皇陵原名丽山　赵康民　考古与文物　1980年第3期

秦始皇陵园出土的花纹砖　秦俑考古队　考古与文物　1980年第3期

秦始皇陵西侧刑徒墓地出土的瓦文　袁仲一、程学华　中国考古学会第二次年会论文集　文物出版社　1980年12月

关于始皇陵与兵马俑诸问题　无戈　理论研究　1981年第4期

"秦皇陵原名丽山"的再议　王学理　考古与文物　1982年第1期

秦始皇陵新发现综述　袁仲一　华东师范大学学报　1982年第2期

《秦皇陵西侧赵背户刑徒墓》质疑　孙英民　文物1982年第10期

秦俑研究综述　张文立　秦俑馆开馆三年文集　1982年10月

修建始皇陵的徭役负担　杭德洲　秦俑馆开馆三年文集　1982年10月；陕西省考古学会第一届年会论文集　考古与文物丛刊第三号　1983年11月

秦始皇陵园附近发现一具瓮棺葬　张占民　考古与文物　1983年第3期

秦始皇东侧发现五座马厩坑　赵康民　考古与文物　1983年第5期

秦始皇陵中埋藏汞的初步研究　常勇、李同　考古　1983年第7期

关于始皇陵封土建筑问题　秦零　考古　1983年第10期

论秦始皇的厩苑制度——从秦陵马厩坑出的刻辞谈起　袁仲一　古文字论

集(考古与文物丛刊第二号)　1983年11月;秦文化论丛(第一集)　西北大学出版社　1993年5月

"丽山"与"丽邑"　刘占成　文博　1984年第3期

秦始皇陵园布局结构的探讨　杨宽　文博　1984年第3期

项羽"和"始皇陵"　刘占成　人文杂志　1984年第4期

郦山徒考　刘云辉　文博　1985年第1期

秦陵周围出土的铁器　程学华、郭兴文　文博　1985年第1期

鞭策小议　孙机　文物　1985年第1期

临潼出土的秦代陶马考察　祖国庸　农业考古　1985年第1期

秦始皇陵　雒长安　文博　1985年第1期

秦始皇陵布局浅谈　刘炜　文博　1985年第2期

始皇陵东侧又发现马厩坑　程学华　考古与文物　1985年第2期

试论秦咸阳宫殿遗址出土的璧纹方砖　秦栈　文博　1985年第3期

秦始皇陵园发现一枚铜权　占民　考古文物　1985年第4期

秦始皇陵园发现的斤权与古代衡值　程学华　文博　1985年第4期

秦始皇陵园发现的"明琼"　程学华　文博　1986年第2期

秦错金银乐府钟　李域铮　乐器　1986年第2期

秦陵工程督建考　郭淑珍　秦陵秦俑研究动态　1986年第2期;文博1987年第6期

"甬钟"正名　党士学　文博　1986年第3期

秦始皇陵园布局结构渊源浅谈　尚志儒　文博　1987年第1期

以秦陵论秦亡的反思　郭兴文　文博　1987年第1期

秦陵地宫之谜　刘云辉　文博　1987年第1期

秦始皇陵复土工程用工人数论证　王子今　文博　1987年第1期

"骊山徒"的成员结构和社会属性　苏诚鉴　安徽史学　1987年第4期

秦陵、秦俑研究中的几个问题　程学华　考古与文物　1988年第2期

秦始皇帝陵出土方形深篆书文石础　林泊　文博　1988年第3期

秦始皇陵鱼池遗址发现"丽山茜府"陶盘　程学华　考古与文物　1988年第4期

说"丽山茜府"　王辉　考古与文物　1988年第4期

秦始皇陵考古纪要　袁仲一　考古与文物　1988年第C1期

秦始皇陵之谜地学考辨　孙嘉春　秦陵秦俑研究动态　1989年第3期；文博　1989年第5期

秦始皇陵和兵马俑　范传培　秦陵秦俑研究动态　1989年第3期

"丽山食官"（东段）复原的构想　王学理　考古与文物　1989年第5期

秦陵博琼与秦汉博戏之风　张文立　文博　1989年第5期

始皇求仙与秦陵东向　凌剑　秦陵秦俑研究动态　1990年第3、4期

试论秦始皇陵园布局对后代帝陵的影响　李自智　文博　1990年第5期

秦国陵寝制度对西汉帝陵的影响　刘士莪　文博　1990年第5期

关于秦始皇陵建造的三个问题　郭兴文　文博　1990年第5期

秦始皇陵考古谈片　李鼎铉　文博　1990年第5期

秦始皇陵园渊源试探　张占民　文博　1990年第5期

从水文地学看秦陵地宫深度　邵友程　文博　1990年第5期

论秦国君墓葬名称演变的原因　刘云辉　文博　1990年第5期

秦始皇陵工程地质述评　高维华、王丽玖　文博　1990年第5期

秦始皇陵园的摄影测量与遥感工程　宋德闻、杨文刚、赵培洲　文物　1990年第7期

秦始皇信宫考　聂新民　秦陵秦俑研究动态　1991年第2期

始皇陵封土上建筑之探讨　瓯燕　考古　1991年第2期

秦陵铜镞主面数学模型的建立及几何形状分析　杨青　西北农林科技大学学报　1991年第3期

我国古代的陵墓神道石刻　杨荣新　文史杂志　1991年第3期

骊山之作究竟已毕还是未成　程学华　中国文物报　1991年6月23日3版

秦始皇帝陵考察报告　程学华　庆祝武伯纶先生九十华诞文集　三秦出版社　1991年9月

秦始皇陵发现秦铸钱作坊　林泊　中国文物报1992年8月23日；秦陵秦俑研究动态　1993年第1期

上焦村秦陵马厩坑陪葬坑与跽坐俑述略　程学华　秦陵秦俑研究动态　1993年第1期

秦始皇陵陪葬坑焚毁原因再议　王育龙　青海师范大学学报　1993年第1期

试述秦始皇陵排水工程　孟剑明　秦文化论丛（第二辑）　西北大学出版社　1993年12月

秦陵及其陵寝制度浅论　尚志儒　文博　1994年第6期

秦始皇陵墓向与布局结构问题研究　孙嘉春　文博　1994年第6期

试论秦与中原诸国陵寝制度的异同　马振智　陕西历史博物馆馆刊（第一辑）　三秦出版社　1994年6月

秦皇陵新发现建陵匠师墓地　林泊　中国文物报　1994年11月1日2版

秦始皇陵修筑的时代——战国·统一·内乱·外争　[日]鹤间和幸　秦文化论丛（第三辑）　西北大学出版社　1994年12月

对《秦始皇陵墓向与布局结构问题研究》的一点商讨的意见　袁仲一　秦文化论丛（第三辑）　西北大学出版社　1994年12月；文博　1995年第3期

秦陵铜盾琐议　刘晓华　秦陵秦俑研究动态　1995年第2期

秦始皇陵西侧出土的铜盾　刘晓华　文博　1995年第3期

论民族迁徙与秦东陵骊山陵的关系及其相关问题　杨东晨　陕西历史博物馆馆刊（第二辑）　三秦出版社　1995年6月

秦陵弩和铜镞制造工艺过程的模拟性试验研究　侯介仁、程学华　西北农业大学学报　1995年增刊

秦陵铜镞主面数学模型的建立及几何形状分析　杨成海、杨青　西北农业大学学报　1995年增刊

秦始皇陵北寝殿群的发现与初步研究　张占民　考古文物研究——西北大学考古专业成立四十周年文集　三秦出版社　1996年12月

秦乐府钟与秦汉乐府　党士学　中国文物世界　1996年第12期

上焦村秦墓墓主人疑非始皇子女说　段清波　远望集——陕西省考古研究所华诞四十周年纪念文集　陕西人民美术出版社　1998年12月

秦始皇陵园布局结构的再认识　赵化成　远望集——陕西省考古研究所华诞四十周年纪念文集　陕西人民美术出版社　1998年12月

秦始皇陵园布局结构研究　孙嘉春　周秦文化研究　陕西人民出版社　1998年11月

秦始皇陵地宫探秘　张占民　文博　1999年第2期

秦公帝王陵园考论　徐卫民　文博　1999年第2期

秦始皇棺椁葬具考　刘占成　文博　1999年第3期

此处何来扶苏墓　张文立　文博　1999年第2期

秦陵铠甲坑发现记　张占民　文博　1999年第5期

秦始皇陵园青石铠甲坑的考古试掘　王望生　文博　1999年第6期

筑陵筑墓皆筑怨——秦陵厚葬与秦短祚　李淑萍、孟剑明　秦文化论丛（第七辑）　西北大学出版社　1999年6月

秦陵出土文物与中国古代炼丹术的成就　郭宝发　秦文化论丛（第七辑）　西北大学出版社　1999年6月

从"以水银为百川江河大海"看中国古代制汞技术　郭宝发、李秀珍　秦文化论丛（第七辑）　西北大学出版社　1999年6月

从秦陵文物看中国古代青铜技术成就　何宏　秦文化论丛（第七辑）　西北大学出版社　1999年6月

秦陵新发明，再观世界殊，巨型陪葬坑出土罕见石甲胄　段清波　中国文物报　1999年第10期

秦陵又发现百戏陶俑陪葬坑　段清波　中国文物报　1999年第13期

秦陵园考古勘探工作获重要进展　段清波　中国文物报　1999年10月20日

秦陵马厩坑与兵马俑坑之比较　兰德省　文博　2000年第4期

关于秦陵百戏俑几个问题的探讨　袁仲一　文博　2000年第4期

秦汉相承　帝王同制——略论秦汉皇帝和汉诸侯王陵园制度的继承与演变　王学理　考古与文物　2000年第6期

秦始皇陵园考古勘探研究中几个问题的探讨　袁仲一　秦俑秦文化研究——秦俑学第五届学术讨论会论文集　陕西人民出版社　2000年8月

秦始皇陵考古新发现　始皇陵考古队　秦俑秦文化研究——秦俑学第五届学术讨论会论文集　陕西人民出版社　2000年8月

始皇陵园石质文物综合研究　王望生　秦俑秦文化研究——秦俑学第五届学术讨论会论文集　陕西人民出版社　2000年8月

秦国王陵中的防护措施　蒋文孝　秦俑秦文化研究——秦俑学第五届学术

讨论会论文集　陕西人民出版社　2000 年 8 月

秦陵新出土"半裸俑"试探　李铨、苏文　秦俑秦文化研究——秦俑学第五届学术讨论会论文集　陕西人民出版社　2000 年 8 月

从秦陵地区出土的马看秦国畜牧业和饲养业的发展　王淑杰　秦俑秦文化研究——秦俑学第五届学术讨论会论文集　陕西人民出版社　2000 年 8 月

从秦陵考古资料看秦代皮革制品　朱君孝　秦俑秦文化研究——秦俑学第五届学术讨论会论文集　陕西人民出版社　2000 年 8 月

秦始皇陵考古新发现　始皇陵考古队　秦俑秦文化研究——秦俑学第五届学术讨论会论文集　陕西人民出版社　2000 年 8 月

始皇陵园石质文物综合研究　王望生　秦俑秦文化研究——秦俑学第五届学术讨论会论文集　陕西人民出版社　2000 年 8 月

秦陵出土的一件带铭文的青铜矛　阎红霞　秦俑秦文化研究——秦俑学第五届学术讨论会论文集　陕西人民出版社　2000 年 8 月

秦陵出土的"百戏俑"　刘占成　东南文化　2000 年第 10 期

筑陵筑墓皆筑怨——秦陵厚葬与秦短祚　李淑萍、孟剑明　司马迁与史记论集（第四辑）　陕西人民出版社　2000 年 11 月

武俑之后是文俑——秦始皇陵百戏俑文官俑发现记　段清波　文物天地　2001 年第 6 期

秦陵大鼎考　申茂盛、许卫红　秦陵秦俑研究动态　2001 年第 1 期

秦陵新发现陪葬坑性质刍议　刘占成　秦陵秦俑研究动态　2001 年第 2 期；文博　2001 年第 4 期

秦陵大鼎与秦鼎　申茂盛　文博　2001 年第 3 期

秦始皇帝陵百戏俑　张文立　陕西历史博物馆馆刊（第八辑）　三秦出版社　2001 年 6 月

秦始皇帝陵与西汉帝陵异同的比较研究　袁仲一　秦文化论丛（第八辑）　陕西人民出版社　2001 年 8 月

秦始皇陵陪葬坑形制的再认识　张卫星　秦文化论丛（第八辑）　陕西人民出版社　2001 年 8 月

秦鼎石甲二论　王学理　秦文化论丛（第八辑）　陕西人民出版社　2001 年 8 月

秦陵大鼎纹饰讨论　申茂盛　秦文化论丛（第八辑）　陕西人民出版社　2001年8月

秦盾初探　蒋文孝　秦文化论丛（第八辑）　陕西人民出版社　2001年8月

对一件俑甲形态的认识　张卫星、马宇　秦文化论丛（第八辑）　陕西人民出版社　2001年8月

始皇陵园陪葬坑石甲胄初探　王望生　秦文化论丛（第八辑）　陕西人民出版社　2001年8月

秦陵新发现陪葬坑性质刍议　始皇陵考古队　中国文物报　2001年9月21日

对秦始皇陵园K0006号陪葬坑出土马骨的几点认识　始皇陵考古队　中国文物报　2001年9月21日

青铜禽类显现秦始皇陵园　秦始皇陵考古队　中国文物报　2001年12月23日

秦始皇陵封土形式蠡测　王志友　秦陵秦俑研究动态　2001年第2期；考古与文物　2002年汉唐考古增刊

秦始皇陵兵马俑石铠甲材料来源析　杨钟堂等　陕西省文物考古工程协会成立十五周年纪念论文集　考古与文物丛刊第五号　2001年12月

秦俑和石铠甲的修复保护研究　张志军等　陕西省文物考古工程协会成立十五周年纪念论文集　考古与文物丛刊第五号　2001年12月

秦陵"七号坑"性质和意义刍论　刘占成　文博　2002年第2期

秦始皇陵园K0006陪葬坑性质刍议　段清波　中国历史文物　2002年第2期

秦始皇陵百戏俑的彩绘纹饰　张卫星　文物　2002年第3期

聚焦秦始皇陵：秦始皇帝陵近年考古发现大检阅　秦始皇陵考古队　中国文物报　2002年3月15日

阻排水系统叙述"穿三泉"　秦始皇陵考古队　中国文物报　2002年3月15日

《吕氏春秋》薄葬思想与秦始皇陵厚葬　张仲立　秦汉文化比较研究——秦汉兵马俑比较暨两汉文化研究论文集　三秦出版社　2002年4月

从阳陵的考古成果看秦陵新出陪葬坑　何宏　秦汉文化比较研究——秦汉兵马俑比较暨两汉文化研究论文集　三秦出版社　2002年4月

西安秦始皇陵园的考古新发现　陕西省考古研究所、秦俑博物馆　考古 2002年第7期

秦始皇陵出土青铜鼎之我见　朱思红　秦文化论丛（第九辑）　西北大学出版社　2002年7月

秦陵出土铜鼎纹饰的图像学初步分析　张卫星　秦文化论丛（第九辑）　西北大学出版社　2002年7月

秦公帝王陵四大陵区及其形成原因　徐卫民　秦文化论丛（第九辑）　西北大学出版社　2002年7月

秦始皇陵西侧建筑性质初探　刘占成　秦文化论丛（第九辑）　西北大学出版社　2002年7月

秦始皇陵和汉阳陵布局结构之比较　何宏　秦文化论丛（第九辑）　西北大学出版社　2002年7月

秦陵出土百戏陶俑的制作工艺及相关问题研究　张颖岚　秦文化论丛（第九辑）　西北大学出版社　2002年7月

秦始皇帝陵园考古新进展　段清波　2001中国重要考古发现　文物出版社　2002年9月

关于秦始皇陵原始文献解读的若干浅见　袁仲一　周秦汉唐文化研究（第一辑）　三秦出版社　2002年10月

司马迁笔下的秦始皇陵　杨念田　司马迁与史记论集（第五辑）　陕西人民出版社　2002年11月

"穿三泉"与秦陵地宫排水系统　段清波、张颖岚　考古与文物2002年汉唐考古增刊

有关秦铠甲的一点看法　蒋文孝　秦陵秦俑研究动态　2003年第1期

秦陵六号坑性质再议　刘占成　秦陵秦俑研究动态　2003年第1期

《史记》载"穿三泉,下铜而致椁"新解　朱思红、王志友　西北大学学报2002年增刊；秦陵秦俑研究动态　2003年第1期

秦始皇陵园新发现青铜天鹅仙鹤坐姿陶俑　秦始皇陵考古队　中国文物报2003年1月24日

世界文化遗产——秦始皇陵的保护　朱思红　秦陵秦俑研究动态　2003年第3期;西北大学学报　2004年第3期

秦始皇陵七号坑蠡测　张文立　秦陵秦俑研究动态　2003年第4期

秦陵出土石甲胄制作工艺探析　蒋文孝　秦陵秦俑研究动态　2003年第4期

秦始皇陵区发现陶窑遗址及修陵人乱葬坑　段清波　中国文物报　2003年5月7日

秦陵考古勘探获新进展　陕西省考古研究所　秦始皇帝陵考古队　中国文物报　2003年5月21日

秦陵地区出土秦代文物上的纹饰及特点　文笑、德省、江卫　秦文化论丛（第十辑）　三秦出版社　2003年7月

秦陵陪葬坑出土木材试论　武丽娜　秦文化论丛（第十辑）　三秦出版社　2003年7月

秦始皇陵封土形式意义试探　王志友、刘春华　秦文化论丛（第十辑）　三秦出版社　2003年7月

对始皇陵地宫"天文、地理"的再讨论　许卫红、王锐　秦文化论丛（第十辑）　三秦出版社　2003年7月

浅议秦陵K9901陪葬坑百戏俑夹纻工艺　刘江卫　秦文化论丛（第十辑）　三秦出版社　2003年7月

用中子活化分析研究秦始皇陵一号坑兵马俑的原料产地　赵维娟、李融武等　核技术　2003年第8期

修始皇陵的囚徒　孙伟刚、段清波　文物天地　2003年第8期

秦陵石质甲胄的修复保护　刘江卫、马宇　科技考古论丛（三）　中国科技大学出版社　2003年8月

对秦始皇陵区修陵人骨架的初步分析　张君、段清波、孙伟刚　中国文物报　2003年8月1日

秦错金银乐府铜编钟　聂莉　青铜文化研究（三）　黄山书社　2003年10月

秦始皇陵的外藏系统　段清波、张颖岚　考古　2003年第11期

秦始皇陵园——我国最早的陵墓园林　徐卫民　秦都咸阳与秦文化的研究

陕西人民教育出版社　2003年11月

秦始皇陵出土文物纹饰及色彩　郭睿姬　秦都咸阳与秦文化研究　陕西人民教育出版社　2003年11月

秦陵百戏俑艺术风格初探　张颖岚　秦都咸阳与秦文化研究　陕西人民教育出版社　2003年11月

秦始皇陵及兵马俑炉坑最新考古发现　张涛　故宫文物月刊　总第24第5期　2003年12月

用高科技探测能否再现秦陵？旧话重提：秦始皇帝陵到底挖不挖？　王震雷、金海、刘士毅、王学理、杨军昌、万余庆、周小虎、孙伟刚　中国科技画报　2004年第1期

秦陵K9801陪葬坑出土石甲胄放置方式蠡测　蒋文孝　秦陵秦俑研究动态　2004年第1期

秦始皇陵2、3号坑兵马俑原料来源和研制工程的初步分析　李融武、赵维娟等　北京师范大学学报　2004年第3期

秦始皇陵兵马俑原料的模糊聚类分析　赵维娟、郭敏等　郑州大学学报　2004年第3期

综合地球物理方法在探测秦始皇帝陵地宫中的应用　刘士毅、袁炳强、吕国印、段清波、苑守成　工程地球物理学报　2004年第3期

世界文化遗产——秦始皇陵的保护　朱思红　西北大学学报　2004年第3期

秦始皇帝陵考古五年记　段清波　上海文博论丛　2004年第4期

秦始皇陵地宫考古实况　段清波　中华文化画报　2004年第4期

频率域高密度电法在秦始皇陵地宫探测中的试验效果　王书民、孟小红、李汝传、雷达、方慧、孙鸿雁、赵富刚　物探与化探　2004年第4期

采用综合探测技术，揭开秦皇陵地宫千古之谜　赵国隆、李常茂　探矿工程（岩土钻掘工程）　2004年第4期

从秦始皇陵园的建制看秦代社会矛盾　兰德省　秦文化论丛（第十一辑）　三秦出版社　2004年6月

秦始皇陵附近新丰秦井发掘的收获和意义　蒋文孝　秦文化论丛（第十一辑）　三秦出版社　2004年6月

对秦始皇陵园门阙遗址的初步认识　袁仲一　秦文化论丛(第十一辑)　三秦出版社　2004年6月

秦始皇陵阻排水工程若干问题探讨　张仲立　秦文化论丛(第十一辑)　三秦出版社　2004年6月

秦陵"六号坑"性质商榷　刘占成　秦文化论丛(第十一辑)　三秦出版社　2004年6月

秦始皇陵园内城城垣建筑结构的初步探讨　张颖岚　秦文化论丛(第十一辑)　三秦出版社　2004年6月

秦始皇陵大型陪葬坑焚毁情况的探讨　申茂盛　秦文化论丛(第十一辑)　三秦出版社　2004年6月

"园寺吏舍"考论　张文立　秦文化论丛(第十一辑)　三秦出版社　2004年6月

二号坑T21G18-08彩俑的修复与保护　张尚欣、王伟锋、夏寅、常磊、毛小芬　秦文化论丛(第十一辑)　三秦出版社　2004年6月

秦始皇帝陵区山任陶窑遗址人牙齿磨损状况分析　韩迎星等　牙体牙髓牙周病医学杂志　第14卷第10期　2004年10月

秦始皇帝陵7号坑蠡测　张文立　考古与文物　2004年

始皇帝陵园内外城垣诸问题再认识　王望生　考古与文物　2004年汉唐考古增刊

秦始皇帝陵的物探考古调查——"863"计划秦始皇陵物探考古进展情况的报告　段清波　西北大学学报　2005年第1期

试论秦始皇兵马俑的工艺技术渊源　朱君孝、宋远茹　考古与文物　2005年第2期

秦始皇陵园出土的乐器、百戏俑考　陈四海　音乐研究　2005年第3期

用环十二烷提取秦陵陪葬坑中的铠甲及相关问题探讨　杨忙忙等　考古与文物　2005年第3期

秦始皇兵马俑的环境保护问题　黄克忠　中国文物报　2005年4月29日

高精度重力测量探测秦始皇帝陵地宫　袁炳强、杨明生、刘士毅、段清波、苑守成、何贤明、徐国忠、于国明　地球科学　2005年第4期

秦始皇陵的保护——关于《陕西省秦始皇陵保护条例》的思考　朱思红

文博　2005 年第 6 期

看透陕西帝王陵——始皇陵：以帝国作陪葬　段清波　中国国家地理　2005 年第 6 期

世纪初秦陵秦俑研究趋向　张文立　秦文化论丛（第十二辑）　三秦出版社　2005 年 7 月

始皇陵地宫原始文献的考古学解读　李银德　秦文化论丛（第十二辑）　三秦出版社　2005 年 7 月

"项羽焚烧秦俑坑"说质疑　刘占成　秦文化论丛（第十二辑）　三秦出版社　2005 年 7 月

秦汉帝国成立之际的秦始皇陵与兵马俑研究的意义——从中央和地方的情报传达视角考察　[日]藤田胜久　秦文化论丛（第十二辑）　三秦出版社　2005 年 7 月

神仙文化对始皇陵丧葬影响试探——兼谈始皇陵丧葬中出现的新制　张仲立　秦文化论丛（第十二辑）　三秦出版社　2005 年 7 月

关于秦始皇陵铜禽坑出土遗迹遗物的初步认识　袁仲一　秦文化论丛（第十二辑）　三秦出版社　2005 年 7 月

秦始皇陵出土银质义甲考　陈四海、梁勉　秦文化论丛（第十二辑）　三秦出版社　2005 年 7 月

关于秦铠甲的几个问题　蒋文孝、吕劲松　秦文化论丛（第十二辑）　三秦出版社　2005 年 7 月

秦陵 K9801 陪葬坑出土石甲胄放置方式蠡测　蒋文孝　秦文化论丛（第十二辑）　三秦出版社　2005 年 7 月

"秦殳"质疑　申茂盛　秦文化论丛（第十二辑）　三秦出版社　2005 年 7 月

文官俑坑探微　何宏　秦文化论丛（第十二辑）　三秦出版社　2005 年 7 月

论秦始皇陵园 K0007 陪葬坑的性质　刘钊　中国文物报　2005 年 8 月 5 日 7 版

也论秦始皇陵园 K0007 陪葬坑的性质　焦南峰　中国文物报　2005 年 11 月 25 日

左弋外池——秦始皇陵园 K0007 陪葬坑性质蠡测　焦南峰　文物　2005 年第 12 期

秦始皇陵与汉阳陵陶俑的比较研究——探讨秦汉两种文化的关系问题　党小娟　文博　2006 年第 3 期

秦始皇帝陵区出土人第三磨牙的萌出情况　郑宏、邵金陵、段清波　牙体牙髓牙周病学杂志　2006 年第 3 期

秦始皇陵园范围新探索　朱思红　考古与文物　2006 年第 3 期

秦始皇陵封土建筑探讨——兼释"中成观游"　段清波　考古　2006 年第 5 期

秦始皇陵新出土的青铜鹤　武丽娜　文博　2006 年第 6 期

谈秦始皇陵园的规模　徐卫民　陕西历史博物馆馆刊（第十三辑）　三秦出版社　2006 年 6 月

"秦陵陶俑"名实考　李吕婷　黄钟（武汉音乐学院学报）　2006 年第 7 期

秦始皇帝陵区山任陶窑遗址人牙形态的测量　郑宏、邵金陵、段清波　中华口腔医学杂志　2006 年 7 月

秦始皇帝陵区的考古发现与研究　刘占成　西部考古（第一辑）　三秦出版社　2006 年 10 月

古代阙制研究——以秦始皇帝陵三出阙为基础　段清波　西部考古（第一辑）　三秦出版社　2006 年 10 月

秦陵石马甲与秦汉骑兵装具研究　王关成　秦文化论丛（第十三辑）　三秦出版社　2006 年 10 月

从秦陵出土文物所见相关彩绘纹饰探讨秦纺织品类的发展（上）　党焕英　秦文化论丛（第十三辑）　三秦出版社　2006 年 10 月

秦始皇帝陵 K0006 陪葬坑　段清波　让过去拥有未来——15 年来德—中文物保护方法的发展和检验　德国联邦教育部编著出版　2006 年

秦陵含青铜水禽的 K0007 陪葬坑　段清波　让过去拥有未来——15 年来德—中文物保护方法的发展和检验　德国联邦教育部编著出版　2006 年

秦始皇陵 K0007 陪葬坑弋射场景考　罗明　考古　2007 年第 1 期

秦始皇帝陵区考古调查记　蒋文孝、刘占成　秦陵秦俑研究动态　2007 年第 1 期

皇帝理念下的秦始皇陵——秦始皇帝陵园设计理念研究　段清波　历史文物　2007年第1期

现代遥感技术在秦始皇陵考古研究中的应用　周小虎、谭克龙、万余庆、段清波、宋德闻、牛新龙　现代地质　2007年第1期

对秦兵马俑彩绘保护技术的思考与建议　张军、蔡玲、高翔、刘茂昌　文物保护与考古科学　2007年第1期

秦始皇陵的"机械之变"　王子今　秦陵秦俑研究动态　2007年第2期

关于世界文化遗产——秦始皇陵保护范围划分的一种意见　朱思红　秦陵秦俑研究动态　2007年第3期；世界遗产高峰论坛论文集　科学出版社　2009年12月

秦始皇陵西侧中字形大墓的墓主问题　袁仲一　秦陵秦俑研究动态　2007年第3期；秦文化论丛（第十四辑）　三秦出版社　2007年10月

秦始皇帝陵区陶窑遗址出土人颌骨的牙颌畸形状况　韩迎星、邵金陵、王虎中、郭家平、段清波、万荣　口腔医学研究　2007年第3期

秦始皇陵园水工程新认识　朱思红　考古与文物　2007年第6期

对秦始皇陵园规模的新认识　徐卫民　西北大学学报　2007年第6期

皇帝观念下的秦始皇帝陵——秦始皇帝陵园设计理念研究　段清波　历史文物　2007年第6期

秦始皇帝陵区K0007陪葬坑性质研究　陕西省考古研究院、秦始皇兵马俑博物馆　秦始皇帝陵园考古报告（2001—2003）　文物出版社　2007年6月

秦始皇帝陵区K0007陪葬坑出土陶俑的制作工艺　陕西省考古研究院、秦始皇兵马俑博物馆　秦始皇帝陵园考古报告（2001—2003）　文物出版社　2007年6月

秦始皇帝陵区K0007陪葬坑出土木炭的鉴定　陕西省考古研究院、秦始皇兵马俑博物馆　秦始皇帝陵园考古报告（2001—2003）　文物出版社　2007年6月

秦始皇帝陵区山任窑址出土人骨研究　陕西省考古研究院、秦始皇兵马俑博物馆　秦始皇帝陵园考古报告（2001—2003）　文物出版社　2007年6月

秦始皇帝陵园区山任窑址出土人骨牙齿磨耗状况的分析　陕西省考古研究院、秦始皇兵马俑博物馆　秦始皇帝陵园考古报告（2001—2003）　文物出版社

2007 年 6 月

秦始皇陵 K0007 陪葬坑性质新议　刘瑞　秦文化论丛（第十四辑）　三秦出版社　2007 年 10 月

秦陵出土石甲胄制作工艺探析　蒋文孝　秦文化论丛（第十四辑）　三秦出版社　2007 年 10 月

从秦始皇陵区陶窑的分布看陵区陶制品的烧制　李秀珍　秦文化论丛（第十四辑）　三秦出版社　2007 年 10 月

先秦至两汉时期的非立姿试探——兼论秦始皇陵 K0007 陶俑姿势的定名　张卫星　秦文化论丛（第十四辑）　三秦出版社　2007 年 10 月

从秦陵出土文物所见相关彩绘纹饰探讨秦纺织品类的发展（下）　党焕英　秦文化论丛（第十四辑）　三秦出版社　2007 年 10 月

秦始皇陵出土青铜器述论　何宏　湖南省博物馆馆刊（四）　岳麓书社　2007 年 12 月

秦踞坐俑浅议　荆晓峰　深圳文博论丛二〇〇七年　文物出版社　2008 年 5 月

秦始皇陵"文官俑坑"性质解析　赵化成　中国文物报　2008 年 7 月 11 日

秦始皇陵内水银研究　刘占成　秦文化论丛（第十五辑）　三秦出版社　2008 年 10 月

再论秦始皇陵封土的高度　武丽娜　秦文化论丛（第十五辑）　三秦出版社　2008 年 10 月

秦始皇陵为何未见水军　叶晔　秦文化论丛（第十五辑）　三秦出版社　2008 年 10 月

秦始皇陵园陪葬坑出土陶俑彩绘工艺研究述评　容波　秦文化论丛（第十五辑）　三秦出版社　2008 年 10 月

秦长剑及相关问题讨论　申茂盛　秦文化论丛（第十五辑）　三秦出版社　2008 年 10 月

秦始皇陵墓规模的考古解读——关于学术研究中的"过度"解释问题　刘庆柱　群言　2008 年第 10 期

秦始皇帝与秦始皇陵布局　刘占成　周秦汉唐文明研究论集　上海古籍出版社　2008 年 11 月

秦陵出土陶俑的文化价值　田静、张文立　周秦汉唐文明研究论集　上海古籍出版社　2008 年 11 月

秦始皇陵陪葬坑建筑资讯浅论　张仲立　周秦汉唐文明研究论集　上海古籍出版社　2008 年 11 月

探玄决疑观古志今——秦陵秦俑研究评述　吴永琪　周秦汉唐文明研究论集　上海古籍出版社　2008 年 11 月

珍秦斋藏秦印选刊　莫武　东方艺术　2008 年第 12 期

陕西秦始皇陵区出土 2000 年前秦人颌骨的测量研究　蒋勇、邵金陵、段清波、韩迎星　临床口腔医学杂志　2008 年第 10 期

架构文化遗产地资源管理 GIS 信息平台——以秦始皇帝陵文化遗产地为例　王亮、张宁　世界遗产论坛（三）　科学出版社　2009 年 2 月

戏、丽邑与丽山园——兼论秦始皇帝陵丽邑的功能与作用　孙伟刚　考古与文物　2009 年第 4 期

秦始皇陵园设计规划问题之研究　朱学文　文博　2009 年第 5 期

秦始皇陵陪葬坑焚烧原因再认识　蒋文孝　文博　2009 年第 5 期

秦始皇陵封土高度问题试探　武丽娜　文博　2009 年第 5 期

试论秦始皇陵葬制的突破　张卫星　考古与文物　2009 年第 5 期

秦陵 7 号坑铜水禽彩绘保护及分析　马生涛　文博　2009 年第 6 期

浅议秦都咸阳与秦始皇陵形制规模及设计思想　倪小勇　秦汉研究（第三辑）　三秦出版社　2009 年 8 月

秦始皇陵园动物坑性质试探　陈治国　回顾与创新・创新篇——秦始皇兵马俑博物馆开馆三十周年纪念文集　三秦出版社　2009 年 8 月

GIS 在秦始皇帝陵区资源管理中的应用项目研究　张颖岚、朱学文等　回顾与创新・创新篇——秦始皇兵马俑博物馆开馆三十周年纪念文集　三秦出版社　2009 年 8 月

从信宫到骊山陵——论秦代至上神与祖神的变革　张卫星　回顾与创新・创新篇——秦始皇兵马俑博物馆开馆三十周年纪念文集　三秦出版社　2009 年 8 月

GIS 在秦始皇帝陵区资源管理中的应用项目研究　王亮、张宁　回顾与创新・创新篇——秦始皇兵马俑博物馆开馆三十周年纪念文集　三秦出版社

2009 年 8 月

  秦始皇帝陵营建 刘占成 回顾与创新·创新篇——秦始皇兵马俑博物馆开馆三十周年纪念文集 三秦出版社 2009 年 8 月

  秦陵地宫水银及相关问题的研究 段清波 里耶古城·秦简与秦文化研究:中国里耶古城·秦简与秦文化国际学术研讨会论文集 科学出版社 2009 年 10 月

  秦始皇陵基础文献的梳理与比较 张卫星 咸阳师范学院学报 2010 年第 1 期

  秦陵石甲胄复制研究课题调研收获 刘占成、蒋文孝 秦陵秦俑研究动态 2010 年第 2 期

  略论秦陵出土青铜器的历史价值 何宏 文博 2010 年第 1 期

  秦汉帝陵陵寝制度及其象征研究的思路探析——以秦始皇陵的研究为例 张卫星 中原文物 2010 年第 3 期

  秦始皇陵园陪葬坑破坏现象解析 陈治国 秦陵秦俑研究动态 2010 年第 3 期

  秦始皇陵鱼池遗址的考察与再认识 张卫星、陈治国 文博 2010 年第 4 期

  秦始皇陵 K0006 陪葬坑性质蠡测 王勇、叶晔 文博 2010 年第 5 期

  "骊山之作未成"的考古学观察 张卫星 文物 2010 年第 6 期

  试论秦始皇陵园选址的相关问题 朱学文 考古与文物 2010 年第 6 期

  秦始皇陵封土研究 刘占成、杨欢、张立莹 秦俑博物馆开馆三十周年秦俑学第七届年会国际学术研讨会论文集 三秦出版社 2010 年 8 月

  铜缕石甲胄再研究 王望生 秦俑博物馆开馆三十周年秦俑学第七届年会国际学术研讨会论文集 三秦出版社 2010 年 8 月

  秦始皇陵园 K9801 陪葬坑中秦甲研究及 K9801T2G2 甲 1 的制作 何露、陈武勇、谢雨彤、徐波 皮革科学与工程 2011 年第 2 期

  秦始皇陵礼制建筑群与"秦始出寝" 张仲立 考古与文物 2011 年第 2 期

  秦始皇帝陵园陪葬坑破坏现象解析 陈治国 咸阳师范学院学报 2011 年第 3 期;秦始皇帝陵博物院(总壹辑) 三秦出版社 2011 年 6 月

秦陵外城北门门址发现的考古学认识　蒋文孝　文物世界　2011年第4期;中国国家博物馆馆刊　2011年第7期

秦始皇陵墓的文化内涵与历史价值　赵士祯　陕西社会科学评论　2011年第4期

"旁行三百丈"含义释读　蒋文孝、武丽娜　文博　2011年第5期

秦始皇陵园范围与规划保护范围研究　朱思红　秦始皇帝陵博物院(总壹辑)　三秦出版社　2011年6月

秦始皇陵文献、文物丛考(之一)　史党社　秦始皇帝陵博物院(总壹辑)　三秦出版社　2011年6月

秦始皇帝陵考古的历史、现状与研究思路——基于文献与考古材料的讨论　曹玮、张卫星　秦始皇帝陵博物院(总壹辑)　三秦出版社　2011年6月

秦始皇帝葬具蠡测　申茂盛　秦始皇帝陵博物院(总壹辑)　三秦出版社　2011年6月

秦陵外城北门门址发现的考古学认识　蒋文孝　中国国家博物馆馆刊　2011年第7期

试论秦陵墓制度的演变特征　田有前　秦汉研究(第五辑)　三秦出版社　2011年9月

始皇陵封土内的分土墙试解——读书札记一则　丁岩　秦陵秦俑研究动态　2012年第1期

论秦始皇陵墓的文化内涵及历史价值　赵士祯　社会科学评论　2012年第1期

秦始皇帝陵园方向之思考　申茂盛　秦陵秦俑研究动态　2012年第1期

K0007号陪葬坑出土青铜水禽的祥瑞寓意浅析　张宁　文博　2012年第3期

再议"郦山之作未成"　孙伟刚　文博　2012年第3期

秦始皇陵规划保护范围研究　朱思红　秦陵秦俑研究动态　2012年第4期

再议秦始皇帝陵墓方向与陵园方向——墓向与陵向二元结构并存的秦始皇帝陵园　孙伟刚、曹龙　考古与文物　2012年第4期

试论秦始皇陵的堧地　张卫星　秦陵秦俑研究动态　2012年第4期;考古

与文物　2014 年第 4 期

秦始皇帝陵北部西侧建筑遗址的性质及相关问题　孙伟刚　考古　2012 年第 6 期

秦始皇帝陵园百戏俑坑（K9901 陪葬坑）焚毁及相关问题　孙伟刚　秦始皇帝陵博物院（总贰辑）　三秦出版社　2012 年 7 月

秦始皇帝陵 K0006 陪葬坑性质研究述评　蒋文孝　秦始皇帝陵博物院（总贰辑）　三秦出版社　2012 年 7 月

始皇陵瘗鹤新认识　吕劲松　秦始皇帝陵博物院（总贰辑）　三秦出版社　2012 年 7 月

秦始皇帝陵墓向问题研究　刘占成、张立莹　秦始皇帝陵博物院（总贰辑）　三秦出版社　2012 年 7 月

秦始皇帝陵形制与地宫结构探析　刘珺、秦鉴　秦始皇帝陵博物院（总贰辑）　三秦出版社　2012 年 7 月

秦始皇帝陵陵寝建筑探析　张卫星　秦始皇帝陵博物院（总贰辑）　三秦出版社　2012 年 7 月

秦国陵寝制度研究　马振智　梓里集：西北大学考古专业七七级毕业三十周年纪念文集　西北大学出版社　2012 年 9 月

秦陵的形制特点及其演变　焦南峰　梓里集：西北大学考古专业七七级毕业三十周年纪念文集　西北大学出版社　2012 年 9 月

始皇陵封土内的夯土墙功用试解　丁岩　西部考古（第六辑）　三秦出版社　2012 年 10 月

秦公帝王陵的发展演变及影响　徐卫民　古史新论：庆祝杨育坤教授 90 华诞文集　世界图书出版公司　2012 年 11 月

秦始皇帝陵总体营造与中国古代文明——天人合一整体观　刘九生　唐都学刊　2013 年第 2 期

秦始皇陵墓中的水银及其来源　王学理　文博　2013 年第 3 期

秦始皇陵的结构与礼仪意义　张卫星　秦陵秦俑研究动态　2013 年第 3 期

秦始皇陵陪葬坑建筑形式研究　张卫星　西安文物考古研究（二）　三秦出版社　2013 年 3 月

秦始皇帝陵园K0006陪葬坑性质试探　陈治国　秦陵秦俑研究动态　2013年第4期

秦俑一号坑新出土兵马俑的病害与防治　兰德省　文博　2013年第4期

丽山园：秦始皇统一中国战争的备战基地　孙嘉春　军事历史　2013年第4期

秦始皇陵的选址、规划与范围　张卫星、付建　文博　2013年第5期

秦始皇陵规划保护范围研究　朱思红　文博　2013年第6期

"其旁行三百丈"新解　王志友　考古与文物　2013年第6期

秦始皇帝陵范围研究　张卫星　秦始皇帝陵博物院（总叁辑）　三秦出版社　2013年8月

对秦陵考古几个问题的新认识　申茂盛　秦始皇帝陵博物院（总叁辑）　三秦出版社　2013年8月

秦始皇帝陵考古信息系统　张立莹、张卫星　秦始皇帝陵博物院（总叁辑）　三秦出版社　2013年8月

秦始皇帝陵博物院藏金箔饰件　邵文斌　秦始皇帝陵博物院（总叁辑）　三秦出版社　2013年8月

秦兵马俑坑建筑与内涵　刘占成、刘珺、张立莹　秦始皇帝陵博物院（总叁辑）　三秦出版社　2013年8月

千古谁识始皇陵——《秦始皇帝陵总体营造与中国古代文明》读后　郭政凯　唐都学刊　2014年第1期

秦始皇陵墓上建筑研究　张卫星　秦陵秦俑研究动态　2014年第2期

秦始皇帝陵K0006号坑土遗址加固保护与研究　朱振宇、王伟锋等　秦陵秦俑研究动态　2014年第2期

秦陵百戏俑坑土遗址纵向水盐运移的模拟土柱实验研究　张尚欣等　秦陵秦俑研究动态　2014年第3期

"监御史"府藏的写照——秦始皇陵园K0006从葬坑（文吏俑坑）定性之我见　王学理　秦陵秦俑研究动态　2014年第3期

秦始皇帝陵封土筑造工艺考略　付建等　文博　2014年第4期

秦始皇帝陵地宫阻排水系统解析　申茂盛　秦陵秦俑研究动态　2014年第4期

世界文化遗产——秦始皇陵周边环境的认定与划分　朱思红　秦陵秦俑研究动态　2014 年第 4 期

秦始皇帝陵园 K0006 陪葬坑性质试探　陈治国　文博　2014 年第 5 期

秦始皇帝陵园方向新探　申茂盛　四川文物　2014 年第 5 期

秦始皇陵的章程　张卫星　文史知识　2014 年第 6 期

秦始皇帝陵 K0007 陪葬坑与秦之水德　张宁　文博　2014 年第 6 期

试论秦始皇陵原名"丽山"的原因　郭罗、刘娟　文博　2014 年第 6 期

秦始皇帝陵园出土青铜水禽的补缀工艺及相关问题初探　邵安定、梅建军、杨军昌、陈坤龙、孙伟刚　考古　2014 年第 7 期

西安市秦始皇帝陵　曹玮、张卫星　考古　2014 年第 7 期

秦始皇陵"人鱼膏"之谜　王子今　秦始皇帝陵博物院（总肆辑）　陕西人民出版社　2014 年 9 月

近年秦始皇帝陵考古的新收获　曹玮、张卫星　秦始皇帝陵博物院（总肆辑）　陕西人民出版社　2014 年 9 月

秦始皇陵门观系统研究　张卫星　秦始皇帝陵博物院（总肆辑）　陕西人民出版社　2014 年 9 月

秦陵考古工作中几个问题的新思考　申茂盛　秦始皇帝陵博物院（总肆辑）　陕西人民出版社　2014 年 9 月

秦始皇帝陵 K0006 号坑土遗址加固保护与研究　朱振宇、王伟锋、容波、邵文斌、蒋文孝、李斌　秦始皇帝陵博物院（总肆辑）　陕西人民出版社　2014 年 9 月

秦始皇帝陵 K9901 陪葬坑新见 4 号陶俑甲衣渊源考　豆海锋　西北大学学报　2015 年第 1 期

始皇陵骗马考识　吕劲松　农业考古　2015 年第 1 期

从秦始皇陵考古看中西文化交流（二）　段清波　西北大学学报　2015 年第 2 期

陕西临潼新丰秦墓出土铜镜的科学分析　刘亚雄、陈坤龙、梅建军、孙伟刚、邵安定　中原文物　2015 年第 4 期

近年秦始皇帝陵大遗址考古的新思路与突破　张卫星、付建　中国文物报　2015 年 6 月 19 日

试论秦始皇陵的礼仪建制　张卫星　秦始皇帝陵博物院（总伍辑）　陕西师范大学出版社　2015 年 10 月

秦始皇陵地宫阻排水系统解析　申茂盛　秦始皇帝陵博物院（总伍辑）　陕西师范大学出版社　2015 年 10 月

秦始皇陵的道路系统　刘占成　秦陵秦俑研究动态　2016 年第 2 期

陕西临潼新丰秦墓人骨研究　邓普迎　文博　2016 年第 5 期

外藏系统的兴衰与中央集权政体的确立　段清波　文物　2016 年第 8 期

"郦山徒"身份解析　王学理　秦始皇帝陵博物院（总陆辑）　陕西师范大学出版社　2016 年 10 月

秦始皇陵的空间建制　张卫星　秦始皇帝陵博物院（总陆辑）　陕西师范大学出版社　2016 年 10 月

试论秦始皇陵内城建筑遗址性质　武丽娜　秦始皇帝陵博物院（总陆辑）　陕西师范大学出版社　2016 年 10 月

始皇陵骨器考识　吕劲松　陕西历史博物馆馆刊（第 23 辑）　三秦出版社　2016 年 11 月

土质对可溶盐危害影响的关系探究——以秦陵百戏俑坑为例　周莉莉、夏寅、张尚欣、付倩丽、孙满利　文物保护与考古科学　2017 年第 2 期

秦始皇陵与秦都咸阳表达的"秦制"探讨　张卫星　秦陵秦俑研究动态　2017 年第 3 期

秦始皇陵出土动物材料研究　武丽娜　秦陵秦俑研究动态　2017 年第 3 期

秦始皇陵园北侧发掘的吴中墓地砖椁墓分析　王望生　秦始皇帝陵博物院（总柒辑）　三秦出版社　2017 年 10 月

秦始皇帝陵六号坑的性质　武丽娜　秦始皇帝陵博物院（总柒辑）　三秦出版社　2017 年 10 月

秦始皇帝陵陪葬马厩坑性质再研究　蒋文孝　秦始皇帝陵博物院（总柒辑）　三秦出版社　2017 年 10 月

秦始皇帝陵 K9901 陪葬坑 4 号陶俑属性考辨　王志友、刘春华　秦始皇帝陵博物院（总柒辑）　三秦出版社　2017 年 10 月

秦始皇陵陵寝制度探讨　高崇文　秦始皇帝陵博物院（总柒辑）　三秦出

版社　2017年10月

天下、中心与皇权：秦始皇陵的形式与秩序构建　张卫星　秦始皇帝陵博物院（总柒辑）　三秦出版社　2017年10月

独立陵园的高峰——秦始皇陵陵园制度的分析　刘卫鹏　秦始皇帝陵博物院（总柒辑）　三秦出版社　2017年10月

对秦始皇陵文献记载的解读　王学理　秦始皇帝陵博物院（总柒辑）　三秦出版社　2017年10月

秦始皇帝陵选址新认识　孙伟刚　考古与文物　2018年第4期

世界遗产视野下的秦陵秦俑研究　田静　秦始皇帝陵博物院（总捌辑）西北大学出版社　2018年9月

"服以旌礼"观念下泡钉俑性质初探　付建　秦始皇帝陵博物院（总捌辑）西北大学出版社　2018年9月

秦陵K9901陪葬坑夯土遗迹保存状况研究　张尚欣、侯鲜婷、夏寅、付倩丽、张卫星、陈治国、付建　秦始皇帝陵博物院（总捌辑）　西北大学出版社　2018年9月

"秦制"探析——基于秦始皇陵的观察　张卫星　西部考古（第16辑）　科学出版社　2019年3月

战国齐俑与秦"泡钉俑"属性研究　付建　传承与创新：考古学视野下的齐文化学术研讨会论文集　科学出版社　2019年10月

谈始皇陵动物脂膏　芦建华、吕劲松　陕西历史博物馆论丛（第26辑）三秦出版社　2019年12月

2. 秦兵马俑

秦始皇陵附近新发现的文物　临潼县文化馆　文物　1973年第5期

从秦始皇陵东侧发现大型秦俑谈起　献曝　中国论坛　1975年第3期

秦始皇毁灭文化论可以休矣——评临潼新出土秦俑的艺术成就　秦中行　西北大学学报　1975年第3期

略论秦始皇时代的艺术成就　北京汽车制造厂工人理论组等　考古　1975年第6期

秦俑坑兵马俑军阵内容及兵器试探　秦鸣　文物　1975年第11期

秦俑艺术　闻枚言、秦中行　文物　1975年第11期

生气勃勃的秦代养马业——初评临潼秦俑坑出土的马俑　王仁波等　西北大学学报　1976 年第 1 期

秦兵与秦卒——由秦俑谈起　王学理　西北大学学报　1978 年第 1 期

秦俑军阵浅析　王学理　陕西师大学报　1978 年第 4 期

秦陵兵马俑初探　何礼荪　旅游　1979 年创刊号

秦俑军阵巡礼　王学理　西北大学学报　1979 年第 4 期

秦始皇陵园出土的花纹砖　秦俑坑考古队　考古与文物　1980 年第 3 期

从"不祥之物"变成"举世之宝":答中外旅游者关于秦始皇陵兵马俑的提问　袁仲一　旅游　1981 年第 1 期

秦俑艺术　张瑛、刘博　中国美术　1981 年第 1 期

秦侍卫甲俑的服饰与绘彩　王学理　考古与文物　1981 年第 3 期

秦俑军阵初探　白建钢　西北大学学报　1981 年第 3 期

关于始皇陵与兵马俑诸问题　无戈　理论研究　1981 年第 4 期

秦俑雕塑艺术　郭淑贞　新疆艺术　1984 年第 5 期

《秦皇陵西侧赵背户刑徒墓》质疑　孙英民　文物　1982 年第 10 期

黔首的丰碑　李鼎铉　秦俑馆开馆三年文集　1982 年

秦俑面形表情略说　王玉清　秦俑馆开馆三年文集　1982 年

秦兵正名　王学理　秦俑馆开馆三年文集　1982 年

秦俑坑的修建和焚毁　袁仲一　秦俑馆开馆三年文集　1982 年

秦俑研究综述　张文立　秦俑馆开馆三年文集　1982 年

秦俑发式和阴阳五行　林剑鸣　秦俑馆开馆三年文集　1982 年;文博 1984 年第 3 期

秦俑陶塑制作工艺的探讨　屈鸿钧、程朱海、吴孝杰　中国古陶瓷论文集 1982 年

《寺工小考》一文资料补正　秦兵　人文杂志　1983 年第 1 期

从秦俑坑说秦时的标准化　张文立　大众标准化　1983 年第 1 期

秦陵兵马俑　无戈　中学历史教学参考　1983 年第 2 期

《"寺工"小考》补议　陈平　人文杂志　1983 年第 2 期

秦俑彩绘颜料及秦代颜料史考　李亚东　考古与文物　1983 年第 3 期

秦始皇陶俑坑出土的铜镞表面氧化层的研究　韩汝玢等　自然科学史研究

1983 年第 4 期

寺工新考　黄盛璋　考古　1983 年第 9 期

秦始皇的地下兵团　傅天仇　夜读　1983 年第 2 期

对秦俑的几点新认识　刘占成　陕西省考古学会第一届年会论文集　考古与文物丛刊第三号　1983 年 11 月

秦俑坑出土彩俑颜料鉴定　单暐、赵雨亭、阎进盈　考古学集刊(第 4 集)　中国社会科学出版社　1984 年 1 月

在秦兵马俑之间　袁仲一　中国报道　1983 年第 1、2 期

秦陵兵俑衔级试解　陈孟东　文博　1984 年第 1 期

秦俑面形和表情　王玉清　文博　1984 年第 1 期

秦俑坑发掘记　屈鸿钧　文博　1984 年第 1 期

秦俑坑出土的古代链条　郭长江　文博　1984 年第 2 期

论秦俑与秦亡　吴子荣　文博　1984 年第 3 期

秦俑新探——俑坑的主人不是秦始皇　陈景元　大自然探索　1984 年第 3 期

秦俑发式和阴阳五行　林剑鸣　秦俑馆开馆三年文集　1982 年；文博 1984 年第 3 期

秦俑之谜　林剑鸣　文博　1985 年第 1 期

秦俑坑是始皇陵的陪葬坑　秦鸣　文博　1985 年第 1 期

秦陵兵俑爵级考　陈孟东、卢桂兰　文博　1985 年第 1 期

秦俑铠甲的编缀及秦甲的初步研究　聂新民　文博　1985 年第 1 期

观秦俑　谈方阵、庞齐　文博　1985 年第 1 期；陕西地方志通讯　1985 年第 5 期

秦俑艺术的流派及渊源　呼林贵　文博　1985 年第 1 期

秦兵马俑的写实主义艺术风格　李鼎铉　文博　1985 年第 1 期

近年秦俑研究述评　张文立　文博　1985 年第 1 期

秦俑坑年代考辨——与陈景元同志商榷　张占民、何欣云　人文杂志 1985 年第 1 期

奇迹诞生的前提　韩养民、问樵　文博　1985 年第 2 期

秦俑步兵的射击技术　白建钢　文博　1985 年第 2 期

秦俑坑的主人究竟是谁　刘修明　社会科学（上海）　1985年第2期

长铍春秋　王学理　考古与文物　1985年第2期

从秦俑和汉墓石刻看以形写神的途径　裘沙　工艺美术参考　1985年第2期

再论奇迹在文化融合中诞生　韩养民、问樵　文博　1985年第3期

秦俑的发髻　王玉清　文博　1985年第4期

秦俑雕塑艺术　郭淑贞　新疆艺术　1985年第5期

秦俑带钩浅述（附图16幅）　刘占成　文博　1985年第6期

秦俑主题何处觅——《秦俑之谜》之二　林剑鸣　文博　1986年第2期

一个秦俑的自述　吴晓丛　历史教学参考资料　1986年第1期

秦陵兵马俑的作者　袁仲一　文博　1986年第4期

跪射俑考　春材　文博　1986年第4期

秦俑与秦代军人的形体特征——高大与鼓腹　刘云辉　文博　1986年第5期

秦陵布局与兵马俑坑　李铨　文博　1986年第5期

秦俑一号坑与古代方阵　张占民　文博　1986年第5期

也谈秦兵马俑的主题　聂新民　文博　1986年第5期

早期秦俑简述　呼林贵　文博　1987年第1期

秦俑建造之谜　高景明　文博　1987年第1期

秦俑的冲击波——试论秦俑在历史研究中的地位　张文立　文博　1987年第1期

"将军俑"与秦代军队组织　郭淑珍　文博　1987年第1期

秦兵马俑与秦军作战方式　王辉强　文博　1987年第1期

秦俑二号坑军队与轻车材士　张仲立　文博　1987年第1期

跪射俑、立射俑新说　陈孟东、卢桂兰　文博　1987年第1期

主题·意志·逆反心理——再论秦俑的主题思想　吴晓丛、张文立　文博　1987年第1期

秦俑二号坑军阵与轻车锐骑材士　张仲立　文博　1987年第1期

秦兵马俑与秦军作战方式　王辉强　文博　1987年第1期

继承、融合和时代精神的结晶——兼探秦俑艺术写实主义艺术渊源　贺西

林文博　1987 年第 1 期

秦俑的绘彩技法及其源流　聂新民　文博　1987 年第 1 期

俑坑之"三阵"　吴子荣　文博　1987 年第 1 期

秦俑坑中的鼓　姜彩凡　文博　1987 年第 1 期

俑坑——列兵场　刘占成　文博　1987 年第 1 期

戈戟小议　党士学　文博　1987 年第 1 期

秦俑带来的冲击波　王兆麟　瞭望　1987 年第 2 期

论秦俑军阵的基本战术　白建钢、李琳　唐都学刊　1987 年第 4 期

顶峰与断层——关于秦俑艺术成就问题　无戈等　社会科学评论　1987 年第 5 期

流派与渊源——就有关秦俑艺术问题与呼林贵商榷　张建华　社会科学评论　1987 年第 5 期

雄浑的气魄写实的艺术——论秦俑艺术的历史地位　王学理　中国考古学研究论集——纪念夏鼐先生考古五十周年　三秦出版社　1987 年 11 月

论秦俑军阵的轻、重装步兵　白建钢　西北大学学报　1988 年第 1 期

指挥系统与指挥权——秦俑阵营里透露的消息　王学理　文博　1988 年第 3 期

十四年来秦俑艺术研究评述　贺西林　美术　1988 年第 6 期

秦兵马俑三号坑战车初探　党士学　文博　1988 年第 6 期

关于秦俑坑战车　张仲立　文博　1988 年第 6 期

秦俑二号坑战车编制考述　张占民　文博　1988 年第 6 期

秦俑坑中的战车及其相关问题　王玉清　文博　1988 年第 6 期

谈秦俑彩绘及未来陈列问题　王志龙　秦陵秦俑研究动态　1989 年第 1 期

深入展开秦俑军事内容的微观研究　张占民　秦陵秦俑研究动态　1989 年第 1 期

从比较的角度研究艺术　王鹰　秦陵秦俑研究动态　1989 年第 1 期

关于秦俑坑的性质及主属　郭淑珍　中国文物报　1988 年 3 月 18 日 4 版

论秦俑军队的铠甲　白建钢　考古与文物　1989 年第 3 期

对秦兵马俑造型解剖学研究的初步进展　冯声麒　秦陵秦俑研究动态

1989 年第 3 期

秦兵俑的艺术解剖学初探　冯声麒　秦陵秦俑研究动态　1989 年第 3 期

秦兵俑的躯干和四肢造型的解剖学考察　冯声麒　秦陵秦俑研究动态 1989 年第 3 期

秦兵俑头部的解剖学造型初探　冯声麒等　秦陵秦俑研究动态　1989 年第 3 期

秦俑效应和秦文化的整合　林剑鸣　文博　1989 年第 4 期

四号坑是未建成之俑坑说谈质疑　党士学　文博　1989 年第 5 期

秦始皇陵兵马俑坑出土的战车　袁仲一　文博　1989 年第 5 期

也谈秦俑坑的洗劫和焚毁　党士学、张仲立　文博　1989 年第 5 期

秦俑坑出土的半两钱　刘占成　文博　1989 年第 3 期

浅谈秦俑文物的保护问题　张志军　文博　1989 年第 5 期

秦始皇兵马俑的穆斯堡尔谱学研究　秦广雍、李士等　科学通报　1989 年第 7 期

影响秦俑颜色变化的因素初探　宋迪生等　全国考古及文物保护学术交流会论文集　1989 年 10 月

秦始皇兵马俑三号坑开放再现秦军统帅部壮观场面　李鼎铉　中国文物报 1989 年 11 月 17 日 1 版

秦俑遮言　何正璜　秦陵秦俑研究动态　1990 年第 1 期

世界古代陶塑艺术的明珠——秦始皇陵兵马俑艺术特色分析　刘凤君　文博　1990 年第 2 期

秦俑在世界艺术中的地位　徐人伯　秦陵秦俑研究动态　1990 年第 3、4 期

秦陵兵马俑陪葬之制的渊源及意义浅谈　吕智荣　秦陵秦俑研究动态 1990 年第 3、4 期

论秦俑美　王芸　秦陵秦俑研究动态　1990 年第 3、4 期

试论秦俑的审美价值　贾志强、马青云　秦陵秦俑研究动态　1990 年第 3、4 期

秦俑服饰及其礼仪初探　党焕英　秦陵秦俑研究动态　1990 年第 3、4 期

兵马俑与秦的军队　[日]曾布川宽著,郭睿姬译　秦陵秦俑研究动态

1990 年第 3、4 期

兵马俑的写实艺术　　[日]曾布川宽著，黄雪美译　　秦陵秦俑研究动态
1990 年第 3、4 期

对秦俑的艺术价值及地位的再认识　　贺西林　　文博　　1990 年第 5 期

秦俑雕塑与秦人的悲剧意识　　田静　　文博　　1990 年第 5 期

秦俑雕塑与古希腊雕塑的几点比较　　王宝玲　　文博　　1990 年第 5 期

浅论秦俑铠甲　　申茂盛　　文博　　1990 年第 5 期

秦陵陶俑军服钮扣初探　　许卫红　　文博　　1990 年第 5 期

秦俑战袍考　　刘占成　　文博　　1990 年第 5 期

秦俑服饰二札　　陈春辉　　文博　　1990 年第 5 期

秦始皇帝陵发现的俑发冠初论　　王玉龙、程学华　　文博　　1990 年第 5 期

车战与御手　　郭淑珍　　文博　　1990 年第 5 期

秦俑、秦俑学与秦之管理　　黄留珠　　文博　　1990 年第 5 期

秦兵马俑与秦的统治思想　　高景明　　文博　　1990 年第 5 期

从秦简看秦俑的社会内涵　　吴小强　　文博　　1990 年第 5 期

秦俑三号坑性质刍论　　张仲立　　文博　　1990 年第 5 期

一幅秦代的陈兵图——论秦俑坑的性质及其编成　　王学理　　文博　　1990 年第 5 期

秦兵马俑文化内涵析　　张从军　　文博　　1990 年第 5 期

秦俑文物保护实验与研究述评　　周铁　　文博　　1990 年第 5 期

秦俑表面彩绘的保护研究　　周铁、张志军　　文博　　1990 年第 5 期

秦俑彩绘质地再探　　张志军　　文博　　1990 年第 5 期

中国雕塑艺术的诞生——临潼兵马俑观感　　[德]格尔曼·汉夫勒著，侯改玲、申娟译　　秦陵秦俑研究动态　　1991 年第 1 期

秦简在秦俑研究中的价值　　吴小强　　秦陵秦俑研究动态　　1991 年第 1 期

秦俑研究应与秦简研究进一步结合　　贺润坤　　秦陵秦俑研究动态　　1991 年第 1 期

秦俑三号坑防霉保护初探　　谢伟、周铁、耿铁仓　　考古与文物　　1991 年第 5 期

秦俑军阵再探　　刘占成　　庆祝武伯纶先生九十华诞文集　　三秦出版社

1991 年 9 月

先秦阵战中的指挥系统——附论秦俑矩阵提供的实例　王学理　庆祝武伯纶先生九十华诞文集　三秦出版社　1991 年 9 月

秦俑制作标准化浅析　刘占成　文博　1992 年第 3 期

秦俑坑"铁矛"辨析　刘占成、姜彩凡　秦陵秦俑研究动态　1992 年第 4 期

长平之战垒壁与秦俑坑军事建筑　张仲立　文博　1993 年第 1 期

秦俑彩绘底层的模拟实验——东亚大漆的化学研究　Ulrike Ring Prof. H. Longhals　中德合作研究第二次学术讨论会论文集　1993 年 1 月

兵马俑彩绘颜料和胶合剂的分析研究　克里斯朵夫等　中德合作研究第二次学术讨论会论文集　1993 年 1 月

秦俑坑发现的"木箱"　刘占成　考古与文物　1993 年第 2 期

《尉缭子》与秦始皇陵兵马俑坑研究　林剑鸣　秦陵秦俑研究动态　1993 年第 2 期

对秦陵兵马俑坑建筑的两点认识　许卫红　秦陵秦俑研究动态　1993 年第 2 期

秦俑效应和秦文化的整合　林剑鸣　秦文化论丛（第一集）　西北大学出版社　1993 年 5 月

论秦俑主题的多义性　王关成　秦陵秦俑研究动态　1993 年第 4 期；秦文化论丛（第二辑）　西北大学出版社　1993 年 12 月

主题·意志·逆反心理——再论秦俑的主题思想　吴晓丛、张文立　秦文化论丛（第一集）　西北大学出版社　1993 年 5 月

从秦俑坑的骑兵俑盾秦骑兵的发展　袁仲一　考古学研究——纪念陕西省考古研究所成立三十周年　三秦出版社　1993 年 10 月

论秦俑二号坑出土的轻车　张占民　考古学研究——纪念陕西省考古研究所成立三十周年　三秦出版社　1993 年 10 月

秦俑彩绘颜料调合剂的初步研究　吴永琪、张志军、周铁等　秦文化论丛（第二辑）　西北大学出版社　1993 年 12 月

二十年秦俑研究述评　李淑萍　秦文化论丛（第二辑）　西北大学出版社　1993 年 12 月

朱雀楼札记　林剑鸣　秦文化论丛（第二辑）　西北大学出版社　1993 年

12月

秦兵马俑与秦的统治思想　高景明　秦文化论丛（第二辑）　西北大学出版社　1993年12月

从秦俑坑中的胡人形象谈起　申珅　西北史地　1994年第1期
秦俑陶环新探　刘占成　秦陵秦俑研究动态　1994年第2期
秦陵殉车有几辆　王关成　秦陵秦俑研究动态　1994年第2期
秦俑表面彩绘涂层的加固保护研究　吴永琪等　文博　1994年第3期
论秦俑军队"长矛手"及其战术　白建钢　文博　1994年第4期
试探秦兵马俑的成因　范仲远　文博　1994年第5期
痕迹考证与秦陵兵马俑之谜　赵成文　文博　1994年第5期
神仙思想与兵马俑的羌戎文化　斯维至　文博　1994年第6期
从秦俑学研究看中国军事考古学　范大鹏　文博　1994年第6期
秦代中央军的组成和优势地位——兼说秦兵马俑所反映的军制内涵　黄今言　文博　1994年第6期
秦兵马俑与秦军阵法　王辉强　文博　1994年第6期
秦始皇陵兵马俑军阵实即八阵中的方阵　刘德增　文博　1994年第6期
秦俑军阵指挥系统初探　郭宝发　文博　1994年第6期
试论秦俑坑弩兵在中国军事史上的意义　郭淑珍　文博　1994年第6期
由秦俑透视秦军之作战能力　田静　文博　1994年第6期
秦俑下体防护装备杂探　许卫红　文博　1994年第6期
秦俑服饰配备问题试探　李秀珍　文博　1994年第6期
秦俑艺术研究——探索方法的意义　贺西林　文博　1994年第6期
秦人的审美意识与秦兵马俑　张敏、张宁　文博　1994年第6期
从秦俑看秦文化——兼评秦文化研究中的若干问题　黄留珠　秦文化论丛（第三辑）　西北大学出版社　1994年12月
从秦始皇谈兵马俑研究　刘士莪　秦文化论丛（第三辑）　西北大学出版社　1994年12月
对《秦始皇陵墓向与布局结构问题研究》的一点商讨的意见　袁仲一　秦文化论丛（第三辑）　西北大学出版社　1994年12月；文博　1995年第3期
秦俑形象及其它　熊伟华　文博　1995年第1期

秦俑坑土遗址的保护与研究　课题组　文博　1995年第1期

一件彩绘俑头的保护及秦俑彩绘紫色黄色颜料的分析　周铁、张志军　文博　1995年第1期

秦陶马造型艺术特征　刘富生　文博　1995年第1期

秦俑二号坑与新闻热的透视　苏文　文博　1995年第1期

秦俑足踏板再认识　王望生　考古与文物　1995年第2期

兵俑痕迹"辛卯"二字不是记年　白光琦　文博　1995年第3期

秦俑与秦俑学　张文立　文博　1995年第5期

兵马俑与秦的军队　［日］曾布川宽著，黄雪美译　文博　1995年第5期

二十年来秦俑艺术研究综述　田静　秦俑艺术论集　陕西人民教育出版社1995年5月

关于秦俑抗震　刘生培、高建民　考古与文物　1995年第6期

秦俑坑土壤中遗留彩绘层的揭取和复位方法　何帆　考古与文物　1995年第6期

紫外线对秦俑彩绘危害机制研究　王丽琴、程德润、刘成　考古与文物　1995年第6期

由秦俑雕塑探讨秦人上衣的裁剪　陈春辉　南京理工大学学报　1996年第4期

试论秦俑战车编制诸问题　刘占成　考古文物研究——西北大学考古专业成立四十周年文集　三秦出版社　1996年12月

"痕迹考证与秦陵兵马俑"辨析　党士学　文博　1997年第2期

《周易》与秦陵及秦兵马俑关系初探　郭睿姬　西北史地　1997年第3期

原大秦俑制作的考察与研究　刘占成　考古与文物　1997年第5期

秦御官俑所佩玉环与我国古代的佩绶制度　李秀珍　秦文化论丛（第五辑）　西北大学出版社　1997年6月

试谈秦代将军铠甲复原　白荣金　中国文物报　1998年1月7日

秦俑学的社会功能　张文立　秦陵秦俑研究动态　1998年第2期

秦俑的史学价值　史党社　秦陵秦俑研究动态　1998年第3期

秦兵马俑色彩为何大红大绿　刘占成　秦陵秦俑研究动态　1998年第3期

秦俑三号坑西侧古墓墓主推论　李鼎铉　文博　1998年第4期

由秦俑坑考古看秦王朝的军事制度　张涛　中国文物世界　第149期 1998年

从出土秦兵马俑看战国时期战争之规模　刘占成　秦文化论丛（第七辑） 西北大学出版社　1999年5月

从秦陵文物看秦代青铜技术成就　何宏　秦文化论丛（第七辑）　西北大学出版社　1999年5月

秦俑坑青灰泥成分及其来源的测试研究　魏京武、李秀珍　秦文化论丛（第七辑）　西北大学出版社　1999年5月

秦俑二号坑棚木腐朽问题初探　张卫星　秦文化论丛（第七辑）　西北大学出版社　1999年5月

秦兵马俑修复中资料工作的研究　刘江卫　秦文化论丛（第七辑）　西北大学出版社　1999年5月

以小见大——秦俑指甲的启示　李淑萍　秦文化论丛（第七辑）　西北大学出版社　1999年5月

秦始皇陵兵马俑的发现与发掘　袁仲一　秦文化论丛（第七辑）　西北大学出版社　1999年5月

秦俑二号坑彩绘跪射俑清理方法探索　朱学文　文博　2000年第1期

秦俑二号坑发现两层棚木　王志友　文博　2000年第2期

秦俑鞋印的思考　兰德省　文博　2000年第2期

小议秦俑二号坑跪射俑履底纹样　朱学文、朱君孝　中国文物报　2000年2月23日3版

秦兵马俑与阳陵汉俑艺术特色之比较　黄倩茜　西北大学学报　2000年第4期；长安学丛书·艺术卷　陕西师范大学出版社、三秦出版社　2009年9月

秦俑坑出土的青灰泥的成分及其来源的测试研究　魏京武、李秀珍、吕厚远、吴乃琴　科技考古论丛（二）　中国科技大学出版社　2000年5月

计算机技术在秦俑考古工作中的应用——兼论信息时代考古工作的结构性重组　张仲立、张颖岚　科技考古论丛（二）　中国科技大学出版社　2000年5月

彩绘兵马俑的魅力　刘占成　东南文化　2000 年第 5 期

秦陵兵马俑与我国古代青铜器制造　王锐、许卫红　秦俑秦文化研究——秦俑学第五届学术讨论会论文集　陕西人民出版社　2000 年 8 月

论秦兵马俑坑建筑的形制与传承关系　张卫星　秦俑秦文化研究——秦俑学第五届学术讨论会论文集　陕西人民出版社　2000 年 8 月

秦俑的彩绘颜色　袁仲一　秦俑秦文化研究——秦俑学第五届学术讨论会论文集　陕西人民出版社　2000 年 8 月

秦俑研究三题　刘占成　秦俑秦文化研究——秦俑学第五届学术讨论会论文集　陕西人民出版社　2000 年 8 月

秦俑的"驱鬼"本义　吴小强　秦俑秦文化研究——秦俑学第五届学术讨论会论文集　陕西人民出版社　2000 年 8 月

试论秦陵武士铠甲塑造的革　许卫红　秦俑秦文化研究——秦俑学第五届学术讨论会论文集　陕西人民出版社　2000 年 8 月

秦俑冠式再探讨　党焕英　秦俑秦文化研究——秦俑学第五届学术会讨论论文集　陕西人民出版社　2000 年 8 月

秦兵马俑坑附近剖面全新世气候记录及春秋—秦汉历史时期气候环境　李秀珍、魏京武、吕厚远、吴乃琴　秦俑秦文化研究——秦俑学第五届学术讨论会论文集　陕西人民出版社　2000 年 8 月

用银雀山汉简兵法解读秦陵兵马俑　芦建华、杨玲　秦俑秦文化研究　陕西人民出版社　2000 年 8 月

秦车减震试探　朱思红、朱君孝　秦俑秦文化研究——秦俑学第五届学术讨论会论文集　陕西人民出版社　2000 年 8 月

从秦陵秦俑考古资料管理谈计算机在考古技术中的应用　孟中元　秦俑秦文化研究——秦俑学第五届学术讨论会论文集　陕西人民出版社　2000 年 8 月

秦陵兵马俑彩绘的研究与保护回顾　张志军　秦俑秦文化研究——秦俑学第五届学术讨论会论文集　陕西人民出版社　2000 年 8 月

秦俑二号坑彩绘陶俑的现场保护　周铁、容波、严苏梅　秦俑秦文化研究——秦俑学第五届学术讨论会论文集　陕西人民出版社　2000 年 8 月

秦兵马俑二号坑几个出土彩绘俑的现场保护　张志军、容波　秦俑秦文化

研究——秦俑学第五届学术讨论会论文集　陕西人民出版社　2000 年 8 月

秦俑遗址霉害调查及防霉剂对比研究　严苏梅、周铁　秦俑秦文化研究——秦俑学第五届学术讨论会论文集　陕西人民出版社　2000 年 8 月

秦俑二号坑朽木及炭化遗迹的加固　容波　秦俑秦文化研究——秦俑学第五届学术讨论会论文集　陕西人民出版社　2000 年 8 月

谈秦兵马俑的仿制工艺　刘江卫　秦俑秦文化研究——秦俑学第五届学术讨论会论文集　陕西人民出版社　2000 年 8 月

我国东周秦汉时期墓葬之内的木材防腐措施——从秦俑二号坑的一根棚木谈起　王志友、刘春华　秦俑秦文化研究——秦俑学第五届学术讨论会论文集　陕西人民出版社　2000 年 8 月

二十五年秦俑研究综述　张文立　秦俑秦文化研究——秦俑学第五届学术讨论会论文集　陕西人民出版社　2000 年 8 月

秦俑学第五届学术讨论会综述　徐卫民　秦俑秦文化研究——秦俑学第五届学术讨论会论文集　陕西人民出版社　2000 年 8 月

秦俑的史学价值　田静、史党社　陕西历史博物馆馆刊（第七辑）　三秦出版社　2000 年 10 月

近年来秦俑艺术研究述评　田静　历史文物月刊　2001 年第 1 期

秦始皇陵之谜　王子今　中国文物报　2001 年 1 月 17 日、1 月 24 日

秦俑二号坑绿面俑随想　刘占成　中国文物报　2001 年 1 月 10 日 7 版

"秦汉兵马俑比较暨两汉文化学术讨论会"简述　田静　三秦论坛　2001 年第 4 期

秦俑的发型　刘静　人与自然　2001 年第 5 期

浅谈秦兵马俑的修复　兰德省　文博　2001 年第 5 期

秦汉兵马俑文化比较研究——以秦始皇陵和汉景帝阳陵为中心　雷依群　文博　2001 年第 6 期

秦雕塑艺术文化述论　刘占成　周秦汉唐文明国际学术讨论会文集　三秦出版社　2001 年 6 月

漫谈秦篆与秦俑的艺术统一　张建华　碑林集刊（第七辑）　陕西人民美术出版社　2001 年 6 月

秦俑椎髻初探　任建库　秦文化论丛（第八辑）　陕西人民出版社　2001

年 8 月

试论秦俑彩绘服饰产生的历史条件　朱学文　秦文化论丛（第八辑）　陕西人民出版社　2001 年 8 月

秦俑二号坑"异型器"的室内清理　许卫红　秦文化论丛（第八辑）　陕西人民出版社　2001 年 8 月

秦兵马俑彩绘颜料的相关问题研究　张志军　秦文化论丛（第八辑）　陕西人民出版社　2001 年 8 月

秦俑二号坑绿面俑彩绘俑头的研究与保护　周铁等　秦文化论丛（第八辑）　陕西人民出版社　2001 年 8 月

秦俑陶质烧结温度的检测方法　雷勇、夏寅　秦文化论丛（第八辑）　陕西人民出版社　2001 年 8 月

由秦俑彩绘颜料矿石看秦代采矿业　容波、党小娟　陕西省文物考古工程协会成立十五周年纪念论文集　考古与文物丛刊第五号　2001 年

论秦始皇兵马俑的主体精神及相关问题　黄今言　江西师范大学学报 2002 年第 1 期

秦代的甲胄和马甲浅析　袁仲一　秦文化论丛（第九辑）　西北大学出版社　2002 年 7 月

秦兵马俑坑防漏设施初探　朱学文　文博　2002 年第 3 期

秦俑三号坑地衣的初步治理与探讨　严淑梅、李华、周铁　文博　2002 年第 3 期

秦始皇陵二号坑兵马俑原料产地的中子活化分析　张颖、赵维娟等　原子核物理评论　2002 年第 4 期

秦始皇陵三号坑兵马俑的指纹元素散布分析　张颖、赵维娟等　原子核物理评论　2002 年第 4 期

关于秦汉兵马俑几个问题的探讨　袁仲一　秦汉文化比较研究——秦汉兵马俑比较暨两汉文化研究论文集　三秦出版社　2002 年 4 月

秦汉兵马俑之对比研究　王恺、葛明宇　秦汉文化比较研究——秦汉兵马俑比较暨两汉文化研究论文集　三秦出版社　2002 年 4 月

秦汉兵马俑比较研究　刘占成、芦建华　秦汉文化比较研究——秦汉兵马俑比较暨两汉文化研究论文集　三秦出版社　2002 年 4 月

秦汉兵马俑比较二题　蒋文孝、党焕英　秦汉文化比较研究——秦汉兵马俑比较暨两汉文化研究论文集　三秦出版社　2002年4月

秦汉兵马俑文化传承的臆测　龚留柱　秦汉文化比较研究——秦汉兵马俑比较暨两汉文化研究论文集　三秦出版社　2002年4月

秦汉兵马俑比较研究——以秦始皇陵和汉景帝阳陵为中心　雷依群　秦汉文化比较研究——秦汉兵马俑比较暨两汉文化研究论文集　三秦出版社　2002年4月

秦俑·楚俑·汉俑——从考古资料看汉文化对秦文化、楚文化的继承　孔利宁、彭文　秦汉文化比较研究——秦汉兵马俑比较暨两汉文化研究论文集　三秦出版社　2002年4月

秦汉陶俑艺术的比较研究　王鹰　秦汉文化比较研究——秦汉兵马俑比较暨两汉文化研究论文集　三秦出版社　2002年4月

秦汉陶制兵马俑制作比较　赵昆、兰德省　秦汉文化比较研究——秦汉兵马俑比较暨两汉文化研究论文集　三秦出版社　2002年4月

秦兵马俑与阳陵兵马俑彩绘工艺对比研究　容波、孔利宁　秦汉文化比较研究——秦汉兵马俑比较暨两汉文化研究论文集　三秦出版社　2002年4月

秦汉兵马俑形体差异探源　刘照建、张玉　秦汉文化比较研究——秦汉兵马俑比较暨两汉文化研究论文集　三秦出版社　2002年4月

秦兵马俑与阳陵汉俑性格刻画之比较　蒋文孝　秦汉文化比较研究——秦汉兵马俑比较暨两汉文化研究论文集　三秦出版社　2002年4月

秦俑研究中若干问题的辨识　黄今言　秦汉文化比较研究——秦汉兵马俑比较暨两汉文化研究论文集　三秦出版社　2002年4月

秦陵步兵俑的行滕　王子今　秦汉文化比较研究——秦汉兵马俑比较暨两汉文化研究论文集　三秦出版社　2002年4月

自然科学技术与秦兵马俑学术研究　孟中元　秦汉文化比较研究——秦汉兵马俑比较暨两汉文化研究论文集　三秦出版社　2002年4月

秦汉军俑服饰之变化及服装的供给问题　党焕英　秦汉文化比较研究——秦汉兵马俑比较暨两汉文化研究论文集　三秦出版社　2002年4月

秦汉军俑服装散论　许卫红　秦汉文化比较研究——秦汉兵马俑比较暨两汉文化研究论文集　三秦出版社　2002年4月

秦汉兵马俑比较研究的历史与现状　田静　秦汉文化比较研究——秦汉兵马俑比较暨两汉文化研究论文集　三秦出版社　2002年4月

秦汉兵马俑暨两汉文化研讨会综述　田静　秦汉文化比较研究——秦汉兵马俑比较暨两汉文化研究论文集　三秦出版社　2002年4月

秦俑底层生漆研究　朱学文　文博　2002年第5期

秦俑二号坑的破坏过程初步分析　王志友　秦文化论丛（第九辑）　西北大学出版社　2002年7月

从秦俑彩绘看秦代军服颜色的规律　任建库　秦文化论丛（第九辑）　西北大学出版社　2002年7月

秦俑甲衣编缀方式新探　武丽娜　秦文化论丛（第九辑）　西北大学出版社　2002年7月

秦俑坑建筑遗址木材的树种鉴定　张志军　秦文化论丛（第九辑）　西北大学出版社　2002年7月

秦俑二号坑一件彩绘跪射俑的保护修复报告　兰德省、容波　秦文化论丛（第九辑）　西北大学出版社　2002年7月

秦俑彩绘加固新方法——电子束照加固法　容波等　秦文化论丛（第九辑）　西北大学出社　2002年7月

关于秦始皇陵原始文献解读的若干浅见　袁仲一　周秦汉唐文化研究（第一辑）　三秦出版社　2002年10月

秦俑头像的肖像性及其文化审美特征　李星明　东南文化　2003年第1期

秦始皇陵三号坑兵马俑的模糊聚类分析　赵维娟、李融武等　原子能科学技术　2003年第2期

秦俑二号坑被焚路线和被焚时间推测　申茂盛　秦陵秦俑研究动态　2003年第4期

秦始皇陵一号兵马俑坑的指纹元素散布分析　赵雅娟等　华夏考古　2003年第4期

秦陵兵马俑矿料来源及烧结方式的初步研究　单洁、周娟作、王昌燧、邱平、张仲立、朱君孝、张颖岚　核技术　2003年第4期

秦俑彩绘颜料及其偏光显微分析法略论　夏寅　秦文化论丛（第十辑）

三秦出版社　2003 年 7 月

秦兵马俑的发掘与古代军制　魏明德　教育与教学研究　2003 年第 7 期

秦俑二号坑彩绘俑的清理与提取　蒋文孝、武丽娜　科技考古论丛（三）　中国科技大学出版社　2003 年 8 月

蓬勃发展的秦俑科技考古　刘占成、蒋文孝　科技考古论丛（三）　中国科技大学出版社　2003 年 8 月

秦始皇兵马俑二号坑"青膏泥"来源的研究　张志军　科技考古论丛（三）　中国科技大学出版社　2003 年 8 月

秦俑坑青铜弩机的保护修复研究　容波　青铜文化研究（三）　黄山书社　2003 年 10 月

从秦汉兵马俑谈古战车退役的历史缘由　史宇阔、高忠玉　秦都咸阳与秦文化研究　陕西人民教育出版社　2003 年 11 月

兵马俑窑址初探　王望生　秦都咸阳与秦文化研究　陕西人民教育出版社　2003 年 11 月

由"兵马俑"发现权之争引起的思考　王学理　中国文物报　2004 年 2 月 4 日

秦兵马俑表层风化状况的研究　雷勇、原思训、郭宝发　文物保护与考古科学　2004 年第 4 期

永恒的艺术大师——秦兵马俑塑造者解读　张颖岚　上海文博论丛　2004 年第 4 期

从中西美术比较出发看秦俑与希腊雕塑　常敬峰　美与时代　2004 年第 6 期

秦俑艺术散论　党焕英　秦文化论丛（第十一辑）　三秦出版社　2004 年 6 月

"秦俑学第六届学术讨论会"综述　田静　中国文物报　2004 年 8 月 27 日

秦俑学第六届学术讨论会综述　孙立群　历史教学　2004 年第 9 期

试论秦始皇兵马俑的工艺技术渊源　朱君孝、宋远茹　考古与文物　2005 年第 2 期

秦始皇兵马俑的环境保护问题　黄克忠　中国文物报　2005 年 4 月 29 日 7 版

赞叹之余的反思——纪念秦兵马俑坑发掘 30 周年　孙立群　秦文化论丛

（第十二辑） 三秦出版社 2005年7月

秦俑军阵——秦厉行军国主义的集中展示 丁毅华 秦文化论丛（第十二辑） 三秦出版社 2005年7月

"项羽焚烧秦俑坑"说质疑 刘占成 秦文化论丛（第十二辑） 三秦出版社 2005年7月

世纪初秦陵秦俑研究趋向 张文立 秦文化论丛（第十二辑） 三秦出版社 2005年7月

兵马俑与项羽之死——秦京师军去向探微 李开元 秦文化论丛（第十二辑） 三秦出版社 2005年7月

从秦俑看秦人的审美意识 花艳芳 秦文化论丛（第十二辑） 三秦出版社 2005年7月

一组陶俑手势释义及其他 郭向东 秦文化论丛（第十二辑） 三秦出版社 2005年7月

"绿面（脸）俑"应称"青面俑"——试解"绿面（脸）俑"之谜 朱思红、张亚娜 秦文化论丛（第十二辑） 三秦出版社 2005年7月

关于秦铠甲的几个问题 蒋文孝、吕劲松 秦文化论丛（第十二辑） 三秦出版社 2005年7月

从秦兵马俑和汉石刻看雕塑理念演变 肖小裘、张瑶燕 艺海 2006年第3期

"绿面俑应为军中傩人"质疑 王锐 文博 2006年第6期

秦兵马俑"四号坑"质疑 刘占成 秦文化论丛（第十三辑） 三秦出版社 2006年10月

用数字传承文明——激光三维数字建模技术在秦俑遗址保护管理中的应用 赵昆 马生涛 四川文物 2007年第1期

秦兵马俑展留下的思考 李玲 北方文物 2007年第2期

秦兵马俑源自——秦始皇临终圣旨 虞秋宁 兰台内外 2007年第2期

基于GIS的秦始皇陵兵马俑文物保护数据库研究 李明明 宝鸡文理学院学报（自然科学版） 2007年第3期

秦俑一号坑土遗址裂隙观测研究初报 容波等 秦陵秦俑研究动态 2007年第3期

图像的力量:秦始皇的模型宇宙及其影响　［英］洁西卡·罗森、杨瑾　西安财经学院学报　2007年3期

论秦始皇兵马俑中的骑兵　梁少熊　秦陵秦俑研究动态　2007年第4期

秦始皇陵兵马俑写实主义风格的高度　张玲玲　艺术探索　2007年第4期

秦始皇兵马俑博物馆室内含硫颗粒物的 SEM – EDX 研究　胡塔峰、曹军骥、李旭祥、董俊刚、沈振兴　中国科学院研究生院学报　2007年第5期

秦兵马俑与秦陵新发现研究评述　田静　周秦汉唐文化研究(第五辑)　三秦出版社　2007年6月

浅论秦始皇兵马俑的艺术设计原则　张晨晨　文学教育　2007年第9期

秦兵马俑与秦始皇陵考古新发现综述　田静　中日学者论古代城市　三秦出版社　2007年10月

秦俑"陶环"考　刘占成　秦文化论丛(第十四辑)　三秦出版社　2007年10月

秦史、秦俑研究五题辨析　王关成　秦文化论丛(第十四辑)　三秦出版社　2007年10月

秦俑二号坑西北角出土的砖坯及相关问题的探讨　李秀珍、高俊　秦文化论丛(第十四辑)　三秦出版社　2007年10月

秦始皇陶俑:墓俑或功臣肖像?　郭静云　中山大学学报　2008年第1期

浅谈秦兵马俑的审美特点　周韵曦　2008年中国文化研究春之卷

秦兵马俑军阵塑造的指导思想探究　赵士祯　理论导刊　2008年第10期

秦兵马俑二号坑门道中出土的遗迹及相关信息分析　李秀珍　秦文化论丛(第十五辑)　三秦出版社　2008年10月

秦俑戳印探析　刘群、吕劲松　秦文化论丛(第十五辑)　三秦出版社　2008年10月

秦始皇兵马俑烧造初探——古陶瓷学科视角的观察与思考　陆明华　周秦汉唐文明研究论集　上海古籍出版社　2008年11月

近十年来秦始皇陵考古与秦文化研究述评　田静　西安财经学院学报　2009年第1期

秦始皇陵与汉阳陵陶俑比较及成因分析　柯羽阳　新视觉艺术　2009年

第 1 期

　　从秦俑看秦军防护装备的某些问题　朱学文　咸阳师范学院学报　2009 年第 1 期

　　秦俑研究回顾　袁仲一　秦陵秦俑研究动态　2009 年第 2 期

　　对秦俑修复工作的思考　张益、张志军　秦陵秦俑研究动态　2009 年第 2 期

　　发掘与展示结合的典范:秦兵马俑一号坑第三次发掘纪略　武丽娜　中国博物馆　2009 年第 2 期

　　秦俑是"兵"还是"郎"——一个貌似学术性的常识问题　王学理　唐都学刊　2009 年第 4 期;人大复印资料·先秦秦汉史　2009 年第 6 期

　　秦陵兵马俑中绿面俑容貌文化意义解读　王俊民、包柏成　宁夏大学学报 2009 年第 4 期

　　秦始皇陵兵马俑的形制排布及塑造艺术浅析　申文、勾荣国　河南机电高等专科学校学报　2009 年第 4 期

　　秦始皇帝陵近臣侍卫郎官俑与中国古代文明——"兵马俑"证谬　刘九生　唐都学刊　2009 年第 2 期;人大复印资料·先秦秦汉史　2009 年第 4 期

　　对"兵马俑"说的质疑和挑战　王立嘉　中国文物报　2009 年 5 月 20 日

　　《"兵马俑"证谬》后叙——兼驳刘庆柱　刘九生　唐都学刊　2009 年第 6 期

　　秦俑彩绘保护研究综述　周铁　文博　2009 年第 6 期

　　缺失彩绘的虚拟三维重建——秦俑彩绘　Felix Horn　文博　2009 年第 6 期

　　彩绘秦俑的考古发掘及相关问题研究　朱学文、赵昆　文博　2009 年第 6 期

　　利用电子束固化甘油甲基丙烯酸酯加固剂保护秦俑彩绘　Heinz Langhals、Beata Oginski　文博　2009 年第 6 期

　　秦人的务实作风——谈秦俑艺术中的细节美　田静　长安学丛书·艺术卷 陕西师范大学出版社、三秦出版社　2009 年 9 月

　　秦俑坑的独轮车及辇的轮辙遗迹　袁仲一　秦汉史论——何清谷教授八十华诞庆祝文集　三秦出版社　2009 年 10 月

秦俑雕塑与秦人的务实作风　田静　唐都学刊　2010年第1期；秦俑博物馆开馆三十周年秦俑学第七届年会国际学术研讨会论文集　三秦出版社　2010年8月

对《兵马俑证谬》一文的问谬　秦勇　唐都学刊　2010年第1期

秦俑冠饰的新发现　党焕英、刘群　秦陵秦俑研究动态　2010年第2期

2009年秦俑一号坑第三次发掘的主要收获　秦始皇兵马俑博物馆一号坑考古队　秦陵秦俑研究动态　2010年第2期

秦始皇陵兵马俑坑营建年代述考　刘占成、杨欢　秦陵秦俑研究动态　2010年第3期

也谈秦俑二号坑出土的绿面俑　朱学文　文博　2010年第4期

由秦俑二号坑形制所引起的思考　申茂盛　文博　2010年第4期

秦俑彩绘相关问题研究　张益等　文博　2010年第4期

并非"无坑不阵"，而"军事生活的缩影"才是兵马俑表现的本意——关于秦俑坑属性和作用争论的话题　王学理　长安大学学报　2010年第4期

2009年秦俑一号坑第三次发掘的主要收获　许卫红　中国文物报　2010年5月7日

秦兵马俑的人文思想体系　赵士祯　秦俑博物馆开馆三十周年秦俑学第七届年会国际学术研讨会论文集　三秦出版社　2010年8月

对秦俑矩阵（一号坑）编成的诠释　王学理　秦俑博物馆开馆三十周年秦俑学第七届年会国际学术研讨会论文集　三秦出版社　2010年8月

四号坑与"三军"制　李铨　秦俑博物馆开馆三十周年秦俑学第七届年会国际学术研讨会论文集　三秦出版社　2010年8月

秦俑二号坑出土一件彩绘陶俑刻文浅析　兰德省　秦俑博物馆开馆三十周年秦俑学第七届年会国际学术研讨会论文集　三秦出版社　2010年8月

秦俑彩绘技法的渊源　张志军、张益　秦俑博物馆开馆三十周年秦俑学第七届年会国际学术研讨会论文集　三秦出版社　2010年8月

秦俑博物馆文物保护三十年　吴永琪　秦俑博物馆开馆三十周年秦俑学第七届年会国际学术研讨会论文集　三秦出版社　2010年8月

秦俑彩绘紫色颜料的再研究　夏寅等　秦俑博物馆开馆三十周年秦俑学第七届年会国际学术研讨会论文集　三秦出版社　2010年8月

秦俑与古埃及圆雕肖像写实研究　吕劲松　秦俑博物馆开馆三十周年秦俑学第七届年会国际学术研讨会论文集　三秦出版社　2010年8月

数字考古在考古学中的应用潜力——以秦始皇陵兵马俑考古工作为例　孟中元　秦俑博物馆开馆三十周年秦俑学第七届年会国际学术研讨会论文集　三秦出版社　2010年8月

近年秦陵秦俑研究平议　张文立　秦俑博物馆开馆三十周年秦俑学第七届年会国际学术研讨会论文集　三秦出版社　2010年8月

风格与功能——以秦俑为例对古代工匠制作的思考　吴立行　秦俑博物馆开馆三十周年秦俑学第七届年会国际学术研讨会论文集　三秦出版社　2010年8月

新丰秦墓出土青铜器腐蚀状态初步研究　付倩丽　文博　2011年第6期

秦始皇陵兵马俑坑营造年代述考　刘占成、杨欢　秦始皇帝陵博物院（总壹辑）　三秦出版社　2011年6月

浅谈秦俑军服的构成要素　王学理　陕西历史博物馆馆刊（第18辑）　三秦出版社　2011年12月

秦俑二号坑土壤干缩特征研究　王亮　北方文物　2012年第1期

秦俑二号坑土壤干缩特征研究　容波、朱振宇、李斌、王春燕、王婷　北方文物　2012年第1期

秦俑发现发掘史略　王学理　周秦汉唐文化研究（第八辑）　三秦出版社　2012年2月

兵马俑坑："陈兵图"——秦军是生活的代表：关于属性和作用争论的话题　王学理　考古与文物　2012年第3期

秦俑是"兵"是"郎"？——与刘九生先生商榷　申茂盛　文博　2012年第3期

秦俑两军建制与奇正战术——从"四号坑"说起　张占民　文博　2012年第4期

秦俑二号坑出土一件彩绘跪射俑的保护修复　张尚欣、付倩丽、黄建华、王亮、李斌、严苏梅、毛晓芬　文物保护与考古科学　2012年第4期

秦俑二号坑出土一件彩绘跪射俑的保护修复　张尚欣　文物保护与考古科学　2012年第4期

秦兵马俑坑建筑与内涵　刘占成、刘珥、张立莹　秦陵秦俑研究动态　2012年第4期

秦兵马俑一号坑军队指挥系统试析　邵文斌　秦始皇帝陵博物院（总贰辑）　三秦出版社　2012年7月

秦俑坑考古发掘现场脆弱遗迹提取保护　容波、王春燕、李华　秦始皇帝陵博物院（总贰辑）　三秦出版社　2012年7月

秦俑一号坑第三次发掘出土兵马俑保护修复进展　兰德省、王东峰、张尚欣、容波、夏寅、黄建华　秦始皇帝陵博物院（总贰辑）　三秦出版社　2012年7月

秦兵马俑中的"郎系统"　刘占成　唐都学刊　2013年第5期

秦兵马俑陪葬坑出土漆器概述　曹玮、许卫红　嬴秦西垂文化——甘肃秦文化研究会首届学术研讨会论文集　甘肃人民出版社　2013年9月

秦俑一号坑新出土兵马俑的保护修复——以T23:G9:9号高级军吏俑为例　兰德省　中国文物报　2013年11月1日

秦汉兵马俑艺术特色比较研究　邱实　陕西历史博物馆馆刊（第20辑）　三秦出版社　2013年12月

秦始皇帝陵一号兵马俑陪葬坑出土弓弭小考　许卫红、申茂盛　秦陵秦俑研究动态　2014年第1期

秦始皇帝陵园兵俑军衔与兵俑冠式、甲衣　申茂盛　秦始皇帝陵博物院（总贰辑）　三秦出版社　2012年7月

秦兵马俑一号坑笼箙木炭分析的收获　王树芝、许卫红、赵志军　中国文物报　2014年2月28日

秦俑甲衣上的"甲带"现象分析　王煊　秦陵秦俑研究动态　2014年第3期

谈秦俑服装研究中的问题　张士伟、陈朝军　艺术设计研究　2014年第4期

秦俑真的是"郎"吗？——与刘九生先生商榷　申茂盛　唐都学刊　2014年第5期；人大复印资料·先秦秦汉史　2015年第2期

秦俑服饰研究探索中的一些体会　王煊　秦始皇帝陵博物院（总肆辑）　陕西人民出版社　2014年9月

秦俑一号坑新出土兵马俑保护修复报告　兰德省、王东峰、孔琳　秦始皇帝陵博物院(总肆辑)　陕西人民出版社　2014年9月

秦始皇帝陵博物院临展环境监控分析　李华　秦始皇帝陵博物院(总肆辑)　陕西人民出版社　2014年9月

关于坐、跽、跪、箕踞、恭立等秦俑的诠释　袁仲一　秦始皇帝陵博物院(总肆辑)　陕西人民出版社　2014年9月

环境因素对秦俑彩绘加固材料PU影响的实验研究　张志军、党焕英、王伟峰、张益　秦始皇帝陵博物院(总肆辑)　陕西人民出版社　2014年9月

秦俑面部表情再探讨　冯莉　文物世界　2015年第3期

秦始皇陵兵马俑考古情境分析四例　许卫红　文博　2015年第3期

秦始皇陵兵马俑为何没有女俑？　申坤　大众考古　2015年第6期

秦俑"偪胫"说　王子今　秦始皇帝陵博物院(总伍辑)　陕西师范大学出版社　2015年10月

秦俑彩绘溯源研究　武丽娜、陈洪、容波、邵文斌　秦始皇帝陵博物院(总伍辑)　陕西师范大学出版社　2015年10月

秦俑三号坑鹿角考识　吕劲松、郑宁　陕西历史博物馆馆刊(第22辑)　三秦出版社　2015年10月

关于秦代甲衣复原研究内涵和制作工艺的理论探索　王煊　陕西历史博物馆馆刊(第22辑)　三秦出版社　2015年10月

秦"俑"随葬相关问题略论　张小燕、田宝华　中国民族博览　2016年第2期

秦骑兵与马镫相关问题探踪——从秦兵马俑二号坑骑兵俑谈起　刘占成　秦陵秦俑研究动态　2016年第3期

兵马俑的设计规格及其设计理念　[日]市元垒著,陈洪译　秦陵秦俑研究动态　2016年第3期

基于力矩平衡原理的秦兵马俑重心测量及临界地震加速度计算　王亮、王东峰、惠娜　文物保护与考古科学　2016年第1期

秦兵马俑雕刻艺术受域外文化影响的研究　武丽娜　秦陵秦俑研究动态　2016年第4期

秦俑坑出土弩机"檠"性质初探　申茂盛　秦始皇帝陵博物院(总陆辑)

陕西师范大学出版社　2016年10月

秦兵马俑彩绘的服饰文化探析　叶晔　秦始皇帝陵博物院(总陆辑)　陕西师范大学出版社　2016年10月

秦俑甲衣带研究的理论阐释暨甲带造型探析　王煊　秦始皇帝陵博物院(总陆辑)　陕西师范大学出版社　2016年10月

秦俑高级军吏俑类型札甲复原分析　王煊　陕西历史博物馆馆刊(第23辑)　三秦出版社　2016年11月

传统雕塑中秦始皇兵马俑造型观研究　张海童　雕塑　2017年第2期

秦始皇陵一号兵马俑陪葬坑第三次发掘重要发现和新认识　申茂盛　秦始皇帝陵博物院(总柒辑)　三秦出版社　2017年10月

五色观与秦俑服装色彩搭配　王春燕　文物世界　2019年第1期

我与秦兵马俑及军队史的研究——纪念林剑鸣先生逝世20周年　白建钢　秦史:崛起与统一　西北大学出版社　2019年2月

"拄剑将军俑"误判校正　党士学　秦始皇帝陵博物院(总捌辑)　西北大学出版社　2018年9月

三十年来秦始皇陵及兵马俑研究述评　田静　秦史:崛起与统一　西北大学出版社　2019年2月

计算机视觉技术与中国兵马俑的考古学分类研究　Andrew Bevan、李秀珍等　考古与文物　2019年第4期

韩非思想与秦兵马俑艺术刍议　程玉萍、高明　陕西师范大学学报　2019年第5期

秦俑一号坑出土陶俑修复粘接剂的筛选与应用研究　兰德省　文物保护与考古科学　2019年第5期

秦始皇兵马俑彩绘胶料的气相色谱—质谱联用分析　杨璐、黄建华、申茂盛、王丽琴、卫引茂　分析化学　2019年第5期

秦汉兵马俑对比研究　田书殷　汉字文化　2019年第10期

3. 秦铜车马

秦始皇陵出土大型铜车铜马铜人　人文杂志　1981年第1期

秦始皇的铜车马　王家广　西安晚报　1981年1月6日

我国考古史上又一巨大发现　大型铜车铜马铜人在秦始皇陵出土　叶浓、黄

静　人文杂志　1981年第1期

我国考古工作的又一重大收获　秦始皇陵出土大型彩绘铜车马　闻悟　人民日报　1983年7月22日

秦始皇陵二号铜车马初探　秦俑考古队　文物　1983年第7期

始皇陵二号铜车马对车制研究的新启示　孙机　文物　1983年第7期

秦陵铜车马与秦始皇出巡　云辉等　文物天地　1983年第6期

西安的瑰宝秦陵铜车马　王崇人　旅游天地　1983年第6期

"真"与"美"的巡礼——谈铜车马的科学艺术价值　兴文等　陕西日报　1983年10月25日

五时副车铜偶所反映的秦代鸾驾制度　王学理　秦陵二号铜车马（考古与文物丛刊第一号）　1983年11月

秦陵二号铜车马的艺术造型、装饰与彩绘　王正华　秦陵二号铜车马（考古与文物丛刊第一号）　1983年11月

秦陵二号铜车马的发现　杨正卿　秦陵二号铜车马（考古与文物丛刊第一号）　1983年11月

秦陵二号铜车马　袁仲一、程学华　秦陵二号铜车马（考古与文物丛刊第一号）　1983年11月

秦陵二号铜车连接技术的初步考证　华自圭　秦陵二号铜车马（考古与文物丛刊第一号）　1983年11月

秦陵二号铜车马　张文立　人文杂志　1984年第1期

秦陵彩绘铜车结构规格　程学华、周柏龄　文博　1984年第1期

秦始皇的铜车马　郭伯南　文史知识　1984年第7期

秦陵二号铜车车舆纹饰仿衣蔽属性初探　张仲立　文博　1985年第1期

关于秦陵二号铜车御者俑　王子今、高大伦、周苏平　文博　1985年第1期

胁驱、阴靷……与二号铜车马　彭京士　湘潭师专学报　1985年第2期

关于秦陵二号铜车马　党士学　文博　1985年第2期

秦始皇陵区出土的铜车马　郭长江　陕西交通史志通讯　1985年第2期

再谈秦始皇陵区出土的铜车马　王开　陕西交通史志通讯　1985年第3期

铜车马修复中的几点认识　吴永琪　文博　1987年第1期;秦文化论丛（第一集）　西北大学出版社　1993年5月

秦陵一号铜车马彩绘的保护　张志军　文博　1987年第6期

秦始皇陵彩绘铜安车的科技成就漫议　王学理　北方文物　1988年第4期

秦陵铜车舆内出土文物释名　聂新民　中国文物报　1988年4月22日;考古与文物　1989年第3期

秦始皇陵铜车马　吴永琪　文物天地　1988年第5期

辒辌车刍议——兼论秦陵二号铜车的相关问题　王关成　文博　1989年第5期;秦文化论丛(第一集)　西北大学出版社　1993年5月

秦始皇陵一号铜车马　程学华　考古与文物　1990年第5期

秦陵铜车车舆结构与车舆衣蔽再探　张仲立　文博　1990年第5期

再谈秦陵铜车马的几个问题　党士学　文博　1990年第5期

秦陵铜车马的伞盖、镳衔及铜丝类件的加工工艺　邢力谦、郑宗惠、程学华　考古与文物　1990年第5期

略论始皇陵一号铜车　孙机　文物　1991年第1期

秦陵二号铜车马的形制及系驾方法　袁仲一　庆祝武伯纶先生九十华诞文集　三秦出版社　1991年9月

秦陵铜车车舆结构与车舆衣蔽再探　张仲立、党士学　秦文化论丛(第一集)　西北大学出版社　1993年5月

试论秦陵一号铜车马　党士学　文博　1994年第6期

铜车马御官俑佩剑之我见　马青云　文博　1995年第1期

秦始皇陵彩绘铜车马　张涛　丝绸之路　1995年第5期

秦陵一号铜车马失匣图案　刘晓华　文博　1996年第6期

秦陵铜车马密封保护技术研究　张佐华　考古与文物　1995年第6期

秦陵铜车马典型构件分析　杨青、吴京祥　西北农业大学学报　1995年增刊

秦陵铜车轮轴部件设计中的力学和机械学原理　杨青、杜白石　西北农业大学学报　1995年增刊

秦陵铜车马的牵引性能分析　杜白石、杨青、李正　西北农业大学学报

1995 年增刊

秦陵一号铜车立伞结构的分析研究　杨青、吴京祥、程学华　西北农业大学学报　1995 年增刊

秦陵铜车马的结构及制作工艺　袁仲一、程学华　西北农业大学学报　1995 年增刊

秦陵铜车马中钻削技术应用研究　侯介仁　西北农业大学学报　1995 年增刊

秦陵铜车马中镶嵌工艺的使用　侯介仁　西北农业大学学报　1995 年增刊

秦陵铜车马标准化概述　袁仲一、赵培智　西北农业大学学报　1995 年增刊

秦陵铜车马木车马构件的标准化初考　杨青、吴京祥　西北农业大学学报　1995 年增刊

秦陵二号铜车车茵考　许珅　文博　1997 年第 2 期

秦陵铜车马的科学工艺　徐卫民　科技博物　1998 年第 1 期

秦始皇陵一号铜车出土铜弩研究　朱思红　秦文化论丛（第七辑）　西北大学出版社　1999 年 5 月

秦陵铜车马坑出土两件青铜剑　阎红霞　文博　1999 年第 6 期

秦陵铜车马残件剖析　程德润、郭宝发、程波　科技考古论丛（二）　中国科技大学出版社　2000 年 5 月

论一号铜车马上的Ⅱ型箭　陈春辉　秦俑秦文化研究——秦俑学第五届学术讨论会论文集　陕西人民出版社　2000 年 8 月

秦车减震试探　朱思红、朱君孝　秦俑秦文化研究——秦俑学第五届学术讨论会论文集　陕西人民出版社　2000 年 8 月

试论中国青铜器铸接和焊接及其在秦陵铜车马中的发展运用　申茂盛　秦俑秦文化研究——秦俑学第五届学术讨论会论文集　陕西人民出版社　2000 年 8 月

铜车马内的铜壶和铜折页　郭兴文　文博　2002 年第 2 期

考辨铜车马内的铜壶和铜折页　郭兴文　秦文化论丛（第九辑）　西北大学出版社　2002 年 7 月

惊世铜车马　张仲立　文物天地　2002 年第 10 期

秦始皇陵一号铜车上铜弩的力学分析　朱思红、任建库　考古与文物 2002 年汉唐考古增刊

从秦陵铜车马上的菱形纹样看秦文化与楚文化的交流　彭文　中原文物 2003 年第 1 期

从秦始皇陵出土铜车看"绥"的部位与形制　汪少华　华东师大学报 2004 年第 1 期；秦文化论丛（第十一辑）　三秦出版社　2004 年 6 月

秦陵铜车马的文化渊源及历史必然性　赵士祯　人文杂志　2004 年第 2 期

试论秦始皇陵铜车内的铜方壶定名　汪少华　杭州师范学院学报　2004 年第 3 期

从秦始皇陵出土铜车看"绥"的部位与形制　汪少华　秦文化论丛（第十一辑）　三秦出版社　2004 年 6 月

秦始皇陵铜车马纹饰的初步考察　张卫星　中原文物　2005 年第 3 期；中国文物报　2005 年 7 月 22 日 7 版

秦陵铜车马相关问题再探　党士学　秦文化论丛（第十二辑）　三秦出版社　2005 年 7 月

秦陵兵马俑·铜车马研究脞谈　王关成　咸阳师范学院学报　2006 年第 5 期

秦陵铜车马的舆底结构、牵引关系与力学应用　党士学　咸阳师范学院学报　2007 年第 5 期

从秦陵铜车看古代车的轮轴系统　党士学　秦文化论丛（第十四辑）　三秦出版社　2007 年 10 月

从考古学意义上考察秦陵铜车马对古车的发展和创新　赵士祯　考古与文物　2007 年增刊·汉唐考古

秦陵铜车御者佩饰与"王负剑"新释　党士学　咸阳师范学院学报　2008 年 3 期

论秦陵铜车马的文化品位　赵士祯　新西部　2008 年第 4 期

秦陵铜车马具马饰撷考　党士学　秦文化论丛（第十五辑）　三秦出版社 2008 年 10 月

秦陵铜车马的舆底结构、牵引关系与力学应用　党士学　周秦汉唐文明研究论集　上海古籍出版社　2008年11月

秦陵铜车马车盖及相关问题研究　党士学　回顾与创新·创新篇——秦始皇兵马俑博物馆开馆三十周年纪念文集　三秦出版社　2009年8月

秦陵铜车马彩绘工艺简析　程乾宁、胡小玉　回顾与创新·创新篇——秦始皇兵马俑博物馆开馆三十周年纪念文集　三秦出版社　2009年8月

试谈秦陵铜车马的银䗊与飞铃　戴少婷　回顾与创新·创新篇——秦始皇兵马俑博物馆开馆三十周年纪念文集　三秦出版社　2009年8月

秦陵铜车马与艺术的永恒　刘珺　回顾与创新·创新篇——秦始皇兵马俑博物馆开馆三十周年纪念文集　三秦出版社　2009年8月

秦陵铜立车车舆结构及衣蔽解析　党士学　秦陵秦俑研究动态　2010年第2期

由秦陵二号车形制所引起的思考　申茂盛　秦陵秦俑研究动态　2010年第2期

秦陵铜车马中关于登车的两组附件解析　党士学　秦俑博物馆开馆三十周年秦俑学第七届年会国际学术研讨会论文集　三秦出版社　2010年8月

秦陵铜立车车舆结构及衣蔽解析　党士学　秦始皇帝陵博物院（总壹辑）　三秦出版社　2011年6月

秦陵铜车马埋藏与"铜车马坑"性质初探　刘占成、刘珺　文博　2012年第6期

谈策释锶　党士学　秦始皇帝陵博物院（总贰辑）　三秦出版社　2012年7月

再论秦陵"铜车马坑"的性质　刘占成、赵颖　秦陵秦俑研究动态　2014年第1期

祭器还是明器——对秦始皇陵铜车马属性的一点认识　陈钢　文博　2014年第5期

关于"軗"和"軗軥"的一点认识　刘春华、薛雯　秦始皇帝陵博物院（总肆辑）　陕西人民出版社　2014年9月

秦人车马殉葬方式及其渊源　刘婷、梁云　秦始皇帝陵博物院（总伍辑）　陕西师范大学出版社　2015年10月

对《关于"艗"和"艗䎃"的一点认识》的一些补充　刘春华　秦始皇帝陵博物院（总伍辑）　陕西师范大学出版社　2015年10月

秦陵出土青铜马车制作比例研究　杨欢　秦陵秦俑研究动态　2016年第4期

略谈秦陵铜车马的文化史意义　史党社　故宫文物月刊　2016年第5期

始皇陵2号铜车对车制研究的新启示　孙机　载驰载驱：中国古代车马文化　上海古籍出版社　2016年7月

略论始皇陵1号铜车　孙机　载驰载驱：中国古代车马文化　上海古籍出版社　2016年7月

一号青铜马车之绥　曹玮　秦始皇帝陵博物院（总陆辑）　陕西师范大学出版社　2016年10月

如何讲解秦陵铜车马　党士学　遗产地讲解培训研究——以秦陵博物院为例　陕西人民出版社　2017年1月

古车伏兔及相关问题研究　党士学　秦始皇帝陵博物院（总柒辑）　三秦出版社　2017年10月

秦马车的文化史意义——从秦陵出土铜车马谈起　史党社　秦始皇帝陵博物院（总柒辑）　三秦出版社　2017年10月

秦陵出土青铜马车制作比例研究　杨欢　秦始皇帝陵博物院（总柒辑）　三秦出版社　2017年10月

（三）访谈、动态

1.学术访谈

世界冶金史上的奇迹——考古工作者王学理谈秦俑坑青铜器的科技成就　王兆麟　西安晚报　1981年1月30日

秦始皇兵马俑出土二三事——访陕西省考古研究所袁仲一同志　王世勋　解放军报　1981年11月22日

纪念秦兵马俑坑发现十周年——秦俑学术讨论会在陕西临潼召开　文博　1984年第3期

秦始皇不是兵马俑坑的主人　孙特　光明日报　1984年10月10日

文物考古专家聚会西安得出结论秦俑坑的主人是秦始皇　文汇报　1985

年 11 月 1 日

秦俑发现十周年暨秦俑研究学术讨论会　聂新民　中国考古学年鉴 1986　文物出版社　1988 年 3 月

秦俑的价值——访著名秦汉史专家林剑鸣教授　田静　秦陵秦俑研究动态 1989 年第 1 期

袁仲一馆长谈秦俑研究　田静　秦陵秦俑研究动态　1989 年第 1 期

谈秦俑研究者应具备的素质——访秦俑学研究会顾问何正璜研究员　田静　秦陵秦俑研究动态　1989 年第 1 期

秦俑问题访谈录——王学理答《咸阳师范学院学报》编辑问　王学理　咸阳师范学院学报　2010 年第 3 期

袁仲一：谁解秦俑千古谜　贾妍　西安晚报　2012 年 12 月 30 日

用秦俑传播中国文化——访秦始皇帝陵博物院副院长田静　陆航　中国社会科学报　2016 年 8 月 12 日

别了，秦俑考古发掘的拓荒者　张佳　西安晚报　2018 年 5 月 31 日

"他把生命交给了考古事业"——记秦兵马俑考古发掘的拓荒者赵康民　蔡馨逸、杨一苗　人民日报（海外版）　2018 年 6 月 5 日

我们是兵马俑的专科医生　张丹华　人民日报　2018 年 10 月 25 日

兵马俑为什么是世界奇迹 奇在哪里——考古学家袁仲一讲述秦兵马俑考古挖掘的故事　张宇明　西安晚报　2019 年 3 月 30 日

2. 重要文章

临潼出土秦代陶俑　陕西日报　1964 年 9 月 15 日

临潼出土的秦代兵马俑　北京汽车制造厂工人理论组等　光明日报　1975 年 8 月 6 日

秦代兵马俑坑　李域铮　西安日报　1979 年 1 月 19 日

秦始皇陵地下布局的奥秘逐步揭开　王兆麟　陕西日报　1981 年 8 月 17 日

秦始皇陵地下布局探奥　王兆麟　解放日报　1981 年 10 月 13 日

秦始皇兵马俑坑　袁仲一　历史教学问题　1982 年第 1 期

秦俑坑——历史的见证　余焕春　人民日报　1982 年 3 月 14 日

一支"地下王国"的卫队　王函　新观察　1982 年第 5 期

秦俑一号坑炭化遗迹的加固　单伟、张康生、刘世勋　考古与文物　1982年第6期

秦乐府编钟　李国珍　陕西日报　1982年6月10日

秦俑坑首次发现长铍　张占民　陕西日报　1983年1月13日

秦俑如何名扬中外　张健中　陕西日报　1983年9月23日

鞞——秦代的油壶　党士学　陕西日报　1983年10月25日

秦俑马尾巴琐谈　郭兴文　陕西日报　1984年12月11日

鎏金铜凤与史载金凫　赵康民　陕西日报　1984年12月11日

秦陵地宫之谜　苏民生、王兆麟、刘海民　瞭望　1985年第42期

秦陵东侧新出一座马厩坑　张文立　文物报　1986年2月7日

秦始皇陵区——中国历史天然博物馆　王兆麟　光明日报　1986年4月6日

考古工作者清理出第二驾秦陵铜车马　光明日报　1986年4月27日

秦公陵园的小秦俑　郭兴文　西安晚报　1986年5月15日

漫话秦弓弩　姜彩凡　陕西工人报　1986年7月8日

秦尚水与秦俑颜色　张文立　陕西工人报　1986年8月1日

秦俑为何不戴头盔　兴文　陕西工人报　1986年9月9日

秦俑坑有多少战车　刘占成　陕西日报　1986年9月27日

秦俑彩绘艺术　张占民　西安晚报　1986年10月23日

秦兵马俑坑焚毁之谜　卢鹰　中外历史　1987年第1期

秦俑在国外　袁仲一　中外历史　1987年第2期

秦陵乐府钟　张文立　文物报　1987年2月20日

五岭和鱼池　张文立　陕西工人报　1987年9月10日

珍兽坑和马厩坑　张文立　陕西工人报　1987年10月29日、12月26日

临潼县秦始皇陵东侧马厩坑　张文立　中国考古学年鉴1987　文物出版社　1988年10月

秦始皇是不是兵马俑的主人？　季平　人民日报(海外版)　1988年6月6日

秦俑坑中的骑士　姜彩凡　中国文物报　1988年9月23日

秦兵马俑3号坑开始发掘　王兆麟　人民日报　1988年12月20日

秦俑研究架构中的一个重要侧面　张仲立　秦陵秦俑研究动态　1989年

第 1 期

秦俑研究漫想　张仲立　秦陵秦俑研究动态　1989 年第 1 期

秦俑文物、遗址保护的现状及面临的严重课题　王关成　秦陵秦俑研究动态　1989 年第 1 期

秦俑研究如何深入　刘占成　秦陵秦俑研究动态　1989 年第 1 期

秦俑研究问题刍言　李鼎铉　秦陵秦俑研究动态　1989 年第 1 期

秦始皇陵地宫之谜　范愉智　人民日报（海外版）　1989 年 8 月 17 日

兵马俑主人是谁　北京晚报　1989 年 10 月 15 日

秦俑坑土遗址保护　姜彩凡　中国文物报　1990 年 1 月 29 日

谁是三号坑的破坏者　徐卫民　中国旅游报　1990 年 2 月 7 日

秦陵与环境学　张文立　陕西工人报　1990 年 2 月 8 日

秦俑发现与科技考古　张文立　陕西工人报　1990 年 3 月 22 日

多兵种组合的秦俑二号坑　徐卫民　中国旅游报　1990 年 5 月 21 日

秦先公先王陵园与始皇帝陵　张文立　陕西工人报　1990 年 8 月 9 日

秦俑的写实与艺术　张文立　陕西工人报　1990 年 9 月 20 日（上）、11 月 8 日（下）

秦始皇帝的冥军　张文立　陕西工人报　1990 年 12 月 13 日

水保员与兵马俑发现始末　张骅　中国水利报　1990 年 12 月 29 日

秦始皇地宫之谜　潘振扬　陕西日报　1991 年 2 月 2 日

秦陵与环境学　张文立　陕西工人报　1990 年 2 月 8 日

秦陵出土的铁工具　张文立　陕西工人日报　1991 年 3 月 7 日

秦俑坑中"木箱"初探　刘占成、姜彩凡　秦陵秦俑研究动态　1991 年第 3 期

秦始皇兵马俑坑中有盾吗　姜彩凡　秦陵秦俑研究动态　1991 年第 3 期

秦陵出土的刑具　张文立　陕西工人报　1991 年 5 月 23 日

英国学者认为领带源自秦始皇　胡家驹　参考消息　1991 年 6 月 29 日

从秦俑军阵看奇正战术思想　刘瑞华　历史大观园　1991 年第 6 期

兵马俑奇迹的发现　张骅　黄河报　1989 年 7 月 20 日 3 版

秦陵出土的印章　张文立　陕西工人报　1991 年 7 月 28 日

秦军的指挥号令　张文立　陕西工人报　1991 年 10 月 3 日

秦始皇陵全貌初步探明　李坚　新民晚报、文摘报　1991 年 11 月 30 日 3 版

秦始皇陵发现秦铸钱作坊　林泊　中国文物报　1992 年 8 月 23 日

秦始皇陵地宫猜想　郭志坤　文汇报　1993 年 8 月 27 日

兵马俑是怎样保护的　曹家骧　人民日报(海外版)　1994 年 1 月 27 日

卓越非凡的制陶艺术——从秦陵兵马俑看秦代科技　田静　西部高新科技 1994 年第 3、4 期合刊

科学精湛的青铜冶铸与组装技术——从秦陵铜车马看秦代科技　田静　西部高新科技　1994 年第 3、4 期合刊

高度发达的采矿技术——从秦陵封土汞异常看秦代科技　田静　西部高新科技　1994 年第 5 期

科学严密的地下工程——从秦陵地宫看秦代科技　田静　西部高新科技 1994 年第 6 期

秦俑绘彩小议　王志龙　文博　1994 年第 6 期

秦兵马俑二号坑的四兽阵　周士琦　光明日报　1994 年 11 月 28 日

秦俑坑中的指挥工具漫谈　田静　中国旅游报　1994 年 8 月 17 日

秦俑二号坑文物精华　石磊　中国文物世界　1994 年第 12 期

秦俑二号坑终见天日　济琛　文物天地　1995 年第 1 期

骑兵鞍马甲天下立射跪射冠古今——写在秦俑二号坑对外展出之际　张涛 丝绸之路　1995 年第 1 期

秦俑二号坑大部分发掘工作面已接近棚木层,陶俑驷乘车出土　王兆麟、曹家骧　文汇报　1995 年 5 月 9 日

雄姿勃发的秦代骑兵　郭淑珍　中国文物报　1995 年 7 月 2 日

秦始皇陵发掘出大型陵寝遗址　张占民、王兆麟　人民日报(海外版) 1995 年 7 月 25 日;光明日报　1995 年 7 月 26 日

秦陵又发现大型陵寝遗址　王兆麟　文汇报　1995 年 9 月 5 日

重见天日的世界奇迹——秦兵马俑发现始末　古方　百科知识　1997 年第 1 期

秦陵是否遭盗焚之谜:秦始皇陵探秘之四　王兆麟　炎黄世界　1998 年第 2 期

甲胄藏千年一出天地惊——秦始皇陵园发现大型铠甲坑　文博　1999年第5期

彩绘秦俑新出土　秦俑考古队袁仲一　中国文物报　1999年7月31日

彩绘秦俑的艺术魅力　秦俑考古队　中国文物报　1999年7月31日

秦俑二号坑出土精美彩绘俑　刘占成、朱学文　中国文物报　1999年8月1日

巨型陪葬坑出土罕见石甲胄　段清波　中国文物报　1999年10月10日

秦陵又发现百戏陶俑陪葬坑　段清波　中国文物报　1999年10月13日

秦陵园考古勘探工作获重要进展　段清波　中国文物报　1999年10月20日

秦始皇陵的重大发现　王兆麟　文物天地　2000年第1期

秦兵马俑的彩绘　文笑　文物天地　2000年第1期

漫话秦陵百戏俑　张文立　中国文物报　2000年1月26日

秦始皇陵出土百戏陶俑　张文立　人民日报　2000年2月3日

秦始皇陵园最新考古发现的几件与体育活动有关的珍贵文物——铜鼎和百戏陶俑　张涛　体育文化导刊　2000年第4期

秦骑兵的起源探索　张涛　中国文物世界　2000年第4期

秦始皇陵西南发现陪葬坑出土一批陶俑及青铜器等文物　秦剑　文汇报　2000年10月26日

秦始皇陵的新发现和百戏俑　李淑萍　国语日报　2000年11月28日

秦风浩荡——谈兵马俑与秦文化　韦心莹　中国文物世界　2000年第12期

中国考古之宝兵马俑　王靖媛　国语日报　2000年12月24日

兵马俑纸上大展　张婉琳　新新闻　第270期　2000年12月

滚滚尘烟中的马蹄声——谈兵马俑与秦文化　韦心莹　典藏　2000年第12期

秦兵马俑的发现、发掘与研究　张涛　历史月刊　2000年第12期

秦俑登台话秦史　韦心莹　艺术新闻　2000年第12期

兵马俑特展重生秦文化光泽　黄光南　艺术家　2000年第12期

秦始皇陵与兵马俑　黄土强　艺术家　2000年第12期

别有天地非人间——侧看兵马俑　黄光男　历史文物月刊　2000 年第 12 期

壮观的地下军阵——记秦始皇兵马俑坑　徐卫民　文物天地　2001 年第 2 期

由"兵马俑——秦文化特展"谈文物的点检、包装与运输　郭佑麟　历史文物月刊　2001 年第 3 期

秦陵的开发利用和保护　张文立　陕西日报　2001 年 3 月 6 日

秦陵彩绘铜盾　刘晓华　历史文物月刊　2001 年第 12 期

关注秦陵　王文阁　陕西日报　2002 年 1 月 13 日

秦始皇陵园出土 13 件青铜禽　孟西安　人民日报　2002 年 1 月 15 日

秦始皇陵文官陪葬坑发现壮观的地下军博、庞大的地下王国　人民日报（海外版）　2001 年 9 月 27 日

再现历史的风采——记秦俑彩绘保护技术研究工作　张尚欣　中国文物报　2001 年 12 月 21 日

秦陵考古发现多　冯国　瞭望　2001 年第 44 期

几座陪葬坑发掘出一门学问 秦始皇陵和"秦俑学"　冯国　瞭望　2001 年第 46 期

秦俑的独特魅力　田静　中国文物报　2002 年 1 月 2 日

秦始皇陵园出土 13 件青铜禽　孟西安　人民日报　2002 年 1 月 15 日

中华第一石甲胄——秦始皇陵石甲胄出土纪略　蒋文孝　文物世界　2002 年第 2 期

秦封泥上的马政　路东之　文物天地　2002 年第 2 期

秦始皇的战马　刘占成、蒋文孝　文物天地　2002 年第 2 期

秦始皇的御车关于 3010 块碎片的奇迹　吴永琪　文物天地　2002 年第 2 期

大火烧过水禽坑:秦始皇陵水禽陪葬坑发掘记　张颖岚　文物天地　2002 年第 3 期

异彩纷呈的秦陵青铜禽——秦陵 K0007 号坑发掘手记　马生涛　收藏界　2002 年第 3 期

聚焦秦始皇陵——秦始皇帝陵近年考古发现大检阅　秦始皇陵考古队　中

国文物报 2002年3月15日

阻排水系统叙述"穿三泉" 秦始皇陵考古队 中国文物报 2002年3月15日

内城墙与连绵不断的廊房,见证始皇冥府的一统天下 秦始皇陵考古队 中国文物报 2002年3月15日

从绿面俑说起——秦俑的彩绘 徐卫民 自然与人 2002年第3、4期

秦始皇陵及兵马俑 袁仲一 寻根 2002年第4期

秦始皇陵兵马俑二号坑彩绘俑 张仲立 中国考古学年鉴2000 文物出版社 2002年4月

秦始皇陵园K9801陪葬坑 段清波 中国考古学年鉴2000 文物出版社 2002年4月

秦始皇陵园K9901陪葬坑 段清波 中国考古学年鉴2000 文物出版社 2002年4月

"秦乐府钟":一个关乎学术和刑案的故事 晓丛、关成 收藏界 2002年第5期

计算机修复兵马俑 袁静 走进科学 2002年第6期

秦始皇帝陵园考古新进展 段清波 2001中国重要考古发现 文物出版社 2002年9月

秦陵的资格——世界文化遗产 徐卫民 文物天地 2002年第10期

奇迹的诞生——秦始皇陵的规划与修建 张颖岚 文物天地 2002年第10期

复活的军团——8000兵马宿卫皇陵 刘占成 文物天地 2002年第10期

帝国的梦想——秦陵还会有多少陪葬坑 段清波 文物天地 2002年第10期

秦陵十大谜团 田静 文物天地 2002年第10期

发现兵马俑 袁仲一 文物天地 2002年第10期

留取秦朝本色——秦俑彩绘保护 吴永琪 文物天地 2002年第10期

秦俑的细节——个性·形体·雕塑话语 秦妮、李淑萍 文物天地 2002年第10期

兵马俑大检阅 李淑萍 文物天地 2002年第10期

兵马俑烧造之谜有突破:应是就地取材烧造　刘英楠　科学时报　2002年11月10日

秦兵马俑在哪里造　韩宏　三秦都市报　2002年11月14日

秦陵兵马俑乃就地取土烧制　韩宏　文汇报　2002年11月23日

破解秦陵布局之谜　冯国　中国旅游报　2002年12月2日

秦始皇陵新出土陶俑　人民日报(海外版)　2003年1月10日

秦始皇陵园新发现青铜天鹅仙鹤坐姿陶俑　秦始皇陵考古队　中国文物报　2003年1月24日

科技工作者初步揭开秦始皇墓室神秘面纱　王立彬　中国文物报　2003年12月19日

秦始皇陵布局谜破解以封土为中心分四个层次　冯国、李勇　解放日报　2003年12月23日

秦陵考古四十不惑　段清波　新西部　2004年第2期

秦始皇留下的9个谜团　张占民　奥秘　2004年第1期

秦俑之美　李峰　文博　2004年第2期

秦兵马俑三十年　张天柱等　文博　2004年第2期

秦陵百戏俑中的扛鼎俑　任浩东　中国文物报　2004年12月1日

秦陵探秘四十年　田静　文物天地　2005年第1期

秦始皇陵发掘大事记　段清波、孙伟刚　文物天地　2005年第1期

秦始皇的地下园林:幽雅灵动的秦陵七号坑　段清波　文物天地　2005年第1期

千人千面的统一:秦兵马俑面形再认识　张卫星　文博　2005年第1期

稀世陶俑惊艳亮相——揭秘秦陵最新考古发现　王昱东　文明　2005年第6期

赫赫军威世而后识——关于秦俑军阵研究的几个问题　任浩东　中国文物报　2005年10月26日7版

西安发现迄今规模最大的战国秦时期陵园建筑遗址——墓主疑为秦始皇祖母　冯国　大河报　2006年1月14日

兵马俑:奇迹背后是感动　杨利娜　中国旅游报　2006年1月20日

兵马俑的主人根本不是秦始皇　陈景元　中国科学探险　2006年第2期

秦兵马俑展留下的思考　李玲　北方文物　2007年第2期

秦始皇兵马俑一号坑　邵文斌　中国考古学年鉴2006　文物出版社 2007年10月

秦始皇兵马俑二号坑　邵文斌　中国考古学年鉴2006　文物出版社 2007年10月

彩绘文物清理与加固保护浅议——以彩绘兵马俑为例　傅倩丽　中国文物报　2007年11月2日

秦始皇陵与周边社会　张颖岚　光明日报　2008年5月5日

秦俑:传奇背后　孙伟刚　新旅行　2009年第8期

秦始皇陵:万世帝国大梦　段清波、夏居宪　中华遗产　2009年第10期

秦兵马俑——两千年前的微笑　萧春雷　中国国家地理　2009年第12期

幽幽两千年,秦俑情难了——秦兵马俑第三次发掘　崔欣　丝绸之路 2009年第15期

秦始皇帝陵园出土陶俑巡礼　孙伟刚　收藏　2010年第4期

秦帝国地下的辉煌——秦始皇帝陵园出土陶俑　孙伟刚　收藏　2010年第6期

2009年度秦始皇帝陵园考古勘探取得重要收获　张仲立、孙伟刚　中国文物报　2010年6月4日

秦始皇陵百戏俑坑开始发掘　周艳涛　华商报　2011年6月4日

秦始皇陵园开始发掘"百戏俑坑"和内城建筑遗址　周艳涛　华商报 2011年6月4日

西安市临潼区秦俑一号坑　许卫红　中国考古学年鉴2010　文物出版社 2011年10月

西安市临潼区秦始皇帝陵园　张仲立、孙伟刚　中国考古学年鉴2010　文物出版社　2011年10月

西安市临潼区秦始皇帝陵园外城北门遗址　张卫星、陈治国　中国考古学年鉴2010　文物出版社　2011年10月

西安市临潼区秦始皇帝陵园内城东区北门遗址　张卫星、陈治国　中国考古学年鉴2010　文物出版社　2011年10月

西安市临潼区秦始皇帝陵园内城西区北门遗址　张卫星、陈治国　中国考

古学年鉴 2010　文物出版社　2011 年 10 月

文官俑坑:袖手俑是文官还是马倌　周艳涛　华商报　2011 年 10 月 1 日

浅谈对秦陵考古工作中几个问题的新认识　申茂盛　秦陵秦俑研究动态 2012 年第 3 期

留下兵马俑年轻时的模样——秦俑一号坑的数字化展示和管理　王昕昕　中国文物报　2012 年 5 月 16 日

秦兵马俑第三次发掘破解众多谜团　张宇明　西安晚报　2012 年 6 月 10 日

秦始皇兵马俑一号坑第三次考古发掘取得重要成果　郭青　陕西日报　2012 年 6 月 10 日

秦始皇百戏俑坑新发现 30 余件陶俑　郭青　陕西日报　2012 年 6 月 10 日

秦兵马俑考古有了新进展:一号坑首次发现"秦盾"　百戏俑坑新添 20 余件陶俑　姜峰、邹雪　人民日报　2012 年 6 月 11 日

秦俑坑考古发掘成果引媒体关注　庞博　中国文物报　2012 年 6 月 13 日

秦陵发现 99 座墓葬群疑为秦始皇后妃陪葬区　周艳涛　华商报　2012 年 6 月 16 日

秦陵写实百戏俑蕴含的艺术密码　张敬伟　华商报　2012 年 6 月 18 日

秦始皇帝陵陵寝建筑　张卫星　中国考古学年鉴 2011　文物出版社 2012 年 11 月

秦始皇帝陵　孙伟刚、张仲立　中国考古学年鉴 2011　文物出版社　2012 年 11 月

秦始皇帝陵一号坑　许卫红　中国考古学年鉴 2011　文物出版社　2012 年 11 月

浅谈秦始皇兵马俑　曹春生、徐怿哲　大众文艺　2012 年第 11 期

考古学家发现秦始皇版"紫禁城"　新华社　西安晚报　2012 年 12 月 1 日

甘肃出土春秋早期秦人战车　王艳阳　人民日报(海外版)　2012 年 12 月 1 日

秦陵地宫水银源自何处　王帅　陕西日报　2012 年 12 月 14 日

中英合作秦兵马俑研究成果获 BBC2012 年重大考古发现　张天柱、袁景智　陕西日报　2013 年 1 月 2 日

首现的"泡钉俑"是杂技团技巧型演员　周艳涛　华商报　2013年6月9日

秦兵马俑"赴"芬兰展出　陈黎　西安晚报　2013年6月15日

"清华简"证明秦非西戎:秦人最早的先人从东方来　中国青年报消息　西安日报　2013年6月20日

2200年前雕塑出来的兵马俑陪伴秦始皇进入永生,他们是为了在秦始皇仔细规划的来世里和官吏、动物以及表演艺人一起为皇上效劳　北京青年报　2013年6月23日

青铜之冠:秦始皇帝陵青铜马车　魏鑫　人民日报　2013年10月6日

秦始皇帝陵又有新发现　付建、张卫星、陈治国　中国文物报　2013年10月30日

秦始皇帝陵考古发掘取得重要成果,首次揭示秦代新类制陶俑及宫廷娱乐文化　郭青　陕西日报　2013年10月31日

秦始皇陵考古又有重大发现 首次揭示秦代陶俑新类制　杨永林、张哲浩　光明日报　2013年11月8日;西安日报　2013年11月10日

英国专家称秦始皇兵马俑灵感来自古希腊雕塑　参考消息　2013年12月13日

秦始皇陵发现地下军备库　文艳　西安日报　2013年12月19日

秦始皇陵惊现地下"军备库"　王戈华、郑楠　陕西日报　2013年12月20日

秦陵铜车马入选中国古代重要科技发明　郭青　陕西日报　2015年2月3日

锦绣威仪千人千面:从兵马俑解读秦代的审美观念　吴川淮　光明日报　2015年3月20日

秦始皇帝陵青铜水禽坑　武丽娜、付建　大众考古　2015年第4期

现场追踪秦兵马俑发掘进程　郑长宁、徐雪霏　天津日报　2015年6月3日

袁仲一"秦俑之父"的百味人生　付鑫鑫、韩宏　文汇报　2015年6月7日

秦俑艺术设计价值思考　郭淼、乔现玲、周柯　中国包装工业　2015年第14期

秦俑汉雕的虚实之韵——以秦兵马俑与汉霍去病墓石雕为例　许玖　艺术科技　2017 年第 9 期

创建秦陵与秦俑文物保护的技术与管理体系　景博文、夏寅　中国文物报 2018 年 11 月 6 日

陕西西安秦始皇帝陵兵马俑一号坑 T23 方发掘取得重要收获　申茂盛　中国文物报　2019 年 12 月 29 日

陕西西安秦始皇帝陵发现大型陪葬墓　蒋文孝　中国文物报　2019 年 12 月 29 日

二十　博士、硕士论文

(一) 博士论文

1. 秦史、秦汉史

《吕氏春秋》研究　黄伟龙著，赵逵夫指导　西北师范大学　2003 年

秦汉军队后勤保障问题研究　上官绪智著，黄今言、熊铁基指导　华中师范大学　2004 年

秦思想研究——以秦统一前的思想发展为核心　田延峰著，黄留珠指导　西北大学　2004 年

秦汉逃亡犯罪研究　张功著，宋杰指导　首都师范大学　2005 年

秦汉社会防灾减灾制度研究　段伟著，阎守诚指导　首都师范大学 2005 年

秦水资源利用之研究　朱思红著，韩国河指导　郑州大学　2006 年

"隶臣妾"身份再研究　李力著，张晋藩指导　中国政法大学　2006 年

早期秦文化研究　王志友著，赵丛苍指导　西北大学　2007 年

秦国文学研究　倪晋波著，蒋凡指导　复旦大学　2007 年

秦汉之际纵横策士考论　李艳华著，陈晓龙指导　西北师范大学　2007 年

秦关北望——秦与"戎狄"文化的关系研究　史党社著，周振鹤指导　复旦大学　2008 年

秦汉京师治安制度研究　谢彦明著,宋杰指导　首都师范大学　2008 年
秦汉豪强地主犯罪问题研究　刘洋著,宋杰指导　首都师范大学　2009 年
秦代政区研究　何慕著,周振鹤指导　复旦大学　2009 年
秦人食谱研究　凌雪著,赵丛苍指导　西北大学　2010 年
出土文字资料所见先秦秦汉祖先神崇拜的演变　何飞燕著,王晖指导　陕西师范大学　2010 年
秦汉魏晋南北朝奏议文研究　仇海平著,詹福瑞指导　河北师范大学　2010 年
嬴秦礼俗研究　包瑞峰著,詹子庆指导　东北师范大学　2011 年
论春秋战国时期秦国人才引进　孙赫著,吕文郁指导　吉林大学　2011 年
儒学与秦汉意识形态的建立　李国娟著,陈卫平指导　华东师范大学　2011 年
秦晋武术文化研究　杜舒书著,郭志禹指导　上海体育学院　2011 年
秦汉家族法研究　薛洪波著,王彦辉指导　东北师范大学　2012 年
秦职官考　杜小钰著,范毓周指导　南京大学　2012 年
爵制与秦汉社会研究　王玉喜著,马新指导　山东大学　2014 年
衰落与崛起——关陇区域周秦势力兴替研究　陶兴华著,周振鹤指导　复旦大学　2014 年
"天人秩序"的重建——秦汉"郊天礼"的思想史研究　张俊杰著,张岂之指导　西北大学　2014 年
农、战与秦之兴亡研究——以法家"壹"观念为视角　陈鹏著,巴新生指导　福建师范大学　2015 年
简牍所见秦长江中游的社会与经济研究　王佳著,罗运环指导　武汉大学　2015 年
秦汉农官研究　吴昭贤著,张进指导　南京师范大学　2016 年
秦汉魏晋时期鄂尔多斯高原民族地理研究　王兴锋著,艾冲指导　陕西师范大学　2016 年
秦汉刑役研究　孙志敏著,王彦辉指导　东北师范大学　2017 年
学术史视野下的秦郡研究　徐世权著,吴良宝指导　吉林大学　2017 年
秦礼俗初探　马志亮著,杨华指导　武汉大学　2017 年

秦汉郡县属吏研究　王俊梅著,孙家洲指导　中国人民大学　2018年

败亡与重生:"亡秦必楚"的历史探究　张梦晗著,孙晓指导　中国社会科学院研究生院　2018年

战国秦汉时期鄂尔多斯高原军事地理研究　孟洋洋著,艾冲指导　陕西师范大学　2018年

秦汉吏员研究　董波著,杨振红、李健胜指导　青海师范大学　2018年

秦汉禁苑研究　雷铭著,王彦辉指导　东北师范大学　2019年

先秦秦汉出行仪式和信仰研究　孙虹著,胡新生指导　山东大学　2019年

秦刑制溯源例证　黄海著,徐永康指导　华东政法大学　2019年

秦代县级政务运行研究——以出土秦简为中心　吴方基著,熊铁基指导　华中师范大学　2015年

秦汉里治研究　张信通著,龚留柱指导　河南大学　2013年

走向集权的物质文化之路——秦代设计艺术的多元融合研究　宗椿理著,李立新指导　南京艺术学院　2014年

2. 遗址、墓葬、文物

先秦至两汉出土甲胄研究　张卫星著,韩国河指导　郑州大学　2005年

三峡地区秦汉墓研究　蒋晓春著,霍巍指导　四川大学　2005年

秦始皇陵考古中有关产地问题的核分析技术研究　赵维娟著,韩国河指导　郑州大学　2006年

中国古代度量衡制度研究　赵晓军著,王昌燧、蔡运章指导　中国科学技术大学　2007年

秦始皇帝陵园相关问题研究　段清波著,张宏彦指导　西北大学　2007年

东周秦汉时期车马埋葬研究　赵海洲著,韩国河指导　郑州大学　2007年

战国秦汉简帛文献所见巫术研究　吕亚虎著,王晖指导　陕西师范大学　2008年

秦始皇帝陵文化遗产地资源管理对策研究　张颖岚著,王建新指导　西北大学　2008年

秦早期青铜器科技考古学研究　贾腊江著,赵丛苍指导　西北大学　2010年

东周社会结构演变的考古学观察——以三晋两周地区墓葬为视角　张亮

著,滕铭予指导　吉林大学　2014 年

巴蜀古史的考古学观察——以东周秦汉时期巴蜀文化墓葬为中心　向明文著,滕铭予指导　吉林大学　2017 年

秦汉都城军事防御体系研究　胡岩涛著,徐卫民指导　西北大学　2019 年

甘肃天水毛家坪遗址动物遗存研究　刘欢著,王建新指导　西北大学　2019 年

东周青铜器动物纹样研究　耿庆刚著,王建新指导　西北大学　2019 年

楚文化南渐的考古学观察——以洞庭湖水系区东周秦代墓葬为中心　胡平平著,王立新指导　吉林大学　2019 年

性别视角下的东周墓葬研究——以秦、晋、楚墓葬为中心　于焕金著,王立新指导　吉林大学　2019 年

3. 简牍、文字

云梦秦简"编年记"相关史事覆斠兼论"编年记"性质　梁文伟著　台湾大学中国文学研究所　1981 年

秦系文字研究　陈昭容著　东海大学　1996 年

《吕氏春秋》寓言研究　吴福助著　台湾中国文化大学　1998 年

秦简牍书研究　孙鹤著,欧阳中石指导　首都师范大学　2004 年

睡虎地秦简法律文化研究　吴昊著,刘志基指导　华东师范大学　2006 年

简帛禁忌研究　王光华著,彭裕商指导　四川大学　2007 年

放马滩秦简日书整理与研究　孙占宇著,张德芳指导　西北师范大学　2008 年

战国秦汉货币文字研究　李俊宪著,杨端志指导　山东大学　2008 年

构件视角的秦简牍文和楚简帛文构形差异比较研究　楼兰著,刘志基指导　华东师范大学　2009 年

秦简牍文字汇编　方勇著,吴振武指导　吉林大学　2010 年

《睡虎地秦墓竹简》文字研究——以《说文解字》为主要参照系　龙仕平著,张显成指导　西南大学　2010 年

秦文字疏证　单晓伟著,刘信芳指导　安徽大学　2010 年

秦简文字集释　夏利亚著,詹鄞鑫指导　华东师范大学　2011 年

秦简字词集释　李丰娟著,张显成指导　西南大学　2011 年

放马滩简式占古佚书研究　程少轩著,裘锡圭指导　复旦大学　2011 年

秦汉简牍法律用语研究　赵久湘著,张显成指导　西南大学　2011 年

秦封泥文字研究　朱晨著,徐在国指导　安徽大学　2011 年

简帛早期隶书字体研究　魏晓艳著,郑振峰指导　河北师范大学　2012 年

岳麓书院藏秦简(壹、贰)整理与研究　马芳著,张再兴指导　华东师范大学　2013 年

秦文字整理与研究　刘孝霞著,董莲池指导　华东师范大学　2013 年

楚地秦汉简牍字词论考　路方鸽著,方一新指导　浙江大学　2013 年

岳麓秦简《为吏治官及黔首》与《数》校释　许道胜著,陈伟指导　武汉大学　2013 年

秦汉"田律"研究　魏永康著,王彦辉指导　东北师范大学　2014 年

秦简虚词及几种句式的考察　伊强著,陈伟指导　武汉大学　2014 年

秦文字构形研究　李苏和著,刘钊指导　复旦大学　2014 年

秦律令研究——以《岳麓书院藏秦简》(肆)为重点　周海锋著,陈松长指导　湖南大学　2016 年

秦汉法制因革探微——以出土法律文献为中心　张娜著,王立民指导　华东师范大学　2017 年

秦简牍文字构件系统定量研究　姜慧著,张再兴指导　华东师范大学　2017 年

里耶秦简文书简分类整理与研究　于洪涛著,朱红林指导　吉林大学　2017 年

出土战国秦汉选择数术文献神煞研究——以日书为中心　王强著,吴振武指导　吉林大学　2017 年

秦简牍词汇研究　李园著,张世超指导　东北师范大学　2017 年

秦简牍所见"仓"的研究　谢坤著,陈伟指导　武汉大学　2018 年

清代石鼓文文献之研究　朱梁梓著,张海指导　郑州大学　2018 年

天一阁本石鼓文的翻刻与传播　刘晓峰著,孔令伟、范景中指导　中国美术学院　2019 年

秦汉三国两晋简牍所见服饰词汇释　彭琴华著,单育辰指导　吉林大学　2019 年

(二)硕士论文

1. 秦史、秦汉史

秦司空研究——睡虎地秦简资料为主　宋豫卿著　私立中国文化大学史学研究所　1982年

战国秦汉时期中外农业科技文化交流研究　朱宏斌著,樊志民指导　西北农林科技大学　2001年

春秋战国至秦汉间任侠风气的文化考察——现象史学与社会学相结合的一个案例　孙云著,常金仓指导　陕西师范大学　2003年

《吕氏春秋》高诱注研究　徐志林著,陈广忠指导　安徽大学　2003年

秦国富强及东并六国之地理环境条件研究　王铁峰著,吕文郁指导　吉林大学　2004年

秦汉魏晋神仙观念的历史考察　武锋著,章义和指导　华东师范大学　2004年

秦和西汉皇位继承问题研究　罗先文著,章义和指导　华东师范大学　2004年

秦汉农民犯罪研究　邹忠著,宋杰指导　首都师范大学　2004年

秦汉乡亭治安研究　刘玉著,宋杰指导　首都师范大学　2004年

秦皇汉武时期的北方边政对内蒙古地区的影响　郑承燕著,王绍东指导　内蒙古大学　2005年

秦汉里制研究　王爱清著,臧知非指导　苏州大学　2005年

王夫之秦汉史论研究　朱志先著,丁毅华指导　华中师范大学　2005年

法家文化与秦的兴亡　葛明岩著,董立章指导　华南师范大学　2005年

秦汉奴婢制度研究　周峰著,于振波指导　湖南大学　2005年

秦汉爵指问题再探讨　杨媚著,李宝通、初仕宾指导　西北师范大学　2005年

《吕氏春秋》高诱注研究　王利芬著,徐志林指导　南京师范大学　2005年

秦汉连坐制度初探　杨利锋著,黄留珠指导　西北大学　2006年

秦汉郡县治安研究　陈玉亮著,宋杰指导　首都师范大学　2006年

论秦国的外交战略思想　褚彦坡著,耿成鹏指导　河南大学　2006年

秦移民及相关问题研究　黄佳梦著,詹子庆指导　东北师范大学　2006 年
秦汉马政研究　陈宁著,臧知非指导　苏州大学　2006 年
秦始皇、汉武帝文化政策比较研究　魏峰著,周致元指导　安徽大学　2007 年
秦国君位继承制研究　刘芮方著,詹子庆指导　东北师范大学　2007 年
商鞅变法前秦宗法问题论稿　王银波著,钱宗范指导　广西师范大学　2007 年
秦皇汉武时期有关"新秦"与"新秦中"研究的几个问题　袁怡著,王绍东指导　内蒙古大学　2007 年
"河南地"略考　乌仁陶德著,张久和指导　内蒙古大学　2007 年
秦汉封禅研究　荆荣娜著,仝晰纲指导　山东师范大学　2007 年
秦汉乡里制度和管理研究　张信通著,龚留柱指导　河南大学　2007 年
秦汉内史研究　于春雷著,徐卫民指导　西北大学　2008 年
二十等到五等——秦汉至魏晋南北朝爵制系统的替嬗　刘兵著,卫广来指导　山西大学　2008 年
秦政治与史学　范晓剑著,董文武指导　河北师范大学　2009 年
论秦汉时期的直道　李奉先著,张得祖指导　青海师范大学　2009 年
"秦政"及其历史观基础研究　李军著,李建指导　曲阜师范大学　2009 年
"焚书坑儒"千古事——清代学者的考察与评价　高群著,张秋升指导　曲阜师范大学　2009 年
秦工商管理研究　刘梦纚著,臧知非指导　苏州大学　2009 年
秦郡县制度研究　张卓琳著,赵世超指导　陕西师范大学　2009 年
秦汉时期的郊祀封禅与皇权建设研究　薛小林著,乔健指导　兰州大学　2009 年
秦汉"盗"罪考论　罗丽著,胡仁智指导　西南政法大学　2009 年
早期秦的物质文化及相关问题研究　黄永美著,徐卫民指导　西北大学　2010 年
法家君主专制理论与秦朝的兴衰　王雷著,杜洪义指导　辽宁师范大学　2010 年
秦汉女性犯罪研究　王金丰著,王彦辉指导　东北师范大学　2010 年

试论秦汉"群盗"　宋微著,王彦辉指导　东北师范大学　2010 年
秦职官研究　赵孝龙著,刘信芳指导　安徽大学　2010 年
秦汉长史研究　申超著,贾俊侠指导　陕西师范大学　2010 年
秦汉时期祭天制度研究　王爱兰著,李清凌指导　西北师范大学　2010 年
春秋战国时期的秦戎关系研究　陈探戈著,徐卫民指导　西北大学　2011 年
《史记》所载秦代史事辨疑　安子毓著,王绍东指导　内蒙古大学　2011 年
论秦的标准化研究　王克奇著,李迎春指导　山东师范大学　2011 年
秦汉祭天文化研究　颜娟著,张文安指导　陕西师范大学　2011 年
秦客卿制度研究　李赛楠著,张侃指导　兰州大学　2011 年
秦汉车舆制度文化研究　董延年著,任相宏指导　山东大学　2011 年
秦汉时期的啬夫研究　蒋树森著,何双全指导　西北师范大学　2011 年
秦亡教训总结与西汉散文辞赋关系研究　史方钊著,杜玉俭指导　广州大学　2011 年
秦道路交通发展的军事因素研究　王勇著,雷紫翰指导　兰州大学　2012 年
长城与秦朝政治经济再研究　聂倩倩著,臧知非指导　苏州大学　2012 年
从出土资料看秦的文明化进程　乔鑫著,王晖指导　陕西师范大学　2012 年
秦汉仓储粮食的管理　吕晓红著,张进指导　南京师范大学　2012 年
秦汉时期道路交通发展述评　魏继生著,张得祖指导　青海师范大学　2012 年
西周后期周、秦、戎民族关系研究　刘承著,李军靖指导　郑州大学　2012 年
秦汉时期文化消费研究　沈芳甸著,温乐平指导　江西师范大学　2012 年
1950 年以来中国大陆秦汉断代史编纂研究　刘春红著,王嘉川指导　扬州大学　2012 年
秦汉西部地理环境对交通的影响研究　樊遂桥著,雷紫翰指导　兰州大学　2012 年
秦的灾异考略　李楠著,王红霞指导　曲阜师范大学　2013 年

秦汉乡亭里制与基层社会整合　文旭东著,夏毅辉指导　湖南科技大学　2013 年

秦国早期军功爵制考证　王鹏著,龙大轩指导　西南政法大学　2013 年

秦汉时期的兵器管理　杜亚辉著,张德芳指导　西北师范大学　2013 年

论非子邑秦　翟伟著,雷虹霁指导　中央民族大学　2013 年

战国晚期至秦代秦文化扩张的初步探究——以考古学为视角　高凤著,徐卫民指导　西北大学　2014 年

秦汉"史"职研究　聂娇艳著,赵浴沛指导　云南师范大学　2014 年

秦汉隐逸文化研究　侯晓冉著,王克奇指导　山东师范大学　2014 年

秦汉逃亡问题研究　任赟著,王彦辉指导　东北师范大学　2014 年

秦汉皇帝出巡研究　刘芮博著,沈刚指导　吉林大学　2015 年

战国秦汉时期齐方士神仙信仰研究　申继鑫著,刘爱敏指导　山东师范大学　2015 年

秦孝公至秦始皇时期的秦国法制教育研究(公元前 361—公元前 210)　孙浩著,王凌皓指导　东北师范大学　2015 年

秦人的時祭研究　魏超著,田旭东指导　西北大学　2015 年

秦汉"盗"现象研究　刘思亮著,赵浴沛指导　云南师范大学　2015 年

基于秦文化的服装语用技术研究　童佳雯著,刘静伟、薛媛指导　西安工程大学　2015 年

秦赦免制度研究　杨琳著,于振波指导　湖南大学　2015 年

马非百的史学思想及成就　廖常姣著,刘志靖指导　湘潭大学　2016 年

西北边郡与秦汉政局研究　白杨著,范学辉指导　山东大学　2016 年

战国秦汉时期标准化研究　陈徐玮著,段清波指导　西北大学　2016 年

论燕、秦、汉时期中原政权对辽西地区的经营　吕伟著,崔向东指导　渤海大学　2016 年

秦汉时期的将作大匠探讨　李玉川著,沈刚指导　吉林大学　2016 年

六朝人的秦汉反思研究　罗米著,赵浴沛指导　云南师范大学　2016 年

秦与西汉的"舍匿罪人"研究　黄新著,邹水杰指导　湖南师范大学　2016 年

秦汉考古与《周易》文化　姚草鲜著,杨效雷指导　天津师范大学　2016 年

陇山两侧的考古发现与秦人"霸天下"观念　贾俊敏著,刘再聪指导　天津师范大学　2016年

秦汉货币制度变迁　刘营著,董平均指导　河北经贸大学　2016年

"刑弃灰于道"新论——秦朝灭亡原因的再考察　朱金才著,臧知非指导　苏州大学　2017年

关于秦汉时期传马的几个问题　赵倩男著,戴顺祥指导　云南大学　2017年

唐代高祖、太宗时期君臣秦汉观　解维著,赵浴沛指导　云南师范大学　2017年

论秦女性的社会参与和政治参与　李天白著,王绍东指导　内蒙古大学　2018年

西汉水上游地区先秦聚落选址分析　张越著,惠夕平指导　郑州大学　2018年

秦治楚地及楚遗民问题初探　刘道湖著,宋亦箫指导　华中师范大学　2018年

韩非与秦朝政治关系新探　李金著,臧知非指导　苏州大学　2018年

秦汉以吏为师的理论与实践　卢悦著,张进指导　南京师范大学　2018年

秦"亡人"刍议——以秦简为中心　曹洋著,张进指导　南京师范大学　2018年

秦汉乐府体制承袭与职能演变问题研究　麦玮敏著,李立指导　深圳大学　2018年

秦汉告地策考略　张伟杰著,于振波指导　湖南大学　2018年

秦代"隶臣妾"社会地位研究　任燕飞著,龚留柱指导　河南大学　2018年

秦马政研究　黄凡著,邹水杰指导　湖南师范大学　2018年

战国时期秦国军事后勤保障问题研究　赵宏坤著,李亚光指导　渤海大学　2018年

以出土秦简看秦代"为吏之道"　李恂著,崔向东指导　渤海大学　2018年

秦汉债务担保现象探析　穆芳芳著,王彦辉指导　东北师范大学　2018年

秦汉文法吏研究　姚旭著,李道军指导　山东大学　2018年

部编初中历史教科书编写研究——以第三单元"秦汉史"为例　宋李寒娟

著,孙炜、陈文春指导　信阳师范学院　2018 年

战国至秦统一时期的秦军粮食补给研究　王晋楸著,宇汝松指导　山东大学　2019 年

关中地区战国——秦代秦人口腔健康研究　穆艾嘉著,陈靓指导　西北大学　2019 年

《吕氏春秋》研究　吕紫禾著,王永指导　宁夏大学　2019 年

关中地区战国晚期秦人饮食结构研究——以西安坡底秦人为例　王哲著,陶大卫指导　郑州大学　2019 年

秦汉时期环渤海地区水陆交通研究　王时光著,崔向东指导　渤海大学　2019 年

秦"黔首"群体研究——以简牍为中心　郑晨宇著,李亚光指导　渤海大学　2019 年

《吕氏春秋》生死观研究　张佳立著,李严冬指导　辽宁大学　2019 年

秦统一前后畜力资源在军事领域的利用研究　司家民著,王晓鹏指导　山东大学　2019 年

六世而胜:论君主因素对秦统一六国的影响　梁欢著,王绍东指导　内蒙古大学　2019 年

秦孝公至秦昭王时期的秦楚关系研究　辛爱琴著,王绍东指导　内蒙古大学　2019 年

论初高中历史教学的衔接——以初中部编版新教科书秦朝历史为例　董丽萍著,陈健、李铭指导　河南大学　2019 年

对秦汉帝国构建过程中地方与中央关系的考察——以社会运行中的若干事例为切入点　蔡润砚著,周长山指导　广西师范大学　2019 年

秦汉《亡律》中的逃亡犯罪研究　陆威著,吕利指导　上海师范大学　2019 年

秦汉县狱史研究　刘雨萌著,王彦辉指导　东北师范大学　2019 年

秦迁陵县军备物资管理研究　卢珊著,王彦辉指导　东北师范大学　2019 年

秦及汉初家庭内部人身犯罪研究——以出土文献为中心　陈婉琴著,姚远指导　华东政法大学　2019 年

对秦汉帝国构建过程中地方与中央关系的考察——以社会运行中的若干事例为切入点　蔡润砚著,周长山指导　广西师范大学　2019 年

秦汉时期山东移民关中研究　杨柳著,胡新生指导　山东大学　2019 年

秦朝舆论控制研究　仇冰倩著,张进指导　南京师范大学　2019 年

史学研究成果与高中历史教学结合研究——以人教版《秦朝中央集权制度的形成》一课为例　李小青著,刘雁翔、高振太指导　天水师范学院　2019 年

"一分为二"观点在高中历史人物评价中的应用——以人教版《统一中国的第一个皇帝秦始皇》为中心　张巧著,喻学忠指导　重庆师范大学　2019 年

2. 遗址、墓葬

秦"公墓"制度研究　田有钱著,王建新指导　西北大学　2005 年

关中皇家陵寝园林研究　曾晓丽著,樊志民指导　西北农林科技大学　2005 年

中国古代皇陵景观意匠　宋扬著,刘大平指导　哈尔滨工业大学　2007 年

马家塬战国墓地文化性质及其与秦文化关系探讨　李媛著,赵丛苍指导　西北大学　2009 年

礼县地区中小型秦墓的分期及相关问题研究　郭军涛著,赵丛苍指导　西北大学　2010 年

陕西临潼新丰镇秦文化墓葬人骨研究　邓普迎著,陈靓指导　西北大学　2010 年

甘肃定西地区战国秦长城若干问题研究　金迪著,徐卫民指导　西北大学　2011 年

秦都雍城布局复原研究　辜琳著,李令福指导　陕西师范大学　2013 年

秦汉墓葬围沟问题初探　李进著,焦南峰、王建新指导　西北大学　2013 年

秦阿房宫研究　李晓芳著,徐卫民指导　西北大学　2013 年

湖北郧县安阳小河墓群秦汉墓葬研究　施兰英著,汤惠生指导　南京师范大学　2013 年

凤翔孙家南头秦墓相关问题研究　刘爽著,段清波指导　西北大学　2014 年

甘谷毛家坪沟东墓葬区出土人骨的研究　洪秀媛著,陈靓指导　西北大学

2014 年

　　山西地区战国秦汉及魏晋南北朝土洞墓探析　吴娇著,郎保利指导　山西大学　2014 年

　　关陇地区早期秦墓屈肢葬研究　王锐刚著,郭愉指导　云南民族大学 2014 年

　　咸阳渭北区秦墓研究　申威隆著,郭妍利、张天恩指导　陕西师范大学 2014 年

　　马家塬和杨郎战国墓葬对比研究　王飞著,杨惠福、李迎春指导　西北师范大学　2014 年

　　秦咸阳军事遗存的发现与研究　徐帆著,赵丛苍指导　西北大学　2015 年

　　临潼马额秦墓研究　马川著,段清波指导　西北大学　2016 年

　　西汉水上游周秦汉时期遗址的考古学观察——以《水经注·漾水》为线索　卜汉文著,梁云指导　西北大学　2017 年

　　华阴卫峪秦墓研究　王超翔著,段清波指导　西北大学　2017 年

　　秦都城变迁研究　郭霖锋著,李令福指导　陕西师范大学　2017 年

　　甘肃东周时期戎墓研究　曹肖肖著,刘再聪指导　西北师范大学　2018 年

　　马家塬墓地西戎文化研究　马芳芳著,梁云指导　西北大学　2018 年

　　渭河上游周秦汉时期遗址的聚落考古学研究　王璐著,梁云指导　西北大学　2018 年

　　礼县鸾亭山祭祀遗址及其礼制文化研究　陈关心著,秦丙坤、曹学文指导　西北师范大学　2018 年

　　河南地区秦墓研究　赵丹著,赵海洲指导　郑州大学　2018 年

　　临潼新丰秦墓地的分期与形成过程　张婕好著,滕铭予指导　吉林大学 2019 年

　　辽宁绥中姜女石遗址的考古学研究　濮维凡著,刘兴林指导　南京大学 2019 年

　　秦汉时期的宫苑分布与特点　张霄著,高凯指导　郑州大学　2019 年

　　关中地区战国晚期秦人饮食结构研究——以西安坡底秦人为例　王哲著,陶大卫指导　郑州大学　2019 年

　　战国秦汉时期长江中游水井研究　刘谦著,刘玉堂指导　湖北省社会科学

院　2019 年

秦都咸阳整体性认知及展示方法初探　全昌阳著,常海青指导　西安建筑科技大学　2019 年

3. 文物

秦封泥集释——中央官印部分　朱晨著,徐在国指导　安徽大学　2005 年

先秦秦汉时期金银工艺及金银器研究　刘耐冬著,周怡指导　中国地质大学(北京)　2006 年

秦骃玉版研究　王美杰著,张世超指导　东北师范大学　2007 年

出土铜铍研究　孙燕著,刘钊指导　厦门大学　2008 年

秦墓中出土的 S 形饰研究　于焕金著,滕铭予指导　吉林大学　2009 年

出土印玺所见秦汉的官制　孔永红著,袁祖亮指导　郑州大学　2010 年

关中地区秦墓出土玉器初探　朱歌敏著,杨楠指导　中央民族大学　2010 年

东周时期葬用马车研究　李成著,曹玮指导　陕西师范大学　2011 年

东周时期秦国青铜器纹饰研究　王冰著,曹玮指导　陕西师范大学　2012 年

春秋战国至秦汉时期墓俑的功能研究　郭巍薇著,曹意强指导　中国美术学院　2012 年

秦与西汉动物陶俑比较研究　孙哲民著,龙翔、孟庆祝、朱晨、钱云可指导　中国美术学院　2013 年

新出秦国短剑试论　裴建陇著,张天恩、郭妍利指导　陕西师范大学　2013 年

秦公、秦子有铭铜器整理与研究　顾王乐著,冯胜君指导　吉林大学　2015 年

张家川马家塬战国墓出土装饰品研究　闫虹如著,张连银、张先堂指导　西北师范大学　2015 年

秦印匋艺术　郭晶著,周晓陆指导　西安美术学院　2015 年

春秋战国时期秦国农具研究　叶申著,李秋芳指导　河南师范大学　2016 年

从秦兵马俑和霍墓石雕看秦汉雕塑风格之转变　罗清菁著,吴翘璇指导

江西师范大学　2016 年

　　甘宁地区东周时期西戎墓地出土腰带饰研究　秦晓未著,张连银、张先堂指导　西北师范大学　2017 年

　　秦国青铜容器研究　方玉雪著,毕经纬指导　陕西师范大学　2018 年

　　秦、楚东周青铜兵器对比研究　丁大为著,郭艳利指导　陕西师范大学　2018 年

　　甘肃出土先秦时期青铜兵器研究　李璇著,杨秀清、李并成指导　西北师范大学　2018 年

　　甘肃地区汉代以前金银器艺术风格初探　李珊著,王玉芳指导　西北师范大学　2018 年

　　战国秦汉六博资料的整理与研究　桂志恒著,单育辰指导　吉林大学　2018 年

　　中原地区秦汉青铜炊具初步研究　冯淑玲著,赵海洲指导　郑州大学　2018 年

　　秦缶及相关问题初探　谢响著,韩国河指导　郑州大学　2019 年

　　秦汉瓦当纹饰的审美研究　陈琳著,胡师正指导　湖南师范大学　2019 年

4. 简牍、文字

　　秦金石铭刻文字研究　张双庆著　香港中文大学　1975 年

　　《睡虎地秦简日书疏证》导论　郑刚著　中山大学　1989 年

　　秦律徒刑制度研究　林文庆著　私立中华文化大学中国文学研究所　1989 年

　　《诗经·秦风》诗篇之研究　王瑞莲著　台湾东吴大学　1989 年

　　秦简虚词研究　段莉芬著　东海大学中国文学研究所　1990 年

　　秦代金石及其书法研究　施拓全著　高雄师范大学国文研究所　1992 年

　　《诗经·秦风》研究　易莹娴著　台湾玄奘人文社会学院中国文学研究所　2002 年

　　秦代金石及其书法研究　施拓全著　高雄师范大学国文研究所　1992 年

　　战国秦汉竹简研究　王泽强著,王钟陵指导　苏州大学　2003 年

　　秦简《为吏之道》及相关问题研究　王化平著,彭邦本指导　四川大学　2003 年

《睡虎地秦墓竹简》法律用语研究　李明晓著,毛远明指导　西南师范大学　2003 年

东周与秦兵器铭文中所见的地名　朱力伟著,吴振武指导　吉林大学　2004 年

《二年律令》钱、田、□市、赐、金布、秩律诸篇集释　周波著,李天虹指导　武汉大学　2005 年

睡虎地秦简与秦楚婚俗研究　杨小英著,罗运环指导　武汉大学　2005 年

《日书》与中国古代建筑风水　张春梅著,余健指导　浙江大学　2005 年

睡虎地秦墓竹简字形系统定量研究　楼兰著,张再兴指导　华东师范大学　2006 年

简牍书署制度与书法史研究　张冬冬著,丛文俊指导　吉林大学　2006 年

《诗经·秦风》新解　杨世理著,张崇琛指导　兰州大学　2006 年

秦石鼓文与渔猎文化研究　李向阳著,王晖指导　陕西师范大学　2007 年

青川木牍辑考　肖辉著,徐在国指导　安徽大学　2007 年

《诗经·秦风》研究　刘丽著,刘棣民指导　中央民族大学　2007 年

春秋秦地文化与地域文学研究　米玉婷著,韩高年指导　西北师范大学　2007 年

秦简文字形体研究　姜玉梅著,陆锡兴指导　南昌大学　2008 年

秦文学研究——从秦王嬴政元年(前 246 年)至秦二世三年(前 207 年)　付兴慧著,王洲明指导　山东大学　2008 年

《诗经·秦风》的文化透视　白丽媛著,李志慧指导　西北大学　2008 年

《诗经·秦风》研究　汪淑霞著,周远斌指导　山东师范大学　2008 年

秦简中所载刑徒问题初探　宋作军著,朱红林指导　吉林大学　2008 年

周家台秦简文字字形研究　杨继文著,张显成指导　西南大学　2009 年

睡虎地秦简中所见文书制度探讨　李巍巍著,朱红林指导　吉林大学　2009 年

《龙岗秦简》语法研究　熊昌华著,张显成指导　西南大学　2010 年

秦简副词研究　胡波著,张显成指导　西南大学　2010 年

《关沮秦简》文字编　潘飞著,徐在国指导　安徽大学　2010 年

近四十年出土秦汉篆文整理与研究　徐善飞著,董莲池指导　华东师范大

学　2010 年

里耶秦简隶校诠译与词语汇释　田忠进著,郑贤章指导　湖南师范大学　2010 年

秦封泥文字字形研究　徐冬梅著,陈双新指导　河北大学　2010 年

出土秦系文献形声字研究　陈丽著,陈鸿指导　福建师范大学　2011 年

岳麓秦简《为吏治官及黔首》文献学研究　廖继红著,许道胜指导　湖南大学　2011 年

《岳麓书院藏秦简》(壹)书体研究　吴振红著,陈松长指导　湖南大学　2011 年

睡虎地秦简文字构形系统研究　代宁著,李冬鸽指导　河北师范大学　2011 年

睡虎地秦简字体风格研究　李晶著,郑振峰指导　河北师范大学　2011 年

天水放马滩秦简乙种《日书》释文研究　申景亮著,袁延胜指导　郑州大学　2011 年

秦简异体字整理研究　常丽馨著,张显成指导　西南大学　2011 年

龙岗秦简字形研究　王露著,王焕林指导　吉首大学　2011 年

秦系正体文字发展性研究　邹帮平著,徐难于指导　西南大学　2012 年

秦兵器铭文编年集释　陈林著,刘钊指导　复旦大学　2012 年

《岳麓书院藏秦简(壹)》字形与书法研究　陈振华著,王焕林指导　吉首大学　2012 年

秦朝帝王与秦朝文学研究　梁俊著,龙文玲指导　广西师范学院　2012 年

睡虎地与放马滩秦简《日书》生死问题研究　李菁叶著,徐难于指导　西南大学　2012 年

秦朝帝王与秦朝文学研究　梁俊著,龙文玲指导　广西师范学院　2012 年

秦兵器铭文编年集释　陈林著,刘钊指导　复旦大学　2012 年

秦封泥历史地理研究　张宁著,马保春指导　首都师范大学　2012 年

《睡虎地秦简文字编》勘补　汪颖著,张显成、吉仕梅指导　西南大学　2013 年

试论放马滩秦简《日书》所见之民间信仰　程博丽著,吕静指导　复旦大学　2013 年

岳麓书院藏秦简(壹)文字研究与文字编　刘珏著,刘杰指导　湖南大学 2013 年

睡虎地秦简《秦律十八种》研究　刘婵著,陈松长指导　湖南大学　2013 年

简牍所见秦汉廪食问题探析　董琴著,王彦辉指导　东北师范大学 2015 年

岳麓秦简《为吏治官及黔首》研究　张军威著,袁祖亮指导　郑州大学 2013 年

岳麓秦简《为吏治官及黔首》研究　于洪涛著,朱红林指导　吉林大学 2013 年

《吕氏春秋》中的道家思想研究　杨莹著,李振纲指导　河北大学　2013 年

《岳麓书院藏秦简(壹)》校注　臧磊著,张显成指导　西南大学　2013 年

《天水放马滩秦简》词汇系统研究　包慧烨著,张再兴指导　华东师范大学 2013 年

《岳麓书院藏秦简(壹)》文字整理研究　王锦城著,张显成指导　西南大学 2013 年

《岳麓书院藏秦简(三)》文字初探与文字编　韩文丹著,刘杰指导　湖南大学　2014 年

秦简《日书》所见建筑择吉信仰研究　陈威著,吕亚虎指导　陕西师范大学 2014 年

《吕氏春秋》儒家思想研究　徐继文著,梁宗华指导　山东师范大学 2014 年

秦汉简帛历谱研究综述　王丹凤著,王化平指导　西南大学　2015 年

秦统治思想新探——以简牍为中心　朱玲丽著,臧知非指导　苏州大学 2015 年

《岳麓书院藏秦简》(叁)书手辨析　张以静著,陈松长指导　湖南大学 2015 年

秦汉《田律》考论　吴美娇著,陈松长指导　湖南大学　2015 年

《里耶秦简(壹)》的书体研究　温俊萍著,陈松长指导　湖南大学　2015 年

秦系金文整理与研究　朱颖星著,董莲池指导　华东师范大学　2015 年

《清华简》新见文字现象整理与研究　张晶颖著,刘志基指导　华东师范大

学　2015 年

睡虎地《编年记》书法艺术研究　王哲著,胡紫南　韩清波指导　山西大学　2015 年

《岳麓书院藏秦简(叁)》文字与词汇研究　江昊著,张德劭指导　华东师范大学　2015 年

里耶秦简与秦代地方行政研究——以农仓管理和公物管理为中心　刘薇著,邹水杰指导　湖南师范大学　2015 年

《睡虎地秦墓竹简》虚词研究　于荻著,洪飏指导　辽宁师范大学　2016 年

《岳麓书院藏秦简(三)》相关问题研究　时军军著,袁延胜指导　郑州大学　2016 年

放马滩秦简所见秦人社会民生俗信研究　贾振北著,吕亚虎指导　陕西师范大学　2016 年

《睡虎地秦墓竹简》述宾结构宾语的语义类型　张莎丽著,申红义指导　四川外国语大学　2017 年

秦汉《亡律》分类集释　刘欣欣著,陈松长指导　湖南大学　2017 年

建国以来出土秦系非兵器铭文整理与研究　卓越著,高慧宜指导　华东师范大学　2017 年

《清华大学藏战国竹简(五)》疑难字词集释及相关问题研究　刘伟浠著,林志强指导　福建师范大学　2017 年

秦封宗邑瓦书研究——兼论秦文书体演变　朱英强著,刘星指导　陕西师范大学　2017 年

秦诏版书风研究　张燕超著,韩天雍指导　中国美术学院　2017 年

秦简逃亡问题研究　张小倩著,袁延胜指导　郑州大学　2018 年

《岳麓书院藏秦简(肆)》集释　刘明哲著,朱红林指导　吉林大学　2018 年

秦汉的罪数问题研究——以两则奏谳案例为中心　乔志鑫著,王沛指导　华东政法大学　2018 年

《清华简〈子犯子余〉〈晋文公入于晋〉〈赵简子〉集释》　袁证著,刘国胜指导　武汉大学　2018 年

《清华大学藏战国竹简(陆)集释》　朱忠恒著,何有祖指导　武汉大学　2018 年

里耶秦简、周家台秦简、北大藏秦简所见医简集释及相关问题研究　谢明宏著,何有祖指导　武汉大学　2018 年

北京大学藏秦简牍已刊六篇集释　廖秋菊著,宋华强指导　武汉大学　2018 年

睡虎地秦简文字部件研究　顾青青著,陆忠发指导　杭州师范大学　2018 年

秦简助动词研究　万佳俊著,程鹏万指导　东北师范大学　2018 年

放马滩秦简《日书》文字编　张倩玉著,赵岩指导　东北师范大学　2018 年

秦简《仓律》集释及相关问题研究　王园红著,陈松长指导　湖南大学　2018 年

秦简逃亡问题研究　张小倩著,袁延胜指导　郑州大学　2018 年

里耶秦简书法艺术及其隶变研究　李家文著,朱友舟指导　南京艺术学院　2018 年

《诗经·秦风·小戎》研究　董恬甜著,郭万金指导　山西大学　2019 年

秦简"卒"相关律令研究　赵斌著,邹水杰指导　湖南师范大学　2019 年

秦国文学研究——以文化视角为中心　陈韵竹著,张斌荣指导　鲁东大学　2019 年

《岳麓书院藏秦简(伍)》第二组集释及相关问题研究　高婷婷著,何有祖指导　武汉大学　2019 年

秦简地名集释　张忠影著,吴良宝指导　吉林大学　2019 年

秦汉简帛中补语的语法形式和语义类型　李蒙蝶著,申红义指导　四川外国语大学　2019 年

三篇"为吏之道"与秦制度　何政洋著,李春利指导　辽宁师范大学　2019 年

里耶秦简书法形态研究　殷守彬著,张洪波指导　曲阜师范大学　2019 年

里耶秦简中三类人群研究　王潜著,袁延胜指导　郑州大学　2019 年

出土战国秦汉《诗》类文献用字现象研究　张晗著,孙刚指导　哈尔滨师范大学　2019 年

秦系金文语词研究　吴蓉著,潘玉坤指导　华东师范大学　2019 年

秦系私印整理与研究　李学嘉著,邹芙都指导　西南大学　2019 年

秦简牍文字形体混同现象研究　陈曼曼著,邓章应指导　西南大学　2019年

秦印三法　章升滨著,叶军指导　湖北美术学院　2019年
秦简"卒"相关律令研究　赵斌著,邹水杰指导　湖南师范大学　2019年
《秦陶文新编》文字编　余竞颖著,徐在国指导　安徽大学　2019年
《过秦论》文本解读和教学探究　王玉著,陈春霞指导　宁夏大学　2019年
秦简中的"盗罪"问题　张兰兰著,张进指导　南京师范大学　2019年
秦系印章风格形成研究　董鹏原著,刘彦湖指导　中央美术学院　2019年
近年新见秦出土文献编年辑证　孟宪斌著,王伟指导　陕西师范大学　2019年
岳麓秦简文字字形研究　马越著,刘杰指导　湖南大学　2019年
清末民初石鼓文书风研究　王玉璋著,刘维东、阴凤华指导　山西大学　2019年
秦系玺印艺术特色研究　赵卉蕴著,胡长春指导　西南大学　2019年

5.人物

李斯事功思想的伦理解读　宋莉著,于树贵指导　苏州大学　2008年
徐福文化传承的历史脉络和空间分布研究　王青著,修斌指导　中国海洋大学　2008年
秦始皇性格特征研究　李常春著,袁礼华指导　南昌大学　2009年
中西文化融合视角下的歌剧《秦始皇》研究　杨叶宏著,崔斌指导　新疆师范大学　2011年
汉武帝"有亡秦之失而免亡秦之祸"探讨　白岩著,王绍东指导　内蒙古大学　2012年
徐福东渡研究　刘莹著,闫苗指导　辽宁师范大学　2013年
秦始皇的帝王情结研究　杨梅媛著,巴新生指导　福建师范大学　2013年
中国古装历史片中的秦始皇形象研究　高家慧著,范蓓指导　重庆大学　2014年
毛泽东评论秦汉人物研究　刘毅著,雷炳炎指导　湘潭大学　2017年

6.秦始皇陵及秦陵文物

秦陵铜车马与秦车马制——论铜车马的产生、特点及地位　赵士祯著,张懋

镕指导　西北大学　2005 年

秦始皇陵 K9801 陪葬坑出土石铠甲研究——兼论秦俑铠甲　蒋文孝著，王建新指导　西北大学　2007 年

论秦俑雕塑的写实性风格及其文化内涵　崔炳利著，周峰指导　山东大学　2009 年

秦俑彩绘保护材料耐老化性能的初步研究　张益著，胡道道指导　陕西师范大学　2011 年

秦始皇帝陵园的建构与营造理念　杜林著，王彦辉指导　东北师范大学　2011 年

从秦始皇兵马俑看安东尼·葛姆雷的《亚洲土地》——浅析二者在相似呈现方式背后的霸权主义　丁继会著，于凡指导　中央美术学院　2013 年

试论秦俑的人体美　熊英琴著，赵小雷指导　西北大学　2014 年

秦始皇帝陵园建造渊源研究　王慧著，徐卫民、田亚岐指导　西北大学　2014 年

论秦俑甲衣服饰艺术在现代服装创意设计的运用　何飞龙著，张莉指导　西安美术学院　2014 年

秦、西汉时期兵俑研究　王晨仰著，赵丛苍指导　西北大学　2015 年

秦始皇帝陵 K9901 陪葬坑盐害形成机制与模拟　刘小玉著，张建国指导　西北农林科技大学　2015 年

西安临潼秦东陵遗址公园景观规划设计研究　常珊著，陈敏、刘艺杰指导　西北农林科技大学　2016 年

秦汉考古与《周易》文化　姚草鲜著，杨效雷指导　天津师范大学　2016 年

秦俑服饰色彩艺术研究　范思维著，张莉指导　西安美术学院　2016 年

兵马俑三维重建及修复技术研究　周亚培著，冯筠指导　西北大学　2017 年

真实感彩绘兵马俑渲染的研究和实现　王恒著，周明全、王小凤指导　西北大学　2017 年

秦兵马俑军吏形象的描绘在男装上的应用研究　杨韶斐著，田宝华指导　西安工程大学　2017 年

兵马俑铠甲元素在休闲女装中的应用研究　张小燕著，田宝华指导　西安

工程大学　2017 年

秦兵马俑头式研究　李赞著,徐青青指导　西安工程大学　2017 年

秦兵马俑面部造型的传承设计在 T 恤上的应用研究　傅文静著,田宝华指导　西安工程大学　2017 年

秦铜车马彩绘纹样艺术再现研究　赵聪文著,徐青青、吕燕指导　西安工程大学　2019 年

秦始皇帝陵开发与保护的法律建议　赵爽著,许春清指导　甘肃政法学院　2019 年

7. 其他

商君书研究　许老雍著　台湾师范大学国文研究所　1973 年

商鞅与马基雅里比较　李恭蔚著　辅仁大学中文研究所　1975 年

商君书思想研究　吴克著　台湾大学历史所　1977 年

文化遗产的旅游开发适宜模式比较研究——以秦始皇陵遗址公园为例　倪用玺著,张沛指导　西安建筑科技大学　2005 年

临潼文物资源利用与区域经济发展的相互关系研究——以秦兵马俑博物馆为例　孟钊著,张沛指导　西安建筑科技大学　2007 年

临潼文物资源利用与当地居民收入关系研究——以秦始皇兵马俑博物馆为例　郭雅琳著,张沛指导　西安建筑科技大学　2007 年

汞的形态分析及汞环境污染的评价——秦始皇陵和西宁某电池厂　靳永卿著,张成孝、吕延嘉指导　陕西师范大学　2007 年

关于西安东线旅游路线中秦文化旅游价值的思考——以秦兵马俑和始皇陵为例　李晓莉著,屈茂稳指导　长安大学　2007 年

陕西关中地区陵寝遗址绿化研究　丁超著,邹志荣指导　西北农林科技大学　2008 年

秦始皇兵马俑博物馆旅游产品特殊生命周期研究　侯新艳著,郝心华指导　西北大学　2009 年

基于利益相关者动态博弈的秦俑博物馆旅游开发实证研究　刘三英著,梁学成指导　西北大学　2010 年

咸阳市秦文化绿地景观设计研究　韩振江著,屈永建、聂西省指导　西北农林科技大学　2012 年

秦文化场所精神的景观设计表达——以秦始皇陵遗址公园景观规划设计为例　王洋著,刘艺杰、徐青青指导　西北农林科技大学　2012 年

案例教学法在高中历史选修课教学中的应用——以人教版历史选修(4)《统一中国的第一个皇帝秦始皇》为例　李晓燕著,陆静指导　东北师范大学　2012 年

秦腔脸谱蕴涵的秦文化精神及艺术特征的研究　张丽雍著,兰宇指导　西安工程大学　2012 年

秦兵马俑形象在现代卡通动画设计中的应用研究　周萌著,樊海燕指导　西安建筑科技大学　2013 年

求实・演绎——当代秦汉风格建筑创作基础研究　韩庆卿著,王陕生指导　西安建筑科技大学　2013 年

《辉煌的帝国——秦咸阳历史文物展》陈列内容研究　程艳妮著,朱君孝、张礼智指导　陕西师范大学　2014 年

社区发展视野下的遗产地社区保护研究——以秦始皇帝陵下和村为例　杨雯著,周萍、刘军民指导　西北大学　2014 年

秦文化在现代园林景观中的设计表达——以西咸新区秦汉新城秦文化主题园景观规划为例　占昌卿著,刘艺杰指导　西北农林科技大学　2014 年

秦文化在现代景观中的运用研究——以宣太后遗址公园景观规划设计为例　张媛著,刘艺杰指导　西北农林科技大学　2014 年

中国传统美学观念在遗址公园景观设计中的应用研究——以秦咸阳宫国家遗址公园景观设计为例　何晢健著,卢渊指导　西安建筑科技大学　2014 年

秦阿房宫考古遗址公园规划设计前期研究　刘婷著,常海青指导　西安建筑科技大学　2014 年

基于秦文化的服装语用技术研究　童佳雯著,刘静伟、薛媛指导　西安工程大学　2015 年

秦文化在城市广场中的设计与应用研究——以西安秦文明广场设计为例　冯郁著,王葆华指导　西安建筑科技大学　2017 年

咸阳秦文化资源的产业化开发研究　李思美著,米高峰指导　陕西科技大学　2018 年

以文化体验为特色的秦文明广场商业建筑设计研究　王经纬著,屈培青指

导　西安建筑科技大学　2018 年

　　秦陵文化遗产的虚拟艺术表现与体验研究　罗茜著,温超指导　西北大学　2019 年

　　关中地区战国—秦代秦人口腔健康研究　穆艾嘉著,陈靓指导　西北大学　2019 年

　　关中地区战国晚期秦人饮食结构研究——以西安坡底秦人为例　王哲著,陶大卫指导　郑州大学　2019 年

后　记

中国古代目录学，肇始于汉代。西汉成帝时，学者刘向奉旨校书，编成了目录学著作《别录》；其子刘歆在《别录》基础上又编成了《七略》，分图书为六大类。西晋时秘书监荀勖的《中经新簿》改变《七略》体例，分图书为甲乙丙丁四部，这便是后世经史子集四部分类法的开端。唐人编《隋书·经籍志》一书，把经史子集四部分类法完全确定下来。此后直到清代，官方的图书分类，一直沿用经史子集四部分类法。

虽然自古便有人认为目录学是雕虫小技，壮夫不为，但从古至今做此工作的人却不少。先贤们把目录、校勘、音韵、版本四目，作为研究学问的基本功。从汉代刘歆作《七略》开始，历代不绝如缕。班固的《汉书》中有《艺文志》，收录汉以前书目，为了解汉以前著述情况提供了资料，至今受到研究者的重视。从《史记》到《清史稿》，大部分都有目录学的专志，如《汉书》的《艺文志》，《隋书》《旧唐书》的《经籍志》，《清史稿》的《艺文志》和近代武作成的《清史稿艺文志补编》等。也有单独的图书目录，如宋代王尧臣所著《崇文总目》是将北宋国家藏书分类编目，宋陈振孙《直斋书录解题》是将自己所藏书及阅读过的库府书籍撰成提要分类列目，清缪荃孙则著有《辽艺文志》以补《辽史》之缺，缪氏又受张之洞之邀，编成向青年学者推荐书目的《书目答问》。

1949 年后，国家出版单位将每年出版的图书编成"图书综录"，采用新的编排法分类，如哲学、文学、史学等，每类又有子目。如今，《全国总书目》《全国新书目》《全国主要报刊资料索引》等书刊，为读者提供了检索便利。由此可知，目录之学从古至今都十分重要。

我自 2000 年承担"秦史研究论著目录续编"工作后，每月必去一次书店，经常在西安古旧书店、西安图书大厦、嘉汇汉唐书城、曲江书城翻阅、抄录书目资料，20 年间累计拍摄书影、论文照片 15 万幅，撰写札记、抄录书摘 200 万字。生活中,我像苦行僧一样节衣缩食,舍不得吃穿,但购书时却能做到不计成本,如今已购买各类期刊和图书8000余册。

承蒙王子今教授推荐,由我来承担"秦史与秦文化研究丛书"之一种。我在书稿《秦史研究论著目录》(1919—2019)的基础上,参考了张文立研究员《秦俑学》的附录部分和张传玺教授《战国秦汉史论文索引》(1900—1980)、《战国秦汉史论著索引续编》(论文1981—1990,专著1900—1990)及《战国秦汉史论著索引三编》(1991—2000),并精简文字,去掉此前收录的"评法批儒"类文章和创新性较少的论文,增加了刊登在内部书刊上的论文和会议论文集、学术辑刊、博物馆馆刊上的代表性文章,查阅相关硕士、博士学位论文,择要收录百年来秦史与秦文化研究方面的文献资料,最终完成本书,希望为学者研究提供帮助。

在本书编辑过程中,史党社、赵凯、曾磊、孙闻博、陈洪、王伟等学者提供资料,徐卫民、张维慎、谭前学、刘瑞等学者赠送书籍,本书责编马若楠、李奕辰在审稿中提出中肯的修改意见,并为本书出版付出了艰辛劳动。感谢以上诸位先生的帮助和指导!

我深知以一己之力编辑目录索引,在资料收集方面肯定有遗珠之憾,在条目分类方面还不够科学严谨,恳请读者批评指正!

田静

2020年10月